A PEOPLE'S HISTORY *of the* UNITED STATES

美国人民史

1492 *to* PRESENT

第五版

[美] 霍华德·津恩
(Howard Zinn)
——著

蒲国良 许先春
张爱平 高增霞
——译

上海人民出版社

序　言

王缉思

北京大学博雅讲席教授

北京大学国际战略研究院院长

　　读完本书译稿，掩卷长思，第一个感受是：这种观点的书，在国内久违了。

　　近十来年在国内读到的美国历史，以丹尼尔·布尔斯廷的三卷本《美国人》为代表，多以自由主义价值观即美国主流意识形态贯穿始终。虽然许多著作不乏客观描述和批判性的评论，但作为整体的美国历史，是从"正面"叙述的，以积极、开拓、创新、繁荣、自由、多元、吸纳、包容等等为主体词，以总统执政时期为年号。华盛顿睿智开国，杰斐逊开明制宪，汉密尔顿远见卓识建银行办工业，富兰克林多才多艺倡科学兴教育，林肯勇敢坚定解放黑奴统一国土，小罗斯福力挽狂澜推行新政战胜强敌……似乎美国历史就由这些总统伟人的业绩所代表。直到当代，20世纪60年代以黑人民权运动为先锋的"反文化"运动，80年代新保守主义的回潮，世纪之交高技术推动的所谓"新经济"，如果不是归功于肯尼迪、约翰逊、里根、克林顿这些总统，至少也同以他们名字命名的时期相联系。

　　本书呈现的是一部以阶级斗争为纲的美国史，大有把被颠倒的历史重新颠倒过来之势。在这本书中，资本主义是万恶之源，资本家是元凶，政客是帮凶，"英雄总统"多为配角、丑角。主角则是许许多多遭屈辱、被迫害、受剥削的印第安土著、黑奴、妇女、劳工，还有逃犯、起义者、拒服兵役者、游行示威的群众，以及饱受美国军事侵略和占领的外国老百姓。他们才是讴歌的英雄，同情的对象。

　　简言之，《美国人民史》是一部"另类"书。它从美国下层人民、弱势群体的社会活动中挖掘了"另类"史料，是揭露和批判美国的阶级压迫和剥削的生动教材。

　　作者霍华德·津恩是美国历史学家、剧作家，波士顿大学退休政治学教授。他反对基辛格的名言"历史就是国家的记录"，拒绝"从统治者、征服者、外交家、领导人的视点来叙述历史"，而要描绘从上流社会以外的人民眼中那个充满着侵略、暴力、饥饿和剥削的世界。

　　津恩说："任何一个国家的历史……都揭示了统治者和被统治者之间、奴隶主和奴隶之间、资本家和工人之间、种族和性别压迫与被压迫之间尖锐的利益冲突。"所谓"美利坚合众国",从来就不是一个代表着全体人民一致利益的共同体,而是统治阶级掌握的政府通过政治、文化手段,把人民笼络起来的一张大网。"政府的目标就是平息上层社会的争执,抑制社会底层的反叛,保持现行制度长期稳定。"

本书开篇即详细描述了英国人入侵北美,对原始部族进行残暴的屠杀和掠夺的过程。欧洲移民以内心深藏着的虚伪和狡诈为驱动力,弱肉强食,以怨报德,用印第安人的鲜血为代价,换取了建立在私有制基础上的美利坚文明。

美国不是"生来自由"的,而是生来就有奴隶和自由人、主子和奴仆、佃农和地主、穷汉和富翁之分。《独立宣言》中的"人人生而平等",并不包含印第安人、黑人、妇女。宣言发表后第 4 天,在波士顿征兵广场上,富人掏钱免除了兵役,而穷人只能入伍出征。传统的美国历史书强调的是北美殖民地人民团结反抗英国侵略,从而掩盖了内部激烈的阶级斗争。"《独立宣言》的真正内涵在于:由重要人士组成的上层阶层需要大量的美国人来反抗英国人,但他们又不希望彻底打破 150 年间建立发展起来的财富和权利关系格局。"开国先父们的种种神话该揭穿了。他们不是追求真正平等的正人君子,他们只是在统治势力之间建立权力均衡关系,而从来没有在阶级之间建立均衡。

英国人的殖民统治被推翻后,美国人继续西进。1828 年当选总统的安德鲁·杰克逊在津恩笔下是"一个土地投机者、批发商、贩卖奴隶的商人,也是美国早期历史上印第安人最凶恶的敌人"。通过欺骗和掠夺,美国侵占了墨西哥的大片领土,在广袤富饶的西部建立起自己的帝国主义统治。

本书痛斥美国的海外扩张。津恩指出,是资本主义和民族主义这对孪生兄弟在驱使美国一次次地发动和参与海外战争;同时,海外冒险活动也有利于统治阶级缓和国内罢工和抗议活动的冲击,虽然美国政治精英未必是有意识地策划了战争,去平息国内阶级冲突。在他心目中,"爱国主义的极端行为就是战争","爱国主义向来不失为一种把阶级仇恨淹没在维护国家团结的口号中的方法"。

津恩甚至认为,不但美国对菲律宾的战争和第一次世界大战不是义战,连反法西斯战争都未必值得颂扬。希特勒德国固然可恶,但美英苏等反法西斯国家的政府同希特勒德国并无本质差别。他举例说,美国在太平洋战争期间对日裔美国人的关押迫害,同法西斯行径如出一辙。美英苏对即将战败的德国狂轰滥炸,美国向广岛、长崎投放原子弹,都应归入战争罪行一类。

二次大战之后,帝国主义、种族主义、极权主义、军国主义照旧存在,而且变本加厉。美苏两国以远胜于法西斯国家的军事机器,在更大的世界范围内争夺霸权。"它们也都谋求对自己的人民实行控制以巩固自己的统治,只不过各有各的办法——在苏联更野蛮一些,而在美国则更老练一些。"

对美国在 20 世纪 60—70 年代进行的越南战争和 1991 年发动的海湾战争,

作者也进行了类似的道义谴责,对越南和伊拉克的涂炭百姓寄予深切的同情,重彩描绘了美国国内的反战示威。

美国民主的虚伪,在津恩笔下得到淋漓尽致的揭露。民意调查明明显示绝大多数的选民赞成增加对百万富翁的征税,但轮流执政的共和、民主两党从来对此都是置若罔闻,因为它们的后台是大公司大老板。从水门事件到同大财团相互勾结,政界丑闻接连不断。共和党的尼克松和基辛格,是津恩眼中最无耻的当代政客。对民主党领导人,津恩还相对手下留情。他讥讽道,美国的总统选举,就是公民每4年去一次投票站,在两个性格不令人生厌、观点正统、肤色白皙、衣冠楚楚的英国人后裔中间做选择。

百分之一的美国人占有全国三分之二的财富,是作者反复强调的事实。在穷人队伍中,黑人、拉美裔、妇女仍然首当其冲。美国正在分裂成巨富和赤贫两个阶级,而没有一位主流政治家会谈到这一点。政府面对贫困群体的抗议声浪,一手拉拢——用经济诱饵把少数穷人吸纳到现存制度之中;另一手弹压——用暴力驱散抗议的组织。监狱人满为患,当然是穷人居多,因为富人不需要犯罪就能得到他们想要得到的东西,而且法律永远偏向富人一边。

津恩描绘的日益深重的美国危机还有药可救吗?他的结论是悲观的:只有出现一场伟大的、全社会的公民运动,把反奴隶运动、劳工运动、反战运动、民权运动、妇女运动、同性恋运动(!)、环境保护运动等等力量统统联合在一起,才能把美国带向一个新的发展方向。谁能领导这样一场运动呢?津恩没有指出来,只是含糊其辞地说,人民希望出现一个"新的国家改革党"。

本书的中国读者大概会关心这样一个问题:持津恩这种观点的左派学者,在美国学术界处在什么位置,有多大影响?简单的回答是:美国左派学者人数不多,影响却不算小,而"异端思想"在美国社会所起的作用,也十分值得分析。

本书多次引用两位前辈美国学者的思想和成果。一位是黑人历史学家、社会活动家杜波依斯(1868—1963),他一生追求黑人的自由和平等,不在强权和利诱面前低头。另一位是历史学家查尔斯·比尔德(1874—1948),他因1913年出版《美国宪法的经济解释》一书而名噪一时。该书对美国立国进行经济分析,大胆揭露阶级矛盾。比尔德被称为上个世纪之交"进步历史学派"的代表,同弗·杰·特纳创立的"边疆学派"一起,在20世纪30年代以前的美国史学界几乎独领风骚。他们代表的思潮,受到马克思主义的强烈影响,反映了那一时期美国国内社会矛盾的激化以及反托拉斯运动、进步主义运动的兴起。

尽管"进步历史学派"近几十年来受到保守派和五花八门的新史学思潮的强劲挑战,左派思潮至今在美国学术界特别是名牌大学课堂上仍占有一席之地。这本《美国人民史》自1980年初版以来,已经25次再版重印,总发行量达42万多册,在美国可以算十分畅销了。[①]不过要提醒读者的是,美国大学里的教材往往反映不同观点的相互对立,但代表主流观点的教材,仍然会居于主流地位。

本书的观点,对于 80 年代以前读过美国历史的中国读者来说,也许算不上新鲜突兀,因为那是中国大讲阶级斗争的时期。在美国学术界,从研究"大人物"转向反映普通人、社会底层、默默无闻的普通劳动者、妇女、少数族群的生活和要求,也早已成为一股潮流。但是,今天我们一些人在介绍美国、研究美国以至整个世界时,阶级观念似乎日益模糊,精英意识(特别是渴望从平民步入"上流社会"的意识)潜移默化地占据了人们的头脑。大款、明星、"领导",成为社会的主角,追逐的对象。"留学美国",成为众多青少年的向往,好像那里既然是精英的天堂,也就是普通百姓的乐土。《美国人民史》这部书,可以成为我们的一服清醒剂。

一些中国读者很容易想到的是,像津恩这样的学者,并不以生产力的发达程度来衡量社会的进步。他们关心的是人与人之间、社会群体之间的平等和公正。他们敢怒敢骂,以揭露罪恶为己任,但却很难提出什么建设性的主张。这种激进言论,对社会发展能起推动作用吗? 津恩的回答是:"穷人的哭诉不一定总是正确的,但要是听不到他们的哭诉,你就永远不知道公平是什么。"

激烈地攻击美国政治家,同现行内外政策大唱反调,甚至尖锐批评美国人的爱国主义,这样的著作,在美国居然还能受到宽容,被用作教科书,也许有些费解。津恩对此间接作了解释。他写道,自然资源富饶、人才济济、劳动力充足、财源滚滚的美国,能使众多的公民愉快生活,它当然可以容忍那些不愉快的少数人,让他们自由自在地充当持不同政见者。对美国人造反的压制,主要是通过精妙无比的制度完成的。美国操纵和控制社会的机制,通过不断变革,提供了世界上最多的发泄渠道,最大的回旋余地,使不同领域的造反者相互隔绝,各自为战。美国人的爱国主义忠诚,也是反对派难以逾越的障碍。

正像一些西方学者所指出的,知识阶层天生就是批判型的,本能地对商业文明抱有抵触,而更多关心平等与公正。像津恩这样的美国学者,为纠正社会不公而大声疾呼,其主观目的,无疑是要彻底地推翻和改造现存制度。然而是否可以说,他们的社会批判,客观上却起到了对资本主义制度"小骂大帮忙"的作用? 诚如津恩所言,美国政治上"三权分立"的权力制衡,只是在一个阶级内部的权力约束。但是在社会上,还有知识界舆论界人士以及各种非政府组织在监督政府,表达"社会的良心",到处揭政府的短,批政策的弊端,相互攻讦,各种意见激烈交锋。无形之中,社会的上层和下层通了气,情绪得到宣泄,矛盾得到缓解(虽然只能暂时缓解),总危机得以避免,政治社会的大船在左右摇摆中仍然能够行驶而不致倾覆。这个道理,在资中筠等先生的新著《冷眼向洋:百年风云启示录》中已有深刻的阐述。

照理说,美国左派思想家如此关心社会平等和公正,应该为国家之间的平等多说几句公道话。中国读者更容易想到的还有,既然津恩等人描述的美国人权状况如此糟糕,他们也应当认识到美国没有权力对他国内政指手画脚。但是,津恩在本书中所表露的观点却恰恰相反。他高举"人权高于主权"的思想旗帜,反对的不仅仅是美国的国家和政府,更是苏联(他称之为"假社会主义")和其他社会主义国家的政府,也强烈抨击印尼、伊拉克、一些中美洲国家的"专制"和"暴政"。在他看来,美国资本家为了在发展中国家赚钱,牺牲了这些国家劳苦大众的利益,形成了全球范围的剥削网。同时美国政府为了美国资本家的利益,不愿得罪这些国家的政府,对人权在这些国家里受到粗暴践踏的现象充耳不闻。照这个逻辑,美国人对他国人权管得不是太多,而是太少。各国"人民"应该联合斗争,向各国政府争自由,争经济权利。

由此联想到,在反对中国加入世界贸易组织、主张就人权问题制裁中国的美国人行列里,是少不了一些自称代表"人民利益"的左翼人物的。美国的思想政治阵线,原来如此复杂而又单一。批判"人人生而平等"的思想家,其实是赞成这一原则的,只是指责美国在实践上没有将平等原则贯彻到底而已。个人的自由权利在理论上高于国家权力,社稷是为人民而设立的,因而人民对他们所不信任的政府有权予以推翻。这些成为美国立国之本的观念,其实也是本书作者和美国其他批判家奉为圭臬的原则。

美国人终究是美国人,不管是精英还是异端,不管是保守派还是激进派。

本译文依据的是 1997 年的教学版,删除了其中专涉教学的序言、思考题以及同这个版本对应不上的索引,将它还原为一部通俗的学术著作。[2] 几位年轻译者都在国内重要的研究和教学单位工作,要我代为中文版序。读到这样有激情和冲击力的著作,这样流畅生动的译文,我又对照译文翻阅了原著的一些段落,也发现翻译是准确的,自然欣然从命。我不是美国史专家,对美国社会也谈不上多少了解,不揣冒昧,谨借此机会写下一点学习心得,期待这部好书在国内拥有众多读者。

注释

① 王缉思先生的这篇序言写于 2000 年盛夏,迄今为止,《美国人民史》的发行量已超过数百万册。

② 这次的新译本依据的是 2005 年 Harper Collins 出版的第五版全本,译者补译了教学版因教学时间限制而删去的各章内容,而且增加了第二十四章、第二十五章和后记。参见本书"译后记"。

新版译者前言

一

霍华德·津恩(Howard Zinn),1922 年 8 月 24 日出生在纽约一个贫穷的犹太移民家庭。他的父亲爱德华·津恩出生于奥匈帝国,第一次世界大战前移民美国。母亲简妮·拉比诺维茨出生于沙俄帝国东西伯利亚的伊尔库茨克。爱德华在饭店做服务生,大萧条时期还开过几家糖果店,但都不怎么成功。简妮是一名家庭妇女。

津恩在纽约布鲁克林的贫民窟中长大,毕业于当地的托马斯·杰斐逊高中。高中毕业后,他在一家海军兵工厂做过水管焊接工人,并在那儿同罗斯琳·谢克特相遇,两人于 1944 年 10 月结婚。这一时期,津恩深受狄更斯作品的影响,也读过马克思的一些著作。[①] 他积极参与了当地的劳工集会。17 岁那年,在参加时代广场的一次政治集会时,曾被警察用警棍打昏在地。[②]

第二次世界大战中,津恩参加了美国陆军航空部队,担任轰炸机投弹手,参加过对德国、捷克斯洛伐克、匈牙利等地的轰炸行动,曾获得空军勋章,升任二等上尉。战争中的经历对其日后反战立场的形成产生了相当大的影响。

战后,津恩回到布鲁克林,做过一段时间的勤杂工。他挖过沟渠,后来在一家啤酒厂工作。其间,他们夫妻曾租住在鼠患猖獗的地下室公寓里,后来又搬进了政府为低收入者所建的廉租房里。依据退伍士兵权利法案,津恩得到了进入纽约大学学习的机会。为了挣钱读书,他白天上课,晚上还要到一家仓库为卡车装卸货物。1951 年,津恩大学毕业,获得学士学位。次年获得哥伦比亚大学历史学硕士学位。1958 年,又获得哥伦比亚大学历史学博士学位。在哥伦比亚大学期间,津恩深受历史学家理查德·霍夫施塔特的影响。1960 年至 1961 年间,津恩还曾在哈佛大学东亚研究中心做博士后研究。

[①] Michael Powell, "Howard Zinn, Historian, Is Dead at 87", *New York Times*, January 28, 2010.

[②] Hillel Italie, *Howard Zinn Dead*, *Author of 'People's History of the United States' Died at 87*. The Huffington Post, January 27, 2010.

1956 年至 1963 年,津恩在亚特兰大著名的黑人女子学院斯拜尔曼学院历史与社会科学系任教并任系主任。其间还曾到法国巴黎大学和意大利波洛尼亚大学做过访问教授。由于积极参与民权运动,坚决支持学生运动,作为终身教授的津恩还是以"不服从"之名于 1963 年 6 月被校方解雇了。1964 年,津恩受聘于波士顿大学政治学系。此后,他在该校任教长达 24 年,直到退休。在波士顿大学期间,他以反对越战以及同校长约翰·西尔伯长期不和而闻名。他开设的有关公民自由权的课程深受大学生的青睐。

1988 年,津恩退休。退休之后的津恩仍然非常活跃,积极参加各种集会和演讲活动。2010 年 1 月 27 日,津恩在加利福尼亚的圣莫尼卡因突发心脏病去世,享年 87 岁。

津恩矢志不渝地反对战争和社会不公,为争取和平、民权而积极奔走呼号。他的巨大付出赢得了美国社会的广泛尊重,晚年的津恩曾折得许多荣誉桂冠,如和平修道院良知勇气奖(1996),托马斯·莫顿奖(1998)、尤金·德布斯奖(1998)、兰南文学奖(1998)、厄普顿·辛克莱奖(1999)、威斯康星-麦迪逊大学黑文斯中心奖(2006)、马丁·路德·金人道主义奖(2010)等,这些都是为表彰他持续不懈地推动和平和社会进步所做出的贡献而给予他的回报。诺姆·乔姆斯基在评价津恩的贡献时说:在我看来,没有人会有他这么大的影响力,他的历史著作改变了数百万人对我们历史的看法。① 对于津恩的去世,《卫报》在讣告中写道:随着这位激进的左翼斗士的离去,美国左翼史或将终结。

二

津恩是美国一位颇为知名的左翼历史学家和社会评论家,一生著述甚丰,先后出版过 20 多部著作。

贫穷的家庭背景,贫民窟中的童年经历,工作和生活的艰辛,所有这些无疑都对津恩的世界观形成产生了相当大的影响,使得他始终对广大的底层劳动者和社会弱势群体怀有一份深深的同情。终其一生,津恩的目光始终关注着"人民"这个美国社会最广大、也是最无助的群体,他的著述基本上也是围绕着这一主题展开的。他的硕士论文研究的是 1914 年科罗拉多煤矿工人罢工。博士论文《拉瓜迪亚在国会》研究的是菲奥雷洛·拉瓜迪亚任国会议员期间的活动,描述了以拉瓜迪亚为代表的一批"20 年代的良心"为争取公共权力,维护罢工权利,要求通过税收调控财富分配而进行斗争的艰辛历程。该论文于 1959 年由康奈尔大学出版社出版。

---

① Hillel Italie, *Howard Zinn Dead*, *Author of 'People's History of the United States' Died at 87*, The Huffington Post, January 27, 2010.

最能代表津恩对"人民"关注的是他于 1980 年出版的《美国人民史》一书。该书在深入发掘史料的基础上,详细论述了从殖民地时期以来美国人民受压迫、受剥削的历史以及他们不屈不挠、前仆后继地进行反抗斗争的历史。它通过生动地再现土著人反抗殖民者和征服者、奴隶反抗奴隶主、工人反抗资本家、妇女反抗男权等的历史真实,把一部活生生的美国"人民"的历史呈现在读者面前。该书出版后影响甚大,一版再版,为津恩赢得了广泛的声誉,是美国左派历史学的扛鼎之作。

2004 年,津恩同安东尼·阿诺弗联合出版了《人民的呼声:美国人民的历史资料集》。该书辑录了《美国人民史》中所摘引的那些来自于人民自身的原始资料的全文,包括演讲、文章、随笔、诗歌和歌词等。由津恩本人直接参与其中的纪录片《人民如是说》于 2010 年开始播出,它生动地再现了美国历史上那些反抗压迫的普通美国人的真实生活。显然,《人民的呼声》和《人民如是说》都可以看作津恩《美国人民史》一书的姊妹篇。2008 年,津恩教育基金项目启动,该项目主要用以资助那些在中学和大学里使用《美国人民史》一书的教育工作者。

津恩是一位高产的历史学家,一生留下了大量著述,除了上述著作外,其他还有诸如《南方的奥秘》(1962)、《大学生非暴力合作委员会:新废奴主义者》(1964)、《新政思想》(主编,1965)、《越南:撤退的逻辑》(1967)、《不服从与民主:有关法律与秩序的九大谬误》(1968,2002 修订)、《历史政治学》(1970)、《五角大楼文件评论集》(与诺姆·乔姆斯基联合主编,1972)、《战后美国》(1973)、《日常生活中的正义》(主编,1974)、《独立宣言拷问美国意识形态》(1991)、《一个乐观历史学家的反思》(1993)、《在疾驰的列车上你不能选择中立》(1994)、《津恩读本》(1997)、《历史的未来》(1999)、《论战争》(2001)、《论历史》(2001)《恐怖主义与战争》(2002)以及历史剧《埃玛》(2002)等。所有这些著作,几乎都离不开"人民"这个主题。

三

津恩不是一个单纯的书斋里的学者,他还是一位民权斗争和反战运动积极分子,积极参与了 20 世纪六七十年代的民权运动和反越战运动,其活动曾一度受到联邦调查局的关注。此后直至去世,他始终都是一位坚定的民权斗士和反战斗士。

津恩在斯拜尔曼学院历史与社会学系任教时,就已开始以一个比较成熟的社会活动家的身份参加当时美国国内如火如荼的民权运动。他同历史学家奥古斯特·迈耶一起成功地劝阻了南方历史学家协会在种族隔离饭店举行会议的行为。他还是大学生非暴力合作委员会的顾问,并且给《民族国家》和《哈珀杂志》供稿,向它们提供学生静坐示威等活动的报道。津恩本人曾同学生们一起到佐治亚州议会的白人区静坐。他还公开抨击当局违反宪法的行径,指责约翰·肯尼迪总统、司法部以及联邦调查局在保障民权方面的不积极甚至不作为。津恩的行为引起校方的不满,遂于 1963 年 6 月将其解雇。对自己在斯拜尔曼学院的这段经历,津恩后来回忆说,这七年是他一生中最感刺激、最有意义、最受教益的七年。"我从学生那里所学到的东西远比他们从我这里学到的东西要多得多。"

反战是津恩大半生社会活动的重要组成部分。他积极参加了反对越南战争的活动。1967 年,他把自己发表的相关文章结集出版,名为《越南:撤退的逻辑》,呼吁美国立即无条件从越南撤军。诺姆·乔姆斯基把该书视为津恩最为重要的一本著作,并把津恩称为明确地、公开地、有说服力地呼吁从越南撤军的第一人。1968 年 1 月,津恩同丹尼尔·贝里根牧师一起访问了越南,促使三名美国飞行员获释,这是美国轰炸北越以来越南首次释放的美国战俘。此事在美国曾轰动一时。他同时还在作家和记者抵制战争税公约上签名,郑重宣告将拒绝交税以示反对战争。津恩还积极参与了揭露美国介入越南战争内幕的《五角大楼文件》①的出版。当时,丹尼尔·艾尔斯堡曾把《五角大楼文件》的一份复印件送给津恩夫妇,津恩同诺姆·乔姆斯基一起对这份文件进行了编辑和注释。后来长期同津恩合作的灯塔出版社出版了五卷本的《五角大楼文件》,其中第五卷便是乔姆斯基与津恩主编的评论文集以及前四卷的索引。当艾尔斯堡以偷窃、间谍等罪名受审时,津恩受辩护律师之邀向陪审团解释了二战以来美国对越南干涉的历史,为艾尔斯堡进行了辩护。在越战期间,津恩还积极声援士兵反战运动。在 1971 年的一次反战集会上,他曾遭到波士顿警方毒打。对 1991 年和 2003 年美国发动的对伊拉克战争,津恩都持明确的反对态度,对战争的直接受害者伊拉克人民寄予深深的同情。他认为,美国发动对伊战争的理由是不充分的,也是违背联合国宪章的。出于同样的理由,"9·11"事件后,他也反对美国对阿富汗实施报复性轰炸,因为这种轰炸不仅无法消灭恐怖主义,反而会催生新的恐怖主义。2009 年奥巴马获诺贝尔和平奖时,津恩曾在评论中直言不讳地表示,应该把这个和平奖改称"战争和平奖"。

津恩把民权运动和反战运动视为自己的毕生事业。1988 年退休时,他最后一天的课不是选择在教室里,而是与学生一起参加支持校园内护士罢工的纠察队。退休后,他仍然热情不减,奔走于大学讲坛和群众集会之间。直到去世前,仍在为录制"人民如是说"节目而忙碌。作为一位著名的民权运动、反战运动的斗士,用"生命不息,战斗不止"来形容他的一生,实不为过。

_____

① 本书第 18 章对有关《五角大楼文件》的情况有详细披露。

四

作为美国新左派运动中的佼佼者，津恩大胆地同传统历史教科书的叙述方法决裂，提出了诸多与美国主流观点迥然而异的新看法。

津恩认为，现实世界是一个充满冲突的世界，一个充满无辜的牺牲者和凶残的刽子手的世界。任何一个国家都不是一个共同体，而且从来就没有过这样的共同体。事实上，每一个国家的历史，都是统治者与被统治者之间、奴隶主和奴隶之间、资本家和工人之间、种族和性别压迫者与被压迫者之间利益冲突的历史。这样，对于历史叙述者而言，就不可避免地会存在一个立场问题。站在统治者一边，人们满眼全是辉煌、进步、自由和繁荣；而站在被统治者一边，人们看到的则是侵略、暴力、奴役和贫穷。津恩明确表示，自己更愿意站在弱者一边，即尽可能向人们讲述阿拉瓦克人眼中的美洲发现史、奴隶眼中的宪法、爱尔兰裔纽约人眼中的美国内战、女工眼中的工业制度的兴起、古巴人眼中的美西战争、美国南部农民眼中的"镀金时代"、社会主义者眼中的第一次世界大战、和平主义者眼中的第二次世界大战、哈莱姆黑人眼中的罗斯福新政，等等。津恩指出，穷人的哭诉并不一定总是正确的，但要是听不到他们的哭诉，你就永远不知道公平是什么。

津恩认为，战争是人类的敌人，它名义上是为了扫除邪恶，实质上却是孕育邪恶的温床。它不仅无法从根本上解决任何问题，而且还会把每一个参与者都变成刽子手。战争有时会打出推翻暴君的旗号，但其受害者却总是无辜的民众；战争有时也会把打击恐怖主义作为借口，其实战争只会培育愤怒与仇恨，它本身就是恐怖主义。不难想象，一场每天都有平民被杀害，造成无数平民流离失所的战争怎么可能有正义可言？所以，津恩强调，不能把"正义的事业"与所谓"正义的战争"混为一谈，不能以"正义的事业"为借口去发动战争。① 在他看来，不管你打出什么旗号去发动一场战争，实际上，没有一面旗帜大到足以为屠戮无辜民众的行为遮羞。② 如果想要拯救我们赖以生存的这个星球的话，那么，废止战争就不应当只是一种美好的愿望，而应当是迫切的现实需要。

津恩对美国乃至整个西方世界的主流意识形态所标榜的民主、自由、平等有他自己的理解。他以美国这个自由世界的样板为例深刻剖析了其主流意识形态的虚伪性。津恩指出，所谓"美利坚合众国"，从来就不是全体人民利益的代表者，民主、共和两大党的背后都是大资本家，只要这些老板们满意，他们并不十分

---

① Howard Zinn, *A Just Cause*, *Not a Just War*, The Progressive, January 28, 2010.

② "*Terrorism Over Tripoli from Zinn Reader*, Seven Stories Press(1993) excerpted online". Thirdworldtraveler.com. http://www.thirdworldtraveler.com/Zinn/Tripoli_ZR.html.

在意民意如何。所谓"生而自由"也属妄语,美国自开国之初就是人生来就有奴隶和自由人、佃农和地主、穷人和富人之分。所谓"人人生而平等"并不包含印第安人、黑人和妇女。百分之一的富人拥有全美三分之二的财富,在这种状况下有什么平等可言?!津恩对印第安人、黑人、妇女、穷人等弱势群体为争取和维护自身权益而进行的不屈不挠、前仆后继的反抗斗争深表同情并赞赏有加。津恩指出,历史的经验表明,"你决不能绝望。如果你是对的,只要你坚持下去,事情就会有变化。"①"自由不是赐予的,而是争取的。"②

作为著名的左派历史学家和民权斗士,难免会同社会主义发生这样那样的关系。津恩年轻时就读过马克思的著作并受其影响,但他并不是一个马克思主义者,他对社会主义持同情态度,但也不是严格意义上的社会主义者。用他自己的话说,他"在某些方面是一名无政府主义者,某些方面又是一位社会主义者,大概算是一位民主社会主义者吧"。③津恩表示,社会主义是一个美好的名词,但苏联把它给糟蹋了。在他看来,社会主义意味着社会充满友善和祥和,意味着财富共享,意味着社会生产不是为了大公司的利润而是为了满足人民的需要。在美国,社会主义拥有像尤金・德布斯、克莱伦斯・达罗、琼斯妈妈和埃玛・戈德曼这样的优秀人才,社会主义者的报纸拥有数百万的读者,社会主义仍然是一个美好的名字。④津恩谴责资本主义制度是"一个造成巨大浪费的制度、一个不公正的制度、一个关心利润超过关心人们的需要的制度"⑤,既然要超越资本主义,那么,人们就不应当放弃社会主义。⑥

津恩生前接受采访时表示,如果说自己有什么东西值得人们怀念的话,那就是"向人们提供了对世界、战争、人权、平等问题的新看法,而这些新看法正在为越来越多的人所接受"。他是当之无愧的。

五

《美国人民史》是津恩的一部扛鼎之作,也是新左派史学家的代表作之一。该书初版于1980年,共21章,叙述了自殖民地时期白人殖民者对印第安人的残

①　"Tomgram: Graduation Day with Howard Zinn". Tomdispatch. com. http://www. tomdis-patch. com/post/2728/graduation_day_with_howard_zinn.

②　Howard Zinn, A People's History of the United States. New York, 2005, p. 460.

③　Paul Glavin & Chuck Morse, War is the Health of the State: An Interview with Howard Zinn, Perspectives on Anarchist Theory, Vol. 7, No. 1, Spring 2003.

④　Dave Zirin, Howard Zinn: The Historian Who Made History, The Huffington Post, January 28, 2010.

⑤　Howard Zinn, A People's History of the United States. New York, 2005, p. 403—404.

⑥　Dave Zirin, Howard Zinn: The Historian Who Made History, The Huffington Post, January 28, 2010.

酷掠夺起直到20世纪70年代卡特执政时期的内外政策及美国社会变动为止美国的历史。此后,该书一版再版,作者生前最后一版增加到25章,下限延至21世纪初小布什上台和9·11事件后的反恐战争。其教学版被一些中学和大学选作教材,先后印行了数十版。目前该书各种版本的发售总量已达数百万册。

《美国人民史》一书的最大特点是从普通人而非政治和经济精英的视角来讲述历史,其主角不是征服者、统治者、政客和资本家,而是印第安人、黑奴、劳工、妇女以及逃犯、示威者、骚乱者、拒服兵役者,等等。正如津恩自己所说,他要讲述的是那些反对奴隶制度和种族歧视的勇士的历史,是那些为争取劳工权利而领导罢工斗争的工人领袖的历史,是那些反对战争和军国主义的社会主义者及其他人士的历史。因此,本书的主人公不是西奥多·罗斯福们,而是马克·吐温们,因为前者对战争情有独钟,对刽子手和屠夫们给予褒奖,而后者则谴责屠杀行为,对帝国主义予以嘲讽。在美国历史上,最值得人们敬重的,是那些勇敢地站出来反对伊拉克战争的斗士,是那些冒着生命危险举行抗议和示威活动、要求废除种族隔离制度的南方黑人,是那些利用一切手段反对资本巨头、为改善自身生存条件而不懈奋斗的劳工……

《美国人民史》以巨量篇幅展示了美国底层人民和弱势群体的悲惨境遇,并以他们的反抗斗争贯穿始终。它既是一部美国人民的苦难史,也是一部美国人民的斗争史。例如,人们在书中不难发现,从殖民地时期以降的数百年间,印第安人始终摆脱不了被迫害、被驱逐、被屠杀、被欺骗、被遗弃的命运,而美国历届政府则背信弃义,先后撕毁的同印第安人各部落所签订的条约有四百多个。[1]对于黑人、妇女、儿童、穷苦劳工、华工等弱势群体的遭遇,书中都有栩栩如生的描写,作者对他们的不幸也都寄予了深深的同情。哪里有不公,哪里就会有反抗。书中对印第安人、黑人反抗种族歧视的斗争,对工人争取自身权益的罢工斗争,对妇女运动、学生运动、反战运动以及社会主义者和无政府主义者所开展的活动,都有详细而生动的记述,材料鲜活,绘声绘色。津恩表示,美国是一个美丽的国家,只不过是被那些不尊重人权和宪法自由的人统治着。而《美国人民史》就是要告诉读者:我们国家的历史,就是一部为反对强盗资本家和战争贩子而斗争的历史,为实现"生命、自由和追求幸福"的平等权利而奋斗的历史。[2]

《美国人民史》用大量事实无情地揭露了美国统治阶级的谎言,批判了经济和政治精英们所构建的有关美国内外政策的种种神话。当大多数人念念不忘《独立宣言》"人人生而平等"的名言时,津恩却要告诉人们,"《独立宣言》的真实

[1]　Howard Zinn, *A People's History of the United States*. New York, 2005, p. 526.
[2]　Howard Zinn(2007-07-01). "Making History". New York Times. http://www.nytimes.com/2007/07/01/books/review/Letters-t-1.html.

内涵在于:由重要人士组成的上层阶级需要大量的美国人来反抗英国人,但他们又不希望彻底打破150年间建立发展起来的财富和权利关系格局"。当人们对美国宪法顶礼膜拜时,津恩所要揭露的却是:"我们的宪法前言谎称是'我们人民'起草了这部宪法,而不是55名享有特权的白人男子为了自己的阶级利益需要一个强大的中央政府。"①在作者笔下,乔治·华盛顿是美国最富有的人,约翰·汉考克是一个成功的波士顿商人,本杰明·富兰克林是一个富裕的印刷业主,亚历山大·汉密尔顿持有巨额利息,詹姆斯·麦迪逊的种植园里奴隶成群,安德鲁·杰克逊更是一个土地投机商、批发商、奴隶贩子和印第安人最凶恶的敌人。②还有哥伦布的种族灭绝行为、西奥多·罗斯福的嗜血成性以及林肯种族政策的缺陷、尼克松和基辛格的无耻之尤,等等,都被刻画得入木三分。津恩指出:"利用政府达到阶级目的,为富有者和权贵们的利益服务,这一传统贯穿了整个美国的历史并一直延续到今天。在这种语言的掩饰之下,就好像我们所有的人,不管你是富人、穷人还是中产阶级,有着共同的利益。"③当总统们得意洋洋地宣布"我们的经济状况良好"的时候,对于那些在贫困线上挣扎的人而言其实一点也不好。阶级利益总是被"国家利益"这个无所不包的托辞所掩盖。在这一幌子下,美国发动了对印第安人的战争、对墨西哥的战争、对菲律宾的战争,等等;基于这一借口,杜鲁门在朝鲜实施了"警察行动",约翰逊和尼克松在印度支那进行了一场战争,里根入侵格林纳达,布什入侵巴拿马和伊拉克,克林顿轰炸伊拉克,小布什轰炸阿富汗,津恩问道:"当一小撮人决定发动一场战争,而国内外其他的很多人因此而丧生或致残,难道这就是所谓的'国家利益'吗?难道人民就不应当问一声他们究竟是在为谁的利益而战吗?"④政府试图欺骗人民,报纸和电视也干着大致相同的勾当,但真相终究是掩盖不了的。纵然是一百个谎言,也难以抵挡一个真相的威力。⑤

六

《美国人民史》这部以下层人民、弱势群体为主角写成的美国通史,是美国历史上最为畅销的历史读物之一。该书文字优美,语句铿锵,资料鲜活,精彩叠呈。它虽然是一部严肃的历史著作,却又饱含着作者真挚的情感,读起来不仅朗朗上口,而且常常让人激情澎湃。该书1980年问世后,经作者多次修订,销售量巨大,并被陆续译成日文、法文出版。在全球拥有众多读者的法国《世界报》附刊

---

① ③　Howard Zinn, *A People's History of the United States*. New York, 2005, p. 684.

②　Howard Zinn, *A People's History of the United States*. New York, 2005, p. 85, 91.

④　Howard Zinn, *A People's History of the United States*. New York, 2005, p. 685.

⑤　*Tomgram: Graduation Day with Howard Zinn*. Tomdispatch.com. http://www. tomdispatch. com/post/2728/graduation_day_with_howard_zinn.

《外交世界》月报还曾于 2003 年授予该书法文版好书奖。

中国学术界对霍华德·津恩及其作品的了解是从改革开放之后的 20 世纪 80 年代开始的。比较早的是北京师范大学历史系主办的内部刊物《史学选译》第五期(1982 年 10 月)上刊登津恩《马克思主义与新左派》一文。随后《历史教学》杂志 1983 年第 10 期发表了著名美国史研究专家黄绍湘教授的文章《评霍华德·津恩的〈美国人民史〉》,这是《美国人民史》问世后国内第一篇评介性的重头文章。文章着重介绍了该书的主要内容、写作视角和主要特点,并结合该书相关内容,对美国史学史的主要思潮进行了简明扼要的评点。不久,《现代外国哲学社会科学文摘》1985 年第 6 期又发表了钟方的介绍性短文《津恩:美国人民史》(全文仅 500 余字)。虽然《美国人民史》一书甫一问世即受到我国学者的关注,但令人遗憾的是,在此后的十多年间,津恩本人及其著作似乎并没有引起国内相关领域太大的兴趣,无论是研究界还是翻译界,《美国人民史》一书都再鲜有人问津。直到 1999 年初,《天津外国语学院学报》在该年第 2 期上才又发表了刘大勇题为《〈美国人民史〉——一部美国史的佳作》的评介文章。不过,该文的评介对象已是《美国人民史》一书的 1995 年修订版了。

2000 年 10 月,上海人民出版社推出了《美国人民史》一书的第一个中译本。但这个译本所依据的不是该书的完整版,而是 1997 年的教学版,只是在翻译时删除了其中专涉教学的序言、思考题,把它还原成了一部通俗的学术著作。也就是说,第一个中译本实际上是《美国人民史》的简本或者删节本。这个中译本的出版,对于中国人了解霍华德·津恩及其观点,了解《美国人民史》起了极大的推动作用。尤其是该书的出版适逢网络的日渐普及,中译本的部分章节在一些网站上广为流传,这在客观上起到了传播和宣传作用。著名美国问题专家王缉思教授为中译本写了序言。王序不是简单的介绍性文章,而是一篇学术含量丰富的论文,不仅对读者了解霍华德·津恩及其观点,了解《美国人民史》一书有极大帮助,而且对于我们研究美国历史及美国社会和文化都有启迪意义。该序言除在在网络上广为传播外,还曾被国内发行量颇大的《读书》杂志在其 2002 年第 3 期的“文事近录”栏目中以“美国人民的历史”为题摘要发表。王序对《美国人民的历史》中译本的传播也功不可没。

又一个十年过去了。当霍华德·津恩溘然长逝时,中国的一些报刊和网络上都出现了些许纪念性文章,而且几乎都提到了他的《美国人民史》及其中译本,这说明中国人(包括不少草根网民)对津恩以及他的这部著作已不再那么陌生。当然,相较于美国的统治精英及其主流意识形态,我们对津恩这种美国的“另类”人物及其“另类”著作所知仍然相当有限。正因为如此,上海人民出版社在相隔十年之后出版这部《美国人民史》汉译新版才显得尤为必要。汉译新版所依据的是津恩生前修订的《美国人民史》最后一版。较之汉译第一版,新译本不仅续补了克林顿执政时期直到"9·11"事件发生和美国借反恐之名空袭阿富汗的两章内容,而且还补译了汉译第一版所依据的教材版中略去的全部内容。我们相信,它的出版必将再次激起国人对津恩及其著作的兴趣,推动国内津恩研究的进一步深化。研究津恩一类人物及其思想,并不仅仅在于了解他们本身,更重要的是他们向我们展示了迥异于美国主流意识形态所描绘的另一个美国,这对于我们全面认识美国的历史与现在,全面认识美国的政治、经济、文化与社会,无疑会大有裨益。另外,像津恩这样的"另类"学者何以能够有所成就,并在美国著名学府里堂而皇之地坐而论道,其颇为"另类"的著作何以能够为众多中学和大学用作教材而广为流布,他们对美国社会的进步究竟发挥着何种功能,这也是值得我们深思的问题。我们期望更多的国人关注津恩及津恩一类人物,也期待更多津恩著作的汉译本问世。

蒲国良

2013 年 2 月

于中国人民大学

目　　录

第一章

哥伦布、印第安人和人类的进步

肤色黄褐的阿拉瓦克族的男男女女们，一个个赤身裸体、满怀好奇地奔出村落，跑到海岛岸边。有的人还跃入大海，想游近这只陌生的大船看个究竟。当哥伦布和他的船员们手提长剑，操着一口陌生的语言一登上海岸，阿拉瓦克族人便带着他们的食品、水和其他礼物跑上前去迎接。在后来的航海日志中，哥伦布写道：

> 他们……给我们带来了鹦鹉、棉花球、长矛以及其他许多东西，并用这些东西来换我们的玻璃念珠和鹰铃，他们非常乐意把他们所有的一切都拿来交换……他们体格健壮，身材匀称，相貌堂堂。他们手无寸铁，而且根本不知道什么叫做武器，因为当我向他们展示我的长剑时，他们竟然愚蠢地用手去握那利刃，结果可想而知，他们的手被割破了。他们没有铁器。他们的短矛是用竹竿做成的……用他们作奴仆一定会很不错的……只要五十个人，我们就能把他们全部征服，供我们随心所欲地使用。

巴哈马群岛上的这些土著居民与美洲大陆上的印第安人非常相像，他们以热情好客、信仰一致而著称（欧洲的观察家们都一再这样说）。这些品质甚至在文艺复兴时期的欧洲也是很难看到的。此时欧洲正处于教会神权及封建君主的统治之下，标志着西方文明到来的拜金主义开始泛滥。也就是在这个时候，欧洲的第一批探险家克里斯托夫·哥伦布们动身前往美洲。

哥伦布写道：

> 当我一到达"印度"，站在它的第一块土地上，站在我自己发现的第一个岛上时，我做的第一件事，就是动手抓了几个当地人，因为他们十有八九了解这里的一切并且能够把自己了解的一切都告诉我。

哥伦布最想知道的是：哪里有黄金？他是在说服西班牙国王和女王出资赞助他的远航探险之后才踏上这片土地、这个富饶之邦的。他一直期望的是：在大西洋的彼岸（印度和亚洲）能够找到黄金和香料。因为在当时，像其他略通科学知识的人一样，哥伦布相信地球是圆的，只要他驾船一直向西，他就一定能够到达远东。

此时西班牙刚实现统一不久，作为一个新兴的现代民族国家，像法国、英国、葡萄牙一样,它的绝大部分人口是贫穷的农民,他们供养着只占这个国家人口的2%、却拥有95%的土地的地主贵族们。西班牙人笃信天主教,他们驱逐犹太人,赶走了信奉伊斯兰教的摩尔人。像世界上其他国家一样,西班牙也在寻找黄金,因为这时黄金正在成为一种新的财富象征,它的价值远远超过土地。只要有了它,什么都能买得到。

几个世纪之前,马可·波罗以及其他一些陆路探险者,曾给人们带回无数的奇珍异宝,所以,人们一直相信,亚洲遍地都是黄金,更不用说丝绸和香料了。但是现在,土耳其人占领了君士坦丁堡和东地中海地区,控制了通往亚洲的陆路交通,所以亟须开辟一条海上路线。葡萄牙人当时正驾船绕过非洲的最南端。西班牙人也不甘示弱,决定冒险横穿当时还鲜为人知的大西洋海域。

费迪南国王和伊莎贝尔王后向哥伦布许诺:作为回报,不仅将把此行获得的10%的财物(黄金和香料)赏给他,还要把新发现陆地的统治权赐予他,并授予他世袭的海军上将头衔。哥伦布是来自意大利热那亚城的一个商人,同时又是一名纺织工人(他是一个熟练纺工的儿子)和出色的水手。于是他率领三艘帆船(其中最大的一艘叫圣玛利亚号,长约100英尺,有39名船员)出发了。

哥伦布把世界想象得小了点。其实亚洲比起他的测算还要远上几千里,因此他根本不可能到达。相反,他注定将在一望无际的大海里漂泊下去。然而,他又是那么幸运,当船队航行到整个航程四分之一的时候,一片海图上没有标明的陌生大陆横亘在他的眼前。这就是美洲大陆——它位于欧洲与亚洲之间。此时正是1492年10月初的一天,距他们离开非洲大西洋一侧的加那利群岛正好是33天。当时,他们看到水面上漂浮着许多树枝木杈,天空中有成群的鸟儿在飞翔。这些都表明前方是一片陆地。10月12日,天刚破晓,一位名叫罗德里戈的水手,看到了月光下闪耀着片片银光的白色沙滩,他惊喜地大叫起来。他们看到的是巴哈马群岛中的一个岛屿①,它位于加勒比海之中。本来有言在先:第一个看到大陆的人可以获得1万马拉维迪的年金。但是,罗德里戈却从来没有得到过这笔钱。它们全都塞进了哥伦布的腰包,因为他当时宣称,还在前一天晚上,他就曾看到过一束亮光。

接下来就是他们靠近海岸时阿拉瓦克族印第安人跃入水中欢迎他们的那一幕了。阿拉瓦克族人居住的村落可以称之为农村公社,这里的农业种植技术比较发达,种有玉米、马铃薯、红薯、木薯等等。他们还会纺线织布,但是他们不会役使马匹和其他能用来劳动的动物。他们没有铁器,但是他们的耳朵上却缀有微小的黄金饰物。

正是这个小小的饰物给他们带来了厄运:哥伦布像押送犯人一样把他们带

---

① 即瓦特林岛或称为圣萨尔瓦岛。(以下凡未注明者,均为译者注)

上船,因为他相信,这些土著人能带他找到出产黄金的地方。他们先是航行到了今天称之为古巴的地方,继而到达了伊斯帕尼奥拉(今天海地和多米尼加共和国的所在地,是一座岛屿)。他们在那里的河水中发现了少许黄金颗粒。当地一个印第安人部落的首领还赠送给哥伦布一个黄金面具。这一切都使他们产生了无限的遐想,他们仿佛看到了黄金遍野的诱人景象。

他们从搁浅的圣玛利亚号上拆下船骨,在伊斯帕尼奥拉建起了一座堡垒,这是欧洲人在西半球建立的第一个军事要塞,哥伦布给它起名叫纳维达(圣诞城),并留下了 39 名船员,他们的任务是负责指挥印第安人寻找和储藏黄金。他把抓获的更多的土著人关押在其余的两只船上。在岛上,他们还同印第安人打了一仗,原因是印第安人拒绝交换给他们所需要的那么多弓箭。战斗中,两名阿拉瓦克族人被长剑刺中,流血过多而死。一切结束之后,尼尼亚号和平塔号扬帆起航,朝着亚速尔群岛和西班牙方向驶去。当时天气已逐渐转冷,被押上船的印第安人中开始有人死亡。

在呈送给马德里王室的有关这次探险的报告中,哥伦布极尽夸张之能事。他极力宣称他已经到达了亚洲(实际是古巴)并在中国(实际是伊斯帕尼奥拉)沿海的一座岛屿上靠岸。他的描述真假参半:

> 伊斯帕尼奥拉真是一个人间仙境,这里有崇山峻岭,也有平原牧场,处处富饶而美丽⋯⋯这里有优良的海港,好得让人难以置信;这里有数不清的河流,而且绝大部分河里都含有金沙⋯⋯这里还盛产香料,有大型的金矿和其他金属矿区⋯⋯

根据哥伦布的描述,"凡是亲眼所见之人,无不认为"印第安人"心地纯朴,在各自的领地里无拘无束地生活。若有人向其索求物品,从来不予回绝,反而拿出来与大家分享⋯⋯"在报告的最后,他祈求国王和王后再给他一点小小的资助,作为回报,他将在下一次远航之后给他们带回"要多少有多少的黄金⋯⋯要多少有多少的奴仆"。他以宗教般的虔诚祈祷说:"永恒的上帝,圣明的主啊!赐福给那些明知不可为而为之的人们吧,保佑他们实现自己的愿望。"

由于哥伦布夸大其辞的渲染和重金许诺,在第二次探险开始的时候,他居然拥有了一支包括 17 艘帆船和 1200 名船员的庞大船队。他们的目标很明确,就是奴隶与黄金。在加勒比海之中,他们一个岛屿一个岛屿地搜寻,见到印第安人就抓。但是随着欧洲人的企图逐渐昭然若揭,他们开始发现,越来越多的村庄在他们到达之时已是空无一人。到达海地的时候,他们发现,原先留守在纳维达城堡的海员,已经在一场战斗中被印第安人全部杀死了。原因很简单,他们成群结伙地在岛上乱闯,寻找黄金,还掠走土著的儿童和妇女作为劳动和性奴役的对象。

这一次,哥伦布还是从海地的这个军事基地出发,深入到岛屿内部,一次又一次地探险寻宝,结果却令人大失所望,根本没有什么金矿。迫不得已,他们只好满载着其他一些收获物返回西班牙。1495 年,他们继续大规模地从事掠夺贩卖奴隶的活动。约有 1 500 名阿拉瓦克男女,包括儿童,被抓来关在一起,由西班牙人和猎狗看管着。后来,又从中挑出 500 名体格健壮者装载上船。这 500人中,有 200 人死于航行途中,其余的一运回西班牙,就被城镇中的神父、主教们拿到市场上出售。他们是这样描写这些被俘的奴隶的:这些奴隶们"从生下来起就一直赤身裸体",他们像动物一样"不知羞耻"。哥伦布后来也写道:"让我们以圣父、圣子、圣灵的名义,源源不断地把这些可以自由买卖的奴隶们运到这里来吧!"

由于俘获到的奴隶死亡太多,哥伦布分给大家的这一额外收益自然也大打折扣,但他不得不兑现曾经许下的诺言:把黄金装满船。在他们的想象中,海地的谢戈省应该有大片的金矿。于是他们下令,所有 14 岁以上的印第安人,必须每 3 个月交出一定数量的黄金,每个人在交完之后,要在脖子上套上一个铜圈,作为完成任务的标记。凡脖子上没有铜圈的,将被剁去双手,直至失血过多而死。

想完成这项差事实际上是渺无希望的。即使能从河流中淘得一些,那也仅仅是一些细小的黄金沙粒。所以,印第安人选择了逃跑。而一旦被猎犬追回来,便会遭到杀戮。

面对身着盔甲、腰佩长剑、骑着战马的西班牙殖民者,阿拉瓦克人奋起反抗。而他们一旦被西班牙人抓获,不是被吊死就是被烧死。阿拉瓦克人开始服食有毒的木薯,大规模地自杀,还亲手杀死婴幼儿,以"拯救"他们免遭西班牙人的毒手。在两年的时间里,通过谋杀、残害、自杀等方式,25 万阿拉瓦克人中已有一半死掉了。

要找到黄金是不可能了。于是,可供役使的印第安人在西班牙人眼里便成了巨大的财富。这些被抓来的印第安人被当作奴隶在庄园里劳作,这就是后来所称的"监护制"。他们的劳动强度超出了常人忍受的范围,结果导致数以万计的人死亡。至 1515 年,印第安人还有大约 5 万人。到 1 550 年,就仅剩 500 人了。而 1650 年的一份报告显示,最初的阿拉瓦克人和他们的后裔,此时已经在岛上消失了。

有关哥伦布的船队到达该岛之后发生的许多事情,其主要的、也是唯一的消息来源是一位年轻的传教士巴托洛梅·德·拉斯卡萨斯的讲述。他参与了对古巴的征服活动,并曾一度拥有一个役使印第安人劳作的种植园。但后来他不仅放弃了种植园,而且强烈批评西班牙所犯下的暴行。拉斯卡萨斯抄录了哥伦布的航海日记,并在 50 多岁的时候开始编写多卷本的《印第安人史》。在书中,他对印第安人多有描述。他写道:他们动作敏捷,尤其是妇女,能在水里游得很远。

他们也并非彻底的和平主义者,因为他们时不时地要同其他部落作战。不过,他们的伤亡都不大,因为他们往往都是在自己感到不公的时候才去打上一仗,而不是国王或将领命令他们去打仗。

在印第安人部落中,妇女享有的优越地位令西班牙人吃惊,拉斯卡萨斯是这样描述他们的两性关系的:

> 这里没有什么婚姻法:男人和女人是平等的,大家可以随意地选择和抛弃他们的配偶,而用不着为此伤了和气、彼此嫉妒或是相互怨恨。他们的生育繁殖速度快得惊人;怀孕的妇女直到临产前的最后一刻还在劳动,生产时也显得毫无痛苦。第二天下河洗澡之后,她们又像生育之前一样干净和健康。如果厌倦了自己的配偶,她们就会服用药草,引起死胎并使自己流产,并用树叶或是棉布遮住羞处。一般情况下,印第安人对待赤身裸体的态度,就如同我们看惯了一个人的脑袋和双手一样自然。

据拉斯卡萨斯说,印第安人没有宗教,至少没有庙宇。他们

> 共同居住在可以容纳 600 人的巨大钟形建筑物里……这种建筑物是用粗壮的木头搭建的,上面覆以棕榈叶……他们对用来做念珠的各种颜色的鸟的羽毛、鱼骨以及绿色和白色的骨头(他们常常用来做耳饰和唇饰)都情有独钟,却从不看重黄金和其他人视为珍宝的东西,他们不从事任何商业活动,既不买,也不卖。他们过度依靠其所处的天然环境维持着生存。他们使用自己的物品时特别慷慨大方,他们使用朋友的物品也是如此,希望对方也能同样地慷慨大方……

拉斯卡萨斯最初力主用黑奴代替印第安人,因为在他看来,黑人更强壮一些,因而更容易活下来。不过,当亲眼目睹给黑人带来的灾难之后,他后来又开始同情起黑人了。在其所著《印第安人史》第二卷中,拉斯卡萨斯记述了西班牙人到底是如何对待印第安人的:

> 无数的证据……证明,温文和善、爱好和平是印第安人的天性……但是我们却做了些什么呢?煽动仇恨、疯狂掠夺、大肆屠杀、糟蹋破坏。对此我们已经习以为常。即使他们偶尔杀死了我们的某一个人,我们也表现得麻木不仁……面对这真实的一切,我们的海军上将却熟视无睹,对他的手下听之任之。取悦国王之心如此急切,怎能不使他对印第安人犯下滔天的罪行……

据拉斯卡萨斯描述,西班牙人变得一天比一天狂妄自大。过不多久,他们甚至连一步路都不愿自己走了。他们"随时随地都骑到印第安人的背上",或者让印第安人轮流用吊床抬着他们。"这时,还要有印第安人举着大叶子为他们遮阴,另一些印第安人为他们扇着鹅毛扇。"

要想达到彻底控制的目的,就必然要采取十足的暴力。西班牙殖民者"从不

把捅上印第安人十几、二十几刀，或是从他们身上拉下几片肉来一试刀刃的快利，当作一回事。"拉斯卡萨斯讲述了这样一个经历："有一天，两个所谓的基督教徒遇见两个印第安小男孩，他们每人带着一只鹦鹉。两个基督徒从孩子们手中夺走了鹦鹉，并砍下两个孩子的头来取乐。"

印第安人的自卫努力以失败告终。他们逃进山里，一旦被发现，便格杀勿论。拉斯卡萨斯写道："当他们明白在这个世界上再没有人可以求助的时候，他们只能逆来顺受，或者死在矿山上，或者在绝望中默默地劳作。"他是这样描述他在矿山上工作时的情形的：

> ……一座座山头被从山顶到山脚又从山脚到山顶采掘了不知道多少遍，他们凿洞、碎石、搬运石块，把渣土驮到河里去淘。而那些在河里淘金的人则要一直弯着腰呆在水里，腰椎因而折断是常有的事。如果水漫进了矿坑，最费力的事情便是一盆盆地把水舀出去，直到把矿坑里的水排干……
>
> 每个工作队采掘足够冶炼的黄金需要六至八个月的时间，而每六至八个月的工作周期结束的时候，一个工作队总会有差不多三分之一的人死掉。

在土著男子被遣送到很远的地方去采矿之时，他们的妻子仍被留在田里从事耕种。她们被强迫去开山造田，种植木薯。

> 夫妻之间八至十个月才能团聚一次，而当这唯一的相见来临时，双方都已是筋疲力尽，神情沮丧……他们不再生育。至于新生儿，也因为母亲超负荷工作和忍饥挨饿造成无奶可喂而早早夭折。也正因为这样，我在古巴的时候，3个月内就看到有7 000名儿童死去，甚至一些母亲还在极度绝望之中亲手溺死自己的孩子……就这样，丈夫们死在矿区，妻子们在劳作中倒毙，孩子们则由于缺奶而夭亡……曾经富庶繁盛、人丁兴旺的小岛，一时间人口锐减，满目萧条……我亲眼目睹了这些丧失人性的所作所为，现在一提起笔来，仍不寒而栗。

拉斯卡萨斯写道，当他1508年到达伊斯帕尼奥拉时，"这个岛上，包括印第安人在内，共有6万人，也就是说，从1494年到1508年间，由于战争、贩卖奴隶和开采金矿而导致的非正常死亡人数已经超过了300万。我们的后人怎么会相信呢？连我这个亲身经历、亲笔记下这一事实的人都不敢相信这是真的……"

500年前欧洲人侵略美洲大陆印第安土著居民的历史就这样开始了。印第安人最初有多少人？是拉斯卡萨斯说的300万，还是一些历史学家推算的不足百万，甚或是现在一些历史学家说的800万？即便拉斯卡萨斯的数字有所夸大，但是，在读过他的著述之后，你便不难相信，五百年前开始的这个历史，是一部征服史，一部奴役史，也是一部死亡史。但在美国儿童的历史教科书里，它却被美化成一次不流血的英雄冒险活动，并把它一代又一代地灌输给孩子们。它还被冠以"哥伦布日"的美名加以庆祝。

上过小学和中学之后，人们也仅仅是偶尔获得其他一些略带暗示性的背景知识。哈佛大学历史学家萨缪尔·埃略特·莫里森是研究哥伦布的权威，他著有多卷本的哥伦布传记。他本人就是一名水手，曾追寻哥伦布当年的航行路线横穿大西洋。在那本写于1954年的名著《水手克里斯托夫·哥伦布》中，他向人们讲述了这场奴役和屠杀是如何发生的："是哥伦布一手开创了这种残忍的政策，他的后继者继承了他的作法，其结果就是大规模的种族灭绝。"

但紧接着这段话，他笔锋一转，开始讲述起一个伟大的浪漫故事来。在该书的最后一段，莫里森总结了他对哥伦布的看法：

> 他虽有缺点和不足，但瑕不掩瑜。他身上有许多伟大的品质，如不屈不挠的意志；对上帝无限虔诚，把漂洋过海传播基督福音当作自己的使命；面对冷漠、贫困、灰心失望而倔强固守。而在他所有的特点中，最出色、最本质的就是他那炉火纯青的航海技术。

有人可能会对这段历史撒谎，有人则可能把那些会让人无法接受的事实干脆略去不谈。但莫里森没有这样做。他要让人们看到一个真实的哥伦布。他没有忘记大屠杀的历史，相反，在这一问题上，他使用了他所能用的最激烈的言辞：种族灭绝。

但他也有他自己的做法：对事实真相一笔带过，对他认为是更重要的其他情况则大加笔墨。不管是粉饰过去，还是遮掩事实真相，这些做法一旦被读者看破，就有可能引起读者对作者的反感和不满。如果先直陈其事，然后再把它淹没在大量的其他情节之中，这就好像是在心平气和地告诉读者：是的，是发生过大屠杀，但这没有什么可大惊小怪的，这对作出最后的评判来说无足轻重，对我们在这个世界上所做的一切来说，它的影响也是微乎其微的。

对历史学家们来说，确实存在着对某些历史事实进行轻重取舍的问题，这也是很自然的事。就像绘制地图的人一样，为了绘制一张特定用途的地图，他们必须首先把地球的形状扭转、摊平，然后从纷繁复杂的地理学信息中，挑选出符合特定需要的那些信息，制成这样或那样的地图。

我所说的并不是反对进行取舍、加以简化或者加以强调等，对绘图者和历史学家们来说，这些都是必需的。绘图者所做的扭曲，只不过是为了满足那些需要地图的人的一般性目的而作的一些必要的技术处理；但历史学家们的"扭曲"就不仅仅是技术性的了，它属于意识形态的范畴，涉及一个各种兴趣彼此冲突的世界。所以，不管历史学家们是否意识到这一点，他所作的任何一种带选择性的强调，都是在支持某些特定的兴趣，不管这种兴趣与经济、种族有关，还是与国家和性别有关。

此外，作为意识形态方面的兴趣，它不像绘图者做技术处理那样明显和张扬。例如："这是一张为远洋航行设计的麦卡托式投影地图——要是为了得到近距离的地区航线,你最好使用别的地图。"历史却不是这样,历史学家们竭尽所能为所有读者呈现的,是大家共同感兴趣的历史。

9　　　为突出哥伦布及其后继者作为航海家和新大陆发现者的英雄主义精神,而淡化他们的大屠杀行为,这并不是出于技术上的必要,而是一种意识形态的选择。这种选择本身就是不自觉地在为所发生的一切进行辩护。

我的观点并不是说,在谈及历史的时候,我们必须非难、审判或是谴责一个退出历史舞台的哥伦布,这一切都为时已晚,作为一种学者式的道德声讨已毫无作用。反过来,一种暴行,如果对于社会的进步是必需的,那么不管其代价是多么的惨重,人们还是容易接受的,就像为挽救西方文明美国向广岛扔下原子弹、出兵和轰炸越南、苏联为挽救社会主义而镇压喀琅施塔得起义、出兵干涉匈牙利,以及美苏为挽救全人类而进行核扩散一样。这样的历史悲剧仍在不停地上演。而之所以如此,就是因为,人们学会使用大量其他不相关的事实来淹没和淡化这些东西,其效果就像把密封好的核废料埋入地下一样。

这样来看待英雄人物(立国之父们)和他们的牺牲品(阿拉瓦克人等),即把征服和屠杀放在历史进步的进程中来看待,从而平静地加以接受,仅仅是对待历史的态度和方法的一个方面。在这里,是从统治者、征服者、外交家、领导人的视点来叙述历史。像哥伦布等人一样,华盛顿、杰克逊、林肯、威尔逊、罗斯福、肯尼迪、国会议员、最高法院的高级大法官,似乎理应受到普遍的肯定和认可;他们似乎就代表了整个国家。在这方面还有一种伪饰之词,就是认为真有这样的一个"美利坚合众国",虽然它偶尔也会发生冲突和争执,但基本上是一个代表着全体人民一致利益的共同体。宪法、领土扩张、国会通过的法案、法庭的裁决、资本主义的发展、文化教育和大众媒体宣传,似乎就体现着这个国家的一致利益。

"历史就是国家的记录",这是亨利·基辛格的第一本著作《重建的世界》中的一句话。他是从奥地利和英国领导人的角度出发,论述19世纪欧洲的历史,他完全忽略了饱受他们这些政客所制定的政策之苦的千百万大众的感受。在他们看来,法国大革命之前的那种欧洲式的"和平",在少数几个领导人的外交政策下"恢复"了。但在英国工人眼里,在法国农民眼里,在亚非人民眼里,在世界上

10　　流社会之外的世界各地妇女和儿童眼里,它是一个充满着侵略、暴力、饥饿和剥削的世界,一个没有复原的世界,一个支离破碎的世界。

在记述美国历史的时候,我的出发点与上述作法截然相反,也就是说,我不承认国家的记录就是我们本身的历史。国家并不是一个共同体,而且从来就不曾是一个共同体。任何一个国家的历史,就像一个家族的历史所呈现出来的那样,都揭示了统治者与被统治者之间、奴隶主和奴隶之间、资本家和工人之间、种族和性别压迫与被压迫之间的尖锐的利益冲突(这些冲突经常爆发,但大多数都被平息下去了)。在这样一个充满了冲突的世界、一个充满了无辜的牺牲者和凶

残的刽子手的世界里,善于思考的人们所应该做的,就是像阿尔贝·加缪①所说的那样,不要站在刽子手的一边。

因此,对于历史叙述加以选择和强调,不可避免地要对站在哪一边作出选择。对我来说,我更愿意尽可能地向人们讲述阿拉瓦克人眼中的美洲发现史;奴隶眼中的宪法;切罗基人眼中的安德鲁·杰克逊;纽约的爱尔兰后裔眼中的美国内战;斯科特麾下逃兵眼中的墨西哥战争;罗厄耳纺织工厂女工眼中的工业制度的兴起;古巴人眼中的美西战争;吕宋岛上黑人士兵眼中的征服菲律宾之战;南部农民眼中的"镀金时代"②;社会主义者眼中的第一次世界大战;和平主义者眼中的第二次世界大战;哈莱姆黑人眼中的"新政";战后拉丁美洲"皮恩人"③眼中的美利坚帝国等等。任何一个人,不管他(她)怎样努力,他所"看到"的其他人眼里的历史总是有限的。

我的目的不是一味地去为死者哀悼,痛斥刽子手。为历史流太多的泪、投入太多的恨,只会削弱我们对于今天所怀有的道德激情。而且,是非的界限本身并不总是十分明确,也许,从长远来看,压迫者本身也是可怜的牺牲品。若是从近一些看(迄今为止,人类的历史真还没有几个轮回),许多历史的牺牲品也在自暴自弃、自甘堕落,他们也受到压迫他们的文化的腐蚀,常常转而去对付其他的牺牲品。

政府力图通过政治、文化手段把人民笼络在它所称的具有共同利益的国家这张大网之中。在理解了这些复杂性之后,本书仍将对政府的这种企图持怀疑态度。我将尽力不去描述,当他们被这一制度的闷罐车关压挤塞在一起时,这些牺牲品互相之间的倾轧有多么残酷。我也不想把他们的悲惨遭遇浪漫化。我记得有人曾说过这样一句话,大意是:穷人的哭诉并不一定总是正确的,但要是听不到他们的哭诉,你就永远不知道公平是什么。

我的初衷并不是要为人民的斗争臆想出一个胜利的结局,但是考虑到如果历史的记述一味地简单定位于陈述失败,揭历史的短处,那么,历史学家们将会深陷失败论的怪圈而不能自拔。历史上,人民曾充分展示过他们的能力,曾奋起抵抗过,也曾团结斗争过,偶尔也曾获得过胜利。但这些历史片断,有的哪怕只是短暂的一瞬,却都被掩盖起来了。我认为,一部历史,如果它既不愿否认过去,又想创造性地预期一个可能的将来,那它就不仅要再现这些历史片断,而且要着重揭示各种新的可能性。我相信,也许只是一种希望:我们宁愿在这些过去偶现的片刻同情和怜悯中,而不是多少个世纪绵延不断的战火中,去寻找我们的

11

---

① 阿尔贝·加缪(1913—1960):法国哲学家、文学家,诺贝尔文学奖获得者。
② 指美国内战后的十年,据马克·吐温的同名小说而得名。
③ Peons,拉美人的日工,雇工。

未来。

以上就是我对美国历史的一点拙见。读者也许希望继续以上的叙述，以求充分地了解：

哥伦布对巴哈马岛上的阿拉瓦克人干了什么？科蒂斯对墨西哥的阿兹特克人干了些什么？皮萨罗对秘鲁的印加人干了些什么？弗吉尼亚和马萨诸塞的英国殖民者对波瓦坦人和佩科特人干了些什么？

墨西哥的阿兹特克文明是玛雅文化、萨波特克文化和托尔特克文化的继承者。它靠石器和人力建造了宏伟的建筑，它创造了一套文字系统和祭祀制度。在它的祭祀仪式上，每次都会有数千人作为献给神的供品被杀掉（我们不能忽略这一点）。不过，阿兹特克人的残酷并没有泯灭其童真的天性。当西班牙人的一支舰队来到韦拉克鲁兹，一位蓄着胡子的白人男子牵着怪兽（马）、身着铁甲出现在海岸上的时候，他被当成了阿兹特克人传说中的神秘的半人半神奎查尔科阿特尔。他在 300 年前死去的时候曾许诺说他会重返人间。于是，他们欢迎他的到来，慷慨热情地招待他。

他就是来自西班牙的埃尔南多·科蒂斯。科蒂斯的探险队由商人和地主资助并接受了牧师的祝福，当然他还负有一项重要使命——寻找黄金。阿兹特克国王蒙特祖玛对于科蒂斯是否真的就是奎查尔科阿特尔一定有所怀疑，因为他一方面派去了携带着大量财富的一百名使者，这些财宝都是制作精良的金银器皿，另一方面他又恳求科蒂斯能够返还给他。（数年后，画家杜雷尔描述过刚从探险队到达西班牙时所亲眼目睹的一幕：一个黄金制作的太阳，一个白银打造的月亮，真可谓价值连城。）

科蒂斯随之开始了一个城市接着一个城市的死亡大进军。他阴谋挑起阿兹特克人内讧，实施处心积虑的杀戮，这种屠杀计划的目的就是通过制造突如其来的恐怖行为来摧毁阿兹特克人的意志。例如，在乔卢拉，他邀请乔卢拉的头人前往广场。等他们带着数千奴仆到达的时候，科蒂斯驻扎在广场四周的小股西班牙军队携带火炮和弩箭，骑着战马，把这些手无寸铁的人屠杀殆尽。随后，他们把这座城市洗劫一空，继续前进。骑兵队的杀戮结束了，墨西哥城沦陷了，蒙特祖玛死了，几成废墟的阿兹特克文明也落到了西班牙人的手里。

所有这些都来自西班牙人自己的记述。

在秘鲁，另一位西班牙征服者皮萨罗出于同样的原因，使用了同样的手段。早期的欧洲资本主义国家对黄金、奴隶以及农产品的需求达到了一种近似疯狂的程度：偿还为进行探险而发行的股票和债券要用它；支付西欧君主专制的庞大官僚机构的开销需要它；脱胎于封建制度的新型货币经济的增长需要它；进行卡尔·马克思后来所称的"资本主义的原始积累"也需要它。而这正是此后五百年来一个涵盖技术、商业、政治和文化等各方面，复杂巨大而又长盛不衰的世界体系的开端，这个开端充满了野蛮和暴力。

在北美英属殖民地，早已有先例可循，因为哥伦布已在巴哈马群岛建立了殖民地。1585 年，理查德·格林维尔率领由 7 条船组成的队伍登陆弗吉尼亚，此前尚无英国殖民者在此定居。他所遇到的印第安人都很热情好客，但是，当一名印第安人偷了他的一个小小的银杯之后，格林维尔洗劫并焚毁了整个印第安村庄。

弗吉尼亚的詹姆斯敦，是英国人在美国建立的第一个永久性定居点，它的位置恰好处于一个名叫波瓦坦的酋长所属的印第安人部落的领地内。波瓦坦人对英国人在此定居表现得很平静，没有采取攻击行动。1610 年冬，英国人经历了他们的"饥荒时代"，为了有口饭吃，许多人逃亡到了印第安人部落。第二年夏天，殖民政府的统治者传话给印第安人，要求他们归还那些逃跑者。据英国人的说法，波瓦坦人"以傲慢不屑的话"作了答复。英国人派兵前往"报复"，他们袭击了一个印第安人的定居点，杀死十五六名印第安人，放火烧掉了他们的房子，割光了村庄周围的谷物，并把该部落的女王和她的几个孩子强掳上船。在船上，这些孩子们被扔来扔去，"脑浆迸流到海水中"，女王也在饱受凌辱后被刺死。

12 年后，印第安人看到英国定居者的人数越来越多，已对他们构成了威胁，所以决定把这些英国人彻底消灭干净。他们四处出击，大肆屠杀，347 名英国人死于非命。此后，双方的战争全面化、公开化了。

既不能用作奴隶，又不想与他们在一块土地上平等共存，于是英国人便决定 13 灭绝印第安人。埃德蒙·摩根在其有关早期弗吉尼亚史的著作《美国的奴隶与自由民》中写道：

> 印第安人比英国人更擅长于在森林中活动，实际上很难抓到他们，既然如此，就假装具有和平意向，不管他们选择什么地方，都先让他们放心定居下来，种植玉米。然后，就在收获前夕，对他们发起突然袭击，杀掉越多越好，同时把他们的玉米也一并烧掉……在大屠杀发生后的二三年内，英国人为当年的死难者多次对印第安人进行报复。

在白人来到弗吉尼亚的第一年，即 1607 年，波瓦坦曾给一个据说是位先知的约翰·史密斯①发出一封申诉信。此事是否属实，尚存怀疑。但是，就算不存在这样一封发出第一声申诉的信件，印第安人的呼声却确实很多，其精神也确是如此：

> 我曾亲眼目睹了两代人的死亡……比起我们部落中的任何一个人来，我对于和平与战争有着更深刻的理解。我现在老了，快要死了。我的权力必定由我的弟弟奥皮查潘、奥培钱卡诺和卡塔托继承，然后会传给我的两个

---

① 约翰·史密斯(1580—1631)，英国殖民者，著有《弗吉尼亚，新英格兰的萨摩群岛通史》。

妹妹,然后再传给我的两个女儿。我希望他们能够理解我所做的一切,也希望你们能像我爱你们那样去爱他们。为什么通过友善的方式就能得到的东西,你们却要诉诸武力?我们为你们提供了食品,你们为什么却要置我们于死地而后快呢?战争使你们得到了什么?你们为什么要嫉妒我们?我们手无寸铁,如果你们能以诚相待,我们必然也会有求必应,我们并不是头脑简单到不懂什么是好,什么是坏,我们也愿意美美地吃肉,舒舒服服地睡觉,与妻儿平平安安地生活,笑迎我们的英国客人,也愿意用自己的东西与他们交换铜器、斧头。我们谁也不愿过逃亡的生活,住在阴冷的树林里,吃的是橡子、树根之类难以下咽的东西。整日衣食无着,内心惶惶。在这些战争中,我们的士兵会日夜守望,一有风吹草动,他们就会大喊大叫:"史密斯船长来了!"所以,我们必须改变这种悲惨的生活状况。收起你们的枪炮和刀剑吧,打消我们的顾虑。否则,你们也都一样会死无葬身之地。

当清教徒们到达新英格兰的时候,他们踏上的也不是什么处女地,而同样是属于印第安部落的领地。马萨诸塞湾殖民地总督约翰·温斯卢普为了给攫取印第安人的土地制造托辞,便声称这块地方在法律上属于"荒地"。他说,印第安人并没有"征服"这块土地,因此,他们只对这块土地拥有"自然"权利,而没有"公民权利",而"自然权利"在法律上是没有意义的。

清教徒们还引述《圣经》中的《诗篇》第二章第八节来为自己辩护:"你向我祈求,我把列国赐给你,全世界都属于你。"同样,他们又引用《罗马书》第十三章第二节为他们使用武力劫掠土地辩护:"所以,抗拒掌权的就是抗拒上帝的旨意;抗拒者必自取刑罚。"

清教徒与佩科特族印第安人处于不稳定的休战状态。佩科特族印第安人当时生活在现在称之为康涅狄克的南部地区以及罗得岛。清教徒们想把印第安人从那里赶走,并霸占那里的土地。他们好像还想在那一地区的康涅狄克移民中建立起自己的稳定的统治权。1636年,一名经常惹是生非、从事拐卖印第安人勾当的白人商人被谋杀,成了向佩科特人发动战争的借口。

一队清教徒从波士顿出发去袭击布洛克岛上的纳拉甘塞特印第安人。纳拉甘塞特人与佩科特人比邻而居。温斯卢普写道:

　　他们的任务是杀死布洛克岛上的男人,留下妇女和儿童并把他们带离该岛,占领那里,然后从那里出发去找佩科特人索要谋杀斯通船长及其他英国人的凶手,并要求他们赔偿一千英寻长的贝壳数珠等,还要求他们用一些儿童作人质,如果他们不答应,就使用武力。

英国人登陆后杀死了一些印第安人,但其余的人都躲进了岛上茂密的森林里。英国人经过一个个的荒村,毁坏那里的庄稼。最后,他们驾船返回大陆,沿着海岸洗劫佩科特人的村庄,毁坏他们的庄稼。探险队的一名军官记述了他们遇到佩科特人时的情形："负责侦察的大批印第安人看到我们后沿着水边跑过来，大声欢呼：你们好，英国人，你们好，你们来干什么？他们不知道我们要发动对他们的战争，还在欢呼……"

于是，对佩科特人的战争开始了。两岸都发生了大屠杀。在战争中，英国人采用了当年科蒂斯曾经使用过，后来在20世纪变得更加系统化了的战争手段，即故意向对方的非战斗人员发起攻击，以达到震慑敌人的目的。人种史学家弗朗西斯·詹宁斯在解释约翰·梅森袭击长岛附近梅斯提克河岸的一个佩科特人村落时作过如下说明："梅森提议不要去袭击佩科特人的士兵，因为对他那支水土不服而又孤立无援的军队来说，那样负担太重了。何况战斗本身并非他的目的。战斗只不过是用以摧毁敌人抵抗意志的一种手段。屠杀的办法风险又小，又能够达到同样的目的。因此，马松便把屠杀确定为自己的作战目标。"

于是，英国人放火烧毁了印第安人的村庄。据他们自己描述："船长还说，我们必须放火。只要遇到印第安人的棚屋……就立即举起火把，扔到屋顶上覆盖着的茅草上，把棚屋点着。"威廉·布拉德福德在他当时写就的《普利茅斯种植园史》一书中，描述了约翰·梅森洗劫佩科特人村庄的情形：

> 印第安人刚从熊熊烈火中逃出来，就被长剑刺死了，有的甚至被剁成了碎片，凭借手中的长剑侥幸活下来并且得以逃生的人屈指可数。据说，他们在这次浩劫中大约有400人丧生。他们在大火中被烧烤，而流淌的血又湮灭了火苗，其情状惨不忍睹；尸体燃烧的焦腐之味更是臭不可闻。不过，战争的胜利好像是最好的祭品。他们向上帝祈祷。因为上帝给了他们如此丰厚的赏赐，可以玩弄敌人于股掌之上。他们也感谢上帝让他们如此神速地取得了重创敌人的辉煌战果。

清教徒神学家科顿·马瑟博士写道："据推测，当天多达600名佩科特人死于非命。"

战争在继续。印第安部落被挑动起来相互残杀，看来他们永远不会联合起来同英国人作战。詹宁斯总结说：

> 恐怖气氛在印第安人中间弥漫，但最终他们还是认识到了最根本的东西。他们从佩科特战争中总结出三点教训：第一，在承诺与利益发生冲突时，最庄严的承诺英国人都可以放弃；第二，英国人在战争中不受任何良知与仁慈的干扰；第三，印第安人自己打造的武器在欧洲人制造的武器面前几乎毫无用处。这些教训对印第安人来说是刻骨铭心的。

在弗吉尔·沃格尔在其1972年所著的《我们的家园》一书的一则脚注中写道："根据官方的统计数字，目前生活在康涅狄克的佩科特族印第安人仅有21人。"

佩科特战争40年之后，清教徒与印第安人之间再次发生战争。这次是针对瓦姆潘诺瓦格人的。瓦姆潘诺瓦格人生活在马萨诸塞湾南岸，正当要冲，他们已开始同马萨诸塞湾殖民地之外的人进行土地交易。他们的首领麻萨索伊特死了。他的儿子瓦姆苏塔被英国人杀了,瓦姆苏塔的兄弟麦塔考姆成了首领,他后来被英国人称为菲利浦王。英国人找到了借口,他们把一桩谋杀案归罪于麦塔考姆,随即发动了针对瓦姆潘诺瓦格人的战争,旨在夺取他们的土地。他们是明白无误的侵略者,却声称他们的进攻只是采取的一种预防措施。比大多数人对印第安人更友善的罗格·威廉姆斯写道:"所有有良知和远见的人都会抢占制高点,同时又把战争仅用于防御目的。"

詹宁斯说,清教徒中的精英分子需要战争,而普通英国白人却没有这种想法,他们常常拒绝参战。印第安人当然不希望有战争,但他们只能以暴易暴。1676年,战争结束,白人赢了,但他们的资源也耗尽了,还损失了600人。印第安人死了3 000人,包括麦塔考姆本人。但印第安人的袭扰并没有停止。

英国人一段时期曾试图采取比较温的手段,但最终还是实行了灭绝人性的屠杀。在哥伦布到达北美的时候,居住在墨西哥北部的印第安人有1 000万之多,可是战争的结果,却使得这一数字到现在已不足100万了。还有许多印第安人死于欧洲人带来的疾病。1656年,一名荷兰旅行家在新尼德兰写道:"印第安人……证实,基督徒到达之前,天花在他们中间爆发之前,他们拥有10倍于现在的人口。他们的人口因天花流行而开始下降,其中十分之九都死掉了。"1642年,英国人刚到玛莎文雅岛定居时,那里的瓦姆潘诺瓦格人大约有3 000人。该岛没发生过战事。但到1764年时,那儿只剩下了313名印第安人。同样,1662年,布洛克岛上的印第安人大约有1 200到1 500人,而到1774年只剩下了51人。

在英国人入侵北美的背后、在他们对印第安人进行大屠杀的背后,深藏的是他们的虚伪和狡诈,而这种虚伪和狡诈正是建立在财产私有制基础上的文明所产生出的特殊而强大的动力。这种动力在道德上具有相互矛盾的两重性质:一方面,空间、土地,确实是人类生存的必需品;但另一方面,一旦条件有限,满足不了他们的欲望,处在那样一个充满了弱肉强食的竞争和冲突的历史年代,这种正常的渴求和欲望就会转变成为种族灭绝式的大屠杀。罗格·威廉姆斯把它称之为

> 因对这片辽阔的土地所怀抱着的虚荣心、梦想与幻境突然破灭而诱发的邪恶欲望。人们对大片土地的贪欲以及由此而产生的危险性,其情形就像是大病初愈、刚从一场暴风雨中死里逃生的水手,贫病交加、饥渴难耐,却还要踏上漫长的饥饿航程。这就是新英格兰的"上帝"之一,一个将会给这片土地带来毁灭和饥馑的活生生的、至高无上的主宰。

从哥伦布到科蒂斯、到皮萨罗和清教徒,难道人类必须付出流血的代价,必须通过欺诈的手段,才能换取人类社会从荒蛮走向文明吗?莫里森把种族屠杀

的史实淹没在更为重要的人类进步史中,这样做对吗? 也许真的能找到令人信服的理由吧,就像是当年斯大林为了苏联的工业进步而牺牲农民所找到的理由一样,就像是丘吉尔轰炸德累斯顿和汉堡时所找到的理由一样,就像是杜鲁门轰炸广岛时所找到的理由一样。但是,在损失压根儿不被提及或者不能马上被提及的情况下,人们便没有办法对得失进行权衡,这时人们又该怎样去做出正确的判断呢?

最机敏或许也是最容易为宗主国或发达国家所接受的解释是:"确实很不幸,但这是不可避免的。"然而,这种解释能够为亚非拉的穷人所接受吗? 能够为苏联劳改营里的囚犯所接受吗? 能够为城市贫民窟里的黑人所接受吗? 能够为居住在保留地里的印第安人接受吗? 一句话,能够为只有少数人受益的社会进步所制造的广大受害者接受吗? 那些美国的矿工和铁路工,那些工厂的工人,那些因事故或疾病而在其工作和生活的地方丧生的男男女女,他们会接受(或者只是无法避免)进步给他们带来的灾难吗? 即便是那些享有特权的少数人,他们也难免受到群情激愤的受害者威胁,这种威胁或者来自有组织的起义,或者来自无组织的暴乱,或者来自仅仅是因绝望而产生的残酷的个人行为——这些行为往往会被法律或国家视为犯罪。面对这种威胁,难道在不废除其特权的情况下,哪怕只是出于实用主义的考虑,他们都认为没有必要重新反省一下自己的特权价值观吗?

如果人类为了进步而确实需要作出一定的牺牲,那就应该让那些被牺牲的人自己作出他们的选择,难道坚持这样的一个原则也是不必要的吗? 我们每个人都有权决定放弃一些属于我们自己的东西,但是,以孩子为例,无论是别人的孩子还是自己的孩子,难道我们有权利假进步之名把目前尚不知生死与否、健康与否的孩子投进火葬柴堆吗?

西班牙人从侵扰美洲印第安人所造成的毁灭与暴行中得到了什么呢? 是西半球历史上昙花一现的那个令人称羡的西班牙帝国吧。汉斯·康宁在其所著《哥伦布及其事业》一书中概括说:

> 运往西班牙的所有那些盗窃来的金银并没能使西班牙人民致富。这些财富只不过在一段时间内为国王的势力均衡提供了某种优势,为其发动战争雇佣更多的士兵提供了便利。尽管这样,他们还是输掉了战争,最后只剩下了严重的通货膨胀和饥肠辘辘的劳苦大众,富的愈来愈富,穷的愈来愈穷,农民阶级濒临破产。

除此之外,我们怎么能确定那些遭受毁灭的就一定是低级的、落后的呢? 当哥伦布的船队靠岸的时候,是谁跑过去,纵身跃入大海去迎接他们? 又是谁从森林之中钻了出来,盯着这些第一批来到弗吉尼亚和马萨诸塞的科蒂斯和皮萨罗,并且目送他们穿过村庄?

18

哥伦布把他们称之为印第安人,是因为他误算了地球的大小。而在这里,在这本书中,我们也称其为印第安人,实在是有一些不情愿,因为它太容易让人想到罪恶的侵略者所强加到他们头上的枷锁。

不过,我们称其为印第安人也还是有点理由的,因为他们确实是在大约25 000年前过白令海峡的大陆桥(后来在水底消失了)从亚洲到达阿拉斯加的。随后,为寻求温暖的气候和陆地,他们一路向南迁徙。经过持续数千年的艰苦跋涉,他们来到了北美、中美和南美。在尼加拉瓜、巴西和厄瓜多尔,他们的石化脚印与美洲野牛的活动印记至今仍依稀可辨,这些痕迹大约消失在5 000年前,这说明至少在那时他们已经到达了南美。

在哥伦布到达美洲大陆的时候,这里广袤的土地上生息繁衍着7 500万各族人民,其中在北美大约有2 500万。由于土壤和气候各异,形成了千差万别的部落文化,当时他们大约有近2 000种不同的语言,当地居民有着高超的农业种植技术,他们会种玉米,而这些作物不经人工种植培育,收割去皮,是不会自然生长出来并供人们食用的。他们聪颖的才智使他们学会了栽培各种各样的水果和蔬菜的技术,例如:花生、可可、烟草、橡胶等等。

正是依靠他们自身的聪明才智,在亚洲、欧洲和非洲的农业在向前发展的同时,印第安人的农业生产也在不断地发展着进步着。

在许多印第安人部落还保持着在野外采集食物和游猎的原始公社生活的同时,另外一些部落的人已经开始择地而居了。在他们定居的地方,有充足的食物,人口稠密,男女分工变得复杂,还要把剩余的食物进贡给首领或用来祭祀。人们有了更多的闲暇来从事艺术、社会活动和修建房屋。大约在公元前1 000年左右,生活在今天新墨西哥一带的祖尼印第安人和霍皮印第安人已经开始营造村落,其建筑技术可以与同期的埃及文明与美索不达米亚文明相媲美。他们的村落由大型排屋组成,坐落在群山中的悬崖之上,以防御敌人的攻击。每个村落有数百个房间。欧洲探险者到达之前,他们已能够建造灌溉渠和拦水坝,掌握了制陶技术、编织技术,能够用棉花织布。

到基督和恺撒大帝生活的年代,俄亥俄河谷地带出现了被称为筑丘人的古印第安部落,他们建造了数千座巨大的泥土雕塑,这些雕塑有巨型的人、鸟、蛇,还有葬礼场所以及防御工事。其中一处长达3.5英里,占地面积100英亩。这些筑丘人好像已经能够从事复杂的贸易活动,经营饰物和武器,其足迹远及大湖地区、大西部地区和墨西哥湾。

大约公元500年的时候,俄亥俄河谷的筑丘人文明开始衰落,此时,在其西部的密西西比河谷,即今天的圣路易斯中部,另一种文明开始崛起。它拥有先进的农业技术,规模达数千个村落。在一个足可容纳3万人的巨大的印第中心都市附近建造了巨大的用来举行葬礼或仪式的土丘。最大的土丘高达100英尺,其长方形底座比埃及的大金字塔还要大。在被称为卡霍基亚的城市里,居住着工具匠人、兽皮制作匠、制陶匠、珠宝匠、纺织匠、制盐匠、铜雕匠以及技术精湛的陶艺家。有一件殉葬毯就是用1.2万片贝克珠串起来的。

从阿迪朗达克到大湖,即今天的宾夕法尼亚和上纽约之间的地区,居住着势力最为强大的东北部部落群——易洛魁联盟。易洛魁联盟包括莫霍克人(拥有燧石的人)、欧奈达人(使用石头的人)、奥农达加人(居住在山上的人)、卡尤加人(生活在岸上的人)、塞讷卡人(生活在大丘陵上的人),通用的易洛魁语把数千人紧密地联系在一起。

在莫霍克人首领希阿瓦萨的梦幻中,传说中的得卡尼韦达训谕易洛魁人说:"我们彼此把手牢牢地握在一起,紧密团结如一人,形成一个坚不可摧的强大集体,即便是一棵大树倒下来,也难撼动它、击垮它。我们的人民,我们的子孙后代将永远安全地、和平地、幸福地生活在这个集体中。"

在易洛魁人的村庄里,土地归部落公有,人们共同劳动,共同狩猎,收获的东西大伙儿平分。房屋也被视为公共财产,由多个家庭共同居住。易洛魁人对土地和家庭私有的观念非常陌生。一名曾在17世纪50年代遇见过他们的法国耶稣会牧师写道:"他们不需要济贫院,因为他们既不是叫花子,也非穷人……他们仁慈善良、温情脉脉、彬彬有礼,这种天性使得他们不仅愿意与人分享所拥有的一切,而且除了共享之外别无任何私产。"

妇女在易洛魁人社会中占有很重要的地位,她们普遍受到尊敬。家庭是按母系组成的,也就是说,家庭的传承是通过女性成员完成的,他们的丈夫加入进来成为家庭的成员,而儿子们结婚后则会加入他们妻子的家庭。每一个扩展开来的家庭会住在一座"长屋"里。如果妇女想离婚的话,她就会把丈夫的东西放到门外去。

多个家庭组成氏族,12个或者更多的氏族组成一个村庄。村里年长的妇女任命氏族的男性代表出席村庄或部落的会议。他们还任命由49名首领组成的管理委员会,这个管理委员会管理5个部落组成的易洛魁联盟的事务。妇女们出席氏族会议,站在有发言权和表决权的男子围成的圆圈后面,一旦发现男人距离她们的期望太远,她们就会撤换他们。

因为男子经常出去打猎和捕鱼,妇女们掌管着收获庄稼以及村庄的公共事务。因为她们负责为征战提供鞋子和食物,所以她们对战事也有一定的控制权。正如加利·B.纳什在他对美国早期人民进行深入研究的成果《红白黑》一书中提到的那样:"这里的权力是男女共享的,欧洲社会那种男尊女卑、男性统治社会的思想在这里被嗤之以鼻。"

易洛魁人的儿童在接受本部落的文化熏陶,逐步养成团结协作的良好习惯的同时,他们也被教导要具有独立精神,不屈服于权势。他们还要学会身份平等,共有共享。易洛魁人从不严厉惩罚孩子,他们不主张给孩子过早断奶,也不主张对孩子进行大小便训练,而是主张让孩子逐渐学会自理。

所有这些,都同由第一批殖民者带来的欧洲人的价值观形成了鲜明的对比。欧洲,那是一个贫富悬殊的世界,一个受到神权统治、政府统治、男性统治的世界。例如,清教徒聚居区的牧师约翰·罗宾逊是这样建议他的教区居民如何对付孩子的:"所有的孩子无疑都有……一种倔强执拗的心理,这种心理来自与生俱来的自尊意识。我们必须在它一出现的时候就彻底打碎它,击倒它。他们的教育必须建立在谦卑和顺从之上,这样其他的美德才会由此逐渐建立起来。"

加利·纳什对易洛魁人的文化作了这样的描述:

> 在欧洲人到达之前,在伍得兰的东北部地区——易洛魁人的居住地上,看不到什么法律规则,这里没有警察,没有法官,没有陪审团,更没有什么法庭和监狱。而在欧洲,这一整套的东西是必不可少的。然而在这里,人们的行为确实是受到严格的约束,遵守一些约定俗成的习俗。尽管他们以享有高度的个人自治为荣,但这并不妨碍他们对孰是孰非作出严格的评判……如果有谁偷了别人的食物,或是在战争中临阵退缩的话,那么所有的人都会为他深感羞耻,他会被从公共生活中驱逐出去,直到他以行动来赎清自己的罪责,直到人们都认可他确已改邪归正为止。

这种生活方式不是易洛魁人独有的,其他许多印第安部落也是如此。1635年,马里兰总督要求任何杀害英国人的印第安人都必须移交,当事人须按英国人的法律予以惩处。当地印第安人回应说:

> 在我们印第安人这儿,如果发生了这种事情,我们会用一串100手臂长的念珠赎回杀人者的性命。你们作为异乡人来到我们的国家,就应该适应我们国家的习惯,而不应该把你们的东西强加给我们……

也就是说,哥伦布及其后继者们所来到的并不是什么蛮荒之地,而是一个现实的世界。这里有些地方人口虽同欧洲一样众多,但其文化构成却更纷繁复杂。人们以比欧洲人更平等的方式生活在一起。在这里,男人、女人、儿童和大自然相互之间的关系或许比世界上其他任何地方更显得和谐。

他们虽不懂得使用语言文字,但他们却将他们的法律、文化和历史铭刻在自己的记忆之中,以一种比欧洲人更加复杂的语言将其代代传承下去,而与这些复杂的口头语言相伴随的是载歌载舞以及各种庆典活动,他们更关注人性的进步、意志的磨炼,更强调独立自主与灵活应变,既热情奔放又克制有节,更看中彼此之间的伙伴关系以及人与自然之间的和谐共处。

在20世纪20年代到30年代之间,美国学者约翰·科利尔曾在美国的西南部地区同印第安人一起生活。他谈到了他们所具有的那种精神,他说:"如果我们也能过上这样的生活,那这个世界就将是一个永远也不会衰竭的世外桃源,就会出现一个永恒持久的太平盛世。"

　　这种说法或许带有某种神话或浪漫色彩，不过，研究印第安人生活的美国专家威廉·布兰登最近综合16世纪、17世纪和18世纪欧洲旅行家提供的材料，绝大多数证据在总体上支持这种"神话"。即使把这个神话的种种不完美性都考虑进去，我们也有足够的理由扪心自问：在那个时代里，人类的进步为什么要以种族的灭绝为代价？在陈述历史时，又为什么总要站在西方文明统治者和征服者的思想立场上？

第二章

划清肤色界限

黑人作家 J. 桑德斯·莱丁描述了 1619 年一艘轮船到达北美时的情形：

　　一艘大船踏着洪波巨浪徐徐而至，但见船帆收卷，旌旗低垂至圆形船尾。据大家说，这位不速之客确实神秘莫测，令人望而生畏。没人知道它到底是一艘商船、武装民船还是战船。透过舷墙可以看到黑洞洞的加农炮口。它悬挂的是荷兰国旗，但其船员却成分混杂。它停靠的港口是英属殖民地弗吉尼亚的詹姆斯顿。它来到这里，进行了贸易活动，之后便离开了。近代史上大概还从未有船只运送过比它更可怕的货物。它装载的到底是什么货物呢？竟是 20 个奴隶。

在世界历史上从来没有哪一个国家像美国那样，种族问题会在很长一段时间内显得如此突出和重要。正如 W. E. B. 杜波依斯指出的那样，"肤色界限"问题至今仍然困扰着我们。我们所要回答的远不只是"种族矛盾是怎样开始的"这样一个历史问题，还有更为迫切的现实问题：这种种族矛盾会以什么样的结果收场？或者，换一种问法："黑人和白人能不能摒弃前嫌，最终友好地一起生活下去？"

如果回顾历史能对解决这些问题有所帮助的话，那么探究一下北美大陆（在这里，我们可以追寻到当年第一批白人和黑人的足迹）奴隶制度的起源或许能给我们提供一些线索。

一些历史学家认为，第一批到达弗吉尼亚的黑人其身份通常被认定为仆佣，类似于从欧洲带来的那些契约奴。但更大的可能性是，即便在名义上被称作"仆佣"（这是英国人再熟悉不过的概念了），这些黑人也根本不同于那些白人仆佣，两者在待遇上有着天壤之别。事实上他们就是奴隶。在英属殖民地中，奴隶制度很快发展成了一整套规则完备的体系，一种黑人与白人之间正规的劳工雇佣关系。由此而产生的特殊的种族情感（不管这种情感是仇恨、蔑视，还是同情、怜悯）伴随着此后美国黑人在社会中的卑贱地位存在了 350 多年；他们的这种卑贱地位与人们对他们的鄙视结合在一起，就是我们所说的种族主义。

第一批白人定居者在这片大陆上的每一个足迹，都印证着他们对奴役黑人的渴望。

1619年来到弗吉尼亚的定居者们为了维持生计,不惜一切代价地寻找劳动力。而这些定居者都是1609至1610年间那个冬天的幸存者。该冬天被他们称为"饥饿时期"。他们当时都快饿疯了,在丛林里四处乱闯,寻找坚果和草莓;他们挖掘坟墓,吃死人肉;他们成批成批地死亡,人数由500人一下子减少到60人。

弗吉尼亚市民议会日志中有一份1619年的文件。该文件记录了詹姆斯顿殖民地最初12年的历史。这里的殖民者最初只有100人,他们每顿只有一小勺大麦粒作食物。随着人数的增加,食物变得更少了。许多人就居住在自己挖掘的地洞里。在1609年至1610年间的那个冬天,他们

> ……在饥饿难耐之下,不得不去吃那些令人恶心的东西,像人肉和粪便,不管他们是同种人的还是印第安人的。一些人把一具埋葬了3天的尸体从坟墓里挖出来狼吞虎咽地吃了个精光。另一些人则满怀嫉妒地紧紧地盯着那些体格较好、尚未被饥饿摧垮的人,准备伺机杀死并吃掉他们。其中一个人竟趁其妻子在其怀中熟睡之机杀死了她,并把她切成碎块,用盐腌起来一点点地享用。最后,他把除脑袋之外的其他所有部分都吃掉了。

30名殖民者对托马斯·史密斯爵士的12年统治向市民议会提出了申诉:

> 我们确证,在托马斯·史密斯爵士统治的12年间,殖民地的绝大部分地方都为严刑峻法所笼罩,深陷于饥荒与苦难之中……在那些日子里,每人每天只能得到8盎司面糊和半品特豌豆用来果腹……而且都已发霉变质,上面结着蛛网,爬满蛆虫。这种东西让人看了就恶心,甚至连畜生都不会吃。许多人不堪忍受,被迫出逃,甚至不惜向敌对的野蛮人求助。他们一旦被抓回来,就会处以各式各样的极刑,如绞刑、枪毙、车磔……有一个人就因为偷了两三品特燕麦粥,就被用锥子扎舌头,用铁链子拴在树上,直到被活活饿死……

这些弗吉尼亚人急需劳动力,因为他们必须种植谷物来糊口,同时还要种植烟草供出口。他们是从印第安人那里学会种植烟草的,并且在1617年把第一批种植的烟草运回了英国。他们发现,如同所有其他既能让人感到舒服上瘾却又有悖于当时道德品行要求的东西一样,贩卖烟草能带来高额利润。于是,这些种植佬们面对如此丰厚的利润,嘴上虽然还是念叨着仁慈的上帝,可行动上却无所顾忌起来。

他们不可能再像哥伦布当年那样,肆意强迫印第安人为他们劳作,因为印第安人的数量远远超过他们,而且装备有先进的武器;况且他们曾屠杀过印第安人,这就意味着他们也将面临被屠杀的危险。他们已经不能抓捕他们或奴役他们:印第安人身强体壮、机智勇敢,桀骜不驯,又惯于生活在丛林之中,与他们相比,这些漂洋过海来到这里的英国人哪一点儿也不具备。

　　带来的白人仆佣数量也严重不足,而且他们并非出身奴隶。他们签署的合同规定,他们将用数年的劳役来折抵他们的航程及到达新世界所需的一切费用,除此之外,他们是没有义务服劳役的。至于那些白种自由民,他们许多人都是熟练技工,甚至可以悠闲地返回英格兰。由于他们都不愿意耕种土地,约翰·史密斯最初不得不搞了个类似戒严令的东西,把他们按不同工种组织起来,强令他们去拓荒,以便大家都能够生存下来。

　　自身处于劣势,而印第安人占有优势,加之这些印第安人已经能很好地保护自己,这使得这些弗吉尼亚人深感挫折,并极为狂怒,也使得他们特别想成为奴隶的统治者。埃德蒙·摩根在他的著作《美国的奴隶制与美国的自由制度》一书中,是这样描述他们的心情的:

　　　　如果你是一个拓荒人,那你就会很清楚:自己所掌握的技术要比印第安人的先进,自己是一个文明社会中的人,而印第安人则蒙昧未开化⋯⋯但事实证明,先进的技术并不能产生吸引力。印第安人避世隐居,回避你们,他们嘲笑你的先进技术,他们更多的是远离这片陆地,他们不愿意像你们那样,他们更愿意不受打扰地生活⋯⋯而当你自己的人为了能和印第安人共同生活而逃跑,那就有点太过分了⋯⋯于是,为了证明你的优越和先进,你开始屠杀印第安人了,你折磨他们,焚烧他们的村庄和庄稼。你以同样野蛮的方式对待你自己的手下,因为他们曾一度屈服于这种野蛮的生活方式。最终的结果是什么呢? 那就是你的庄稼丝毫不见增产。

　　黑人奴隶成为最佳的选择。把黑人当作奴隶贩运进来在当时被认为是最自然不过的事情。早在奴隶制度得以确立和合法化前的数十年,这种活动就已开始了。因为到 1619 年,已经有 100 万黑人被从非洲运到南美和加勒比海以及葡萄牙和西班牙的殖民地上。在那里,他们被当作奴隶来使用。在哥伦布开始航行之前的 50 年,葡萄牙人曾把 10 个非洲黑人带到了里斯本;这可以看作是早期奴隶贸易的开端。100 年来,非洲黑人一直被打着奴隶劳工的烙印。所以,如果20 个黑人被运到詹姆斯顿,向万分渴求劳动力的殖民者出售,他们如果不被当成奴隶,那才是怪事一桩。

　　黑人无依无靠、孤立无援的地位使得他们很容易被卖为奴隶。印第安人有自己的土地,白人有欧洲文化作为他们的依托,而黑人却被从他们生活的土地和文化中驱赶出来,被强行带到了一个陌生的地方,在那里,他们固有的语言、服饰、风俗习惯、家庭关系,被一点点地蚕食毁灭掉了,除了顽强固守着的一点残余之外,他们只剩下一具具纯粹的躯壳。

　　非洲黑人如此不堪外界一击,难道是因为他们的文化太落后吗? 如果这里指的是他们的军事力量落后,那或许是对的。他们没有白人的船坚炮利。倘若换个角度,如果你不把异己的文化都视为落后文化,尤其不是从实用主义和贪图私利的立场看问题的话,恐怕就不能这么说了。即便单从军事角度看,西方殖民者虽然能够在非洲海岸坚守要塞,却也无力征服广大的非洲腹地,他们最终不得不向酋长们妥协。

按照自己的方式发展起来的非洲文明丝毫不比欧洲逊色,在某些方面甚至有过之而无不及。当然它也存在着愚昧的一面,比如残暴的行为、等级特权、为了宗教或各自的利益而轻易地杀生等等。它是一种使用铁器并且熟练掌握耕种技术的数百万劳动人民创造的文明。他们有巨大的中心城镇;在纺织、制陶和雕刻工艺方面有着炉火纯青的技艺等等。

16世纪欧洲的旅行家们曾感叹廷巴克图和马里出现的非洲王国,当欧洲大陆诸邦尚未形成近代的民族国家时,它们的根基就已经很稳固,组织上也已经非常严密了。1563年,威尼斯统治者的秘书拉姆西奥写信给意大利商会说:"让他们去跟廷巴克图和马里的国王做生意吧。他们的商船满载而去,也必将满载而归。在那里,他们会受到热情款待,得到他们想要的赏赐……"

一位荷兰人在1602年前后写的一份有关西非贝宁王国的报告中说:"走进来你便会发现,这座城市建造得非常大气。街道不是用砖石铺砌的,但非常的宽阔,大约是阿姆斯特丹沃莫斯大街的七八倍……城市的房屋错落有致,彼此连接且相互对称,决不输于荷兰的房屋建筑水平。"

一位约在1680年前往几内亚海岸的旅行家是这样描述当地居民的:他们27"举止文明,行为和善,极易相处,也乐于降尊纡贵去满足欧洲人以文明方式所提出的任何要求。当我们送他们礼物时,他们会加倍回赠。"

像欧洲一样,非洲存在着以农业为基础的封建制度,也存在由地主和从属于地主的奴仆所构成的等级制度,但它又与脱胎于古希腊、古罗马的欧洲封建制度有所不同。欧洲的封建制度是在彻底摧毁了原始部落生活的基础上建立起来的。在非洲,部落生活仍然占主导地位。部落生活的一些优点,比如公有互助精神、采取更为温和的法律和惩罚手段等等仍依稀可见,由于不像欧洲的地主那样拥有武器,非洲的地主并不能够随意发号施令。

巴兹尔·戴维森在其《非洲奴隶贸易》一书中把16世纪初刚果的法律同葡萄牙和英格兰的法律进行了比较。在那些私有财产观念变得越来越强的欧洲国家,对偷窃的处罚极为残酷。在英格兰,直至1740年,如果一个儿童偷了一袋棉花,仍有被判绞刑的可能;但在刚果,人们以部落的方式生活着,脑子里没有什么私有财产的概念,因而对于偷盗的惩罚,只不过是课以罚款,或以不同程度的苦役来代替。一位刚果部落的首领在谈到葡萄牙的法律条文时,曾嘲笑地问一位葡萄牙人:如果一个人把他的脚放在了地上,葡萄牙的法律将给他以什么样的惩罚呢?

非洲国家也存在着奴隶制度,它有时被欧洲人用来论证自己的奴隶贸易的

正当性。但是,正如巴兹尔·戴维森所指出的那样:非洲的"奴隶"更像是欧洲的
农奴,即跟绝大多数的欧洲人处境类似。那里确实存在着残酷的奴隶制度,但他
们毕竟拥有一些权利,而这些权利是那些被带到美洲大陆去的奴隶所没有的。
他们"完全有别于那些被当作畜生一样运上船和呆在美国种植园内的奴隶们"。
有人注意到,在西非的阿善提王国奴隶可以结婚,可以拥有自己的财产,可以有
自己的奴隶,可以立誓,可以成为有资格的证人,最后还可以成为主人的继承
人……在阿善提,有九成的奴隶都有可能会被吸纳为家庭的正式成员。经过一
段时间之后,由于其后裔逐渐同主人的亲属相互融合或彼此通婚,只有很少的人
能够了解他们的身世了。

　　约翰·牛顿曾经从事奴隶贸易,后来却成了反对奴隶制的领袖人物。他曾
经对现在被称为塞拉利昂那个地方的人民作过如下描述:

　　　　如果我们尊重他们,就应该承认,这些野蛮的、尚未开化的人民所实行
　　的奴隶制度要比我们殖民地的奴隶制度温和得多。一方面,他们没有像我
　　们在西印度群岛那样开垦出那么多的可耕土地,因此不需要那种足以榨干
　　我们的奴隶的超强度和长时间的持续劳作;另一方面,他们也不允许吸血鬼
　　的存在,哪怕是吸奴隶的血也不成。

　　非洲的奴隶制并不值得称道。但它确实与美洲的种植园奴隶制和采矿奴隶
制有很大的不同,因为北美的奴隶制是终身不变的,既给本人带来极大的精神伤
害,也有损于家庭关系,而且未来也没有任何指望。从历史的角度来看,美洲的
奴隶制度之所以比非洲的奴隶制度残暴,主要是因为多了两点,一是疯狂追求资
本主义农业发展初期所带来的无限利润;二是利用种族仇恨使奴隶连作为一个
人的最起码地位也达不到。美洲的奴隶制度依据肤色的不同,毫不留情地划分
了两类人:白人就是统治者,黑人就是奴隶。

　　事实上,非洲的黑人都有自己固有的文化背景、部落风俗。他们家族关系紧
密,以公有的方式生活,遵循传统的宗教仪式,一旦离开他们所习惯了的这一切,
他们就会感到孤立无援。他们往往是在内地(常常是被那些从事黑人奴隶贸易
的黑人所捕获)被俘获后在沿海地区被卖掉,继而同从其他部落俘获的操不同语
言的黑人关在一起。

　　面对比自己强大的力量,孤立无援而毫无抵抗能力的黑非洲人民遭受被捕
获、被贩卖的命运也就成了自然的事情。在皮鞭和长枪的胁迫下,满身镣铐的黑
人被徒步押解到沿海地区,有时一段路程要走上千英里,这真是名副其实的死亡
之旅。在这一过程中,每5个人中就有2个人会死掉。到达沿海地区后和在被
选中卖掉之前,黑人们一直被关在笼子里。17世纪末,一位叫约翰·巴博特的
人曾对黄金海岸的这种笼子作过如下描述:

　　　　奴隶们从内陆来到菲达后,便被扔进海边一个个的鸽子笼或称监房里。

每当欧洲人过来接收时，他们便被带到一片开阔地，男女老少全都脱得一丝不挂，由随船的外科医生对每个人身上的每个部位都进行仔细检查……那些体格良好者被放在一边……用烧红的烙铁在他们胸前烙上法国、英国或荷兰等国公司的标志……随后，这些被打上烙印的奴隶们又回到他们的鸽子笼里，等待商船的到来，他们有时需要等上 10 天到 15 天……

他们随后就被装运上船。他们被用铁链拴在一起，塞进阴暗潮湿的船舱底部，那儿的空间比死人的棺材大不了多少。排泄的粪便由于无法处理，散发出几乎使人窒息的恶臭。当时的一份材料是这样描述船上的条件的：

> 有时两层甲板之间的高度只有 18 英寸，这些可怜的奴隶们连翻身的可能都没有，甲板之间的距离还没有他们的肩膀那么宽。即便这样，他们通常还会被用铁链套着脖子和腿拴在甲板上。在这样的地方，那种极度痛苦和令人窒息的感觉足以使黑人们发疯……

曾经有一次，海员们听到甲板下面关押黑人的地方发出很大的声响，便跑去打开舱门查看，结果发现，黑人们已经发生不同程度的窒息，有许多人已经死了，还有一些人亲手杀死了那些因呼吸困难而痛苦万状的同胞。奴隶经常在被押送途中跳入大海，他们宁愿溺水而死也不愿继续遭此折磨。"船舱里满是血污和呕吐物，简直像一座屠宰房。"

这种恶劣的条件使得黑人在运送过程中的死亡率高达三分之一。但高额利润又使得贩奴者感到有利可图，于是一批又一批的黑人像捕到的鱼一样被源源不断地塞上船。

贩奴贸易最初兴起于荷兰，后来英国人取得了贩奴的专利权（到 1795 年，利物浦已经拥有 100 多艘运送黑奴的船只，贸易额占到整个欧洲贩奴贸易额的一半）。新英格兰地区的一部分美国人也加入了奴隶买卖的行列。1637 年，第一艘美国贩奴船"希望"号从马萨诸塞的马布里黑德驶出，它的货舱被分割成许多小格子，每个长 6 英尺，宽 2 英尺，四周装有牢固的铁条。

到 1800 年，大约有 1 000 万至 1 500 万黑人被当作奴隶贩卖到了美洲，约占当时被抓获的黑人总数的三分之一，也就是说，在现代西方文明开始出现的最初几个世纪里，非洲一共失去了 5 000 万人口，他们不是死亡，就是沦为奴隶，而造成这种悲惨结局的元凶，就是当时被认为是世界上最发达最文明的国度——美国和西欧的贩奴商和种植庄园主们。

桑多瓦尔神父是一位天主教牧师，他在 1610 年从美洲写信给欧洲教区，询问按照天主教教义，抓捕、贩运非洲黑人并强制他们变成奴隶是否合法。1610年 3 月 12 日，路易斯·布兰达昂修士回信给桑多瓦尔神父说：

> 阁下来信询问被送到你所在教区的黑人是否属于非法抓捕，请您不必为此感到良心上不安。这件事情已经通过里斯本的道德委员会的审查，该

委员会的成员都是学识渊博和操守良好的人。圣多美、佛得角以及我所在的洛安多教区的主教们也都是满腹经纶、品行端庄之士，他们也都认为此举没什么不妥当。我们在此布道40年，这里也有很多饱学的神父……他们也认为这种贸易没有什么违法之处。因此，我们同巴西的神父一样，不会为购买这些奴隶为我们服役感到丝毫内疚……

詹姆斯顿定居者极度渴求劳动力，但已经无法再奴役印第安人，使用白人也困难重重；利欲熏心的贩奴商运来了黑人，他们成批成批地成为被奴役的对象。这一切使得黑人被牢牢地控制住了。因为他们经受过了最严酷的折磨，如果没有在这种压迫中死掉的话，他们的心灵和肉体早已完完全全被驯服了。所有这一切都表明，奴役黑人的时代开始了。

在这样的情况下，即使黑人曾被当作仆人使唤，但与白人奴仆相比，是不是仍有所区别呢？

从弗吉尼亚殖民地法庭的档案中我们找到了肯定的回答：在1630年，一位名叫休·戴维斯的白人"受到鞭笞的重罚……因为他不知自重……竟然同一名黑人发生关系，弄脏了自己的身体"。10年之后，又有6个白人奴仆和一个名叫雷诺兹的黑奴谋划出逃，被抓获后，白人奴仆只受到轻微的惩罚，而黑人却受到30皮鞭的惩罚，并且脸颊上被烙上了一个字母R，在一年或更长的时间内，他都要身缠镣铐服苦役，直到他的主人愿意为他解开枷锁为止。

虽然在最初的年代奴隶制度尚未制度化和法律化，但在奴仆名单中黑人是单列的。1639年通过的一项法律规定，为了打退印第安人可能发起的攻击，"除黑人之外的所有人"都可以领到武器和弹药。在1640年发生的一桩3名奴仆试图逃跑案中，2名白人被判延长服役期，而法院却判决"第三名案犯为其主人或受托人终身服役，因为这位名叫约翰·庞奇的人是位黑人"。也是在1640年，一名黑人女仆同一位名叫罗伯特·斯威特的白人男子生了一个孩子。法院判决"该黑人女仆绑在柱子上受鞭笞之刑，而那位斯威特则只是被要求在第二天上午到詹姆斯城区教堂为其罪过进行公开忏悔……"

这种对黑人不公正的态度、这种从感情到行为上逐步产生出来的对黑人的鄙视和压迫，我们称之为"种族歧视"。难道白人对黑人的厌恶是与生俱来的吗？这是一个极其重大的问题，因为它不仅仅牵涉到历史的真实性，更重要的是，这种种族歧视源于人的天性的看法大大淡化了社会制度所应负的责任。如果种族歧视不是来自白人对黑人厌恶的天性，那一定是某些条件和情况发生作用的结果。如果真是这样，那我们有义务消除这些条件和情况。

倘若人们从未存在过互为隶属的关系，从未受金钱的诱惑而产生剥削和奴役关系，也从未因被迫从事强制性劳动而失去对生活的希望，这当然是一种良好的生存环境。但我们没办法去验证在这种良好的生存环境之下白人与黑人之间彼此会对对方持何种态度。在 17 世纪的美洲,白人与黑人所处的整个生存环境与这种假设完全相反,所有的一切都强烈驱使着他们彼此为敌、互相施暴。在这种残酷的现实中,如果在各肤色人种之间显现出哪怕是一丁点儿人性的话,都会让人觉得,人类自身确实存在着通向大同社会的内在动力。

1600 年前,奴隶贸易才刚刚开始,非洲人尚未被打上固定的印记。但有人注意到,无论在字面意义上还是在象征意义上,这时人们已时不时地开始把黑色同令人讨厌的东西画上了等号。按照《牛津英语词典》的解释,1600 年,在英格兰,黑色的意思包括:"被严重玷污的;污染的,污秽的,肮脏的。怀有恶毒的目的,极想伤害他人的;与死亡有关的,置人于死命的;有害的,灾难性的,不祥的。罪恶的,邪恶的,穷凶极恶的,令人极端厌恶的。让人丢脸的事情,不友善的批评,受惩罚的责任,等等。"同时,伊丽莎白时代的诗歌又常常把白色同美丽联系在一起。

假如没有其他重要因素介入的话,人们形成这种偏见或许只是因为 darkness 和 blackness 总是同黑夜和不可知联系在一起的缘故吧。起初,这种偏见只不过是针对一种颜色,有点偏离人性的轨道而已。然而,正是另一人种的出现对这种认识的形成起了至关重要的作用,而造成这一人种出现的条件则是把最初的偏见转变成残暴与仇恨的重要推手。

不过,尽管对黑人存在着先入为主的偏见,尽管 17 世纪黑人在美国地位低贱,可一旦白人和黑人发现他们面临着共同的问题,要从事同样的工作,要反抗同一个敌人——他们的主人时,他们所采取的行动就显示出了他们彼此间的平等。研究奴隶制度的学者肯尼思·斯坦普指出,在 17 世纪,黑人与白种仆人"对于实际存在着的明显差异一点也不放在心上"。

黑人与白人在一起工作,亲如手足。由于这种关系的发展有进一步强化的趋势,后来不得不用法律手段予以禁止。1661 年,弗吉尼亚通过的一项法律规定,"任何英裔仆人倘若同黑人一起出逃,他必须为逃跑黑人的主人多服几年特殊的劳役"。1691 年,弗吉尼亚法律又规定,"白人自由民,无论男女,如果同黑人混血儿或印第安人通婚——不管他们是奴隶还是自由人",他们就会遭到流放。

不同种族之间的陌生感和恐惧感与发生在美洲的针对数百万黑人的群体性奴役,两者之间存在着质的区别。前者向后者的转化不能用简单的"自然"趋向来解释,而应看成是一定历史条件的产物。

奴隶制度的形成是同种植园制度的发展相伴随的,其原因不是种族间与生俱来的厌恶感,而是拓荒来到这里的白人,不管是自由人,还是受到契约关系束缚的奴仆(一般是 4 至 7 年的契约关系),其数量已远远满足不了需要。1700 年,弗吉尼亚有 6 000 名奴隶,占当地人口数量的十二分之一,而到了 1763 年,奴隶的数量已多达 17 万人,占到了当时人口数量的一半左右。

虽然把黑人变成奴隶较之白人和印第安人更容易一些,但毕竟也不是件很容易的事情。最初,输入的黑人对奴隶制进行了抵制。但是,这种抵制最终被平息下去,其结果是拥有 300 万黑人的奴隶制得以在南部建立起来。在极端恶劣的条件下,在饱受凌辱和死亡的胁迫之中,这些非洲裔美国人在其长达 200 年的奴隶制时代展开了前仆后继的反抗斗争。他们中的大多数是采取逃跑的方式,只是在偶然的情况下才组织一两次像样的起义,而更经常的方式是搞一些小破坏,消极怠工。通过种种诸如此类的微弱反抗,来维护他们自己及其兄弟姐妹作为人的尊严。

黑人的反抗从非洲就开始了。一位奴隶贩子报告说,黑人"非常倔强,不愿离开他们的国家,他们常常从独木舟、小木船甚至大船上跳进大海,潜伏在水里,一直到被淹死为止"。

1503 年,当第一批奴隶被运到伊斯帕尼奥拉①时,那儿的西班牙总督向西班牙法庭投诉说,逃亡的黑奴会教唆印第安人不服从命令。在 16 世纪 20 年代和 30 年代,在伊斯帕尼奥拉、波多黎各、圣玛尔塔和今天被称为巴拿马的地方都有奴隶起义。在这些叛乱发生不久,西班牙人专门建立了一种特殊的警察制度来追捕逃亡奴隶。

1669 年,弗吉尼亚的有关法令条例中,提到了"黑奴中仍有一些顽固不化的分子"。1680 年,议会记录了奴隶在节庆欢闹气氛的掩护下举行集会的情况,并称其会带来严重的后果。1687 年,北内克殖民地粉碎了一起密谋活动:一些黑人想利用举行葬礼之机,杀死全部白人,然后逃走。

33　　　杰拉德·穆林在其所著《逃亡与反叛》一书中专门研究了 18 世纪弗吉尼亚奴隶反抗运动。他在书中写道:

> 有关 18 世纪弗吉尼亚奴隶制度的资料包括种植园档案记录、县档案记录、报纸上登载的奴隶逃亡的告示,所有这些能够查阅到的文献记录的都是有关反叛奴隶的资料,鲜有其他。在这些文献中,奴隶留给人们的印象是懒惰、偷窃、装病、糟蹋庄稼、毁坏仓库、破坏工具,有时甚至袭击或者杀害监工。他们用偷盗来的东西从事黑市交易。他们的逃跑方式也是五花八门,有的只是旷几天工(他们常常会自愿回来),有的是"逃犯"……也有真正意义上的逃亡奴隶。他们或者去走亲访友,或者到城里去闲逛;也有人打算彻底逃离奴隶制度,他们或者搭船离开殖民地,或者联合起来一起营建村落,或者共同在边远地区建立隐匿之处。奴隶反叛的另一种方式则是全然的犯罪行为了:他们杀人放火,策动暴乱。

---

① 即海地。

刚从非洲运送来的黑奴依然秉承了他们那种共有共享、共同生活的传统，所以他们总是成群结队地逃跑，并试图在荒蛮的边境建立自己的村落。而美国本土的奴隶则更愿意一个人出逃，他们想凭借自己在种植园学到的一技之长活下去，作一个自由人。

在有关英国殖民地情况的汇报中，一份 1729 年从弗吉尼亚海军司令部发往英国贸易总局的报告中这样写道："一伙黑奴大约有 15 人……密谋逃跑并取得了成功，他们在离出逃处不远的一座山上站稳了脚跟。他们想方设法搞到了枪支弹药，并且在逃跑的同时偷得了粮食衣物以及睡觉和劳动所需的用具……虽然这伙奴隶最终被我们消灭了，但它足以提醒我们今后一定要严加防范……"

奴隶制度可以为奴隶主提供丰厚的利润。美国革命之后不久，詹姆斯·麦迪逊曾告诉一位英国客人说，每位黑人每年可以给他创造 257 美元的利润，而养活一位黑人却只需花费 12 美元至 13 美元就足够了。当然也可以提供相反的佐证，就在麦迪逊说这番话的大约 50 年前，一位名叫兰登·卡特尔的奴隶主曾经在信中抱怨他的奴隶一点也不把自己的工作当回事，而且一点合作精神都没有，"他们或者干不了，或者不愿意干"，这使得卡特尔开始怀疑是否有养活这些奴隶的必要。

一些历史学家依据很少发生有组织的奴隶起义以及美国南部能够维持奴隶制度长达 200 年之久的事实，得出了广大奴隶已经向他们的生存状况低头的结论，认为他们的非洲传统已经被彻底摧毁。斯坦利·埃尔金称之为"黑人与北美印第安人的混血儿"，"一个无可救药的社会"。另一位历史学家乌尔里克·菲利浦斯则称之为"基于种族特性的臣服"。然而，倘若对奴隶们的表现进行整个观察，对从工作中静悄悄的不合作行为到逃亡这些日常生活中的反抗行为都给予足够的关注，可能就会得出不同的结论。

1710 年，亚历山大·斯波茨伍德总督向弗吉尼亚议会提出警告：

> ……自由是一面无声的旗帜，它时刻召唤着那些想要砸碎奴隶脚镣的人。一旦发生叛乱，后果不堪设想。因此，我们在采取有力措施加强对奴隶的统治和通过制定法律来限制他们集会的时候，应避免操之过急。

事实上，想象一下对逃跑的奴隶惩罚是多么的严厉，我们就可以明白，黑奴仍然选择逃跑，表明他们的反抗行为达到了极点。整个 18 世纪，弗吉尼亚的奴隶法中一直是这样规定的：

> 鉴于奴隶们经常出逃，藏匿于沼泽地、丛林中以及一切可供藏身的地方，他们还猎杀居民饲养的猪，或者做出其他危及居民的事情……任何人都有权采取一切他认为合适的办法杀死那些滞留在外而不按时返回的奴隶……对于被抓回来的奴隶……可依本法对其进行惩处，可以将其肢解，还可以采取别的办法……对于那些不可救药的奴隶，可酌情自行处置，以起

到杀一儆百的作用……

穆林分析了从 1736 年至 1801 年间的报纸告示中得到 1 138 例男性奴隶逃跑案和 141 例女性奴隶逃跑案,认为一个驱使奴隶逃跑的持续不竭的动力是寻找他们自己的家庭成员。这表明,不管奴隶制度如何破坏奴隶们的家庭纽带——从禁止他们结婚到人为地隔离其家庭成员,奴隶们仍会冒着被处死和致残的风险去同家人相聚。

在马里兰州,1750 年时奴隶人口占到了总人口的三分之一。奴隶制自 17 世纪 60 年代即被写进了该州的法律,防止奴隶反叛的法令也获得了通过。但那儿还是发生了女奴杀害其主人的案子,她们有的采取下毒的办法,有的则是通过点燃烤烟房和住房来纵火。对他们的惩戒包括鞭笞和烙刻耻辱标记,但犯罪活动仍是屡禁不止。1742 年,有 7 位奴隶因为谋杀其主人而被处死。

35 种植园内似乎永远充满着对奴隶叛乱的恐惧气氛。一位富有的弗吉尼亚奴隶主威廉·伯德在 1736 年写道:

> 现在,这些乡巴佬后裔已有至少 1 万人了,而且每天随着新生儿的降生以及大批运送进口,其数量仍在源源不断地增加着。他们随时都有拿起武器的可能,一旦其中的某个人感到绝望,他就有可能比卡提林更容易发动一场奴隶战争……那时必然会血流成河!

奴隶主们既让奴隶劳工们能维持起码的生活不致饿死,也不去破坏他们的生活方式。他们希望藉此对奴隶加以控制。这个防范制度可以说是既复杂又强大,它时时戒备、处处设防,始终牢牢守护着奴隶主们的权力和财富,它是如此周密细致,让人难以察觉出有什么纰漏。肯尼思·斯坦普写道:

> 精明的主人并不真的相信黑人乃天生的奴隶之说。他们心理非常明白。他们知道,那些刚刚从非洲运过来的黑人是被驯服成奴隶的,他们世世代代都必须接受严格的训练。这是一项非常艰巨的任务,因为奴隶们是很少自愿屈服的。而且,他们即便屈服也很少有人会彻底归顺。在绝大多数时候,对奴隶的控制是不可有丝毫懈怠的,直到他们彻底变老,对自己的奴隶处境彻底绝望为止。

这一制度把精神压迫和肉体摧残两者并重。奴隶们必须严守纪律,他们反复地被灌输自己天生低人一等的思想,黑人就是下贱的,要绝对服从主人,不可贪图个人私欲。为了让他们能遵照执行,奴隶主们还制订了残酷的劳工纪律,他们故意拆散奴隶的家庭,弱化宗教的影响力(正像一个奴隶主所说的,这样做的结果有时确实适得其反),既而通过隔离奴隶并使其中某些人享受一些小特权,来达到分裂他们的目的。最后的一招就是动用法律和监工手中的生杀大权,对奴隶施以鞭笞、火刑、砍手断足,甚至处死等暴力镇压。1705 年的弗吉尼亚法典规定了断肢之刑。1723 年,马里兰州通过的一项法律则规定,袭击白人的黑人将被割去双耳,那些犯下重罪的奴隶被绞死之后还要被切成 4 块,曝尸荒野。

尽管如此,奴隶叛乱仍是绵延不绝,虽然次数不多,但已足以令种植园主们心惊胆寒了。北美殖民地第一起大规模的叛乱发生在 1712 年的纽约。在那里,奴隶占总人口的十分之一,这在北部各州中是最高的比例。但那里的经济条件通常并不需要大量的田间奴隶。大约有 25 名左右的黑人和 2 名印第安人点燃了一座建筑物,并杀死了赶到现场的 9 名白人。这些人被士兵抓捕归案并被判刑,其中 21 人被处死。总督发给英国的报告称,"一些人被处以火刑,另一些被绞死,1 名被处于车磔之刑,1 名披枷带锁吊在镇上示众……"还有 1 名用文火烧烤了 8 到 10 个小时。所有这些都是为了用以警告其他的奴隶。

1720 年,一封从南卡罗来纳那寄往伦敦的信中这样写道:

> 我要告诉你的是,就在最近,我们获悉了一个黑人密谋叛乱的计划,该计划可以说是野蛮残暴至极,他们打算把这里的白人全部杀死,然后去夺取查尔斯敦。感谢上帝,幸亏发现及时,现在他们中许多人已被抓,其中一些已被烧死和绞死了,还有一些遭到了流放。

在此前后,波士顿与纽黑文也发生了一系列的纵火案,据推测应该属于黑奴所为。结果,波士顿处死了 1 名黑人,波士顿市议会还规定,任何 2 个或 2 个以上的奴隶自行聚集到一起都将受到鞭笞之刑。

1739 年,在南卡罗来纳的斯托诺,大约 20 名奴隶发动叛乱。他们杀死 2 名仓库守卫,窃取了枪支弹药,一路南下,沿途烧杀。由于有别的奴隶加入,他们的队伍一度达到 80 人之众。据当时的一份报告称,"他们一路高喊自由的口号,举着醒目的大旗,还打着两面鼓"。民兵找到了他们,并对他们发动了进攻。在随后战斗中,大约有 50 名奴隶和 25 名白人丧生。起义最终遭到镇压。

赫伯特·阿普特克在其《美国的黑人奴隶起义》一书中,详细叙述了有关奴隶反抗压迫的情况,他以参加起义和暴乱的 10 个奴隶为主人公,讲述了 250 个真实的故事。

在奴隶反抗压迫的斗争中,也可以见到白人的身影。早在 1663 年,弗吉尼亚的格洛斯特镇,黑奴和契约白奴共同密谋了一项争取自由的起义计划。但由于叛徒的出卖,计划遭到失败,参加者都被处死了。穆林指出,弗吉尼亚报纸上有着奴隶逃亡的告示,常常会警告那些心怀不轨的白人不要隐匿逃犯。有时奴隶会同自由民一起逃亡,或协同犯罪。有时男性黑奴出逃时会有白人妇女加入进来。由于白人船长和水手们时不时地会同逃亡者打交道,他们有时也会安排奴隶作他们的船员。

1741 年的纽约州,有 1 万名白人和 2 000 名黑奴。那一年的冬天异常寒冷,穷人们(包括黑奴和自由贫民)的处境十分凄惨。一天,在突然发生的一场大火之后,黑奴连同一些白人一起被推上了被告席。人们群情激愤,反对对他们的控告。但由于告密者的揭发,这些人不得不坦白了真相。结果,2 名白人男子和 2 名白人女子被处死,18 名黑奴被绞死,另外 13 名黑奴被活活烧死。

在美国这块新兴殖民地上,比黑奴叛乱更令统治者感到害怕的只有一点,那就是担心对现实不满的白人与黑人联合起来共同推翻现有的秩序。在奴隶制度建立的初期,特别是在种族歧视作为一种思维方式在人们头脑中深深扎根之前,当签约的白人仆佣像黑奴那样受到经常性的虐待的时候,就有可能发生两者联合起来共同反抗压迫的情形。埃德蒙·摩根注意到:

> 有迹象显示,这两个绝望的群体最初确曾意识到了彼此遭受着同样的苦难。例如,仆佣同奴隶一块儿出逃,一起偷东西,一块儿酗酒,这些都是常事。在培根叛乱时,最后投降的士兵中,有一支就是由 8 名黑人和 20 名英裔仆佣组成的混合队伍。

正如摩根所说,至少在当初,在主人们的眼里,所有的奴隶……都是愚笨无能之辈,他们没有责任感,不守信用,不知感恩,也不知诚实为何物。大多数情况下,他们也是这样看待仆人的……然而,"如果失望的自由民同绝望的奴隶联合起来的话,其结果可能比培根所做过的任何事情都还要糟糕"。

所以,在制定有关惩罚和约束黑奴法律的同时,弗吉尼亚议会还通过了其他的相关措施。埃德蒙·摩根写道:

> 弗吉尼亚的统治者在宣称所有的白人优于黑人的同时,不断向"低贱"阶层(只限于白人)提供小恩小惠。以前他们从不这样做。1705 年通过的一项法令,要求奴隶主们当其所属的白人仆佣契约期满之时,必须向他们提供 19 蒲式耳谷物,30 先令和 1 支枪;如果是女仆,则给 15 蒲式耳谷物和 40 先令。而且,新近获得自由的仆佣将会得到 50 英亩的土地。

38　　埃德蒙·摩根总结说:"这些小种植园主们一旦感到身上的赋税少了,生活有了一些富裕,他们的不满也就少了;他们所能引起的麻烦也就小了;他们觉得自己获得了一些地位;在他们的眼里,他们的富邻不再是面目狰狞的要债人,而成了笑容可掬的公有利益的维护者了。"

我们现在看到的是一张由历史的丝丝缕缕结成的大网,它罩在黑人头上,把他们带入了圈套,使他们变成美国奴隶制度的牺牲品。这张大网就是:刚踏上北美大陆的拓荒人,因饥寒交迫而充满绝望;非洲黑人被卖到陌生之地后,处于孤立无助的状态;贩奴贸易带来巨额利润,刺激着贩奴商和种植园主强烈的欲望;白人贫民向往发家致富,希望有朝一日能出人头地;逃跑和反叛行为受到严密地控制;共同谋乱的白人和黑人要受到法律和社会的严厉惩罚。

还要说明的一点就是,这张大网是历史结成的,而不是什么"自然而然"的结果。这意味着不是轻而易举就能解除和摆脱掉这张大网,它意味着还有某些其他的可能性,只是在当时的历史条件下未能变成现实。可以说,消除阶级剥削就是这样的一个历史条件。这种阶级剥削在当时不仅使得白人平民极度渴望获得一定的地位,而且,黑人和白人共谋叛乱也变得渺茫无望了。

1700 年前后,弗吉尼亚的市民会议宣称:

> 在这个国家里,绝大多数的基督徒都曾经是欧洲品质恶劣的残渣败絮。此外……还有这么多的爱尔兰人及许多其他国家的人也来到这里。根据目前的形势来看,我们将很难控制住他们。他们即将成为战场上的斗士,如果让他们拿起武器,并且由于主人的原因而不失时机地凑到一起,那么我们将无以应付。

这是一种阶级意识,是来自一个阶层的忧虑。早期的弗吉尼亚就产生过这样的忧虑,而在别的殖民地,事实也将证明这种忧虑不无道理。

第三章

低贱的人，恶劣的生存条件

1676 年，即弗吉尼亚殖民地建立 70 年之后、距美国革命的开始还有 100 年之时，弗吉尼亚殖民地的白人边民、奴隶和契约佣工发动了一场叛乱。由于当时形势非常严峻，总督一时慌了手脚，在首府詹姆斯敦熊熊燃烧的大火中匆匆逃走。英国决定派出一支 1 000 人的队伍横渡大西洋，以图为 4 万殖民者恢复秩序。这就是历史上的培根起义。叛乱平息后（这时起义领导人那撒尼尔·培根已死，其他叛乱首领也已被处以绞刑），一份皇家专门调查委员会的报告这样描述培根：

> 据说他三十四五岁，瘦高个，黑头发，一脸煞气，双眉紧锁，面色忧郁；他那几近无神论的演讲逻辑严密而又通俗易懂，极富感染力。他蒙骗了最粗俗无知的人（每一个城镇里有三分之二都是这种人），这些人把全部的希望都寄托到培根身上。他指责总督玩忽职守、邪恶奸诈、背信弃义而又懦弱无能，指责法规和税制罔顾正义且残酷暴虐。他大肆叫嚷要对此进行彻底的纠正。培根无疑是骚乱的鼓动者。群情激愤的人们蜂拥而至，成了他的信徒。他非常聪明地把这些追随者的名字呈圆环形写在一张大纸上，以免那些带头闹事的人在名单中暴露。培根用列名单的手法把一批暴民拉下水，再用白兰地让他们亢奋起来，然后用同甘共苦一类的誓言令他们陶醉——当然，这种誓言对于培根个人而言则意味着效忠，经过这一系列的造势活动，新肯特县的叛乱条件成熟了。

培根叛乱的直接起因是印第安人问题。当时印第安人被封锁在西部边境地区，受到了越来越大的威胁，生存空间不断减小。在詹姆斯敦附近的大片土地纷纷被封赐的情况下，一些受歧视的白人开始向西开拓新的土地，在那里他们遭遇到了印第安人。这些居住在弗吉尼亚边疆的人们此时不知道该去恨谁，因为一方是控制着詹姆斯敦政权的政客和地主贵族们，正是这些人迫使他们不断迁移以至跑到了印第安人的领地中；而另一方，又是彼此仇恨已久的死对头。打还是不打，这种矛盾恰恰表明了这次动乱的特点：到底是反贵族还是反印第安人？目的不明确。从整个过程来看，两者兼而有之。

总督威廉·伯克利以及他在詹姆斯敦的同伙，对印第安人采取调和政策（他们希望一部分印第安人能充当他们的间谍和盟友)。既然他们已经独占了东部的土地,是否愿意让边境的白人居民做一个天然的屏障以换取和平? 政府拼命镇压此次起义,看来有着双重的动机:对印第安人旨在推行一种分而治之的政策,因为几乎就在同时,在新英格兰,曾在"菲利普王战争"中重创清教殖民者的马萨索伊特之子梅塔科姆威胁说要把各印第安部落联合起来;对弗吉尼亚的穷苦白人则要严加教训,旨在警告他们造反是不会有好下场的——为此将不惜使用强大的军队,甚至动用英国本土的军队来对付他们,用绞刑来震慑他们。

边境地区的暴力冲突在叛乱发生之前已在不断升级。一些多伊格印第安人为了赔付一笔债务偷了几头猪。白人索回了丢失的猪,并且杀害了 2 名印第安人。多伊格人派出一个战斗小队杀死了 1 名白人牧民,白人民兵连又杀死了 24 名印第安人。结果引发了一连串的印第安人偷袭事件以及大规模的印第安人游击战。詹姆斯敦市民议会向印第安人宣战,但又建议豁免了那些同白人合作的印第安人。这似乎激怒了边民,他们要的是全面战争,

1676 年是充满艰辛的一年,"那是真正的不幸和贫困⋯⋯所有当时的资料都提及,有相当多的人在严重的经济困境中挣扎"。这是威尔科姆·沃斯伯恩说的一段话,他曾根据英国殖民当局的记录,深入研究了培根叛乱那段历史。那是一个干旱无雨的夏天,人们急需粮食、烟草和出口贸易。年过七旬的总督伯克利被搞得焦头烂额,疲惫不堪。他是这样描述自己的处境的:"七分之六的人在贫困中挣扎,他们债台高筑,心怀怨愤,而且手里还有武器,管理这些人该是多么悲惨的事情呵。"

不过,他的"七分之六"之说也暗示上层阶级的生活并没有那么困难。事实⁴¹上,在弗吉尼亚已经形成了这样一个阶级。培根本人就是这个阶级的一员,拥有不少土地。但是,与救助穷人比起来,他更热衷于消灭印第安人。可是他又成了反对弗吉尼亚统治者的代言人,并于 1676 年春被选为"市民会议"的代表。当时,他坚持要组织起一支部队去消灭印第安人。由于他不听官方调遣,伯克利宣布他为叛军,并逮捕了他。然而却有 2 000 人在詹姆斯敦城内举行游行,表示支持培根。伯克利只好将其释放,条件是培根要作出道歉。但培根离开后便召集军队,开始向印第安人发起进攻。

在培根于 1676 年 7 月发表的"人民宣言"中,流露出一种复杂的心态,一方面是普通的贫苦大众对富人的怨恨和不满,另一方面又掺杂着边疆居民对印第安人的仇恨心情。而这一切皆源于伯克利推行的政策,如不公正的税收政策,政治上任人唯亲,垄断皮毛贸易,以及不采取措施保护边疆居民不受印第安人的侵犯等。培根袭击了友好的帕门基印第安人,杀死 8 个人,把其余的人投进监狱,把他们的财产洗劫一空。

有证据显示,无论是培根的叛军方面还是伯克利的官军方面,普通士兵都没

有当官的那样狂热。沃斯伯恩指出,双方都有大量的人开小差。秋天的时候,培根因病去世,时年29岁。当时有人说是他是死于传染性寄生虫造成的疟疾感染。一位显然并非培根支持者的牧师为其撰写了这样的碑文:

　　　我对培根之死深感遗憾

　　　无奈寄生虫和痢疾却站在刽子手一边

　　培根死后不久,叛乱就被镇压了。一艘装备有30支枪的军舰在约克河上巡游,维持着当时的秩序。该船船长汤姆斯·格兰瑟姆软硬兼施,解除了最后一批叛乱分子的武装。当他来到叛军的大本营,才发现这是一支由英国人和黑人组成的队伍。他们中有自由民,有契约佣工,也有黑奴,人数约有400多人。格兰瑟姆承诺将会赦免所有的人,并给奴隶和契约佣工以自由。于是,除80名黑人和20名英国人拒不交出武器之外,其余所有的人都交出武器,解散了队伍。他还承诺要带他们去下游的一个要塞。但是,这些叛乱分子一上船,他就立刻把枪口对准他们,解除了他们的武装,并把契约佣工和黑奴陆续送回到他们的主人那里。其余的叛军营地被各个击破。共有23个叛军首领被处以绞刑。

　　在弗吉尼亚,各种势力层层盘剥,互相倾轧:印第安人受边境地区的白人掠夺;而这些白人本身又不得不向詹姆斯敦的当权者们交纳税金,接受他们的管制;而整个殖民地又受到英国的盘剥,它按自己制订的价格收购殖民开拓者种植的烟草,仅此一项,国王一年就可获利10万英镑。数年前,伯克利曾亲自返回英国,试图阻止英国航海法的通过。按照该法的规定,英国商人垄断了殖民地贸易。伯克利说:

　　　……为了养肥不足40个商人,竟有4万人差不多要沦为赤贫。而这一小撮商人只不过是我们的烟草买主。他们想给我们多低的价钱就给我们多低的价钱,然后一转手,他们想卖多高的价钱就卖多高的价钱。我们这4万佣工甚至比别人的奴隶还要廉价。对此,我们怎能不感到愤怒……

　　从总督自己提供的证据来看,这场反对他本人的叛乱得到了绝大多数弗吉尼亚人的支持。一位总督理事会成员报告说,当时城里人投降逃跑的情况"很普遍"。他们"对掌握在英国国王手中的国家已失去了信心,宁愿自己来主宰自己的命运"。在这种追逐政权的欲望驱使下,他们采取了如此大胆的做法。另一位理事会成员理查德·李指出:培根的叛乱本来是针对有关印第安人的政策而发起的,但后来"许多人"支持培根的目的却是要"争取平等"。

　　"平等"就是要求财富上的平等,在美国革命之前的150年间,对于"平等"的要求,蕴藏在所有英国殖民地上无数次的贫穷白人反对富人的斗争行动之中。

　　在培根的叛军队伍中,我们提到了契约佣工,他们是来到北美这片大陆上的许多下层贫苦白人中的一部分。在欧洲,城市的当权者们因害怕他们生事,就想把他们赶走了事。16和17世纪,正是英国商业和资本主义兴起和发展的时期,为了出产羊毛而发起的圈地运动使城市的赤贫人数大量增加,从伊丽莎白统治时期起,通过了有关惩处、关押和流放这一类人的相关法律。伊丽莎白时期所谓的"流氓团伙"包括:

> ……所有打着游学的幌子四处乞讨者,所有谎称在海上丢失了船只和货物而到农村乞讨的水手,所有在农村行乞或者靠手艺、杂耍等非法活动混饭吃的懒汉……演技低劣的流浪歌手……所有那些本人有劳动能力而又拒绝为合理报酬(即通常付给的需要纳税的工资)而工作的流浪者和低贱劳动者……

这些人一旦被判定为乞讨者,就可能受到脱光上衣被凶狠地鞭笞的惩罚,或者被遣送出城,发配到囚犯工场,或者流放到国外。

17 和 18 世纪,那些遭受流放、被欺骗、被绑架的穷人,以及那些渴望逃离这片无法生存的土地的穷人,都希望前往美洲。他们于是成为商人、贸易贩子、货运船长直至他们的美洲主人用以牟取暴利的商品。阿博特·史密斯在其研究契约佣工的著作《被奴役的殖民者》中写道:"各种复杂力量共同推动着向北美殖民地的大规模移民,其中造成契约佣工潮的最强大动力尤为引人注目,这就是大量运送他们所带来的金钱利润。"

根据他们所签订的有关契约,这些移民要在美国为那些庄园主和当权者们劳动 5 到 7 年,以还清自己欠下的船费。在出航之前,为了防止逃跑,他们通常还被囚禁起来。1619 年创立的弗吉尼亚"市民会议"是美国第一个市民议会(同一年,首批黑奴也被运抵美国),它不仅将契约佣工与其主人之间的关系记录在案,还负责强制执行这一合同。就如同任何力量不平等的双方所签订的合同一样,这种实质上不平等的东西不仅被冠以"平等"二字清清楚楚地写在纸上,而且在履行这一合同方面,主人要比仆佣容易得多。

开往美国的商船,一般要航行 8 到 10 周或 12 周。出于对高额利润的狂热追求,商船上也塞满了契约佣工,就像运奴船一样。如果天气恶劣,航行时间一长,他们储存的食物就不够用了。1741 年,从贝尔法斯特出发的海洋花号单桅船在海上行驶了 16 周,当它到达波士顿时,106 名乘客中已有 46 人饿死,其中 6 人的尸体被活着的人吃掉了。在另一次航程中,32 名死于饥饿或疾病的孩子被扔进了大海,一位大约于 1750 年左右从德国前往美国的音乐家戈特利布·米特尔伯格这样描述了他的那次航行:

> 整个航行过程充满了不幸——臭气熏天,乌烟瘴气,哭闹声、呕吐声不绝于耳。还有各种各样的晕船反应:发烧、痢疾、头痛、上火、便秘、起疖子、坏血病、癌病、口腔溃疡等等。所有这一切都是由于食用过期的高盐食品(尤其是肉类),还有极差的饮水条件……再加上食品短缺、饥饿、缺水、伤风、发烧、潮湿、担惊受怕、凄苦无助,以及其他的许多磨难……我们的船有

一天遇上了大风暴,而此刻船上正有一位即将分娩的妇女,由于在这样恶劣的环境下无法顺利地接生,她便被残忍地从舷窗推入了大海。

契约佣工可以像黑奴一样被自由出卖,在 1771 年 3 月 28 日的《弗吉尼亚报》上,有这样一段广告:

> 刚刚抵达利兹敦的加斯蒂提亚号商船上装有 100 名契约佣工,男女老少俱全,身体健康……兹定于 4 月 2 日星期二出售。

与那些对美国美好生活的乐观报道相反,在这里,人们不得不去应付许多意想不到的事情。正如一位移民从美国发回的信中所说:"在欧洲生活比较富裕的人们,最好还是安安稳稳地呆着吧! 这里的情况糟透了,到处都是凄惨和不幸的景象,无论是这里的人还是客观条件,都无法与欧洲相比。"

饱受拳脚和鞭笞等皮肉之苦已是司空见惯之事。女性契约佣工还常遭到性侵犯。一位目击者证实,"我亲眼看见一名监工因为一点不值一提的小过失就用手杖把一个佣工打得头破血流……"马里兰州法院案卷中有很多关于佣工自杀的记录。1671 年,弗吉尼亚的总督伯克利报告说,前些年,有五分之四的契约佣工在到达之后死于疾病。他们中的很多人都是从英国城市街头收容的穷苦孩子,被送到弗吉尼亚来做工。

庄园主们想尽办法禁止契约佣工过性生活。他们不让契约女奴结婚,或是发生性关系。因为从他们的利益来考虑,一旦这些女奴怀了孕,就会影响到正常的生产劳动。本杰明·富兰克林在 1736 年以"穷人理查德"的名义向读者提出忠告:"选择女佣的标准是忠心耿耿、身体强壮而又相貌平平。"

契约佣工不得擅自结婚,他们会同家人分开,会因为各种各样的过失遭到鞭笞。17 世纪的宾夕法尼亚法律规定,如果契约佣工"不经主人的同意"而自行结婚,"将会以通奸罪被起诉,他们孩子也会被称为私生子"。

虽然殖民地法律规定禁止对契约佣工做得太过分,不过这些法律并没怎么执行。理查德·莫里斯所著《美国早期的政府与劳工》一书对早期法院卷宗进行过综合研究。我们从中得知,契约仆佣不参加陪审团,主人却参加。而且,由于没有财产,仆佣们也不参加投票。1666 年,新英格兰法院指控一对夫妇应对 1 名仆佣的死负责,因为仆佣是在女主人砍下他的脚趾之后死的。但陪审团却投票宣布他们无罪。也是在 17 世纪 60 年代,弗吉尼亚一个以毒打妻子和孩子闻名的庄园主被指控强奸了 2 名契约女佣,他还把另一名仆佣铐起来毒打至死。虽然这个庄园主受到法庭的斥责,但在铁证如山的情况下,他的强奸罪名却被明确宣告不成立。

契约佣工有时也会发生叛乱,但是像英属西印度群岛的巴巴多斯岛上发生的那样规模巨大的奴隶暴动,在北美大陆上还没有发生过。阿博特·史密斯认为,这是因为在小岛上有更多成功的机会。

　　不过,1661 年,在弗吉尼亚的约克郡,对伙食极度不满的佣工艾萨克·弗兰德曾向别人提议"他们 40 个人一起干一番事业。首先,他们将设法搞到枪械,然后他们会带领'那些渴望自由,希望摆脱奴役'的人一起奔走呼喊。聚集到一定的人数之后,他们将奔赴全国各地,杀死那些反抗者。这样做的结果是,要么他们获得自由,要么他们为此付出生命的代价"。当然,这个计划一直没有实行。但两年之后,格洛斯特郡的佣工又策划了一场大起义。由于有人告密,4 人被处死。告密者获得了人身自由并得了 5 000 英磅烟草的奖励。尽管契约佣工发生叛乱的情况较少,但这样的危险毕竟存在,所以庄园主们感到很害怕。

　　当他们感到自己处境极端恶劣,而在一个组织程度越来越完备的社会里又不可能进行起义的时候,佣工们便走上了个体反抗之路。在新英格兰的法院卷宗里有不少这类案件:1 名佣工用干草叉打他的主人;1 名学徒工被控"涉嫌暴力伤害自己的主人……两次把他推倒在地,弄得他满身血污,还威胁要扭断他的脖子,打他个满脸开花……"还有 1 名女佣因为"道德败坏、态度蛮横、闷闷不乐、粗枝大叶、毁坏东西和不服管教"而被起诉。

　　发生契约佣工参与培根叛乱之后,弗吉尼亚立法机构通过法律,规定凡佣工参与叛乱将予以严惩。该项法律在其序言中写道:

　　　　鉴于在近期发生的可怕的叛乱中,契约佣工趁自由和闲暇之便所犯下的诸如擅离职守、追随叛军、罔顾主人的工作等种种罪行,给其主人造成了巨大的损失和伤害……

　　两个连的英国士兵常驻弗吉尼亚以防不测。一份呈递给贸易和种植园委员会的报告对此举的解释是:"现在的弗吉尼亚,经济衰败,人口众多,民不聊生。由于许多人缺乏衣服和生活用品,我们很担心在契约佣工中出乱子;他们很可能会去洗劫货仓和商船。"

　　逃跑要比叛乱更容易。理查德·莫里斯在《美国早期的政府与劳工》一书中写道:"在南部殖民地,白人佣工大批逃跑的事件数不胜数。"在仔细查阅了 17 世纪的大量报纸之后,他得出结论说:"17 世纪的弗吉尼亚,到处是有关契约佣工逃跑的指控和传闻。"据马里兰法院卷宗记载,在 17 世纪 50 年代,曾有 12 名佣工策划劫夺一条船,如果遇到阻拦,他们准备以武力反抗。他们最终被抓获并受到鞭答。

　　当时为了防范逃跑,采取了非常严密的控制手段。陌生人必须出示护照或相关证件以证明他是自由人。各个殖民地之间达成共识,逃跑的契约佣工一旦被抓获,将被引渡回其逃跑之地。这一点后来演化成为美国宪法中的一项条款,即"原在一个州劳动和服役者……若逃往其他州……将会被遣返。"

　　有时,契约佣工也进行罢工活动。1663 年,马里兰的一位主人向地方法庭控诉说:"他们(奴仆)蛮横地拒绝进行给他们安排的日常劳动。"而佣工们则称,由于每天只能吃到"豆子和面包",他们的"体力非常虚弱,不能再从事主人交给的工作"。结果,这些佣工被法庭处以 30 皮鞭的惩罚。

在殖民拓荒时期来到北美沿岸地区的拓荒者中,有超过一半的人沦为了契约佣工。在 17 世纪,主要是英国人,到了 18 世纪,则以爱尔兰人和德国人为主了。就在他们不断以逃跑的方式或者因为服役期满而获得自由人身份的时候,越来越多的黑奴取代了他们。不过,迟至 1775 年,白人佣工仍占到了马里兰总人口的 10%。

获得自由的这些白人佣工后来如何呢?有统计材料说他们发了财,成了地主和重要人物。但阿博特·史密斯在经过仔细研究之后写的《被奴役的殖民者》一书得出的结论是:殖民地社会"既不民主也不平等;有钱人统治着这个社会并让别人为他们劳动","这些有钱人很少有人出身于契约佣工,他们根本不属于那个阶层。"

阿博特·史密斯笔下的契约佣工不过是一群"污秽肮脏、懒惰成性、粗野鄙俗、愚昧无知、淫邪下流、经常犯罪的男男女女",他们"偷鸡摸狗,不务正业,养私生子,传播各种令人讨厌的疾病,把整个社会搞得乌烟瘴气"。不过,透过史密斯对契约佣工的鄙视性语言,我们还是能够了解到其中"有大约十分之一的人家道殷实。如果运气好的话,他们会挺过自己的'困难时期',准确把握时机,购置土地,日子过得一天比一天红火"。大概另有十分之一的人会成为技工或监工。剩下的八成人则属于"没什么出息、无可救药的废品",他们要么"在服役期间死掉,或者服役期满后返回英国,要么沦为'白种穷鬼'"。

史密斯的结论同最近对 17 世纪马里兰契约佣工的研究结果是一致的。研究发现,最初几批契约佣工都成了殖民地的地主并且活跃在政坛上,但是,那个世纪后半叶的契约佣工就不同了,其中超过一半的人在其获得人身自由 10 年之后仍然没有地产。契约佣工变成了佃户,为大种植园主提供廉价的劳动力,就跟他们受奴役时期没什么两样。

殖民地时期的阶级界限之分明,由此可见一斑。贫富之间的差别也越来越悬殊。到了 1700 年,弗吉尼亚大约有 50 个富豪家族,他们利用自己众多的种植园,通过剥削黑奴和契约佣工的劳动,积累了相当于 5 万英镑的财富(这一数目在今天看来也很可观);他们有的进入总督理事会,有的则当上了地方的行政长官。在马里兰,当地的全权统治者是英国国王授权的一个业主。在 1650 年和 1689 年间,反对这个业主统治的叛乱就有 5 次之多。

通常被认为是美国国父和美国制度哲学奠基人的约翰·洛克在 17 世纪 60 年代起草了卡罗来纳宪法。洛克宪法设计了一套封建贵族制度,在这一制度下,8 位大亨可以拥有卡罗来纳殖民地 40% 的土地,而且只有其中一人可以成为总督。在一次反对这一土地制度的叛乱之后,王权成了北卡罗来纳的直接管理者。

这时,富有的投机商们攫取了 50 万英亩的土地,并且垄断了靠近海岸地区的所有良田沃土。极需土地的穷人只好非法占用一些耕地,而地主们则试图向他们征收地租。在整个革命前时期,他们一直都在进行着抗租斗争。

卡尔·布里登博在他有关殖民地城市研究的《荒蛮中的城市》一书中,揭示了一个清晰的阶级划分体系。他发现:

> 早期波士顿的统治者是那些巨富乡绅,他们与牧师一道,在美国这片新大陆上极力维持着母国的那种社会和阶级秩序构成。他们控制着商业和贸易,利用教会和镇民大会对居民实施政治统治,并在本阶级内部审慎地选择婚姻联盟,正是通过这些手段,这一小撮寡头构成了 17 世纪波士顿贵族阶级的最核心部分。

1630 年马萨诸塞湾殖民地建立之初,殖民总督约翰·温思罗普就曾公开宣布过他的统治哲学:"不论何时都应有贫富之分,有人尊贵显赫,有人就要低贱卑微。"

富商建起了阔宅大院;"贵人"们出门都要乘车坐轿,还可以让人给他们画肖像,戴假发,他们吃的是山珍海味,喝的是玉液琼浆。1678 年,一份来自迪尔菲尔德镇的请求书送到了马萨诸塞最高法庭:"我们荣幸地通告阁下,在该镇中心有一块土地,位置好,土壤肥沃,这块土地差不多有一半归 8 个到 9 个业主所有……"

布里登博发现,罗得岛纽波特的情形同波士顿一样,"镇代表会议表面上看起来是民主的,但事实上却年复一年地始终被一小撮商人贵族把持着,他们牢牢地控制着那些最重要的职位……"当时曾有人这样描述纽波特的商人形象:"……他们身着油光锃亮的猩红大衣,内衬光鲜的马甲,大衣上还配戴着夺目的金黄色饰边。这些教友派信徒用金银器皿做装饰,既不是要用这种帅气的大衣和马甲进行投机,也不是因为喜欢华丽的服饰,而不过是为了炫耀自己的身份而已。"

最喜欢虚饰卖弄的是纽约的贵族。布里登博曾提到他们的"驼毛布窗帘,涂漆的桌子,镶着金边的玻璃器皿,8 天上 1 次发条的大钟……雕刻华丽的家具,珠宝,银器……黑人仆佣"。

殖民时期的纽约就像是一个封建王国。荷兰人沿哈得逊河建立起了拥有大量地产的大庄园主制度。在这一制度下,土地贵族完全控制着佃农的生活。1689 年,许多贫苦人参加了由雅各布·莱斯勒领导的农民叛乱。莱斯勒后来被绞死。大规模分封土地的活动继续进行。在本杰明·弗莱彻担任总督期间,纽约四分之三的土地被赏赐给大约 30 个人。他把 50 万英亩土地分给他的一位朋友,但每年却只向其象征性地收取 30 先令的报酬。18 世纪初的洛德·科恩伯雷统治时期,一小撮投机商一次就得到了 200 万英亩土地的赏赐。

1700 年,由于"贫穷无助者要求救济的呼声日益高涨,事态的发展已达到了非常严重的地步",纽约市的教会管理人员不得不要求市议会提供资金支持。18世纪 30 年代,随着"无家可归、流浪街头"的人数不断增加,要求社会采取措施进行收容和控制的呼声也越来越高。一项市议会法案规定:

> 本市贫困人口数量众多并呈持续增长态势⋯⋯许多人游手好闲,没有固定职业,不仅自甘堕落,而且诲盗诲淫,致使本市犯罪率居高不下。有鉴于此,改进的措施是⋯⋯决定即刻动手建造⋯⋯质量上乘、结实耐用的方便住房和经济公寓。

这种两层砖房被称为"贫民收容所、救济院和劳动教养院"。

1737 年,在一封寄给彼得·曾格主办的《纽约日报》的信中这样描述了街头的流浪儿:"他们骨瘦如柴,衣不遮体,蓬头垢面⋯⋯他们小的 4 岁,大的也不过14 岁,整日在街头流浪⋯⋯他们被驱赶着去当学徒,可能是 4 年、5 年,甚至 6年⋯⋯"

18 世纪,殖民地人口发展很快,除了来自英格兰的定居者外,苏格兰—爱尔兰以及德国的移民们也源源不断地涌入。黑奴也越来越多。1690 年黑人只占总人口的 8%,而到 1770 年时,就占到了 21%。1700 年时殖民地的总人口只有25 万,1760 年即增加到了 160 万。农业持续发展,小手工业逐步兴起,航运及贸易业不断扩大。当时最大的几个城市——波士顿、纽约、费城、查尔斯顿,规模也在成倍地扩大。

整个大发展时期,上等人聚敛了更多的财富并且垄断了政治大权。一位历史学家认真研究了 1687 年和 1771 年波士顿的税单。他发现,在 1687 年,在当时的 6 000 人中约有 1 000 人拥有财产,其最上层的 5% 即约占总人口 1% 的 50位富豪占有当时 25% 的财富。到 1770 年的时候,占人口 1% 的富豪则占有了当时 44% 的财富。

随着波士顿的发展,穷人在成年男性中的百分比在 1687 到 1770 年间从14% 上升到了 29%,即翻了一倍。这里所说的穷人是指没有财产,租住在一间房子里,或者干脆就住在小旅馆或酒店里。没有财产当然也就意味着没有投票权。

各地的穷人们不断进行斗争,其目的再简单不过,就是为了有一口饭吃,有一件衣服来御寒。18 世纪 30 年代,所有的城市都建立了贫民避难所,这里不仅收容老人、寡妇、残疾人、孤儿,而且还有失业者、退伍军人和新移民。在 18 世纪中叶的纽约,刚来的移民挤在贫民避难所里,容纳 100 人的贫民避难所里常常挤有 400 多人。1748 年,一位费城人写道:"今年冬天流落街头的人出奇地多。"1757 年波士顿的官方报道提到:"穷人太多了,⋯⋯以致每天分给他们的面包显得太少,许多人都得不到。"

肯尼思·洛克里奇在对新英格兰殖民地的一项研究中发现，流民和乞丐不断增长，"四处流浪的穷人"成了18世纪中叶新英格兰社会生活的一道独特的风景线。詹姆斯·T.莱蒙和加利·纳什通过对18世纪宾夕法尼亚切斯特郡的研究得出了与肯尼思·洛克里奇同样的结论，即财富的日益集中和贫富鸿沟的不断扩大。

看来在传统的历史书中，我们过分强调殖民地人民反抗英国侵略的外部斗争，以及大革命时期的空前团结，以致掩盖了那里的阶级斗争情况。所以说，这个国家不是什么"生来自由"的，而是生来就有奴隶和自由人、主子和奴仆、佃农和地主、穷人和富人之分的。结果，正如纳什所说，殖民地政府"不断遭到猛烈的、有时是暴力的"反抗。"17世纪最后25年，社会持续动荡，在马萨诸塞、纽约、马里兰、弗吉尼亚和北卡罗来纳，现存的政权纷纷被推翻了。"

白人自由职业者境况虽然好于奴隶和契约佣工，但他们也对上等人把持社会财富和权力的现象感到不满。早在1636年，缅因海面上的一位老板就曾报告说，因为扣发工资，他雇用的工人和水手"发生了骚乱"，他们集体开了小差。5年后，缅因的木工师傅又为抗议伙食供应不足而发生了怠工。在17世纪40年代，当格劳斯特造船厂当局通知一群惹是生非的造船工人说"他们被解雇了"的时候，该厂发生了理查德·莫里斯所称的"美国劳工史上第一次封厂停工事件"。

为抗议政府控制定价权，早期发生过箍桶匠、屠宰商和面包师的罢工斗争。17世纪50年代，纽约的搬运工人拒绝运盐，各种类型的货运司机一起停业罢工，他们被指控不服从命令，玩忽职守，擅自离岗。1741年，因为小麦定价过于昂贵，面包师们联合起来拒绝烘制面包。

1713年，波士顿发生严重的食品短缺，上至马萨诸塞国民议会，下至普通选民都对当政者敲响了警钟。"食品短缺"已使"物价飞涨，必须采取措施，让保证穷人过冬的必需品的价格降下来"。当时一位名叫安德鲁·贝尔彻的富商，为了获取高额利润，正向加勒比地区出口粮食。5月19日，200名贫民聚集在波士顿中心公园发动暴乱，袭击了贝尔彻的商船，砸碎货舱抢粮，并向试图阻止他们的副总督开枪射击。

这次面包骚乱8年之后，有人写小册子抨击那些靠"压榨穷人"致富的人，这些人每天都在琢磨着"如何去压迫、欺骗、瞒哄自己的邻居们"。他谴责那些"有财、有权、有势者""贪得无厌，不肯放过任何劫掠对象……"

18世纪30年代，波士顿的物价由于富商的操纵居高不下，愤怒的人们拆毁了位于多克广场的公共集市，就如一位保守派作家抱怨的："到处都议论纷纷，发泄对政府和富人的不满。"游行示威的人们警告说，如果敢逮捕谁，"500名'神圣同盟'成员将捣毁其他为富商们设立的交易集市"。结果此次动乱没有人遭到逮捕。

　　差不多同时,纽约的一份选举手册号召选民把拿梭子的织布工、拿刨子的木工、驾车子的搬运工、捣灰浆的泥瓦工、终日同海水打交道的海员、拿剪刀的裁缝、收取低廉租金的开明地主和穷无立锥之地的佃户们全都团结起来,去共同反对贪得无厌的商人、巧取豪夺的店主以及巧舌如簧、颠倒黑白的律师。它敦促全体选民不要把选票投给那些尊贵的先生们,因为对那些"被称为乡野村夫、无知暴民、乌合之众"的人,他们从来都是根本瞧不上眼的。

　　在18世纪30年代,债台高筑的波士顿人急需发行纸币,以便更容易偿还所欠商人们的债款。波士顿镇民大会的一个委员会为此进行辩护说,波士顿人不希望看到这样的局面:暴乱者"任意挥霍他们辛苦的劳动成果,花天酒地,却只给他们定量分配面包和水……"

　　当成年男子被强行要求到海军服役时,波士顿人还发起了反对强行征募的暴动。他们包围了总督府,殴打了行政司法长官并扣押了副行政司法长官,袭击了最高法院。由于军队没有听从调遣去镇压暴动,总督落荒而逃。一个商人团体公开谴责这是一场"由外籍水手、契约佣工、黑奴和其他一些卑贱之人组织的暴乱活动。"

　　18世纪40和50年代,新泽西的贫农由于耕地问题与地主之间发生了尖锐的矛盾,农民们不仅"占据"耕地,还发起抗租斗争。1745年,一位名叫塞缪尔·鲍德温的贫农(他给自己长期耕种的土地冠以一个印第安人使用的名称)因为抗租而遭逮捕,并被投进了纽瓦克监狱。一个同时代的人这样描述所发生的一切:"大多数人们都认为地主要毁灭他们……于是他们闯进监狱,打开牢门救出了鲍德温。"

　　当两名释放鲍德温的人被逮捕时,数百新泽西市民聚集到监狱周围。一份由新泽西政府呈交给伦敦贸易委员会的报告描述了当时的场景:

　　　　两名新任队长按照行政司法长官的命令带着行军鼓前往人群聚集地,要求所有属于他们连队的士兵都要听从军鼓的号令保卫监狱的安全。但那么多人却没有一个人听从他们的命令……下午四五点钟的时候,失去控制的人群挥舞着棍棒冲向监狱……他们冲到卫兵跟前,抢起棍棒就打。由于没有接到开枪的命令,卫兵们便用枪托还手。双方都有人受伤,但没有人死亡。人群最终冲破士兵的阻拦,拥到监狱门口。行政司法长官持剑站在门口,试图阻止他们,却遭到痛殴。他们强迫他离开。随后,他们用斧头等工具打破监狱大门,把那两名犯人救了出来。另一名因欠债而遭囚禁的犯人也借机越狱。

　　在此期间,英国进行了一系列的战争(18世纪初的安妮女王之战、18世纪30年代的乔治王之战)。一些商人趁机大发战争财。但对绝大多数老百姓来说,战争意味着高税收、失业和贫穷。马萨诸塞州流传着一本匿名的小册子。它愤怒地描述了乔治王之战后的颓败景象："人人脸上都流露着不满，嘴里诅咒着贫穷（富人除外）。一些在战争中发家的人，却饱食无忧，终日沉浸于追逐权力、名誉和金钱之中。""难怪有人能造得起大船、宫殿，买得起农场、马车，整日沽名钓誉、纸醉金迷。"小册子的作者还称这些人"不论在哪里，都是害群之马、人民的天敌"。

1747 年，被强迫征召当海员的人在波士顿发动了叛乱。他们先是反对征募政策，继而把矛头指向了一位名叫托马斯·哈钦森的富商，此人同时也是一位殖民政府官员。他支持总督动用武力镇压暴乱，并在马萨诸塞亲手制订了一项货币计划，这项计划明显对穷人不利。一场突如其来的大火烧毁了哈钦森的房屋，示威的人们一边大声责骂哈钦森，一边高喊："烧掉它！"

到大革命前夜的 18 世纪 60 年代，富有的精英控制北美大陆英国殖民地已达 150 年之久，他们已经深谙统治之道。同时，虽然他们的恐惧也与日俱增，但他们也学会了各种各样的应付手段。

他们发现，印第安人桀骜不驯，不适合作为劳动力使用，而且他们还是开疆拓土的巨大阻力。由于黑人奴隶相对比较容易驾驭，并且能够给南方种植园主带来丰厚的利润，奴隶的输入便呈现出大幅度增长的态势。奴隶在一些殖民地人口中成了大多数，并占了全部殖民地人口的五分之一。不过，黑人也并没有完全臣服，随着数量的不断增长，奴隶暴动的危险也在与日俱增。

除了印第安人和奴隶暴动等问题外，统治者们还不得不考虑贫穷白人（契约佣工、佃农、城市贫民、破产者、纳税人、士兵和海员）的阶级义愤所带来的危险。一个世纪过去了，到了 18 世纪中叶，随着贫富悬殊的拉大，暴力冲突和暴力威胁不断增多，殖民地的统治形势也变得越来越严峻。

遭到歧视的几种力量如印第安人、奴隶、白人贫民，他们万一联合起来怎么办？即使是在 17 世纪，当时黑人还没有现在这么多，但就像阿博特·史密斯所说的那样："契约佣工与黑奴和印第安人联合起来推翻少数统治者，这种可怕情况不是不可能发生的。"

在中南美，由于那里女性数量严重不足，而且种植园也雇用印第安人，这就给了白人与印第安人日常接触的机会。与此不同，在北美，白人同印第安人几乎没有联手的机会。除了佐治亚和南卡罗来纳因为白人女性较少而出现过一些白人同印第安妇女发生杂婚现象之外，通常情况下，印第安人都被赶得远远的。当然有时也会出现令人不安的状况，即白人离开自己的同胞而跑到印第安部落中去同他们生活在一起，或者白种人在战争中被印第安人俘获并得到他们的悉心照料。如果发生这种情况，即使有机会离开，白人也喜欢选择留在印第安人的文化氛围里。不过，如果发生同样的情况，印第安人则几乎从不会选择留下来同白人一起生活。

法国人赫克托·圣-让·克雷夫科尔在美国生活了差不多 20 年。他在其
《美国农夫书简》中谈到,在 7 年战争中被俘的孩子同印第安人一起生活、成长,
后来他们的父母找到了他们,但孩子们却拒绝离开他们的新家庭。克雷夫科尔
说:"他们所赖以维系的社会纽带一定有着某种超乎寻常的魅力,它显然远远优
于我们所自我吹嘘的那些东西,因为有数千欧洲人皈依了印第安人,但我们却举
不出哪怕一个例子来证明有土著人愿意把自己变成欧洲人。"

然而,没有人因此而受到感动。印第安人通常被撵到很远的地方。殖民地
的官僚们找到了一种化解危险的方法,即通过霸占东海岸的良田迫使无地的白
人向西部边疆迁移,让他们同那里的印第安人发生冲突,这样他们便会越来越依
赖政府的保护,从而构成印第安部落同东海岸富人之间的一条缓冲带。培根叛
乱给他们的启示是:以激怒边疆地区的白人为代价,对人数日益减少的印第安人
进行安抚,这种做法是非常危险的。最好的办法是,对印第安人发动战争,以获
得白人的支持,从而转嫁矛盾,让白人贫民与印第安人交手,统治者们则坐收渔
利,以维持他们的地位。

有没有黑奴和印第安人联手反对白人的可能性呢? 除了科得角、玛莎葡萄
园岛和罗得岛那里黑奴与印第安人有密切接触和杂婚之外,他们在整个北部殖
民地并没有更多的大规模接触的机会。在北部,纽约的奴隶人口最多,那里的黑
人与印第安人之间也有联系。例如,1712 年还曾发生过黑奴与印第安人的联合
暴动。不过,这场起义很快就被扑灭了。

但在南北卡罗来纳,白人的数量远远少于黑奴和邻近的印第安人。18 世纪
50 年代,该地区约有 2.5 万名白人,而黑奴有 4 万人,各族印第安人(包括克里
克族、彻罗基族、乔克托族和奇卡索族)一共有 6 万人。加利·纳什写道:"整个
殖民地时期不时出现的印第安人暴动,此起彼伏的奴隶起义和流产的阴谋叛乱,
如此种种,都使得南卡罗来纳的统治者确信,只有时刻保持高度的警觉并使自己
的敌人始终处于分裂状态,才能真正做到长治久安。"

卡罗来纳的白人统治者们意识到,必须采取某些措施。正如他们中有人所
指出的那样:"要切断印第安人和黑人之间的联系,以免本来人数就占优势的那
些家伙们给我们造成巨大的威胁,这样我们就可以对他们各个击破。"因此,法律
规定自由的黑人不允许到印第安人的领地中去。而在与印第安人的协约中,又
立有明确的条款,要求印第安人必须遣返逃跑到他们那里去的黑奴。南卡罗来
纳总督利特尔顿于 1738 年写道:"政府总会有办法让印第安人对黑人感到厌
恶的。"

他们所谓的办法之一便是在南卡罗来纳雇用黑奴参加民兵组织同印第安人
作战。尽管如此,统治者还是担心黑人发动起义。在 18 世纪 60 年代的彻罗基
战争期间,有人提议装备 500 名奴隶同印第安人作战,但该动议在卡罗来纳议会

中被一票否决。

黑人经常逃往印第安人的村落里。克里克族人和彻罗基族人常常为数以百计的逃亡奴隶提供庇护。许多黑奴逐渐融入了印第安人的生活，他们在这里娶妻生子。但政府通过实施严酷的奴隶法和贿赂印第安人帮助镇压奴隶叛乱这样的两手政策，还是控制住了局面。

贫穷的白人与黑人联合的可能性也使富有的白人种植园主们惶恐不安。要是像一些理论家说的那样，生来就有种族矛盾的话，控制起来也许会容易一些。但是异性之间彼此吸引力很强大，可以跨越不同种族间的界限。1743年，南卡罗来纳州查尔斯顿一个大陪审团强烈谴责了该州"普遍存在的随便同黑奴以及其他奴隶中的妓女搭讪的犯罪行为"。尽管弗吉尼亚、马萨诸塞、马里兰、特拉华、宾夕法尼亚、南北卡罗来纳、佐治亚等地的法律都禁止异种通婚，但整个殖民地时期白人与黑人之间的性关系还是生育了大量混血儿。由于这些孩子被判定为非婚生子，他们都被留在了黑人家庭里，这样做的目的也是为了保持白人种族的"纯粹"及对白种人口的控制。

培根叛乱给弗吉尼亚统治者带来的最大恐惧，就是担心黑奴和白人契约佣工联合起来。这次叛乱最后投降的包括守卫一个要塞的"400名全副武装的英国人和黑人"，以及守卫另一个要塞的300名"自由民、非洲裔和英格兰裔奴隶"。当年受降400名叛乱者的海军司令写道："我劝他们各自回家，绝大多数人都照做了，但有8名黑人和20名英国人却不愿意放下武器。"

早在那些年当中，黑奴、白奴就和契约佣工一道叛逃，有关禁止这种行为的法律以及当时的法庭记录，都证明当时确实发生过这样的情况。1698年，南卡罗来纳通过了一项"短缺法令"，该法令要求种植园主每6名成年男性黑人至少要配一名白人佣工。1682年，一封来自南部殖民地的信件抱怨"没有白人去监管我们的黑奴，平息他们的叛乱……"1691年，下院收到"来自同外国种植园有贸易往来的各种商人、船主、种植园主的申诉……抱怨说，如果没有足够数量的白人佣工去监管黑人和从事武装保卫工作，种植园将难以为继"。

56

1721年的一份呈给英国政府的报告中说：在南卡罗来纳，"最近，黑奴一直在密谋策划，并且在一次新的叛乱中差点儿大功告成……有鉴于此，今后十分有必要……通过一些新的法律来安抚白人契约佣工。本地只有不足2 000人的民兵"。用区区2 000人来负责安全防卫显然远远不够的。

正是这种恐惧感驱使英国议会于1717年做出决定，对罪犯处以流放到新大陆的惩罚。此后，约有数万名罪犯被押送到弗吉尼亚、马里兰以及其他的殖民地。同样也是这种恐惧感促使弗吉尼亚议会在培根叛乱之后对白人佣工实行了大赦，而黑人则享受不到这一待遇。黑人严禁携带任何武器，而白人服役期满之后则可以得到枪支、谷物和现钞。白人佣工与黑人奴仆之间的身份和地位差别变得越来越清晰了。

在 18 世纪 20 年代,随着对奴隶造反的恐惧感与日俱增,弗吉尼亚的白人佣工开始被允许接替白人自由民参加民兵。与此同时,弗吉尼亚还建立了奴隶巡逻队,以对付"随时可能爆发的黑人叛乱……的巨大危险……"贫穷白人可以成为巡逻队的普通士兵,并得到金钱作为酬劳。

种族主义越来越流行起来。埃德蒙·摩根在深入研究弗吉尼亚奴隶制度的基础上,指出种族主义之所以大行其道,并不是什么"天生"的黑白之别的产物,而是源于阶级偏见与歧视,是一种现实的进行控制的工具。"如果希望落空的自由民同绝望中的奴隶联合起事的话,其后果将比培根叛乱所带来的更为严重。其实解决这一问题的答案很简单,即使不公开讲,人们也会渐渐认识到,那就是实行种族主义,即通过设立一道种族主义的屏障,把危险的自由白人与危险的黑奴分离开来。"

随着殖民地的发展,在美国历史上出现了另外一种直接有效的统治措施,它对于统治者们保持其统治地位起了关键作用。我们都知道,除了巨富与赤贫之外,还出现了一个由小种植园主、自耕农、城市手工业工人(为商人和种植园主工作以谋取微薄的报酬)等人组成的中间阶层。它在整个社会各阶层中,构成了一个反黑奴、反印第安人和赤贫白人的缓冲带。

随着城市数量的增加,出现了越来越多的技术工人。政府保护白人技工免遭奴隶与黑人自由民的竞争威胁,以此获取他们的支持。早在 1686 年,纽约的市政委员会就曾规定,"奴隶和黑人不得在桥上从事搬运夫的工作,无论是把物品运出还是运入该城,都不许可"。南方各城镇的白人技工和商人在同黑人的竞争中同样得到保护。1764 年,南卡罗来纳议会禁止查尔斯顿的雇主雇用黑人或别的奴隶作技工或者从事手工艺品买卖。

美国的中产阶级通过抨击旧富豪的腐化堕落而跻身于新的精英集团。虽然纽约人卡德瓦拉德·科尔登本人也很富有,但他在其《致不动产所有权人的一封信》中却强烈谴责富人偷税漏税,置大众福利于不顾。他表示,正是有赖于"社会中间阶层"的诚实可靠的品性,公民们才会给"我们的自由和财富"以最大程度的信任。这里出现了一个极少数统治者惯常使用的非常重要的语言技巧,即在公众面前,他们常常把"我们的"自由、"我们的"财富、"我们的"国家挂在嘴上。

同样,波士顿富有的詹姆斯·奥梯斯也是通过抨击托利党人托马斯·哈钦森向波士顿的中产阶级发出呼吁的。詹姆斯·亨梯塔指出,正是在富豪们统治波士顿时期,这些中间阶层往往被委以一些政治性任务,如"测量员"、"看守员"之类。奥勃雷·兰德发现,在马里兰,那些小种植园主们虽然不像巨富那样,是殖民社会的"受益者",但他们也以自己的种植园主身份引以为荣,他们毕竟也是"受人尊敬的公民,在社区承担着一定的职责,如道路监督员、不动产评估师等"。

这有助于上流社会接纳中产阶级参加他们的"一系列活动，如地方政治……舞会、赛马、斗鸡，当然也会时不时地受到喝酒打架的干扰……"

1756年的《宾夕法尼亚日报》写道："本州绝大多数是中间阶层人士，目前他们差不多都处于同一水平线上。他们主要是勤劳的农民、工匠和小商贩……他们享有自由权利，并且也喜欢自由。他们中的佼佼者更是认定自己有权利显得比绝大多数人更为文明。"这一描述确实适合于真正被称为中间阶级的人。如果把他们称为"人民"，那就等于忘掉了黑奴、契约佣工和印第安人。如果用"中间阶层"一词来给他们下定义，在这个国家里还是比较真实准确的。正像理查德·霍夫施塔特所说的那样："它是……一个绝大多数受上层阶级统治的中间阶层。"

上层阶级为既保持统治而又不损害其自身的财富和权力，需要对中间阶层做出必要的让步，并且要以牺牲奴隶、印第安人和贫穷白人的利益为代价。这样做能使中间阶层保持顺从。18世纪60和70年代，为了使这种顺从建立在比许以物质利益更强有力的基础上，统治阶层找到了一种特别适用的方法。这种方法就是许以他们自由和平等，这一条足以使大多数白人不赞成暴力反抗英国政府，而且不会提出废除奴隶制和种族不平等的要求。

58

第四章

暴政就是暴政

大约在 1776 年前后,这块英属殖民地上的一些重要人士做出了一项重大的决定。在这个被证明有益于后世 200 多年的决定中,他们相信,通过建立一个国家,一个被称为"美利坚合众国"的、象征性的、合法的统一体,不仅能从英帝国的亲信手中夺回对这片大陆以及对政治和各种利益的统治权,而且在这一过程中,他们也能够防止潜在的叛乱发生,并营造出一种舆论氛围,使大众都支持这个新生的特权领导阶层来统治这个国家。

若据此来审视,美国革命,我们可以说它就是一件天才的杰作。这些开国先驱们完全配得上几个世纪以来他们所受到的各种赞誉,他们还为现代人建立了最为有效的国家统治体系,为未来的领导人展示了把强制命令与家长式统治相结合的优越性。

从培根之变算起,到 1760 年,在弗吉尼亚共发生了 18 起旨在推翻殖民政府的起义,而在从南卡罗来纳到纽约的广大地区,共发生了 6 起黑人暴动,以及 40 次各种原因的叛乱事件。

也是在这段时期,按照杰克·格林的说法,出现了一种"稳定、持续、有效并众望所归的政治和社会精英力量"。到了 18 世纪 60 年代,这些当地的领导精英发现,完全有可能利用大多数的反叛力量,来进行反抗英国政府及其派驻在这里的政府官员的斗争。这并不是一场有意识的合谋叛逆,而是一个不断(对上述提到的那个重大决定)作出策略性响应的过程。

1763 年后,随着"七年战争"(在殖民地称为"法国人和印第安人之战")以英国胜利而告终,法国人被赶出了北美。雄心勃勃的地方统治精英们再也不会受到来自法国人的威胁了。他们只剩下了两个对手:英国人和印第安人。为了讨好印第安人,1763 年,英国国王颁布了敕令,限令殖民地人民只能在阿巴拉契亚山脉以东地区居住(即把山脉以西的土地划归印第安人)。一旦英国人被淘汰出局,印第安人或许就更好对付了。随着事态的发展,殖民地的精英们虽然还没有一个深思熟虑的战略,但他们正在日益意识到这一点。

打败法国人之后,英国政府开始投入更多的精力加强对其殖民地人民的控制。为了增加财政收入来弥补因战争造成的亏空,英国政府把希望寄托在它在北美的殖民地上。同时,殖民地的商业贸易活动已越来越成为英国政府经济的重要组成部分,为英国政府创造出越来越多的利润。1700年的时候,它的利润约有50万英镑,而到了1770年,利润总额已累计高达280万英镑。

因此,北美殖民地的领袖们希望脱离英国政府的管制,而英国政府却越来越离不开殖民地为其创造的财富了。两者的矛盾就在于此。

对法之战带给将军们的是无上的荣耀,而带给平民的却是死亡的威胁;商人大发战争财,穷人却饱受失业之苦。1720年时,纽约只有7 000人。到战争结束的时候,已经达到2.5万人。一家报纸的编辑称,这些增长的人口中绝大多数是流浪街头的"乞丐和穷人"。投往报社的大量信件都对社会财富的分配提出质疑:"看看吧,街头市面上成桶成桶的面粉等着人们来买,可我们身边的许多人却连做布丁的面都不够,这是为什么呢?"

加利·纳什在对城市税收条款进行深入研究之后指出:到18世纪70年代初,波士顿5%的纳税人控制着整个城市应纳税金49%的财产。在费城和纽约,财富也变得越来越集中。法院记录的遗嘱显示,到1750年,城市中最富有的人拥有2万英镑(约合今天的500万美元)的财富。

在波士顿,处于较低阶层的人士开始利用各种城镇集会的机会发泄他们的不满。马萨诸塞总督就曾写道:在这些会议上,"地位最为低贱的人……由于他们参加会议的人数不断增多,通常情况下占了大多数,以至于他们的得票数往往超过了乡绅、贵族、商人、贸易主以及其他的上层人士"。

波士顿的一些律师、编辑和上层的一些商人们,像詹姆斯·奥蒂斯、塞缪尔·亚当斯等人,都被排除在英国政府统治圈之外。他们组织了一个"波士顿秘密会议",通过口头以及书面的形式"阐述并宣传劳工阶层的观点和主张,号召这些'暴民'行动起来,以此改变自己在公众中的形象。"加利·纳什在提到詹姆斯·奥蒂斯时说:"他深感形势不妙,因为他们这些人受到平民的普遍厌恶,于是赶紧改变自己的形象,向公众的要求靠拢。"

我们已经看到了漫长的美国政治历史的开端:出于自身的需要,上层政治家们把底层人士的热情和积极性都调动起来了。而这种政治上的煽动,并不完全是虚假之词,其中确实包含着一些对下层人民悲惨境遇的理解和同情。这也正是为什么这一项策略几个世纪以来能一直持续有效地被执行下去的原因所在。纳什写道:

> 詹姆斯·奥蒂斯、塞缪尔·亚当斯、罗亚尔·泰勒、奥克森布里奇·撒切尔及许多别的波士顿人通过坊间的酒馆、消防队和秘密会议等网络同手工业者和工人相联系。他们拥护这样一种政治理念,即充分尊重劳动阶级的意见,把手工业者甚至工人参与政治过程看作是完全正当的。

1762年,詹姆斯·奥蒂斯发表演讲,抨击以托马斯·哈钦森为代表的马萨

诸塞殖民地保守统治者。他的这次演讲,为我们提供了一个律师为动员城市流动商人和手工艺人而进行演讲的范例:

像你们中的大多数人一样,我们也必须以汗水和劳动来养家糊口。而且我们不得不把我们的名誉抛在一边,为了挣得一片糊口的苦面包,我们也不得不看别人的眼色行事。而那些任意支使我们的人,并不是天生就比我们高贵,他们的豪华和荣耀完全是剥削穷人的结果……

在那些日子里,整个波士顿似乎到处都充满了阶级仇恨。在1763年的《波士顿公报》中,有人写道:"掌权的一小撮人'极力宣扬'要使一个人地位低贱,就要让他一直贫穷下去"的政治主张。

在波士顿民众中积蓄已久的怨恨终于在1765年转化成一场反抗印花税的斗争。英国政府于该年颁布了《印花税法令》,目的是想把为扩张英帝国而进行的对法战争中所花费的庞大费用转嫁到殖民地人民头上。那年夏天,一位名叫埃本泽·麦金托什的鞋匠率领一群人将波士顿富商安德鲁·奥利弗的住所洗劫一空。两个星期之后,人们又袭击了殖民地统治者、英国政府的代言人托马斯·哈钦森的住宅。他们手持斧头四处乱砍,把贮藏在酒窖中的美酒佳酿拿出来狂饮,搬走了豪华的家具以及其他值钱的物品。据英国殖民地官员报告说,这一事件是更大规模的行动计划的一部分,他们原本要捣毁15家富商的住宅。就像"一场大抢劫,刹那间贫富悬殊消失得无影无踪,大家一下都变得平等了"。

当时,针对富人统治者的骚乱比奥蒂斯想象的要严重得多。这种阶级仇视能否绕开民族主义的上层精英,而将矛头直接指向亲英的上层统治者呢? 就在波士顿发生暴乱的同一年,纽约的一位人士在《纽约公报》上撰文说:"当为了一个人的奢侈和挥霍,而使99个人甚至999个人遭受贫穷的时候,尤其是,当一个人发财致富要以他的邻居沦为赤贫为代价时,你还会认为这是体现了平等吗?"革命领袖们关心的是,如何才能把这种情绪控制在一定的限度内。

殖民地城市中的技工们要求获得政治上的民主:议院的代表会议要对民众开放;在立法院设立公众席位;为使选民对代表实行监督审查,要公布记名投票数。他们想通过露天集会使普通民众能够参与制订政策,平衡税率、控制物价,使技工和其他普通人通过选举获得担任政府职务的机会。

纳什认为,尤其是在费城,下层中产阶级的觉醒程度,不仅让同情英国的保守的效忠派们不敢再对他们置之不顾,甚至也让那些革命领袖对之刮目相看了。"到1776年中,在政治选举失败之后,借助于法律之外的手段,工人、手工业者、小商人已完全接管了费城。"在托马斯·潘恩、托马斯·扬等中产阶级领袖的带领下,他们"对财富发起了全面进攻,甚至要求褫夺全部私有财产"。

1776年,在宾夕法尼亚进行的立宪会议选举中,一个秘密委员会鼓动选民

"不要再投有权有势的富豪的票……这些人更倾向于在社会中制造贫富差别"。他们为这次会议起草了一个专门的权利法案,其中指出:对这种权利来说,少数人占有很高比例的社会财富,无疑是很危险的,它将破坏人类共有的幸福,因此,每一个自由的地区都有权依法进行遏制,防止出现这种财富的所有者。

在绝大多数人口生活的乡村地区,同样存在着贫富之间的矛盾冲突——那里的政治领袖们将利用这些矛盾来动员大众反抗英国政府。对于参加叛乱的穷人则许以某些好处,而他们自己在这一过程中将会得到更大的好处。18 世纪 40 年代发生在新泽西的佃农骚乱,18 世纪 50 年代和 60 年代发生在哈得逊河谷的纽约佃农暴动,以及纽约东北部的大起义(此次起义使得佛蒙特从纽约独立出来),都已不再是偶然的零星事件。这些社会运动持续时间很长,具有高度的组织性,而且建立了与政府相对抗的政权。他们攻击的目标本来是一小撮富裕的大地主,但由于鞭长莫及,他们通常把自己的满腔怒火发泄到那些从地主那里租种有争议地块的农民身上。(相关内容可参见爱德华·康特里曼有关乡村暴动的富有开创性的研究成果。)

就在前述新泽西的叛乱者打开监狱释放他们的朋友的同时,哈德逊河谷的暴动者也从司法行政长官手里救出了犯人,并一度把司法行政长官自己关进了监狱。佃户们"多半被视为社会的渣滓",而阿尔巴内县司法行政长官于 1771 年率领前往本宁顿的武装民团则是由享有特权的地方权力结构的上层组成的。

暴动者把他们所进行的战斗看作是穷人反抗富人的行为。一位目睹了 1766 年纽约举行的叛乱领袖审判案的亲历者说,虽然被地主赶走的农民拥有衡平法上的所有权,但他们在法定程序中却受不到保护,因为他们是穷人……而穷人受富人的压迫不过是家常便饭。伊桑·艾伦在佛蒙特领导的蓝山义军就把他们自己描述为"在荒凉的农村生活劳作的……穷人",他们的敌人则是"一些律师等有头有脸的人,这些人虚伪奸诈,阿谀奉承,满脑子法国人的阴谋诡计"。

为了反抗北美的地主,哈德逊河谷渴望得到土地的农民转而寻求英国的支持。蓝山起义军也一样。随着同英国矛盾的激化,殖民地独立运动的领袖们开始采取措施去争取农村居民,因为他们意识到贫苦的佃农之所以站在英国一边,不过是出于对富人的愤恨。

在北卡罗来纳,白人农民在 1766 年至 1771 年间发起了一个反对富贵阶层以及腐败官员的强大运动。而正是在此期间,东北部城市反抗英国政府的宣传活动也在不断高涨,这样,阶级矛盾便被挤到了后台。北卡罗来纳的这一运动被称为"调整派运动"。研究该运动的马文·L. 迈克尔·凯伊指出,调整派是指"西部那些有阶级意识的白人农民,他们试图推动本县政府的民主化"。"调整派"则宣称自己是受"富有的、有权势的……诡计多端的恶棍""压迫"的"穷困而勤劳的农民",是"地位卑微"的"劳动者"。

在北卡罗来纳,调整派亲眼目睹财富与权势狼狈为奸,他们谴责那些贪官污吏"只知道绞尽脑汁聚敛财富"。他们憎恨税收制度,这种税收制度对穷人来说是特别沉重的负担。他们也憎恨那些在法庭上上下其手,相互勾结,以敲诈勒索筋疲力尽的农民为能事的商人和律师。在调整派运动发展起来的西部各县,拥有奴隶的家庭只占很小的比例,以西部某县为例,这种家庭还不到2%,而且这类家庭有41%又都是集中居住的。调整派虽然不能代表契约佣工和奴隶的利益,但却是小业主、"占地者"和佃农的代言人。

一篇有关奥兰治县调整派运动的报道是这样描述当时的形势的:

> 奥兰治的老百姓遭受着行政司法长官的愚弄侮辱和横征暴敛……遭受着议员们的蔑视和责骂,遭受着官吏们的凌辱虐待;他们不得不交付各种费用,而这些费用都是由那些贪得无厌的官员们信口规定的;他们不得不纳税,并天真地以为交税乃是他们的义务,正是这些税金养肥了一小撮人并不断扩大其权力,而这一小撮人则反过来继续在他们头上作威作福。面对这些恶魔,老百姓已无路可逃,因为掌握权力和掌管法律的人就是压迫他们的人,这些人正是通过压榨劳动者攫取利益的。

18世纪60年代,该县的调整派发起了反抗征税和没收欠税者财产的运动。按照官方的说法,"奥兰治爆发了具有危险倾向的最大的一次叛乱",他们制定了镇压此次叛乱的军事计划。某地的700名全副武装的农民曾一度迫使政府释放了两名遭逮捕的调整派领导人。1768年,调整派向政府上书陈情,抱怨"穷人和弱势者在同富人和权势者斗争中毫无平等可言"。

在安森县,一位驻守当地的民兵上校抱怨说,这是一场"就目前来说规模空前的大暴乱,它已威胁到安森的安全"。曾有近百人一度破坏了一场县法庭的审判。他们还试图把农民选进议会,理由是"我们的大多数议会都是由律师、职员及其他一些同他们有这样那样关系的人组成的……"1770年,北卡罗来纳的希尔斯堡发生了一场大规模的骚乱,一些人搅闹法庭,逼走法官,殴打了3名律师和2名商人,还洗劫了商店。

所有的这一切迫使议会通过了一些温和的改革法案,但同时也颁布了"反暴乱"条例。总督决定用军队解决问题。1771年5月,在一次决定性的战斗中,数千名调整派分子被训练有素、纪律严谨的政府军打败。6名调整派分子被绞死。凯伊指出,调整派运动主要集中在西部的3个县即奥兰治、安森和罗安,在应纳税的大约8000人中,他们的支持者就有6000至7000人。

这次斗争的结果是,在发生叛乱的城镇,这些调整派中仅有少数人后来成了大革命时期的爱国者,而大部分人则保持中立态度。

对于即将到来的革命运动来说,一些关键性的战斗能发生在北部,实在是很幸运的事。因为在许多北部城市里,当地的白人中间已经发生了分化;殖民地领导人只能争取到处于中间阶层的商人的支持,这些商人由于面对英国商人的竞争威胁,宁愿把赌注压在对英国政府进行反抗上。现在最大的问题是,如何把无产者置于他们的控制之下。在对法国战争之后,他们正处于饥困交迫的失控状态之中。

在波士顿,伴随着底层阶级经济生活状况的恶化,人们掀起了大规模的反对英国政府的叛乱事件。独立运动的领导人想利用这股力量进行反英斗争,同时也想控制他们,使他们不至于提出更多的要求。

1767年,当反对印花税的骚乱席卷波士顿时,驻北美的英军司令托马斯·盖奇将军对这些骚乱作了如下分析:

> 波士顿的暴徒四处攻击抢掠,还毁坏了几处房屋,其中包括副总督的一处。他们这么做,最初是因为受了许多当地主要居民的煽动和劫掠财物的诱惑,随后便是自觉自愿地率性而为了……随后,人们开始对他们自己煽动起来的气氛表示忧虑,他们意识到了公众的愤怒情绪有失控的危险,每个人都担心会成为劫掠欲望的下一个牺牲品。这种恐惧感也开始向其他地方扩散,于是,人们开始竭力阻止民众的叛乱,就像当初他们竭力鼓动叛乱一样。

盖奇的这一评论暗示,那些反对印花税运动的领袖们是群众骚乱的煽动者,但他们同样也害怕自己的宣传鼓动到头来会损害到自己的财产利益。当时,波士顿10%的最富有的纳税人占有着波士顿应课税财富的66%,而30%的最下层纳税人根本就不占有可征税财产。无财产者不能参加投票,当然他们(像黑人、妇女和印第安人一样)也没有资格参加市镇会议。这些人包括水手、熟练工人、学徒工和契约佣工。

德克·赫尔德是一位研究革命时期波士顿群众骚乱行为的学者。他把革命领袖称为"自由之子,其原型乃是中产阶级和富裕的商人……这是一个充满矛盾的领袖群体",他们既想鼓动人们反对英国,又担心失去对群众运动的控制。

印花税危机使这些领袖们意识到了这种两难困境。波士顿一个名叫"忠诚九人社"的政治组织(参加者包括商人、造酒者、杂货店主和熟练工匠)于1765年8月举行示威游行反对《印花税法令》。他们让50名工匠打头阵,杂货店主从北区,商人和学徒从南区汇合在一起。参加游行的约有两三千人(不包括黑人在内)。他们闯到印花税吏的家中,焚烧他的画像。然而,在这些组织游行的"绅士"离开后,骚乱仍在继续,税吏家的财产受到毁坏。忠诚九人社的一名成员称"这些人简单是被愤怒冲昏了头"。他们为游行者直接侵犯印花税吏家庭财产的行为感到震惊。

富人开始建立武装巡逻队。在随后举行的一次镇会议上,组织这次游行的领导人批评了一些人的暴力行为和过激行动。由于《印花税法令》原定于1765年11月1日生效,而11月5日又是教皇的诞辰,于是,更多的示威活动便借机开始酝酿。为了避免事态再次失控,采取了必要的预防措施。为了说服一些带头闹事者,还专门请他们吃了一顿饭。在绝大多数人的强烈反对之下,《印花税法令》被迫取消。那些保守的领袖们也断绝了与暴乱者的联系。在庆祝反《印花税法令》斗争取得胜利一周年的庆典上,这些领袖们(根据德克·赫尔德所说)邀请出席的不是举行示威游行的当事人,而"主要是波士顿的中上阶层人士"。他们乘车或坐轿去罗克斯伯里或多彻斯特进行丰盛的庆祝会餐。

英国议会决定对殖民地采取新的征税政策,但这一次英国政府的态度比较谨慎,以避免再引起大规模的反对活动。而殖民地的领袖们虽又一次组织了联合抵制活动,但他们也强调:"不要使用暴力,尽管他们是你们的死敌,但还是要保证他们的人身安全和财产不受侵犯。"塞缪尔·亚当斯建议说:"不要搞围攻,不要搞叛乱,严禁使用暴力。"詹姆斯·奥蒂斯也说:"尽管饱受压迫,也不能采取暴力手段,要保持理智和秩序……"

英国政府在殖民地强行征兵并向那里派驻军队,这一举动直接伤害了海员和其他劳动阶层的感情。1768 年后,有 2 000 名士兵驻扎在波士顿。当地民众和驻军之间开始发生摩擦。当就业机会减少时,士兵们开始抢夺劳动阶层的饭碗。技工和零售商因为殖民地对英国货的抵制运动而失去了工作或丢掉了生意。1769 年,波士顿建立了一个委员会"考虑寻找一些适当的办法来解决本市穷人的就业问题,由于没了生意,这些穷人的数量与日俱增,他们的悲剧状况也日甚一日"。

1770 年 3 月 5 日,因为不满英国士兵抢了他们的饭碗,制绳工人同士兵之间发生了一场争斗。人们聚集在海关前,开始向士兵挑衅。士兵首先开枪打死了一名叫克里斯珀斯·阿图克斯的黑白混血儿工人,然后又杀害其他一些无辜平民。这就是著名的"波士顿惨案"。反英情绪迅速高涨起来。6 名英国士兵被宣告无罪(其中两人只是被处以烙手和除名的惩罚)更加激起了人们的愤怒。英国士兵的辩护律师约翰·亚当斯将惨案现场的群众称为"由鲁莽的小伙子、黑人、黑白混血儿、爱尔兰鬼子和各国水手组成的乌合之众"。波士顿总人口 1.6 万人中的大约 1 万人参加了惨案中死难者的葬礼游行。为了平息众怒,稳定局势,英国政府被迫撤出了驻军。

强行征召殖民地的人民服兵役也是惨案发生的一个背景。整个 18 世纪 60 年代,在纽约和罗得岛的纽波特叛乱持续不断,影响深远。在英国强行征兵五周之后,500 多名水手、男青年和黑人在纽波特发动了骚乱。在"波士顿惨案"发生前 6 周,纽约海员同抢了他们饭碗的英军士兵发生了战斗,结果一名海员被打死。

德克·赫尔德表示,在 1773 年 12 月发生的"波士顿倾茶"事件中,一年前成立的专门从事反英活动的波士顿通讯委员会"从一开始就控制着群众的反英行动"。倾茶事件促使英国议会通过了《强制法令》，实际上是对马萨诸塞实行戒严，解散殖民政府，关闭波士顿的海港，派遣军队前往。市镇会议和群众集会纷纷表示抗议。由于英国人占领了一个弹药库，4 000 人从波士顿的四面八方涌向剑桥，因为一些富有的官员在此建有奢华的豪宅。人们强迫官员们辞职。波士顿及其他市镇的通讯委员会对这一集体行动表示欢迎，但同时告诫大家不要破坏私有财产。

研究 1776 年之前 10 年反英斗争发展史的波林·梅尔在其所著《从反抗到革命》一书中，着重强调了领导反抗运动的政治领袖温和的一面，虽然他们也希望进行反抗，但他们更"强调遵守秩序和采取克制态度"。她指出，"政府官员和'自由之子'的成员几乎全部来自中上层阶级"。例如，在罗得岛的纽波特，按照当时的一位作家的说法，"自由之子"成员中"有一些全市闻名的头面人物，他们无论在家境、见识还是修养方面都堪称楷模"。在北卡罗来纳，"自由之子"的领导人也是当地最富有的绅士和不动产终身持有人之一。弗吉尼亚和南卡罗来纳的情况基本相同。"纽约的领导人中也有一些令人尊敬的独立经营业务的小企业主。"不过，"自由之子"的目标是要不断壮大自己的组织，让工薪人士成为这个组织的基础。

许多自由之子组织都发表了声明。例如，在康涅狄克的米尔福德，他们"最厌恶的"便是无法无天的行为。在安那波利斯，他们反对"所有的暴乱或者任何可能扰乱社会安定的非法集会"。约翰·亚当斯表达了同样的担心："一群乌合之众，为了个人的怨怼之情，为了一己的冲动和偏见，便把人身上涂满焦油后裹上羽毛，或者强行入室，这种行为必须予以制止。"

在弗吉尼亚，受过良好教育的绅士们意识到，应该设法把底层民众拉进革命阵营里来，并把他们的不满情绪引导到反对英国上来。一位弗吉尼亚人在其1774 年春天的一则日记中写道："受到来自波士顿消息的鼓舞，这里的下层民众群情激昂，许多人都盼着能被派去参加抗英斗争！"反《印花税法令》斗争期间，弗吉尼亚一位演讲者在向穷人发表演讲时说："难道那些身份高贵的人同你们这些生活在社会最底层的最贫穷的人有什么不一样吗？……不要听信那些试图把我们分离开来的胡说，让我们携起手来，就像亲兄弟一样……"

帕特里克·亨利的出色口才在这里正好派上了用场。正像里斯·艾萨克所说，亨利本人是一位"彻头彻尾的绅士"，但他却能够娴熟地使用弗吉尼亚贫穷白人的语言进行演说。据其同事弗吉尼亚人埃德蒙·伦道夫回忆，亨利的演讲风格是："简单、率真……停顿时间过长往往会分散听众的注意力，但在他这里却能让人充满期待，使演讲更具魅力。"

帕特里克·亨利雄辩的口才缓解了弗吉尼亚社会上层与下层之间紧张的阶级关系，并把他们团结到一起进行反英斗争。人们发现，语言可以用来调动起各阶层人士的积极性,尤其是那些身处底层的人,在了解到自己处境悲惨的原因后,将会更加坚定地反抗英国政府。在宣传用语上要含糊其辞,既能避免参加斗争的各个阶层人士之间发生矛盾冲突,还能激励广大反抗人士的爱国热情。

托马斯·潘恩的《常识》就做到了这一点。这本小册子在 1776 年初一出版,便很快风靡了整个殖民地。它首次以任何一个稍有文化的人都能理解的语言,大胆地论证了独立的正当性:"社会在任何情况下都是福祉,而政府即便是在最好的情况下也不过是一种不可避免的祸害……"

1066 年,来自法国的征服者威廉自封为英国国王。潘恩从 1066 年的"诺曼征服"开始,通过对英国君主制历史进行辛辣的批判,揭穿了王权神授的谎言:"一个法国杂种带领一股武装土匪登陆,违背当地人民的意志,自立为英格兰国王。坦率地说,他如此卑微下贱的出身是没有任何神力可言的。"

究竟是同英国绑在一起还是同英国分离,潘恩论述了其中的利害得失。他首先从经济意义方面入手进行了分析:

> 我提请那些主张和解的人指出北美大陆同大不列颠连为一体而能获得的任何一点好处。实际上一点好处都得不到。我请他们注意这一点。我们的谷物可以在欧洲任何市场卖出好价钱,我们进口的货物也必须按照我们的意愿才能成交……

至于同英国联合的严重后果,潘恩吁请大家不要忘记英国把他们拖进去的所有那些付出高昂代价的战争,这些代价包括人的生命和大量的物力和财力:

> 但是,由于同英国绑在一起,我们所遭受的伤害和损失数不胜数……北美大陆对大不列颠任何的臣服和依从,都会直接把自己卷进欧洲的战争和争端之中,使我们同一些本来愿意同我们建立友好关系的国家发生冲突……

他情绪激昂地说:

> 所有正确的或是合理的事情都认为独立才是正道。遇难者的鲜血和造物主的泪水都在强烈呼吁:独立的时候到了。

《常识》在 1776 年一年就再版 25 次,销售了数十万册。几乎所有识字的人都读过它或者了解它的内容。这时,写小册子已成为有关对英关系争论的主要手段。在 1750 年至 1776 年间,大约出版了 400 余种小册子,围绕《印花税法令》、波士顿惨案、波士顿倾茶事件以及不服从法律、对政府效忠、权利义务关系等一般性的问题进行了激烈的针锋相对的争论。

潘恩的小册子在被英国所激怒的殖民地舆论中引起了广泛的共鸣,也让像约翰·亚当斯这样的贵族深感不安,这些人虽然满怀赤诚的爱国之心,却也不希望在民主的道路上走得太远。潘恩认为所谓的贵族院与平民院之间的制衡不过是一种骗人的把戏,他呼吁建立一院制的代表机构来代表人民。约翰·亚当斯则指责潘恩的这一设想"过于注重民主,而反对任何的制约和平衡,这势必造成混乱,甚至会带来严重的后果"。亚当斯认为,平民议会应受到牵制,因为它"常常草率行事,得出荒谬的结论"。

潘恩本人来自英国下层社会,当过制绳工、税吏、教师,其后来到北美,成了一名贫穷的移民。他1774年到达费城的时候,正是殖民地反英大潮风起云涌之际。费城的技工同熟练工人、学徒工和普通劳动者,出于政治上的自觉,联合起来建立了民兵组织。不过,在当地贵族眼里,"这些人总体而言不过是由下层人组成的一帮乌合之众,他们龌龊、叛逆、毫无忠诚之心"。潘恩的演讲明白晓畅,极富感染力,作为那些政治意识觉醒的下层人的代表,他完全能够胜任(他对宾夕法尼亚有关选举的财产资格规定也确实持反对立场)。但他似乎更愿意为中间阶层代言。在他看来,"一个人一旦暴富,就会像赤贫一样,难免会限制他交往的范围,从而失去其获取常识的机会。"

随着革命形势的发展,潘恩越来越清醒地认识到,同1779年袭击詹姆斯·威尔森住宅的民兵组织不同,他并不赞成下层群众的骚乱行为。威尔森是一名革命领袖,反对价格控制,希望建立一个比1776年宾夕法尼亚宪法规定的更为保守的政府。潘恩成了宾夕法尼亚最富有的人士之一罗伯特·莫里斯的得力助手,也是莫里斯创建的北美银行的支持者。

在后来批准宪法的公开辩论中,潘恩再次站在了城镇手工艺人的一边,要求建立一个强有力的政府。他认为,这样的一个政府能够代表绝大多数人的利益。从这种意义上来说,他把自己完全献身给了这场革命的神话——即它似乎能够代表团结一致的广大民众。

《独立宣言》的发表又把这个神话发展到了极致。英国政府一步紧似一步的控制政策如禁止殖民地人民在阿巴拉契亚山脉以西地区居住的1763年敕令、《印花税法令》、汤森法案(其中有关于茶叶的一项条款,还有有关驻军、波士顿惨案、封闭波士顿港、解散马萨诸塞立法会等多项措施),使殖民地叛乱步步升级,最终导致了革命的爆发。对此,殖民地民众的回应是,成立各种组织或召开许多会议:如反《印花税法令》会议、自由之子社、通讯委员会、波士顿茶团,以及直到最后于1774年成立的大陆会议(在当时被认为是一个非法组织,但却是未来独立政府的前身)。1775年4月,殖民地应召民兵与英国政府军相继在莱克星顿和康科德发生了战斗,大陆会议随即决定宣布独立。他们组织了一个人数不多的委员会,负责起草《独立宣言》。该宣言的主要起草人是托马斯·杰斐逊。1776年7月2日,大陆会议通过了《独立宣言》。7月4日,正式予以公布。

此时,人民要求独立的情绪日趋高涨。1776年5月,北卡罗来纳通过了一项决定,并将它呈送给大陆会议,宣布脱离英政府独立,废除英政府制订的一切法律,建立自己的军队。与此同时,马萨诸塞的莫尔登镇也响应马萨诸塞代表会议号召,即宣布该州所有城镇脱离英国的控制而独立。在镇集会上人们一致要求独立:"……因此我们宣布与歧视我们的奴隶制王国脱离关系,与英国政府断绝一切隶属关系。"

《独立宣言》开篇写道:"在人类历史发展进程中,当一个民族需要解除同另一个民族之间的政治联系……必须把其中的原因公开解释清楚。"在接下来的第二段,宣言的论述读来更加铿锵有力,充满哲理:

> 我们认为下述真理是不言而喻的:人人生而平等。他们都被"造物主"赋予某些不可让渡之权利,其中包括生存权、自由权和追求幸福的权利。为确保此等权利,人民建立了政府,而政府之正当权力乃是经由被治理者之同意而产生的。当任何形式之政府妨碍此种目的之时,人民有权改变或予废除,有权建立新政府……

下面紧接着便是对英国国王的控诉:"整个殖民地的历史,就是一部屡遭伤害和侵犯的历史,所有这一切伤害和侵犯,其目标都很明确,就是要在各个殖民地施行暴政。"宣言控诉国王随意解散殖民地政府,独揽审判大权,派遣"大批贪官污吏剥削奴役我们的人民",派驻军队,隔绝殖民地同外界的贸易往来,不顾人民死活而课以重税,发动镇压人民的战争,"调集大量的外国雇佣军进行镇压、封锁,实行暴政"。

所有这些:由人民执掌政权;人民有反抗和革命的权利,人民仇恨实行暴政和经济剥削,反对军队的侵扰等等,都写进了宣言里,它把殖民地人民紧密地团结在一起,甚至化解了个人之间的恩怨,使之一致对外,共同抗英。

《独立宣言》所划出的统一利益圈明显地漏掉了一部分美国人。这就是:印第安人、黑人奴隶和妇女。事实上,在《独立宣言》中,有一段专门控诉国王煽动奴隶叛乱、挑起印第安人和白人之间的争端文字:

> 他在我们中间煽动内乱,并竭力鼓动那些残酷无情的印第安野蛮人到我们边疆发展,而这些人的作战原则,历来是不分男女老幼,不论任何情况,一律格杀勿论的。

早在《独立宣言》发表之前 20 年,即 1755 年的 11 月 3 日,马萨诸塞立法机关就通过了一项文告,在该文告中,佩诺布斯科特族印第安人被称作是"造反者、敌人和叛徒",如果一个人能交出一张成年男性印第安人的带发头皮,将会被给予 40 英镑的奖赏。而一张女性印第安人或年龄不满 12 岁的男性印第安人的带发头皮……则价值 20 英镑……

托马斯·杰斐逊在《独立宣言》中写下了一段文字,控诉英国政府从非洲贩卖黑人到殖民地当奴隶以及"企图对任何禁止或抑制这种罪恶贸易的立法进行压制"。表面上看,这段文字似乎表达了对奴隶制度和奴隶贸易的一种道义上的愤慨(杰斐逊本人是否真的厌恶奴隶制姑且不论,因为事实是,直到他去世的那一天,他还拥有数百名奴隶),而隐藏在文字后面的实质却是:随着黑人数量不断增多(约占总人口的20％),奴隶暴动对弗吉尼亚以及其他几个南部殖民地的白人们构成越来越大的威胁,对他们的心理恐惧也不断加深。因为奴隶主们并不愿意终止奴隶贸易,所以托马斯·杰斐逊的这段话便很自然地被大陆会议从《独立宣言》中删去了。也正因为如此,在美国革命时期关于自由的这一伟大宣言之中,找不到对黑人的哪怕是最起码的友好之意。

"人人生而平等"一句看来也并非是要论述有关妇女问题。因为妇女也不包括在值得考虑的范围之内,政治上也没她们的份儿。尽管出于实际的需要,在家庭里,在农场中或者是在助产士之类的职业中给了她们一些权力,她们仍然是被排除在享有政治权利的范围之外,有关公民平等权利的主张中也没有她们的份儿。

《独立宣言》所谈的只是局限在有关白人的——用它自己的话说——生存、自由和幸福这个范围之内的问题。这样说并不是要责难那些起草和签署《独立宣言》的人们,他们不过是坚持了18世纪享有特权的男人们所期望的理想。正是由于改革家和激进分子对过去表示不满,所以他们常常受到责难,说他们从旧政治时代继承的东西太多——有时他们确实如此。把注意力集中在宣言有关人权方面以外的一些东西上,也并非要谴责当时道德方面的失败。因为几个世纪已经过去了,这样做已经没有什么意义了。我们只是尽量去理解《独立宣言》是通过一种什么样的方式起到它的作用的,即它是如何把一些美国人动员起来,同时又撇下另外一些人不管。确实,鼓动性语言能创造出一种安全可靠的舆论氛围,现在我们还在使用它,在"良好"的舆论氛围下,不仅尖锐的利益冲突得以掩盖,人类中的大多数被忽视的状况也被隐藏起来了。

人民建立政府是为了确保他们的生存权、自由权和追求幸福的权利,当政府不再履行自己的职责时,人民有权推翻它。《独立宣言》所阐述的这一观点可以追溯到约翰·洛克在其《政府论》下篇中所表达的基本思想。《政府论》下篇出版于1689年,那时正值英国人起来反抗王权的暴政,建立议会政府之际。与洛克的《政府论》下篇一样,《独立宣言》阐述了政府组成与政治权利问题,却无视现实存在着的财产不平等。在赤裸裸的财产不平等面前,人们怎么可能会有平等的权利?

洛克本人就是一位富翁,做着丝绸生意,从事奴隶贸易,还经营着放贷和抵押。就在其写出《政府论》下篇这部阐述自由民主的经典著作的数年之后,他就对刚刚上市的英格兰银行的股票投下了重金。作为南北卡罗来纳的顾问,他主张建立一个由奴隶主组成的政府并由地产商从事管理工作。

洛克所阐述的人民政府理论支持了英国革命,这场革命推动了商业资本主义在国内外的自由发展。洛克本人对贫困儿童"在12岁或14岁之前不能够为社会提供劳动力"深感遗憾,他因此建议接受救济的家庭的所有3岁以上的儿童都要进"工作学校",以便他们"从幼年时期起……就能习惯于工作"。

17世纪的英国革命催生了代议制政府,引发了有关民主的辩论。不过,正如英国历史学家克里斯托弗·希尔在其《清教徒革命》一书中所说:"议会权力至上也好,实行法治也罢,这些原则和制度的确立,其主要受益人无疑还是有产者。"威胁财产安全的专横的税收制度被推翻了,垄断让位给了自由贸易,海上强国开始在海外推行包括征服爱尔兰在内的帝国主义政策。平等派运动和掘地派运动这两个政治团体曾试图把平等推进到经济领域,但最终都为革命浪潮所吞没。

在洛克所支持的革命过后,人们不难发现他所赞誉的代议制政府在英国阶级分化与阶级冲突中的实际状况。1768年,就在美国局势变得日趋紧张之际,英国也正被运煤工、锯木工、制帽工、织布工、水手的骚乱和罢工搞得焦头烂额,其主要原因是物价过高而支付给他们的工资又少得可怜。《年鉴》杂志针对1768年春夏之交的事态评论说:

> 令人遗憾的是,在下层社会群众中弥漫着普遍的不满情绪。这种不满情绪一部分源于高物价,一部分源于其他因素,经常会诱发暴动和骚乱,给社会造成可怕的后果。

一般都把"人民"一词看作洛克人民主权理论的核心概念。一位英国议员是这样解释"人民"一词的含义的:"我并不认为指的是暴民……而指的是英国的中等阶层,如厂主、自耕农、商人、乡绅……"

美国的情况也是如此。与亚当·斯密的资本主义宣言《国富论》同年发表的《独立宣言》,其言辞背后的真实内涵在于:由重要人士组成的新兴阶级需要征召大量的美国人来反抗英国人,但他们又不希望彻底打破150年间发展建立起来的财富和权力关系格局。事实上,在签署《独立宣言》的人士中间,69%的人曾是英国政府手下的殖民官员。

"忠诚九人团"成员托马斯·克拉夫茨是反对同英国开展武装斗争的保守派代表。然而,正是他在波士顿市政厅的阳台上宣读了这篇激情澎湃、言辞犀利的《独立宣言》。《独立宣言》发表之后4天,"波士顿通讯委员会"要求全体城镇男青年到公共操场集合,准备接受挑选,应召入伍。结果是,富人掏钱免去了兵役,穷人却不得不入伍当差。这种情况引起人们的不满,他们大喊:"不管它来自何处,暴政就是暴政!"

第五章

一种革命

美国之所以能够打败英国军队，是因为它拥有武装起来的人民的支持。当时，几乎每一个白人男子都有枪，并且都会使用枪。独立战争的领导人虽不信任广大的平民百姓，但他们也知道革命吸引不了奴隶和印第安人，所以，要革命，还是不得不求助于武装起来的白人。

要做到这一点并不容易。技工、海员以及其他一些人，确实反对英国人，但他们对战争又着实不感兴趣。虽然大多数白人男子在战争期间的不同时期都曾在军中服役，但真正留下来的只是少数。约翰·夏伊在他有关革命军的著作《武装的大众》中写道，他们"对那些仗势欺人的骚扰越来越感到厌烦，这些骚扰或者来自地方安全委员会委员，或者来自军需处腐败的小官僚，还有那一群群手里拎着枪、自称革命战士的衣衫褴褛的陌生人"。夏伊估计：大约有五分之一的人有反战通敌的嫌疑。而约翰·亚当斯则认为，反对独立、持中立态度和支持独立的人各占三分之一。

亚历山大·汉密尔顿是华盛顿的助手，也是新精英阶层中正在冉冉升起的一颗新星。他在一封发自司令部的信中写道："……我们的同胞像驴子一样愚蠢，又像绵羊一样温顺……是天生的奴隶坯子……假如我们能够获得解放，那也一定是法国和西班牙拯救了我们。"

南方的奴隶制是最大的障碍。1739 年斯托诺爆发奴隶起义之后，南卡罗来纳就一直没有安全感，根本无力进行反英斗争，它的民兵主要是用来防止奴隶反抗的。

约翰·夏伊指出，首批加入殖民地民兵组织的人通常都在当地有"受人尊敬的头衔或者至少享有完全的公民资格"。友好的印第安人、自由黑人、白人契约佣工以及居无定所的自由白人被拒之于门外。可是由于迫切需要兵源，又不得不同意征召地位较低的白人入伍。马萨诸塞和弗吉尼亚甚至准备让那些街头流浪者也参加到军队里去。事实上，军队成了一个向穷人慷慨许诺的场所，在这里他们可以晋升军衔，领到军饷，还可以提高他们的社会地位。

任何社会秩序的管理者历来都使用这种传统的手段，他们藉此鼓动和约束不听话的民众。为从军服役的穷人提供进行冒险和获得报酬的机会，其目的是鼓动他们去为他们不甚明了的事业而战。彼得·奥利弗曾采访过一位在邦克山战役中受伤的陆军中尉，这位中尉讲述了自己参加反英队伍的经过，而他所给出的答案正是彼得·奥利弗这位托利党人所求之不得的：

> 我本是一个鞋匠，靠自己的劳动过日子。起义刚发生的时候，我看到一个平时不如我的邻居竟然被任命为军官。我是一个有些抱负的人，我不愿意看到那样的人比我还强，于是我也应征当了一名普通士兵……我要求晋升为陆军中尉，结果被批准了。我现在还能想象得到自己的晋升途径：如果我在战斗中被杀，当然一切都完了；但是，如果是我的上尉队长被杀呢，我就会晋级，而且还会得到进一步升迁的机会。先生，这就是我入伍的唯一动机，至于大不列颠同殖民地的冲突，我一点都不了解……

约翰·夏伊查证了这名中尉在邦克山战役之后的经历。此人名叫威廉·斯科特，来自新罕布什尔的彼得伯勒。一年后，他逃出英军战俘营，回到美国军队，并参加了纽约的战斗，不幸又被英军抓获。一天夜里，他把佩剑系在脖子上，把手表别在帽子上，游过哈德逊河，再次成功脱逃。他回到新罕布什尔，拉起了自己的队伍，其中包括他自己两个年长的儿子。他率领队伍参加了大大小小的各种战斗，直到身体完全垮掉。他亲眼目睹了自己的长子在服役 6 年之后死于斑疹伤寒。他卖掉了彼得伯勒的农场，得到一笔钱，但又因为通货膨胀而变得身无分文。战后，在纽约港的一次翻船事故中，他因为救下 8 名溺水者而再次声名远扬。后来，他找到了一份帮军队勘测西部疆土的工作，却不幸染上热病，于 1796 年病逝。

斯科特只是众多出身贫贱、军阶较低的革命战士中的一员。约翰·夏伊在他有关彼得伯勒军队的研究中指出：那些有身份有地位的城镇市民在军队里服役的时间都不长。这种现象在美国的许多城镇都存在。正如约翰·夏伊所说："革命时期的美国本应是一个中等阶层人士的社会，比起同时代任何其他的国家，它理应充满幸福安宁和欣欣向荣的景象，但是它却包容了太多的赤贫者，而且其人数还在不断地增多。其中很多人在 1775 年至 1783 年间参加过许多次战斗，经受过许多的痛苦磨难。穷人的命运历来都是如此。"

在那个时代，战争冲突支配着一切，其他的问题都被放在一边，人民被要求在这场重要的战争冲突中作出立场选择并被强迫站在了革命的一边。实际上，他们对独立的兴趣很不明显。战争使处于领导地位的统治精英对控制内部矛盾表现得更有把握，更有安全感。

可以通过征兵法来改变那些没有明显政治立场的民众的态度。例如，康涅狄格通过的一项法律规定，除某些公职人员、外交使节、耶鲁大学的师生、黑人、印第安人和黑白混血儿之外，所有 16 岁至 60 岁的男性都必须服兵役。应征者可以找人代替自己入伍，也可以交付 5 英镑免除兵役。18 岁的男性如果不能提供服役的证明就会有牢狱之灾,他们在获释前还必须承诺在未来的战争中参战。夏伊写道:"他们的政治转换机制便是民兵组织。"这种做法貌似现时代的军队民主化,实际上却有很大不同。因为在现时代,虽然广大民众最初对被迫把自己的命运同国家利益拴在一起相当勉强,但他们最后却心甘情愿地为国家服务。

这就是这场争取自由的战争中征兵运动的实质,同往常一样,人们从中不难看到财富的力量。人们对强召入伍而引发的反对英国人的骚乱记忆犹新,却又发生了1779年强召海员到美国海军服役的事情。一位宾夕法尼亚的官员说:"我们看到的是:(他们)的行为与英国政府在统治我们期间的所作所为简直一般无二,这使我们担心会引起同样不幸的后果。当权者对人民感情的疏远……很容易发展成为公开的对立……直到发生流血冲突。"

一名随军牧师在目睹了华盛顿军队新的、严格的纪律之后,从马萨诸塞的康科德写信说:"新贵族,新法律。最高效的政府正在建立起来,官民之间的明确界线也正在被重新划定。每个人都要明确并维护自己的身份,有违反者立刻就会被捆起来受到鞭笞,当然不是象征性地打一鞭子了事,而是要被打三四十鞭子。"

美国人最初的几次战役如邦克山战役、布鲁克林高地战役、哈勒姆高地战役和南部战役均以失败告终。但在特伦顿和普林斯顿的小规模战斗中,他们却取得了胜利。随后,他们又于1777年在纽约赢得了萨拉托加战役的胜利,这场战役成了独立战争的转折点。当本杰明·富兰克林同急于寻机报复英国人的法国国王商谈建立同盟的时候,华盛顿的军队正在宾夕法尼亚的福吉谷忍受着寒冬的煎熬。随后战场转到英国人曾经节节胜利的南部。1781年,在强大的法军协助下,并通过法国海军封锁阻断英军的补给线和增援力量,美国人终于在弗吉尼亚的约克镇取得了战争的最后胜利。

在整个战争期间,美国富人与穷人之间一度被抑制的冲突和斗争一再重现。埃里克·方纳在提到战争期间的费城时,曾把这一时期描述为"一个使殖民地一部分人获得了巨额利润而使另一部分人生活无比艰难的时代"。在这里,有一年的物价一个月就上涨了45%。由于通货膨胀,出现了富有煽动性的宣传活动,呼吁人们行动起来。费城一家报纸刊文暗示说,在欧洲,"当贪得无厌的囤积居奇者造成食品短缺时,人民总是能够采取公正的措施予以处置。他们打开仓库,免费分发自己所需要的食物,有时还会对那些给他们的生活带来困窘的肇事者予以惩罚"。

1779年5月,费城第一炮兵连就"中下层人士"的骚乱向议会提起诉讼,理由是骚乱者威胁将用暴力去对付那些被他们称为"借损害社会中更信守道德的那部分人的利益来聚积财富的贪婪之徒"。同月还出现了非法的群众集会,要求降低物价,并敦促对涉嫌操控食品价格的费城富商罗伯特·莫里斯展开调查。10月,又发生了"威尔森堡骚乱"事件,一支民兵组织进城袭击了詹姆斯·威尔森的住宅。威尔森是一位富有的律师，同时又是一位革命派官员。他反对控制价格，也反对1776年通过的宾夕法尼亚民主宪法。这支民兵组织最终被费城的富人组织"贵族旅"赶跑了。

大多数白人移民只有少量土地，或者根本没有任何财产。不过，他们的景况似乎要好于奴隶、契约佣工和印第安人，因而可以成为革命的同盟军。但是，随着战争造成的损失越来越严重，富人所拥有的特权与安逸便不再能为人们所接受了。根据杰克逊·梅因《革命时期的美国社会结构》的估算，至少拥有价值1 000英镑以上的个人财产和价值1 000英镑土地的大地主和大商人约占白人的10%，这些人占有了国家差不多一半的财富，并拥有占全国人口七分之一的奴隶。

81　　　战争期间管理殖民地事务的大陆会议是由富人把持的，这些富人则通过商业和家庭纽带结成宗派集团或形成契约关系。正是通过这种关系把南部和北部、东部和西部联结成了一体。例如，弗吉尼亚的理查德·亨利·李同马萨诸塞的亚当斯家族以及宾夕法尼亚的希彭斯家族形成一派，而中部和南部殖民地的代表则通过商业和土地投机同宾夕法尼亚的罗伯特·莫里斯结为同盟，莫里斯时任财政总管，戈文诺·莫里斯是其副手。

莫里斯计划向那些贷款给大陆会议的人提供更多的担保，并建议大陆会议赞成向那些坚持到底者退休后终身支付半薪以便得到官员们的支持。但此举却忽视了普通的士兵，这些人领不到薪水，饥寒交迫，常常因为身染疾病无钱医治而死去，他们还要眼睁睁地看着那些投机奸商们飞黄腾达。1781年新年的第一天，驻扎在新泽西靠近莫里斯敦的宾夕法尼亚部队的士兵，趁着酒兴赶跑了军官，杀死了一名上尉，还打伤了其他一些人。他们全副武装，扛着大炮直向大陆会议的所在地费城前进。

乔治·华盛顿处理此事时显得格外谨慎。在得到安东尼·韦恩将军对相关事态的汇报后，他告诉韦恩不要动用军队。因为他担心士兵的哗变会蔓延到自己的部队中来。他建议韦恩提供士兵诉求的详细内容，并告知他们大陆会议不会逃离费城，如果有士兵愿意成为费城公民的话，这里的大门是向他们敞开的。他派诺克斯快马加鞭赶往新英格兰为这些士兵筹集3个月的薪饷，同时，他又作了最坏的打算，准备用1 000人迎击哗变士兵。双方最终通过协商达成了和解：一半士兵获准离开部队，另一半则被允许休假。

此次事件发生后不久，在新泽西前线又发生了一起较小规模的兵变：200名士兵公开反对他们的长官，并向该州首府特伦顿前进。此刻，乔治·华盛顿早已做好准备。600名衣食饱暖、装备精良的士兵奉命迎敌，将叛军包围并解除了他们的武装。当场就对3名叛军首领进行了审判。其中一人得到宽恕，而另外两人则被判处死刑，并由他们的朋友组成行刑方队实行枪决。当他们扣动扳机的时候,都禁不住哭了起来。乔治·华盛顿称此是"杀一儆百"。

两年之后,在宾夕法尼亚前线又发生了另一起兵变。当时战争已经结束,军队已经被解散。但有 80 名士兵要求得到他们的报酬。他们袭击了位于费城的大陆会议总部,把那里的人强行驱赶到河对面的普林斯顿。对此,历史学家约翰·菲斯克在其《关键时期》中不无伤感地写道:他们"满面羞愧地被一小撮醉醺醺的叛乱者扫地出门"。

在独立革命时期,士兵反抗上级的事件毕竟比较少见,相比较而言,平民却更容易采取这种行动。罗纳德·霍夫曼就曾说过:"革命使特拉华、马里兰、北卡罗来纳、南卡罗来纳、佐治亚等地陷入了内部不和与冲突之中,虽然在弗吉尼亚这种冲突的程度要轻得多。在整个战争时期,这种冲突一直持续不断。"南方地区较低阶层的人士拒绝接受动员参加革命。因为他们看到,这场反对英国的斗争不管是输是赢,他们都是在一小撮政治精英的统治之下生活。

例如,在马里兰,到 1776 年新宪法通过之际,竞选州长需要拥有 5 000 英镑资产,竞选州参议员也需要 1 000 英镑。结果,90％的人被剥夺了担任公职的资格。因此,正如霍夫曼所说:"小奴隶主、不占有奴隶的种植园主、佃农、租赁人和临时工给辉格派精英们的社会治理提出了一系列问题。"

由于黑人已经占人口的 25％(在一些地方达到了 50％),白人对奴隶造反的担心也与日俱增。乔治·华盛顿拒绝了黑人提出的为获取自由而参加革命军队的要求。所以,当弗吉尼亚的英军指挥官邓莫尔勋爵向加入其军队的当地奴隶承诺给他们以自由时,此举顿时引起一片哗然。来自马里兰某县的一份报告表达了对贫穷白人怂恿奴隶逃跑的忧虑:

> 敝县黑人的无礼傲慢已达到令人无法容忍的地步,我们不得不于上周六解除他们的武装。我们缴获了 80 条枪以及一些刺刀和剑,等等。在下层白人中流传的一些居心叵测或者不负责任的说法使得黑人相信,只要英王的军队取胜他们就能够获得自由。对于那些在我们的奴隶中间散布和鼓动此种意向的人,我们既不能草木皆兵,也不能放任自流。

但更令人担心的是马里兰的白人骚乱,他们反对那些领导革命的家族,因为他们怀疑这些家族私藏了当时急需的日用品。有人曾公开表示:"对于广大民众而言,放下武器,按照英国国王和议会的规定交税,也比受人奴役,像现在这样任人吆来喝去要好。"这种观点典型地反映了那些叛逆者的阶级仇视心理。富有的马里兰地主查尔斯·卡罗尔注意到了环绕在自己身边的不友好气氛:

> 社会各阶层中都有一种鄙俗龌龊的嫉妒心理,但凡一个人诸事顺遂、成绩斐然或者见解不凡,都会遭人白眼,招致普遍的敌意和反感。

尽管如此,马里兰当局还是控制了局势,不过他们也作出了让步:向地主和奴隶主追加更为沉重的赋税,允许债务人用纸币来偿还债务。这些都是上层阶级为了维护其统治和权力而不得不作出的牺牲，其结果看来还比较有效。

不过，按照霍夫曼的说法，在南方的南部地区，即南北卡罗来纳和佐治亚，"当局在这片辽阔的土地上几乎没有丝毫威望"。人们普遍的心态是不参与战争，因为他们觉得这场战争与他们本身没有多大关系。"双方的官员都强迫老百姓供应物资、削减开支、骨肉分离甚至牺牲生命。因为难于抉择，许多人整日满腹纠结，垂头丧气；也有人今天躲避或反抗这一方，明天躲避或反抗另一方……"

华盛顿的军队在这里的指挥官纳撒内尔·格林，在处理背叛革命的案件时所采取的政策是：对一部分人作出让步，对另一部分人则使用暴力。在写给托马斯·杰斐逊的一封信中，他讲述了他率领部队袭击亲英派的一次行动："他们对亲英派实施了可怕的大屠杀，有 100 多人被杀，绝大部分被剁成了碎片。这对那些不忠之人起到了极为有效的震慑作用，而这种人在这片土地上实在是太多了。"格林曾告诫他的一名属下说："对敌人就要狠狠打击他们的气焰，而对朋友就要多多鼓舞他们的士气。"但另一方面他又建议佐治亚总督"对自己治下的那些对革命怀有二心者要网开一面……"

总体上说，在这些州，使用最少的是让步政策。在 1776 年到 1780 年间，所有各州起草的新宪法，与旧的相比没有太多的不同。除马萨诸塞州对投票和出任公职所需财产条件的门槛有进一步提高之外，其他州都降低了这一门槛，宾夕法尼亚更是全部废除了相关规定。新的权利法案提出了修正条款。北卡罗来纳针对有关宗教自由的条款提出，"这里的任何条款都不能用来为那些散布叛国言论或煽动叛乱的传教士免于法律的审判和处罚开释"。马里兰、纽约、佐治亚和马萨诸塞也都表达了同样的担心。

有人说美国革命导致了教会同国家的分离。北部各州就发表过此种声明。不过，这些州在 1776 年之后也通过征税的办法强迫人们支持基督教教义。最高法院法官戴维·布鲁尔曾在 1892 年时说过，"这是一个基督教国家"。威廉·G. 麦克洛林援引这句名言说，那种认为革命导致了教会与国家分离的观点"是令人费解的，也是不现实的……与此种观点相反，宗教早已深深植根于美国人生活的方方面面，同他们的习俗融为一体了。"

在考察独立革命对于阶级关系的影响和作用时，我们可以先看看在亲英派逃亡后被没收的土地上发生了什么事情。重新分配土地给革命的领导人提供了双重的机会：一方面，使自己以及同党富起来；另一方面，把土地分给一些小农阶层，以便为新政府赢得更广泛的支持。实际上，这正是这个新兴国家的一个特点：它以自己所拥有的巨大财富，建立起历史上最富有的统治阶级，同时，还有足够的财富，可以用来保证中等阶层的需求，从而使它成为贫富之间的一个缓冲带。

亲英派占有的大规模土地资源是革命的一大诱因。弗吉尼亚的费尔法克斯勋爵在 21 个县拥有超过 500 万英亩的土地,巴尔的摩勋爵在马里兰的土地收益一年就超过 3 万英镑。因为是乔治·华盛顿的朋友,费尔法克斯勋爵在革命后受到保护。但其他拥有大量土地资产的亲英派地主,特别是那些在外地主,其土地被悉数充公。在纽约,革命后拥有土地所有权的小农场主数量激增,租地佃农的数量锐减,正是这种租地佃农在革命前制造了许多骚乱事件。

罗兰·伯索夫和约翰·默林的研究表明,虽然私营农场主的数量有所增加,"但社会阶级结构并没有发生根本变化"。当波士顿、纽约或费城的那些声名显赫的商家确实遭遇变故时,统治集团便会发生人事更迭,这些豪门世家的变故有时是因为商场遇挫,有时则是因为他们在政治上忠于英王而被没收了家产并遭到放逐。

埃德蒙·摩根是这样总结这场革命的阶级本性的:"不应该把地位较低的阶层参加这场斗争这一事实同另一个事实相混淆,即这场斗争总体上是上层阶级人士之间围绕官位职权展开的争斗:新兴的上层阶级反对旧有的上层阶级。"理查德·莫里斯针对革命的形势评论说:"不平等现象无处不在。"他指出,富豪戈弗尼尔·莫里斯创造了一个"我们合众国人民"这样一个词组,但理查德·莫理斯却发现,这个词组里的"人民"既不是指印第安人,也不是指黑人、妇女,也不是指白人佣工。事实上,契约佣工的数量比以前更多了。革命"在改善这些白人的奴役待遇方面毫无作为,更不用说指望它结束这种奴役状态了"。

卡尔·德格勒在《走出我们的历史》中说:"并没有一个新的社会阶层通过美国革命这扇大门显露头角,登上政治权力舞台。策动这场革命的大多属于殖民地富有的统治阶层。"乔治·华盛顿是美国最富有的人,约翰·汉考克是一个成功的波士顿商人,本杰明·富兰克林是一个富裕的印刷业主,等等。

另一方面,城市的机械工人、手工劳动者以及海员和小农阶层人士,都被独立革命的花言巧语所吸引,通过在军队忠诚服役、借助重新分配土地,而纷纷得以加入"人民"的行列,这样就创造出了一个大家拥护的实体机构,一种全民共识,一个把被轻视、被压迫人民排除在外的国家,即所谓的"美利坚合众国"。

斯托顿·林德对大革命时期纽约达奇斯县进行的深入研究为以上的论述提供了确证。1776 年,这里爆发了佃农反抗纽约封建大地主的大规模叛乱。伦塞勒维克占有的地产多达 100 万亩,佃农们说其中有一部分原属于他们,由于在法庭上讨不回公道,他们于是就采取了暴力手段。在波基普西,1 700 名武装起来的佃农包围了法庭,砸开了监牢。但是这次暴乱最终还是被镇压下去了。

革命期间,达奇斯县在如何处置被没收的亲英派分子地产问题上发生了激烈争夺,只不过这种争夺主要发生在不同精英集团之间。波基普西的反联邦主义者就是其中之一。他们是宪法的反对者,主要是那些手工艺人以及地产和商业领域的新贵。他们用花言巧语赚取佃农对自己的支持,利用佃农的怨愤为其政治前程铺路并为其财富提供保障。

革命期间,为了动员佃农入伍,地主承诺给他们土地。达奇斯县的一个大地主在 1777 年这样写道:一句让佃农拥有一份自己的土地的承诺"立刻就能给你从田间招募到至少 6 000 名身强力壮的农民"。然而,那些投身革命队伍并期望从中受益的农民却发现,当一名列兵,他们每个月的军饷是 6.66 美元,而一名上校的月薪是 75 美元。他们眼睁睁地看着像梅兰克顿·史密斯和马修·帕特森这些在当地为政的立约人日益暴富,而支付给他们的那些大陆币却在通货膨胀中变得一文不值。

所有这些,都使得佃农成了战争的一支危险力量。许多人不再交纳租金。出于对这一状况的忧虑,立法机关通过法案,没收亲英派的土地,并在原有 1 800 名地产持有人基础上又增加了 400 个新名额。这意味着在 1788 年将成为反联邦主义者的富人阶层又得到了一个新的强大的投票群体的支持。当这些新地产所有者成为革命的受益者并在政治上受到操控的时候,他们的领袖梅兰克顿·史密斯之流便由最初的宪法反对者转而同纽约的宪法起草者一起成了宪法的支持者了。而那些新的地产所有者却发现:他们虽然不用再付地租,但却成了贷款人,原来是还地主的租金,现在则是还银行的贷款。

看来,针对英国政府统治的反抗不过是以殖民地的一部分精英人物取代了那些亲英派精英,它给一些小地主带来了利益,而平民白人和佃农的地位则丝毫未变。

那么美国革命对土著的美洲人——印第安人做了些什么呢?他们被言辞华美的宣言给忽略了。不管是在选择统治他们生活着的这片美国疆土的领导人的问题上,还是在追求幸福的问题上,都没有把他们当作平等的人,都不曾考虑过他们的利益。而早在欧洲人来到这片大陆之前的几个世纪,印第安人就一直在这里寻找属于自己的幸福。现在,随着英国人的出局,美国人又开始了无情的驱逐印第安人的过程。稍一遇到反抗,他们就大开杀戒。总之,就像弗朗西斯·詹宁斯所说的,美国白人为反抗英国人在东部的帝国统治而斗争,但在西部,他们却在推行自己的帝国主义统治。

革命前,印第安人在弗吉尼亚和新英格兰已被武力征服。在别处,他们想方设法同殖民者共处。但到 1750 年前后,随着殖民者人口的迅速膨胀,向西部开疆拓土的压力越来越大,终于拉开了同印第安人冲突的序幕。来自东部的地产商们开始出没于俄亥俄河谷。这里本来是印第安人部落联盟的属地,该联盟称为"誓约联盟",易洛魁人是其首领。在纽约,殖民者设计骗取了莫霍克族印第安人 80 万英亩土地,并以此结束了纽约同莫霍克族印第安人友好相处的时期。莫霍克族印第安人的首领亨德里克在 1753 年向当时的统治者乔治·克林顿和州

议会诉苦,此次控诉被记录在案:

> 我的同胞,当我们来到这里讲述有关我们土地的冤情的时候,我们希望你能为我们做些什么。我们曾告诉过你,我们先祖与你们的誓约可能要被打破了。你们曾告诉我们说,我们会得到奥尔巴尼这片土地作为赔偿。但是我们很了解那里,我们不相信那里,因为他们(奥尔巴尼商人)简直不是人,而是恶魔。所以……我们一返回我们的家园,我们就将贝壳、串珠的带子送给其他 5 个族的同胞们,告诉他们,我们同你们的誓约已经不算数了。因此你别希望再听到我会说些什么,我们也不愿再听到你们讲些什么了。

87

在为争夺北美大陆而展开的英法七年战争时期,印第安人是站在法国人一边的。因为法国人当时是贸易商,而不是印第安人土地的占据者;而英国人却早已对印第安人的这片猎场和生存空间垂涎三尺。英国将军布拉多克曾希望特拉华印第安人首领辛加斯同其合作,共同对付法国人。有人记下了他们俩的对话:

> 辛加斯问布拉多克将军,是不是说即便是那些同英国人保持友好关系的印第安人,他们也不许在英国人居住的地方生活和进行贸易活动,也得不到赖以养家糊口的牧场……布拉多克将军说,野蛮人是不可能有土地继承权的……辛加斯与其他首领表示,如果他们得不到在这块土地上生活的自由,那么他们就不会为它去打仗……

1763 年战争结束的时候,法国抛弃了他们的老盟友,竟把阿巴拉契亚山脉以西的土地割让给了英国人,印第安人因此团结起来对英国人作战,争夺西部要塞。这就是英国所称的"庞蒂亚克阴谋",但弗朗西斯·詹宁斯却称之为"一场争取独立的解放战争"。在英国将军杰弗里·阿默斯的授意下,皮茨要塞的指挥官把许多从医院里拿出来的染有天花病毒的毛毯,送给了正与他进行谈判的印第安部落首领们。这可以说是首开了人类细菌战的先河。一种流行性疾病很快就在印第安人中间蔓延开来。

尽管遭此劫难,尽管村庄被烧毁,但英国人摧毁不了印第安人的意志,他们坚持游击战争,最终迫使英方达成一项和平协议。英国人同意以阿巴拉契亚山为界,不许殖民定居者侵占该界以西的属于印第安人的领土。这就是 1763 年颁布的英王诏谕。但它却激怒了美国人,因为最初的弗吉尼亚宪章规定,它的土地可以一直向西延伸到海边。由此也不难解释,为什么大多数的印第安人在独立革命时期要为英国而战。随着他们的法国盟友和英国盟友的相继离去,现在印第安人不得不孤单地去面对窥视他们土地的这个新兴国家。

这时美国人开始想当然地把印第安人的土地视为自己的囊中物,然而,他们派往西部拓展疆土的远征军却吃了败仗,这从他们给那些战役所取的诸如"哈马将军之耻"、"圣克莱尔将军的屈辱"这种名字便可略窥一斑。① 甚至安东尼·韦恩将军在 1798 年②的鹿寨之役③击溃印第安人的西部联盟之时,他也不得不认可印第安人的实力。根据《格林维尔条约》,印第安人虽然割让了一部分领土,但作为补偿,美国不再索取俄亥俄北部、密西西比东部和五大湖南部地区的印第安人土地。不过,如果印第安人打算出售这些土地的话,美国要有先得权。

詹宁斯把印第安人问题视为理解美国革命的关键——因为大家在革命中竞相争夺的毕竟是印第安人的土地,从而认识到了这场革命的复杂性,看到了"各种被压迫和被剥削的人民相互厮杀"的事实。由于东部的精英人士控制了沿岸的土地,寻找土地的穷人们不得不走向西部,他们成了富人们一道十分有用的堡垒和屏障。因为正如詹宁斯所说,"印第安人的斧头首先砍向的便是这些边民的头颅"。

美国革命使得黑人奴隶的处境变得更加复杂了。有数千名黑人为英国政府而战。也有五千人投身革命,他们绝大多数来自北部,但也有来自弗吉尼亚和马里兰的黑人自由民。不过,南方的南部各地则不愿意武装黑人。在战乱中,有数千黑人获得了自由。他们在战争结束时乘坐英国轮船离开,分别移居到英格兰、新斯科舍、西印度群岛和非洲。还有不少人逃离其主人后成为美国的黑人自由民。

在北部各州,由于部队中有黑人,经济上对奴隶们又没有什么强烈的需要,再加上革命的号召和渲染,奴隶制度得以终结,但是这个过程是非常缓慢的。迟至 1810 年,仍有 3 万名黑人(约占北部黑人人口的四分之一)是奴隶。到 1840 年,北部也还有 1 000 名左右的奴隶。在南方的北部地区,自由黑人的数量比以前增多了,同时许多法律控制措施也应运而生。而在南方的南部地区,奴隶制度随着大米和棉花种植园的增多反而有扩张之势。

美国革命给广大的黑人创造了空间和机会,从而使他们能够向白人社会提出自己的要求,有时这些要求出自一小群巴尔的摩、费城、里士满以及萨凡纳的新兴的黑人精英阶层,有时则出自一些勇敢的、善于表现的奴隶。黑人们以《独立宣言》为武器,请求议会和州立法机关取消奴隶制度,给黑人以平等的权利。在波士顿,黑人们希望能够挣同白人一样的城市工资来支付孩子的教育费用。在诺福克,他们要求得到出庭作证的权利。纳什维尔的黑人主张黑人自由民"应当拥有同其他任何人……一样的成功机会"。查尔斯顿的黑人肉商彼得·马修

---

① 为了对付印第安人的袭扰,乔赛亚·哈马将军于 1790 年 7 月率军前往征讨北美俄亥俄河谷的印第安人。哈马虽然摧毁了一些印第安人的定居点,但却因为在韦恩塞附近陷入对方的伏击而不得不仓皇撤退。次年,圣克莱尔将军在沃巴什河畔重演了同样的一幕。

② 原文如此,疑为作者笔误,鹿寨之役发生在 1794 年 8 月 20 日。

③ 一译"倒树战役",原文为 Battle of Fallen Timers。

斯联合其他的黑人自由民中的艺术家和商人向立法机构申诉,要求废除那些歧视黑人的法律。1780年,马萨诸塞州达特茅斯的7名黑人把征税与代表权相联系,请求立法机关给予黑人投票权:

> 我们担心自己的利益受到侵犯,因为我们并没有像本州自由人那样的权利,可以对选举由我们的税款所养活的官吏进行投票,或者对他们施加某种影响。但众所周知,我们这些有色人种中,有许多人曾为保卫共同事业而在战场上浴血奋战,而且就如我们所想象的,反对类似的滥用权力(特别是在税收方面)的呼声实在是太多太多了,不需要在这里详加陈述……

一位名叫本杰明·班奈克的黑人自学了数学和天文学,并准确地预测出了日食。他被任命参与设计新建华盛顿城的工作,他在给托马斯·杰斐逊的信中写道:

> 我想,有一个事实对你来说是再明白不过了,那就是:我们也属于人类大家庭中的一个种族。我们这类人在别人的辱骂和刁难下长期进行着劳作,并一直被别人看不起;一直被当作动物而不是人看待;很少被认为具有心智上的才能……我想你是不会放过每一个能消除这种歧视、这种错误思想和观念的机会的。而对我们来说,这些观念也在禁锢着我们。你的思想感情同我的思想感情是一致的,是同一个上帝平等地赐予我们大家的,我们不仅肉体上相同,而且我们还有着同样的感觉;我们被赋予了同样的才情……

班奈克呼吁杰斐逊"与自己曾抱有的狭隘偏见一刀两断"。

作为一个开明人士,杰斐逊尽了他个人最大的努力。但是美国既有的社会结构、棉花种植园主们的强大势力、奴隶贸易的巨额利润、南北政治精英人物的统一政策、殖民地长久以来形成的带有种族偏见的文化,以及他们自身的弱点(把现实需要与意识形态定位相结合),使杰斐逊终其一生都不可能摆脱奴隶主的角色。

黑人地位卑微,印第安人被逐出新社会之外,富人和实权人物在新国家里确立起的优越地位——所有这一切,早在革命时期的殖民地就已全部安排妥当。现在赶跑了英国人,可以白纸黑字把这种安排记录在案,并使之具体化、规范化、合法化。它就写在由大革命领袖在费城会议上起草并签署的美国宪法之中。

多少年来,对多数美国人来说,1787年通过的那份宪法是一份闪耀着智慧和人性光芒的天才杰作,它为民主制度与平等创造了一种法律框架。这一观点早在19世纪初就由历史学家乔治·班克罗夫特稍嫌夸张地阐述过了:

> 宪法对平等权与人的个性没有制定任何限制性条款。无论一个人出身贵贱,也无论他持何种观点,宪法都会一视同仁,它对一个人的阶级、宗教和财产权势都没有特殊偏好,在它面前只有一个个平等的个体……就像大海

是由一滴滴水汇集而成一样,美国社会也是由一个个独立、自由、不断移动而又总是相互发生关系的原子组成的……所以,这个国家的制度和法律也是来自每个个体思想的总和,而个体的思想永远是奔流不息的,就像大海里的水流。

20世纪初,历史学家查尔斯·比尔德曾对宪法提出另一种看法。这种看法曾招来一片声讨,其中包括《纽约时报》社论的抨击。比尔德在其《宪法的经济学解释》一书中写道:

> 既然政府的基本目的除了单纯的暴力镇压之外就是制定确立社会成员财产关系的规则,那么,统治阶级为了确保自身的权益,就必然要力争使政府制定的规则符合他们的最大利益,因为只有这样,才能保证其经济活动的持续运转。否则,他们就不得不亲自去掌管政府的各个部门。

简而言之,在比尔德看来,富人们为了保护自身的利益,要么直接掌控政府,要么操控政府赖以运转的法律。

通过对1787年聚集在费城的55位宪法起草人的经济背景与政治理念进行分析,比尔德把上述思想运用到对宪法的研究。他发现,这些人大部分是律师出身,而且大多数都很富有,拥有土地、奴隶、工厂或者商船。他们中有一半的人还放外债收取利息。根据财政部的记录,这55人中有40人持有政府债券。

这样,比尔德认为,参与制定宪法的大多数人在建立强有力的联邦政府时考虑到了他们直接的经济利益:制造商要求实行保护关税;放债人希望停止使用纸币偿还债务;土地投机商则希望在侵占印第安人土地时能受到政府保护;奴隶主则需要政府采取安全措施以防范奴隶叛乱和逃跑;国家债券持有人则希望国家统一税收以便使国库充盈,最终使他们的债券能得以兑换。

比尔德指出,有四种人是制宪会议没有代表的,即奴隶、契约佣工、妇女以及无产者。因此制定出的宪法自然也反映不出这些人的利益。

本杰明·富兰克林拥有15万美元的庞大资产,亚历山大·汉密尔顿通过其岳父和连襟持有巨额利息,詹姆斯·麦迪逊的种植园里奴隶成群,乔治·华盛顿拥有大量地产。虽然人们不应当忽略这些事实,但是,比尔德想告诉大家的是,宪法并不仅仅代表了开国之父们的个人利益,它维护的是他们所代表的那个集团的利益,是"他们通过个人自身的经历具体而真切地感受到的那种经济利益"。

不过,并不是参加费城制宪会议的每一个人都适用于比尔德的假设。来自马萨诸塞的埃尔布里奇·格里虽然是一位地产商,但他却反对批准宪法。无独有偶,来自马里兰的路德·马丁虽然其祖上在新泽西得到了大片土地,但他也反对批准宪法。尽管有这少数例外,但比尔德坚持认为拥有财产与支持宪法之间存在着密切联系。

到1787年,他们不仅急需一个强有力的中央政府来保证他们巨大的经济利益,而且对那些对心怀不满的农民随时发动的叛乱也深感恐惧。引起这种恐惧的主要是1786年发生在马萨诸塞西部地区的著名的谢司起义。

在马萨诸塞西部诸镇,人们对波士顿立法机关的不满情绪很强烈。1780年通过的新宪法提升了有关选举权的财产资格,如果不是相当的富有,就不可能当上州政府的官员。此外,立法机关还拒绝发行纸币。而在其他一些地区,像罗得岛,纸币是可以流通的,这使当地欠债的农民相对容易偿还债务。

于是,西部一些县开始出现反对立法机关的非法群众集会。一位名叫普劳·乔格的人在其中的一次集会上发表了自己的看法:

> 我受尽了虐待,我现在被强迫做的事远远超过了战争时期:我要负担等级税、城镇税、州税、大陆税以及其他所有的税……县司法长官、警察、收税人强行牵走我家的牲口,随便塞给我几个小钱就算了事……
>
> ……这些官老爷准备把我们的一切都掠夺走。我想该是起来反抗,让他们住手的时候了,我们不希望再有什么法庭、长官、警察、律师……

本次集会的主持人打断了人们的喝彩声。因为他和另外一些人只想通过和平的方式向设在波士顿的州议会(立法机构)①提出申诉,由它们来给自己申冤昭雪。

不过,在预定的州议会召开之前,罕布什尔县、诺坦普顿和斯普林菲尔德镇都会通过审判程序,强行拉走那些还不起债的农民的牲畜,强占他们那些种满稻谷并且丰收在望的土地。大陆军退伍老兵的待遇非常差,他们退伍时没能拿到现钱,只是得到了一张承诺将来予以兑现的白条。于是,这些愤愤不平的老兵开始把农民按战斗序列组织起来。有一位名叫卢克·戴的退伍兵,他是在开庭的那天早上随一队军乐团到达的。一想到去年夏天被讨债人关在闷热的囚室的情景,他就气愤难平。

县司法长官企图依靠当地的民兵组织来对付武装的农民,保护法庭免遭袭击。但是大多数的民兵都向着卢克·戴。司法长官好不容易组织起了500人。法官们穿上了他们黑色的长袍,等候司法长官保护着他们前往法庭。但手里拿着申诉状的卢克·戴就站在法院大楼的台阶上,他表示坚决捍卫宪法赋予人民的权利,反对州议会的违宪行为。他要求法官休庭,直到州议会为农民伸张正义。1 500名被武装起来的农民支持卢克·戴,法官们被迫休庭。

此后不久,在伍斯特和阿瑟尔的法庭上,持枪的农民阻止法庭就剥夺他们财产的问题进行讨论。由于当地的民兵非常同情那些农民,并且寡不敌众,所以没

---

① 原文为 The General Court,一译"饬令集会",美国州议会的旧称。现在各州议会一般都叫议会(general assembly)或立法会(legislative assembly),只有马萨诸塞州和新罕布什尔州仍沿用饬令集会(General Court)的旧称。

92

办法对这些农民采取行动。在康科德,经历过两次战争的五十岁退伍老兵乔布·沙特克率领一队车马来到镇前的绿地上。此时法官也得到消息说:

> 人民的呼声很强烈,如果民众目前的状况不能得到改善,他们的劳动得不到补偿的话,法官就别想进入法庭。

随后召开的一次县代表大会建议法官休庭,法官也只好如此。

在大巴灵顿,一支1 000人的民兵队伍包围了挤满手持武器的大人和小孩的广场。但民兵内部意见很不一致。首席法官建议他们分成两队,支持法庭的坐到路到右边,反对的则坐到路到左边去。结果,200人到了右边,而800人去了左边。法官们只得休庭。随后,人们一起到了首席法官的家里,首席法官同意签署一项保证,答应在州议会召开之前法院将不会开庭。人们返回广场,打开县监狱的大门,释放了所有的负债人。那位首席法官也是一位乡村医生。他表示:"人民采取这种行动发泄不满和苦衷,我还从来没听说过有比这更好的方式。"

马萨诸塞总督和政治领袖们开始变得警觉起来。曾经是波士顿激进派领导人的塞缪尔·亚当斯,现在也一再要求人民依照法律行事。他认为是"英国间谍"煽动了农民。格林威治镇的群众对此的回答是:在波士顿你们很有钱,而我们没有。你们在革命中的行为不也是非法的吗?这些反叛者现在被称为"调整派",其徽章是铁杉树枝。

问题不仅是出在马萨诸塞。在罗得岛,债务人已经控制了立法机关,他们还在当地发行纸币。1786年9月,新罕布什尔的几百名男子包围了爱克塞特法庭,要求归还他们上缴的税金并且发行纸币。直到对他们发出将要采取军事行动的威胁,他们方才撤离。

丹尼尔·谢司在马萨诸塞的西部参加了这段时间的斗争。在革命爆发时期,他以一个贫苦农民的身份加入了大陆军,并参加了莱克星顿战斗、邦克山战役和萨拉托加战斗。他在战斗中负了伤。1780年,由于发不了军饷,他退伍回了家。但很快就发现,他根本还不起债。他还亲眼目睹了别人的悲惨遭遇:一位病中的妇女,由于还不起债,人们便把她生病在卧的唯一的一张床也抬走了。

导致谢司发动起义的导火线是,9月19日,马萨诸塞最高法庭在伍斯特开庭,指控参与叛乱的11位领导者(其中有3人是谢司的朋友)"破坏秩序、聚众闹事、煽动叛乱","试图用武力手段非法地"阻挠"合众国正义与法律的实施"。最高法院还计划一周之后在斯普林菲尔德再次开庭,在那里审理对卢克·戴的指控。

谢司组织起700名武装的农民前往斯普林菲尔德,他们绝大多数都是战争时期的老兵。在那里等待他们的是1名将军率领的900名士兵和1门大炮。谢斯请求将军允许他们举行游行活动,那位将军答应了。谢司率领他的人马敲锣打鼓穿过广场。他们一边走,他们的队伍一边壮大。一些民兵也加入了进来,沿途乡村之中也不断地涌出援军。法庭被迫延迟一天听证,继而又被迫休庭。

马萨诸塞州州长詹姆斯·鲍杜温要求此时正在波士顿举行会议的州议会"维护已经受到损害的政府尊严"。近来发生的反英起义把法律和秩序问题提上日程,这对执政者来说无疑是福音。塞缪尔·亚当斯帮助起草了惩治骚乱条例和一项暂时搁置人身保护权的法案,据此,当局未经审判就可以将人投进监狱。与此同时,立法机关对愤怒的农民也采取了一些相应的让步措施,如允许以实物代替钱币交纳原有的税款。

然而这些还是无济于事。在伍斯特,当160名暴动者冲击法庭时,司法长官向他们宣读了惩治骚乱条例,但暴动者表示,除非法官们离开法庭,他们才会散去。司法长官大叫要对他们处以绞刑云云。有人走到他身后,把一截铁杉枝塞进他的帽子里。法官们离开了。

农民与民兵之间的对抗不断升级。但是冬天的风雪减缓了农民队伍向法庭开进的速度。当谢司率领1 000人快要到达波士顿时,一场暴风雪迫使他们不得不返回,途中还有1人被冻死。

这时,一支由波士顿商人资助的军队在本杰明·林肯将军率领下却正在开赴战场。在一场炮战中,有3名起义者被炸死。有1名士兵因为走到自己的大炮前面而被炸断了双臂。严冬的天气也变得越来越糟糕了。起义者寡不敌众,四散溃逃。谢司躲到了佛蒙特,其追随者纷纷缴械投降,还有一些人在战斗中丧命。接下来,起义者开始对当局采取零星的、无组织的但却是孤注一掷般的暴力行动,如烧毁谷仓、屠杀将军的战马。在一个令人恐怖的夜晚,两辆雪橇相撞,1名政府军士兵死于非命。

被俘的起义者被带到诺桑普顿受审,其中6人被判处死刑。皮茨菲尔德最高司法长官房门上出现了一张纸条:

> 我知道我的许多朋友将会被判处死刑,因为他们是在为正义而战。惟愿阁下不会犯下如此滔天大罪,否则,您将会以同样的方式被判刑处死……早点为死亡作准备吧,你我的生命本来就很短暂。当绿叶再次长满枝头时,我一定会再来拜访阁下。

另有33名反叛起义者受到了审判,其中又有6人被判处死刑。在是否实施绞刑问题上发生了争论。林肯将军主张采取仁慈政策,从轻发落。但塞缪尔·亚当斯说:"在君主政体时代,叛乱罪或许还可以得到赦免,或是从轻发落,但是,敢于违反共和国法律的这些人,理应处死。"随后又执行了几起绞刑,也有一些受到控告的人被赦免。躲在佛蒙特的谢司在1788年获赦后返回马萨诸塞。1825年,谢司在贫困潦倒中默然死去。

谢司举行起义的时候,托马斯·杰斐逊正在法国出任大使。提到这次事件时,他认为这对社会是有益的。在寄给一位朋友的信中,他说:"我认为不时地发生一些小规模的骚乱倒是一件好事……它是使政府保持健康的一剂必要的良方,上帝不会让我们平安无事 20 年,却连一次这样的骚乱也不发生。自由之树需要用爱国者和专制统治者的鲜血不时地加以浇灌,这样才能不断地枝叶更新,它是天然的肥料。"

但是杰斐逊的想法脱离现实情况太远了,国家的政治和经济精英们可没有这么宽容。他们害怕类似的情况继续蔓延。亨利·诺克斯将军原是华盛顿部下的老兵,他处理过一个名叫"辛辛那提秩序"的退伍军人团体。正如一位历史学家所说,参加该组织的人大概不过是"对自己曾经投身其中的那场斗争抱有一种英雄主义的怀恋之情"罢了。不过,它似乎也提醒人们需要小心提防这个新兴国家潜在的激进主义。诺克斯在 1786 年底写给华盛顿的一封信中曾谈及谢司起义。该信实际上代表了许多掌握财富和权力的国家领导者们的一些想法:

> 这些暴乱分子从来没有纳过税,或者只纳过一点点。但他们看准了政府的弱点。只要同富人一比较,他们立刻就感到自己实在太贫穷了,但他们同时也认识到了自己的力量之所在。于是,他们便决定利用后者来校正前者。他们主张,"美国的财富得以免遭英国人的劫掠,是全体美国人共同努力的结果。因此,这些财富也应当由全体美国人共同拥有。任何人对此持反对态度,都将被视为平等与正义的敌人,都应当彻底予以消灭"。

战争期间身为华盛顿助手的亚历山大·汉密尔顿,是新贵族统治时期最坚强有力和机智敏锐的领导人之一,他这样阐述了他的政治哲学观点:

96

> 所有的社会都把自己划分成少数人和多数人,前者是富人和贵族,后者是广大的平民百姓。人民的呼声就是上帝的旨意,这一名言被广为传颂并被我信奉,但这并不符合事实。因为人民的成分混杂多变,他们绝少有判断是非的能力。因此,政府部门中应该专门为富人和贵族设立一些独特的常设职位……难道我们能指望老百姓一年一度的民主代表大会去从容地考虑社会公益事业吗?只有常设性的机构才能检查民主制度中的任何疏漏……

在制宪会议上,汉密尔顿曾建议总统和参议员实行终身制。

制宪会议没有采纳他的意见。不过会议也没有通过普选制,除了众议院的选举是个例外,它是由各州立法机关设定选举资格,几乎每个州都规定了选举代表的财产状况,并把妇女、印第安人和奴隶排除在外。宪法规定参议院由州立法议会议员选举产生,总统从州议会选出的候选人中选举产生,最高法院法官由总统任命。

但是,民主制度所存在的问题并不在于独立战争后宪法对选举权进行了限制,而在于社会贫富分化这一更深的层次上,它已经超出了宪法本身。因为试想一下,如果一些人拥有大量的财富,有很大的影响力,如果他们有地、有钱,控制着新闻、宗教以及教育体系,那么,不管选举权有多广泛,又如何对此权力进行监督呢？还有另外一个问题，就是：即使拥有最广泛的基础，难道代议制政府的本性就不是保守的了吗？难道它的目的就不是为了防止出现混乱？

该是提交州议会就批准宪法进行投票的时候了，只要 13 个州里有 9 个州同意，该新宪法就算是通过了。有关是否批准新宪法的争论在纽约进行得最为激烈，在报纸上出现了一系列的匿名文章，它们就该宪法的实质向大家进行分析评述，这些表示赞成通过宪法的文章出自詹姆斯·麦迪逊、亚历山大·汉密尔顿以及约翰·杰伊等人之手。这一系列的文章后来被人们称做《联邦党人文集》（宪法的反对派被称为反联邦党人）。

在《联邦党人文集》的第 10 篇中，詹姆斯·麦迪逊论述了代议制政体对一个由党派竞争控制着的社会维持和平稳定的必要性。这些竞争源自"各种各样的、财富分配不平等的问题。财富持有者和无产者在社会上形成了鲜明的、利益不同的集团"。他说，问题在于如何控制由于财富分配不均而造成的党派斗争，而要想控制住少数派，应该采取的原则是：由多数派投票作出决定。

所以，麦迪逊的说法，真正的问题在于多数派，而宪法提供了解决这一问题的方法，即，建立"一个广泛的共和国"，也就是说建立一个拥有 13 个州的国家，这样"谁都会觉得，要发挥自己的力量简直是太困难了，所以必须要彼此联合起来……党派领袖可以用自己的影响力在自己的州里点燃火焰，但却无力把熊熊大火烧到别的州里去。"

麦迪逊的观点可以看作是建立一个维护社会和平、避免持续混乱的政府的合理论据。但是，难道政府的目的就像面对两个公平比赛的拳击手的教练那样仅仅是要维持秩序吗？或者换句话说，难道政府在维持某种秩序，在分配权力和财富的时候就没有一些特殊利益吗？因为在这种分配过程中，政府官员本身就是参与的一方，而不是中立的裁判。在这种情况下，他们所忧虑的那种骚乱其实不过是广大民众对少数人攫取社会财富行为的反抗行动。凡是关注宪法制定者的经济利益和社会背景的人都不难看出这一点。

詹姆斯·麦迪逊主张建立一个大合众国来维持和平。为了论证这一观点，他在《联邦党人文集》第 10 篇中明确表达了他要维护的是谁的和平："时下流行的发行纸币、取消债务、均分财富以及其他新奇而有效的种种政策设想，比较容易为联邦的某个州所接受，而不容易为整个联邦所接受。"

当我们对宪法政治条款背后所涉及的经济利益有清醒的认识以后，我们就会明白，该文献不单是明智人士为建立一个公平有序的社会而努力完成的简单作品，而是特定集团为了维持自身特权而精心设计的产物，为了赢得大众的支持，它承诺给予他们足够多的权利和自由。

在新政府中，麦迪逊和杰斐逊、门罗同属于民主-共和党，而汉密尔顿与华盛顿、亚当斯则同属于敌对的联邦党，虽然一方是弗吉尼亚的奴隶主，另一方是纽约的大商人，但对于正在建立的新政府的目标，他们的意见却是一致的。他们设计了美国两党制最基本的框架原则。汉密尔顿在《联邦党人文集》其他篇章中表示，这个新联合体要能够"抑制国内的派系纷争和社会骚乱"。他以谢司起义为例指出，"马萨诸塞出现的这种罕见的混乱局势表明，这种危险是很难预料的"。

《联邦党人文集》的第63篇文章到底是出自麦迪逊还是汉密尔顿之手还不能确定。这篇文章论证说，设立一个"组织完善的参议院"是必要的，这就如同"为防止人民自己由于一时的谬误而举措失当，有时有必要采取保护措施"一样。因为"在某些特殊时刻，人民在处理公共事务的时候，他们或者为某种不正当情感和不法利益所驱使，或者受一些私心太重的人的狡诈伎俩所蒙骗，会极力主张采取一些他们事后追悔莫及和深感自责的措施"。"在这样的关键时刻，如果能有某种稳健而有威望的公民机构及时加以干预，防患于未然，使人民免于自食恶果，直至他们的头脑重新恢复理智、公正和真理。这是一件多么有益的事情！"

宪法在南部奴隶主利益和北部商人资本家利益之间做了折中。为了使13个州统一成一个联合的商业大市场，北方代表希望法律能规定各个州相互间的商贸关系，并极力促成这些法律只需议会多数通过即可。结果，南方各州对此表示同意，而作为回报，南方可以进行20年的奴隶贸易，也就是说直到法律失效的那一天。

查尔斯·比尔德警告我们说，任何政府，包括美国政府，都不是中立的，它们代表的是经济利益占统治地位的阶层，他们的宪法就是为维护这些经济利益服务的。比尔德的一位评论家罗伯特·E.布朗在其所著《查尔斯·比尔德与宪法》中提出了一个有趣的观点，即假如宪法中删掉《独立宣言》提出的"生命、自由和追求幸福的权利"，而代之以"生命、自由或者财产"，可是，为什么宪法不用"保护财产"的提法呢？按照布朗对美国革命的解释，"事实上每个人都很关注保护财产"，因为多数美国人都有自己的财产。

然而，这种解释具有很大的误导性。确实，有财产的人是很多，但是，其中有一些人拥有的财产要比另一些人多得多。只有少数人拥有数量惊人的财产，大多数人只占拥少量的财产，还有一些人一无所有。据杰克逊·梅因研究，在革命时期，有三分之一的人是小农场主，只有3%拥有庞大资产的人才可称为富人。

不过，三分之一的人数也是相当可观的了。他们在关键的时候把希望寄托在新政府的稳定上。他们是美国政府的强大支柱。在18世纪末，对政府如此强大的支持力量在世界上是绝无仅有的。另外，城市的技术工人也从政府那里得到了极大的好处，因为他们在政府的保护下可以免遭国外竞争者的冲击。正如斯托顿·林德所说："全美国的城市工人怎么会有如此巨大的热情去支持合众国宪法呢？"

在纽约，这一切就看得更真实了。在第9个和第10个州分别批准通过宪法时，纽约市4 000多名技工打着标语和旗帜上街游行以示庆祝。烤面包师、铁匠、酿酒师、轮船的细木工匠、造船工、制桶工、运货人、裁缝等都参加了游行。林德发现，这些在殖民地时期反对精英统治的技工们竟然都是民族主义者。技工差不多占了纽约人口的一半。他们有些比较富有，有些比较贫困。但不管是穷是富，他们的境况都比普通的体力劳动者、学徒工甚至熟练工要好。正是因为生意兴隆，他们才需要一个能够保护他们利益的政府，这个政府在革命之后当英国帽子、鞋子及其他商品大量涌入殖民地时能够保护他们免遭冲击。结果，技工们经常在投票箱面前表现出他们对富有的保守党的支持。

宪法还表明了美国制度的复杂性：它既为富人阶层的利益服务，同时也给小业主们以及中等收入的技工、农民足够多的施舍，从而为自己建立起广泛的支持基础。构成支持基础的这些小财主们成了政府对付黑人、印第安人以及赤贫白人的缓冲带。凭此，统治阶层就可以尽可能少用强制办法，更多地运用法律手段来达到控制的目的，即：在高呼爱国主义和团结一致的口号声中，一切都变得顺理成章。

在第一届国会为回应批评而通过一系列的人权修正案之后，广大公众对宪法的认可度变得更高了。这些修正案似乎体现了新政府对公民自由的保护：言论自由、出版自由、信仰自由、请愿自由、集会自由；享有公正审判的权利；享有呆在家里免受官方侵扰的权利。因此，这些修正案可以说是政府精心设计制定的，目的是想得到人民对政府的拥护。那是一个自由作为一个全新概念刚被提出来，尚未经过实际检验的时代，人们在当时还不清楚，如果把一个人的自由委托给一个由财富和权力控制着的政府，自由本身就会缩水。

实际上，宪法的其他部分也存在同样的问题。例如：禁止各州"损害合同契约所规定的责任和义务"的行为，授权国会向公众收税、拨款等等，这些条款听起来都不错，都没有什么偏斜，可一旦要是问一问"向谁收税、为什么收税、为何拨款、向谁拨款"时，人们就会发现问题。保护每一个人所订的契约，乍看起来是体现了一种公正、平等。但一旦知道这是一种穷人和富人之间、雇主和被雇人之间、地主和佃农之间、放债人和欠债人之间的契约关系时，你就不会这样认为了。人们就会知道，这种契约关系总体上是有利于签约双方中势力更强的一方。也就是说，保护这些契约关系等于是把政府拥有的强大的统治权力如法律、法院、法官、警察都交给了享有特权的一方。同近代以前的时期一样，这样做不是被看成用暴力压迫弱者，而是只被当作纯粹的法律事务。

第一宪法修正案即权利法案用充满天真的语言掩盖了隐藏在其背后的利益关系特性。1791年通过的权利法案曾规定"国会将不得制定法律……剥夺言论、出版的自由"，然而就在第一修正案成为宪法组成部分七年之后，国会却通过一项法律，非常明确地剥夺了言论自由。

这就是 1798 年的《惩治叛乱法》,它是在约翰·亚当斯执政时期通过的,因为当时欧洲分别发生了法国大革命和爱尔兰叛乱,所以爱尔兰人和法国人被认为是最危险的革命力量。《惩治叛乱法》规定,凡是发表有关反对政府、国会或总统的"虚假的、诽谤的、恶意的"言论和文章,目的想诋毁他们、损害他们的声誉,或是激起人民对他们的仇恨,都是一种犯罪行为。

这项法案虽然直接有悖于第一修正案,然而它却被付诸实施。有 10 名美国人只因对政府稍有微词,便被投进了监狱。1798 年至 1800 年间,那些享有受理上诉权的最高法院法官们都认为这是符合宪法的。

当然它也有法律依据。不过,这一依据只有法律专家们才熟悉,普通美国人并不太了解。对于普通美国人而言,他们知道第一修正案,确信他们的言论会受到保护。历史学家伦纳德·利维对这一法律依据进行了解释。利维指出,人所共知(这里说的不是普通民众,而是上流社会),尽管第一修正案已经出台,可是原来英国的习惯法"煽动性言论法"依然在美国有效。这就意味着政府虽然不能实行"预先管制"(即提前阻止言论和出版),但它却可以在事后对发表言论或文章的人进行法律的惩罚。也就是说,从那时开始,国会就已经为自己实施的以言定罪的法律找到了合法依据。而且,因为事后惩罚有力地抑制了言论自由,"没有预先管制"的言论自由本身也就遭到了破坏。这都使得第一修正案远不像它最初出现时给人一种坚实的保护墙的感觉。

101　　　宪法中有关经济的条款,实施起来是不是也容易走样呢? 我们可以立即举出一个很有说服力的例子。在华盛顿的第一任期内,国会收税和拨款的权力很快就由财政部长汉密尔顿一手行使了。

汉密尔顿认为,政府必须同社会上最富有的人结成同盟,才能确保其强大。他向国会建议了一系列含有该种政治哲学思想的法律,这些法律后来都得以通过并被加以实行。美国银行建立起来了,它是政府和一定的银行利益之间合作关系的体现。此外还通过了有利于制造商的关税条例,国家同意全额偿还债券(绝大多数的战争债券集中在一小部分富人手中)。通过的税法还决定,为偿还债券,需要增加税金。

在众多的税法中有一个威士忌酒税法案,该税法尤其伤害了那些种植粮食并酿成威士忌出售的农民们。1794 年,宾夕法尼亚州西部的农民组织起来,举行叛乱,反对该税法。财政部长汉密尔顿率领军队镇压了叛乱。我们可以看到,在宪法颁布之后最初几年里,其中的一些条款(甚至像第一修正案这样最为耀眼的条款)不被当回事,但另外一些条款(像税法)则得到了强有力的实施。

直到今天,对开国之父们的种种神化依然存在,就像最近在历史学家伯纳德·贝林那儿所看到的那样。贝林不顾开国时期那些先辈们的实际所作所为,而坚信"开国之父们的最大愿望便是摧毁特权并创造一种新的政治制度,以便保证其领导人能够负责任、施仁政"。

贝林说：

> 人所共知，一个英明、正义的政府的最基本条件就是平衡社会上的各种权力，防止任何权力过于强大，不受制约，破坏人们共同享有的自由。这里的关键是如何设置政府机构，才能确保这种平衡的实现。

问题是，那些开国之父们真是那个时代为实现权力的均衡而奋斗的智者和正人君子吗？实际上，除了愿意保持统治势力内部的权力均衡之外，他们并不愿意在奴隶和奴隶主之间、无产者和富有者之间、印第安人和白人之间建立什么均衡的关系。

有一半的人根本不在开国之父们的考虑之内，不管在《独立宣言》中，还是在宪法中，他们都没有被提及，即使在新型的民主制度下，也看不见他们的身影。这些人就是早期的美国妇女。

第六章

性 别 压 迫

如果只读官方正史,那么极有可能忘掉这个国家另一半的人口。最初的探险征服者们都是男人;地主和商人是男人;政治领袖是男人;军队的士兵也是男人。处处都不见女人的身影,妇女们因此也就被忽略掉了。这些都表明了妇女在美国社会中所处的从属地位。

说到被忽视,她们倒是与黑奴有某些相似之处(而女性奴隶面对的则是双重的压迫)。就像黑人有与众不同的肤色和面部特征一样,妇女的生理特点也成了她们在社会上遭受歧视的根源。就妇女而言,她们确实有远比肤色更为重要得多的生理特征,那就是她们可以生育孩子。但这一点并不能解释妇女群体社会地位总体下降这一事实,何况还有那些没有生孩子的妇女,以及那些年幼和年迈的女性。她们的身体特征似乎又决定了她们是男人的玩物。男人们可以任意驱使、盘剥、玩弄她们,而她们同时扮演着奴仆、性伙伴、伴侣以及集生育子女—教育子女—监护子女于一身的多重角色。

以私有财产和竞争为基础的社会推动了妇女特殊社会角色的形成,因为在这样的社会里,一夫一妻制家庭对工作和社会化而言是最实用的单位。在这样的社会里,在性和受压迫方面妇女有如家庭奴隶,但有所不同的是,因为性关系以及同孩子长期相处的缘故,她们又需要得到特别的呵护,在个别情况下甚至还要平等以待,尤其是需要她们展示力量的时候。要根除具有如此私人性质的压迫现象实属不易。

在美国以及其他地区实行财产公有制的原始社会中,家庭一般复杂而庞大,叔叔、婶婶、祖父、祖母都在一起生活。在对待妇女的问题上,比起现在这个虽产生了"文明"和私有财产,却对妇女进行压迫的白人社会来,那时的社会要平等的多。

例如,在西南部一个名叫祖尼人的部落中,一个大的氏族家庭是以女性为基础的。丈夫们与妻子的家人生活在一起。而且可以肯定,妇女拥有自己的房屋。土地归氏族家庭所有,妇女有权决定在土地上种植什么。因为妇女生活在自己的家族之中,所以她会更安全。只要愿意,妇女就可以同她的丈夫离婚,而财产归妇女所有。

中西部平原印第安人部落的妇女没有从事耕作的义务,但在本部落中却拥有非常重要的地位,如医师、药师,甚至是发布忠告的巫师。部落男性头人缺位的时候,妇女一样也可以成为酋长。在苏族印第安人中,人们相信,妇女在遇到进攻时是有能力保护自己的,所以妇女们都会使小弓箭并随身带着刀。

苏族印第安人的少女成人仪式非常隆重,以至于每一位少女都为自己感到自豪:

> 我的女儿缓步走在平坦的道路上,身后的牛群,就像飘过草原上空的乌云一般,黑压压的一片紧随而来……我的女儿,你要恭谨谦逊、和蔼矜持。如果作为一个妇女的自豪感不在了,妇女的美德丢掉了,春天也许还会再来,但是牛儿们就只会自顾啃食青草去了。要坚强些,像你脚下的大地一样,要有一颗坚强、热情的心。如果他们的妇女是坚强的,并且受到了尊重,那么,没有一个家族会走下坡路……

如果说这正体现出妇女受到了平等的对待,那也未免有些过分,但这至少说明,妇女在那样的社会里是受人尊重的。在原始公社中,妇女被赋予更重要的地位。

在当时的条件下,来到美国的白人定居者为妇女预设了各种各样的境遇。在全部是由男子组成的第一批探险移民到达的地方,随后运送而来的妇女被当作性奴役的对象、生儿育女的工具以及生活伴侣。在第一批黑奴被带到弗吉尼亚的 1619 年,有 90 名妇女也乘坐一艘轮船到达了詹姆斯敦。"这些招人喜欢的人,年轻而单纯……她们自愿被卖给殖民者做妻子,而价格就是她们来到这里所需的路费。"

早期的许多妇女是以契约奴的形式来到美洲大陆的,她们中有许多还是十几岁的小女孩。她们的生活与奴隶们相差无几,只有当这种契约关系解除之后,她们的生活才有可能好转。她们必须听男主人和女主人的话,她们常常受到主人的性虐待。《美国的劳动妇女》一书的作者巴克森德尔、戈登和雷弗比是这样描述她们的境况的:

> 她们待遇很低,而且常常受到残酷粗鲁的虐待,吃不上好的食物,还不允许私存财物。当然,这种恶劣的生存条件会遭到女佣的反抗。由于分属不同的家庭,彼此缺乏联系,她们最初的反抗方式便是消极怠工,即尽可能少工作,并给她们的主人制造麻烦。不过,主人们却不这样认为,在他们眼里,女佣的这种令人讨厌的行为主要来自心情抑郁、懒散怠惰、心怀怨怼和蠢笨无能。

例如,康涅狄格州最高法庭曾于 1645 年判罚某位"冒犯自己女主人的苏珊·C.到感化院服苦役,并且只给她吃粗糙的食物。判决还要求她在下一个训诫日对自己的行为作出公开检讨和纠正,此后直到新的判决下达,每周都要坚持"。

主人强奸女佣的事更是司空见惯。弗吉尼亚及其他殖民地都有主人为此被告上法庭的记录。我们认为这些记录只不过是此类恶行的冰山一角,一定还有许多鲜为人知的罪恶勾当。

1756年,伊丽莎白·斯普里格斯给她的父亲写信,讲述了她所受到的奴役:

> 我们这些不幸的英国人在此遭受的磨难,远不是您在英国所能想象的。作为其中不幸的一员,我没日没夜地在马厩里苦干,甚至连一只母狗的快乐都没有。筋疲力尽的时候,还要饱受皮鞭的折磨。哪怕是只动物,也比我的待遇要好。除了印第安人的玉米和食盐之外再没有任何可吃的东西。我甚至会对很多黑人心生妒意,因为他们的处境有时还要好一些。我没有鞋袜穿,大多数时候都光着脚板……休息的时候,我们就用毯子将自己一裹,躺在地板上……

在将黑奴运往美国的过程中,不管你能想象到多么可怕的场景,对于女黑奴来说,其处境之悲惨都有过之而无不及。每一次运送的黑奴当中,女人都要占三分之一。贩奴商报告说:

> 我亲眼目睹过同尸体拴在一起的孕妇生孩子的情景,醉醺醺的押运员连帮着搬动一下尸体都不肯……在填鸭式地装满奴隶的货舱中,在大家汗气腾腾的包围下,妇女们艰难地产下她们的孩子……刚被带上船、锁在甲板上时,她还是一个年轻女子,没过多久,她就变得神情呆滞了。

106 　　一位名叫琳达·布伦特的妇女逃脱了奴隶制的枷锁,她向人们讲述了妇女们面临的另一种困境:

> 现在,我已经15岁了——对于一个当奴隶的小女孩来说,这是生活中最艰难的一段时期。我的主人开始对我口出污言秽语,虽然我还小,但我不可能对此一无所知。……主人时刻出现在我的面前,提醒我是属于他的。他指天对地地发誓说他一定会让我屈服于他。如果我哪天工作不太疲劳,跑到外面去呼吸一下新鲜的空气,他立刻就会尾随而至。即使我去母亲的坟前去看看,他也会跟着。本来我是无忧无虑的,可是现在总有一种不祥的预感,使我变得忧心忡忡……

即使是那些自由的白人妇女,那些既不是契约奴,也不是奴隶,而只是以早期移民者妻子的身份来到这里的妇女们,也面临着她们的特殊困境。有18名已婚妇女乘"五月花"号前往美国,在到达大陆之前的航行途中,有3人怀了身孕,其中一人产下一名死婴。生孩子、晕船使得妇女们疲惫不堪。等到春天来临之时,这18人中只有4人活了下来。

那些幸存下来的妇女们,在同自己的男人一起在荒凉的土地上开辟新生活的过程中,需要承受极其恶劣的环境压力,她们因而会受到特别的尊重。一旦男人死去,她们常常要挑起男人撂下的担子。在最初的一个多世纪里,美国边疆妇女同他们的男人处于差不多平等的地位。

但是,所有的妇女都背负着那些深受基督教教义影响的殖民者从英国带来的沉重的思想负担。1632 年的"妇女权利法律文件"汇集了相关的英国法律。其中写道:

> 在我们所说的结婚这一结合过程中,男女双方被拴在了一起。从某种程度上说,男人和他的妻子确实变成了一个人。当一条小溪或者小河流入罗纳河、亨伯河或泰晤士河的时候,这条溪流也就失去了自己的名字……妇女一结婚,在法律上就得到了"在丈夫保护下"的身份,就是说,她从此便带上了"面纱",开始被"遮蔽"和"保护"起来了,或者说她开始失去自己的小溪。更确切地说,对于一名已婚妇女,她的那个新的自我,就是她的上司,她的伙伴,她的主人……

朱丽叶·斯普鲁伊尔描述了殖民时期妇女的法律地位:"丈夫对妻子的人身控制使他有权对其实施惩罚……但他又无权对她进行长期的虐待或置之于死地……"

至于财产,"除了绝对属于他妻子个人的财产,以及死后不得由人继承的终生财产之外,丈夫拿走了本来属于妻子的一切收入。妻子劳动得来的工资报酬他全部拿走……这样做的结果是,夫妻共同劳动的收益都归了丈夫"。

如果一个妇女没有结婚就有了小孩,那就构成一种犯罪行为。在殖民地法庭的记录中,到处可见就"私生子"问题传讯这类妇女留下的口供。而孩子的父亲则可以逍遥法外,不会受到任何影响。1747 年,殖民地一家刊物仿造了一篇波利·贝克小姐的法庭陈词。贝克小姐是一位由于私生子问题正在新英格兰州波士顿附近的康涅狄格接受法庭审判。这个法庭陈词是本杰明·富兰克林的讽刺作品:

> 尊敬的法官先生,请允许我简单地说几句:我是一个贫穷而不幸的女人,我没有钱请律师为自己辩护……先生们,这已是我第五次以同样的理由被你们传唤了。有两次我被罚以重金,另两次则因没有钱交罚金而受到在大庭广众之下公开侮辱的惩罚。这样做或许是合法的,对此我无话可说。不过,有时候法律本身就是不合理的,所以它们就会被废止。而在一些具体案件中,有些法律又显得对当事人用刑过苛……坦率地说,我认为施加于我的这项法律既存在本身很不合理的一面,对我来说,它又太过严苛了……从法律层面上说,我想象不出……自己到底触犯了法律中的哪一条。我以自己的生命为代价,为这个世界增添了 5 个鲜活的生命,我用自己的劳动精心地抚养他们,而没有给镇上增加任何负担。如果不是要交纳繁重的苛捐杂税和巨额罚金,我是可以做得更好的……任何人都没有一点点理由来指责

我,大概那些司法长官要除外,他们因为我没有结婚就生了孩子而损失了一笔结婚费。但这难道是我的过错吗?

可怜的少妇们必须遵从风俗和常理,既要对男人有吸引力,又不能对丈夫颐指气使。生儿育女是大自然和上帝赋予她们的天职。然而,如果她们没有嫁人就履行这一职责的话,无论出于什么理由,法律都不会向她们提供任何救助,但一定会对她们施以严惩。对我而言,生儿育女只是尽自己的本分,任何人都无权阻止。但我却因此而失去了人们的尊重,并经常遭受公众的侮辱和惩罚。我认为,它们在我心中所留下的烙印远比皮鞭要深得多。

108　在美国和英国都很流行的一本期刊《观众》上,对父亲在家庭中的地位是这样阐述的:"在男人的脑子里,没有什么比权力和统治欲更令其感到满足的了……我就是这样的一个家长……我要不停地发布指示、分配职责、处理纠纷、主持正义、实施奖励和惩罚……阁下,总而言之,在我眼中,家庭就好像一个宗主国,在这里,我既是国王,又是牧师。"

妇女要屈从于自己丈夫的观念在清教统治的新英格兰得以延续下来,显然不足为奇。有这样一个案例,一位木匠的妻子因为对其丈夫的工作不满而受到审判。波士顿一位颇有影响的牧师约翰·科顿说:"……丈夫服从妻子而不是妻子服从丈夫,这是一条错误的原则。上帝给妇女制定好了另一种法律:妻子在所有事情上都应当服从自己的丈夫。"

伦敦出版的一本畅销"袖珍书"在 18 世纪的美国殖民地曾风靡一时,书名就叫《给女儿的忠告》:

你必须清楚地把下列事实看作是一个普遍的基础,即在两性关系上存在着不平等,而这是为了让这个世界生活得更好些。男人应该是立法者,他们拥有上帝赐给他们的更多的智慧。你们女人要做好顺从男人的准备,这是你们恪尽职守所必需的,是上天安排给你们的最合适的角色……你们需要我们的智慧指导你们行动,需要我们的力量做你们的坚强后盾,而我们男人则需要你们女人的似水柔情来让自己身心愉悦……

为了反对这种充满强权味道的说教,妇女们也在积极地进行反抗和斗争,但这种斗争面临着许多不利条件:她们每天都在主子的监视下生活;彼此又因为家务缠身而被隔离开来,因此没有机会彼此交流,加深理解,以便团结一致反对压迫者。

安妮·哈钦森是一个虔诚信教的妇女,13 个孩子的母亲,她还会使用草药给人治病。早在马萨诸塞殖民地时期,她就公然与教会神父们对抗。她坚持认为,她以及其他许多普通人,都可以对《圣经》作出她们自己的解释。她是一位出色的演讲者,她所举办的集会招徕了越来越多的妇女,甚至还有一些男人也被吸引了过来。到她波士顿的家里聚会的人数很快便达到了 60 多人,一起听她抨击当地政府。约翰·温斯罗普州长称她是一个"仪态高傲、举止强悍的女人,虽然在认识和判断能力方面远不及其他的许多女人,但她反应敏捷,意气风发,口若悬河,勇武不让须眉"。

安妮·哈钦森曾两次受到审判:教会把她看作异端,政府则指控她蔑视权威。在对她进行世俗审判期间,她正怀有身孕,而且还患有疾病,但是法官却不允许她坐着受审,直到支持不住眼看就要跌倒了,才勉强同意让她坐下来。在对她进行宗教审判时,她遭到连续数星期的审问,其间她又一次病倒,但她却以其对《圣经》的精辟理解和异常雄辩的口才,同审问她的人针锋相对,毫无惧色。最后她被要求写出忏悔书,但是审问她的人仍不满意,他们说:"从她的表情上看不到丝毫的忏悔之意。"

她遭到了放逐。当她于1638年动身前往罗得岛的时候,全家35人与她同行。在到达长岛的时候,因受骗而失去土地的印第安人把她当成是殖民掠夺者的同伙,于是,她及其家人全部被杀死。20年后,一位当年曾经为她说过公道话,名叫玛丽·戴尔的妇女,返回马萨诸塞湾后,竟被殖民政府处以绞刑。同时受刑的还有另外两位贵格派的信徒,他们的罪名是"谋反、煽动叛乱、行为放纵"。

尽管在南部和西部边疆地区的特殊条件下,妇女偶尔也有可能参与公众事务,但从总体上来说,妇女公开参与公众事务的机会和情形几乎没有。朱丽娅·斯普鲁伊尔在佐治亚的早期案卷中找到了玛丽·穆斯格罗夫·马修斯的相关记载。马修斯的母亲是印第安人,父亲是英国人。因为她能讲克里克印第安语,因此便成了佐治亚州长詹姆斯·奥格尔索普的印第安事务顾问。斯普鲁伊尔的研究表明,随着移民社会变得越来越稳定,妇女同公共生活的距离便越来越远了,其行为也变得越来越胆怯。有人曾如此申辩:"并非我们的性别强化了维护现实秩序政策的合理性。"

不过,根据斯普鲁伊尔的研究,在独立革命时期,由于战争的需要,妇女开始出现在公众事务中。她们成立了爱国组织,举行反英活动,发表支持独立的文章。因为无法接受高得吓人的茶叶价格,她们积极参加反对英国茶叶税的运动。她们成立了自由之女组织,积极抵制英国货,鼓励妇女自己做衣服,只买美国制造的东西。1777年,与"波士顿茶团"遥相呼应的妇女组织"咖啡党"成立了,阿比盖尔·亚当斯在给她丈夫约翰的信中写道:

> 有一个很出名的富商,生性十分吝啬(还是一个单身汉)。他的店铺里有一大桶咖啡,该委员会想以低于6先令一磅的价钱买下来,被他拒绝了。于是一群妇女,有人说有100人,也有人说100多人,聚集在一起,赶着一辆二轮马车,拿着许多箱子,直奔富商的货仓。她们要他交出钥匙,他不给,于是一位妇女揪着他的脖子把他扔进了马车里。他看没有办法,只得交出钥匙,妇女们掀翻马车把他放了出来。她们打开仓库,把咖啡装入箱子,然后

扬长而去……周围聚集了一大群好奇的男人,他们看着这一幕,一个个目瞪口呆。

近来,一些妇女史学家纷纷指出:与那些领导人的时髦的太太们如多丽·麦迪逊、玛莎·华盛顿、阿比盖尔·亚当斯不同,工人阶级妇女在美国革命时期所作的贡献长期被忽略了。玛格丽特·科尔宾(绰号叫"脏猫")、德博拉·桑普森·加尼特和莫利·皮彻都是一些没有受过多少教育,出身低下的妇女,她们作为历史学家笔下的"太太"形象被严重歪曲了。在战争的后期,贫苦的妇女组织起来,到军队的驻地帮忙并一起参加战斗,后来她们竟被污蔑成妓女,而玛莎·华盛顿只不过曾去福吉谷看望过她的丈夫,却被一些历史书大书特书,赋予殊荣。

关于妇女在战争期间所起的推动作用都有所记录,但它们几乎都千篇一律地在为享有特权的妇女唱赞歌。因为她们有某种特殊身份和地位,可以较为随意地发表言论,有更多的机会标榜自己,或是让别人来为自己树碑立传。早在《独立宣言》发表前的 1776 年 3 月,阿比盖尔·亚当斯就曾给丈夫写信说:

> ……我以为,在你们认为有必要制定的新法律条文中,一定不要忽视女士的存在,你们应当比自己的祖先表现出对女性更多的宽容。你们一定不要赋予丈夫无限的权力。千万记住,一旦有了权力,所有的男人就都成了暴君。如果你们不给女士们以特殊的关怀和照顾,势必会激起众怒,导致发生叛乱。何况,我们也不能保证我们自己会遵守那些并没有表达我们声音的法律。

不过,尽管杰斐逊用美国的妇女"无比聪慧,她们不会对政治皱一下眉头"的论据,来强调他的"人人生而平等"的论断。但独立革命后,除了新泽西州之外,没有一个州的新宪法给予妇女参加投票的权利,即使是新泽西州,也于 1807 年废除了这项权利。纽约的宪法还特别使用"男性"一词来剥夺妇女的权利。

1750 年前后,白人中男性的识字率大约占 90%,而女性只有 40%。工人阶级妇女没有彼此交流的途径,也没有办法记录下她们处在这种从属地位时所怀有的反抗情绪。她们不仅要在极其艰苦的条件下担负起养育很多孩子的重任,而且还是在家庭中工作。到《独立宣言》发表的时候,费城有 4 000 名妇女和儿童,依据当时的"生产"制度,在家里为工厂纺纱,有的妇女还经营着小商店、小酒铺以及其他许多贸易行当。她们从事烘制面包、打造锡器、酿造啤酒、糅制皮革、制绳、伐木、印刷、殡殓、木工、胸衣制作等很多工种的工作。

独立革命期间以及革命之后,要求妇女有平等权的思想日渐形成并传播开来。托马斯·潘恩为争取妇女的平等权利而奔走呼号。玛丽·沃斯通克拉夫特是英国妇女运动的先驱,她的《维护妇女权利》一书在独立战争之后不久就在美国重印出版。沃斯通克拉夫特对英国保守派、法国革命的反对者埃德蒙·伯克作出了回应。伯克在其《法国革命反思录》中说,"妇女只是一种动物,而且是低等动物"。沃斯通克拉夫特写道：

> 我希望说服妇女们去争取获得力量——包括精神上的和肉体上的力量。我希望她们能够明白，所谓软语呢喃、心理敏感、感情细腻、情趣优雅，其实都是软弱的同义语，那样的话，她们就只能是男人爱怜的对象……当然，很快她们就会成为男人蔑视的对象……

> 我希望人们能够明白，要达到我们的宏伟目标，第一步就是无论男女，首先要获得做人的权利。

在美国大革命到美国内战这一段时期，美国社会的诸多因素都发生了变化，如人口的增长，西部的开发，工厂制度的建立，男性白人政治权利的扩大，为满足新的经济需要而出现的教育事业的发展，这些都不可避免会引起妇女社会地位的变化。在前工业化的美国，边疆社会出于对妇女的实际需要，必然会采取一些平等的措施，把妇女安排到一些重要的岗位上工作，如出版发行报纸、管理制革厂、经营小旅馆、从事熟练工的工作。像助产士一类的职业几乎为她们所垄断。南希·考特曾提到缅因州一位名叫玛莎·穆尔·巴拉德的老奶奶，1795 年的时候，她在一家农场"从事烘焙、酿造、腌制、窖藏、纺织、缝纫以及融制肥皂和浸制蜡烛等工作"。在其 25 年的助产士生涯中，她先后接生 1 000 多名婴儿。随着家庭教育业的出现，妇女又有了一个特殊的角色。

这是一件非常矛盾的事情。一方面，妇女们正走出家门，投入到工业化的生活中来；另一方面，对妇女们来说，也有一种强大的压力企图让她们继续呆在家里，这样便于对她们进行控制。家庭妇女走进外部世界给男权社会带来了恐惧和紧张气氛，继之而起的便是试图通过意识形态控制来代替逐渐失灵的家庭控制。这样，最初由男士提出的"妇女地位"思想，也被许多妇女所接受。

随着经济的发展，男人占据了技工和贸易行业，积极进取也越来越用于形容男性的优点。也许正是由于越来越多的妇女进入充满危险的外部世界，她们便一再被告诫要学会顺从。包括外衣、胸衣、衬裙在内的各种服装款式也在刻意提醒女性要远离社会活动，当然这主要是针对富有阶层和中产阶层的妇女的，不过，穷人身上也常常会出现各类款式的仿制品。

但重要的是，要将其发展成一套完整的思想体系，在教会、学校和家庭中用它来对妇女进行教育，在越来越变化不定的情况下，使她们依然能够安守本分。芭芭拉·韦尔特在其所著《印花布信条》中描述了 1820 年以后的岁月里"真正女性崇拜"的狂热程度。女性必须虔诚。一位男子在其《淑女手册》中写道："宗教对女性来说确实是必不可少的东西，因为宗教可以给她尊严，让她产生依赖心理。"约翰·桑福德女士在其《妇女的社会与家庭角色》一书中也表示："妇女们所需要的正是宗教。没有宗教，她们就会坐立不安，心情郁闷。"

忠贞是妇女的特殊美德。一般认为，就其生理特征来看，男人可以纵欲，女人却不能不贞。一位男性作家说:"如果你这样做了,那么你将会陷入无边的痛苦之中,为你的轻率、愚蠢、表里不一和放纵情欲而后悔终生。"一位妇女写道:女性如果放纵激情而不知检点,那她就是自找麻烦。

女性的这一角色早在青春期来临之际就开始了。顺从是少女送给自己的白马王子的一份厚礼。芭芭拉·韦尔特这样写道:

> 可以想象这样一种情况:有一个美国女子长得楚楚动人,一个健康的男子如果与她同处一屋,他就有可能控制不住自己。而同样是这个女孩,由于刚刚离开父母的庇护,初涉于大千世界,她抑制不住春心荡漾,满怀柔情蜜意,极易把一腔爱慕之情献给自己所见到的第一个男人。当她从怀春少女的仲夏夜之梦中醒来的时候,家庭和社会有责任帮助她找到一位合适的伴侣而非愚笨粗鄙的性搭档。为此,他们会采取一些限制性措施,如对学校、舞会、交通等实行性别隔离和/或等级隔离。她也需要以顺从来克制自己。这两种情形结合起来就形成了社会强加给她们的贞操带,在确定谁是她的丈夫之前,在她的少女时代正式结束之前,都不允许打开这个沉重的枷锁。

1851年,当阿米莉亚·布卢默在她主办的女性主义报纸上向其同胞宣传穿着一种短小的裙衫,以摆脱传统服装的累赘之感时,她的提议受到了当时流行的妇女文学作品的攻击。其中一个故事说,有一个女孩很喜欢"布卢默"样式的女装,可是她的老师告诉她说:"这些服装是社会主义和农民激进分子的野蛮狂乱精神的体现,在我们这里时下很流行这些东西。"

1830年出版的一本《女士手册》写道:"……身为女人,从生到死,不管在什么情况下,她都必须做到顺从、虔敬、温柔、谦恭。"一位女士在1850年出版的一本叫《绿叶》的书中说:"女人天生就有羞怯、犹疑、依恋的特点,她们永远长不大。"还有一本叫《南方夫人回忆录》的书这样写道:"倘若他的某种生活习性让我感到讨厌,我会不厌其烦、心平气和地提醒他,然后便默默地忍受。"另一本为妇女提供"婚姻家庭幸福守则"的书是这样结尾的:"不要期望太高。"

妇女的工作就是保护家庭和睦、信守宗教、照顾起居、做饭、清扫房间、做针线活、护理花草。妇女不应该读太多的书,而且有些书不能读。19世纪30年代的改革者哈丽雅特·马蒂诺出版《美国社会》一书时,一名评论家发出了远离妇女的倡议:"这类读物会搞乱她们的真实身份和旨趣,这样下去,她们势必会把整个世界弄得一团糟。"

1808年,纽约流行着一种说教:

> 作为丈夫的妻子……顾问和朋友,许多责任都由女性承担起来,那该是多么重要而有趣呀!她们每日的钻研会使丈夫们减轻忧虑,可以抚慰他们的忧伤,增加他们的欢乐。她就像一位守护天使,捍卫丈夫的利益,提醒他远离危险,分担他的痛苦。她的虔诚孝敬、勤勉持家、举止端庄,倘若能够持

之以恒,她的丈夫就会变得更加高尚、更加能干、更加诚实、更加幸福。

自从妇女承担起教育子女的任务以来,社会尤其强调妇女应该具有爱国的品质。一本女性杂志在妇女中间举办了一次有奖征文活动,征文的题目是:一个美国妇女如何才能最大限度地体现出她的爱国主义之情。

南希·考特所著《妇女枷锁与妇女联合》一书告诉我们,在 19 世纪 20 至 30 年代,有关家庭、儿童及妇女角色的小说、诗歌、散文、教义、指南一类的东西大量涌现。由于外部世界变得越来越艰险,商业气息越来越浓,要求越来越高,所以,家庭便在某种意义上承载了人们对过去的乌托邦和现实的避难所的渴望。

或许,只有把家庭视为天堂,人们才更容易接受把新经济视为自己生命之一部分的现实。1819 年,一位虔诚的妻子写道:"……现在空气中充满了毒素,你必须随时带着解毒剂,否则的话,一旦被传染,就会致命。"正如考特所说,虽然这并不足以挑战这个由商业、工业、竞争和资本主义组成的世界,但毕竟可以把它变得稍微让人感觉舒服一点。

所谓家庭生活属于妇女的神话实际上是一种安抚性的策略,其主要思想就是"男女有别但地位平等",即给予妇女与男人同等重要的工作,但是这工作又是有所区别、有所不同的。在这种"平等"背后深藏的一个事实是:妇女无权选择其配偶,一旦结婚,她的一生就注定了。1791 年,一个女孩这样写道:"骰子就要掷下了,未来是福是祸,我的一生将由此注定……每当想到这一时刻的到来,我都会满怀敬畏之心,因为它预示着从这一刻起,现实之我将不复存在。"

婚姻是一条锁链,而孩子则进一步加重了对妇女的束缚。一位妇女在 1813 年写道:"一想到不久我将生下第三个孩子,以及由此给我带来的负担,我都会黯然神伤,就好像有一种即将下地狱的感觉。"妇女负有重要使命的看法对于缓解这种沮丧感无疑是有益的。妇女所承担的重要使命就是要通过自身的良好修养,用言传身教而非公共教育的方式,把自我克制和进取精神这类道德价值传授给自己的孩子。

新的观念开始在维持社会稳定方面发挥效力,而这正是经济增长所需要的。不过,新观念也带来了另一种不可遏制的趋向:给予妇女特定的活动领域,也为她们利用给定的空间和时间去创造另一种生活提供了可能性。

"真正女性崇拜"并不能完全掩盖妇女所处的明显的从属地位。她们没有选举权,不能拥有财产,当与男人做同样工作的时候,她得到的报酬只是男性的四分之一到二分之一,妇女不允许从事医学和法律职业,不许上大学,不许在政府部门任职。

南希·考特指出,把所有妇女都归为一类(让她们在同样的家庭圈子里成长)从而创造出一种按性别分类的方法,模糊了阶级界线。但是,总有某种力量在时刻提出有关阶级的问题。1789 年,塞缪尔·司勒特在新英格兰引进了工业纺纱机,工厂需要招收年轻女孩(按字面理解即"纺纱工")来操作纺纱机。1814年,马萨诸塞的沃尔瑟姆引进了动力织布机。现在,在一间房子里就可以进行把棉花纤维织成布匹的全部工艺操作。新的纺织厂如雨后春笋般冒了出来,而在厂里工作的80%到90%是女工,她们的年龄大多是在15岁到30岁之间。

最早发生的工业罢工事件中,有许多就出在19世纪30年代的这些纺织工厂中。埃莉诺·弗莱克斯纳在其所著《一个世纪的抗争》中提供的数字道出了个中原因:妇女的日平均工资在1836年还不足37.5美分。有多达数千人日平均工资只有25美分,可一天工作时间却长达12至16个小时。1824年,罗得岛的波塔基特爆发了第一次著名的工厂女工大罢工。202名女工与男工们联合起来,反对削减工资、延长劳动时间。不过,她们同男工分别举行集会。4年后,在新罕布什尔的多佛市,女工们独立组织了罢工运动。1834年,在马萨诸塞州的洛厄尔,当一名年轻女工遭到解雇的时候,其他的女工都停下了她们手中的工作,其中一名女工爬到镇供水塔上发表了演讲。这个被当地报纸称为"热情似火的玛丽·沃斯通克拉夫特演讲"提出"要争取妇女权利,揭露'金钱贵族统治'的黑暗,该演讲在听众中间产生了强烈的震撼,工人们决定不顾一切来追求自己的权利,哪怕为之献身。"

马萨诸塞奇科皮的一位对罢工持反对态度的居民所保存的一份日志中记录了1843年5月2日的罢工事件。

> 女孩子们参加了大罢工……早饭后,一支由16人组成的游行队伍跟着一面用涂画过的窗帘做成的旗帜绕着广场举行示威活动。她们很快又转了回来……这次人数达到了44人。她们闹了一会儿就散了。午饭后,又突然冲出一支42人的游行队伍,她们列队前往卡博特……她们只是满大街转,信心也不足……

19世纪40年代,许多城市都发生了罢工运动。同那些早期的新英格兰"罢工"相比,这些罢工运动越来越富有战斗性,不过却鲜有成功。位于匹兹堡附件的阿利盖尼工厂发生了一连串要求缩短工时的罢工。在罢工浪潮中,有几次,妇女都是手持石头木棍,砸开了纺织厂的木制大门,捣毁了织布机。

凯瑟林·比彻是那个时代的一位妇女改革家,她描述了当时工厂里的工作制度:

> 现在让我来告诉你们一些事实,这些事实都是我亲眼目睹或现场调查所得。我在寒冬之际来到这里干活,每天早上5点钟,我们便被催工的铃声叫醒了。很多人都提醒我,起床和早餐的时间都非常短,必须要抓紧。接着就到车间里开始在灯光下做工,基本上是采用站立姿势,这样一直要坚持到12点,中间不许休息。然后是仅有半个小时的午饭时间,打饭时往返所用的时间也都算在这半个小时之内。随后便回到车间,一直要工作到晚上7点……让我记忆犹新的是,整个工作时间都是在车间里度过的,而在容纳有

40 至 80 个工人不等的一个车间里,本来符合健康标准的空气被一盏盏油灯熏得污浊不堪……空中飘满了数千台梳棉机、纺锭和织布机中喷出来的棉絮碎片。

上层妇女的生活又怎样呢? 一位名叫弗朗西斯·特罗克罗普的英国妇女在其《美国的家庭习惯》一书中写道:

> 请允许我给您讲述费城一位上流社会的贵夫人一天的生活情况吧……
>
> 这位贵夫人是一位参议员的太太,而这名参议员则是一位名声和业务俱佳的律师……起床之后,她首先要花一个小时精心地把自己打扮得干干净净,然后仪态优雅、稍嫌拘谨地款款下楼,来到客厅。她的黑人仆佣给她端来了早餐。她静静地吃着炸火腿和咸鱼,喝着咖啡。这时,她的丈夫在看报纸,胳膊下面还垫着一张。随后,她或许会洗杯碟。她的马车预定 11 点到达。此前她会待在糕点房里。她系着雪白的围裙,以免弄脏了灰褐色的丝裙。离马车到来还有 20 分钟的时候,她会回到内室,抖抖雪白如初的围裙并把它叠好,捋顺她的长裙……带上她精致的帽子……然后走下楼来,此时,黑人车夫正好向她的黑人仆人报告说马车已经准备好了。她上了车,说一声:到多卡斯总会。

在洛厄尔,妇女劳工改革会出版了一系列"工厂小册子"。在第一本标题为《一个操作工的工厂生活》的小册子中谈到:"纺织工厂的女工不论从何种意义上来说,都不比奴隶强到哪里去,其处境甚至还不如奴隶。在如此残酷的劳工制度下,她们变成了奴隶,她要从早上 5 点一直干到晚上 7 点,中间只有一个小时的时间去解决一些生理上的需求——她们实际上就是奴隶,主人的意志和要求必须服从……"

1845 年,纽约《太阳报》曾刊登如下报道:

> "妇女集会公告":我们诚恳邀请本市所有辛苦工作的女工们于今天下午 4 点前往公园参加集会。
>
> 我们也真诚地呼吁本市热情勇敢的男同胞们……不要光临此次集会,因为我们打算独自商讨有关自己切身利益的问题。

差不多与此同时,《纽约先驱论坛报》也刊登了一篇报道:"700 名妇女引人注目地召开大会",主张彻底"改变她们受压迫、受虐待的劳动状况"。该报对此发表评论说:"……我们非常怀疑她们所希望的一切是否能够实现……所有各方面的努力到头来会是一场空。"

南希·考特《妇女枷锁与妇女联合》①一书的书名本身就反映了她对 19 世

---

① 该书原名为"The Bonds of Womanhood",其中"Bonds"一词一语双关,既指妇女身上的枷锁及其所处的困境,但同时也指妇女的联合与团结。

纪初妇女地位变化的双重观点。在家里,她们受困于"女人的工作岗位"这种新的意识形态陷阱,而当她们被迫走出家门到工厂去工作,即便是从事中产阶级的体面职业,她们发现实际上自己又陷入了另一种被奴役的困境。不过,从另一方面看,工厂工作条件也有利于她们形成对自身处境的共同意识,锻造她们团结合作的纽带。

由于中等阶层的妇女被拒斥在高等教育之外,她们逐渐垄断了小学教育这一职业。作为教师,她们能更多地读书,彼此更多地进行交流,教育本身成了破坏传统思维方式的工具。她们开始向报纸和杂志写文章投稿,开始出版妇女问题的专著。在 1780 年至 1840 年间,能够读书识字的妇女人数翻了一番。妇女也成了卫生改革者,她们举行活动,反对在对待性行为上和妇女卖淫问题上所采取的双重标准。她们参加宗教组织,甚至一部分最为坚决和强硬者加入到了废奴运动的行列中。所以,到了旗帜鲜明的妇女运动开始出现的 19 世纪 40 年代,妇女已经成了运动中有经验的组织者、鼓动者和演说家。

1819 年,埃玛·威拉德在纽约立法机关就有关妇女教育问题发表演说。她的观点同托马斯·杰斐逊一年前在一封信中所表达的观点针锋相对。在该信中,杰斐逊表示,妇女不应当阅读小说,因为那都是一堆"垃圾",鲜有例外。"基于同样的理由,她们也不应当沉溺于诗歌。"他说,女性教育应当集中在"装饰和娱乐消遣等方面……如舞蹈、绘画和音乐"。

埃玛·威拉德指出,妇女教育"一直把目标放在如何使她们能更有效地展示其年轻漂亮的魅力"。这种做法所导致的后果是,"男人的喜好,不论它是什么样的,都已成为塑造妇女的标准"。理智和宗教告诉我,"我们也是一个基本的存在……我们并不是男人的附属物"。

1821 年,威拉德建立了特洛伊女子学院,这是第一个得到承认的从事女子教育的学院。在后来的回忆录中,她写到了当她给她的学生讲授有关人体知识的时候,人们所受到的震动:

> 来学校听课的 30 出头的年轻母亲们看到一名学生为解释血液循环在黑板上画的一颗心脏及动脉和静脉分布图后非常震惊,她们感到无地自容,惶恐不安地纷纷离开了教室。为了维护女孩子们的端庄形象,不让她们感到过于不安,凡是绘有人体的那些页码,全被用厚纸粘贴覆盖住了。

妇女极力争取进入男校就读。哈里奥特·亨特博士是一位女医生,1835 年开始行医。她曾两次申请上哈佛医学院,但都被拒绝了。但她继续行医,而且主要是给妇女和儿童看病。她笃信节制饮食、坚持锻炼、卫生保健、心理健康对身体的益处。1843 年,她组织了一个女性生理学会,并且每月定期举办讨论会。她一直保持单身,在这方面她也不愿意遵循传统习俗。

伊丽莎白·布莱克威尔于 1849 年获得了她的医学学位,但她也是历经曲折，直到最后才获得了日内瓦学院的承认。后来，她建立了"纽约贫困妇女儿童医务所"，"为贫困妇女提供一个能够向女性医生咨询的机会"。她在第一份年度报告中写道：

> 我所参加的第一次医疗会诊可以说是一次很奇特的经历，当时，有一位严重的肺炎患者，是一位上了年纪的妇女，我叫了一位心肠很好，有很高医术的医生与我一起会诊……这是一位男医生。在看过病人之后，这位医生与我一同走进了休息室，他显得有些激动，在屋子里不停地走来走去。"这真是太奇怪了，我以前从来没有见到过，我真不知该怎么办！"我听了他的话，又惊奇，又迷惑，因为诊断的结果很清楚，是肺炎，而且没有什么超乎寻常的危险。最后我才明白，他的困惑不在于病人，而在于我的性别。他困惑的是，同一位女医生一道会诊是否恰当。

奥伯林大学首开招收女生的先河，进入该校神学院就读的第一位女学生安托瓦妮特·布朗毕业于 1850 年，但她发现自己的名字竟然不在班级名单之列。奥伯林大学还有一位令人头痛的反抗者露茜·斯通，她积极投身于和平运动和废奴运动。她给有色人种的学生上课，组织女子辩论俱乐部。她曾被学校选中撰写毕业典礼的演讲稿，但写成后要由男生来念，于是她拒绝写稿。

1847 年，在马萨诸塞加德纳镇的一所教堂里，露茜·斯通开始进行有关妇女权利的演讲报告。她的哥哥是该教堂的一位牧师。她是一位天才的演说家，不过她长的很瘦小，体重约有 100 磅。当她为美国废奴协会发表演讲时，不时有冷水朝她扑面泼来，有时横空飞出的书本也会把她打个趔趄，还少不了众人群起进行围攻。

当她与亨利·布莱克威尔结婚的时候，他们手挽着手向大家宣布：

> 虽然我们用公开确认夫妻关系的方式来表达彼此的爱慕之情……但是，我们认为我们有责任对我们的行为作出解释，对我们来说，我们这样做并不是暗示我们将自愿维护现行婚姻法的尊严，也不是许诺愿意服从现行的婚姻法，更不是放弃承认妻子是一个独立的合理存在着的人，同时却赋予丈夫一种有害的、不合人性的优越性……

她是第一位在结婚之后没有改掉自己姓氏的女性。她是"斯通太太"。当她以政府中并没有她的代表为由拒绝交纳税款的时候，官方拿走了她所有的家庭用品，甚至包括婴儿的摇篮。

阿米莉亚·布卢默是纽约州一家小镇的女邮政局长，在她设计出女式灯笼裤系列服装之后，女权运动者们接受了它，并用它取代了旧式的鲸骨式紧身胸衣、束腹装以及裙装。伊丽莎白·卡迪·斯坦顿是这一时期女权运动的领袖，她讲述了第一次看到自己的表姐穿着灯笼裤时的情境：

> 表姐一手提着灯，一手抱着婴儿，身着下垂的睡袍，轻松优雅地走下楼

来。目睹这一切,我思潮起伏,我说的不是灯和孩子的问题,而是发誓要对妇女服装进行大胆地改革,并且立马就要穿上同样的衣服。

在经历了废奴、禁酒、改革服饰、改善监狱生活条件等一系列的改革运动之后,妇女们变得经验丰富,勇敢果毅了。她们要改变自己的命运。安吉利娜·格里姆凯是一位南部的白人妇女,她逐渐成长为一名激进的演说家和反对奴隶制斗争的组织者。对于革新运动会带来怎样的未来,她有自己的看法:

> 让我们首先唤起整个国家拯救男女奴隶于水火,使他们成为真正意义上的人,然后……就比较容易拉千百万妇女一把,使她们能够真正站立起来。换句话说,就好比是把她们从小姑娘转变为成熟的妇女。

玛格丽特·富勒大概是女权运动中知识分子群体里最难对付的角色。她撰写《十九世纪的妇女》一书是基于这样一种认识,即"在男人的心目中,女人与奴隶一般无二……"她写道:"我们要打破一切专制壁垒,要让所有路径向女人自由地敞开,就像它们向男人自由地敞开一样。""女人所力争的不是要发挥多大作用,而是天性无拘无束地成长,理智健康无碍地发育,灵魂自由自在地飞翔……"

实现这一目标,需要克服许许多多的障碍。约翰·陶德牧师是19世纪中叶的一位畅销书作家,他在自己的一本畅销书中向年轻人提出了关于手淫的忠告:"它会使思想极大地堕落"。陶德对女权主义者的新的服装款式评论说:

> 有些女人想变成假小子,就穿上灯笼裤。让我用一句话来告诉你们,为什么绝对不允许这样做:穿长裙、褶裙的妇女才美丽动人,她们的步履是那么高贵典雅……她一旦跑起来,她的迷人之处就消失了……而脱掉长裙,穿上裤子,显露出肢体来,高贵优雅和神秘的感觉就会荡然无存。

19世纪30年代,马萨诸塞牧师协会在一封信中要求全体牧师严禁任何妇女使用教堂的讲坛进行演讲:"……如果有妇女占据讲坛向男人演讲的话……我们要及时采取自我防护措施。"

安吉利娜的妹妹萨拉·格里姆凯以"关于妇女状况及性别平等问题的信"为题发表系列文章予以回应:

> 我的前半生都是在上流社会的灯红酒绿中虚度的。我不得不承认,按照我的经历和观察,这个阶层的妇女受到的教育少得可怜;对于婚姻,她们受到的教导是:这是通往体面生活的必修课和唯一途径……

她接着写道:"我并不是主张女人应该受到特别的宠爱,但我也绝不会放弃争取男女平等的权利。我对我的兄弟们的所有请求就是,请他们把他们的脚从我们的脖子上挪开,让我们昂首站在上帝赐予我们的土地上……对我来说,十分清楚的是,如果男人们无论做什么,从道德上讲总是对的话,那么,我们女人无论做什么,从道德上讲也应该是对的。"

萨拉·格里姆凯的文章咄咄逼人,而安吉利娜则是一个雄辩的演说家。她曾经在波士顿剧院一连 6 个晚上发表演说。一些好心的废奴主义者表示,他们不赞成男女平等,因为广大公众无法容忍这种观点,支持这种主张无疑会对废奴运动造成伤害。安吉利娜对此回应说:

> 如果不清除掉挡在路上的绊脚石,我们即便拼尽全力也不可能把废奴运动推向前进……如果我们今年放弃言论自由的权利,那么明年我们就会放弃请愿的权利,后年又会放弃出版的权利,如此等等。当妇女自己还匍匐在男人脚下,为自己的缄默而自惭形秽的时候,还能指望她们为奴隶做什么呢?

安吉利娜是第一个(1838 年)向马萨诸塞立法机构的一个委员会发表反奴隶制请愿演说的妇女。她后来说:当时"气氛异常压抑,我简直就要崩溃了……"她的演讲吸引了非常多的人。一位来自塞勒姆的议员建议:"成立一个委员会,检查一下马萨诸塞州议会厅的地基,看看它是否还能承受得住让格里姆凯小姐再发表一篇演说!"

有关其他问题的演讲为有关妇女处境问题的演讲铺平了道路:1843 年,多萝西娅·迪克斯在马萨诸塞州立法院讲述了她在波士顿地区的监狱和救济院所看到的一切:

> 让我来告诉你们我所看到的一切吧! 那些细节常常会令人痛苦不堪,令人无比震惊……各位先生们,我现在要提醒你们注意的是,在我们这个共和国里,目前许多的精神错乱者被关在笼子里、私室里、地窖中和畜棚里。他们戴着手铐脚镣,全身赤裸。人们肆意地用棍棒击打他们,想用严刑迫使他们屈从! ……

弗朗西斯·赖特是一位作家,同时又是一位为奴隶解放、节制生育、两性自由而战的斗士。她是 1842 年从苏格兰移民美国的。她主张所有两岁以上的儿童都可以在州立寄宿学校接受免费公共教育。法国空想社会主义者沙尔·傅立叶说过:人类的进步有赖于妇女的解放和进步。赖特在美国宣传这一思想时说:　　　　　　122

> 我敢断言,在妇女取得一定的社会地位,具有和男人同等的理智和情感之前,人类的进步将会是非常缓慢的……男人永远只能在妇女所处的发展水平上下浮动……如果没有灵魂的沟通和心灵的碰撞所达成的共同旨趣,如果在他们面前的不是一个有情有义、天资聪颖、充满自信、彬彬有礼、值得尊重的女子,那么,男人奢望仅仅通过同女人交媾就能得到欢娱,那只能是妄想。只有一方的强权被取消,另一方的恐惧和屈从不再存在,双方才能恢复他们与生俱来的权利,即平等。

妇女在为全国实现废除奴隶制的斗争中做了大量的工作,组织了数千次前往国会请愿的活动。埃莉诺·弗莱克斯纳在其所著《一个世纪的抗争》中写道:

> 今天,华盛顿的国家档案馆里那数不清的档案资料可以为昔日那些默

默无闻而又催人泪下的抗争作证。一份份请愿书已经发黄变脆,一页页地粘在一起,上面墨迹斑斑,字体潦草,有些地方还有被人涂抹的痕迹,大概是担心对如此大胆的行动需要仔细斟酌吧……它们记录了从新英格兰到俄亥俄的妇女废奴组织的名字……

在此过程中发生的一些事件推动了争取自身平等的妇女运动与反对奴隶制运动的同步发展。1840年,"世界废奴协会大会"在伦敦召开。在经过激烈的争论之后,投票表决的结果是妇女不允许参加大会,但是同意让她们参加内部会议。妇女在会议厅的走廊里静坐以示抗议。加里森·威廉·劳埃德,一位废奴主义者,同时又是一位女权主义者,加入了妇女的静坐抗议活动。

也就在那时,伊丽莎白·卡迪·斯坦顿遇到了柳克丽霞·莫特以及其他一些人,她们在一起制定了召开历史上第一次妇女权利大会的计划。1848年,在纽约的塞尼卡福尔斯召开了这次大会。这里是伊丽莎白·卡迪·斯坦顿生活的地方。她身为一位母亲,一名家庭主妇,非常不满自身生活状况。她说:"妇女不被当人看,一个妻子的角色就代替了一切。"后来她写道:

123

> 我现在已充分了解到被一个个家庭孤立起来的绝大多数妇女所面临的实际困难,如果妇女一生的大部分时间只是同仆佣和孩子们在一起的话,她们的境况就不可能有实质性的变化……人们对妇女作为妻子、母亲、主妇、医生和精神向导的角色普遍感到不满意,而离开她们的监护一切都会变得一团糟,大多数妇女则是面容憔悴、疲惫不堪,所有这些都使我强烈感到必须积极行动起来,改变整个社会尤其是广大妇女的错误认识。我参加世界废奴协会大会的亲身经历,我了解到的妇女的法律地位,我所到之处目睹的她们遭受的压迫,所有这一切都啮噬着我的灵魂……我不知道该做些什么,也不知道从哪儿做起——我唯一的想法就是召开公众大会,进行抗议和讨论。

《塞尼卡县信使报》刊登了一份声明,号召于6月19日、20日召开一次大会讨论"妇女权利"问题。有300多名妇女和一些男士赶来参加大会。大会结束之际,发表了一份由68名妇女和32名男士签名的《原则宣言》。它使用了《独立宣言》的语言和风格:

> 在人类发展进程中,作为家庭的一部分,地球上人类生命中的一员,女人有必要扮演一个角色,这个角色完全不同于迄今为止她们所扮演的那个角色……

> 我们认为这些真理是不言而喻的:人人生而平等,他们都被造物主赋予了某些不可剥夺的权利,其中包括生存权、自由权和追求幸福的权利……

> 人类的历史是一部男性对女性反复进行伤害和侵犯的历史,其直接目标之一就是建立一个压迫妇女的完全意义上的暴政。为了证明以上论断,

让事实还世界一个公道吧……

接下来就是一连串的据实陈情：没有投票权，没有工资权，没有财产权，没有离婚权，没有平等的就业机会，不允许进入学校读书。这一部分的最后写道："男人们使用一切手段，竭力破坏女人对自身能力的自信心，打击她们的自尊心，让她们心甘情愿地去过一种依附于男人的低人一等的生活……"

随后是一系列的决议，其中包括："所有那些阻碍妇女按照自己的意愿从事一定社会职业的法律，以及那些规定妇女的地位低于男人的法律，都是有悖于自然法则的，因而都不具有效力和权威性。"

124

塞尼卡福尔斯妇女大会之后，全国各地随之召开了一系列妇女大会。在1851年的一次大会上发生了这样一件事：一位奴隶出身、上了年纪的纽约黑人妇女正在侧耳聆听一群牧师的高谈阔论，她看上去又高又瘦，穿着一套灰色的裙衫，头戴一顶白色无檐帽。她就是索杰娜·特鲁丝。她听着听着便从座位上站了起来，满怀种族义忿和性别义愤，严词反驳说：

那位先生说什么女人需要的就是帮她一把，把她们扶上车，挽她们跨过沟渠……可是，从来就没有人扶我上车，或是挽我跨过泥坑，也从来没给过我其他的任何帮助。难道我不是个女人吗？

看看我的臂膀吧！我拉过犁，我种过地，我收过仓，可从来没有一个男人在我干活的时候站出来帮我一把。难道我不是个女人吗？

只要有条件，我可以同男人干一样的活，吃一样的饭，可我却要受人责打。难道我不是女人吗？

我生过13个孩子，看着他们一个个都被卖做奴隶，做母亲的怎能不悲痛欲绝，但没有人同情我，除了上帝。难道我不是女人吗？

就这样，在19世纪30年代、40年代和50年代，妇女开始了她们的反抗，反抗那些想把她们禁锢在"女人圈内"的企图。她们投身于各种运动中去，为囚犯、为精神错乱者、为黑奴、也为所有的妇女争取权利。

与此同时，伴随着政府和资本力量的不断增长，寻求土地、拓展疆域的欲望也随之极度膨胀起来。

第七章

只要青草在生长，只要河水在奔流

如果说，在富裕的男性白人统治下的所有社会群体中，妇女完全被封闭在家庭中（实际上，是被封闭在家庭内部），足不出户，那么最具本土性质的印第安人则完全被赶出家园，成为社会的最边缘群体。妇女是家庭必不可少的成员，因此，男人们更多地给她们以庇护而不是用暴力来对待她们。印第安人，因为白人不仅不需要他们，实际上他们还是白人的障碍物，所以白人就纯粹用暴力来对待他们。但是，偶尔也有例外，白人在烧毁他们的村庄之前，还要向他们灌输一大套家长式的说教。

人们一直将印第安人逃离家园的过程委婉地称为"印第安人迁移"。这一过程实际上是为白人腾出阿巴拉契亚山和密西西比州之间的土地，用来在南方种植棉花和在北方种植谷物，用来向外扩张、开发移民、开凿运河、兴建铁路和新兴的城市，以及建立一个横贯大陆、连接太平洋的巨大帝国。我们无法精确计算出在这一过程中有多少印第安人为此付出生命的代价，更不用说他们为此遭受的种种磨难了。大部分给孩子们看的历史书对此只是一带而过。

数据可以说明一切。迈克尔·罗金的《父与子》一书为我们提供了如下材料：1790 年，有 390 万美国人，他们大多数居住在距大西洋沿岸 50 英里的范围内。1830 年，美国人口达到 1 300 万，到 1840 年又增加到 4 500 万。他们越过阿巴拉契亚山脉，进入密西西比河谷，这是一块由许多从东向西流入密西西比河的河流交叉而成的巨大冲积扇。1820 年，有 12 万印第安人居住在密西西比东部。到 1844 年，剩下的已不足 3 万人。他们绝大多数都被迫向西部迁移。不过，这里的"被迫"一词并没有告诉人们究竟发生了什么。

在独立战争期间，几乎每一个有影响的印第安部落都站在英国一方参战。英国人签订和平条约后回家了，而印第安人本来就是在自己家里，所以他们只能继续在边疆同美国人作战。他们发动了一连串孤注一掷的军事行动，同美国人进行殊死战。华盛顿的民兵因为在战争中受到严重削弱，已没有能力把印第安人赶走。由于派出的侦察小分队接连受挫，华盛顿开始转而采取和解政策。他的战争部长亨利·诺克斯说："印第安人是先在居民，拥有土地权。"1791 年，国务卿托马斯·杰斐逊也表示，居住在国界内的印第安人不应该受到干扰，政府应当把那些企图侵犯印第安人的白人殖民者迁走。

不过，随着白人不断向西迁移，政府的压力也变得越来越大。到1800年杰斐逊当选总统时，已有70万名白人定居在山脉的西边。他们向北迁往俄亥俄、印第安纳和伊利诺斯，向南进入阿拉巴马和密西西比。这些白人在数量上占据了八比一的压倒优势。于是，杰斐逊承诺联邦政府将推动克里克人和切罗基人日后迁离佐治亚州。在州长威廉·亨利·哈里逊统治下的印第安纳，针对印第安人的挑衅行为日渐增多。

1803年，杰斐逊从法国人手中购买了路易斯安娜，使得美国的面积扩大了一倍，将西部的边界从阿巴拉契山脉横跨密西西比扩展到落基山脉。他认为可以把印第安人移居到那里去。他向国会提议，应该鼓励印第安人在小块土地上定居，从事农业生产；也可以鼓励他们同白人开展贸易活动，向白人借贷，那样他们便可以用他们的小块土地偿还债务。"……我认为下述两种办法比较合适。第一，鼓励他们放弃狩猎……第二，在他们中间增设贸易点……引导他们从事农业、制造业，走向文明……"

杰斐逊关于"农业……制造业……文明"的言论具有重大的意义。就开发广袤的美国土地而言，印第安人的迁移是必不可少的，它能促进农业、商业、市场的发展，积累财富，发展现代资本主义经济。对于所有这些目的，土地都是不可或缺的。独立战争后，富有的投机商，包括乔治·华盛顿、帕特里克·亨利在内，购买了大片大片的土地。在北卡罗来纳，那里的奇克索印第安人是独立战争中支持革命的少数印第安部落之一，当时还曾签订了确保他们土地权的条约。尽管如此，大片属于奇克索印第安人的富庶土地仍然被出售了。该州一位土地测量员约翰·多纳尔森，购买了今天查塔努加附近2万英亩的土地方才罢休。1795年，约翰·多纳尔森的女婿22次离开纳什维尔做土地生意。他就是安德鲁·杰克逊。

杰克逊是一个土地投机者、批发商、贩卖奴隶的商人，也是美国早期历史上[127]印第安人最凶恶的敌人。后来，他成为1812年战争的英雄人物，这场战争并不像美国教科书中通常描述的那样仅仅是一场为生存而反对英国的战争，它更是一场新兴的国家向佛罗里达、加拿大、印第安人领土扩张的战争。

著名演说家、肖尼人的首领特库姆塞，试图联合印第安人反抗白人入侵。他说：

> 阻止这一罪恶行动的办法，也是唯一的办法，就是所有的红种人联合起来，要求对这块土地共同和平等的权利，这块土地原本就属于他们，而且现在仍然应当属于他们。它从来都是不可分割的，它属于大家，为每人所用。任何人都无权出售，即便是在相互之间进行买卖也不允许，更不用说把它卖给外人了。这些人想要的是我们的全部土地，而绝不是一部分。

当他的印第安同伴被美国政府说服而割让一大片土地时,特库姆塞极为愤怒。1811年,特库姆塞组织5 000名印第安人在阿拉巴马州的塔拉普萨河岸集会。特库姆塞对大家说:"让白种人见鬼去吧!他们掠夺你们的土地,强占你们的妇女。他们蹂躏你们,直至你们变为灰烬,他们仍不甘休!他们从哪里来,我们就把他们赶回哪里去。我们要战斗到底,直到流尽最后一滴血。他们一定会被我们驱走。"

克里克族印第安人居住于佐治亚、阿拉巴马、密西西比的大部分地区,他们自身内部也发生了分化。一部分人愿意采用白人的文明生活方式,同他们和平共处。另一部分人则坚守自己的土地和文化,他们被称为"红种乡巴佬"。1813年,这些"红种乡巴佬"在米姆斯要塞杀死250人,于是,杰克逊的军队烧毁了一座克里克族村庄,屠杀村里的男人、妇女、儿童。杰克逊想方设法鼓励士兵勇猛作战,许诺以土地和战利品作为奖赏:"……不论是切罗基人,还是友好的克里克人,抑或是白人,谁能夺取红种乡巴佬的财产,就归谁所有。"

但是,并不是所有入伍的人都热衷于打仗。士兵中有些人抗命。有人吃不饱饭,便抬高了当兵的条件。他们厌恶战争,盼望返回家乡。杰克逊在给妻子的信中说:"原先那些勇敢而爱国的志愿兵……士气消沉……经常哀叹、抱怨,成了煽动叛乱者、抗命者……"一名17岁的士兵拒绝吃完食物,并用枪威胁他的上司,被军事法庭宣判死刑。杰克逊拒绝了他的辩解,命令执行死刑。于是他被带到一个僻静处,被行刑队处死。

1814年,杰克逊在霍斯舒本德战役中与1 000名克里克人展开激战。杰克逊的军队伤亡不大,而对方则有800多人被消灭。杰克逊因此而成为全国闻名的英雄人物。在一次对克里克人的正面攻击中,杰斐逊率领的白人军队被击败。杰克逊向切罗基人承诺,如果他们参加战斗,政府就同他们结成盟友。切罗基人与他一起渡过河,绕到克里克人背后,为杰克逊打赢了这场战斗。

战斗结束时,杰克逊及其同伙开始购买从克里克人那里掠夺来的土地。他亲自担任谈判专员,强迫克里克人签订了一个条约,夺取了克里克族的一半土地。罗金说,这是"印第安人历次割让其美国南部领土中最大的一次单笔交易"。它不仅从同杰克逊打仗的克里克人那里夺得领土,而且也从支持杰克逊的克里克人那里攫取土地。当一位友好的克里克族首领"大勇士"对此提出抗议时,杰克逊回答说:

> 听着……合众国是上帝的选民,他们将得到这个国家所有的土地……听着,事实上,你们克里克族的头领和武士中的大多数人并不尊重合众国的权力,你们把我们看成是一个微不足道的民族,认为一定会被英国人征服……你们养尊处优,说白了,就是欠揍……我们就是用这种办法榨干敌人,让他们好好长长记性。

128

正如罗金所说,杰克逊征服了克里克人的精英,确保了西南部的繁荣。他用大片辽阔富庶的土地满足了棉花王国的扩张欲。

1814 年杰克逊同克里克人签订的条约带来了一些新的重大变化。它结束了印第安人的土地公有制,承认印第安人的土地个人所有权,造成印第安人内部分裂。它还用土地收买一些人,使另一些人一无所获,通过这种办法,使他们相互竞争、欺诈——这正是西方资本主义制度的特性。这正好符合老一代杰斐逊党人的想法:帮助印第安人进入"文明"状态,进而操纵印第安人。

自 1814 年到 1824 年,白人同南部的印第安人签订了一系列条约,接管了阿拉巴马和佛罗里达四分之三的土地、田纳西三分之一的土地、佐治亚和密西西比五分之一的土地,以及肯塔基和北卡罗来纳的部分土地。杰克逊对签订这些条约起了至关重要的作用。按照罗金的说法,"他的亲朋好友在这一过程中也得到了许多肥缺,如印第安代理商、交易人、条约专员、土地测量员以及土地代理商等……"

他们是怎么达到签订这些条约的目的的呢? 按照杰克逊本人的话说就是:"……我们充满激情地讨论所有印第安人部落所共同具有的最主要也是最致命的弱点,那就是他们的贪婪和恐惧心理。"杰克逊鼓动那些擅自占地的白人迁移到印第安人的土地上去,然后告诉那里的印第安人政府是不会让白人搬走的,所以,他们要么乖乖地割让土地,要么被彻底消灭。罗金补充说,他也"到处使用收买手段"对付印第安人。

这些条约以及这些土地的攫取者们,为棉花王国、奴隶种植园的兴起奠定了基础。每当一个条约签订的时候,克里克人就会被从一个地方赶到另一个地方,而白人承诺会保证他们的安全。随后,白人再次入侵,克里克人不得不签订另一个条约,放弃更多的土地,再迁到别的地方,以换取白人对他们新的安全承诺。

杰克逊的所作所为,导致白人定居点扩展到西班牙属佛罗里达的边缘。这里有塞米诺尔族印第安人的村庄。一些"红种乡巴佬"亡命到此,他们在英国间谍的鼓动下从事反美抵抗活动。殖民者迁到印第安人的土地上,印第安人攻击了他们。双方都使用了非常残暴的手段。当一些村庄拒绝交出被指为屠杀白人的凶手时,杰克逊便下令摧毁整个村庄。

塞米诺尔人还有另一个被视为"挑衅"的行为:有逃亡的黑奴到塞米诺尔人的村庄避难,一些塞米诺尔人买下或者捉住黑奴为己所用。不过,这里的奴隶制度与棉花种植园的奴隶制不同,它更像非洲的奴隶制。奴隶通常住在自己的村子里,他们的孩子一般都是自由民。许多印第安人同黑人通婚,不久便出现了印第安黑人杂居的村子。如此种种都使得南方的奴隶主感到不安,因为在他们看来这会引诱他们自己的奴隶纷纷去争取自由。

杰克逊准备攻入佛罗里达,理由是佛罗里达是逃亡奴隶和印第安强盗的庇护所。他还说,佛罗里达是美国安全必不可少的防线。这是现代征服战争的典型开端。1818年开始的塞米诺尔战争使美国获得了佛罗里达。在教学地图中,佛罗里达被委婉地表述为"佛罗里达,1819年购买。"但它实际上是安德鲁·杰克逊发动战争的结果:越过佛罗里达边界,烧毁塞米诺尔人村庄,夺取西班牙人的要塞,直到西班牙人被"说服"出卖佛罗里达。他说,他的行为完全遵循"永恒不变的自卫原则"。

这样,杰克逊成为佛罗里达领地的统治者。现在,他可以建议他的同伙和亲戚们从事更有利可图的买卖。杰克逊建议他的一个侄子继续保持彭萨科拉的财产。他还向他的一位同伙——军队里的一位军医建议尽可能购买更多的奴隶,因为奴隶的价格不久将上涨。

离开军营的杰克逊同样告诉军官们如何处理频频出现的逃亡事件。因为贫穷的白人,即便他们起初甘愿为战争而付出生命,现在也发现战争只给富人带来好处。杰克逊建议:凡试图逃跑者,第一、二次处以鞭笞,第三次处以死刑。

一些由令人尊敬的历史学家撰写的有关杰克逊时期的重要著作如阿瑟·施莱辛格的《杰克逊时代》和马文·迈耶斯的《杰克逊信条》都未提及杰克逊的印第安人政策,但对关税、银行、政党及政治辩论却花了大量篇幅。如果你仔细查看一下美国中小学的历史教科书,你就会发现,所有这些教科书都不是将杰克逊描写成农奴主、土地投机商、屠杀持不同政见士兵的刽子手、印第安人的灭绝者,而是把他描写成拓疆者、战士、民主主义者、人民的代表。

这种看法绝不单单是事后诸葛亮,即事后聪明的问题。杰克逊1828年当选总统后(继杰斐逊、麦迪逊、门罗、约翰·昆西·亚当斯之后),印第安人迁移法案被提交国会,这在当时被称为杰克逊政府的"首要措施",也是除战争与和平问题之外"提交给国会的最重大议题"。这时的两大党派是民主党和辉格党。虽然民主党和辉格党两大党派在银行和关税问题上存在意见分歧,但在有关贫穷白人、黑人、印第安人的一些重要问题上,两者并无对立。当然,在有些白人劳动者眼里,杰克逊这时还是一个英雄,因为他反对富人的银行。

在杰克逊和他选择的继承人马丁·范布伦的统治期间,居住在密西西比州东部的7万印第安人被迫向西迁移。北方没有那么多,而且纽约的易洛魁联盟还得以留居原地。但是在"黑鹰战争"(其间亚伯拉罕·林肯是一名带队军官,不过他没有参加战斗)之后,伊利诺斯的萨克族和福克斯族印第安人被迫迁移。1832年,他们的酋长黑鹰战败被俘。身陷囹圄之际,他发表声明说:

> 虽然我勇猛作战,但你们的炮火杀伤力太强了。子弹呼啸而来,就像是鸟群掠过天空,又像是寒风吹过树梢。我身边的勇士们纷纷应声倒地……当早晨来临的时候,柔和的阳光洒在我们身上,到了傍晚,像火球一样的太阳逐渐沉入暮色之中。这是太阳对黑鹰的最后一次眷顾……他现在已经成

了白人的俘虏……他没有给印第安人丢脸。他曾经为乡亲们、为妻子儿女而与白人战斗过。白人每年都来此欺骗他们，夺走他们的土地。你们知道这场战争原因何在，白人更是尽人皆知，他们应当为此感到羞愧。印第安人从不骗人。白人把印第安人都看成是坏人，谈到他们时总是充满恶意。但是，印第安人从不说谎，印第安人也从不偷窃。

倘若一个印第安人像白人那样坏，那他将不会见容于我们的族群，他会被处死喂狼。白人就像是品行败坏的教师，他们带来充满谬误的课本，教给我们虚伪的行为。他们表面上对可怜的印第安人报以微笑，实际上却是以此来欺骗他们。他们与印第安人握手表示友好，以博得印第安人的信任。他们迷惑印第安人，欺骗印第安人，奸污印第安人的妻子。我们让他们不要骚扰我们，要他们离我们远点。但他们却尾随而至，堵住我们的去路，像毒蛇一样缠绕着我们，用毒芯伤害我们。我们没有了安全感，每天生活在危险之中。我们正在变得同他们一样，一个个都成了伪君子、大骗子、游手好闲的寄生虫，整日里夸夸其谈、无所事事……

白人没有剥下印第安人的头皮，但他们更坏——他们毒害的是印第安人的心灵……再见吧，我的族人！……同你们的黑鹰告个别吧。

也许，让黑鹰感到悽苦的还有他被俘的方式。由于没有足够的力量抵抗白人军队，黑鹰率领他的族人忍饥挨饿，在敌人的围追堵截中渡过密西西比河。他在无奈之下举起了白旗。美军司令官后来解释说："当我们靠近他们的时候，他们举起了一面白旗试图诱捕我们，但我们太了解他们了。"士兵开了枪，射杀的不仅有武士，也有妇女和儿童。黑鹰落荒而逃，最终被白人雇用的苏族人捕获。政府的1名代理人威胁萨克族和福克斯族印第安人说："天父……已经忍无可忍。他要救赎他们，因为他们都变坏了。他决定把他们从地球上消灭掉……如果他们不能变好的话，那他们全都得死。"

刘易斯·卡斯曾经担任过不同的职务，如战争部长、密歇根州长、驻法大使，后来成为总统候选人。照他看来，应该这样解释印第安人的迁移：

不断进步看来是人类的天性……我们一生都在努力奋斗，目的在于获得众多的荣誉、权力或其他一些东西。占有这些东西意味着无比丰富的想象力得以实现。这些努力共同促进了社会进步。但是在一个由野蛮人构成的社会里，这种进步并不多见。

1836年，正是印第安人迁移的高峰期，卡斯被哈佛大学授予法律名誉博士学位。这是一个狂妄自大、自命不凡的人，常以印第安问题专家自诩。但是，用理查德·德里农《美国历程中的暴力：征服西部》中的话说，他曾一次又一次地显示出"对印第安人生活惊人的无知"。作为密歇根州长，他用订立条约的方式从印第安人手中夺取了数百万英亩的土地："我们必须经常利用他们的私欲来改变他们的生活习性。"

他 1830 年发表在《北美评论》上的文章曾举印第安人迁移作为案例。他写道，我们没有必要为"文明和进步的成果以及工业和艺术的胜利"感到难为情，"正是因为这些成就，这些地区才得以拓殖，自由、宗教、科学之光才得以普照至此"。他原指望能够"以较小的代价"取得这些成就，希望"土著居民能够顺应环境的变化而改变自身……但这个愿望落空了。他们是一群未开化的人。他们依赖狩猎来获取贫乏而不稳定的生活资料，以图生存。他们不能与文明社会共同生活。"

对此，德里农曾于 1969 年评论说："这就是他们对土著居民实施烧毁村落、种族灭绝政策的全部理论依据，据此，他们屠杀切罗基人和塞米诺尔人，稍后又屠杀夏安人、菲律宾人和越南人。"

1825 年，卡斯同肖尼人、切罗基人举行谈判。卡斯在会上保证说：如果印第安人答应只迁移到密西西比河以西的新领地上，"合众国一定不会占据你们的领土。我以你们伟大的国父——总统的名义作出承诺。他将这片土地分派给他的红种人民，令他们世世代代永远拥有土地"。

卡斯为其撰稿的《北美评论》的主编说，他的计划"只不过是延缓了印第安人的命运。用不了半个世纪，他们在密西西比河彼岸的处境就会同现在在河这边的处境一样。他们的灭绝是不可避免的"。德里农指出，卡斯对主编的说法提出异议，仍然同以前一样向其供稿。

印第安人世代沿袭的生活禀性使他们不愿意离开故土。克里克人的元老会对拿钱换他们的土地很不以为然，他们说："我们的祖辈和朋友长眠此地，我们决不会拿它去换取金钱。"数年前，针对门罗总统关于迁移的谈话，一位年迈的乔克托酋长说："很抱歉，我不能答应国父的要求……我们如同林中的草，在此生长；我们希望留在这里，不想迁移到另一个地方。"一位塞米诺尔酋长曾对约翰·昆西·亚当斯说过："我们在此呱呱坠地，在此长大成人，与这片土地血水交融，对它倍感亲切。"

并非所有的印第安人都乐意接受白人长官把他们通称为"孩子"，而将总统称为"父亲"。据说，当特库姆塞与威廉·亨利·哈里森会面时——这是印第安勇士与未来总统的会面，翻译说："你们的父亲请你就坐。"特库姆塞回答说："我们的父亲！太阳才是我们的父亲，地球是我们的母亲；我们在她的怀抱里休息。"

杰克逊当选总统伊始，佐治亚州、阿拉巴马州、密西西比州就通过法律，把本州的管理权扩大到了辖区内的印第安人。这些法律不再承认印第安部落为独立的法律单位，剥夺了部落会议的合法性，取消了部落酋长的权力，规定印第安人必须服兵役和纳税。不过这些法律却拒绝给予印第安人选举权、诉讼权以及出庭作证的权利。印第安人的土地被分割成条块，按照全州抽签的方式进行瓜分。

政府鼓励白人到印第安人土地上定居。

然而,联邦有关条约、法律只把管理印第安部落的权力给予了国会,并没有给各州政府。1802 年国会通过的《印第安贸易和交往条例》规定,任何土地的割让都必须同相关部落签订条约,印第安领土由联邦法律管辖。但杰克逊支持各州的行动,对这些法律规定毫不理会。

这就是联邦制度的绝妙之处,即可以根据情况的需要,随便把责任推给各州甚或别的什么莫名其妙的东西。在这种令人不可思议的法律面前,所有对印第安人抱有同情心的人都不能不低头服输。正如战争部长约翰·伊顿向阿拉巴马("阿拉巴马"本身就是一个印第安名字,意思是"我们可以在这里休息")的克里克人解释的那样:"不是你们的国父,而是这个国家的法律要求这样做。他本人以及他的人民都必须尊重法律。"

杰克逊终于找到了恰当的办法。根据这个办法,印第安人就不是"被迫"向西迁移了。假如印第安人选择留居此地,他们必须遵守那些损害他们部落及个人权利、给他们带来无尽烦扰的政府法令,还得遭受垂涎他们土地的白人居民入侵的厄运。假如印第安人同意迁移的话,联邦政府将会从经济上给予资助,并许诺他们可以在密西西比河以西得到一片土地。杰克逊命令一位陆军上校与乔克托人和切罗基人谈判。杰克逊说:

> 告诉我的红种乔克托族和切罗基族子民们,我的密西西比白人子民已经把法律延伸到了他们眼下正在居住……的领地上。告诉他们,他们的国父不能保护他们免遭密西西比州法律的管束……联邦政府有义务支持各州行使其权力。告诉酋长和勇士们,我是他们的朋友,我愿意为他们尽朋友之宜。但是,他们必须按我的意思去做:离开密西西比州和阿拉巴马州,在我指定的范围内定居——这样,他们就能在此二州的范围之外,拥有自己的土地。只要青草在生长,只要河水在奔流,他们就可以永远拥有这片土地。我也将一如既往地像朋友和父亲那样庇护他们。

"只要青草在生长,只要河水在奔流",这句话在一代一代印第安人的内心深处留下了痛苦的回忆。1970 年,一位参加越南战争的印第安裔美国老兵,泪流满面地重述了这句话,不仅当众证实了那场战争的恐怖,也证实了自己作为一个印第安人所受到的虐待。

1829 年杰克逊就任总统时,佐治亚州的切罗基人居住区发现了金矿。数千名白人蜂拥而至,毁坏印第安人的财产,打桩划界,声称自己对土地拥有所有权。杰克逊在命令联邦军队驱走白人的同时,又下令印第安人必须同白人一样,停止采矿。当他将军队撤走后,白人又返回了该地。这时杰克逊却表示他不能干涉佐治亚州的权限。

白人侵略者掠夺土地和牲畜,强迫印第安人签写租约,殴打抗议者,卖给印第安人酒精,削弱他们的抵抗力,杀死印第安人赖以为生的猎物。但是,正如罗金所说,如果把所有的责任都推给白人暴民,那我们就是"无视种植园主利益与政府政策所起到的根本性的作用"。食品的短缺、威士忌,以及军事攻击导致了部落组织的瓦解。印第安部落相互间的暴力冲突也在日益增加。

通过高压和欺骗手段而订立的条约将克里克族、乔克托族、奇卡索族部落土地分割成支离破碎的个人私产,每一个印第安人都成了合同商、投机者和政客们的猎物。奇卡索人每个人都以比较合适的价格卖掉自己的份地,向西迁移了,他们没有遭遇更多的苦难。克里克人、乔克托人虽然保留了私人的小块土地,但绝大部分土地被土地公司侵占。照佐治亚银行董事长、一家土地公司股东的说法就是:"偷窃是时下风行的原则。"

印第安人向华盛顿提出抗议,刘易斯·卡斯回答说:

> 我们的公民愿意买,印第安人愿意卖……由此所达成的交易结果似乎已经完全超出了政府的管辖范围……印第安人奢靡浪费的习性不是规则所能控制的……如果他们在交易中像过去时常发生的那样出现了大量浪费的事情,这确实非常令人遗憾,但他们也只是行使条约赋予的权利而已。

土地被侵占、缺衣少食的克里克人拒绝向西迁移。饥饿的克里克人开始袭击白人的农场,而佐治亚州民兵和殖民者则攻击印第安人定居点。于是爆发了第二次克里克战争。阿拉巴马州一家同情印第安人的报纸报道说:"对克里克人的战争是一场彻头彻尾的欺骗行为。它是别有用心的人所策划的一场卑鄙而残忍的阴谋,目的在于阻止一个无知的种族维护其正当的权利,剥夺他们手中仅剩的一点点生活资源。"

一百多岁的克里克老人斯佩克雷德·斯纳克,对安德鲁·杰克逊的移民政策作出了反应:

> 兄弟们! 我们伟大的白人国父的教诲我已经听得太多了。当他越过广阔的海洋第一次来到这里时,他还只是一个小人物……微不足道。他的腿因长时间坐在船上而痉挛,他乞求一小块土地点火宿营……但是,当这个白人在印第安人的火堆前暖和了身子、享受了印第安人提供的玉米片后,他马上变成了巨人。他一步就可以跨过高山,他的脚印足以覆盖草原溪谷,双手可以抓住东边和西边的海洋,头可以枕着月亮。于是,他就成了我们的国父。他多喜爱他的红种子民呵,经常说:"走远些,免得我踩着你。"

> 兄弟们! 我们伟大的白人国父的教诲我已经听得太多了。但他们总是不厌其烦地告诉我们:"走远点,你们离我太近了。"

迁移对于印第安人来说意味着什么?戴尔·范·埃夫里在《天赋人权被剥夺》一书中概括道:

> 有许多野蛮残酷的行为已载入人类史册,放逐就是其中之一。它给许

多民族带来的是痛苦和辛酸的记忆。不过，没有一个民族经历过像东部印第安人那样让人撕心裂肺的惨痛。印第安人对于周围每一件事物的自然特性都有着不同寻常的感受能力。他在野外生活，熟悉那些只有猎人才会知道的东西：山林中的每一片沼泽空地、每一座山峰、每一块岩石、每一条山泉小溪。他从来没有彻底地领悟到正在确立的土地个人私有制原则比自由自在地拥有天空更为合理。但是他比其他业主更加深情地热爱这片土地。他感觉到自己如同山石林木、飞禽走兽，几乎就是这片土地的一部分。大地就是他的家乡，是先祖遗骨的安放之地，是天生的宗教圣地，圣洁无比。他相信，这里的瀑布、山峰、白云、薄雾、峡谷、草地充满着各种各样的精灵，他每天都同他们进行着情感交流。他就是从这片树木葱葱、河湖密布的肥沃土地上，这片充满其先辈传统和自我理想的土地上，被赶走了，被赶到遥远西部的不毛之地，一片当时被普遍称为美国大沙漠的荒凉的大平原上。

根据范·埃夫里的研究，19 世纪 20 年代，也就是在 1812 年战争和克里克战争的喧嚣过去之后、杰克逊当选总统之前的这一段时期，南部的印第安人和白人就已定居下来，他们关系密切，和睦相处，自然环境为生活在这里的所有人提供充足的资源。他们开始关注共同的问题，彼此之间的友谊也得到发展。白人可以去探望印第安社区，印第安人经常到白人家中作客。戴维·克罗克特和塞姆·休斯敦这样的边民就是在这种背景下涌现出来的，他们（与杰克逊截然不同）成了印第安人的终身朋友。

范·埃夫里坚持认为，强迫印第安人迁移的力量不是来自与印第安人比邻而居的贫穷的白人拓荒者，其真正的根源在于工业化和贸易的发展，人口、铁路、城市的增长，土地价格的上涨，商人的贪欲。"政党领袖与土地投机商巧妙地刺激着人们的情绪……新闻媒体与牧师们则让人变得更加歇斯底里。"结果呢，印第安人沦落到死亡或被流放的境地，可是土地投机商却发财了，政客们也掌握了更大的权力。至于贫穷的白人拓荒者，作为棋盘上的兵卒，首当其冲就被推入暴力冲突中，不久就变得无足轻重了。

有 3 个切罗基部落自愿向西迁移，来到美丽宜人、树木繁茂的阿肯色地区。但印第安人很快便发现，他们一到那儿就被白人殖民者和狩猎者包围起来或者渗透进来了。现在，西切罗基人不得不向更为遥远的西部迁移，来到西部的不毛之地。对白人殖民者而言，那儿有点太过荒凉了。1828 年，联邦政府同他们签订了条约，宣布这块新土地是他们"永久的家园……合众国将庄严地承诺，印第安人将永远保有这块土地……"但这不过是又一个谎言。西切罗基人的困境被仍在东部挣扎的切罗基人广为知晓，那里的切罗基人占整个切罗基人口的四分之三，他们正承受着白人逼迫他们迁移的巨大压力。

佐治亚、阿拉巴马、田纳西的 1.7 万名切罗基人被 90 万白人包围着，他们终于认识到：要生存就必须适应白人社会。那些幸存者后来成了农民、铁匠、木匠、石匠、有产者。1826 年的人口财产调查显示，切罗基人有 2.2 万头牛、7 600 匹马、4.6 万头猪、726 台织布机、2 488 架手纺车、172 辆四轮运货马车、2 943 架挂犁、10 家锯木厂、31 台磨粉机、62 家铁匠铺、8 台棉织机、18 所学校。

切罗基语言过去一直靠发音和手势来表达，这种语言极富诗意、喻义深长、优雅流畅，是在舞会、戏剧及各种仪式中不断发展起来的。后来，他们的酋长塞阔雅发明了一种文字，数千人开始学习这种文字。新成立的切罗基议会批准出资创建一家出版社。1828 年 2 月 21 日，它首次出版了《永恒的切罗基》报，以英文和塞阔雅发明的切罗基文两种文字同时发行。

此前，切罗基人同大多数印第安部落一样，没有建立正式的政府机构。这种情况，正如范·埃夫里指出的那样：

> 印第安人实施管理的根本原则过去一直是拒绝政府管理。墨西哥以北的印第安人几乎都认为，个人的自由是一种准则，它比个人对社区和民族应尽的义务要宝贵得多。这种无政府主义的态度决定着从最小的社会单元——家庭开始的一切社会行为。大人们从来就不情愿约束自己的孩子。孩子们的每一种任性行为都受到欢迎，被认为是其性格日益成熟的可喜标志。

切罗基人的议会并非经常召开，其成员也不固定，具有极大的流动性。如果没有公众舆论的压力，议会的决议也得不到执行。同他们生活在一起的一名摩拉维亚神父描绘了印第安人社会：

> 这种传统的管理方式延续了一代又一代，既没有政治动荡，也没有民事纠纷，这在世界上大概是绝无仅有的。这里没有成文法，只有长期延续下来的风俗习惯；没有法典，只有先前的经验；没有法官，只有长老。不过，人们心甘情愿地绝对听从长老的意见。在这里，年龄决定地位、智慧授予权杖、美德则会赢得普遍的尊重。

现在，由于身处白人社会的包围之中，所有这些情况都发生了变化。切罗基人甚至仿效周围的奴隶社会：他们拥有的奴隶已超过 1 000 人。他们已经有点像白人所提倡的那样"文明"了。诚如范·埃夫里所说，为了赢得美国人的好感，他们做出了"令人惊叹的努力"。他们甚至还欢迎传教士和基督教。不过，这些东西没有一样像他们赖以为生的土地那样值得想望。

杰克逊 1829 年在国会的演讲清楚地阐明了他的立场："我已告知居住在佐治亚州和阿拉巴马州的印第安人：联邦政府不会支持他们建立独立政府的企图。我忠告他们或者服从本州的法律，或者移居到密西西比河以西。"国会立即通过了迁移法案。

也有人为印第安人的利益辩护。新泽西州参议员西奥多·弗里林海森也许是其中最有口才的。他在参议院就迁移问题展开了辩论。他说：

> 我们已经将这些部落挤到南部边境少数几块贫瘠的土地上：这已是我们留给那些曾经拥有无边森林的人的唯一的家当了。但我们仍然像马蝗那样毫不知足，贪婪地叫喊：给我！给我！……先生们……难道惠人以公正的待遇会因肤色的不同而改变吗？

大体上，北部反对迁移法案，南部则表示赞成。该法案以 102 票对 97 票获得通过。参议院通过得非常勉强。这个法案没有提到"强迫"印第安人迁移，但是却列出了有关"帮助"印第安人迁移的条款。这就意味着：如果印第安人不迁移的话，那么他们就不受法律保护，得不到政府提供的用于迁移的资金，各州可以任意处置他们。

针对印第安部落的各种压力接踵而至。乔克托人不情愿迁移，但是，白人用金钱和土地秘密收买了 50 名乔克托代表，双方签订了《舞兔克里克条约》：乔克托人将位于密西西比东部的领土割让给合众国。作为回报，合众国给乔克托人的迁移提供经济援助，包括永久离开的财产补偿、搬到新家第一年的食物供应，以及以后永不再搬迁的承诺。对于密西西比的 2 万乔克托人而言，虽然大多数对这一条约充满了仇恨，但他们面临的压力却越来越大。包括酒贩子、诈骗者之类的白人成群来到乔克托人的领土上。该州通过的一项法律规定，任何乔克托人企图在迁移问题上劝阻别人都属于犯罪行为。

1831 年末，1.3 万名乔克托人开始了向西部迁移的漫长行程，他们将要到达一个完全不同的新环境中，对那里的土地与气候一无所知。"在卫兵的监视下，在代理商的催赶下，在承包商的烦扰中，他们成群结队地上路了，就像是一群待宰的羔羊，被驱赶着奔向一个陌生的、令人讨厌的目的地。"他们有的坐牛车，有的骑马，有的步行，缓慢地前进着，然后渡过密西西比河。乔克托人这次漫长而艰苦的行程应该由军队负责组织，但它却把这项工作转给了私人承包商，这些人向政府索要高价，而把用在印第安人身上的费用压得极低。结果，所有的事情都混乱不堪。乔克托人的食物吃光了，饥饿向他们袭来。范·埃夫里写道：

> 呜咽作响的牛车排成的长长的纵队，弥漫着忧郁的气息。畜群夹杂着步行的人群，缓缓西行。他们越过沼泽，穿过森林，跋山涉水，从郁郁葱葱的海湾低地，历尽千辛万苦，到达西部荒凉的大平原。这是对原始印第安人的致命一击。它的一支残部也正在被肢解，其幸存者被全部塞到了一个完全陌生的世界。

乔克托人的第一次迁移是在冬季，是有史以来最为寒冷的冬天之一。许多人患肺炎而死。夏天，密西西比一带霍乱大肆流行，乔克托人成百地死亡。原拟第二批迁移的 7 000 人拒绝启程，决定留下来与死亡抗争到底。他们的后裔中有不少人至今仍然生活在密西西比州。

139

至于切罗基人，他们面临着新的难题——佐治亚州的法律规定：切罗基人的土地要充公，政府要解散，议会被禁止；凡劝阻别人迁移者，都要被投入监狱；切罗基人不得在法庭上提供不利于白人的证据；切罗基人不得采掘新近在他们的领土上发现的金矿。他们派出一个代表团向联邦政府提出抗议。杰克逊的新战争部长伊顿答复他们说："倘若你们愿意迁往西部，在那儿你们将会过得非常幸福，得到和平与安宁。只要水在流，橡树在生长，那里将永远都是你们的家园，任何白人殖民者都不许靠近你们。"

切罗基人向合众国递交了一份请愿书，公开表达了要求公正待遇的呼声。他们首先回顾了历史：

> 1783 年和平之后，切罗基人就已经是一个独立的民族，像世界上任何一个民族一样，这一点是毋庸置疑的。他们曾经同大不列颠结盟……合众国从来没能征服过切罗基。相反，我们的先辈始终拥有自己的国家和自己的武装……1791 年签订了霍斯顿条约……切罗基承认合众国的管辖权，此外不再有别的宗主国……当时还向合众国割让了土地。但另一方面，合众国……规定白人不许在我们的土地上狩猎。如果没有通行证，甚至不允许踏入我们的土地，合众国还曾庄严承诺所有切诺基的土地不会再被割让……

接着他们又谈到了迁移问题：

> 我们很惊讶，一些人竟认为迁移到密西西比以外的地区对我们有好处。我们的看法与此相反，我们所有人的看法都与此相反……我们希望继续生活在我们祖先的土地上。继续在这块土地上生活而不受到任何的干扰，是我们固有的、完整的权利。合众国与我们签订了条约，并且制定了履行这些条约的法律，规定了保护我们的住所及基本人权，保护我们免受侵略。我们唯一的请求是：执行这些条约和法律……

然而，没有人理会历史是怎么回事，也没有人给他们提供法律保护：

> 那些读到前面几段的先生们，我们恳求你们记住我们那条伟大的仁爱之法："己所不欲，忽施于人。"……我们祈求你们记住，正是出于这一原则，你们的先祖被迫离开故土，被赶出旧世界。迫害如狂风，将他们掀过宽阔大海，掀落在陌生的新世界的岸边。当时印第安人还是这片广阔土地的唯一主人——请你们回忆一下，当初，掌握生杀予夺大权的印第安人，即美洲的野蛮人，是怎样款待他们的。那些印第安人才是北美的土著居民，他们的历史和传统都远没有得到充分的展现。请你们想一想，我们这些没有喝过你们一杯水，没有占过你们一寸土的人……就是那些印第安人的后裔。请你们记住所有这些事实，我们相信，你们不能、也不会忘记这些事实，并且会同情我们所受的这些考验和灾难。

1830 年 12 月，杰克逊在致国会的第二个年度报告中对请愿书作了答复。他"强调"了这样一个事实：乔克托人和奇卡索人已经同意迁移，如果剩下的人也能"迅速迁移"，那么每个人都会得到好处。对于白人而言，这样做"可以把分布过于密集的文明人口安置到现在仍由少数野蛮的狩猎者占据的广袤国土上去"；而对于印第安人而言，这样做"或许会引导他们逐渐放弃其野蛮习性，让他们在政府的保护下和善意的劝导下，最终转变成一个令人关注的文明的基督教社会"。

他再次老调重弹："没有一个人比我更深爱本国土著居民，我对他们充满了友好感情……"然而，"现代文明和日益增多的人口，犹如巨浪一般，正在向西部涌动。所以我们提议通过公平交易的方式，来换取南部和西部红种人所占据的土地……"

佐治亚州通过的一项法案规定：未向州政府宣誓效忠的白人不得居住在印第安人领地内，否则就是犯罪。1831 年春，当切罗基人领地内的白人传教士公开宣布支持切罗基人留居原地时，佐治亚州民兵闯入切罗基人领地，逮捕了包括塞缪尔·武斯特在内的 3 名传教士。由于伍斯特为联邦邮政局长，当他们声言政府雇员应受到保护时，他们被释放了。但杰克逊政府随即把伍斯特解雇了。当年夏天，民兵再次出动，抓走了 10 名传教士，其中包括《永恒的切罗基》的一名白人印刷工。他们遭到毒打，被戴上镣铐，一天强行走了 35 英里，然后被投进了县城大牢。经审讯，陪审团判定他们有罪。其中九人在同意向佐治亚法律宣誓效忠后被释放。武斯特和伊莱扎·巴特勒则因为拒绝向压迫切罗基人的佐治亚法律宣誓效忠而被判处 4 年苦役。

该案上诉到最高法院。在伍斯特诉佐治亚案中，约翰·马歇尔支持大多数法官的意见，认为佐治亚判处伍斯特入狱的法律违背了同切罗基人签订的条约。根据宪法，该条约对相关各州是有约束力的。因此，他裁定武斯特无罪。但佐治亚不理会他的裁定，杰克逊总统也拒绝执行这一裁决。

于是，佐治亚开始大量出售切罗基人的土地，并随时出动民兵去扑灭切罗基人的任何反抗行为。尽管切罗基人采取了非暴力政策，但是，他们的财产依然被掠夺，家园依然被焚毁，学校依然被关闭，妇女依然受到虐待，白人甚至还在他们的教堂里出售酒类，让他们感到更加的无助和无奈。

1832 年，就在杰克逊在切罗基问题上支持佐治亚的州权的同时，他却对南卡罗来纳州违反国会有关联邦关税的法令进行了严词抨击。这一年，他以 68.7 万票：53 万票轻易击败对手亨利·克莱，连任总统。这表示他的反印第安人政策是受欢迎的，至少在那些有投票权的白人男子中间是如此。他们在 1 300 万总人口中大约有 200 万人。于是，杰克逊开始采取行动，加快了印第安人迁移的速度。大多数乔克托人和切罗基人被迫迁移，但仍有 2.2 万名克里克人留居于

141

阿拉巴马,1.8 万名切罗基人留居于佐治亚,5 000 名塞米诺尔人留居于佛罗里达。

自哥伦布时代以来,克里克人一直在为保卫领土而战。他们先后与西班牙人、英国人、法国人、美国人战斗过。但是,到 1832 年,他们的领土已减缩为阿拉巴马一块极小的地区。同一时期,阿拉巴马州的人口却迅速增长,业已超过 30 万人。由于轻信了联邦政府大事吹嘘的诺言,克里克人代表团在华盛顿签订了《华盛顿条约》,同意迁移到密西西比州以外的地区。条件是克里克人放弃 500 万英亩土地,但其中 200 万英亩应给予克里克私人拥有,他们受到联邦政府的保护,可以在阿拉巴马州境内出卖这些土地或留作自用。

对于这一条约,范·埃夫里指出:

> 在 1832 年之前印第安人和白人没完没了的外交纠纷中,就没曾有过一个条约一签订而不被白人破坏的先例……虽然条约中充斥着"长久"、"永恒"、"永远"、"只要太阳升起"之类的辞藻……但尽管如此,却也从未有像 1832 年的华盛顿条约这样这么快就被他们扔掉了。几乎在签订条约的同时,白人就背弃了条约中作出的承诺。

白人开始侵犯克里克人的领土。抢劫者、寻求土地者、诈骗者、威士忌酒商、暴徒,将成千名克里克人从家中撵走,赶到沼泽地和森林中。联邦政府对此不闻不问,相反,它通过谈判达成的一个新条约提出:克里克人必须立即向西迁移;移居行动由克里人自己负责;联邦政府提供经济援助。一位陆军上校怀疑此条约是否能奏效,他写道:

> 印第安人害怕在迁移途中饿死;何况,即便没有长途跋涉所带来的种种苦难,他们现在就已经饿得奄奄一息了……你根本无法想象得到:最近两三年来印第安人的生活条件在不断恶化,从相对自给自足状态沦落到赤贫状态。白人可以自由出入他们的领地,蚕食他们的土地甚至耕地,虐待他们的同胞。成群结队的贸易商像蝗虫一样吞噬他们的财产,在他们家里塞满威士忌,毁掉他们曾经拥有的小片耕地……他们动辄被严词叱责,威逼利诱,镇压打击。合众国没有制定妥当的保护制度,他们也缺乏自我保护的能力,这让他们感到抑郁和沮丧。

北方那些在政治上同情印第安人的人士好像全都消失了,大家都把注意力转移到了别的问题上。丹尼尔·韦伯斯特在参议院发表了一篇慷慨激昂的演讲,阐述"法律的权威性……联邦政府的权力"问题,但他针对的不是阿拉巴马、佐治亚和印第安人问题,而是南卡罗来纳违反国会有关联邦关税的法令问题。

尽管处境困难的克里克人不肯迁移。但是,到 1836 年,各州政府官员和联邦官员还是作出了克里克人必须迁移的决定。他们借口少数绝望的克里克人数次袭击白人殖民者事件,宣称克里克族在制造"战争",已经丧失了享受华盛顿条约中规定的权利的资格。

政府动用军队强迫克里克人向西迁移。不足百人的克里克人卷入了所谓的"战争",却有1 000人因为害怕白人的报复而逃入了丛林。随后,政府派出一支1.1万人的部队。克里克人没有抵抗,一枪未发就屈服了。军方将那些他们认为是反叛者和同情反叛者的人集合起来,男人被戴上手铐拴在一起,押往西部,他们的妻子儿女跟在后面。另一支部队则侵入克里克人居住区,将居民集中起来,以2 000人或3 000人编成一组,向西迁移。没有任何人再谈到对克里克人的土地和财产给予善后补偿的问题。

同此前乔克托人的悲惨命运一样,克里克人的这次长途迁移也被转给了承包商。结果,延误时日,缺乏食物、住所、衣服、毛毯以及医疗护理的场景再次重演,用破旧不堪、严重超载的汽船和木船将他们运过密西西比河的情景也再次出现。"正值仲冬时节,克里克族1.5万人的队伍蹒跚而行,从阿肯色的这端边界到那端边界,绵延不绝。"饥饿和疾病导致大批人死亡。范·埃夫里写道:"尾随而至的嗥叫的狼群和成群盘旋的兀鹰把流放队伍一截截的隔离开来。"

800名克里克人自愿参加合众国对佛罗里达州塞米诺尔人的战争。作为回报,合众国许诺他们的家人可以留居在阿拉巴马州,联邦政府给他们提供保护,直到战争结束后他们返回家乡为止。然而,合众国并没有信守诺言。对土地贪婪成性的白人抢劫者袭击了这些克里克人的家人——洗劫了他们的家财,将他们赶出家门,妇女则被强奸。然后,军方宣称:为了保证他们的安全,克里克人应该从克里克领土迁移到莫比尔湾的中心营地。在那里,数百名克里克人因缺少食物、患病而死亡。

当参加塞米诺尔战争的克里克人返回家乡时,他们以及他们的家人被驱赶向西迁移。在经过新奥尔良时,他们染上了黄热疫。在渡过密西西比河时,611名印第安人被塞进一艘年久失修的破船蒙没斯号,船沉入河底,311人死亡,其中有4人是赴佛罗里达参战的克里克志愿军指挥官的孩子。

一家新奥尔良报纸写道:

这次惨祸造成了巨大的生命损失,而酿成这次惨祸的罪魁祸首是承包商……在其贪婪本性的驱使下,为了获取更多的利润,他们首先租用了腐朽不堪、经不起风浪的破船,因为这种船最便宜。随后,为了把收益再提高一些,印第安人被拼命塞进这种岌岌可危的破船,连一点点安全感,一点点舒适度,甚至连一点点体面都丝毫不再被顾及。

乔克托和奇卡索很快就同意了迁移。克里克人非常倔强,因而被勒令强迫迁移。切罗基人正在采取非暴力抵抗行动。另一个部落塞米诺尔族则决定与白人战斗。

由于佛罗里达已属于合众国所有,塞米诺尔人的领土就成为美国土地攫取者的直接目标。他们来到从圣奥古斯汀到彭萨科拉的北佛罗里达,来到肥沃的沿海地带。1823 年,少数塞米诺尔人以在北佛罗里达得到大片个人土地为条件签订了《莫尔特里军营条约》,同意全部塞米诺尔人离开北佛罗里达和所有海岸地区,迁往内地,即迁往中佛罗里达的沼泽地。那是一个没有办法种植谷物,甚至连野生的猎物都没法生存的地方。

要求他们离开佛罗里达,向西迁移的压力越来越大。1834 年,美国豢养的印第安人代办将塞米诺尔族首领招来,告诉他们,塞米诺尔人必须向西迁移。下面是塞米诺尔人在会谈中所作的部分回答:

> 我们都是同一个伟大的上帝所生,都同样是他的孩子。我们是同一个母亲所生,吃的是一样的乳汁。因此,我们是兄弟。既然是兄弟,就应该友好相处。

> 你的发言很精彩,但我的族人是不会同意离开的。我们不愿意这样。如果他们嘴里说愿意而口不应心的话,那他们就是骗子。

> 如果突然将心脏从同它相连的周围部位拿开,心弦就会断裂。

印第安代办设法让 15 名酋长和副首领签订了一份迁移条约,联邦参议院立即予以批准,战争部也开始作移民的准备。白人与塞米诺尔人之间的暴力冲突随之爆发。

一位名叫奥西奥拉的年轻塞米诺尔酋长,曾被印第安代办汤普森监禁,他的妻子也被卖身为奴。奥西奥拉成了日益增长的反抗运动的一名领袖。1835 年12 月,汤普森命令塞米诺尔人集合上路,没有一个人从命。相反,他们连续从内陆发动突然袭击,一直沿着佛罗里达的边界,对建立在海岸边的白人定居点展开游击战。他们杀死白人,掳获奴隶,毁坏白人的财产。在一次突袭战中,奥西奥拉亲手杀死了汤普森和一名陆军中尉。

同一天,即 1835 年 12 月 28 日,一支 110 人的白人部队遭到塞米诺尔人袭击,除 3 人侥幸逃生外,其余人全被杀死。一位幸存者后来在谈到这件事时说:

> 事情发生在早上 8 点。我突然听到来复枪的射击声⋯⋯毛瑟枪的射击声也随之响起⋯⋯刹那间枪声大作,我来不及思考到底发生了什么。似乎对方有 1 000 人,从正前方朝我们扑来,然后从左翼包抄攻击。⋯⋯我只能看到他们的头和手,在长长的草丛中以及松树后面忽隐忽现,忽远忽近⋯⋯

这是印第安人以优势兵力对付敌人的一种典型战术。乔治·华盛顿将军曾经告诫过他的一位将领:“圣克莱尔将军,记住这几个字:谨防突袭⋯⋯千万要记住,将军,谨防突袭。”

国会拨款支持征讨塞米诺尔人。在参议院,来自肯塔基的亨利·克莱反对战争。他是杰克逊的对手,也是印第安迁移的反对者。但他的辉格党同僚丹尼尔·韦伯斯特则表现出跨党派联合的趋向,韦伯斯特此举为此后美国在战争问题上的跨党派联合树立了榜样。他说：

> 肯塔基的这位先生所持的观点当然没错。但问题是，战争已进入白热化状态，敌人呈现出压倒之势，其后果是灾难性的。联邦政府呼吁采取相应措施打击敌人。在这种情况下，通过这项议案应该是非常合适的。

温菲尔德·斯科特将军挂帅出征，好几支队伍顺利地进入了塞米诺尔人居住区。但那里已空无一人。泥浆、沼泽地、酷热以及疾病令他们疲惫不堪——这是一种典型的困境，文明国家的军队在征伐本国人民时经常陷入这种困境。任何人都不想在佛罗里达的沼泽地里同塞米诺尔人发生遭遇战。1836 年，正规军中有 103 名中高级军官辞职，剩下的只有 46 人。1837 年春，陆军少校杰瑟普将军率领 1 万军队投入这场战争，但塞米诺尔人却在茫茫沼泽地消失得无影无踪，他们只是不时出来打击那些落单的小股敌人。

战争持续一年又一年。军队征召别的印第安人去同塞米诺尔人作战，但也收效甚微。正如范·埃夫里说："塞米诺尔人对自身环境的适应能力只有仙鹤和鳄鱼可以与之比肩。"这场历时 8 年的战争，耗费 2 000 万美元，损失 1 500 名美国人。到 19 世纪 40 年代，塞米诺尔人终于感到厌烦了。他们本是一个极微小的群体，可是却要与一个资源丰富的大国相抗争。塞米诺尔人要求停战。但是当他们举着停战旗走出战壕时，却被美国军队拘捕，每次都是如此。1837 年，奥西奥拉在停战旗下被美军抓住，并被带上脚镣，不久即在狱中病死。战争结束了。

此时的切罗基人不是用武力来抵抗，而是用自己特有的方式来抵抗。因此，政府开始采用一种古老的把戏，即利用切罗基人反对切罗基人。压力越来越大地降临到切罗基人居住区。他们的报纸被禁止发行，政府被解散，传教士被投入监狱，土地被以抽签的方式分配给白人。1834 年，700 名对战争感到厌倦的切罗基人答应向西迁移，81 人死于途中，其中包括 45 名儿童。他们绝大部分死于麻疹和霍乱。幸存者在渡过密西西比河时，正值霍乱流行期，他们受到感染。到达目的地后，有一半人在一年之内陆续死亡。

1836 年，切罗基人被要求到佐治亚的新埃考塔集体签订迁移条约，但 1.7 万切罗基人只去了不足 500 人。但不管以何种形式，条约无论如何都得签。参议院批准了这一条约。包括那些曾经同情印第安人的北方议员都投了赞成票。正如马萨诸塞参议员爱德华·埃弗雷特所说，"迫于环境的压力……和现实需要"，他们屈服了。这时，佐治亚州的白人也加紧袭击切罗基人，迫使其尽快迁移。

联邦政府没有立即出兵对付切罗基人。1838 年 4 月，拉尔夫·沃尔多·爱默生向范·布伦总统写了一封公开信，充满愤怒地谈到了切罗基人的迁移条约（背着绝大多数切罗基人而偷偷签订的条约），质问他美国一向所秉持的公正何在：

147　　　　　公正乃人之灵魂，仁爱则是人内心深处的呼声。从缅因到佐治亚，人们无不对政府的这一行径深恶痛绝……其罪恶之深重已远远超出我们的想象：你们不仅践踏了切罗基人的家园，也摧毁了我们的国家。试想，我们怎么可能会把一个直接参与镇压印第安人的同案犯称作我们的政府？又怎么可能再把导致印第安人生离死别的这个令人诅咒之地称作我们的国家？先生们，如果你们的印章盖在不义的证书上，那么，你们就玷污了你们的名声并落下恶名。这个国家的名誉，迄今为止有关宗教和自由的种种美好预言，将引起全世界人的讨厌。

就在爱默生发出此信的 13 天前，马丁·范·布伦命令陆军少将温菲尔德·斯科特将军可以使用任何必需的武力手段进入切罗基人的领土，以迫使切罗基人向西迁移。5 个团的常备军以及 4 000 名民兵和志愿兵开始大举进犯切罗基人居住区。斯科特将军向印第安人发表讲话说：

　　　　各位切罗基人，美国总统命我率大军前来，协助你们按照 1834 年条约的要求前往密西西比河彼岸，同先期到达那里的族人汇合，他们已经把那里建成繁华富庶之地……5 月的月亮眼下已经由盈渐亏，在明年 5 月的月圆之夜，所有的切罗基人，无论男女老幼……想必正在同遥远西部的族人一起狂欢……我的军队已经占领了你们的许多地方，当然那也是你们即将放弃的地方。成千上万的士兵正在从四面八方向你们压过来，以防止那些毫无希望的抵抗和逃跑行为……酋长们、头人们和勇士们，现在你们还想负隅顽抗，幻想我们能够放下武器吗？就连上帝也不会答应的。那么，你们还想跑进山林里躲起来，好让我们把你们一个一个像猎物一样的射杀吗？

3 名签署迁移盟约的酋长被人杀死，在这种情况下，一些切罗基人显然对非暴力抵抗行动不抱任何希望了。随后，1.7 万名切罗基人被包围并被关在栅栏中。1838 年 10 月 1 日，切罗基人的第一支迁移队伍含泪出发，这就是后来广为人知的"血泪历程"所描述的情节。在他们向西迁移的途中，陆续有人死亡——有的死于疾病，有的死于干渴，有的因高温中暑而死，有的则因严寒冰冻而死。645 辆马车迤逦而行，人们成群结队紧跟着徒步前进。数年后，一些幸存者说，正值仲冬时节，他们到达了密西西比河边，奔腾的河水挟带着冰块，阻挡他们前行。"几百名奄奄一息的病人被关在车内，睡在地上。"根据研究印第安迁移的著148　名权威格兰特·福尔曼估计，共有 4 000 名切罗基人死于囚禁他们的栅栏内和西迁途中。

1838 年 12 月，范·布伦总统对国会说：

　　　　我无比荣幸地向国会报告：切罗基族印第安人已全部迁移到密西西比西部的新家。国会授权的行动最终取得了令人完全满意的效果。

第八章

我们并没有以征服夺取什么,谢天谢地

伊桑·艾伦·希契科克上校是一位喜爱读莎士比亚、乔叟、黑格尔、斯宾诺莎作品的职业军人。他毕业于军事学院,后任第三步兵团指挥官。他在日记中写道:

> 1845 年 6 月 30 日,路易斯安娜的杰瑟普堡。昨天晚上,华盛顿来的专差命令泰勒将军即刻进军,占领萨宾等地附近海岸的一些据点,并命令他一得到得克萨斯议会接受我们国会兼并决议案的消息,就立即率领全部军队迅速进驻到得克萨斯最西部的边界,抢占格兰德河岸或附近的据点,随时准备驱逐越过该河的一切墨西哥军队。昨天晚上,布利斯在野外训练时向我匆匆宣读了命令。我思考着必需的准备,一刻也不得入睡。我在烛光摇曳中静静地等待着起床号声,等待着集合的信号……我深信,我们发动的这场战争必定会引起连锁反应,导致流血和杀戮。

希契科克的判断并没有错。杰斐逊购买了佛罗里达,使美国的边界延伸到落基山脉,版图增加了一倍。其西南是墨西哥,该国 1821 年在反对西班牙的革命中赢得了独立。那时墨西哥的面积比现在要大得多,它包括现今的得克萨斯州、新墨西哥州、犹他州、内华达州、加利福尼亚州,以及科罗拉多州的一部分。1836 年,得克萨斯在一次骚乱之后得到美国政府的援助,从墨西哥分离出来,自称为"孤星共和政府"。1845 年,美国国会将其作为一个州并入联邦。

此时,白宫的主人是民主党人詹姆斯·波尔克,一位领土扩张主义者。就职典礼的当晚,他就向海军部长吐露了心机:他的主要目标是获取加利福尼亚。他下令泰勒将军率部向格兰德河进军,这实际上是向墨西哥挑战。尽管得克萨斯击败并俘虏了墨西哥的桑塔·安纳将军,迫使桑塔·安纳将军承认以格兰德河作为得克萨斯的南部边界,但是,格兰德河到底是否为得克萨斯的南部边界,这一点尚存争议。流经得克萨斯北部的纽埃西斯河约 150 英里,过去被看作是得克萨斯与墨西哥的边界。墨西哥和美国都将此河作为边界。可是,波尔克鼓励得克萨斯接受合并,并保证美国将支持它对格兰德河的要求。

命令军队向格兰德河进军,侵占墨西哥人居住区,这显然是一种挑衅行为。泰勒将军曾公开谴责过兼并得克萨斯的主张。但在接到让他进军的命令时,他好像改变了态度。他曾经到他的助手希契科克的军帐中讨论行动事宜。希契科克在日记中记下了这一幕：

> 他好像已经失去了对墨西哥人权利的尊重，愿意为波尔克先生效劳，把我们的边界尽可能向西推移。他向我谈了这一意向之后，我告诉他，如果他提议出兵的话，波尔克总统就会抓住这一点，把责任推到他的身上。他马上说，他愿意承担这个责任，并且还说，如果总统授予他随机处置权的话，只要能够搞到运输工具，他将会在没有接到任何命令的情况下立即攻取格兰德河。我想，这位将军是希望通过攻城略地获得额外晋升。

一跨过纽埃西斯河，泰勒即率军直抵得克萨斯的科珀斯克里斯蒂，在那里整装待命。1846年2月，他们沿墨西哥湾海岸到达格兰德河。泰勒将军的军队列成平行的纵队越过开阔的大草原，前方和侧翼有侦察兵，供应部队尾随其后。他们沿着一条狭窄的道路，穿过密集的灌木丛，1846年3月28日终于到达了一个地方——那里满是墨西哥居民匆忙中遗弃的耕地和茅草小屋。墨西哥人早已渡过格兰德河逃向马塔莫拉斯城。泰勒将军安营扎寨，修建堡垒，满载弹药的大炮瞄准马塔莫拉斯城的市区。墨西哥居民惊恐地注视着平静的河岸对面这群军队的动静。

早在1845年，一份代表波尔克总统和民主党立场的报纸《华盛顿联盟》，就已经点明了并吞得克萨斯的意图：

> 151　　务必完成合并这一重大步骤，同时解决边界问题和格兰德河的归属问题。谁能阻挡向西奔涌的洪流？通向加利福尼亚的道路已向我们敞开，谁能阻止我们向西进军的步伐？

他们的意思可能主要是想通过和平的方式向西挺进："一队训练有素的志愿者……蜂拥而至，越过边界，占领墨西哥。他们不仅可以让我们占领加利福尼亚，而且可以让我们永远拥有它。"此后不久，1845年夏，《民主评论》的主编约翰·奥萨利文用一句后来广为人知的话来解释战争的起因："我们显然注定要拓展到上帝为我们每年新增的数百万人口的发展而指定的大陆。"是的，这是天定命运。

1846年春，波尔克总统所需要的，就是一次军事事件，藉以挑起他所希望的战争。这年4月，机会终于来了。泰勒将军的军需官克罗斯上校在格兰德河河岸骑马时突然失踪。11天后，人们找到了他的尸体。他因头部受重击而死，据推测，他很可能是被越过河的墨西哥游击队员杀害。克罗斯的葬礼庄严肃穆，为他举行了宗教仪式，还集体鸣枪3次。在格兰德河对岸马塔莫拉斯城的墨西哥人簇拥在他们的屋顶观看了这一幕。

第二天（4月25日），泰勒将军的一支巡逻队遭到墨西哥人的包围、袭击，并被消灭：16人死亡，其他人受伤，余者被俘。泰勒向得克萨斯和路易斯安那两州的州长作了通报，并要求他们征召 5 000 名志愿者，因为他在前往得克萨斯前已得到白宫的此项授权。同时，泰勒又给波尔克发了一份急件："现在可以认为，战争就要开始了。"

墨西哥人已经先动手了。早在这些事件发生前，希契科克上校就在他的日记中写道，这正是美国政府所求之不得的：

> 从一开始我就说过，合众国是侵略者……我们没有任何权利侵占此地……政府可能会派遣一支小部队挑起战争，以便寻找借口，从而夺取它垂涎已久的加利福尼亚以及被它盯上的该国其他领土。不管这支部队的命运如何，美国同墨西哥之间的战争已在所难免……我无意这么做……但是，作为一名军人，我必须执行命令。

其实，早在最初的冲突爆发之前，泰勒就已经向波尔克总统发去了急件，以便让他明白"战争呈一触即发之势"。5 月 9 日，前方尚未传来有关战争的任何消息，波尔克便向内阁建议发表战争宣言，其理由是美国的某些债权要求没有得到清偿以及拒绝接待美国谈判公使约翰·斯利德尔。波尔克在日记中记录了他在内阁会议上的发言：

> ……众所周知，到目前为止，我们尚未听说墨西哥军队有任何公开的侵略行动，但是，他们必定会采取这样的行动，危险已迫在眉睫。在我看来，我们有充足的理由宣战……我不可能对此再保持沉默……国民情绪激愤，已经急不可耐……

"情绪激愤和急不可耐"的不是国民，而是总统本人。当泰勒将军有关美军遭墨西哥人袭击及相关伤亡报告的急件到达后，波尔克召集内阁官员，通告这一情况。全体内阁成员一致同意总统发表战争宣言。波尔克在提交国会的主战咨文中愤愤不平地指出：

> 早在格兰德河前线的最新消息抵达之前，我们就已经忍无可忍了。在一而再、再而三的恐吓和威胁之后，现在墨西哥人已经越过了合众国边界，侵入我国领土，使美国人的鲜血在美国人的土地上流淌……

> 虽然我们竭力避免战争，但是，由于墨西哥人的原因，现在战争已经来临。我们所肩负的责任以及我们的爱国主义精神都要求我们承担起维护国家尊严、权利和利益的使命。

波尔克指出，派美国军队前往格兰德是出于防御目的所采取的必要措施。正如约翰·施罗德在其《波尔克先生的战争》中所说："实际上，真相恰恰相反，是波尔克总统派兵进入有争议的领土才引发了战争，而这块有争议的地方在历史上却是由墨西哥人控制和居住的。"

国会匆匆忙忙地批准了总统咨文。对此，施罗德评论说："纪律严明的民主党利用其国会中的多数派优势，对波尔克 5 月 11 日战争提案迅速作出反应，予以强行通过。"与主战咨文相配合,白宫同时还提交了一大堆正式文件,为波尔克的主战声明提供证据,但这些证据都未加核实。派遣志愿军参战和提供资金的提案被限制在两小时之内讨论表决,但这两小时的大部分是用来宣读提交的文件中选定的某些段落,这样,对这问题的讨论只剩下半小时。

辉格党也许不赞成对墨西哥开战,但它并不反对扩张。它也希望得到加利福尼亚,只是更愿通过非战争的方式达到目的。正如施罗德所说:"他们是商业扩张主义者,希望不必诉诸战争就能够得到直到(加利福尼亚的)帕西菲克的广大领土。"而且他们也无力否决为战争提供人力和财力的议案,阻止这场战争。何况,如果他们不赞成为战争提供必要的战备物资,就好像是他们欲置美国士兵于死地。他们也不想背负这样的骂名。结果,辉格党同民主党共同投了赞成票,战争决议案以174:14的绝对优势获得通过。反对者只是辉格党中的那些激进的废奴主义者,或者如一名支持战争的马萨诸塞议员所说,他们不过是"一小撮过激分子"。

参议院讨论战争议案时也发生了辩论,但这种辩论只持续了一天。按照历史学家弗里德里克·莫克的说法,"人海战术再次奏效"。由于辉格党人支持民主党,因此,参议院以四十比二通过了战争方案。正如施罗德所说,在整个战争期间,"政治敏感的辉格党少数派所能做的,也只是每当国会对战争拨款进行投票表决时,对政府进行一连串冗长乏味的攻击"。华盛顿出版的辉格党报纸《国家情报员》就持此种立场。马萨诸塞的约翰·昆西·亚当斯在最初投票时属于"顽固的14票",后来投票时还是决定支持战争拨款方案。

战争开始之时,伊利诺斯的亚伯拉罕·林肯尚未进入国会。但是,1846年竞选国会议员成功后,他得以有机会就战争问题进行表决和发表意见。他提出了著名的"地点解决方案"——他向波尔克提出质询,要求具体指明美国人"在美国土地上"被杀戮的确切地点。但是他并不赞成用停止拨款的办法来中止战争。1848年7月27日,他在众议院发表支持扎卡里·泰勒将军竞选总统的演讲时说:

> 不过,在你们民主党人看来,既然泰勒将军在墨西哥战争中是一位出类拔萃的英雄,既然我们辉格党人总是反对战争,那么选择支持泰勒将军,对我们来说将会极为尴尬和难为情。指责我们总是反对战争,这种指责到底是真是假,取决于人们如何理解"反对战争"的涵义。如果说认为"总统发动这场战争是违宪的、多余的"就是反对战争的话,那么辉格党人普遍地都坚决反对战争……把军队开入和平的墨西哥人定居点,驱赶居民,毁坏他们的农作物和财产。在你们看来,这些行动是和平友好之举、不是挑衅,但我们却不这么认为……不过,既然战争已经开始,已经成为国家的事业,和你们一样,为了支持战争,我们付出了金钱和生命。就此而言,说我们总是反对

战争,那就不对了。除了极少数人外,我们会继续投票支持为战争提供必需的物质供应……

少数反对奴隶制度的国会议员投票反对战争措施,是因为他们把墨西哥战争看成是南部奴隶制度扩张的手段。俄亥俄州的乔舒亚·吉丁斯就是其中之一。吉丁斯是一位热情奔放、富有感染力的演说家,他将这场战争称为"一场邪恶的、非正义的侵略战争"。他是这样解释自己投票反对补充兵源和武器的理由的:"在墨西哥的土地上屠杀墨西哥人,或者在他们的国家抢劫他们的财物,我现在不会,将来也不会参与这种事情。这种犯罪行为可以仰仗别人,但我决不会参与……"吉丁斯指出,在美国革命期间,英国的辉格党人就曾于1776年在议会里声明对镇压美国人的军事预算投反对票。

1846年5月国会通过战争法案后,拥护战争的群众在纽约、巴尔的摩、印第安纳波利斯、费城以及其他许多地方举行集会和游行示威。数千人立即加入志愿军。战争初期,诗人沃尔特·惠特曼在《布鲁克林之鹰》中写道:"啊,墨西哥应该受到惩罚……我们志在改变世界,我们的军队正在前进。我们不要再争吵不休,向前进,美国知道如何去征服,也知道如何去扩张!"

所有这些侵略行为都贯穿着这样一种观念:美国将会给更多的人带来民主和自由的福祉。这种观念掺杂着种族优越感,掺杂着对新墨西哥和加利福尼亚美丽富饶的土地的向往,掺杂着参与横跨太平洋两岸商业活动的强烈愿望。

《伊利诺伊文摘》在谈到加利福尼亚时这样问道:"难道我们就忍心让这么美丽的花园静静地躺在那儿,任其荒废吗……"它预言"无数雄心勃勃的美国人会蜂拥而至,来到这富庶诱人的大草原,这里的山谷将会到处回荡着英美工厂传出的隆隆机器声,这里的平原和海滨将会涌现出一座座的城市,国家的资源和财富也将会以难以预料的速度增长"。《美国评论》也谈到墨西哥人将"为一个优秀民族所统治,他们不知不觉地渗透进来,不断地改变着墨西哥人的生活习惯,他们的寿命比墨西哥人长,也比墨西哥人会做生意,他们将最终根绝墨西哥人的懦弱气质……"1847年,《纽约先驱论坛报》指出:"在几年之内,无所不能的美国能解放墨西哥人民,给他们以新生;我们认为,教化这个美丽的地方是我们的神圣使命之一。"

发表在《纽约商报》上的一封来信甚至把上帝都搬出来了:"宇宙万物的最高主宰看来也在参与其事,为惠及整个人类提供精神帮助……上帝的介入对我来说好像就是要坚信我们的军队一定会取得胜利……把700万灵魂从弥漫于人类的深重罪孽中拯救出来是其公开的目的……这是不言自明的。"

参议员H. V.约翰逊说:

　　在我看来,倘若我们拒绝了上帝的最高谕示,对于实现我们的崇高使命而言,我们就是懦夫。战争是一种罪恶,它带来的是尸横遍野和满目疮痍。

然而,令人不解的是,它在冥冥之中也是推动人类进步和促进人类幸福的一种手段……正是在这个意义上,我相信"天定命运"之说。

1847 年 2 月 11 日《国会公报》作了如下报道:

马里兰州的贾尔斯先生——我认为,在我们关闭雅努斯两面神庙的大门之前,我们应当并且一定能获得土地……我们必须跨越海洋……我们必须迎风破浪,直接从得克萨斯向太平洋进军……这是白种人的使命,这是盎格鲁-撒克逊人的使命……

美国废奴协会则从另一个方面指出,战争"仅仅是为了将美国的奴隶制度推广到墨西哥幅员广阔的领土之上,并使之永久保存,这是一种用心险恶、令人讨厌的图谋"。27 岁的波士顿诗人、废奴主义者詹姆斯·拉塞尔·罗威尔开始在《波士顿信使报》上写讽刺诗歌(后来,他将这些诗歌结集为《比格罗文集》出版)。在这些诗中,新英格兰一位农民霍齐亚·比格罗,用他自己的方言描述战争:

> 战争,我把它叫做谋杀,
>
> ——它发生在旷野和平原;
>
> 我不愿深陷其中
>
> 于是我为此烦恼不已……
>
> 他们谈论起自由来
>
> 巧舌如簧,眉飞色舞
>
> 殊不知
>
> 他们的自由
>
> 正是埋葬我们天赋权利的
>
> 无边坟墓
>
> 他们想要这个加利福尼亚,
>
> 把新的蓄奴州多多建立,
>
> 好来作践你,侮辱你,
>
> 狠狠剥掉你的皮。

1846 年夏,战争刚刚开始的时候,居住在马萨诸塞州康科德的作家亨利·戴维·索罗因为拒绝交纳马萨诸塞州人头税,公然抨击墨西哥战争,而被投进监狱,关了一个晚上。他的朋友在未经他本人同意的情况下,替他交纳税款。于是,他被释放了。两年后,他发表了《抵制国民政府》的演讲(后来作为一篇论文《论公民之不服从》印行):

教育人民尊重法律,这是不可取的。权利亦不值得人们尊重……法律从未给人以些许公正;并且,正是由于人们尊重它,所以,即便是心怀好意者也会时常充当不公正行为的代理人。过分地尊重法律,通常会出现这样一种必然的后果:你会见到一队士兵……井然有序地翻山越岭,开赴战场。

唉,他们其实违背了自己的愿望,违反自己的本性和良心,进行这么一场实际上充满着艰难险阻、令人心悸的行军。

索罗的朋友、作家拉尔夫·沃尔多·爱默生同意他的观点,但认为抗议法律是徒劳的。爱默生到监狱探望索罗时,问道:“你干嘛在里面?”据说,索罗回答说:“你干嘛在外面?”

绝大多数教会要么直言不讳地公然支持战争,要么怯懦地选择沉默。只有公理会、贵格会(教友会)和唯一神教派等明确地反对战争。一位浸礼会的牧师、布朗大学校长弗朗西斯·韦兰德神父在大学的小教堂里作了3场反战讲道。他说,只有自卫战争才是正义的,而对于非正义战争,人们在道义上有责任予以抵制,也有责任不向政府交纳用于战争的费用。

波士顿唯一神教派牧师西奥多·帕克神父,既强烈批评战争,又公然藐视墨西哥人民。他称墨西哥人是“令人讨厌的人;在血统、历史、性格方面都十分令人讨厌”,最终必定会像印第安人那样降服于联邦。他指出,是的,美国应当扩张,但不是靠战争,相反,是靠它的思想力量,它的商业压力,靠“优等种族的持续进步,优秀的思想观念和更好的文明……靠比墨西哥人更加睿智,更加仁爱,更加自由,更加健硕”。1847年,帕克呼吁积极行动起来,抵制这场战争:“要让每一个应征入伍的新英格兰人都感到耻辱,要让每一个给政府提供贷款或者给这场可恶的战争提供船舶的新英格兰商人都感到羞愧,要让每一个给这场战争提供哪怕一尊大炮、一把刀剑或一包炸药去屠杀我们手足兄弟的制造商都感到无地自容……”

帕克的种族优越观念流传甚广。俄亥俄州众议员德拉诺是一位反对奴隶制度的辉格党人,他反对战争,因为他担心美国人与劣等人种混合,“接纳各种肤色的人……成为混杂着西班牙人、英国人、印第安人、黑人血统的极其糟糕的混合物……据说,这样会产生出生性懒惰、愚昧无知的人种”。

战争在继续,反对意见也越来越多。美国和平协会发行了一份报纸《拥护和平》,发表反对战争的诗文、演讲、请愿书和反对战争的布道,以及大量反映军营生活堕落、恐惧战争的战地见闻。废奴主义者以威廉·洛德·加里森的《解放者》为阵地,对这场战争进行了猛烈抨击,直斥其为“攻击、侵略、征服和掠夺,无耻下流、背信弃义以及这个国家的其他一切恶行在这里表现得淋漓尽致……”虽然政府领袖为了争取爱国者的支持而付出了艰辛的努力,但社会上还是出现了大量的公开反对与批评意见,这种现象颇引人注目。尽管受到爱国心强的民众攻击,反战集会却经常发生。

当军队向墨西哥城渐渐逼近的时候,反对奴隶制度的报纸《解放者》勇敢地宣告他们希望美军失败:“全世界每一位爱好自由、博爱的人士都期盼他们(墨西哥人)取得辉煌的胜利……我们唯一的愿望就是,如果流血不可避免,那么流血的就应该是美国人。我们希望下一个消息是斯科特将军及其军队被墨西哥人俘获……我们希望他及其将士们都不会受到伤害,但希望他大败而归,颜面扫地。"

　　杰出的演说家、作家弗里德里克·道格拉斯以前是奴隶。1848 年 1 月 21 日,他在罗彻斯特自己主办的报纸《北斗星》中写道:"美国目前正与其友邻共和国进行一场不光彩的、残酷的、不公正的战争。盎格鲁撒克逊人对于领土充满了贪婪嗜好,墨西哥看来注定要成为其牺牲品。"道格拉斯嘲笑战争的反对派们不愿采取真正的行动,甚至废奴主义者都甘愿交纳人头税:

　　　　微弱的反战声音的存在,不仅无碍于我们的奴隶主总统作出发动这场战争的决定,无碍于他成功地迫使人们为战争提供人力和财力,其实反而成了他的一种助力。任何一位声名显赫的政治家似乎都不情愿冒他本人及其政党的声望受到伤害的危险……公开地、无条件地对战争提出非难。似乎无人甘愿冒各种危险去呼吁和平;所有的人似乎宁愿战争以这种或那种形式继续下去。

　　民意何在? 这很难说清。第一次遭遇战发生后,征募活动开始减少。1846年的总统大选显示出强烈的反波尔克情绪,不过谁又能肯定说这种情绪就一定是针对这场战争的呢? 在马萨诸塞,支持战争的国会议员罗伯特·温思洛普以压倒性优势击败了反战的辉格党对手。对此,施罗德的结论是,虽然波尔克的民意下滑,但"国民在墨西哥战争问题上的整体狂热情绪却仍然居高不下"。不过,这只是推测,因为那时还没有民意调查。至于得票率,大多数人根本就没有投票。那么这些没参加投票的人对战争的态度是怎样的呢?

　　研究墨西哥战争的历史学家喜欢谈论"人民"和"大众舆论"。例如,贾斯廷·H.史密斯在其两卷本著作《墨西哥战争》就是如此,他的说法在相当长时期里成了一种标准解释:"当然,也必须充分认识到来自我们人民中间支持战争的情绪所造成的所有压力……这是由人民政府的性质所决定的。"

　　不过,史密斯的论据不是来自"人民"而是取自于报纸,并把报纸作为人民的声音。1845 年 8 月《纽约先驱论坛报》指出:"群众大声呼喊支持战争。"《纽约商报》半是玩笑半是认真地写道:"我们去打仗吧。这个世界已经变得枯燥乏味,令人厌倦。我们要把所有的船舶全部擒获,把所有的城市全部摧毁,把整个世界烧成灰烬,让我们从头再来。那样的话一定非常有趣。这些趣事或可为我们提供一些饭后的谈资。"《纽约晨报》谈道:"充斥整个城市的狂躁情绪……需要给这种永不满足的精力指明方向,于是他们的注意力已集中到墨西哥。"

　　报纸究竟是在报道公众情绪还是在制造公众情绪呢? 那些报道公众情绪的人,如贾斯廷·史密斯,他们本身就在强烈表达一种需要战争的观点。史密斯在他那部献给极端扩张主义者亨利·卡博·洛奇的著作中开列了长长的清单,细数墨西哥人对合众国所犯下的罪状。该书最后表示:"因此,有赖代表我们民族尊严和国家利益的政府采取措施予以解决。"他对波尔克的战争动议评论说："事实上，再也找不到别的像这样既爱国又理智的处理方式了。"

要想知道大众在何种程度上支持战争，这是不可能的。但却有证据表明有许多组织起来的工人反对战争。最初，当吞并得克萨斯的方案还在酝酿的时候，新英格兰的工人举行集会表示抗议。新罕布什尔的曼彻斯特有一家报纸写道：

> 在吞并得克萨斯之前我们已经赢得和平，而吞并得克萨斯的目的似乎就是为了让人们看一看我们国家的行为有多么的卑鄙无耻。我们说它卑鄙无耻，是因为它还在放纵那些以别人鲜血为生的人去制造更多的奴隶制恶行……难道我们现在还嫌自己的奴隶身份不够充分吗？

据菲利浦·方纳报道，纽约、波士顿、罗威尔的爱尔兰工人也都举行示威运动，反对吞并得克萨斯。5月，当美国对墨西哥的战争刚刚打响时，纽约工人举行了抗议战争的集会，许多爱尔兰工人参加了。这次集会将战争比作是一场由奴隶主策划的阴谋，要求美国军队从有争议的边界地区撤退出来。这一年，新英格兰工人协会召开了一次会议谴责战争，宣布他们"不会拿起武器去支持南部奴隶主去掠夺我们五分之一同胞的劳动"。

战争的最初时期，一些报纸抗议战争。1846年5月12日，霍勒斯·格里利在《纽约论坛报》上写道：

> 我们可以轻易地击败墨西哥军队，将他们成千地杀死，我们或许还可以直捣其首都，可以占领甚至"兼并"其领土，但接下来呢？难道毁灭希腊和罗马的自由，企图用刀剑统治如此广袤的帝国领土的历史教训还不值得我们汲取吗？难道有谁会相信，征服墨西哥的胜利，"兼并"其半数的领土，真的会给我们带来比目前更多的自由、更纯洁的德行、更加繁荣的工业吗……如果不启动可怕的战争机器，生命是不是不会如此可怜，以至于死亡紧随其后呢？

那些在战场上战斗的人——长途跋涉、流血流汗以至生病、死亡的战士们，墨西哥士兵，美国士兵，他们的情况又如何呢？

墨西哥士兵的反应，我们知之甚少。我们只知道墨西哥是君主专制国家，是印第安人以及印第安与西班牙混种人生活的地方，受西班牙裔白种人的统治。那里有100万西裔白种人，200万印西混种人和300万印第安人。难道反抗侵略的民族主义精神真的能够克服天生不愿意为地主的国家打仗的农民习性吗？

我们知道得更多的是美国士兵，当然是志愿兵，而不是被征召来的士兵。志愿兵被金钱所诱惑，谋求在部队中加官晋爵，提高其社会地位。泰勒将军的部队中，有一半是新近来的移民——绝大部分是爱尔兰人和德国人。1830年的时候，国外出生的人只占美国人口的1%，到墨西哥战争时，这一比例已高达10%。这些人的爱国情绪并不很强烈。在报纸所上所炫耀的那些支持扩张的理由中，他们的观点实在难登大雅之堂。事实上,他们中的大多数由于被金钱所引诱,逃向墨西哥一边。其中一些人参加了墨西哥军队并组成了自己的营队,比如圣帕特里夏(圣帕特里克)大队。

起初,人们被优厚的津贴和爱国主义所激励,对军营充满了狂热和憧憬。在纽约,好战精神高涨,议会授权政府招募 5 万名志愿军。布告上写着:"要么是墨西哥,要么是死亡。"在费城,2 万人举行大规模的集会。俄亥俄州有 3 000 人参加志愿军。

最初的这种精神状态不久就烟消云散了。北卡罗来纳格林斯堡的一名妇女在日记中这样写道:

> 1847 年 1 月 5 日,星期二……今天全体集合,由戈莱尔先生和亨利先生发表演说。罗根将军在这条街上接待了他们,并要求全体志愿者跟在他后面。我看见他沿街来回走,后面尾随着六七个奇形怪貌的人,领头的是穷小子吉姆·莱恩。到底还有多少穷人被送上那由自豪感和雄心壮志构筑而成的祭坛?

马萨诸塞为志愿者印制的海报上这样写道:"不管你是老埃塞克斯人,还是新伯里波特人,让我们紧密地团结在勇敢无畏、豪气干云的库欣周围。他将带领你们走向胜利和荣耀!"他们承诺每月支付 7 至 10 美元的薪金,外加 24 美元联邦政府提供的奖金和 160 英亩土地。不过,一位不愿透露姓名的年轻人在写给《剑桥编年史》的信中说:

> 我既没有丝毫"参加"到你们当中的意思,也无意以任何方式帮助这场反对墨西哥的不义之战。我不希望参加到这样一种对妇女儿童(就像夺取蒙特瑞等地的战斗中所展示的那样)"光荣的"屠杀中。我也不希望将自己置身于心胸狭窄的军事专制暴君的支配之下,不管他如何反复无常,我必须绝对地服从他的意志。不,先生!只要我还有能力工作,哪怕还能沿街乞讨,或者即便是被送进贫民院,我都不会去墨西哥。想想看,住在那个潮湿的地方,整日半饥半饱、酷热难耐,还要忍受蚊子、蜈蚣、蝎子和毒蛛的叮咬,再就是行军、操练,然后成为射击的靶子,所有这一切,都只为一个月能挣上 8 块钱,吃上一口变馊了的饭菜,我是不会去的……刽子手总有其末日……一旦职业军人堕落成土匪、强盗、刺客之流,这样的时刻就会迅速来临。

有关强迫加入志愿兵和强制服役的报道不断增多。来自弗吉尼亚诺尔佛科的詹姆斯·米勒申诉说,他在"喝得酩酊大醉的情况下"被劝说为军队服役,并在一张纸上签字。"第二天早上,我被拖上一艘小船,在门罗堡上岸,在禁闭室被严密监禁了 16 天。"

为了招募更多的志愿兵,政府不惜慷慨许诺,乃至撒谎欺骗。一位纽约志愿兵史的作者指出:

如果说把黑人从他们家里拖走是件残酷的事情，那么，还有比这更残酷的，那就是用谎言把白人从他们家里诓走，强迫他们抛妻别子开赴前线。在一年中最寒冷的冬季，由于水土不服，他们客死异国他乡，甚至没来得及给妻儿留下一点养家糊口、遮风挡雨的东西……很多人没有职业，他们入伍是为了他们的家庭。政府给他们预付"3个月"的工资，并许诺他们可以给家人留下一部分报酬。这样，他们不在家时，家人能维持生活……我敢断言，所有的志愿兵都是通过欺骗手段招募来的：不仅欺骗士兵，而且欺骗纽约，也欺骗合众国政府……

到1846年末，招募到的新兵越来越少。为了能招募到更多的新兵，军方降低了招兵的身体条件，还规定：凡接受招募者都可以预付2美元。这种方法也不能奏效。1847年初，国会裁定10个新的常规兵团在整个战争期间服役，许诺到他们光荣退役时给他们100英亩的公用土地。但是，不满还在持续发酵。志愿兵抱怨常规兵享受特殊待遇，而士兵则抱怨军官把他们当下等人对待。

不久，残酷的战斗使大家再也无暇顾及荣誉和诺言了。在格兰德河岸的马塔莫拉斯城前，阿里斯塔将军率领的5 000人的墨西哥军队与泰勒将军率领的3 000人发生遭遇战，一时间弹片纷飞。炮兵塞缪尔·弗伦奇平生第一次在战场上目睹了死亡。约翰·威姆斯描述道：

> 塞缪尔·弗伦奇碰巧正盯着附近马背上的一个人看。他看见一颗子弹从马鞍的前鞍桥射入，穿透这个人的身体，从另一侧冲破出来，鲜血喷涌而出。被炸碎的骨片和弹片横飞，扎进马的臀部。另一匹马的嘴唇和舌头被撞破，牙齿被撞掉，第三匹马的下巴破碎了。

第四团的格兰特中尉"亲眼看见一枚炸弹落进附近的队伍中，炸飞了一个士兵手中的枪，炸掉了他的脑袋，他所认识的一名上尉的脸也被炸得血肉模糊"。战斗结束时，墨西哥士兵伤亡500人，美军伤亡人数大约为50人。威姆斯叙述了后来发生的情况："夜幕遮盖了疲倦的人们。他们躺下来，睡在被践踏的草原上。在他们四周，双方的一些士兵因伤痛而大声尖叫、呻吟着。夜晚显得那么漫长。在阴森森的火把亮光下，军医的锯刀整个晚上都不曾停歇。"

在远离战场的军营里，新兵征召广告所宣扬的那种浪漫情怀迅速被人遗忘。一名年轻的炮兵军官记下了1845年夏天驻扎在科珀斯科里斯蒂军营里的士兵的情况，他的记录是从战前开始的：

> 看来……我们面临的令人讨厌的任务就是同疾病、痛苦和死亡作斗争，刑事过失行为已经算不上什么了。为前线军队提供的帐篷有三分之二是破损的，有的甚至已经腐烂了……我们准备同其开战的这个国家一年中几乎有3个月是在暴雨中度过的……在整个10月和12月间，滂沱大雨加上狂风怒号，脆弱的帐篷柱被摧折，腐朽的帆布篷被撕裂。就这样过了一天又一

天,过了一周又一周,数百座军帐中的所有衣物几乎都变成湿漉漉的了。在那可怕的几个月里,拥挤在医疗帐篷里的病人的状况更是苦不堪言……

密西西比第二步兵团开入新奥尔良,受到严寒和疾病的沉重打击。该团的军医在报告中指出:"我们团服役 6 个月后,遭受的损失是:牺牲 167 人,遣返 134 人。"800 人分乘 3 艘船,每艘船都被塞得满满的。军医继续写道:

> 疾病的阴影仍然在我们头上徘徊。船舱里……不一会就挤满了病人。恶臭令人难以忍受……海浪开始咆哮……整个黑暗的夜晚,轮船摇摇晃晃地前进着,将病人从一侧抛到另一侧,铺位粗糙的拐角擦伤了他们的皮肤。精神错乱者大声狂叫,病人在恸哭,垂死者在悲吟,一片混乱……我们被关在令人作呕的轮船上达 4 个星期。当我们在布拉索斯登岸时,已有 28 人被扔进了汹涌的波涛之中。

与此同时,英裔美国人的军队或乘车,或乘船,陆续进入加利福尼亚。一位年轻的海军军官,在经历了环绕南美南部海岬漫长的航行之后,抵达加利福尼亚州的蒙特瑞海岸。他在日记中写道:

> 亚洲……就在我们近前。移民将涌入加利福尼亚富饶的地区。该地区全部的资源……将得到开发……道路(铁路)沿线的公共土地将由不毛之地变得像花园一样,大量人口将在此定居……

英裔美国人在加利福尼亚进行了另外一种不同的战争,他们袭击了西班牙殖民地,抢劫马匹,宣布加利福尼亚脱离墨西哥而独立——取名为"熊之旗共和国"。加利福尼亚的本地居民为印第安人,海军军官里维尔召集印第安酋长,对他们说(据他后来回忆):

> 我把你们召集在一起,是想跟你们谈谈。你们所居住的这片土地不再属于墨西哥,它属于一个强大的国家:其领土从一个你们曾见过或听说过的大洋,一直延伸到另一个距离冉冉升起的太阳几千海里的大洋……我是那个国家的一名军官,乘坐战船,横越大洋,冒着枪林弹雨来到这里,同我们的敌人作殊死战。我们的军队现在已开进墨西哥,不久就会征服整个墨西哥。不过,假如你们做得正确……忠于新来的统治者……你们就丝毫不要害怕我们。我们来这儿是为了给另一些人寻找更加辽阔的土地。因为生活在这个世界上的人需要更大的空间,而这儿足可以容纳数百万人,此后,他们将占领这个地方,开垦这里的土地。不过,如果你们的行为得体,那么,让别人进来,就不一定非要赶你们走……我希望你们改变过去的习性,放弃你们的种种恶习,变得勤劳节俭……但是,如果你们偷奸耍滑,挥霍无度,那么用不了多久,你们就会灭亡。我们会照看好你们,给你们以真正的民主;但我们要谨防煽动叛乱、违法等一切犯罪行为。我们的军队定会严惩此类行为。无论你们躲藏在什么隐蔽的藏身之处,我们都能找到你们。

卡尼将军没费什么周折就攻下新墨西哥城，圣菲也不攻自破。美军一位参谋官描述了墨西哥人对于美军进入他们的首都所作出的反应：

> 我军开进墨西哥城……军刀高高举起，佩剑闪闪发亮，煞是威武雄壮。周围的男人神情沮丧，眼里充满敌意，警惕地注视着我们，但并没有多少恐惧感。无数双黑色的眼睛透过窗户盯着我们骑士般的队伍，一些人充满欢娱，另一些人则潸然泪下……当美国国旗升起的时候，山上响起了隆隆炮声，向我们伟大的祖国致敬。很多墨西哥妇女再也控制不住被压抑的感情，失声痛哭……附近的建筑也显得郁郁沉沉，里面传出的悲泣声掩盖了喧嚣的马蹄声。

此时是 8 月。12 月，新墨西哥陶斯城的墨西哥人发动起义，反对美国人的统治。一份送往华盛顿的报告写道："该地西北部的许多头面人物都卷进了这场叛乱。"美国人镇压了这次暴动，实施了大搜捕。但是，很多起义者逃走了。他们不时地发动袭击，打死美军士兵，然后又躲进山中。美军展开了追捕。在最后一场决定性战斗中，六七百名起义者与美军激战，150 人牺牲。起义失败了。

洛杉矶也发生了暴动。1846 年 9 月，墨西哥人迫使驻扎在那里的守备队投降。直到 1847 年 1 月，经过一场血战后，美军才夺回洛杉矶。

泰勒将军已经越过格兰德河，占领了马塔莫拉斯，穿过墨西哥，已到达南部地区。但是，在墨西哥的领土上，他的志愿兵变得越来越难以控制。墨西哥人的村庄被洗劫一空。一位军官 1846 年夏天的一则日记写道："下午 5 点，我们到达布里塔，那里有许多路易斯安娜的志愿兵，一群目无法纪、喝得醉醺醺的暴徒。他们赶走了当地居民，抢劫他们的钱财，一个个争先恐后地干着禽兽不如的勾当。"强奸案件急剧增加。

美军沿格兰德河北上，当他们到达卡马哥时，炎热的气候令人难以忍受，饮用水质不纯，痢疾、腹泻以及其他疾病流行，最终导致 1 000 人死亡。起初，军乐队奏响《死亡进行曲》，人们在音乐声中埋葬死者。后来，死亡人数太多，不得不终止军葬礼仪。

在南进蒙特瑞之战及另一次战斗中，士兵和马匹在痛苦中挣扎、死亡，一个军官用"血流成河"来形容当时的战斗场面。

泰勒率军进入蒙特瑞后，报告了得克萨斯突击所犯下的"一些可耻的暴行"，并表示已经打发这些人回家，因为他们的服役期已满。但是，针对墨西哥人的抢劫和屠杀仍在持续。来自肯塔基团的一队士兵闯入一户墨西哥人家里，把丈夫撵走，强奸了他的妻子。墨西哥游击队用激烈的手段进行报复。

随着美军的步步推进，战斗一个接着一个，双方都有数千人死亡，数千人受伤，数千人染病。在奇瓦瓦城北的一次战斗中，根据美国人的统计，墨西哥人有300 人战死，500 人受伤，美国人伤亡较少："外科医生为救助受伤的墨西哥人忙

165

得团团转，随处可见从伤员身人截下的胳膊和腿。"

炮兵上尉约翰·文顿在写给其母亲的信中谈到乘船抵达韦拉克鲁斯的情景：

> 天气宜人。我们的战士身体健康，意气风发。身边的一切看上去都是那么的吉祥如意，预示着我们胜利在望。我唯一担心的是墨西哥人不愿意同我们照面，不愿意跟我们打仗，那样的话，我们为战争辛辛苦苦所做的努力都将付之东流。因为倘若不费吹灰之力就能得到一切我们想要的东西……对我们军官来说就等于失去了博取功勋和荣耀的机会。

文顿死于美国围困韦拉克鲁斯期间。美国人对城市的炮击变成了对平民的屠杀。海军的一发炮弹击中邮局，其他炮弹也都是满城开花。一位墨西哥目击者写道：

> 设在圣多明各圣女修道院内的外科医院被炮火击中，有几位病人被落在此处的炸弹的弹片击中身亡。当时正在给一位受伤者做手术，一发炮弹袭来，把灯炸灭了。当取来别的照明设备时，却发现病人已经被炸成碎片，其他许多人也死的死，伤的伤。

美军在两天之内向城里发射了 1 300 发炮弹，直到对方投降为止。《新奥尔良三角洲》的一位新闻记者写道："墨西哥人对其损失作了各种各样的估计：死伤人数在 500 到 1 000 人之间不等。然而，他们一致认为：军队所受的损失较小，相较而言，妇女儿童所受的伤害要大得多。"

希契科克上校进入了这座城市。他写道："我将永远不会忘记：那令人恐怖的炮火……射向极为明确的目标……通常命中居民居住区——这是多么可怕的景象！一想到此，我就战栗不已。"尽管如此，作为一名尽职的军人，希契科克还是为斯科特将军起草了"一份告墨西哥人民书"，然后用英语和西班牙语印行了数万份，其中说："……我们对你们没有一丝一毫的恶意——我们会非常礼貌地对待你们。我们不会掠夺老百姓，不会污辱妇女，不会亵渎你们的宗教……我们是为谋求和平而来，此外没有别的目的。"

这就是战士希契科克。历史学家威姆斯后来这样写道：

> 我们尽可以把反战哲人老希契科克看成是亨利·戴维·梭罗笔下那种"掌握生杀予夺大权的无耻之徒手下的走狗和打手"，但千万别忘了，希契科克首先是一名战士，而且是一名优秀战士，即使那些被他冒犯的长官也承认这一点。

这是一场美国精英与墨西哥精英相互较量的战争，每一方都与另外一方一样，鼓励、利用甚至牺牲自己的人民。墨西哥军队的司令员桑塔·安纳平息了一次又一次的起义。打了胜仗以后，他的军队一样是烧杀抢掠，无恶不作。希契科克上校和温菲尔德·斯科特将军进入桑塔·安纳的庄园时，发现墙上全都挂着装饰豪华的绘画作品。可是,他的士兵伤亡殆半。

斯科特将军率领1万名士兵继续前进,奔向最后的战场——墨西哥城。他们并不急于作战。在距墨西哥城还有三天路程的哈拉帕,他的11个团中有7个团的番号将被取消,因为他们的服役期已过。贾斯廷·史密斯写道:

> 继续留在哈拉帕是件很惬意的事情……不过,士兵们很清楚战斗打响对他们意味着什么。他们可以随军而行,但没有报酬,也没有生活费。他们面临的艰辛和困难是他们在服役期所不曾遇到的。疾病、打仗、死亡、可怕的苦役和艰难的行军,这就是他们必须要面对的现实……虽然他们都非常想见识一下蒙特苏马的大庄园,但从这3 700人中只能再招募一个连,而且将军提供的所谓特别待遇即卡车司机的职位也根本没什么诱惑力。

在墨西哥城郊外的丘鲁布斯科,墨西哥人与美国军队的战斗持续了3个小时。威姆斯写道:

> 丘鲁布斯科周围的原野上躺着数千具尸体,血肉模糊的马和骡子的尸体塞满了道路和沟渠。墨西哥士兵死伤4 000人,被俘3 000人。在被俘者中有69人为美军逃兵,他们需要得到斯科特的军官的庇护才能逃脱其前同事对他们的死刑判决……美国军队包括死亡、受伤和失踪在内也损失了近1 000人。

像在通常的战争中那样,战斗往往是在没有任何特定目标的情况下爆发的。在墨西哥城的这场遭遇战,伤亡惨重。战斗结束后,一名海军中尉埋怨斯科特将军:"他用并不充足的兵力,错误地发动了这场战争,驱使我们为并不存在的目标而战斗。"

在攻克墨西哥城的决定性战役中,英裔美国人的军队占领了查普尔特佩克高地,然后攻入这个有着20万人口的城市。圣塔·安纳将军早已向北逃去。此时是1847年9月。一位墨西哥商人给他的朋友写信,谈到了美军炮轰墨西哥城的有关情况:"好多地方所有的工事都被炸毁,炮击导致大量的男人、妇女、儿童伤亡。"

圣塔·安纳将军逃到瓦曼特拉城,另一场战斗在那里打响。圣塔·安纳将军不得不再次逃走。美军一位步兵上尉在给父母的信中,记下了一名叫沃克的军官战死后所发生的事情:

> 莱恩将军……命令我们"为牺牲者——勇敢的沃克报仇"……我们可以拿走一切拿得动的东西。他的命令得到了不折不扣的执行,当然其后果也非常恐怖。我们首先攻破了酿酒厂。随后,我们痛饮一通。烈酒使人疯狂,各种暴行发生了。从老年妇女到青春少女,她们的衣服都被剥下,许多人甚至遭到强奸。大批大批的男人遭枪杀……他们的财产、教堂、商店和住宅都遭到洗劫……地上堆满了死人和死马,一片狼藉。酩酊大醉的士兵呼喊着、尖叫着破门入室,或者四处追赶那些弃家逃生的可怜的墨西哥人。这种场

面我再也不想见到了,它让我看到了人性的可悲之处……我平生第一次为我们的祖国感到羞愧。

《外国佬①编年史》主编是这样概括美国士兵对这场战争的态度的:

> 他们都是自愿参战的,而且到目前为止,他们中的绝大多数都让人羡慕地从艰难困苦和战争的煎熬中挺了过来,他们在敌国的行为也无愧于士兵的声誉,所有这一切都使得他们对自己的奉献充满荣耀。尽管如此,他们并不喜欢军旅生活,不喜欢战争,一般而言,他们也不喜欢墨西哥和墨西哥人。这就是士兵的大多数:讨厌自己的工作,痛恨军队中的纪律和等级制度,希望脱离军旅生活回家。

一名来自宾夕法尼亚州的志愿兵,战争后期驻扎在马塔莫拉斯。他写道:

> 在这里,我们处于严厉的纪律约束之下。军官中有一些人本来生性善良,但他们同时对人又很残暴、冷酷……今晚操练时,有一个军官用剑刺开了一名士兵的头……但事情马上就过去了。不一会儿,军官与士兵们并肩站在一起……士兵的生活是令人非常厌恶的。

1847 年 8 月 15 日,来自弗吉尼亚、密西西比、北卡罗来纳州的志愿兵在墨西哥北部发动哗变,反对罗伯特·特里特·潘恩上校。潘恩上校杀死一名叛兵,但是,他手下的两名中尉拒绝帮助他镇压叛乱。为了维持稳定,这次哗变最终免于追究。

逃兵越来越多。1847 年 3 月,军方报道说逃兵超过 1 000 人。战争期间逃兵总计 9 207 人(其中 5 331 人为常备兵,3 876 人为志愿兵)。那些没有逃亡的士兵也变得越来越难以管理。库欣将军谈到,在马萨诸塞步兵第一团中,这样的士兵有 65 名,他们"发动叛变,违抗军令,简直不可救药"。

胜利的荣耀属于总统和将军,而绝非逃兵、阵亡者、伤病员。密西西比步枪二团 167 人染病而亡。宾夕法尼亚两个团出发时有 1 800 人之众,回来时却只剩下了 600 人。南卡罗来纳的约翰·卡尔霍恩在国会作证时说,部队战死和病死的人高达 20%。马萨诸塞州志愿军参战时有 630 人,当他们返乡时,已有 300 人死亡,其中大部分是因病而死。在庆祝他们返乡的招待会上,士兵们向他们的指挥官库欣将军发出嘘声以示不满。《剑桥编年史》写道:"志愿兵厉声责骂自己的军官甚至严厉指控全体军官的事情已司空见惯。"

老兵一返回家园,投机商人立即前来收购美国政府颁发给他们的土地许可证。许多老兵急需用钱,以不到 50 美元的价钱卖掉了他们所获的 160 英亩土地。纽约的《商业广告报》在 1947 年 6 月曾这样写道:"众所周知,可怜的士兵们在革命战争中流血牺牲,投机商却不顾他们的死活,在他们身上大发横财。针对

---

① 原文为 gringo,拉美人对外国人尤其是美国人的轻蔑用语,意为"外国佬"、"美国佬"。

上次战争中参战士兵的劫掠正在以同样的方式重演。"

　　墨西哥投降了。美国人中间出现了一种呼声，要求夺取墨西哥全部领土。但根据 1848 年 2 月签订的《瓜达卢佩-伊达尔戈条约》，美国只拿走了墨西哥一半的领土；墨西哥和得克萨斯州以格兰德河为界；墨西哥将新墨西哥和加利福尼亚州割让给美国。对于美国付给墨西哥 1 500 万美元一事，《辉格党信使报》作出这样的结论："我们并没有以征服夺取什么……谢天谢地。"

第九章

171
不甘屈服的奴隶，没有自由的解放

美国政府之所以支持奴隶制度，是因为奴隶制度很有实效。1790年，南部每年可产1 000吨棉花。到1860年，这个数字已达100万吨。从1790年到1860年，奴隶由50万人增加到400万人。受到起义和谋叛（1800年的加布里埃尔·普罗瑟起义；1822年的登马克·维西起义；1831年的纳特·特纳起义）打击的南部奴隶制度不仅没有削弱，反而还加强了控制力，并且得到法律、法院、军队以及带有种族偏见的政治领袖的支持。

只有发动大规模的奴隶起义或大规模的战争才能结束这样一种根深蒂固的制度。但是，如果爆发的是一场起义，那就有可能使局势失控，因为起义者可能会将其矛头从奴隶制度转向世界上最成功的资本主义制度。如果爆发的是一场战争，那么战争的发动者完全可以控制战争的结局。因此，是亚伯拉罕·林肯解放了奴隶，而不是约翰·布朗。1859年，约翰·布朗因联合一些人发动小规模的暴力行动试图结束奴隶制度而被绞死。几年后，林肯为了结束奴隶制度而发动了一场大规模的暴力行动。

由于是政府下令废除奴隶制度（确实如此，政府在黑人、自由民、奴隶以及白人废奴主义者的猛烈推动下采取了这样的行动）。因此，要对解放黑奴做出种种
172 限制，这样才能有一个妥善的结局。自下而上的解放只能在统治集团利益允许的范围内进行。如果战争的惯性和狂热的圣战宣传使解放运动超出了这一范围，那么就要把它拉回到安全的轨道上来。因此，结束奴隶制将会导致国家政治和经济的重建，但这种重建不是一种激进的重建，而是一种稳妥的重建，事实上，是一种有利可图的重建。

以弗吉尼亚、北卡罗来纳、肯塔基的烟草和南卡罗来纳的稻谷为基础的种植园制度，已经扩展到佐治亚、阿拉巴马、密西西比富饶的新棉花产地，这就需要更多的奴隶劳动。但是，1808年政府规定奴隶进口为非法。不过，约翰·霍普·富兰克林所著《从奴隶制度到自由制度》一书说，"这一法令从一开始就没有执行过"。"对美国商人而言，漫长的、未设防的海岸线，确定的市场需求，巨额利润的前景，所有这些都是无法抵挡的诱惑……"据他统计，在内战以前，大约有25万名奴隶被非法运入境内。

奴隶制度是什么样子呢？不是亲身经历的人，根本无法形容它。1932 年，两位北方的自由主义历史学家在一本畅销教材中将奴隶制度视为黑人"向文明过渡的必然环节"。经济学家和计量史学家试图通过估算奴隶们的食物和医疗费用来对奴隶进行评估。但是这能反映出一个活生生的人生活于其中的奴隶制度的真实情况吗？

从前曾为奴隶的约翰·利特尔写道：

> 他们说奴隶幸福而快乐，因为奴隶经常发出笑声。白天，我和另外三四个人已挨了 200 次鞭打，我们的脚上还戴着脚镣；而到了夜晚，我们还得在镣铐的嘎嘎声中唱歌跳舞，逗别人哈哈大笑。我们是得快乐一点！但我们这样做是为了压抑痛苦，以免心儿彻底破碎：千真万确！我们能不过得很快乐？你看，我们不是在自娱自乐——我们不是戴着脚镣手铐还在跳舞吗！

一本种植园杂志（现保存于北卡罗来纳大学档案室）保留了一份死亡记录，上面列举了 1850 年至 1855 年间该种植园所有死者的年龄及死因。这期间死亡的 32 个人中，只有 4 人活到 60 岁，4 人活到 50 岁，有 7 人在 40 多岁时就死了，有 7 人在 20 或 30 岁时就死了，还有 9 人死时不满 5 岁。

但是，主人为了牟取暴利而把一个奴隶的丈夫、妻子或孩子卖掉，这对被拆散的家庭成员意味着什么？这种统计能记录得下来吗？1858 年，一名叫阿布里姆·斯克里文的奴隶被主人卖掉，他写信告诉妻子："请代我孝敬父母双亲，请代我向他们道别。如果今生今世我们不能相见，我希望我们能在天堂相见"。

罗伯特·福格尔和斯坦利·恩格尔曼研究奴隶制的著作《苦难时代：美国黑人奴隶制经济学》对 1840—1842 年间路易斯安那巴罗种植园里 200 名奴隶所受的鞭笞进行了分析："记录显示，大约两年间共实施了 160 次鞭笞，每人年均 0.7 次。此间约有一半人从没受过鞭笞。"当然也有人可能会这样说："有一半的人受到了鞭笞。"这听起来确实有区别，因为每人年均 0.7 次这一数字说明有些奴隶极少挨打，但另一些人则每隔四五天就会挨一顿鞭子。

据其传记作者讲，巴罗还不算最坏的种植园主。他花钱给自己的奴隶买衣服，给他们举行节日庆祝活动，为他们建造舞厅。当然他也建了一所监狱，并"经常设计一些很有创意的惩罚措施，因为他意识到让人莫测高深对控制奴隶也是非常有帮助的"。

鞭笞、惩罚属于劳动纪律。不过，赫伯特·古特曼的《奴隶制与数字游戏》通过分析福格尔和恩格尔曼的数据发现："1840—1841 年间，五分之四的捡棉花工人普遍都有一种或数种的不规行为……总体上看，女工的不规行为要比男工高七个百分点或者更多。"福格尔和恩格尔曼曾提出，巴罗种植园的奴隶因为"直接把自身命运同主人相联系"而变得"乐于奉献、吃苦耐劳和富有责任心"。基于上述分析，古特曼对此观点表示怀疑。

173

　　美国境内的奴隶起义远没有加勒比海岛或南美的奴隶起义那样频繁和声势浩大。1811 年发生在新奥尔良附近的奴隶起义可能是美国最大的奴隶起义。四五百名奴隶在安德里少校的种植园举行暴动后联合发动起义。他们用匕首、斧头、棍棒武装起来，他们打伤了安德里少校，杀死了他的两个儿子。然后，他们开始向一个又一个种植园进军，人数不断增加。他们遭到联邦军队和当地民团武装的攻击，66 人当场战死，16 人经审判后被行刑队枪杀。

174　　　　登马克·维西本人是获得自由的黑人，1822 年，他密谋发动起义，但未及实施就受到挫折。他计划烧毁南卡罗来纳州的查尔斯顿，然后在 16 个最大的城市发动起义，最后在这个地区发动总暴动。好几个目击者说有数千人通过各种方式联络起来。据赫伯特·阿普特克报道，黑人已制造了大约 250 把刺刀和 300 多把短剑。但是，起义计划泄漏了，包括维西在内的 35 名黑人被处以绞刑。该案的审讯记录在查尔斯顿出版，出版后即被当局勒令销毁。当局认为，它是非常危险的出版物，决不能让奴隶看到。

　　1831 年夏，弗吉尼亚南安普顿的纳特·特纳起义在南方奴隶主中间引起一片恐慌，他们决定共同努力确保奴隶制度的安全。特纳通过传教布道，集结了大约 70 名奴隶，发动了一场暴动，攻打一个又一个种植园，至少杀死 55 个男人、妇女和儿童。他们拥有很多支持者，但当弹药用尽时，他们被抓获。包括特纳在内，大约有 19 人被绞死。

　　这些暴动真的像当时一些温和的废奴主义者所说的那样反而延迟了奴隶解放的进程吗？奴隶制拥护者詹姆斯·哈蒙德是这样回答的：

　　　　如果你们采取完全不同的方式，就像你们说的那样悦耳动听……你们真以为用那些甜言蜜语就能说服我们放弃价值十亿美元的奴隶以及价值十亿美元的土地吗……

　　奴隶主对此心知肚明，并且作好了准备。亨利·特拉格尔在其《1831 年南安普顿奴隶起义》中写道：

　　　　1831 年，弗吉尼亚州驻有重兵……该州总人口不过 1 211 405 人，但其民兵人数则高达 101 488 人，包括骑兵、炮兵、榴弹兵、长枪步兵和轻步兵。虽然因为县里的民团武器装备不足，这支部队在某种程度只是徒有其名，但相对当时的情况而言仍然有点让人瞠目结舌。无论该州还是整个国家都不存在任何外部威胁，弗吉尼亚居然需要维持一支几乎占当地居民（包括白人和黑人、男人和女人、奴隶和自由民）总人口 10% 的防卫部队。

　　暴乱虽然减少了，但它却令奴隶主们时时提心吊胆。乌尔里克·菲利浦斯是一名南方人，他在其名著《美国黑人奴隶制》一书中写道：

　　　　大多数南方人一直坚信，南方黑人温顺驯良、缺乏团结精神，总体上对
175　白人非常友好，又大都容易得到满足，说他们会发动可怕的叛乱，那怎么可

能呢? 不过,总的来看,这里所弥漫的焦虑不安之感远比历史学家所讲的要严重得多……

尤金·吉诺维斯对奴隶制度进行了广泛研究,他在其所著《约旦河波浪滚滚》一书中,注意到有关“对奴隶制度的适应与反抗同时并存”的记载。反抗行为包括偷窃财物、消极怠工、杀死监工和主人、烧毁种植园房屋、逃跑。即使是适应性的行为,“也浸透了批判精神,成为反叛行为的掩饰物”。吉诺维斯强调,绝大多数此类反抗行为都不是有组织的反叛,不过,它们无论对奴隶还是对主人而言都意义重大。

逃亡比武装暴动更为切实可行。19 世纪 50 年代,每年大约有 1 000 名奴隶逃向北部诸州、加拿大、墨西哥。尽管逃亡者必须面临种种危险,但是,在很短的时期内,逃亡者就达数千人。吉诺维斯指出,猎狗常被用来追踪逃亡者,“如果不及时拉住它,它就会将它的猎物撕咬成碎片”。

哈丽雅特·塔布曼出生在奴隶主种植园内。15 岁时,监工打伤了她的头部。她是一名独自逃亡获得自由的年轻女性,后来成了“地下铁路”组织中最著名的交通员。她前后共组织了 19 次逃亡行动,用伪装的形式护送奴隶投奔自由,总共带走了 300 多名的奴隶。她常常带着手枪,对逃亡的奴隶说:“要么自由,要么死亡。”她的人生哲学就是:“我们有权在自由和死亡两者之间选择其一;如果不能得到这一个,我就会选择另一个;因此没有人能活着抓到我……”

一位监工对造访其种植园的客人说:“一些黑人下定决心,再也不允许任何一个白人鞭打他们。你要打他们,他们就会反抗。当然,如果发生这种情况,你就必须杀死他。”

不再拼命地工作,是反抗的形式之一。W. E. B. 杜波依斯在《黑人们的礼物》中写道:

> 作为一个热带生物,黑人对美丽的自然界有着极为敏感的感受能力。他不像北欧苦力那样轻易就沦为呆板的牵马夫。如果结果比较理想,他……就乐意去工作,如果他在精神上得不到适当的汇报,他就会拒绝或者打算拒绝工作。因此,他动辄就被指责为懒惰,被驱使为奴,然而事实上他们是能创造新价值的现代手工劳动者。

乌尔里克·菲利浦斯所记述的不仅有“旷工”、“潜逃”、“怠工”、“坚定地逃避裸体性虐待”等个人反抗行为,还有集体反抗行动:

> 然而,有时也会发生一小组人集体抗议受到苛待的事情。佐治亚一名监工在写给其离家在外的雇主的信中就曾详细描述过这种事情:“先生,我还得再写几句话,向您通报一件事,除杰克外,您的 6 名工人都逃离了种植园。因为他们不好好工作让我很生气,我给了他们一顿鞭子,包括汤姆和其他人。星期三早上发现他们失踪了。”

贫穷的白人帮助奴隶的例子并不常见,但已充分显示出他们有必要团结为一个整体去反对另一方。吉诺维斯指出:

> 奴隶主……认为那些不是奴隶主的人支持奴隶的反抗和暴动,并非出于同情黑人,而是出于仇视有钱的种植园主及其财产。白人往往与奴隶的暴动阴谋有着某种联系,每一件有白人参与的此类事件都令奴隶主产生无法抹去的恐惧感。

这有助于理解为什么警察会采取严厉的措施去对付那些与黑人友好往来的白人。

赫伯特·阿普特克摘引了1802年提交给弗吉尼亚州长的一份有关奴隶阴谋反叛的报告:"我刚刚得到消息,有3名白人参与了此项密谋活动。他们在自己的房子里藏匿有枪支和弹药,打算在黑人开始行动时提供帮助。"一位参与这次密谋活动的黑人奴隶说,那些卷入此事的"贫穷白人参与了共谋"。

作为报答,黑人也在白人需要时提供帮助。一位逃出来的黑人讲述了这样一个故事:有一个女奴隶给一位贫穷、正在生病的白人邻居拿去一点吃的东西,结果被主人责罚,挨了50鞭子。

当布伦瑞克运河在佐治亚凿通时,黑人奴隶和白种爱尔兰工人被分隔开来,借口就是他们会彼此攻击。也许会真的发生这种情况,但知名女演员范妮·肯布尔(一个种植园主的妻子)在日记中写道:

> 爱尔兰人热情奔放、情感充沛、古道热肠、慷慨大方,他们不大习惯把不高兴的事情埋藏在心里,因而在受到刺激时常常会勃然大怒。不过,他们并不只是喜欢干一些无理吵闹、好勇斗狠、酗酒滋事、歧视黑人的事。他们还有一个烦人的缺点,就是非常富于同情心。由于饱受美国精神的熏陶,加上平时又喜欢喝点烈性酒,他们对奴隶的遭遇产生同情,这确实一点也不奇怪。不过,请你们判断一下由此可能产生的后果。我相信你们不难料到,他们决不会被允许在布伦瑞克运河工地上同奴隶们一起工作。

为了控制奴隶,奴隶主们想出了一个巧妙的办法:让贫穷的白人(他们一直是南部200多年来不易对付的麻烦人物)监督黑人劳动,这样,他们就成了减轻黑人仇恨与攻击行为的缓冲器。

宗教也被种植园主用来作为控制奴隶的手段。《棉花种植手册》是一本广受种植园主欢迎的书,该书特别提醒监工们说:"假如你能在每个安息日的早上花一个小时的时间对黑人进行道德和宗教训诫,对你安抚他们将会大有助益。"

正如吉诺维斯所指出的那样:对于黑人牧师而言,"他们在言谈之中不得不尽量表现出藐视一切的无畏态度,以保持其在黑人信徒中的崇高威望。但是,他们的言论不能有过分的煽动性,以免激起奴隶奋起反抗,去打一场不可能胜利的战争;也不能太不吉祥,否则会引起统治者的恼怒。"这种现实处境决定了"这些处在人口数量和军事力量上均居于压倒优势的白人包围之中的奴隶社区必须采取容忍的策略，接受那些对自己不利的事物，同时还要顽强地奋斗，以保持黑人社区顺顺当当地存活下去。这种生存策略要求他们首先要面对现实，就像他们的非洲同胞那样"。

曾经有人认为，奴隶制度摧毁了黑人的家庭生活，从而把黑人的处境归咎于家庭关系脆弱，而不是贫穷和种族偏见。由于失去了家庭纽带，无力无助，缺乏亲情和认同感，黑人便丧失了抵抗的意志。但是，1930年新政时期的"联邦作家计划"为国会图书馆进行的前奴隶问题调查，却揭示了一种完全不同的情况。正如乔治·拉维克在《从日落到黎明》中总结的那样：

> 奴隶社区已成为不分你我、彼此融合的大家族系统。在这里，每一个成年人都照看所有的小孩，完全没有"你的孩子你照管"、"我的孩子我照管"之类的分工……在这种新的家庭关系里，年龄大的孩子有责任照管年龄小的兄弟姐妹，对奴隶们来说，这种家庭关系的一体功能很强，也很实用，它不同于现代中产阶级核心家庭里的那种关系，那里个人主义色彩极强，兄弟姐妹之间是一种相互竞争甚至经常相互嫌恶的关系……确实，奴隶们在创造卓有成效的一体化家庭生活模式方面的作为远比单纯的阻止个性泯灭方面的成效要大……我们将会看到，这只是美国黑人社会生活过程的一个缩影。黑人的自豪感、认同感、文化、社团活动以及反叛行为均从这些生活中产生。

历史学家赫伯特·古特曼在《处于奴隶制度与自由制度下的黑人家庭》一书中披露了过去的书信和档案。这些材料表明：奴隶家族一直在与企图分裂他们的势力进行不屈不挠的反抗斗争。一位妇女给分别20年的儿子写信说："我渴望能在晚年见到你……亲爱的孩子，我祈祷你回来看望你亲爱的老母亲……我爱你，你也爱我……你是我唯一的儿子……"

一名男子写信给他那与孩子们一起被卖掉的妻子说："用几张纸分别将孩子们的头发寄一点给我，上面写上孩子们的名字……我宁愿在我身上发生任何事情，也不愿与你和孩子们分离……劳拉，我是多么爱你……"

古特曼通过对奴隶婚姻生活档案的梳理来解读男女奴隶之间婚姻的发生率和稳定性，为此，他研究了南卡罗来纳一家种植园保存完好的档案资料。他找到了从18世纪到内战爆发前夕这段时期200名奴隶的出生登记，从中发现了稳定的亲属关系网络和婚姻关系，对配偶的忠贞不渝之情以及对强制性婚姻的抗拒。

奴隶们坚定地守护着他们的自我本性，守护着他们对自己家人乃至全体同类的爱。对此，一名生活在南卡罗来纳海岛上的制鞋匠用他自己独特的方式表述为："我虽然丢掉了一条手臂，但你永远无法把它从我的脑海中抹去。"

家庭的这种相互扶持一直延续到20世纪。内特·萧是南方一位不同寻常的黑人农民，他回忆说，他的姐姐去世的时候留下了3个孩子，父亲提议由他们一起抚养孩子，他回答说：

爸爸,这正合我的心意……我的意思是这样:我们不要简单地把两个最小的孩子放在你那儿抚养,把最大的那个孩子放到我这儿抚养就万事大吉。如果我们不经常带孩子们相见的话,他们就完全分离了。我打算经常带着由我抚养的大点儿的那个孩子经常到你那儿去,让他同另外两个孩子在一起,而你也要经常带着另外两个孩子到我这里来,让他们一起成长,并知道彼此是兄弟。千万不要让他们分开,最终形同陌路,爸爸,千万不要这样。

劳伦斯·莱文在《黑人文化与黑人意识》中坚持认为,处于奴隶制度统治之下的黑人同样有着强大的力量。他们通过富有创造力的故事和歌谣,形象地描绘了奴隶们创造出的丰富的文化——一种既有适应又有反抗的复合体:

是我们耕种了成片的麦田,
可那些贪官们只肯给我们些许的麦粒;
是我们烘烤出一炉炉面包,
可那些贪官们只给我们吃面包渣;
是我们磨出了一袋袋的面粉,
可那些贪官们只给我们粗糙的糠皮;
是我们猎获了鲜美的野味,
可那些贪官们给我们的只是一些皮毛之物;
我们不能随心所欲,
那些贪官们强迫我们这样生活;
是我们酿造了醇香的美酒,
可那些贪官们只给我们喝劣质的烧酒,
他们说这对黑鬼来说已经足够。

还有滑稽表演。1843年,诗人威廉·库伦·布里安特在参加完南卡罗来纳的一场玉米去皮大会之后,在讲述奴隶们跳舞时假扮军事游行的时候说:"这是模仿我们军事训练的一种滑稽讽刺表演……"

圣歌通常含有双重意义。歌词"噢,乐土,美好的乐土,我将要启程,奔赴那片乐土"通常指奴隶向往北方,北方就是他们的乐土。在内战期间,奴隶们又创造了内容更加大胆的圣歌:"在我成为奴隶之前,我宁愿将自己埋葬在坟墓,让我的游魂回归故里,寻找我的上帝,那时我将获得拯救。"还有一句圣歌是"告别过去":

我们不再只吃一丁点食物,不再,不再,
我们不再被人驱使责骂,不再,不再……

莱文认为,奴隶的反抗还处在"前政治状态"。他们的这种反抗以各种各样的形式表现在日常生活和文化中,音乐、魔术、艺术、宗教等都可以被奴隶用作守护其精神家园的武器。

当南部的奴隶还在坚守的时候，北部的黑人自由民（1830年约有13万人，1850年约有20万人）已在热烈地讨论废除奴隶制度的问题了。戴维·沃克虽然是一个奴隶的儿子，但他却是在北卡罗来纳州出生的自由人。1829年，他移居波士顿，以卖旧衣服为生。他创作并发行的小册子《沃克的恳求》广为人知。这本书激怒了南部的奴隶主，佐治亚州悬赏1万美元活捉沃克；谁杀死他，就可得到1000美元的赏金。读一读他的《恳求》，你就不难理解为何如此了。

沃克指出，历史上没有比美国黑人奴隶制更糟糕的奴隶制度了，黑奴甚至连古埃及的以色列人都不如。"……不信你就翻翻历史，不管是宗教的历史还是世俗的历史，看看你能不能找到这样的记载：古埃及人用令人难以忍受的语言辱骂以色列人的孩子，说他们根本不是人？"

沃克对于那些愿意融入白人社会的黑人同胞提出了尖厉的批评，他表示，"坦率地说，我希望大家能够……理解，只要还有一口气在，我就绝不会同任何一名白人结婚"。

沃克指出，黑人必须为争取自由而战：

> 让我们的敌人继续挥舞他们的屠刀吧，鲜血很快就会溅满他们的酒杯。在作好充分准备之前，我们千万不可轻举妄动，去向那些残酷的压迫者和屠夫索要自由以及与生俱来的权利。一旦时机成熟，我们就要奋起抗争，不可有丝毫的畏惧和退缩……上帝赐给我们同他们一样的两只眼、一双手和两只脚，赐给我们同他们一样的头脑与心智。他们没有权利统治、奴役我们，正如我们也没有权利统治、奴役他们一样……纵然美国人可以绵延万代，但我们的苦难已经到了尽头。到那时，我们就会用我们所拥有的知识、才智等等来管理自己的事务。"凡人皆有得意日"，美国黑人奴隶的悲惨时代就要结束了。

1830年夏的一天，戴维·沃克死在波士顿他的商店门口附近。

一些生为奴隶的人实现了许多人未曾实现的心愿。弗里德里克·道格拉斯原是一名奴隶，被卖到巴尔的摩当佣人，在造船厂当苦力。他通过某种途径学会了阅读和写作，1838年他21岁时逃到北部。在那里，作为一名演说家、编辑和作家，他成了那个时代最有名气的黑人。他在自传《弗里德里克·道格拉斯生平》中回忆了幼年时期他关于自己社会地位的想法：

> 为什么我是奴隶？为什么有些人当奴隶，另一些人却当主人？有没有一个时代不是如此？这种关系是怎么开始的？

> 抱着这种疑问进行不停的思考，我很快就找到了解决这个问题的真正答案：能够给现存的奴隶制度提供真正合理解释的，不是肤色，而是犯罪行为，不是上帝，而是人。不久，我同样也发现了另外一个重要的真理，即：人能创造什么，人能毁灭什么……

　　　　我清楚地记得,那个时候我非常强烈地向往有一天我会成为一个自由的人。这种强烈信念是我的人性与生俱来的理想。它是奴隶制度的天敌,奴隶制度即使动用所有的力量也不可能使它销声匿迹。

　　1850 年通过的《逃亡奴隶追缉法》是对南部诸州的一种让步,作为回报,南部诸州同意在墨西哥战争中夺取的领土(尤其是加利福尼亚)以自由州的身份加入合众国。这个法案使得奴隶主很容易重新抓获那些以前是奴隶的人,不费什么劲就能追捕到他们的逃亡奴隶。北部黑人组织了抗议《逃亡奴隶追缉法》的活动,公开指责签署该法案的菲尔莫尔总统和支持该法案的丹尼尔·韦伯斯特。这些黑人中有一个叫 J. W. 洛根的人,他是一名女奴与其白人主子的私生子。他乘主人的马逃跑了,去投奔自由。后来他上了大学,成为纽约市锡拉库斯的牧师。1850 年,他在该市的一次会议上发表演讲:

　　　　摈弃屈从、发出挑战的时代已经到来了——告诉菲尔莫尔先生和韦伯斯特先生,如果他们打算在我们身上实施该法案,那就请他们放出嗜血成性的猎犬来好了……我们从上帝那里获得自由,上帝赐予我们捍卫自由的权利……我不会尊重这个法律——我也不害怕这个法律——我决不遵守这个法律!它认为我非法,我也认为它非法……我决不会作为一个奴隶而活着,如果一定要强迫我再去做奴隶,我将随时准备为捍卫自己做人的尊严而战……你们今晚作出的支持抵抗的决定体现了自由精神,喊出了全体与会者的共同心声,整个北部都将为之欢呼……上帝知道,这一果敢行动必将在某地爆发,令我们感到自豪的是,锡拉库斯很荣幸被选中为这个爆发地点,正是从这里发出了振聋发聩的吼声!

　　第二年,锡拉库斯迈出了决定性的一步。一位名叫杰里的逃亡奴隶被抓进监狱。一群人拿着铁橇和攻城槌攻入法院,向行刑官挑战,缴下他们的枪,救走了杰里。

　　洛根把他锡拉库斯的家变成了"地下铁路"的一个重要中转站。据说,他曾帮助 1 500 名奴隶逃到加拿大。他关于奴隶制度的回忆录引起了他从前女主人的注意。女主人给洛根写了一封信,要求他要么回来,要么就给她寄 1 000 美元补偿费。洛根的答复刊登在废奴主义者的报纸《解放者》上:

　　　　萨拉·洛格夫人……你说你已经用钱买下了我,如果我不给你寄 1 000美元,你就把我卖掉。你还以同一种口吻说:"你应当明白,我像养育自己的孩子一样养育了你。"夫人,你养育自己的孩子是为了拿到市场上去卖吗?你是用鞭子将他们养大吗?你养育他们,一定要用镣铐将他们锁在一起,将他们撵走……我为你感到羞耻……

　　　　你说我是一个贼,因为我牵走了那头老母马。难道你不知道我对那匹你所谓的老母马的所有权远比梅纳西·洛格对我的所有权更充分吗?难道

我偷走他的马比他夺走我母亲的贞操,偷走我还要罪孽深重吗……你知道
人权是彼此相关、相互依存的吗?一旦你剥夺了我的自由权和生命权,你不
也就丧失了你自己的自由权和生命权吗?在至高无上的上帝面前,有那么
一种单为某一个人而不是为其他人制定的法律吗?

　　如果你或其他任何想对我的人身和权利打主意的人想知道我是如何对
待我的权利的,你们只需到这儿来,再把我变成奴隶就是了……

　　谨启

J. W. 洛根

弗里德里克·道格拉斯明白,罪恶的奴隶制度不仅仅存在于南部诸州,整个
国家都与之有牵连。1852年7月14日,他发表了独立日演讲:

　　市民朋友们:请原谅,让我首先问你们如下几个问题:我为什么被请到
这儿来作演讲?我或者我所代表的那些人跟你们的国家独立是什么关系?
独立宣言中所体现的那些伟大法则如政治自由和与生俱来的正义等能够普
照到我们身上吗?难道我被请到这儿来,就是为了要我向你们国家的圣坛
顶礼膜拜,对你们国家施于我们的恩泽千恩万谢,对你们国家的独立带给我
们的福祉感恩戴德吗?

　　你们的7月14日对美国的奴隶来说意味着什么?我来告诉你们。对
他们来说,这一天比一年中任何一天更能显示出他们是不平等与虐待的受
害者。对他们来说,你们的庆祝会是一种羞辱;你们所夸耀的自由是不名誉
的;你们的国家越伟大,它的虚荣心就越膨胀;你们的欢呼声在他们听起来
毫无意义,冷酷无情;你们对专制君主的公开指责,实在是厚颜无耻;你们呼
喊的自由和平等空洞无物;你们的祷告和赞美歌,你们的说教和感恩语言, 183
你们庄严的阅兵仪式,对于他们来说只不过是自吹自擂、自欺欺人、招摇撞
骗,是无耻与伪善的行为——所有这些只不过是掩饰罪恶的薄薄一层遮羞
布,而这些罪恶会让这个野蛮的国家丢尽脸面。此时此刻,地球上还没有一
个国家像合众国这样犯下如此骇人听闻、惨无人道的罪行。

　　走遍世界各地,放眼望去,从旧大陆各王国的专制统治到南美洲诸国,
把他们的荒淫暴虐全都搜罗过来,同美国每天的所作所为放在一起,你不得
不承认,就其令人发指的残忍和无耻之尤的虚伪而言,美国政府是举世无匹
的……

纳特·特纳起义之后的十年时间里,南部没有出现任何黑人造反的迹象。
但1841年发生的一起事件,使得奴隶起义的观念再度复活。被运送到克里奥尔
号船上的一群奴隶制服了船员,并杀死了其中一人,然后将船开进英属西印度群
岛(该地早在1833年就废除了奴隶制度)。英国人拒绝遣还这些奴隶(英国朝野
震动,坚决反对美国的奴隶制度),于是,在国务卿丹尼尔·韦伯斯特的鼓动下,

美国国会就与英国开战问题展开了激烈的辩论。《有色人新闻》公开谴责韦伯斯特"欺凌弱小者"。该报在回顾独立战争和 1812 年战争时写道：

> 如果向英国宣战……我们难道会为捍卫那个否认我们最宝贵的公民权的政府而战吗？我们居住的各州已经两次让我们自愿为他们效劳，他们从中获益，而他们回报我们的却是锁链和奴隶制度，难道我们还准备第三次向压迫者献媚吗？如果是那样的话，那我们就真的只配享受锁链。

局势越来越紧张，北部和南部黑人的态度也变得更为强硬。1857 年，弗里德里克·道格拉斯指出：

> 让我给你们讲一讲改革哲学。人类自由不断进步的整个历史表明：对尊贵的自由要求作出的所有让步从来都是从斗争中诞生的……没有斗争，就不会进步。那些自称支持自由却又不赞成鼓动的人，是不思播种就想收获的人。没有电闪雷鸣，他们就想要倾盆大雨。他们想要大海，又害怕滔天巨浪。斗争有可能是精神的，也有可能是物质的，或者精神和物质兼而有之，但有一点是肯定的，那就是必须进行斗争。不去争取，强权决不会作出让步，过去不会，将来也不会……

184　道格拉斯同白人废奴主义者、《解放者》主编威廉·劳埃德·加里森在策略上存在着分歧，他们的这种分歧也是黑人废奴主义者同白人废奴主义者之间的分歧。黑人更倾向于进行武装反抗，但他们也随时准备使用既有的政治斗争手段，如投票箱和宪法。只要有助于他们的事业，什么手段他们都乐于使用。这是他们不同于加里森这类道德至上主义者的地方。黑人明白，单纯的道德压力是很难奏效的，他们必须使用从选举到反叛的一切可能的手段。

奴隶制度问题时常萦绕在北部黑人头脑中，这一点可以从辛辛那提学校（一个由黑人资助的私人学校）的黑人儿童身上看得很清楚。孩子们曾被问及"你想得最多的是什么"这样一个问题，被保存下来的 5 个答案全部都指向了奴隶制度。一个 7 岁的孩子写道：

> 亲爱的校友们，我们打算明年夏天买下一个农场。那样，我们白天便可以用一部分时间工作，用另一部分时间学习了。有时间的话我们就跑回家去看望我们的妈妈、姐妹和堂姐妹，如果有可能，还可以去看望一下其他好心的家人。我们要做好孩子，如果要帮助别人的话，我们打算帮助那些遭受苦难的可怜的奴隶。听到这艘载有 200 名可怜奴隶的船从河面沉到河底……我很难过。听到这个消息，我是多么难过啊！我感到无比悲痛，以致立时昏厥。

无论是在讲台上、报纸上，还是在"地下铁路"线上，白人废奴主义者都做了勇敢而富有开创意义的工作。黑人废奴主义者得不到言论和出版自由，但他们仍然是反对奴隶制度运动的主力。1831 年加里森在波士顿出版其著名的报纸

《解放者》以前,第一次全国性的黑人会议就已召开,戴维·沃克写了《恳求》,黑人废奴主义者发行了《自由杂志》。《解放者》最初的 25 名订阅者中,绝大多数是黑人。

黑人不得不与白人废奴主义者头脑中无意识的种族优越感斗争。同样,他们还得坚持要求反映他们自己独立的声音。道格拉斯原为《解放者》的撰稿人。1847 年,他在罗彻斯特创办了自己的报纸《北极星》,这导致他与加里森发生决裂。1854 年,黑人们在一次集会上宣布:"……这显然是我们的战斗,除我们以外没有谁能为我们而战……我们与废奴运动的关系势必而且正在改变。不是我们依赖它而是我们领导它。"

一些黑人妇女面临着三重障碍——她们是奴隶社会中的废奴主义者,是白人改革者中的黑人,是反对男性主导的改革运动中的女性。1853 年,第四次全国女权大会在纽约召开,当索杰纳·特鲁丝在会上站出来讲话时,她就集这三者于一身了。一些不怀好意的人在会堂起哄,对她进行威胁。索杰纳·特鲁丝说:

> 我知道,看到一名有色人种妇女站起来跟你们理论,跟你们谈论女权问题,人们总想起哄和挑逗。我们被打入了十八层地狱,人们以为我们将永世不得翻身。然而……我们又站起来了,现在,我就站在这儿……我们应该有我们的权利,哪怕现在还没有得到;这一点你们即便想阻挡也是阻挡不住的。如果你们乐意,那你们就可劲地起哄吧,但你们是挡不住的……我就坐在你们中间,时刻关注着你们,并且会不时地站出来告诉你们什么是愚昧……

在弗吉尼亚州残忍地镇压了声势浩大的纳特·特纳起义后,南部诸州的内部防范制度变得更加严密了。也许只有外来者才可能有希望发动一场起义。约翰·布朗就是这样一位有着巨大勇气和坚强决心的白人。他制定了一个庞大的计划:首先袭击弗吉尼亚州哈珀斯渡口的联邦军械库,然后发动南部所有的奴隶起义。

哈丽雅特·塔布曼只有 5 英尺高,还掉了几颗牙,但她很有经验,曾多次秘密带领黑人逃离。她与布朗一起制订了起义计划。但是由于生病,布朗无法亲自参加起义。弗里德里克·道格拉斯也曾见过布朗,考虑到获胜的可能性不大,他坚决反对起义计划,但是他佩服布朗这个身体瘦弱、面容憔悴、满头白发的 60 岁老人。

道格拉斯的判断是对的,起义计划未能成功。当地的民兵以及罗伯特·李指挥的 100 多名海军陆战队员包围了起义者。尽管起义者中有人战死,有人被俘,约翰·布朗仍然拒绝投降:他用一些小砖块,在军械库门边垒起了防御工事。军队破门而入,一名海军陆战队上尉用剑刺伤了布朗。重病在身并且受伤的布朗遭到审问。W.E.B.杜波依斯在《约翰·布朗》一书中写道:

> 约翰·布朗受审的情形是这样的:这位老人满身血污,几个小时前遭受

的创伤已使他半死。他躺在冰冷而肮脏的地板上,由于连续55个小时没有进食和睡觉,他的神经受到了伤害。他的眼前总是浮现着死去的两个儿子的尸体,7个被害同伴的尸体也隐隐欲现。妻子与痛失亲人的家属神情颓然地倾听着审判。想到自己一生的梦想随着这场失败举事而化为云烟,他的心情十分沉重……

布朗就这样躺着。面对弗吉尼亚州长的审讯,布朗说:"你以及你们这些南方人准备着吧,黑人的问题就要解决了……你们收拾我很容易,我很快就要被你们收拾了,但是,黑人的问题还是要解决,我认为事情并没有完。"

杜波依斯高度赞扬了布朗的行为:

> 倘若他的这次突袭行动只是一个疯子率领几个狂热之徒所上演的一幕活剧,奴隶们对之都嗤之以鼻,那么,最恰当的处置方式或许可以完全罔顾事件本身,暗中对罪大恶极者施以严惩,对误入歧途的领头人则要么予以赦免,要么送进疯人院……问题是,一方面坚称这次袭击行动微不足道,没有产生丝毫的影响……另一方面,国家却耗费25万美元来处置这场叛乱,在事发地点驻扎了1 000至3 000名士兵,整个国家也陷入了一片恐慌之中。

在被绞死之前,约翰·布朗在狱中写下的临终声明说:"我,约翰·布朗,坚信只有用鲜血才能清洗掉这个邪恶国土上的罪行。"

拉尔夫·沃尔多·爱默生本人并不是一个行动主义者,但他对处死约翰·布朗的看法是:"他使得绞刑架如同十字架般神圣。"

约翰·布朗的起义引人注目。参加起义的22人中,有5人是黑人。其中2人当场牺牲,1人逃脱,2人被当局处以绞刑。约翰·科普兰在被执行绞刑前,写信告诉他的父母:

> 倘若我必须去死,请你们记住,我的死是为了将受压迫的穷苦大众从奴役状态下解放出来,甚至上帝也在其圣谕中对我们所处的奴役状态进行了严厉的公开谴责……
>
> 我对绞刑毫不惧怕……
>
> 我仿佛听到你们所有的人,包括父母和姊妹兄弟,一起对我说:"不,我们怎么可能会眼睁睁地看着你去死而不感到悲伤。"请你们相信我,虽然我被投进监狱并被判处死刑,但在这里我却度过了更为幸福的时光,我对自己能够慷慨赴死感到无比的欣慰,我感到我就要能见到我们伟大的造物主了……

经联邦政府批准,弗吉尼亚当局处死了约翰·布朗。正是这个联邦政府,它在实施结束买卖奴隶的法律时是那么怯弱,但是在执行奴隶逃亡者必须返回的法律时却是那么坚决。正是这个联邦政府,这个在安德鲁·杰克逊管理下的政府,与南方勾结起来,规定南部诸州不得邮寄废奴主义者的作品。正是合众国高等法院，在 1857 年宣布奴隶德雷德·斯科特不得为其自由提起诉讼，因为他不是一个人，只是一份财产。

这样的一个联邦政府，从来不赞成奴隶用起义的方式来结束奴隶制度。在它看来，只能由白人负责结束奴隶制度，并且只能是北方的商业精英在政治和经济上需要的时候才能结束奴隶制度。正是亚伯拉罕·林肯，将商业需要、共和党的政治抱负和人道主义的花言巧语完美地结合起来。他不是将废除奴隶制度置于优先考虑的地位，而是尽量使其接近这种地位，这样，它就能时不时被废奴主义者的压力和实际的政治利益所推动。

当最富有者的利益和黑人的利益发生冲突时，林肯能在关键时刻巧妙地将这两者结合起来。他能将这两者与美国正在兴起的阶层——前途远大、经济上雄心勃勃、热衷参与政治活动的白人中产阶级连接起来。正如理查德·霍夫施塔特所指出的：

> 整个中产阶级都在他的考虑之列，他应当为数百万美国人说话：这些人从雇佣工人起步（例如种植园工人、店员、教师、机械工、船工、伐木工），现已跻身于土地承包者、富裕的杂货商、律师、零售商、医生、政治家之列。

林肯虽然旗帜鲜明地猛烈抨击奴隶制度的道德基础，然而在实际的政治活动中他却行动谨慎。他认为：“奴隶制度建立在不公正和有缺陷的政策之上，但是，颁布废止奴隶制度的宣言看来只会增加而不是减少其灾难。”（可以把它同弗里德里克·道格拉斯有关斗争的论述进行比较，也可以把它同加里森的说法相对照：“先生，没有精神振奋，最高度的精神振奋，是不可能推翻奴隶制度的。”）林肯对宪法的理解近乎严苛，他认为宪法没有赋予国会废除各州奴隶制度的权力，因为第十条修正案规定凡宪法未明确授权联邦政府行使的权力均保留给各州行使。

当有人提议在哥伦比亚特区废除奴隶制度时，林肯承认这一提案并不违反宪法，因为特区不享有各州那样的权利，它直接归国会管辖。但林肯同时表示，只有特区人民有废除奴隶制度的愿望时才可以这样做。因为该区绝大多数都是白人，结果该提案最终胎死腹中。对于林肯的这个理由，霍夫施塔特评论道，“这是在向温和之策上淬火”。

林肯公开表示自己不愿意废除《逃亡奴隶追缉法》。他给一位朋友写信说：“我承认我憎恨追捕那些可怜的人……但是我咬紧牙关，保持沉默。”1849 年，当时还是众议员的林肯提出一份废除哥伦比亚特区奴隶制度的议案。同时他还提出：地方当局应拘捕逃亡奴隶，将他们遣返至华盛顿。此举使得波士顿废奴主义者温德尔·菲利浦斯几年后谈到林肯时将其称为“来自伊利诺斯的猎奴犬”。林肯反对奴隶制度，但并不认为黑人是平等的一员，因此，他的提案始终有一个不变的主题，那就是：给奴隶以自由，将他们送回非洲。

1858 年,林肯在伊利诺斯州与斯蒂芬·道格拉斯竞选参议员。在竞选活动中,林肯独出心裁地根据听众的观点发表演讲(这种做法也许还有另外一种考虑,即如何尽量争取竞选获胜)。7 月,林肯在伊利诺斯州北部城市(芝加哥)发表演讲。他说:

> 让我们抛弃这样的诡辩吧,即所谓这个人或那个人是下等人,这个种族或那个种族属于劣等种族,而所有低劣种族和下等人,理所当然应当低人一等。让我们抛弃所有这一切,各地的人们都要团结一致,我们应当站起来宣告:所有人生而平等。

两个月后,林肯在伊利诺斯州南部的查尔斯顿,却又对他的听众说:

> 我声明,我从来不赞成白种人和黑种人以任何方式获得社会和政治上的平等(鼓掌);我从来不赞成给黑人以投票权。黑人不得成为陪审员,不具备担任公职的资格,不得与白种人通婚⋯⋯

> 白人和黑人不能这样生活,他们必须共同生活下去,这样势必就有人高人一等,有人低人一等。那么,同其他任何人一样,我赞成将高人一等的地位给予白种人。

1960 年秋,林肯作为新共和党的候选人参加总统竞选。此后,南部和北部在政策上经常发生冲突,终于导致南部诸州从联邦中脱离出去。这场冲突并非源于奴隶制度是不是一种符合道德的制度,绝大多数北方人对奴隶制度的关心远没有达到要为其作出牺牲的地步,当然更没有想到为它去付出战争的代价。它也不是广大人民之间的冲突,而是精英之间的冲突。绝大多数北方白人经济上无势,政治上无权,而绝大多数南方白人又都是穷苦的农民而非政策制定者。北部精英希望进行经济扩张——目的在于给合众国的制造厂、银行提供免税的土地、劳动力和市场,以及很高的保护性关税。这些都与南部奴隶主的利益相悖,他们认为林肯及共和党人使得他们以后将不能再继续维持舒适而奢侈的生活方式。

于是,当林肯当选总统后,南部 7 个州宣布脱离联邦。林肯发动了战斗,试图重新收复对联邦具有重要战略意义的基地——南卡罗来纳州的萨姆特要塞。结果,又有 4 个州宣布脱离联邦。这 11 个州组成了美国南部邦联。内战爆发了。

1861 年 3 月,林肯首次发表了充满调和色彩的就职演说:“我无意于直接或间接干涉那些仍在实行奴隶制度的南部诸州。那样做并不合法,况且我也不想那样做。”战争进行了 4 个月后,约翰·C.弗里蒙特将军在密苏里州颁布军事法令,宣称反叛联邦的奴隶主,其奴隶可以获得自由。林肯撤销了约翰·C.弗里蒙特将军的命令,他急于控制马里兰、肯塔基、密苏里、特拉华等实行奴隶制的南部诸州联盟。

只是由于战争变得越来越激烈，伤亡人数日益增多，人们对获胜也愈感绝望，废奴主张者提出更多的批评意见，并威胁说要脱离政治联盟，林肯这才开始采取行动反对奴隶制度。霍夫施塔特对林肯作了这样的描述："他像一只记录压力变化的灵敏的气压计。当激进派的压力增大时，他就倒向了左边。"温德尔·菲利浦斯说，林肯之所以能够长大，"那要归功于我们对他的浇灌"。

如同南方的奴隶制度受到庇护一样，北方的种族主义也受到庇护。因而，只有通过战争才能撼动这两者。纽约的黑人没有选举权，除非他们拥有250美元的财产（这种规定并不适用于白人）。虽然林肯曾以5万张选票拿下纽约，但一项旨在废止这种规定的提案在1860年的投票中却以二比一的结果被否决。弗里德里克·道格拉斯评论说："在如此重要的时刻，如果有黑人出现的话被认为是有伤体面的事情。因此，有选举权的黑人被拒之于门外，就像一些人喜欢在客人到访的时候把自己有残障的孩子撵得远远的一样。"

尽管对林肯持批评态度，温德尔·菲利浦斯还是意识到林肯竞选总统所产生的可能后果。选举的第二天，菲利浦斯在波士顿的特里蒙特教堂里演讲，他说：

> 如果显示牌上的比分能说出真理，那么在我们的历史上第一次由奴隶选出了美国总统……尽管林肯先生既不是废奴主义者，也不完全反对奴隶制度，但他还是同意代表反奴隶制度的观点。他就像政治象棋盘上的一个卒子，其价值在于他的位置，只要使用得当，我们就能用他吃掉马、相乃至主帅，赢得全局。（鼓掌） 190

波士顿上流阶层中的保守派希望同南方和解，就在林肯当选不久，他们曾一度在同一座特里蒙特教堂里对废奴主义者的集会大张挞伐，呼吁"为了商业、制造业和农业的利益"同南方妥协。

国会的勇气只是在战争开始后1861年夏通过的决议中才得以表现出来。该决议只有少数几票反对。它指出："这场战争……的目的……不是瓦解或遏制业已确立的国家制度，而是……为了保卫联邦。"

废奴主义者加强了宣传攻势。1861年和1862年，越来越多的人向国会呼吁，要求解放奴隶。当年5月，温德尔·菲利浦斯说："亚伯拉罕·林肯也许不希望如此，但是他无能为力。也许这个国家也不希望如此，但它同样无能为力。我并不在乎谁希望怎么样。黑人好比是齿轮里的小圆石，只有妥善加以处理，机器才能正常运转。"

同年7月国会通过了《没收法案》，以使为联邦而战的奴隶能获得自由。一些将军拒不执行该法案，林肯对此未加制止。加里森用"跌跌撞撞、步履蹒跚、支吾搪塞、犹疑不定、软弱无力、糊里糊涂"这些词来形容林肯的政策。菲利浦斯则称林肯为"一流的二流人物"。

林肯同《纽约论坛报》主编霍勒斯·格里利在1862年8月间的来往信函为林肯阐述其观点提供了机会。格里利写道：

> 阁下，想必不需要我提醒您，因为我想您应该已经知道，在选举中支持你的大多数人……对你正在实施的有关奴隶起义的政策极其失望，痛苦异常……我们请求您——共和国的领袖，负起您特别重大的职责，将这些法案付诸实施……如果您不能对没收法案的解放条款负责，我们认为您将无法被人理解，其后果将极为严重……
>
> 我们认为，您已经过多地被议会中那些来自边远地区蓄奴州的政客们所左右。

格里利提请林肯注意：赢得战争是现实的需要。"无论我们是否允许南部黑人为我们而战，我们都必须利用他们当侦察兵、向导、间谍、厨子、矿工、伐木工……我请求你全面施行《没收法案》，决不能含糊。"

林肯已经通过撤销其指挥官亨利·哈莱克的一项命令表明了自己的态度。哈莱克发布命令，禁止逃亡奴隶加入其队伍。林肯的撤销令未能奏效。现在，他答复格里利说：

> 阁下……我的所作所为当不至于引起你们产生任何怀疑……在这场战争中，我的最高目标既非挽救奴隶制度，亦非摧毁奴隶制度，而是拯救联邦。如果无须解放一个奴隶就能拯救联邦，那么我将不会解放一个奴隶；如果必得解放所有的奴隶方能拯救联邦，那么我将会解放所有的奴隶；如果可以解放一些奴隶同时置另外一些奴隶于不顾就能拯救联邦，那么我也会照做不误。如果说我对奴隶制和黑人做了什么，那是因为它有助于拯救联邦；如果说我对奴隶制和黑人容忍了什么，那也是因为我认为它对拯救联邦没什么帮助……我已经履行职责，表述了我的目标。我时常表达这样的内心愿望：任何人，无论他在哪里，都将是自由的。我从未打算改变这种想法。
>
> 　　　　　　　　　　　　　　　　　　　　　　林肯

在这里，林肯对其"个人愿望"同其"职责"作了明确区分。

1862年9月，林肯发布了《解放黑奴宣言》草案。草案说，如果南部诸州在4个月内不停止叛乱，北方就要采取军事行动；如果南方继续反抗，北方就要解放南方的奴隶；向北方投诚的南方各州，可以不对奴隶制度作任何变动：

> 自公元1863年1月1日起，正在背叛合众国的各州和州内之区域的所有被视为奴隶的人即刻获得自由，并且今后将得以永葆自由……

因此，当《解放黑奴宣言》于1863年1月1日正式颁布时，它宣称：在那些仍在继续与联邦交战的地区（详细地列举出来），其奴隶可以获得自由。但宣言对这些地区之外的奴隶只字未提。对此，霍夫施塔特写道，《解放黑奴宣言》"通篇都是道德上的华丽词藻"。《伦敦观察家》更是一针见血地指出："其原则不在于一个人是否可以奴役别人,而在于他是否忠于美国。"

尽管《解放黑奴宣言》有其局限性,但它还是鼓舞了那些反对奴隶制度的力量。1864年夏天,40万人联名上书国会,要求制定结束奴隶制度的法律,这在美国历史上是前所未有的。4月,参议院正式通过了第13条修正案,宣布结束奴隶制。1865年1月,众议院批准了这一法案。

根据《解放黑奴宣言》,联邦军队开始征招黑人。参加战争的黑人越多,就越表明这是一场为黑人的自由而战的战争。白人不得不作出更多的牺牲,因而他们的愤恨也就更多。尤其是北方贫穷的白人,他们的愤恨更是多得多。根据一项法律,他们要被征募入伍,而该法律却允许富人可以交付300美元免征入伍。1863年,北部城市发生了征兵暴动。愤怒的白人揭竿而起,他们的目标不是远处的富人,而是身边的黑人。暴力冲突与死亡事件肆无忌惮地发生。底特律的一名黑人描述了他所看到的情况:一伙人坐着四轮马车,车上载着小桶啤酒,手上拿着棍棒和砖,在大街上游行,攻击黑人,包括妇女和儿童。他听到其中一个人说:"与其我们被黑人杀死,不如我们杀死这个城市的所有黑人。"

这场内战是到目前为止人类历史上最为残忍的事件之一:在总数3 000万的人口中,双方死亡近60万人,这相当于1978年美国2.5亿人口中死亡500万。战斗越来越惨烈,尸体堆积如山,厌战情绪也与日俱增,成千上万的奴隶逃离种植园,南部的400万奴隶成了无论哪一方都可用来发挥巨大作用的潜在力量。杜波依斯在《黑人重建》中明确指出了这一点:

> 这些奴隶拥有巨大的能量。单单停止工作,他们就可以用饥饿来威胁南部同盟。一踏进联邦军营,他们即向充满疑虑的北方人展示了他们是多么容易指挥,但它同时也向敌人表明已经失去利用他们的机会……

> 正是这一决定性的选择导致李将军突然投降。南方要么制定使奴隶获得自由的条款,并利用奴隶去攻打北方,此后不再把他们当奴隶对待;要么向北方投降,并设想战后北方会像从前一样帮助他们保护奴隶制。

乔治·拉维克是一位社会主义者,也是一位人类学家。他描述了黑人由接近到投入内战的发展过程:

> 奴隶们从害怕见人到置身于陌生人之间,包括那些同自己没有亲属关系、说着不同语言、风俗习惯迥异的陌生奴隶们,再到杜波依斯曾经描述的总罢工,即数十万奴隶逃离种植园,整个地破坏了南方的军事供给能力。

黑人妇女在战争中,尤其是在战争接近结束的时候发挥了重要的作用。索杰纳·特鲁丝,这位积极参与女权运动的传奇般的前奴隶,同波士顿的约瑟芬·圣皮埃尔·鲁芬一样,现在成了一名招募者,招募黑人入伍为联邦而战。哈丽雅特·塔布曼带领黑人和白人士兵突袭种植园,在一次远征中就解放了750名奴隶。随着联邦军队向南方推进,黑人团数量不断增加,妇女们同黑人团一起行军,照料她们的丈夫。在军队的长途跋涉中,许多孩子死于非命,妇女们也遭受了难以想象的苦难。她们还要同战士一样面对死亡。例如,1864 年 4 月,南方盟军在肯塔基的皮罗要塞对已经投降的联邦军队士兵实施屠杀,不管是白人还是黑人一律格杀勿论,而且连邻近军营中的妇女和儿童都不放过。

有人指出,内战期间发生的事实证明了黑人对于奴隶制度的顺从。因为当他们有机会逃跑时,绝大多数奴隶仍留在种植园。实际上,有 50 万奴隶逃走了——大约占五分之一,但这已是一个相当高的比率,因为那时人们弄不清该逃向何方,也不知道逃走后怎样生活下去。

南卡罗来纳和佐治亚的一位大种植园主在 1862 年写道:"这场战争留给我们的教训是,黑人一点都靠不住,很多我们最看重的人都率先背叛了我们,这种例子数不胜数。"同年,南方盟军的一名陆军中尉、原佐治亚萨凡纳市市长也写道:"听说黑人还在不断地向敌人投诚,我感到非常遗憾。"

1862 年秋,密西西比一名部长这样写道:"等我赶到的时候,听说我们的黑人昨晚都投奔了扬基佬,而且有相当一部分黑人都这么干,这让我很吃惊……我原以为只有一两个人会投奔扬基佬,那样的话只能算是例外。伊莱扎和她全家都确定要走。她一点也不隐瞒自己的想法,公然以行动来挑衅,不仅傲慢无礼,而且出言不逊。"一名妇女于 1865 年 1 月的日记中是这样说的:

> 种植园里所有的人都无所事事,大多数人开始想办法自娱自乐。许多仆人还是值得信赖的,但也有背主求荣者,他们对任何权威和管束都持反叛态度……他们已完全为无政府主义和反抗情绪所左右,把自己同主人、同所有政府和一切约束行为完全对立起来……差不多所有的仆佣都离开了家,并一起离开种植园。

也是在 1865 年,南卡罗来纳州一位种植园主写信给《纽约论坛报》说:

> 最近,黑人在战争紧要关头的所作所为,已经使我信服:我们一直在一种谬见之下行事……我原以为这些人安于现状,生活幸福,甘愿依附于他们的主人。但是事实令我改变了立场……如果他们甘愿依附于他们的主人,那么,在主人需要的时候,他们为什么抛弃了主人全家,投奔他们并不了解的敌人? 他们为什么会逃离从小就熟知、也许待他们并不错的主人?

吉诺维斯指出,战争并没有引起奴隶普遍暴动,不过,"在密西西比的拉法叶县,奴隶们响应《解放黑奴宣言》,赶走了监工,分掉了土地和农具"。据阿普特克报告,阿肯色的黑人在 1861 年策划了一次杀死奴隶主的叛乱。根据报纸记载,同年,肯塔基的黑人纵火焚毁了房屋和粮仓,纽卡斯尔市的奴隶还举行全城游行,他们"唱政治歌曲,高呼支持林肯的口号"。《解放黑奴宣言》颁布后,弗吉尼亚的里士满有一名黑人服务生被指"策动一场奴隶的阴谋"而被逮捕。与此同时,在密西西比的亚祖市,奴隶们烧毁了县政府大楼和 14 家房屋。

还有一些非同寻常的事情：罗伯特·斯莫尔（后来做过南卡罗来纳国会议员）和其他一些黑人夺取了"种植园主"号轮船，冒着南方盟军的炮火驾船投靠了联邦海军。

绝大多数奴隶既不愿顺从但也不参与反叛。他们继续工作，静候事态发展。当时机到来时，他们才会离开，一般都参加联邦军队。有 20 万黑人加入了陆军和海军，3.8 万黑人被杀死。历史学家詹姆斯·麦克弗森指出："没有他们的帮助，北方不会这么快就赢得这场战争，或许它根本就赢不了。"

战争期间黑人在联邦军队和北方城市里的遭遇，暗示了解放运动存在的种种局限性，这种状况即便是完全战胜南部邦联之后也未能改观。退役的黑人士兵在北部城市受到攻击，如在 1864 年 2 月，俄亥俄的曾斯维市到处都能听到"杀死黑鬼"的叫喊声。在部队里，黑人士兵从事着最重最脏的工作，为白人军队掘沟壕、运输木材和枪炮、装卸弹药、挖战壕。白人士兵一个月可获得 13 美元的报酬，而黑人士兵却只能得到 10 美元。

战争后期，南卡罗来纳第三支志愿部队中一位名叫威廉·沃克的黑人中士带领他的连队来到上尉的营帐，命令他们扔下枪，集体退出这支军队，对军方违反合同表示抗议，因为他们没有得到同白人同样的报酬。沃克被交付军事法庭审判，并以叛乱罪处死。不过，国会还是于 1864 年 6 月通过了一项法案，同意给予黑人士兵同样的报酬。

到战争后期，南部邦联已陷入绝望，由于奴隶越来越成为累赘，一些领导人便建议让他们应征入伍，为政府服务，或者还他们以自由之身。在遭受多次军事失败后，南部邦联陆军部长朱达·本杰明于 1864 年底致函查尔斯顿一家报纸编辑说："众所周知，深受人民爱戴的李将军……完全同意用黑奴来防御，如果必要的话，为了这种目的，还会解放他们……"一位将军愤愤不平地写道："如果奴隶也能成为好士兵的话，那么，我们关于奴隶制度的所有理论都是错误的。"

到 1865 年初，压力不断增加。3 月，南部邦联总统戴维斯签署了《黑人士兵法》，规定应征入伍的奴隶，经由他的主人和他所在州政府的同意，可以获得自由。但是，还没等到该项法令取得明显的效果，战争就结束了。

20 世纪 30 年代，一些曾经做过奴隶的人接受"联邦作家计划"调查时回忆了战争结束时的情形。萨西·梅尔顿说：

> 我那时还是一个小女孩，大约 10 岁左右。我们听说林肯使黑人获得了自由。老板娘说，大家别太当真了。紧接着，一名美国佬大兵告诉威廉斯堡的人说，林肯已经签署废奴令了。虽然时值冬天，夜间寒冷异常，但是每个人已开始作离开的准备。谁也不再理会老板娘，大家打算到联邦边境去。整个夜晚，黑人们都在屋外跳啊，唱啊。第二天早晨，天亮了，我们背着一大堆羊毛毯、衣服，手里拎着锅碗等炊具和鸡鸭出发了，因为老板娘连一匹马、

一辆车都不给我们。阳光照到树梢上,黑人们开始唱道:

196

　　　太阳啊,你待在这里吧,我要离去

　　　太阳啊,你待在这里吧,我要离去

　　　太阳啊,你待在这里吧,我要离去

　　　再见了,我走后你不要悲伤

　　　你不要问我去哪里,我也不想再见到你

　　　再见了,我走后你不要悲伤

　　　因为你待在这里,我则要离去

安娜·伍兹回忆说:

　　　我们在得克萨斯没待多久,士兵们就开进了得克萨斯,告诉我们说我们自由了……我记得有一位妇女,她大叫着跳上桶,又大叫着跳下桶,然后再跳上桶,愈发大声地喊叫着。她就这样来来回回跳上跳下,持续了好久。

安妮·麦·韦瑟斯说:

　　　我记得曾听爸爸说过,当时有人出来大喊:"你们黑人终于自由了。"爸爸立即放下锄头,用一种奇怪腔调说:"感谢上帝。"

"联邦作家计划"记录了以前是奴隶的范妮·贝里的话:

　　　黑人们鼓掌高呼,放声大唱! 孩子们欢呼雀跃! 每个人都很快活。他们举行了庆祝仪式。我奔向厨房,隔着窗户嚷道:

　　　妈妈,今后再用不着给别人做饭了

　　　你自由了! 你自由了!

许多黑人都非常明白:无论他们的身份多么合法,他们战后的地位最终还得取决于是拥有他们曾为之辛苦耕作的土地,还是被迫以半奴隶的身份为他人工作。1863 年,北卡罗来纳一名黑人写道:"如果有关权利和正义的法律得到严格遵守,我所生活的这个国家就应该是非裔美国人依法继承的领地。它是我们的祖先在专制暴政的重压之下用当牛做马、含辛茹苦的辛勤劳动换来的。"

可是,从前的种植园主和北方的白人已经租下了那些被遗弃的种植园。一

197 份黑人报纸评论说:"奴隶成了农奴,被束缚在土地上……这就是在扬基佬控制下黑人得到的所谓自由。"

林肯批准了国会提出的方案。按照 1862 年 7 月的《没收法案》,战争期间没收的财产应当重新退还给南部邦联原所有者的继承人。波士顿的黑人医生约翰·洛克博士在一次会议说:"为什么要讨论给主人以补偿? 补偿他们什么? 你们欠了他们什么? 奴隶欠了他们什么? 社会又欠了他们什么? 要你们这样补偿他们? ……奴隶才真正应该得到补偿,因为按理说南部的财产应当是奴隶们的……"

虽然一些因欠税而被没收的土地以竞拍的方式出售,但只有少数黑人才能

够买得起。1863年3月，南卡罗来纳海岛1.6万多英亩的土地被拍卖。获得自由的奴隶们即使倾其所有也只够购买2 000英亩的土地，剩下的都被北方投资者和投机商买走了。岛上一位获得自由的奴隶给正在费城的他从前的一位老师口述了一封信：

> 亲爱的夫人：请您转告林肯，我们想得到一份土地——一块非常肥沃的土地，我们曾在此流血流汗，辛勤劳作……我们只能买得起我们想得到的土地中小小的一块，而他们却购买了太多太多，他们割去了我们的土地。
>
> 按照林肯本人的承诺，我们有权要求得到并拥有自己应得的一块土地，自己耕种。他保证我们每个人都会得到10至20英亩土地。我们高兴极了，把土地都打上地桩，标上记号。可结果呢？土地专员把所有的良田全都卖给了白人。林肯哪儿去了？

1865年初，威廉·T.谢尔曼将军在佐治亚的萨凡纳同20名黑人牧师和其他神职人员举行了一次会议，这些黑人多数都曾经是奴隶。在会上，一名黑人说出了他们的心声："我们实行自我管理的最好方法便是拥有和耕种自己的土地……"4天之后，谢尔曼发布了"专用土地第15号命令"，把整个南部海岸向内延伸30英里的土地划给黑人专用。获得解放的黑人可以到那里定居，每家可以拥有不超过40英亩的土地。到1865年6月，4万获得自由的黑人迁入这一地区的新农场。然而，1865年8月，安德鲁·约翰逊总统又把这些土地重新归还给了南部邦联的原所有人，自由黑人被强行驱离，甚至动用了武力。

曾为奴隶的托马斯·豪尔告诉"联邦作家计划"：

> 林肯因为解放了我们而获得了人们的赞扬，但他真的值得人们赞扬吗？他给我们带来自由，却没有给我们带来任何让我们养活自己的机会，至今我们还得依靠南部的白人才能获得工作、食品和衣服。我们缺乏生活必需品，仍然处于被奴役状态，这种状态比奴隶制度好不了多少。

198

1861年联邦政府向蓄奴州宣战，其目的并非结束奴隶制度，而是为了维护国家的领土完整，保住南部的市场和资源。可是，要想取得战争的胜利，就需要进行一次"十字军"式的征伐，这场征伐将给国家的政治带来新的力量：更多的黑人决心获得实实在在的自由；更多的白人（无论"被解放黑人事务管理局"的官员，还是海岛上的老师，或者是那些集各种各样的人道主义和个人野心于一身的"投机取巧者"）都关心种族平等。此外，共和党也强烈地希望能继续控制统一的全国政府。他们期望南方的黑人投票表决来达到这一目的。北方的商人看到共和党的政策对他们有利，一时也支持共和党。

结果，在战后很短的时期内，南方的黑人就投票推选黑人进入了州议会和国会，并把免费的、种族混合的公立教育制度推广到了南方。一种法律体制建立了起来。宪法第十三条修正案宣布奴隶制为非法："除了对犯罪行为处以适当的惩罚外,奴隶制或强迫劳役制,不得在合众国境内,或受合众国管辖之任何地方存在。"第十四条修正案推翻了内战前对德雷德·斯科特的判决,它宣布,"任何在合众国出生或归化合众国而受其管辖者",均为合众国的公民。该条款还通过严格限制"州权"对种族平等作了权威的表述:

> 任何州不得制定或执行任何剥夺合众国公民之特权或豁免权之法律。
> 任何州,未经正当法律程序,亦不得剥夺任何人之生命、自由或财产;亦不得
> 对任何在其管辖权下之人,不给予法律上平等之保护。

宪法第十五条修正案规定:"合众国及其诸州不得因种族、肤色,或以前的奴隶身份之关系,而否认或剥夺合众国公民之选举权。"

19世纪60年代末和70年代初,国会本着同样的精神,通过了大量的法案——这些法案规定:剥夺黑人的权利是犯罪行为;联邦官员必须保证这些权利的实施;黑人在订立契约、购买财产时不受歧视。1875年通过的《民权法案》禁止把奴隶排斥在旅馆、戏院、铁路或其他公共设施之外。

依靠这些法案,依靠驻扎在南方的联邦军队的保护,以及"被解放黑人事务管理局"的官员所组成的民兵的保护,南方的黑人们走了出来,参加选举,建立政治组织,就一些事关他们自身的重要事情有力地发挥着自己的影响和作用。内战结束时林肯遇刺,副总统安德鲁·约翰逊继任总统。在约翰逊任总统的几年间,上述发展趋势被中止了。约翰逊否决了有益于黑人的法案;他使得南部邦联诸州在并未承诺给黑人平等权利情形下,毫无困难地重新回到联邦。在他任总统期间,重返联邦的南部诸州颁布了一系列针对黑人的法律。这些法律使本已获得解放的奴隶重新沦为农奴,继续在种植园里干活。例如,1865年,密西西比宣布获得自由的黑人租赁耕地为非法。他们要工作,就必须签订劳动契约。一旦违反合同,就要受牢狱之灾。它还规定法院有权对失去父母或者家境贫困的黑人孩子以学徒身份予以强制劳动,作为对他们四处流浪的惩罚。

一些参议员和众议员或出于公正的原则,或出于政治算计,支持被解放的奴隶获得平等的权利,获得选举的权利。安德鲁·约翰逊与这些议员们发生了冲突。1868年,这些国会议员成功地以安德鲁·约翰违反了一些次要法规为由对他进行弹劾。但是,参议院以一票之差没能获得免除约翰逊总统职位的三分之二多数票。在这一年的大选中,70万黑人参加了投票,共和党人尤利塞斯·格兰特赢得了30万张选票。于是,被人们视为障碍物的约翰逊去职。现在,南部诸州必须赞同新的宪法修正案,方能重返联邦。

无论北部的政客们对南方黑人有过什么帮助,南方黑人决心获得最大限度的自由——尽管他们缺乏土地和资源。历史学家彼得·科尔钦对战后最初几年阿拉巴马黑人所作的一项研究表明:他们开始直接提出要脱离白人而自立,建立自己的教堂,积极要求参与政治,强化家庭联系,并试着教育他们的子女。科尔

钦不同意一些历史学家所谓奴隶制在黑人中间创造了一种奴颜婢膝的"混血儿"心理的观点，认为"黑人一旦获得自由，这些所谓屈从、幼稚的黑人立刻就会变成有独立主见的男人和女人"。

现在，南部诸州的黑人可以入选州立法院。不过，除了南卡罗来纳州立法院下议院外，他们在各州都处于少数。北方和南方开展了大规模的宣传运动（在美国的历史教科书中，这种宣传一直持续到 20 世纪），意在表明黑人愚蠢、懒惰、腐败，如果他们担任公职，对于南部诸州政府来说将是灾难性的。毫无疑问，这里是有腐败的现象，但是，人们不能说是黑人有意搞政治阴谋，尤其是在战后北方和南方出现财政欺诈的不寻常风气之下。

1865 年，南卡罗来纳州的公共债务为 700 万美元，1873 年上升到 2 900 万美元，这是事实。但新一届立法议会破天荒地将免费公立学校引入该州。过去没有一个黑人儿童能入学就读，到 1876 年，有 7 万黑人儿童进入学校；1860 年，白人儿童只有 2 万能上学，现在已增加到 5 万。

1869 年之后的一段时期，黑人参加选举的结果，一度选出了两名参议员和 20 名众议员。两名参议员是来自密西西比的海勒姆·雷维尔斯和布兰奇·布鲁斯。在 20 位众议员中，有 8 人来自南卡罗来纳、4 人来自北卡罗来纳、3 人来自阿拉巴马，还有两位也是分别来自前南部邦联的两个州。1876 年以后，黑人议员的人数迅速减少；1901 年，最后一名黑人议员离开了国会。

到了 20 世纪，哥伦比亚大学学者约翰·步济时在提到"黑人重建"时作了如下论述：

> 以往，才华超群、品德高尚的社会精英为了被统治者的利益而管理着政府，现在，一切都改变了，愚昧无知、品行恶劣的人在掌管着政府……黑皮肤就意味着他是这类种族中的一员，他们从来就不能让自己的激情服从于理性，因此他们也就从来没有创造出任何形式的文明。

人们不妨拿这一论述同战后南方黑人领袖的实际情况进行对比。例如，亨利·麦克尼尔·特纳在南卡罗来纳州服劳役，15 岁时逃脱出来，自己学会了阅读和写作。在巴尔的摩一家律师事务所当信差时，他研读法律书籍。在巴尔的摩医学院当勤杂工时，他阅读医学书籍。后来他成为一个黑人军团的随军牧师，再后来，他参加竞选，成为战后佐治亚州的第一位议员。1868 年佐治亚州立法院投票决定开除所有黑人议员（两名参议员，25 名众议员），特纳在佐治亚众议院发表演讲（后来，亚特兰大大学一位女黑人毕业生披露了他演讲的内容）说：

> 斯皮克先生……我希望各位议员能够明白我现在的身份。我确信自己是众议院的一名议员。所以，阁下，我不需要在任何政党面前卑躬屈膝，向他们摇尾乞怜，乞求他们赏赐给我什么权利……我在此是郑重要求我本来拥有的权利，向那些胆敢侵犯我人格的不法之徒表示极大的愤慨……

今天，议院里出现的这一场面，是前所未有的……世界历史上还从未有过这种事情，一个人，只是因为他的皮肤比同僚们黑，便被一个享有立法权、司法权、行政权的机构当面传讯并受到指控……在19世纪中叶，在佐治亚州，这种事情真的就发生了：一个人被当庭传唤，仅仅就是指控他要为自己肩膀上扛着的那颗脑袋负责。先生们，盎格鲁撒克逊人是一个最令人莫名其妙的种族……我从来没想到它竟是如此的胆小如鼠……先生们，我正告你，这个问题不可能就这样到此为止。只要太阳依旧照耀天空，我们的后世子孙将会永远记住这件事情……

……我们被告知，如果黑人有什么话要说，他们必须让白人替他们来说；如果黑人要表达他们的意见，必须由白人按照自己的理解为他们传递信息，而这个传递信息的人就像钟摆那样左右摇摆，说话模棱两可，含含糊糊，满口遁词……

先生们，问题的关键在于：我是一个人吗？如果我是人类的一员，我就要求有作为人的权利……

先生，我们虽然不是白人，但为什么我们必须付出更多？我们是这片土地上文明的开拓者，我们为你们建立了国家。250年来，我们一直为你们劳作，为你们收割谷物。我们向你们要求过什么回报吗？我们的先辈为你们受苦受难，他们流过泪、伤过心，甚至付出生命的代价，你们对此作过补偿吗？我们报复过你们吗？没有！过去已不复存在，我们决意将它埋葬；但是，现在，我们向你们要求我们应有的权利……

当黑人孩子入学的时候，老师（无论是白人还是黑人）就会鼓励他们自由表达，其方式有时候有点教义问答的风格。下面是肯塔基的路易斯维尔一所学校的档案记录：

老师：好了孩子们，你们是否认为白人因为头发比你们的直、脸比你们的白就比你们优秀呢？

学生：老师，不是这样。

老师：对。他们并不比你们优秀，只是同你们有所不同。他们拥有巨大的权力，建立了这个庞大的政权机构，管理着这个幅员辽阔的国家……那么，是什么造成了他们同你们的差别呢？

学生：金钱！

老师：对。那么，是什么让他们能得到那么多钱呢？他们是怎么挣钱的？

学生：抢我们的，偷我们的！

黑人妇女也为战后南方的重建做出了贡献。弗朗西斯·埃伦·沃特金斯·哈珀，以自由人的身份出生于巴尔的摩。13岁时就开始自谋生路，当一名女仆，替人家照顾幼儿，后来成了一名废奴主义演说家和自己诗歌的朗诵者。战后，她穿梭往返于南部各州，发表演讲。她是一名女权主义者，参加了1866年的女权会议，创建了全国有色妇女协会。19世纪90年代，她创作出《艾奥拉·勒鲁瓦或阴影在升起》，这是第一部由黑人妇女发表的小说。1878年，她向人们讲述了自己近期在南方的所见所闻：

> 我有一个朋友生活在南卡罗来纳，他在那里从事布道工作。据他说，妇女是养家糊口的支柱，南卡罗来纳三分之二的商品蔬菜园由她们打理，在城市里，她们比男人还要勤劳……当男人因为其政治背景而失去工作时，她们会继续支持他们，对他们说，"一定要信守自己原则"。

在黑人为获得平等权利而奋斗的整个过程中，一些黑人妇女大胆地说出了她们的特殊情况。索杰纳·特鲁丝在"美国平等权利协会"的一次会议上说：

> 人们热衷于谈论黑人获得他们的权利，可是，人们对于黑人妇女的权利却只字不提。如果黑人男子获得了他们的权利，而黑人妇女不能获得自己的权利，那么，黑人男子就成了黑人妇女的主人，这与从前的情况一样糟糕。所以，我们要防患于未然，因为如果等真的出现了那种情况，我们将会为重新争取自身权利付出更多的努力……
>
> 我已经80多岁了；大约到了我该离开人世的时候。我当了40年的奴隶，获得自由也有40年了。在这40多年里，我一直希望所有的人都能获得平等的权利。我想，我能活到现在，是因为还有一些事情需要我去做，我对打碎枷锁也还有些用处。我做了很多的工作，同男人相比毫不逊色，但我却没有得到应得的报偿。我经常在田地里劳作，收割庄稼，风餐露宿。男人们干活没我多，但得到的报酬却是我的两倍……我想，自己大概是唯一一个为黑人妇女争取权利而四处奔波的黑人妇女，既然坚冰已经打破，我希望能够推动我们的事业继续前进……

宪法修正案通过了，种族平等的法案也通过了，黑人开始投票参选，开始担任公职。但是，只要黑人仍然依赖于享有特权的白人阶层而获得工作，获得生活必需品，他的选举权就会被收买或被暴力威胁所剥夺。因此，那些要求获得平等待遇权利的法律就会变得毫无意义。当联邦军队（包括黑人军队）继续驻扎在南方的时候，这个过程被延迟了。但是，军事力量均衡已发生变化。

南方白人寡头政府利用其经济力量组建了三K党和其他恐怖主义团体。北方的政客们也开始权衡利弊得失：是要一贫如洗的黑人的政治支持（只是在压力下他们才得以保留了选举权和参政权），还是为了一个更加稳定的南部而恢复白人至上的旧制度，选择共和党人的统治和商业立法。黑人重新跌回到近乎奴隶制的状态，这只不过是一个时间问题。

几乎在战争一结束，暴力行动就开始了。1866年5月，田纳西州孟菲斯的白人在一次谋杀暴乱中杀死了 46 个黑人,其中绝大多数是联邦老兵,另外还杀死了两名白人同情者。5 个黑人妇女被强奸。90 个家庭,20 所学校,4 座教堂被烧毁。1866 年夏天,在新奥尔良的一场反对黑人的骚乱中,35 名黑人和 3 名白人被杀死。

萨拉·桑夫人曾在国会调查委员会作证:

问:你曾经是奴隶吗?

答:我曾经是一名奴隶。

问:在这场骚乱中你都看到了什么?

答:我亲眼看见他们杀死了我丈夫。事情发生在周二夜里 10 点至 11 点之间,他正卧病在床,被射中了头部……大约有二三十人……闯进了卧室……其中一人向后退了一步,朝他射击……两人相距不到一码,他用手枪指着我丈夫的头,连开了 3 枪……接着,其中一人用脚踹他,另一个人在他倒下时又朝他开枪……他彻底倒下了,再没有说话。他们随后便跑掉了,再没有回来……

从 19 世纪 60 年代后期到 70 年代早期,暴力行为一直呈上升趋势,如三 K党组织的袭击、私刑处死、殴斗、纵火等等。1867 年至 1871 年间,仅肯塔基一地,国家档案中就记录了 116 宗暴行。下面是一份案卷所记录的暴行:

204

1. 1867 年 11 月 14 日,一伙暴徒侵袭了默西县的哈罗兹堡,从监狱中劫走了一名叫罗伯逊的囚犯……

5. 1868 年 5 月 28 日,萨姆·戴维斯被一伙暴徒吊死。

6. 1868 年 7 月 12 日,威廉·皮埃尔在克里斯丁被一伙暴徒吊死。

7. 1868 年 7 月 11 日,马丁县布拉兹福德维尔的乔治·罗杰被一伙暴徒吊死。

10. 60 岁的赛拉斯·伍德福德被一伙伪装的暴徒痛打一顿。

109. 1871 年 1 月 14 日,黑伊县的黑人被三 K 党杀害。

一位名叫查尔斯·卡尔德维尔的黑人铁匠出身于奴隶,后来当选为密西西州参议员。白人称他为"臭名昭著、狂躁暴烈的黑鬼"。1868 年,在遭到一名密西西比白人法官的儿子枪击时,他奋起反击,杀死了那个人。在全部由白人组成的陪审团面前,他坚称自己的行为属于自卫。他最终被宣告无罪。一名黑人杀死了一名白人竟能被判无罪,这在密西西比是破天荒第一次。然而,卡尔德维尔在 1875 年圣诞节那天还是被一名白人匪徒射杀了。这是一个信号,它标志着旧的白人统治者重新夺回了密西西比以及南部其他地方的政权。

19 世纪 70 年代,随着白人暴力事件增多,联邦政府,即便是格兰特统治下的政府,也对如何保护黑人逐渐丧失了热情,决定不去出手相助。当政府其他部门做得太离谱的时候,最高法院发挥了陀螺仪的作用,把政府其他部门拖回到保守的方向。当初为了种族平等的目的，第十四条修正案获得通过。现在为了使它不起作用，最高法院开始重新解释该修正案。1875 年的公民权利法案禁止在使用公共设施方面歧视黑人。1883 年，最高法院废弃了这一法案，指出："侵犯个人权利的个人行为不在修正案适用范围之内。"第十四条修正案所针对的是政府行为，它是这样规定的："政府不得……"

肯塔基州前奴隶主、时任最高法院法官的约翰·哈伦起草了一份值得注意的有异议的反对案。他认为，禁止私人歧视是合乎宪法的、正当的。他特别提到，第十三条修正案规定废除奴隶制，这一规定并不只是适用于国家，而且也适用于单个的种植园主。他争辩说，种族歧视是奴隶制度的标志，应该同样地被看作是不合法。他还指出，按照第十四条修正案第一款规定，任何出生在合众国的人都是公民，而按照宪法第四条第 2 款的规定，"每一州的公民都有权利获得其他州的公民所享有的全部特权和豁免权"。

哈伦是在同远比逻辑或抽象的正义要强大得多的一股力量进行战斗。最高法院的这种气氛表明，北部的实业家与南部的商人—种植园主之间已经结成了新的联盟。1896 年的"普利西诉弗各森案"的判决使这种情绪达到了最高潮。当时，高等法院裁决：可以在列车上将白人与黑人隔离，"隔离但平等的公用设施"原则合法：

> 毫无疑问，第十四条修正案是要实现两大种族在法律面前完全平等这一目标，但是，按照事物的本性，目前尚不能完全废除由肤色造成的差别，实现社会和种族的完全平等，因为与政治平等不同，现在实现这种平等必然会引起本来关系良好的两大种族间的不和。

哈伦再次表达了不同意见："我们的宪法是色盲……"

1877 年，正在发生的一切事情的真实含意才明显地、戏剧性地展现出来。总统竞选于 1876 年 11 月开始，刚刚进入 1877 年，就发生了激烈争吵。民主党候选人塞缪尔·蒂尔顿获得 184 张选举人票，再多 1 张就能当选：他的总票数超过 25 万张。共和党候选人拉瑟福德·海斯获得 166 张选举人票。3 个州共约 19 张选票还未计算在内。如果海斯能全部得到这 19 张选票，那么他就会以 185 张选票当选总统。而这正是他的经纪人要做的。他们对民主党和南方的白人作了让步，其中包括这样的协定：联邦军队（这是恢复白人霸权地位的最后一道军事障碍）撤离南方。

面对全国性的危机，北方的政治、经济利益需要稳定的环境，需要更强有力的盟友。自 1873 年以来，国家一直处于经济衰退之中，1877 年农民和工人开始造反。1877 年两党和解的历史，正如 C. 范·伍德沃德在《重新统一与反动》中所指出的那样：

> 这是一个衰退的年代，是人们所经历的最糟糕、最不景气的年代。东部

的工人和失业者都心情苦闷,情绪恶劣……西部边远地区,农业激进主义者的声势日益高涨……从东方到西方,都出现了对新经济秩序所赖以存在的关税保护、国家银行、铁路津贴、金融协定等一整套体系的威胁。

该是南方和北方的精英达成妥协的时候了。伍德沃德问道:"南方能否被说服与北方的保守派联合,并变成新资本主义秩序的支柱而非威胁性的因素呢?"

由于失去了价值数十亿美元的奴隶,旧南方的富人们破产了。现在,他们期望得到联邦政府的帮助:贷款,津贴,防洪工程。1865 年,合众国在公共工程领域投入了 103 294 501 美元的资金,但南方只得到了 9 469 363 美元。例如,俄亥俄得到了 100 万美元,而与其仅一河之隔的南部邻居肯塔基却只得到了区区 2.5 万美元。缅因州得到了 300 万美元,而密西西比只得到 13.6 万美元。由于太平洋铁路联盟和中太平洋铁路公司得到了 8 300 万美元的资金补贴,北部得以建造一条横贯整个大陆的铁路,而南方却没有得到这样的支持。因此,南方要做的事情之一就是希望得到联邦政府对得克萨斯和太平洋铁路的资金支持。

伍德沃德说:"就像国会采取诸如拨款、津贴、补助、合同之类的方法对北方的资本家企业给予大量的资助和扶持一样,南方也得到了其财富补偿——无论在何种程度上说,这些财富都是享有特权的精英人物所拥有的。"这些特权也正是那些穷苦的白人农民所梦寐以求的,这样便形成了新的反黑人联合阵线。这些农民希望修建铁路、修缮港口、建造防洪设施,当然,还希望得到土地,但他们不知道,这些东西对他们而言并非帮他们致富的福音,而是进一步剥夺他们财富的祸水。

例如,北方和南方资本家携手合作的第一个成果,便是废除了《南方公用土地法令》,依据该法令,农民可以保有自己耕种的联邦土地,这些联邦土地占了阿拉巴马、阿肯色、佛罗里达、路易斯安那、密西西比面积的三分之一。结果,外地的土地投机商和木材商蜂拥而至,在这一地区购置了大量土地。

于是,交易达成了。参众两院成立了一个特别委员会,决定选举人的票投给谁。最终的决定是他们支持海斯。于是海斯便当上了总统。

正如伍德沃德所总结的:

> 1877 年的妥协没有恢复南方的旧秩序……但它保证南部白人统治者的政治自主权,保证联邦不干涉南部的种族政策,并许诺南部的白人统治者可以分享新制度带来的经济利益。其结果是,南部变成了主导地区的附庸。

新的资本主义对于摧毁战后南部业已存在的黑人力量发挥了重要作用,霍勒斯·曼·邦德对阿拉巴马州重建的研究证实了这一点。邦德的研究表明,1868 年之后,"投资人之间出现了激烈的斗争"。确实,除了"资本积累"之外,种族主义也是一个不可忽视的因素。但"投资者是不会受种族偏见所左右的,那些通过掠夺阿拉巴马自然资源而攫取利润的人都是铁石心肠,但他们却以娴熟的技巧和精明的算计把他人的种族偏见化为自己追逐财富的工具。"

那是一个煤炭和动力主宰的时代，而北阿拉巴马则拥有这两者。"费城和纽约乃至伦敦和巴黎的银行家们早在 20 多年前就熟知这些情况。这里唯一缺少的就是交通运输。"邦德指出：19 世纪 70 年代中期，北方的银行家们开始加入南方铁路公司理事会。到 1875 年，J. P. 摩根已成为阿拉巴马和乔治亚好几条铁路线的董事长。

1886 年，《亚特兰大宪法》的主编亨利·格雷迪在纽约的一次晚宴上发表演讲。听众中有 J. P. 摩根、H. M. 弗拉格勒（约翰·D. 洛克菲勒的合伙人）、拉塞尔·塞奇和查尔斯·蒂法尼。他演讲的题目是"新南方"，其主题是：往事不再——让我们拥有一个和平与繁荣的新时代。作为劳动阶级，黑人太幸运了，他们受到法律的完全保护和南方人民的友好对待。格雷迪跟那些把奴隶卖给南方的北方人开玩笑说，现在该南方处理自己的种族问题了。他的演讲很成功，听众起立鼓掌，乐队也奏起了内战期间南方流行的军歌。

同月，《纽约每日论坛报》的一篇文章说：

> 南方煤炭和铁矿工业的领袖人物在过去十天里访问了本市，准备回家过圣诞节。他们对今年的生意"非常满意"，并对未来充满憧憬。他们这样做是有充分理由的：他们期盼了近 20 年的这一时刻终于来临了。北方的资本家们终于确信：他们同南方合作，不仅能获得安全，而且还能从开发阿拉巴马、田纳西、佐治亚那难以置信的、丰富的煤炭和铁资源的投资中获取巨额利润。

不应忘记的是，北方无需经历一场思想上的革命就能接受黑人奴隶从属论。内战结束时，北方 24 个州中有 19 个州不允许奴隶投票参选。到 1900 年，所有南方诸州都在新宪法和新章程中写进了关于剥夺黑人公民权和实行种族隔离的条款。《纽约时代》的一位编辑说："北方的人们……对压制黑人选举权不再加以指责。……在自卫本能这一最高原则下，大家都坦白承认这样做是必要的。"

北方虽然没有把这些东西写进法律，但种族主义思想与行为并不鲜见。208
1895 年 9 月 25 日，波士顿的《记录》有这样一则报道：

> 昨天晚上，一位名叫亨利·W. 特纳的黑人男子涉嫌在高速路上抢劫而被逮捕。今天早上，他被带到黑人照相馆照相，他的照片将会被张贴到"流氓展厅"。这让他非常愤怒，一点也不配合。有好几次都是正当摄影师准备照相时他拼命反抗揿着他的警察，结果难免棍棒之苦。

内战后的文学作品中的黑人形象绝大多数来自像托马斯·纳尔逊·佩奇这样的白人作家。佩奇在其小说《红石》中把黑人的性格描绘成"一条关在笼子里的鬣狗"、"一条爬虫"、"一条蠕虫"、"一只野兽"。乔尔·钱德勒·哈里斯在其雷木斯大叔的系列故事中以不容置疑的口吻极力宣扬黑人的友善。但他借雷木斯之口所表达的却是这样一种思想:"如果你递给一个黑人一本识字书,那你就会失去一个出色的庄稼把式。我可以在一分钟之内捡到满满一桶柴火,并且能够明白很多的道理,但这些知识从任何一所学校里都不可能得到。"

倘若明白了这种社会氛围,你就一点不会奇怪,为什么大多数为白人社会所接受的黑人领袖,都同曾被西奥多·罗斯福邀请到白宫作客的教育家布克·T.华盛顿一样,力主黑人不要积极参政。1895 年,华盛顿受产棉州和亚特兰大国际展览会的白人组织者之邀发表演讲,劝告南方黑人"不要到处乱跑"——也就是说,黑人应该待在南方,成为农民、技师、家仆,甚至可望获得某种专业资格。华盛顿竭力主张白人老板雇用黑人,而不要雇用"语言和生活习惯方面都很陌生"的外国移民。黑人"不罢工,没有工作纠纷",是"世界上最有耐心、最忠诚、一贯守法、毫无怨言的人"。他说:"我们种族中最聪明的人都明白:鼓吹社会平等是极为愚蠢的。"

也许在华盛顿看来,这是一种在整个南部烧杀抢劫黑人的时期里维持生存所必需的策略。这是美国历史上黑人运动的低潮时期。1883 年,《纽约环球杂志》的一位年轻黑人编辑托马斯·福琼就有关合众国黑人的情况在参议院委员会面前作证。他谈到了"普遍性的贫困"、政府的背叛、黑人渴望接受教育的种种尝试等情况。

福琼说,在南部,农场工人的平均工资一天大约为 50 美分。在通常情况下,付给他们的不是现金,而是只能在种植园主经营的某个商店里使用的各种"订单",这是"一套骗人的把戏"。黑人农民为了筹措种植庄稼所需要的资金,不得不答应商店的条件。到年终的时候,各种费用累加起来,他们负债累累,收获的谷物常常被用来偿还欠账。他们被牢牢地拴在土地上。因为账册在种植园主或店主手里,黑人经常"受骗,永远是欠债人"。至于所谓的黑人比较懒惰之说,"让我感到奇怪的是,他们大多数为什么不去钓鱼或者打猎,也不去闲逛"。

福琼谴责了"南部对黑人的惩罚制度以及用铁链把做苦工的囚犯锁在一起的恶行……其目的就是对黑人们进行恐吓,为承包商提供牺牲品,使承包商可以非常便宜地购买到那些倒霉的黑人作苦力……白人可以向大街上自由行走的黑人射击,而黑人,即便只是偷了一头猪,也要被戴上 10 年铁链罚作苦役"。

许多黑人逃亡了。大约有 6 000 个黑人为了逃离暴力和贫困,离开了得克萨斯、路易斯安那和密西西比,迁移到堪萨斯州。弗雷德里克·道格拉斯和其他一些黑人领袖认为这种办法是错误的,但那些黑人移民拒绝接受他们的建议,其中有人明确表示:"我们已发现,除了我们头上的上帝外,没有什么领袖值得我们信任。"另一位名叫亨利·亚当斯的黑人移民是一个在内战期间参加联邦军队的老兵。1880 年,目不识丁的亚当斯向参议院委员会讲述了他离开路易斯安那的什里夫波特的原因:"我们确信,整个南方(包括南部的每一个州)已全部落入那些把我们当奴隶的人手里。"

不过，即便是在最糟糕的时期，南方黑人都没有停止集会，没有停止组织起来进行自卫。赫伯特·阿普特克重印了 19 世纪 80 年代巴尔的摩、路易斯安那、南北卡罗来纳、弗吉尼亚、佐治亚、佛罗里达、得克萨斯和堪萨斯的黑人举行集会、请愿和申诉的 13 份文件资料。这些文件展现了整个南方黑人在那个每年都有数百人被杀害的时代里不屈不挠的反抗精神。

尽管整个形势几乎令人绝望，但仍有很多黑人领袖认为布克尔·T.华盛顿鼓吹谨慎和节制是错误的。佐治亚州的一位名叫约翰·霍普的年轻黑人，听了华盛顿在棉花展览会上的演讲后，对田纳西州纳什维尔一所黑人大学的学生们说：

> 如果我们不为平等而奋斗，上帝啊，我们活着是为了什么？我认为，向白人和黑人宣扬我们不要为平等而奋斗，这种行为，对于我们每一个黑人来说，都是胆怯的、不诚实的……是的，朋友们，我渴望平等，完完全全的平等……请大家注意，在这里我要使用一个形容词：我要说，我们渴望社会平等……我不是野兽，我也不是一件脏东西。
>
> 站起来吧，兄弟们！让我们来主宰这片土地……把你们的不满和失望都统统表达出来吧……像无边的大海里那惊涛骇浪一样表达你们的不满和愤怒吧。让你们的不满情绪发泄出来，去摧毁那像山一样高的种族偏见之墙，把它彻底根除……

另一位执教于亚特兰大大学的黑人 W. E. B. 杜波依斯注意到，19 世纪末期，美国全国范围内发生了大量的反叛事件，黑人反叛只是其中的一部分；在这些事件中，穷苦的黑人与贫穷的白人没什么两样。他在其 1935 年出版的《黑人重建》中写道：

> 上帝哭了。不过，对一个没有信仰的时代而言，这是无关紧要的。现在至关紧要的是整个世界都哭了，而且还在哭泣，鲜血和眼泪都被漠然处之。1876 年，在美国，一种新的资本主义和新的奴役劳动开始兴起。

杜波依斯把这种新的资本主义制度看成是发生在世界上所有"文明的"国家中剥削和贿赂行为的一部分：

> 文明国度里的本国劳工，已经被选举政治所安慰、所误导，其实选票的力量已经被无所不在的资本专政严重地削弱了；他们又被高薪和官职所引诱，联合起来，去剥削落后国家里的白种人、黄种人、棕色人和黑人劳工……

内战前后，伴随着美国资本主义的发展，白人也和黑人一样，正在成为某种意义上的奴隶，杜波依斯说得对吗？

第十章

另 一 种 内 战

在纽约阿尔巴尼附近哈德逊河谷周围的群山中,伦斯勒庄园的田产星罗棋布。这些田地为众多佃户租种。1839年秋,一名进山收租的司法行政长官在信中写道:

>……佃农们已经组织起来。如果他们的不满情绪得不到抚慰的话,他们绝不会再交租子……现在佃农们用来对付地主的办法同当初地主对付他们的办法如出一辙,即完全取决于他们的心情好不好。

>你千万别把它当成儿戏……如果你想在我面前抖抖官威的话……那我可不敢保证你的安全……一个佃农这样说。

一位副司法行政长官手持法院催租令来到农村收租时,农民们一拥而出,吹号集合,把他手里的催租令当众一把火烧掉了。

同年12月,一位司法行政长官率领500名民团骑着战马浩浩荡荡开进农村,却被尖厉的锡号声所包围,1 800名农民拦住了他们的去路,600多人切断了他们的退路。他们全都骑着马,手里拿着钩钗棍棒。这位司法行政长官只好率队撤离,负责后卫的农民给他们让出了一条路放他走了。

以上是亨利·克利斯曼在其《锡号与白棉布》中所描述的哈德逊河谷的反租佃运动开头的一幕。这是一场针对大庄园制度的反抗运动,这种大庄园制度可以追溯到17世纪荷兰人统治纽约州时期。根据克利斯曼的描述,在这种制度下,"少数家族之间存着错综复杂的联姻关系,他们掌控着30万人的命运,拥有200万英亩的土地,其地位之显赫几乎同国王无异"。

佃农需要缴纳赋税和租金。伦斯勒家的庄园最大,它有8万佃户和4 100万资产。一位佃农的同情者写道,这家的主人有时会"饮酒作乐,或者懒洋洋地躺在垫子上。他打发时间的办法就是社交、美食、文化娱乐,或者坐着四轮马车或骑着五鞍大马沿着美丽的河谷闲逛漫游,一直走到山坡的背阴处"。

1839年夏,佃户们举行了第一次群众集会。1837年的经济危机使这里的许多人丢掉了饭碗,而这一危机恰好同第一次铁路建设高潮的结束和伊利运河的完工撞在一起,这对求职者无疑是雪上加霜,更进一步加剧了大面积失业的状况。这年夏天,佃农们决定要"继承父辈们未竟的革命事业,最终实现人民大众的自由和独立"。

来自农业地区的一些人逐渐成长为运动的领导者和组织者,如史密斯·鲍顿原是一位马背上的乡村医生,艾恩格·德维尔则是一位爱尔兰革命者。德维尔亲眼目睹了土地和工业垄断给伦敦、利物浦和格拉斯哥的贫民窟居民带来的苦难,他四处鼓动改革,结果以煽动叛乱罪被逮捕,后逃到美国。他应邀在伦斯勒维尔农民举行的一个7月4日纪念集会上发表演讲时,对听众发出警告说:"如果你们让那些野心勃勃的无耻之徒垄断了这些土地,他们就会理所当然地变成这个地方的主人……"

伦斯勒的数千农民组成了反租佃协会阻止地主依法收回土地。他们统一穿着白棉布印第安服装,这是波士顿茶党的标志,很容易让人联想到这片土地的原始所有权。而锡号在印第安人那里则意味着号召大家拿起武器。不久,上万人接受训练,做好了充分准备。

在哈德逊河谷的许多村镇,农民们一个县接一个县地组织了起来,还出现了许多传单:

> 敬请留意
>
> 反租佃人士们! 起来吧! 赶快行动起来!
>
> 前进,消灭最后的敌人
>
> 前进,为了先辈的英灵
>
> 前进,为了父辈的坟茔
>
> 为了上帝的召唤
>
> 为了家人的安宁!

只要锡号一响,农民就会闻声而动,他们身着白棉布衣,骑着马,把那些试图向农民强制执行催租令的司法行政长官和副司法行政长官们包围起来,在他们身上浇上柏油,粘上羽毛。曾对"山民们的反叛精神"持同情立场的《纽约先驱报》现在却对其进行强烈谴责。

租约中最招人嫉恨的条款便是规定地主拥有对所有农地上木材的所有权。一个被派往一家佃农租地上为地主采集木材的人被杀死。气氛越来越紧张。一个农民的孩子被秘密杀害,谁也不知道凶手是谁,但鲍顿医生遭到拘禁。州长命令炮兵采取行动,从纽约城派出了一个炮兵连。

1845年,征集到2.5万佃农签名的反租佃法案被递交给立法机关,但该法案未获通过。在农村地区,"印第安人"反抗组织与司法行政长官的民团之间的游击战开始死灰复燃。鲍顿被关了7个月,其中有四个半月还带着沉重的脚镣。他后来被保释出狱。出席1845年7月4日纪念集集会的数千名农民誓言将坚持反抗到底。

一位名叫摩泽斯·厄尔乐的佃农租种了160英亩多石的田地,欠下60美元的租金。当一名副司法行政长官打算卖掉厄尔乐的牲口抵偿租金时,双方发生了打斗,副司法行政长官被杀死。像这种阻挠以牲口抵付租金的事件层出不穷。州长宣布发生了叛乱,派出了 300 支部队前往平叛。近 100 名反租佃者被拘捕。史密斯·鲍顿受到审判。他被指控从一名司法行政长官那里非法获取文件,但法官却认定他事实上犯了"叛国罪、反政府罪和武装叛乱罪",结果他被判终身监禁。

调查发现,那些"印第安人"正是在摩泽斯·厄尔乐杀死司法行政长官的那个农场里进行武装和伪装的,法官认为他们犯有谋杀罪,并把这一看法告诉了陪审团。他们全部被判定有罪。法官判处四人终身监禁,两人绞刑。两名领导人被告知,逃避受到严惩的惟一机会是给反租佃者写信,敦促他们立即解散。两人按要求写了信。

法律的力量最终粉碎了反租佃运动。它力图表明,农民单靠对抗的方式是不能够取得胜利的,他们必须把精力转到选票上来,转向社会更容易接受的改革方式。1845 年,反租佃者把自己的 14 名代表送进了州立法机构。正是在这种情况下,西拉斯·赖特州长把两名死刑犯减刑为终身监禁,并呼吁立法机构向佃农提供救济,结束哈德逊河谷的封建制度。地主死后分割其巨额财产的提案被否决了,但立法机构也通过法律,认定变卖佃农资产偿付租金的办法为非法。当年的宪法会议还废除了新的封建契约。

214   1846 年当选的下一任州长得到了反租佃者的支持。他承诺当选后将赦免反租佃犯人,并在当选后兑现了这一承诺。当这些人获释的时候,人们成群结队前往慰问。到 19 世纪 50 年代,法院的裁决在不动摇地主和佃农关系基础的情况下,开始对庄园制度最坏的一些方面实施限制。

农民针对追缴欠租的零星反抗活动一直持续到 19 世纪 60 年代。1869 年底,仍发生了几伙"印第安人"聚众阻挠司法行政长官为一位名叫沃尔特·丘奇的地主追租的事件。甚至到 19 世纪 80 年代初,还有一位副司法行政长官代表丘奇前去驱赶一位农民时被猎枪打死。这时绝大多数租契已经转到农民手中。在反租佃运动最大的 3 个县,1.2 万名农民中只有 2 000 人还保持着传统的租佃关系。

由于受到法律的打压,农民把他们的斗争由暴力转向投票选举。通过不断扩大小土地所有者阶层的人数,在未触动基本的贫富结构的基础上,制度得以巩固。这是美国历史发展进程中最常见的一种现象。

就在纽约州发生反租佃运动的几乎同时,罗德岛爆发了令人惊心动魄的多尔叛乱。马文·盖特尔曼在其《多尔叛乱》中指出,这次叛乱,既是一场选举改革运动,也是一次剧烈的政治暴动,其导火线是罗得岛宪章规定只有土地所有者才有投票权。

随着越来越多的人离开农场来到城市,随着大量的移民来到工厂做工,被剥夺公民权的人数也在不断增加。塞斯·卢瑟通过自学成了普罗维登斯的一名木工师傅和工人阶级的代言人。1833 年,他在"关于自由选举权的演讲"中痛斥罗得岛的政权被"达官显要、名门贵胄……土地新贵"所垄断,呼吁开展针对政府的不合作运动,拒绝纳税和服兵役。他质问:为什么罗得岛 1.2 万名没有投票权的工人群众要听命于那拥有土地和选举权的 5 000 人?

出身于富裕家庭的律师托马斯·多尔成了争取选举权运动的领导人。工人群众建立了罗得岛选举权协会。1841 年,数千人高举旗帜和标牌在普罗维登斯举行游行示威,要求进行选举权改革。他们撇开现行法律制度,自己组织了"人民大会",起草了不对选举权作财产限制的新宪章。

1842 年初,他们要求对新宪法进行投票,结果获得了 1.4 万张赞成票,大约 5 000 有产者也参加了投票,也就是赞成票中包括了那些宪章规定拥有选举权的大多数人。4 月,他们举行了一次非官方的选举,多尔在无对手参选的情况下竞选州长,获得了 6 000 张赞成票。与此同时,罗得岛州长得到了约翰·泰勒总统的承诺,万一发生叛乱即派联邦军队前往弹压。联邦宪法针对此种事态的相关条款规定,联邦政府可以应州政府的请求平定其内部暴乱。

多尔的支持者们不顾这些规定,于 1842 年 5 月 3 日举行就职典礼,并在普罗维登斯举行了声势浩大的示威游行活动,参加者有艺术家、店主、技工和民兵。还召开了新选举产生的人民立法机构。多尔袭击州军火库的行动遭到失败,他的加农炮哑火了。州长发布了抓捕多尔的命令,多尔逃出州境,潜入地下,为军事行动筹集款项。

"人民宪章"不顾多尔等少数人的反对,在其有关投票人的相关条款中保留了"白种人"一词。结果愤怒的罗得岛黑人参加了法律与秩序同盟领导的民兵组织,因为该组织答应召开一个新的宪章大会,给予黑人投票权。

当多尔重新回到罗得岛时,他发现只有几百人愿意为人民宪章而战,而且绝大多数是工人,支持州政府的民兵则有数千人。起义队伍土崩瓦解,多尔再次逃离罗得岛。

颁布了戒严令。一名被俘的起义士兵被蒙上眼睛,行刑队用空包弹对他进行射击。100 多民兵被俘虏。其中一个描述了他们被押送时的情景:他们 8 个人一排,被绳子拴在一起,步行 16 英里前往普维登斯。"如果我们因过度疲劳而跟不上的话,他们就会用刺刀戳,绳子把我们的胳膊勒得疼痛难忍,皮都磨掉了……直到到达格林维尔我们才喝到水……第二天才吃到食物……示众之后,我们被投入州监狱。"

新宪章虽然有一些修正,但乡村代表人数比例仍然过大,选举权仍有财产限制:如只有业主或者支付 1 美元人头税者才有投票权,已归化公民必须拥有 134

美元的不动产者才允许投票。在 1843 年初的选举中,多尔支持者极力反对的那个法律与秩序同盟使用了恐吓手段,他们用州民兵组织实施恐吓,用雇主威胁雇员、用地主吓唬佃农,威逼他们退出选举。结果他们虽然在工业城镇中失利,但却赢得了农业地区的选票,几乎囊括了所有重要职位。

1843 年秋,多尔返回罗得岛。他在普罗维登斯大街上被抓获,并以叛国罪受到审判。法官要求陪审团不要顾及任何政治理由,只需考虑多尔是否有明显的行为(事实上多尔对此从未否认)。陪审团裁定其有罪。法官遂判处他终身监禁并服苦役。他在狱中待了 20 个月,新当选的法律与秩序同盟的州长急于结束多尔的苦难,便赦免了他。

军事手段流产了,投票选举失败了,法院也站在保守派一边。多尔运动的最后一幕是最高法院审理的一桩侵权诉讼案,即马丁·卢瑟诉法律与秩序同盟民兵案,要求承认 1842 年成立的"人民政府"为罗得岛的合法政府。丹尼尔·韦伯斯特驳回了多尔支持者的诉求。韦伯斯特说,如果宪法赋予人民推翻政政府的权利,那么将不会再有法律和政府,只会是无政府状态。

最高法院在其最终的判决(卢瑟诉博登案,1849)中形成了一种被长期坚持的法律原则:法院不介入"政治"问题,那是政府机构和立法机构的事情。这一判决更进一步强化了最高法院的保守本性,即在关键问题上,也就是说在战争和革命问题上,它最终还是尊重总统和国会的意见的。

反租佃运动和多尔叛乱的事迹在美国历史教科书中并不常见。在这些供数百万美国青少年使用的历史教科书中,人们几乎找不到任何有关 19 世纪阶级斗争的痕迹。内战前后这一时期的历史充斥着政治斗争、投票选举、奴隶制度和种族问题,即使是那些专门论述杰克逊时期劳工和经济问题的著作,也主要以总统任期为主线,即它们仍然沿袭了英雄史观的传统,而不重视人民的斗争。

安德鲁·杰克逊宣称他代表的是"社会卑微的底层——农民,技工,工人……"。当然,他不代表那些被赶离故土的印第安人,也不代表奴隶。但是,日益发展的工厂制度,不断增多的移民,使得国内形势愈发紧张,这就要求政府必须在白人中间找到群众性的支持基础。于是,所谓的"杰克逊式民主"便应运而生了。

道格拉斯·米勒是一位研究杰克逊时代的专家。他在其所著《现代美国的诞生》一书中指出,19 世纪 30 年代的政治"越来越重视塑造公众形象和向普通民众示好"。不过,米勒对"杰克逊式民主"这一概念是否确切是持怀疑态度的:

> 游行示威、野餐聚会和造谣中伤是杰克逊时代政治竞选活动的最大特点。然而,虽然两党都用花言巧语去拉拢人民,都把民主奉为神圣的教义,但这丝毫也不意味着普通民众统治着美国。二三十年代涌现出来的那些职业政客很少有普通人,当然这并不否认其中确有依靠自我奋斗胜出者。两

大党都被富人和野心勃勃之徒所牢牢控制。无论是民主党还是辉格党，实际上都掌握在律师、报纸主编、商人、企业家、大地主和投机商的手里。

杰克逊是第一位不拘泥于演讲和辩论的文法修辞、而把注意力直接转向普通民众的总统。在新的时代，这是赢得政治选举所不可或缺的条件，因为就像人们在罗得岛所看到的情形一样，有越来越多的民众希望参加投票，而立法机构也在不断放松对选举权的限制。罗伯特·雷米尼也是一位研究杰克逊时代的学者，他在其《杰克逊时代》一书中曾对 1828 年和 1832 年的选举进行了专门研究。他说：

> 杰克逊本人得到了全国各阶层的广泛支持，农民、技工、工人、职员以及商人都对他感兴趣。这显然得益于杰克逊的模糊立场，他无论是对劳工还是商人，无论是对下层、中间阶级还是上层，都持一种既不明确支持也不明确反对的态度。有证据表明，杰克逊对罢工持强硬立场，因为他曾派军队镇压切萨匹克和俄亥俄运河的工人骚乱，但在另一些时候……他和他的民主党人又接受有组织劳工的支持。

这是一种新型的模糊政治学，即在高速发展、危机四伏的时代，声言代表中下层阶级的利益，谋求他们的支持。两党制就是在这一时期形成的。在反叛频繁发生的年代里，它给了人们在两种不同政党中间进行选择的权利，让人们自己去选择一个相对更为民主的政党，这无疑是一种精妙的统治策略。不过，像美国的许多制度一样，它也并非老谋深算的阴谋家的苦心设计，而不过是形势发展的客观要求。雷米尼曾把继杰克逊之后担任美国总统的杰克逊式民主党人马丁·范布伦同奥地利保守派政治家梅特涅进行比较："同竭力阻止革命情绪在欧洲漫延的梅特涅一样，范布伦及持相同立场的一些政治家，也试图通过两个组织良好、积极参政的政党之间的权力平衡，来消除美国的政治乱局。"

杰克逊党人的观点是，通过"谨慎明智、深思熟虑的改革"，确保"中间阶层，尤其是……国家中绝大多数自由民众"支持民主党，从而达到稳定与控制社会的目的。也就是说，主动改革才不会付出太大的代价。这是一位改革家、企业律师、杰克逊式民主党人罗伯特·兰陶尔的话。兰陶尔的这句话道出了 20 世纪民主党(有时也是共和党)竞选成功的奥妙所在。

在一个高度增长造成社会动荡，政治骚乱一触即发的年代，这种新的政治控制形式可谓适逢其时。这时，已经修建了运河和铁路，还发明了电报。1790 年，居住在城市中的人口不到 100 万；1840 年，这一数字已达 1 100 万。1820 年，纽约有 13 万人，到 1860 年，居民已达 100 万。来美国旅行的阿列克西·德·托克维尔曾对美国"人民生活水准的大体平等"感到惊叹，但其朋友博蒙特认为他引用的数据并不准确。根据研究杰克逊时代社会生活的历史学家爱德华·佩森在其《杰克逊时代的美国》一书的研究，托克维尔的观察也与事实不符。

218

在费城，工人阶级家庭 55 人合租一套公寓，通常每家只有一间房，没有垃圾清运设施，没有洗手间，缺乏新鲜的空气和饮用水。那儿也有新近从舒伊尔基尔河抽来的新鲜水，但那是输送到富人家中的。

在纽约，你会看到穷人躺卧在堆满垃圾的街头。贫民区没有下水道，污水流进院子和小巷，进入阴暗狭小的地下室，这里住的是最贫穷的人。这种状况导致了 1837 年伤寒病的流行和 1842 年斑疹伤寒症的肆虐。在 1832 年霍乱流行期间，富人纷纷逃离这座城市，而穷人则只能坐以待毙。

不能指望穷人会成为政府的政治盟友。但是，像奴隶或者印第安人一样，他们确实存在着。一般情况下他们很不显眼，而一旦他们起来反抗，就会成为一种威胁性的力量。然而，有更多的公民——待遇好的工人和拥有土地的农民——团结起来，坚定地支持现行制度，此外还有随着商业繁荣发展而产生的城市白领工人。托马斯·科克兰和威廉·米勒在其所著《企业时代》中是这样描述这一新生阶层的：

> 这名新工人身着土褐色驼绒工作服，躬身端坐在高大的办公桌前，负责办理借贷，整理文档，处置发货、提货、汇兑和发票等业务。他收入不菲，手有余钱，也有闲暇时间。他喜欢体育项目，经常光顾剧院、储蓄银行和保险公司。他喜欢读戴伊的《纽约的太阳》或贝内特的《先驱》这类由广告商资助的"一便士新闻"，因为其中既有关于社会治安、犯罪的报道，还有对新兴资产者阶层行为举止的建议……

219　　　这就是正在形成中的美国白领工人和职场人士的先锋形象。他们生活富裕，待遇优厚，自视为资产阶级阶层中的一员，也会向处于危机中的资产阶级提供支持。

农场机械化极大地促进了西部的开放。铁犁使收割时间减少了一半。到 1850 年，约翰·迪尔公司一年可生产 1 万挂犁。赛勒斯·麦考密克在芝加哥的工厂 1 年就制造了 1 000 台机械收割机。1 个人用镰刀 1 天可以收割 1 英亩小麦，而用 1 台收割机，他可以收割 10 英亩小麦。

收费公路、运河和铁路的开通为西部地区带来了越来越多的人口，同时也给东部带来了越来越多的产品，如何才能使动荡不安、前景莫测的新西部保持稳定已变得越来越重要了。科克兰和米勒指出，当西部准备办大学的时候，东部的商人们"决定从开始就控制西部的教育"。马萨诸塞议员和演说家爱德华·埃弗里特在 1833 年的一次演讲中专门提到了对西部大学提供资助的问题：

> 在这里，我要提醒波士顿的资本家、新英格兰的大股东……千万不要以为我是在呼吁你们向远方的与自己毫不相干的人慷慨解囊……他们只是希望你们通过向该地区传播知识和真理来为你们自己的财产投保，因为那里蕴藏着巨大的政治和经济资源，你们要么自己去掌控它，要么拱手让人……

东部的资本家显然意识到了"为自己的财产投保"的必要性。技术的发展需要更多的资本,也存在着更多的风险,而巨额投资则需要稳定。然而,现行经济制度不是为满足人类需要而合理设计的产物,而是在利益的驱使下不规则、混乱地发展的结果,这样的经济制度似乎没有办法避免周期性的繁荣和衰退。1837年发生了一次经济衰退,1853年又发生了一次衰退。一种达到社会稳定的办法就是:减少竞争,使商业经营组织化,形成垄断。19世纪50年代中期,价格协定和兼并成为常事:纽约中央铁路公司就是由众多铁路公司合并而成。美国黄铜协会自称其成立是"为了对付灾难性的竞争"。汉普顿县棉花纺织者协会成立的目的就是要控制价格。美国钢铁协会也是如此。

降低风险的另一种手段就是确保政府能够发挥其传统的作用,保护商业利益,这可以追溯到亚历山大·汉密尔顿及第一届国会。州议会给企业颁发许可证,授权他们合法地从事商业活动和筹集资金,以便任何能够满足某种条件的商业活动都能够组建公司。最初颁发的是特别许可证,后来是普通许可证。从1790年到1860年,2 300家企业获得了经营许可证。

铁路工作人员手里攥着钱、股票以及免费的铁路通行证,到华盛顿和其他州府活动以获取好处。从1850年到1857年,他们获得了2 500万英亩的公共土地、免税货物,以及来自州议会的数百万美元的担保贷款。在威斯康星州,1856年,拉克罗斯和米尔沃基铁路公司将大约90万美元的股票和证券捐赠给59名议员和13名参议员,以及其他地方长官,结果免费得到100万英亩土地。两年后,铁路公司破产,其证券一钱不值。

东部的工厂主业已变得强大且有组织性。到1850年,在波士顿,有合伙关系的15个家庭,控制了全美20%的棉花纱锭、马萨诸塞州39%的保险基金和波士顿40%的银行储蓄。

在学校的课本里,这些年里到处是有关奴隶制的争论。但事实上,在内战前夕,国家的统治者们优先考虑的最主要的事情是金钱和利润,而不是反对奴隶制度的运动。正如科克兰和米勒所指出的:

> 被奉为北部英雄的不是爱默生、帕克、加里森、菲利浦斯,而是韦伯斯特。韦伯斯特是税吏、土地投机商、公司律师、波士顿协会的政客和汉密尔顿家族的继承人。他说,"政府的伟大目标""是在国内保护私有财产,在国外赢得尊敬和名望"。为此,他竭力鼓吹联合并主张对逃亡的奴隶作出让步。

他们在谈到波士顿的富人时写道:

> 他们在比考恩山上过着豪华的生活,对慈善事业及文化艺术给予资助,因而赢得了邻居们的钦佩。他们在州府大街进行着交易,有监工替他们监督工厂,有经理们为他们管理着铁路,有经纪人为他们推销着动产和不动

产。他们是真正意义上的在外业主,既不会受到工业城镇细菌的感染,也听不到工人的抱怨之声,更不会受到恶劣条件下产生的精神抑郁的困扰。在大都市,艺术、文学、教育、科学繁荣昌盛,而在工业城镇里,孩子们得跟着父母去做工,学校教育和医疗卫生都不过是空头支票。一个人如果能有自己独立的一张小床就已经是罕见的奢侈品了。

拉尔夫·沃尔多·爱默生描述了波士顿这些年的情况:"比考恩大道和弗农山庄的大街小巷都弥漫着铜臭。在律师的办公室,在港口码头,到处可见这种卑鄙龌龊、浑浑噩噩的陈腐之气。这种景象,正如人们在鞋厂老板的车间里通常看到的那样。"牧师西奥多·帕克告诉他的听众们:"金钱是现今国家最强大的力量。"

致力于稳定政治和控制经济的种种努力往往不能完全奏效。新的工业化浪潮、拥挤的城市、工厂里长时间的劳作以及突然爆发的经济危机所引起的物价上涨、大批工人失业,加上食物和饮用水的匮乏、冬季的严寒、夏天的闷热以及疾病流行和儿童死亡——所有这些情况,逼得穷人不时采取反抗行动。有时,他们自发地、无组织地发动反对富人的起义。有时,他们的怒火会转而以其他方式发泄出来,如:对黑人的种族仇恨、反对天主教的宗教战争、本土主义者迁怒于外来移民,等等。有时,他们会组织示威运动和罢工。

"杰克逊式民主"试图在支持现存制度方面创造一种共识,以期保持现存制度的稳定。当然,黑人、印第安人、妇女和外国人是被明确排除在外的。不过,相当多的白人工人也认为自己是被排斥在外的。

像历史上其他时期一样,这一时期工人阶级意识的发展所达到的充分程度,历史书上并无记载。但是,从保存下来的一些片断中,我们依然会惊讶地发现,在劳动人民沉默的表象之下,反抗精神始终没有泯灭。1827 年,一位"不识字的技工",也许是一位年轻的制鞋匠,发出了"致……费城技工和工人阶级"的一封信:

> 我们发现,我们在各方面都受到压迫——我们辛苦地劳动,为别人创造舒适的生活,使他们享受一切生活乐趣。可是,我们自己得到的仅仅是极少量的一部分。在目前的社会条件下,这少量的一部分甚至还得取决于雇主的意愿。

苏格兰的弗兰西斯·赖特是早期的女权主义者和空想社会主义者。1829 年 7 月 4 日,她应费城工人之邀,给美国第一个全市性的劳工协会作演讲。她问道:难道美国革命不就是为了要消除"工厂内孩子们……被人忽视、贫穷、堕落、饥饿和疾病……的处境"吗?让她感到困惑的是,新的技术正在降低劳动者的价值,正在把人变成机器的附属物,正在极大地损害童工的身心健康。

同年晚些时候,印刷工人、《工人的主张》主编乔治·亨利·埃文斯起草了

《工人独立宣言》。他列举了一系列"事实"提交给"公正无私的"公民同伴,其中有如下内容:

1. 征税的法律……极沉重地压在社会中的一个阶级的身上……

3. 有关私人公司的法律总是有失公允……偏袒一个社会阶级而损害其他阶级……

6. 法律……剥夺了十分之九的贫穷的公民同等地享有"生命,自由,追求幸福"的权利……有关扣押权的法律支持地主而不支持佃户……这只是一个例证,其他类似情况不可胜数。

埃文斯深信"每一个达到成人年龄的人都应有资格享有同等的财产"。

1834 年,波士顿的一个全市性的"工会"(包括来自查尔斯顿的技工和来自林恩的女修鞋匠)在谈及独立宣言时指出:

我们认为……法律如果倾向于把特权阶级的地位提升到其他公民之上,容许他们享有特权,这样的法律,与独立宣言的基本原则是背道而驰的……

我们的公共教育体系慷慨地资助一些学校……只有有钱人才能进入这些学校就读。然而,普通学校却得不到资助……于是,穷人从幼年时起就容易把自己看作低人一等……

爱德华·佩森在其《最杰出的杰克逊党人》一书中说:"受杰克逊思想影响的工会运动的领导人是一批激进分子……别人怎么会理解他们呢? 在他们看来,美国社会已被社会冲突撕裂成两部分,一边是广大的人民群众,他们的悲惨境遇使得美国的形象黯然失色;另一边是统治着整个美国的贪得无厌的精英阶层,其权力触角伸向美国社会的各个角落,他们的这种权力是建立在私有财产基础之上的。"

传统的史籍中没有记录下当时所发生的反叛事件。例如 1835 年夏,巴尔的摩发生了骚乱。当时马里兰州银行倒闭,存款人失去了储蓄金。一些人认为这是一场大骗局,他们聚集起来,打破了与银行相邻的办公室的窗户。当暴动者摧毁一所房屋时,民兵对他们发动了攻击,杀死了 20 个人,打伤 100 人。第二天晚上,其他一些房屋也遭到攻击。当时的一家著名报纸《奈尔斯文摘周报》曾对此事作了报道:

昨天(星期天)晚上天黑之后,针对雷弗迪·约翰逊家房屋的袭击又开始了。这一次,没有人再出来阻止。据估计,围观者达数千人。房屋很快就被攻破了。屋里面的家具,连同一座价值昂贵的法律藏书楼里所有的东西,全部被扔出来,堆在房屋前面付之一炬。家里所有的东西都被砸烂扔进了火堆。大约 11 点左右,大理石门廊和前墙的很大一部分也被捣毁了……他们又涌向左边市长杰西·亨特的家,破门而入,把家具搬到门口,纵火焚烧……

在这段时间里,有很多工会建立起来。菲利浦·方纳的《美国劳工运动史》对此有详细记载。法院宣称他们阴谋阻挠商业活动,是非法的。例如,在纽约,裁缝业熟练工人联合会的 25 名成员被判犯有"阴谋损害贸易、策划骚乱、对人进行暴力袭击"等罪,被处以罚款。主审法官表示:"在法律与自由这片可爱的土地上,前进的道路向所有人敞开着……每个美国人都知道或者应该知道,除了法律之外,他没有更好的朋友。他不需要用虚假的联合来保护自己。这种联合源自国外,我倾向于认为,它们主要由外来人所把持。"

于是全城出现了一份广为传播的传单:

富人与穷人为敌!

法官爱德华之流,是上层阶级统治人民的工具! 技工和工人们! 这是对你们自由权利的致命一击! ……他们开创了一种先例:工人没有权利规定自己劳动所得的报酬,换言之,富人才是穷人愿望的唯一评判者。

在市政厅公园,2.7 万人举行集会,公开抨击法院的判决。他们选举产生了一个通讯委员会。3 个月后,该委员会召集了一个从来自纽约几个城镇的农民和工人中选出的代表组成的技工、农民、工人代表会议。这次会议在尤提卡召开,草拟了独立宣言,宣布与现有各政党脱离关系,成立平等权利党。

尽管他们自己的候选人参加了公职竞选,但他们仍不太相信选票会成为改变现实的一种方式。该运动的一个著名的演说家塞思·卢瑟在 7 月 14 日的集会上说:"我们将平生第一次尝试使用选票箱。如果这样也无法实现我们正当的目标,下一步亦即最后的手段,将是子弹箱。"当地一份持同情立场的报纸《阿尔巴尼观察报》警告说:

请你们看看那些(参选)工人令人扼腕的命运吧:他们很快便为现存制度所吞噬,成了两党制的装饰品。他们被各种身份所接收,被划分成律师和政客……他们逐渐堕落,在不知不觉中跌入万劫不复的罪恶深渊。

1837 年的危机导致很多城市爆发集会。银行暂停硬币支付——拒绝为他们发行的期票支付硬通货。物价也在上涨。生活本已极为拮据的工人发现,原本 5.62 美元一桶的面粉现在已经涨到了每桶 12 美元,猪肉和煤炭的价格也都涨了。在费城,2 万人举行了集会。有人给总统范布伦写信,描述了集会的情形:

这天下午,费城独立广场上的集会,是我所见过的最大规模的公众集会。昨天和前天夜晚,整个城市都贴满了布告,人们被这些布告召拢来。集会完全是由工人阶级组织和主持的,无须领导过这类事件的任何人的咨询与配合。政府官员和演讲者也来自他们中间……这次集会的矛头是针对银行的。

平等权利党(通常称之为"摩擦火柴党"①)的成员在纽约的一次会议上宣布:"面包、肉、租金和燃料必须减价! 无论下雨还是天晴,星期一下午4点钟,将在公园举行集会……凡下决心抵制垄断和强取勒索的仁慈的朋友们,敬请出席。"纽约一家报纸《商业记录》记载了这次集会的情况以及随后发生的事件:

4点整,数千人汇成人流,在市政大厅前集会……一位演讲者……指挥大家对伊莱·哈特先生进行报复。哈特先生是我们最大的面粉代售商之一。他大声呼喊道:"市民朋友们! 哈特先生的仓库里现有5.3万桶面粉;走,到那里去! 我们给他出价8美元一桶,如果他不肯这样做……"

参加集会的许多人向哈特先生的仓库进发……中门被强行打开,二三十桶面粉滚落到大街上,面桶都被撞扁了。这时,哈特先生带着一队警官赶到现场。这些警官们在戴伊大街遭到一伙歹徒袭击,他们的警棍也都被抢走砸折了……

人们快速地、不停地将许多装满面粉的桶从窗口投掷出来,几十桶上百桶的面粉从门口滚落到大街上……大约1 000蒲式耳小麦,400到500桶面粉散落一地,这是何等放纵、荒谬与戏谑的行为。外国人是最积极的破坏者,事实上参与骚乱者绝大多数都有异国背景,他们支持并怂恿那些已被他们煽动起来的人们。此外还有约500到1 000人属于别的情况。

在面粉桶和面袋滚落、破裂的过程中,一些妇女也参加了行动。比如,那些在纷乱中连死者尸体都要洗劫一空的干瘪丑陋的老太婆,她们将预备的盒子和篮子都装得满满的。有的还用围裙包起面粉,匆匆逃走……

夜幕降临了,然而破坏行为并没有终止。它一直持续到警察和军队先后抵达出事地点为止……

这就是1837年的面粉骚动事件。在这一年所发生的危机中,仅纽约就有5万人失业,占了工人阶级的三分之一。正如一位观察家所指出的那样,20万人(人口总数为50万人)"生活在极度绝望之中"。

19世纪中期发生的集会、暴动、斗争,无论是有组织的还是无组织的,暴力的还是非暴力的,都没有完整的记载。在这一时期,国家实力在增长,城市变得日益拥挤,工作环境越来越恶化,生活条件越来越难以忍受,银行家、投机者、地主、商人控制了经济。

1835年,50个不同行业在费城成立了工会,劳工、工厂工人、装订工人、宝石匠、运煤工人、屠夫、私人作坊的工人为争取10小时工作日举行了一次成功而具有广泛影响的罢工运动。不久,宾夕法尼亚等州通过了10小时工作日立法,不

① Locofoco是一种新发明的摩擦火柴的流行名称。激进的纽约民主党人有一次因害怕保守派关闭煤气灯,破坏他们的会议,便手持蜡烛和这种摩擦火柴去开会,故得此名。

过这些法律又允许雇主通过同雇员签订合同的办法延长劳动时间。在这一时期,法律对合同给予强有力的保护,它的假定前提是,劳动合同是合同双方在平等基础上自愿签订的。

19 世纪 40 年代早期,费城的织布工(绝大多数是爱尔兰籍移民,在家中替老板干活)为提高工资而举行了罢工。他们攻击那些拒绝罢工的工人家庭,破坏他们的工作。县治安长官派出民兵试图逮捕某些罢工者,但是,400 个织布工人用毛瑟枪、棍棒武装起来,击溃了他们。

可是,此后不久,信奉天主教的爱尔兰织布工与信奉新教、土生土长的熟练工人在宗教信仰问题上产生了对抗。1844 年 5 月,费城近郊肯辛顿的新教徒与天主教徒发生冲突,引发了骚乱。反对移民的本土主义骚乱分子捣毁了织布工人居住区,还袭击了一座天主教堂。不久,中间阶级的政治家们领导双方各自加入了另外的政党(本土主义者加入美国共和党,爱尔兰人加入民主党),党派之间的政治歧见以及宗教信仰的不同取代了阶级冲突。

研究肯辛顿骚乱的历史学家戴维·蒙哥马利指出,这些事件导致了费城工人阶级的分裂。它"从此在历史学家中造成了社会中没有阶级冲突的错觉",事实上,19 世纪美国的阶级冲突"与工业社会已知的任何冲突一样凶猛野蛮"。

爱尔兰籍移民是因为土豆产量减少,为逃避饥饿而背井离乡的。他们挤进破旧的航船,来到美国。在这些航船上发生的故事,其差别仅仅在于,早先运回的是黑人奴隶,其后是德国移民,再后来是意大利移民和俄罗斯移民。1847 年 5 月,一艘来自爱尔兰的航船在加拿大边界的格罗斯岛被扣留。这是当时的一份记录:

> 1847 年 5 月 18 日,尤拉尼亚号航船在格罗斯岛被隔离检疫。该船从科克港出发,船上载有数百移民,其中大多数患病,并感染了斑疹伤寒。这是当年从爱尔兰驶往圣劳伦斯的第一艘感染了严重瘟疫的船。仅 6 月的第一个星期,顺东风驶入的各种吨位的船只就多达 84 艘。如此众多的船只无一例外地全都传染了一种新型传染病——恶性斑疹伤寒。而这种污秽肮脏的航船……以相当快的速度一般也要航行 6 到 8 周时间……

> 有谁能想象得出这样一种极为恐怖的情景呢?移民船塞得满满的,超过了它的承载极限,甚至在最短的过道上也挤满了人。各种年龄的人都有,他们中间有人发着高烧……船员们因极度的绝望而变得闷闷不乐,脾气暴躁;可怕的瘟疫令他们丧失了勇气。处境悲惨的乘客连自己都照顾不了,更别说相互安慰了。四分之一、三分之一或者二分之一的人表现出各种各样的发病症状,很多人奄奄一息,有些人已经死去;孩子们在恸哭,精神错乱者自言自语,到处都能听到极度痛苦的喊叫和呻吟!所有这些人吸进和呼出的污浊空气更进一步加重了疾病的传染。

岛上根本没有任何住处……简易帐篷很快便被这些狼狈不堪的病人塞满了……这数百人简直就是被扔到海滩上的,他们拼命从烂泥巴和碎石块中爬到稍微干爽点儿的地方……很多人……已经奄奄一息……他们连爬出烂泥滩的力气也没有了……

格罗斯岛上的隔离检疫直到 11 月 1 日才告结束。大约 1 万爱尔兰人魂断荒岛……

这些新来的爱尔兰籍移民,他们自己尚且贫困潦倒,自暴自弃,怎么能对黑人奴隶产生同情心呢? 尽管黑人问题已越来越成为人们关注的焦点和宣传鼓动家的主要话题。事实上,这一时期的工人阶级活动家大多数都忽视了奴隶们的痛苦处境。当选为国会议员的纽约工会领袖伊利·穆尔在众议院慷慨陈词,反对接受废奴主义者的请愿书。阶级斗争遭受挫折后,人们转而试图解决种族问题,种族敌意很容易便成了阶级挫折的替代品。

与此同时,1848 年,一位白人制鞋工人在林恩制鞋厂工人的一份名为《锥子》的报纸上写道:

我们什么也不是,只是一支监视着处于奴役状态下的 300 万兄弟的常备军……我们生活在邦克山的阴影之下,在以人性的名义要求属于我们的权利之时,却剥夺了别人的同样的权利,就因为他们的皮肤是黑的! 公正的上帝出于愤怒而强迫我们饮下退化堕落的苦酒,以示惩罚,这难道有什么值得大惊小怪的吗?

城市贫民的愤怒常常通过针对某一种族或宗教的暴力行为发泄出来,尽管这种行为往往都是徒劳无益的。1849 年,纽约的一伙暴徒(其中绝大多数是爱尔兰人)袭击了时髦的阿斯特神殿剧院,当时一位名叫威廉·查尔斯·麦克雷迪的英格兰演员正在这里出演麦克白,与此同时,一位名叫埃德温·弗雷斯特的美国演员也在另外一部剧中扮演同一角色。骚乱者高喊"烧死可恶的贵族"的口号,一边高声叫骂,一边投掷石块。民团赶到后,在双方的暴力冲突中,有 200 人伤亡。

另一次经济危机发生在 1857 年。铁路和制造业的繁荣,大规模的移民浪潮,股票和证券市场上日益增加的投机行为,社会上偷窃、腐败、弄虚作假成风,这一切导致经济先是疯狂地增长,然后又突然崩溃。截止到这一年 10 月,有 20 万人失业,新近来的移民成千地聚集在东部港口,希望能返回欧洲。《纽约时报》报道说:"驶往利物浦的每一艘航船都严重超载,很多人因为付不起旅费,便选择在途中做帮工。"

228

在新泽西州的纽瓦克,数千人举行集会,要求政府给予失业者以工作。在纽约,1.5 万人在曼哈顿闹市区的汤姆金斯广场集会。他们从那里游行到华尔街。在华尔街,他们呼喊着"我们要工作"的口号,围绕着股票交易所游行。这一年夏天,纽约贫民区发生暴动。有一天,500人用手枪和砖块向警察发动了攻击。失业者举行游行,抢劫商店,要求获得面包和工作。11月,一群人占据了市政厅。政府不得不动用海军来驱赶他们。

1850年,全国600万劳动力中,有50万是妇女:33万人从事家务工作;5.5万人当教师;18.1万名妇女在工厂工作,其中有一半从事纺织业。

妇女们组织起来了。1825年,纽约裁缝女工联合会要求提高工资,妇女们第一次强烈地感受到自己的力量。1828年新罕布什尔州多佛发生的罢工,是产业女工自己组织的第一次罢工。好几百名妇女举着标语旗帜游行。她们发射黑色火药,抗议新出台的工厂守则,新守则规定:迟到罚款,工作时间不允许交谈,必须参加礼拜活动。后来,她们被迫返回工厂。她们的要求没有得到满足,其领导人被辞退,并被列入黑名单中。

在新罕布什尔州的艾克塞特,产业女工举行了罢工(用当时的语言来说,是"外出集会")。罢工的原因是:监工将时钟向后拨,以延长工时。这次罢工取得了成功,厂方答应了她们的严正要求,承诺让监工将手表调准。

洛厄尔厂的制度规定,年轻的女孩子应当在工厂里工作,住集体宿舍,在女舍监的监督下生活。这种制度使女孩子们从索然无味的家务工作中解脱出来,初看起来极为仁慈,也很有人情味儿,颇受欢迎。马萨诸塞州的洛厄尔是最先创办纺织工厂的城镇;它以富裕而有权势的洛厄尔家族的名字命名。但是,洛厄尔纺织工厂的集体宿舍被严苛的规章制度所管制,变得更像监狱。晚餐(妇女们凌晨4点起床后开始劳动,一直工作到晚上7点半)通常仅仅只是一些面包屑和肉汤。

229　　因此,洛厄尔的女孩子们组织起来了。她们开始创办自己的报纸。她们抗议编织车间的恶劣条件,因为那里灯光昏暗,通风不良,夏季来临时屋里极为炎热,冬季到来时潮湿寒冷。1834年,女工举行罢工抗议削减工资,她们发表声明说:"团结就是力量。我们当前的目标就是团结起来共同奋斗,捍卫我们自己拥有的无可争辩的权利……"但是,厂方威胁将雇用别人来代替她们,她们被迫在降低工资的条件下返厂复工。罢工的领导者也被解雇了。

为了保证下次能够做得更好,年轻的女工们成立了"工厂女孩联合会"。1836年,1 500人举行了罢工,抗议厂方提高她们居住的木板房的租金。哈丽雅特·汉森当时还只是一个11岁的女孩,在该厂做童工。她后来回忆道:

> 我在下面的工作间里工作,她们建议举行罢工的讨论尽管不是那么激烈,但我还是几乎一字不落地全都听到了。她们说要反抗工厂的压迫,我是其热心追随者,自然站在罢工者一边。女孩子们外出集会的当天,罢工是从上面的工作间率先开始的。由于参加罢工的人数太多,工厂立刻就停工了。那时,我们工作间的女孩子们犹豫不决,不知道该怎么办……听完她们的讨

论,我认为她们不会出去参加罢工了。我变得不耐烦了,带着小孩子的逞强心理,率先起来说:"我不介意你们做什么。无论别人去不去,我都要到场。"说完我就冲了出去。其他人也跟着我冲了出来。

我回过头,看着跟随在我后面长长的队伍,心里感觉到前所未有的自豪……

罢工者唱着歌,在洛厄尔的大街上游行。她们虽然坚持了一个月,但是到后来,她们的钱用完了,被逐出了木板房。也有很多人返回工厂继续工作。她们的领袖被辞退了,其中包括哈丽雅特·汉森的寡居母亲在内。她是木板房的女舍监之一,因为她的孩子出去参加罢工而受到追究。

反抗活动仍在继续。据赫伯特·古特曼报道,洛厄尔的一家工厂先后以"渎职"、"抗命"、"粗鲁无礼"、"举止轻佻"、"参与骚乱"等罪名解雇了 28 名女工。与此同时,女孩子们始终对农村的清新空气充满留恋,向往过一种无忧无虑的生活。一位女工回忆说:"我一点也不喜欢机器。既不明白其复杂的构造,对它们也不感兴趣……6 月的天气,空气清新怡人。我把身体倾向窗外,尽量不使自己听到室内无休止的各种碰撞声。"

在新罕布什尔,500 名男女工人向阿莫斯基格制造公司请愿,希望公司不要为建新厂房而砍掉一棵榆树。他们说,这棵树"美丽宜人",它是一个时代的象征,"那时这里还没有现在这两座高耸的建筑,更没有大楼里机声隆隆的工厂车间。那个时候,只有红种人雄浑的吼叫声和苍鹰刺耳的尖叫声在梅里马克岸边回荡"。

1835 年,20 个工厂的工人举行罢工,要求将工作时间由每天 13 个半小时缩短到 11 个小时,公司应该用现金而不是公司票据支付工人的工资,取消有关迟到罚款的规定。1 500 名儿童及家长参加了罢工。这次罢工持续了 6 个星期。由于罢工破坏者进来捣乱,一些工人复工了。但是,这次罢工取得了一定程度的胜利:每天的工作时间缩短到 12 个半小时,星期天只工作 9 小时。1835 年以后,美国东部爆发了 140 次罢工。

1837 年以来的经济危机,促成了 1845 年洛厄尔女工改革协会的成立。该协会向马萨诸塞州议会提交了数千份请愿书,要求实行 10 小时工作制。州议会最终决定举行公开听证。这是美国历史上首次由政府机构出面调查工人的劳动条件。伊莱扎·海明威要求调查委员会关注工厂里从日落到日出点燃的油灯产生的浓烟污染问题,朱迪斯·佩恩向委员会诉说了她由于长年在工厂工作而身患疾病的情况。但是,调查委员会在对工厂(这些工厂为应付考察都事先做了清扫和整顿)进行实地考察之后所撰写的报告中说:"委员会感到非常满意,各种规章制度,以及工厂内外一切设施,无需按他们的建议或者议会的任何法案再作改善。"

该报告受到女工改革协会的谴责。在下次选举中,虽然她们没有参加投票,但却成功地让该委员会主席在选举中失利。不过,工厂的劳动条件没有发生大的改观。19世纪40年代末,在这里工作的新英格兰农场女工开始离开工厂。越来越多的爱尔兰籍移民顶替了她们的位置。

于是,罗得岛、康涅狄格、新泽西和宾夕法尼亚的工厂周围的企业生活区开始建立起来,因为移民工人需要签订合同,保证全家每个人都要在这里工作一年。他们住在公司搭建的贫民区,只能从公司领到票据,而这些票据又只能在公司开的商店里使用。如果老板对他们的工作不满意,就会把他们赶走。

新泽西州的帕特森爆发了一系列的工厂罢工,其中最早的一次罢工是由童工发动的。公司突然将他们的正餐时间从正午推迟到午后1时。孩子们不上班,举行了游行。他们的父母为他们助阵,镇上其他的工人(木匠、石匠、技工)也参加了游行。这些人将这次罢工变成了一次争取10小时工作日的斗争。可是,一个星期后,由于受到民兵的威胁,孩子们被迫复工,他们的领袖被厂方辞退了。不久,为了防止出现更大的麻烦,公司恢复了正午正餐的制度。

马萨诸塞州的林恩是波士顿东北部一个工业城市。制鞋工人发动了美国内战前时间最长的罢工。林恩城首次将缝纫机械用于工厂,以机器代替制鞋工匠的手工劳动。19世纪30年代,林恩城的工厂工人开始组织起来,后来,他们创办了一份富有战斗精神的报纸——《锥子》。1844年,也即马克思、恩格斯的《共产党宣言》发表的前4年,《锥子》在一篇文章中写道:

> 社会被分为生产者阶级和非生产者阶级两部分,财富在两个阶级间分配不平等,这些事实使我们立刻认识到另一种差别——资本和劳动的差别……现在劳动成了商品……社会出现了利益对抗,资本与劳动处于对立地位。

1857年的经济危机使得制鞋业停滞不前。在林恩,有很多工人失业。人们本来就已经对机器缝纫取代制鞋工人愤怒不已,现在,物价上涨,工资再三削减,到1859年秋天,工人们一天工作16小时,而男工一星期只挣得3美元,女工一星期只挣得1美元。

1860年初,新建立的技工协会组织了一次群众集会,要求增加工资。由于制造商拒绝同其委员会谈判,工人们呼吁在华盛顿生日那天举行罢工。当天早上,3 000名制鞋工人在林恩的莱塞姆会堂集会,他们组建了一个由100人组成的委员会,负责宣布工贼名单,防止出现暴力行为,确保鞋子不会被送到别处完成最后的工序。

短短几天,新英格兰的内提克、纽伯里波特、黑弗里尔、马布尔海德等的制鞋工人都加入到了罢工行列,此外还有马萨诸塞、新罕布什尔州和缅因州的一些城镇。一个星期后,罢工已开始蔓延到新英格兰所有的制鞋城,25个城镇的技工协会和 2 万名制鞋工人参加了罢工。报纸称之为"北部革命","新英格兰工人中的叛乱","资本与劳工冲突的开端"。

1 000 名妇女和 5 000 名男子冒着暴风雪,打着横幅标语和美国国旗,在林恩的街道上游行。粘鞋女工和钉鞋女工参加了罢工,并举行了她们自己的群众集会。《纽约先驱报》的一名记者写道:"她们猛烈抨击老板的强悍风格,让人不禁想起那些加入法国大革命洪流的温文尔雅的妇女形象。"她们组织起了一支规模庞大的女子游行队伍。妇女们踏着厚厚的积雪,打着标语前进。她们的标语上写的是"美国妇女不再是奴隶……我们的身体虽然娇弱,但我们有强大的道德勇气,我们敢于同父亲、丈夫和兄弟们一起,为争取权利并肩战斗"。10 天后,一支由 1 万名罢工工人组成的游行队伍在林恩游行,其中包括来自萨勒姆、马布尔海德以及其他城市的代表团,其中有男人,也有妇女。这是新英格兰规模空前的一次劳动示威运动。

波士顿的警察和民兵受命前来,以防罢工者不让把制成的鞋子装船运出州境。游行队伍前进过程中,城市食品杂货商以及粮食商贩给罢工者提供了食物。整个 3 月,罢工者始终士气高昂。到 4 月时,其力量开始减弱。为了让罢工者回到工厂上班,工厂老板答应提高工人的工资。但他们不承认工会的合法地位,工人们不得不继续作为单独的个人面对雇主。

阿兰·道利在其研究林恩罢工的《阶级与社区》一书中说,大多数制鞋工人都是土生土长的美国人。无论美国的学校、教会和报纸如何卖力地宣传,他们都不会接受那种让他们陷入贫困的社会和政治秩序。在林恩,"口齿伶俐的爱尔兰裔制鞋和皮革工人积极分子同美国工人一起断然拒绝所谓成功者的神话。在选举中,爱尔兰裔工人和美国工人联合……推举劳工候选人,联合抵制警察破坏罢工"。如此狂热的阶级意志为什么没能产生独立的革命政治行动呢?道利认为,最主要的原因是,选举政治把反抗者的能量导入了制度轨道。

一些历史学家认为,工人流动性太大妨碍他们通过革命的方式组织起来,但道利对此却不以为然。他说,林恩的人员流动率也很高,它"掩盖了这样一个事实,即这里实际上存在着一个相当稳定的少数派,他们在酝酿社会不满情绪方面发挥着关键作用"。他还表示,人员的流动实际上更有助于人们了解那些同自己处境相同的人。他认为,为争取政治民主而进行的斗争唤醒了欧洲工人的阶级意识,甚至在他们为经济平等而战时,这一点也能看得很清楚。然而,美国工人到 19 世纪 30 年代就已经得到了政治民主,由于他们的经济斗争被纳入到两党竞争的轨道,阶级阵线变模糊了。

道利指出,即使这样仍不能阻止劳动者战斗精神和阶级意识的发展,但"国内战争在 19 世纪 60 年代把整整一代人的注意力都吸引了过去"。在工会领导下团结起来的北部雇员现在开始寻求同雇主联合,民族问题压倒了阶级问题:

"正当许多像林恩这样的工业区要奋起反抗产业制度的时候,战争和重建问题却在国家政治生活中占据了压倒性的地位。"两大党在这些问题上急于表明态度,提供解决方案,却忽视了这样一个基本事实,即他们现在所要解决的问题正是由这一政治制度本身及其所代表的有产者阶级一手造成的。

内战期间,军事上的同仇敌忾和政治上的团结一致压制了阶级意识。无论北方或南方都是如此。这种所谓的团结一致用华丽辞藻作幌子,实际上却靠武力为其后盾。这场战争美其名曰是为自由而战,但是,如果工人胆敢罢工,士兵就会向他们进攻。在科罗拉多州,联邦军队屠杀印第安人。那些敢于批评林肯政策的人,未经审判就被投入监狱——这样的政治犯,大概有3万多人。

北方和南方都有迹象显示,对统治阶级与被统治阶级之间的团结持异议者大有人在;穷人中间不断积聚着针对富人的怒火,反对居于统治地位的政治和经济力量的起义也时有发生。

在北方,战争引起食物和生活必需品的价格上涨。牛奶、鸡蛋、奶酪的价格比原来上涨了60%到100%。历史学家埃默森·菲特在其《内战期间北方的社会与工业情况》中是这样描述战争形势的:"老板们希望得到从涨价中赚取的全部或几乎全部的利润,而不想通过涨工资让雇员分取其中的哪怕一点点红利。"

战争期间,罢工运动遍布全国各地。1863年,据斯普林菲尔德的《共和党人报》报道,"近几个月来,几乎所有贸易部门的工人都举行了罢工",《圣弗兰西斯科晚报》也报道说,"圣弗兰西斯科工人要求增加工资的罢工愈演愈烈"。罢工直接导致了工会的诞生。1863年,费城制鞋工人宣称,物价上涨要求我们必须组织起来。

1863年11月21日出版的《芬其尔商业评论》中,有一篇标题为《纽约发生了革命》的文章。这个标题虽然有些夸张,但是作者开列的如下一长串工人运动名录,却给人们留下了十分深刻的印象。它表明,内战期间,穷人内心潜伏着愤恨:

234　　　　纽约劳动群众发动的动乱,令该城及邻近城市的资本家大为惊恐……

机械工人正在起草声明……对他们的要求我们将另文报道。

城市铁路的员工举行罢工,要求提高工资。结果,一连几日,市民们只能"劳驾自己的双脚"了……

布鲁克林的房屋粉刷工人已经开始采取措施,反对老板削减他们的工资。

有消息说,房屋木工工人差不多要"脱离苦海"了,他们的要求基本上得到了满足。

安全员的工资提高了,他们开始上班了。

平版印刷工人正在为提高工资而努力。

镀铁厂的工人至今仍在坚持斗争,反对承建商……

窗帘粉刷工人的工资增加了 25%。

马掌工人反对工资与物价变动落差过大的斗争已接近成功。

推拉窗工人联合起来,要求老板为他们增加 25% 的工资。

食糖包装工人正打算重新制订价格表。

玻璃切割工人要求增加 15% 的工资。

我们承认,目录所列举的工人运动是不完全的,远非其全部。但这足以使读者相信:这个国家所发生的社会革命正在向前发展,只要工人们彼此信任,它必将取得成功。

码头司机正在罢工,其人数已达 800 人……

波士顿的工人不甘落后……除了在查尔斯顿海军船坞举行罢工外,他们还组织了其他活动……

装配工人在罢工……

当作者正在写作此文时,据《波士顿邮报》报道,听说南波士顿钢铁厂工人及该市其他地区的工人正在酝酿一次总罢工。

战争使得许多妇女进入商店和工厂工作。这通常会招致男工反对,因为大量雇佣女工导致工资的大幅度下降。在纽约,缝补雨伞的女孩子们从早晨 6 时一直干到午夜,一个星期只能挣 3 美元。尽管如此,老板还要从中扣除针线的开销。制作棉衬衫的女工一天要工作 12 小时才能挣到 24 美分。1863 年末,纽约女工举行了一次集会寻求解决办法。女工保护联合会由此建立起来。随后,纽约和布鲁克林的女伞工举行了罢工。罗得岛普罗维登斯成立了女雪茄烟工工会。

到 1864 年,总计约 20 万名男女工人参加了工会。某些行业形成了全国性的工会,并出版了代表劳动工人立场的报纸。

联邦政府利用军队来制止罢工。例如,纽约科尔德斯普林斯一家兵工厂的工人举行罢工,要求增加工资,联邦派兵平息了这场罢工。圣路易斯的机械工人和裁缝工人举行罢工,由于军队的干预也被迫复工。在田纳西,一名联邦将军逮捕并驱逐了 200 名机械工。军队还镇压了雷丁铁路司机的罢工以及宾夕法尼亚泰奥加县矿工的罢工。

北方的白人工人对这场战争并不热心,因为在他们看来,这场战争好像是为黑奴而战,为资本家而战,为其他任何人而战,却单单不是为了他们自己。一直以来,他们都是在半奴隶式的条件下工作。他们认为,从这场战争中获利的是新兴的百万富翁阶层。他们亲眼目睹承包商们把劣质枪械卖给军队,把沙子当糖卖,把黑麦当咖啡卖,用车间废料填充衣服和毛毯,把纸底鞋供应给前线士兵,用朽木做战船,卖给士兵的衣服遇到雨水就成了碎片。

235

纽约的爱尔兰籍工人是新近来的移民,生活贫困,土生土长的美国人看不起他们。在这个城市中,他们几乎得不到任何怜悯,因为黑人也在同他们竞争,寻找如码头工人、理发师、餐厅侍者、家庭仆人之类的工作。失去这些工作的黑人经常充当罢工破坏者。随后,战争开始了,接踵而来的是征兵和送死。1863 年《征兵法案》规定:富人交纳 300 美元或雇人顶替,可以免服兵役。1863 年夏,纽约和其他一些城市的数千人中间都在传唱一首《应征者之歌》,其中的一节是这样唱的:

> 我们来了
>
> 尊敬的亚伯拉罕总统
>
> 30 多万人奉命出征
>
> 我们背井离乡
>
> 滴血的心充满哀痛
>
> 既然贫穷也是罪过
>
> 我们就只能听从您的指令
>
> 我们无力赎回我们的自由
>
> 只因为自己太过贫穷

1863 年 7 月,招募新兵的工作开始了。一伙人破坏了主要的招募站。随后,接连 3 天,一群群的白人工人在全城游行,摧毁了建筑物、工厂、电车缆线、房屋。征兵暴动的起因极为复杂——既反对黑人,也反对富人,反对共和党人。在一次对征兵总部的袭击中,暴动者连续袭击富人的居所,后来又谋杀黑人。他们冲上街头,强迫工厂关门,胁迫更多的人加入他们的队伍。他们放火点燃了非白种人孤儿养育院。他们枪击、焚烧并吊死街上所能发现的黑人。很多人被投入河中淹死。

第 4 天,从葛底斯堡战役中返回的联邦军队进入纽约城,平息了暴乱。大约 400 人被杀死。到底死伤多少人,没有确切的统计数字。但这次动乱中失踪者的人数,远远超过了美国历史上其他任何一次国内暴力事件中失踪者的人数。

乔尔·泰勒·黑德利在其所著《纽约大骚乱》中对骚乱过程中每天的情况都进行了生动形象地描述:

> 第 2 天……空气中四处都弥漫着恐怖气息,持续不断的火警铃声更加重了这种气氛。对黑人来说尤其如此……在第 27 大街和第 7 大道路口,横躺着一具几乎被剥得精光的黑人尸体,一群爱尔兰人围着尸体又喊又跳,像野蛮的印第安人……紧接着,一家黑人理发店遭到袭击,瞬间变成了一片火海。这条街上毗邻的一家黑人洗衣店也随之遭到洗劫,几成废墟。上至 70 岁的老翁下至年幼无知的孩童都遭到毒打甚至被杀死……

在北部的其他城市如纽瓦克、特洛伊、波士顿、托莱多、埃文斯维尔也发生了反征兵的暴乱,不过它们持续的时间没有纽约暴乱那么长,也没有发生那么多的流血事件。在波士顿,暴乱中的死难者是爱尔兰籍工人,他们因袭击兵工厂而被士兵们枪杀。

南部诸州貌似统一于白人邦联,实际上也存在着种种冲突。大多数白人(大约三分之二)并不拥有奴隶。构成种植园精英的只有大约 1 000 个家庭。1850 年的联邦人口财产调查显示,南方最上层 1 000 个家庭的年经济收入大约是 5 000 万美元,而其余大约 66 万个家庭的年收入总共才有 6 000 万美元。

在南方,约有数百万白人沦为生活贫困的农民,他们栖身于破旧的小木屋或废弃的户外厕所,耕种的是种植园主废弃的贫瘠土地。内战以前,在密西西比州首府杰克逊,奴隶在棉花纺织厂工作,每天获取 20 美分以购买食物,而同一个工厂的白人则可得到 30 美分。1855 年 8 月的一则报道说,北卡罗来纳有"数十万工人阶级家庭年复一年地生活在半饥饿状态"。

起义者战斗的呼喊声和南部邦联军队神奇的勇气背后,更多的是对战争的厌恶情绪。对南方持同情立场的历史学家 E. 墨顿·库尔特写道:"邦联为什么会失败呢? 导致其战败的因素有很多,但所有这些因素都可以归结为这样一个事实:人民的求胜之心远没有那么强烈。"起决定性作用的不是财力和军力,而是意志力和士气。

南部邦联政府的征兵法案规定富人可以免服兵役。南部邦联士兵们是否已经开始觉得他们是在为跟自己毫无关系的上流社会精英阶层的特权而战呢? 1863 年 4 月,里士满发生了面包骚乱事件。夏天,南部许多城市发生了征兵暴动。9 月,阿拉巴马州的莫比尔发生了食物骚乱。乔治亚·李·塔特姆在其所著《南部邦联中的不忠现象》一书中写道:"战争结束以前,各州政治上的不满越来越多,很多背叛者结成一伙——在某些州已形成组织完善、活动积极的社团。"

这场内战是现代战争的一个早期经典案例:利用致命的炮弹、加特林机关枪、刺刀发动攻击——将现代化战争的大规模杀伤武器与白刃战结合在一起。这种可怕的场面恐怕只有在斯蒂芬·克兰的小说《红色英勇勋章》这类作品中才能见到。在进攻弗吉尼亚的彼得斯堡之前的一次战役中,一支由 850 名缅因州士兵组成的部队,半小时之内就损失 632 人。战场就是一个巨大的屠宰场,交战双方共有 62.3 万人阵亡,47.1 万人负伤。在一个 3 000 万人口的国家里,死伤人数竟然超过了 100 万。

随着战争的继续,南方战士开小差的越来越多,这一点也不奇怪。到战争结束时,已有 20 万士兵逃离邦联军队。

1861 年,仍然有 60 万人自愿为邦联而战,联邦军队中大多数士兵也是志愿者。爱国主义的心理,冒险的诱惑,政治领袖制造出的道义上的圣战气氛,对于淡化那种反对富人和掌权者的阶级仇恨,并把这种仇恨大部分转而向他们所宣

称的"敌人"发泄,极为奏效。这种情形,正如埃德蒙·威尔逊写于第二次世界大战之后的《爱国主义的血》中所指出的那样:

> 在近来发生的大多数战争中,我们已经看到,平素观点不同、争论不休的公众舆论,如何在一夜之间突然转变为近乎全国性的全体一致,形成一股顺从的能量大潮,推动着年轻人去摧毁和制服试图阻挡它的任何努力。战争期间的全体一致很像水中的鱼群,一旦敌人出现,无需要号令,它们便会一拥而上;又像是天空中遮天蔽日的蝗虫,蜂拥扑向任何一块庄稼地。

在震耳欲聋的炮火声中,国会通过了一系列法案,确保北方获得他们想要的商业利益,南方农业州在脱离联邦以前曾对这些商业利益加以限制。林肯总统签署并颁布了这些法案。1860 年的共和党宣传已成为纯粹为实业家的呼吁。1861 年,国会通过了《莫里尔关税法案》,对外国商品课以重税使之更为昂贵,同时还允许美国厂商提高他们的产品价格,迫使美国消费者购买更多的本国产品。

1862 年,国会通过的《公地开垦法》规定:凡愿在其上耕种 5 年者,均可获得西部 160 英亩的闲置或公有土地;凡愿每英亩交付 1.25 美元者,均可购得这份土地。普通人很少能有 200 美元去购买这些土地;投机者却一涌而至,夺走了大部分土地。这类公地总计达 5 000 万英亩。但在内战期间,国会和总统将 1 亿多英亩的土地免费赠予各地的铁路部门。国会还设立国家银行,让政府以合伙人的身份参与利息分成,并确保他们的利益。

面对罢工不断蔓延的局势,雇主敦促国会采取保护措施。1864 年通过的《劳动合同法》使得公司与外籍工人签订合同成为可能:无论何时,当工人许诺为公司工作 12 个月,用他们的工资支付其移民费用时,公司随时可以同外籍工人签订合同。藉此法案,公司不仅获得了廉价的劳动力,而且找到了罢工破坏者。

也许,相较于国会通过的那些有利于富人的联邦法律,更为重要的是每天都在发挥着作用的那些有利于地主和商人的地方和州法律。古斯塔夫斯·迈耶斯在其所著《美国富豪史》中对此有专门评论。该书在详细记述富豪阿斯特发家史时指出,他的财富主要来自纽约的房租:

> 人们为生计所迫,不得不在污秽肮脏、细菌肆虐的公寓房里栖身。这里长年见不到阳光,是孳生疾病的温床。如果在这里为病菌所感染,全身化脓溃烂而亡,难道这还不算是谋杀吗? 死于这种恶劣条件下的人不计其数。不过,只要看一下相关法律,人们就不难明白,阿斯特及其他地主的房租是绝对有保证的。整个法律制度对此罕见地表示沉默,仿佛早已到了司空见惯的地步,这尤其值得关注。在这里,法律只是正在成长中的富有阶级一己之私利和欲望的反映,而不是整个人类进步的准则和理想的体现。然而,打个比方说,一片水塘焉能折射出昊昊太空的辽阔无边……

在 30 年的内战酝酿期间,越来越多的法律被法院重新作了解释,以适应本国资本主义发展的需要。通过研究,莫顿·霍维茨在其《美国法律的改造》中指出,英国的普通法一旦成为商业发展的障碍,其神圣性立刻就消失了。工厂主大肆掠夺别人的财物以壮大自己的经营,这被认为是合法的。有关"支配权"的种种法律常被用来剥夺农民的土地,并将它作为补贴送给运河公司或铁道公司。有关损害赔偿的裁定被莫名其妙地从陪审团手里拿去,交给了法官。通过仲裁的办法对财产纠纷实行私人赔付逐渐被法院判决赔付所取代,律师越来越吃香,与法律相关的职业也变得越来越重要。物有所值的传统观念也让位于法庭上"货物售出概不退换"(即买主自己当心货物品质)的观念,自此,消费者便成了任由商人摆布的待宰羔羊。

霍维茨用19世纪初的一个实际例子来说明这种契约法歧视工人而偏袒商人的情形:按照法院的说法,如果一个工人签署了为期一年的劳动合同,而他未等期满即离开了,那他就得不到任何报酬,包括他工作期间的报酬。但法院又表示,如果是建筑商中断了合同的话,将会按照实际的进度支付给他报酬。

但法律却声称签订合同的工人和铁路双方拥有同等的议价权。马萨诸塞的一名法官据此判定受伤的工人不应当得到赔偿,因为按照合同,他同意冒某些风险。"狐狸尾巴终于露出来了。法律说穿了就是把市场制度产生的不公正形式合法化。"

这是一个赤裸裸的时代,法律连保护劳动人民利益一类冠冕堂皇的话都不屑讲,这种装点门面的事儿是下个世纪才出现的。健康与保险法本来就不存在,更谈不上实行。1860年冬,在马萨诸塞州的劳伦斯,皮姆珀敦工厂厂房突然倒塌,900名工人被压在里面,其中绝大部分是妇女。这场事故导致88人死亡。尽管有证据表明,这座建筑物不足以承受安装在里面的沉重的机器,建筑工程师也知道这一点,可是,陪审团却断定该案"缺乏犯罪意图"。

内战爆发前,霍维茨对负责司法的法院所做的一切,作了这样的概括:

> 到19世纪中期,法院以农民、工人、消费者,以及其他无权无势的社会团体为代价,改造了法律制度,使之有利于工商业人士……这积极地推进了财富的合法再分配,不利于社会弱小团体。

在步入现代社会之前的时期,单纯靠暴力就可实现财富分配不均。而在现代社会中,剥削采取了伪装的形式——它是通过貌似中立和公正的法律手段来实现的。内战爆发时,美国的现代化进程已经开始。

战争结束了,威胁国家统一的危急形势趋于缓解,老百姓必须面对日常的生活,解决生存问题。遣散的军队游荡在大街上,寻找工作。1865年6月,《芬其尔商业评论》报道说:"诚如所料,满大街都是退伍士兵,他们很难谋到一份工作。"

士兵们从前线返回城市,此时的城市笼罩在死亡的阴影中,疾病流行,饿殍遍地,火灾不断。纽约有 10 万人住在贫民区的地下室里,1.2 万名妇女靠卖淫为生。堆积在大街上的垃圾足有两英尺高,老鼠成群乱窜。费城的富人可以享受来自舒伊尔基尔河的新鲜饮水,其他人则饮用特拉华河水,每天有 1 300 万加仑的污水倾入该河。1871 年芝加哥发生大火灾,平民公寓的一座座房屋接连发生倒塌,有人形容说,房屋倒塌的声音听起来像是发生了地震。

内战结束后,劳动人民中间掀起了争取 8 小时工作日的运动,并得到第一个全国性工会组织——全国劳工联盟的支持。纽约 10 万工人举行了 3 个月的罢工,赢得了 8 小时工作日的胜利。1872 年 6 月举行的庆功会上,15 万工人在全城游行。《纽约时报》感兴趣的是,"地地道道的美国人"在罢工者中间到底占了几成。

战争期间进入工厂工作的妇女们,如雪茄烟工、女裁缝、制伞工、制帽工、印刷工、洗衣服工、制鞋工,都成立了工会。她们组织了"圣克里斯平之女社",成功地使雪茄烟制造者工会与全国印刷业工会首次接纳妇女为会员。来自纽约的妇女古茜·刘易斯当上了全国印刷业工会的通讯书记。但是,除雪茄烟制造者工会与印刷业工会外,30 多个全国性工会普遍都对妇女持排斥态度。

1869 年,纽约特洛伊洗熨衣领的女工举行了罢工。她们的工作就是"站在洗衣盆和熨衣台旁边,火炉就在另一边,温度计上的温度平均高达 100 度,而她们的工资平均每周只有 2 至 3 美元(按当时价格计算)"。她们的领导人是全国劳联的第二副主席凯特·马拉尼。7 000 人集会声援她们。为了使罢工能够持续下去,妇女们还建立了一家合作性质的衣领和袖口工厂。但时间一长,外部的声援逐渐减弱。而老板也开始制造一种纸板填充的衣领,只需要很少的洗熨女工。罢工失败了。

在工厂工作所面临的危险推动工人努力组织起来。工人通常没日没夜地工作。1866 年的一个夜晚,罗得岛普罗维登斯的一个工厂发生火灾。600 多名工人中,绝大部分是妇女。她们在惊恐慌乱之中,许多人从楼上的窗户跳下来摔死了。

马萨诸塞州的福尔里弗,女织布工成立了独立于男织布工之外的工会。有 3 家工厂宣布将工人的工资削减 10%,男工接受了这个条件,但女织布工拒绝接受。她们举行罢工,反对这 3 家工厂的老板。罢工赢得了男工的支持,导致 3 500 台织布机、15.6 万只纺锤停工,3 200 名工人参加罢工。但是,由于她们的孩子需要食物,她们不得不复工,并签订了不加入工会的"铁誓"(后来被称为"反工会合同"①)。

这一时期,黑人工人发现全国劳工联盟不情愿把他们组织起来。于是,他们

---

① 指以受雇工人不加入工会为条件的雇用合同。

便成立自己的工会，独立组织罢工，如 1867 年阿拉巴马州莫比尔的码头工人，查尔斯顿的黑人码头工人，萨凡纳的船坞工人。这也许鼓舞了全国劳工联盟。在 1869 年会议上，全国劳工联盟决定发展妇女和黑人进入工会，声明"不得因肤色或性别而否认劳工的权利"。一位新闻工作者记下了这次会议所体现出来的引人注目的种族团结迹象：

> 当一个土生土长的密西西比人、前邦联官员，在会上发表演讲，谈到一个有色人种委员自称他是"来自弗吉尼亚的绅士"之时……当一位热心的民主党人（当时他来自纽约）操着浓厚的爱尔兰土腔，声明作为一名技工或一个公民，自己既不要求享有特权，也不情愿给予其他任何人（无论是白人或是黑人）以特权之时……这时，人们可能确实有理由断定：时代发生了令人惊奇的变化……

然而，大多数工会仍然将黑人排斥在外，或者要求黑人成立他们自己的地方组织。

全国劳工联盟开始将其精力愈来愈多地耗费在政治辩论上，尤其是在要求发行纸币——绿背钞的货币改革上。这样它就越来越不像劳工斗争的组织者，而更像关心投票选举的国会院外游说者。它业已失去生命力。劳动运动的一位现场观察员 F. A. 佐尔格曾在 1870 年致信远在英国的马克思说："早期的全国劳工联盟是何等的辉煌，由于金钱的腐蚀，它正在无可救药地走向死亡的深渊。"

改革的法律首次获得通过，人们对它寄予很高的期望。在这种情况下，工联组织大概是很难认识到立法改革的局限性的。1869 年，宾夕法尼亚州议院通过了《矿山安全法》，规定"对矿山进行管理，安装通风设备，保障矿工的人身安全"。事实上，该法案不过是用来平息矿工们怒气所耍的一种把戏，人们只要看一看随后一个世纪里那里持续不断的矿难事件，就会懂得这些法律条文究竟有多么的苍白。

1873 年的另一场经济危机沉重地打击了这个国家。这次危机肇始于杰伊·库克银行的倒闭。杰伊·库克是一名出色的银行家。战争期间，他单靠出售政府债券一项就挣了 300 万美元。1873 年 9 月 18 日，就在格兰特总统于库克的费城府邸安然入眠之时，库克先生匆匆赶到闹市区，亲手锁上了银行的大门。人们不能够再通过抵押的办法偿还贷款。结果 5 000 家企业相继倒闭，工厂的工人都被抛到了大街上。

杰伊·库克银行只是一个缩影。经济危机已形成了规律，其特征在于，当它来临时，社会一片混乱，只有最富裕的人方能幸免。周期性的经济危机（1837 年、1857 年、1873 年，其后是 1893 年、1907 年、1919 年、1929 年）导致小公司大批倒闭，劳动人民过着饥寒交迫的悲惨生活。然而，在从战争走向和平，从危机走向复苏的整个过程中,阿斯特家族、范德比尔特家族、洛克菲勒家族和摩根家族的财富却不断增长。正是在 1873 年的危机中,安德鲁·卡内基控制了钢铁市场,约翰·D. 洛克菲勒消灭了石油行业的竞争者。

1873 年 11 月《纽约先驱论坛报》一篇题为"布鲁克林的生产衰退"的文章,列举了倒闭和停工工厂的名单:毛毡裙制造厂、画框制造厂、玻璃切割厂、炼钢厂。与妇女相关的行业有女帽商,制女服与童装的裁缝,扎鞋工。

整个 19 世纪 70 年代,经济持续衰退。1874 年头 3 个月,9 万工人,其中一半为妇女,不得不睡在纽约的警察局里。他们被戏称为"转轮",因为他们一个月之内只能在一个警察局里呆一两天,所以便不停地在各个警察局之间转来转去。全国各地都有人被逐出寓所。很多人在城市中游荡,寻找食物。

243　绝望的工人试图去欧洲和南美洲谋生。1878 年,满载劳工的"大都会"号轮船从美国开往南美,不幸沉没,船上所有的人都葬身海底。据《纽约论坛报》报道:"沉船的消息传到了费城。一个小时之后,数百名饥饿的家属聚集在科林斯先生的官邸,乞求能给那些淹死的劳工一个公道。"

失业者在全国各地举行集会和游行示威,许多失业救济委员会也建立了起来。1873 年底,在纽约库柏学院举行的集会吸引了大批群众,街道上人流如潮。这次集会是由工会和第一国际(该组织于 1864 年由马克思等人在欧洲建立)美国支部组织的。参加这次集会的工人们提出:经公众投票同意之后,法案方可成为法律;个人拥有的财产不得超过 3 万美元;要求实行 8 小时工作日制。他们还提出:

> 鉴于我们都是勤劳守法的公民,我们规规矩矩纳税,全心全意拥护政府,在此急需救助的时刻,我们强烈要求,在我们找到工作之前,能够向我们和我们的家人提供适量的食物和住所,城市银行能够把我们手里的账单兑换成现金……

在芝加哥,2 万名失业者在通往市政厅的大街上游行,要求"给饥饿者以食物,给缺衣者以衣物,给无家可归者以房屋"。诸如此类行动的结果是,大约有 1 万个家庭的窘境得到缓解。

1874 年 1 月,纽约工人举行了一次大规模游行。警察在市政厅附近阻止游行队伍到达汤普金斯广场,并告诉工人们不得举行集会。双方对峙之时,警察发动了攻击。一家报纸报道说:

> 警察挥舞着棍棒,妇女和儿童尖叫着四处逃散。人们夺路而逃,互相践踏。骑在马背上的警官毫不留情地抽打着被撞倒的旁观者。

在马萨诸塞的福尔里弗,罢工活动在纺织厂里酝酿着。在宾夕法尼亚的无烟煤矿区,持续着一场"漫长的罢工"。这里有一个名叫"维持爱尔兰传统秩序"的社团组织,其爱尔兰裔成员被指控犯有暴力行为罪,其证据主要来自一名安插在矿工中的暗探。他们被称为"莫莉-默奎尔"①分子,被交付审判并被判定有罪。菲利浦·方纳在认真研究了那些证据之后认为,他们是被陷害的,原因就在于他们是劳工运动的组织者。他引述持同情立场的《爱尔兰世界》说,这些人都是"聪明人,他们的指导为矿工反抗矿主克扣工资的非人道行为提供了强有力的武器"。他引述那些被判处死刑的人的话,在由矿主们出版的《矿工日报》中指出:"他们究竟做了什么? 不就是感觉对劳动力价格不满意而组织了或者声明要组织一场罢工吗?"

据莫莉-默奎尔分子安东尼·比姆巴说,共有19人被处死。虽然工人组织到处举行抗议活动,但群众运动没能阻止死刑的执行。

在这一时期,雇主常常会用新来的移民破坏罢工。这些新移民急需工作,在语言文化上与罢工工人迥异。1874年,一批意大利人被输入到匹兹堡一带富含烟煤的产煤区,代替举行罢工的矿工。此举导致3名意大利人被杀。在审判时,该社区的陪审员宣布罢工者免罪。自此以后,意大利人和那些组织起来的工人们之间产生了敌意。

根据方纳在其《我们被打入另册》中复制的材料,人们在具有百年纪念意义的1876年(独立宣言发表后的第一百年)提出了很多新宣言。白人和黑人各自都流露出理想破灭的伤感。一份"黑人独立宣言"公然抨击他们向来认为可以给他们带来充分自由的共和党,提议有投票权的有色种人参与独立的政治行动。7月4日,芝加哥的德国社会主义者组成了伊利诺斯州工人党,该党在其独立宣言中指出:

> 目前的制度使得资本家能够从他们自己的利益出发制定损害和压迫工人的法律。
>
> 它根据财富确定代表人数,控制立法,从而把我们的祖先曾为之战斗至死的民主变成了一种虚幻的东西。
>
> 它使资本家……获得政府资助、国内补贴、货币贷款,去满足那些自私自利的铁路公司的贪欲。他们通过垄断运输工具,从生产者和消费者那里诈取利润……
>
> 它向世界展现了一幅荒唐可笑的景象:为废除黑奴制度展开了致命的内战,然而,创造这个国家所有财富的绝大多数白人,被逼迫去忍受无休止的、难堪的、耻辱的奴役……
>
> 它让资本家阶级占有全国年产值的六分之五……
>
> 它通过打碎人们的理想、破坏其正常的婚姻生活等方式阻止人类实现符合其自然本性宿命,或者把社会发展引入违背人性的歧途,缩短人的寿

---

① 原文为 Molly Maguires,19 世纪 60—70 年代美国的矿工秘密组织。

命,破坏道德,教唆犯罪,腐蚀法院法官、政府官员和国会议员,使人与人之间失去了相互信任、相互关爱和相互尊重。人生本来是一个庄严、仁慈,追求完美的历程,在这一过程中,众生平等,人们完全摆脱了非人性的、屈辱的竞争状态。然而,目前的制度则把人的生命历程变成了一种自私自利、残酷无情的生存斗争。

于是,我们,芝加哥工人的代表,在这次大规模的集会上,庄严宣告……

我们无须再效忠于这个国家现有的几个政党。像自由而独立的生产者那样,我们要努力获得全部权力,制定自己的法律、管理自己的生产、管理我们自己。我们确信没有义务就没有权利,没有权利也就没有义务。基于这一宣言,紧紧依靠全体工人的互助合作,我们将共同捍卫我们的生命、财产和神圣的荣誉。

1877年,国家处于萧条的深渊。夏天,在炎热的城市里,穷人家庭住在地下室,饮用被污染的水,大多数儿童患上了疾病。《纽约时报》报道说:"总能听到病危的小孩在哭叫……根据过去的经验判断,全城每星期可能有1 000名婴儿死亡。"7月的头一个星期,巴尔的摩的大街上污水横流,139名婴儿死亡。

这一年,十几个城市的铁路工人还举行了一系列骚乱性的罢工,沉重地打击了这个国家。与以往罢工不同的是,劳工之间不再发生冲突。

铁路行业一个接一个地削减工人工资,使本来已经很低的工资更加捉襟见肘(操纵刹车的技工一天工作12个小时,只能得到1.75美元),诡计多端的铁路公司牟取暴利,工人中间不断发生伤亡事故——轻者失去手、脚、手指,重者葬身于车轮之下。

在西弗吉尼亚马丁斯堡的巴尔的摩和俄亥俄车站,工人们决定举行罢工,反对老板削减工资。他们解开火车头的挂钩,将其开进圆形机车库,并宣告:除非撤销削减10%工资的决定,否则,不会再有火车驶离马丁斯堡。由于聚集了太多的支持者,地方警察没办法驱散他们。车站官员请求州长派出民兵组织进行军事干预。一列火车打算在民兵的保护下强行驶出。一名试图使列车脱轨的罢工者同一名试图阻止其行动的民兵发生了交火。罢工者大腿和手臂中弹,他的手臂当天晚些时候被截去,他本人也于九天之后去世。

600辆货车堵塞在马丁斯堡火车站。西弗吉尼亚州长请求新当选的总统拉瑟福德·海斯调派联邦军队解困,因为单单该州的民兵已明显不够用了。事实上,民兵并不是都能靠得住的,因为许多民兵本身就是铁路工人。此时,大部分美国军队正在与西部的印第安人打得不可开交,国会也缺乏调集军队所需的专款。然而,J. P. 摩根、奥古斯特·贝尔蒙及其他一些银行家为国会提供贷款以支付军官的工资(但是不给士兵)。联邦军队开赴马丁斯堡,货车又开动了。

在巴尔的摩,数千名同情铁路罢工工人的群众包围了国民卫队军械库。国民卫队是州长应巴尔的摩和俄亥俄铁路方面的请求派来的。群众投掷石块,士兵出来开枪射击,大街成为残酷的流血战场。夜幕降临,10 名男子和小孩死亡,更多的人身受重伤。士兵有 1 名受伤。120 名士兵中有一半离去,其余的士兵继续留在火车站。200 名群众打碎了一辆客车机头,将铁轨连根拔起,与士兵们再次展开追逐战。

随后,1.5 万名群众包围了火车站。不久,三辆客车、站台设施和一辆机车着火。州长请求联邦军队帮助,海斯答应了。500 名士兵抵达巴尔的摩,平息了动乱。

铁路工人的起义在蔓延。圣路易斯《共和党人》的编辑约瑟夫·达克斯作了这样的报道:

> 罢工每时每刻都在发生。宾夕法尼亚处于骚乱之中,新泽西州正经受着骇人听闻的恐怖的折磨,纽约正在召集民兵部队,俄亥俄州从伊利湖到俄亥俄河都受到冲击,印第安纳州在提心吊胆中度日,伊利诺斯州,尤其是其大都市芝加哥,也明显地处于混乱和骚动的漩涡边缘,圣路易斯也已经感受到暴动冲击的征兆……

罢工已蔓延到匹兹堡和宾夕法尼亚铁路公司。这次罢工再次出乎工联的预料,压抑已久的愤怒突然爆发了。专门研究 1877 年罢工的历史学家罗伯特·布鲁斯在其所著《狂暴的 1877 年》中提到了一位名叫古斯·哈里斯的信号旗手。哈里斯拒绝给"双头列车"出勤。这种列车有两辆火车头和比正常列车长一倍的车厢。铁路职工反对使用这种列车,因为这种列车雇用的工人更少,司闸员的危险性也更大。对哈里斯来说

> 这一决定是他独自做出的,既不是某个具体计划的一部分,也并非深思熟虑的产物。也许头天晚上他彻夜未眠,一边听着外面淅沥的雨声,一边反复盘算:如果他断然停工,不知道是否会有人紧随其后,自己究竟胜算几何?或者仅仅是他在早上起来早餐的时候没能填饱肚子,再看看孩子们衣衫褴褛、食不果腹的惨状,当他在这样一个令人郁闷的早晨徘徊街头的时候,压抑既久的愤怒勃然迸发,让他产生了这样的冲动?

当哈里斯说他决定怠工的时候,其他的同事也都拒绝出勤。由于各类工厂工人和童工的大量加入,罢工人数迅速增加。当时匹兹堡有 33 家钢铁厂、73 家玻璃厂、29 家炼油厂和 158 家煤矿。货运列车停止了运输。列车员工工会并不是这次罢工的组织者,但它要求罢工坚持下去,呼吁举行集会,号召"全体工人为了共同的事业同铁路员工兄弟团结起来"。

铁路公司和地方官员要求匹兹堡的民兵不得伤害本市同胞,他们力促费城军队出面干预。这时,匹兹堡已有 2 000 节车皮闲置。费城军队赶来开始抢修铁轨。人们向士兵扔石块。群众和军队之间展开了枪战。至少有 10 人死亡。

他们全是工人,但其中绝大部分并非铁路工人。

整个匹兹堡都愤怒了。群众包围了军队,士兵躲进圆形机车库。人们点燃了火车车厢,烧毁建筑物,最后车库也着火了,士兵们逃出来避险。双方交战更为激烈,整个车站都着火了。数千人抢劫货车上的财物。一个巨大的谷仓以及这个城市的一小部分火光冲天。几天之内,就有24人被杀死(其中包括4名士兵),79座建筑物被烧毁。匹兹堡的工厂工人、卡车装卸工人、矿工、苦力以及卡内基炼钢厂的雇员,举行了罢工,事态发展有点像总罢工。

宾夕法尼亚国民卫队的9 000人全都召集起来了。许多部队无法调动,因为其他城镇的罢工阻塞了交通。在宾夕法尼亚州的莱巴嫩,一支国民卫队倒戈,并在一个繁华的商业中心举行游行。起义者包围了阿尔图纳的军队,大肆捣毁机车。军队寸步难行,只好缴械投降。群众对投降的士兵十分友善,在一个全部由黑人组成的民兵连队里,大家唱歌合奏达一刻钟,欢送士兵返回军营。

像其他许多地方一样,在州府哈里斯堡,十几岁的年轻人在罢工者中占了相当大的比例,其中包括一些黑人。费城的民兵在从阿尔图纳回家的路上,同群众握手言欢,并留下了他们的武器。他们就像战俘一样走在大街上,在一家宾馆里饱餐一顿之后便被遣送回家了。群众应市长之请,同意把缴获的武器统一存放到市府大厅。工厂关门,商店打烊。在几次抢劫事件发生后,市民巡逻队开始肩负起夜间维持街面治安的责任。

凡是罢工者没能控制住局面的地方,像宾夕法尼亚的波茨维尔,那里的群众一般都处于四分五裂的状态。费城和雷丁煤钢联营公司发言人写道:"人们没有组织,由于种族间的猜忌太深,他们没有办法紧密团结一体。"

宾夕法尼亚的雷丁公司却不存在这些问题,因为那里90％是本地人,剩下的多数是德国人。那里的铁路公司拖欠了工人2个月的工资,工人借机成立了铁路职工工会分会。2 000名工人举行聚会。人们用煤炭粉尘涂黑脸,有组织地拔起铁轨,关闭电闸,使火车出轨,点燃了货车守车和一座铁路桥。

刚刚执行完枪决"莫莉-默奎尔"分子任务的一连国民卫队赶到出事地点。群众向士兵扔石头,用信号枪朝士兵射击。士兵向群众开枪。据布鲁斯报道:"拂晓的时候,有6人倒地而亡,其中两人是早前受雇于雷丁公司的1名司炉工和1名司机,另外4人分别是1名木匠、1名商贩、1名轧钢工人和1名辅助工……1名警察和另外1个人也差点儿没命。"还有5名伤员也死掉了。人们更加愤怒,行为也更加暴烈。军方派出代表团宣布停火,1个士兵还说他宁愿将子弹射向费城和雷丁煤钢联营公司的总经理。莫里斯顿志愿军第16团全体放下了武器。一些民兵不仅放下了武器,而且还把弹药送给了罢工群众。国民卫队离开之后,联邦军队抵达并控制了局面,地方警察开始实施抓捕。

与此同时,一些大铁路同业公会如列车长铁路社团、机车司炉同业公会、工程师同业公会的头头们,拒绝承认罢工。报纸上出现了有关"矿山、工厂和铁路工人……大都乐于接受……共产主义观点"的议论。

事实上,芝加哥确实有一个非常活跃的工人党组织,其成员达数千人,大部分是来自德国和波希米亚的移民。该组织同欧洲的第一国际有联系。1877年夏,正值铁路罢工中期,该党组织了一次有6 000人参加的集会,要求铁路国有化。工人党中英语说得最好的演讲家之一阿尔伯特·帕森斯发表了热情洋溢的演讲。他是一名排字工人,来自阿拉巴马,南北战争期间曾在南部邦联作战。他的妻子是一位有着西班牙和印度血统、棕色皮肤的妇女。

第二天,一群与昨天晚上的集会并无特别关系的年轻人,开始向铁路货场进发,关闭了货车,然后前往工厂,呼吁工厂工人、牲畜饲养场工人、密歇根湖上的船员行动起来,关闭砖厂和木材厂。也正是在这一天,阿尔伯特·帕森斯被列入黑名单,并被《芝加哥时报》辞退。

警察向群众发动了进攻。报纸报道说:"最初,大棒打在人们的头上,不断发出惨叫声,后来,人们渐渐习惯了。地面上躺满了受到重击而倒下的暴乱者。"两个连的步兵支援部队赶来了,他们是参加过国民卫队和内战的老兵。警察向奔跑的人群开枪,打死了3个人。

第2天,5 000名武装起来的群众与警察展开了战斗。警察不断地向群众开枪。战斗结束后,人们统计死亡者人数,像往常一样,死亡者大多数是群众,其中18人是工人和儿童。他们头骨被棍棒打碎,致命部位被子弹击穿。

另一个城市圣路易斯的暴乱显然是由工人党领导的。圣路易斯拥有众多的面粉厂、铸造厂、包装材料厂、机械修理厂、啤酒厂和铁道公司。该市工人党的成员可能有1 000人,其中大部分是面包师、箍桶匠、制造精致家具的细工木匠、雪茄烟工人、啤酒厂工人。像别处一样,这里铁路工人的工资也被削减了。这儿大约有1 000名工人党党员,其中大多数是面包师、箍桶匠、细木工、雪茄烟制作工和酿酒工人。工人党根据民族的不同而组成4个支部,即德国人支部、英国人支部、法国人支部、波希米亚人支部。

所有4个支部都越过密西西比河,参加东圣路易斯铁路工人举行的大规模集会。其中一人在会上发言说:"先生们,你们在人数上已经占据优势,现在你们要做的就是团结起来,达成共识,工人阶级应当管理这个国家。人们应该拥有自己创造的东西,而工人则是这个国家的创造者。"东圣路易斯的铁路工人宣布罢工。市长是来自欧洲的移民,是一个年轻的、积极的革命者。铁路工人的选票左右着这个城市。

在圣路易斯本土,工人党组织了有5 000人参加的露天集会。毋庸置疑,该党是罢工的领导者。受现场气氛的感染,演讲者也斗志昂扬:"……资本把自由变成了奴役,我们要么战斗,要么死亡。"他们要求铁路、矿山和所有的工厂都国有化。

　　在工人党召集的另一次大型集会上,一名黑人代表那些在汽船和码头上工作的工人讲话。他问道:"无论你们为何种肤色,你们都会支持我们吗?"群众高声回答:"我们支持你们!"会上成立了执行委员会,号召全圣路易斯所有行业的工人举行总罢工。

　　不久,号召举行总罢工的传单传遍了全城。400名黑人船工和码头搬运夫沿着河流游行,600名工厂工人打出了"不要垄断——权利归工人"的旗帜。庞大的队伍在城市中游行。他们举行了万人聚会,听取共产主义者的演讲:"人民正在觉醒,要展示自己的力量。他们庄严宣告,他们将不再屈服于不劳而获的资本的压迫。"听完演讲,游行才告结束。

　　戴维·伯班克在其研究圣路易斯事件的《暴民统治时期》中写道:

　　　　肇始于圣路易斯铁路工人的罢工,逐渐发展成为有组织有计划的工人运动,最终导致所有工厂关门歇业,从而成了名副其实的总罢工。在那里,社会主义者成了无可争议的领袖……1877年的圣路易斯已差不多为工人苏维埃(这是我们今天使用的名字)所控制,这是其他任何美国城市都不曾有过的事情。

　　铁路工人的罢工在欧洲成了新闻。马克思在致恩格斯的信中写道:"你对美国工人怎么看?这是美国内战以来爆发的首次反对资本寡头集团的斗争,它必然会遭到镇压,但它确确实实地推动了真正意义上的工人政党的形成……"

　　纽约,数千人在汤普金斯广场举行集会。集会上,有人谈到了通过"选票箱进行政治革命",还有人说:"如果你们愿意联合起来,五年之内,我们就可以在此建立社会主义共和国……那样的话,黑暗将会远离这片大陆,我们也将迎来宜人的黎明。"这是一次平静的集会,其调子很温和。它宣布休会时,人们听到讲台上最后传来的话是:"无论我们穷人是怎样的一无所有,我们有言论自由,没有人能够剥夺我们的这种权利。"随后,警察挥舞着棍棒向他们发起了攻击。

251　　像其他地方一样,圣路易斯的群众满怀热情地举行大规模集会的势头没有能够持续下去。当群众运动渐渐减少的时候,警察、民兵及联邦军队乘机开进来,执政当局卷土重来。警察突袭了工人党指挥部,逮捕了70人。临时负责管理整个城市的执行委员会成员都被投进了监狱。罢工者屈服了,工资下降了,伯灵顿铁路公司开除了131名罢工领袖。

　　1877年最大的铁路罢工结束了。100人死于非命,1 000人被投入监狱。10万名工人参加了这次罢工,罢工激励着无数的失业者起来战斗。罢工达到高潮时,全国7.5万英里铁路线上,半数以上的货车停止运行。

　　铁路当局作出了一些让步,撤销了一些削减工资的决定,同时,铁路当局也加强了他们的"煤钢警察"队伍。许多大城市修建了带有很多射击孔的国民卫队军械库。罗伯特·布鲁斯认为,这次罢工让很多人明白了贫困和苦难的根源何在,也推动了国会制定铁路规章。罢工可能还推动了美国劳联经济工联主义的发展,促进了劳动骑士团①所倡议的全国劳动者的联合,鼓舞了此后20年间独立的农业工人党团的活动。

　　1877年是这样的一个年代:黑人认识到,他们还没有足够的力量实现内战中曾许诺给他们的真正的平等权利;工人阶级也认识到,他们还没有团结和强大到足以打败私人资本与政府联合力量的地步。但是,暴风雨就要到来了!

---

　　①　原文为 Knights of Labor,美国早期最大的工会组织。

第十一章

老板是强盗，劳工要反抗

1877 年已有迹象表明：在这个世纪剩下的几十年里，不仅黑人将重新沦为奴隶，白人工人的罢工也将不被容忍；而北方和南方的工业和政治精英将掌管这个国家，领导人类历史上最伟大的经济增长与发展。为达此目的，这些精英人物不仅要借助于黑人劳工、白人劳工、华人劳工、欧洲移民劳工和女性劳工，还得要牺牲他们的利益。工人的报酬也将因种族、性别、国别、社会阶级不同而千差万别。精英们藉此创造出各种不同的压迫标准，这种标准如同保持财富金字塔稳固的台基，极富技巧。

从南北战争到 1900 年期间，蒸汽和电力取代了人力，铁取代了木材，钢又取代了铁（在贝西默①炼钢法发明之前，每天只能将 3 到 5 吨铁炼成钢；而在贝氏炼钢法发明之后，将同样数量的铁炼成钢只需 15 分钟）。现在，机器可以驱动钢制器具。石油制品可以润滑机器，可以照亮房间、街道和工厂。铁路运送人员和货物，蒸汽机牵动火车沿着钢轨前进。到 1900 年，铁路里程已长达 19.3 万英里。电报、打字机以及其他机器使商业活动的节奏大大加快。

机器的使用改变了农业的面貌。南北战争以前，收割一英亩小麦需要花费 61 小时。到 1900 年时，只需花费 3 小时 19 分钟。冷藏技术不仅使远距离运输食品成为可能，还因此出现了肉类加工业。

煤炭燃烧产生的蒸汽可以推动纺锤及缝纫机运转，汽钻可以钻入地球深处采煤。1860 年，煤产量为 1 400 万吨。到 1884 年，煤产量达到 1 亿吨。熔铁炉使用煤作燃料，将铁炼成钢，因此，煤的产量越多，意味着钢的产量也越多。1880 年，钢产量为 100 万吨；到 1910 年，钢产量上升到 2 500 万吨。此时，电力开始替代蒸汽动力。生产电线离不开铜。1880 年铜产量为 3 万吨。到 1910 年，铜产量已上升到 50 万吨。

完成所有这些变革不仅需要新工艺和新机器的天才发明者，需要有技巧的组织者和新式企业的管理者，还需要有土地和富饶的矿产，需要大量人力资源去从事辛苦而有害身心健康的工作。来自欧洲和中国的移民成为新的劳动力。同

---

① "贝西默炼钢法"的创始人亨利·贝西默（Henry Bessemy，1813—1898），英国工程师和发明家。

时,买不起新机器或付不起新铁路运费的农民也纷纷涌入城市。1860 年到 1914
年,纽约的人口从 85 万增长到 400 万;芝加哥的人口从 11 万增长到 200 万;费
城的人口从 65 万增长到 150 万。

通常,发明者本人成为公司创办人,如电器发明者托马斯·爱迪生即是如
此。另外一种情形就是,实业家应用别人的发明成果:1885 年,芝加哥的一名屠
户古斯塔夫·斯威夫特将有轨电车的冷冻车厢和冷冻仓库连接在一起,成立了
第一个全国性的肉类加工公司。詹姆斯·杜克使用了新式滚制香烟机器,这种
机器一天能滚卷、粘贴并切割出 10 万支香烟;1890 年时,他联合四家最大的香
烟生产商组建了美国烟草公司。

虽然有些大富豪是白手起家的,但大多数并不是如此。一项关于 19 世纪
70 年代 303 个纺织、铁路和钢铁行业经理主管人员出身的调查表明,90%的经
理主管人员来自于中层或上层家族。霍雷肖·阿尔杰"从捡破烂变成大富翁"的
故事,对少数人而言,确实如此;对绝大多数人来说,只不过是神话而已,一个有
利于控制财富的神话。

许多积累财富的行为是在政府和法院的合作之下进行的,具有合法性。这
种合作往往是有偿的。托马斯·爱迪生许诺给新泽西的政客每人 1 000 美元,
以换取当局制定有利于他的法规。为了让 800 万美元的伊利铁路"掺水股票"
(不代表真实价值的股票)发行合法化,丹尼尔·德鲁和杰伊·古尔德花了 100
万美金贿赂纽约市议会。

联合太平洋铁路和中央太平洋铁路的汇合,标志着第一条横贯美国大陆的
铁路修建完成。它是靠巧取豪夺、剥削劳动人民的血汗而建成。中部太平洋铁
路起于西海岸,一直向东延伸;修建该铁路的公司向华盛顿市政府行贿 20 万美
元获取了 900 万英亩的免税土地和价值 2 400 万美元的合同。它向一家建筑公
司支付 7 900 万美元后,又追加了 3 600 万美元。这家建筑公司实际上是中部太
平洋铁路公司自己的子公司,它雇用 3 000 名爱尔兰人和 1 万名中国人修建铁
路。在长达 4 年的时间里,这些工人每天只能得到一到两美元的报酬。

联合太平洋铁路起自内布拉斯加,一直向西延伸。铁路公司获得了 1 200
万英亩的免税土地,并与政府签订了价值达 2 700 万美元的合同。它投资 9 400
万美元设立莫比里埃尔信托公司,事实上,其真正的资本是 4 400 万美元。信托
公司还将公司股份廉价卖给众议员,以阻止国会对此事的调查。这一建议出自
奥克斯·阿姆斯。奥克斯·阿姆斯是挖土机制造商、马萨诸塞州众议员和莫比
里埃尔信托公司董事长。他说:"很容易找到敛财的人。"联合太平洋铁路雇用了
2 万名工人——他们是退伍老兵、爱尔兰移民,每天得铺设 5 英里长的铁轨,成
百上千的人死于酷暑和严寒。此外,印第安人反对他们侵犯其领土,与工人们发
生纠纷,很多工人因此而丧生。

　　两条铁路都在沿途经过的市镇修建了长长的、弯曲的线路,以获取市镇当局的资助和补贴。1869年,伴随着人们的欢呼声和鼓乐声,两条弯曲的铁道线在犹他州接轨。

　　铁路修建方面的野蛮欺骗促使银行家对投资铁路实施了更严格的控制,他们不希望冒险,使用合法手段敛财显然要比用盗窃的方法更加安全。到19世纪90年代,绝大多数地方的铁路营运业务集中到六大铁路系统,这六大系统中,有四个部分或全部为摩根家族控制,另外两个则为银行家库恩和洛布合办的公司所操纵。

　　南北战争前,J. P.摩根开始谋生创业时,还只是一个银行家的儿子,其父替铁路公司推销股票,赚取了大量佣金。南北战争期间,摩根从一家军工厂以3.5美元的单价购买了5 000支来复枪,然后以22美元的单价转手卖给一位将军。这些来复枪都有毛病,士兵开枪时会打伤自己的拇指。国会的一个专门委员会曾在一家发行量不大、没什么名气的小报上提到此事,但是,一位联邦法官却支持这笔交易,认为合同合法有效,应该予以履行。

　　南北战争期间,摩根为了逃避兵役,花了300美元雇人代服兵役。约翰·D.洛克菲勒、安德鲁·卡内基、菲利浦·阿穆尔、杰伊·古尔德和詹姆斯·梅隆都是如此。梅隆的父亲写信告诉他:“每个人都应当是爱国者,但他不必一定要冒生命危险或以牺牲自己的健康为代价。当然,很多人的生命并没有什么价值。”

　　德雷克塞尔-摩根公司同美国政府签订合同,代为发行价值2.6亿美元的政府债券。政府完全能够直接发售债券,但它却宁可支付给这些银行家们500万美元的服务费。

　　1889年1月2日,古斯塔夫斯·迈耶斯报道:

　　……在德雷克塞尔-摩根公司、布朗兄弟公司和基德尔-皮博迪公司内部有一份标有“机密”的文件。为了防止该文件被媒体公之于众,其保密措施极其严格……他们为什么这么害怕这个文件被曝光呢?因为它其实是一份邀请函……邀请各铁路大亨前往麦迪逊大街219号摩根公司集会。集会的目的,用当天的话说,就是要建立一种铁路公司联盟……即在某些铁路公司中间达成协议,消除相互间竞争,彼此联合起来,更加有效地去榨取美国人民的血汗。

　　在银行家们凭藉精明的头脑积累巨额财富这一引人入胜的故事背后,有许许多多的人付出了生命的代价。州际商务委员会1889年的记录显示:铁路工人死伤人数达2.2万人。

　　1895年,美国的黄金储备消耗殆尽,而纽约26家银行的保险库里却存放着价值1.29亿美元的黄金。以J. P.摩根公司、奥古斯特·贝尔蒙特公司、花旗银行等为主体组成的银行辛迪加提出向政府提供黄金，条件是由他们来发行政府债券。格罗弗·克利夫兰总统答应了。银行家们立即转手高价出售债券，赚了1 800万美元。

一名记者写道："想买牛肉的人会去找屠宰商……想要黄金的克利夫兰总统则去找大银行家。"

在积聚财富的同时，摩根使国家经济变得更具有理性和组织性，从而保证了经济制定的稳定。他指出："我们不希望财政动荡，不希望今天这里出事，明天那里又出事。"他把铁路公司联合在一起，又把所有的铁路公司与银行联合在一起，再把银行与保险公司联合在一起。到1900年，他控制了10万英里铁路，占国家铁路里程总数的一半。

摩根集团控制的3家保险公司拥有10亿美元的资产。他们每年投资5 000万美元，这些钱都来自购买保险单的普通老百姓。路易斯·布兰代斯在其成为最高法院法官之前曾写过一本名为《别人的钱》的书，他在书中写道："他们通过人民自己的钱来控制人民。"

约翰·D.洛克菲勒起初是克利夫兰的一名会计，后来从商，积累了不少资金。他认识到，在新兴的石油工业中，谁控制了炼油厂，谁就控制了石油业。于是，1862年，他买下了第一家炼油厂；1870年，他组建俄亥俄州标准石油公司；他还与铁路公司签订秘密协议：假如铁路公司能在运价上给他折扣，他的石油就交由铁路公司运载上船，从而挤走竞争对手。

有个独立的炼油商说："假如我们不卖掉炼油厂……我们就会被挤出炼油业……因为市场上只有一个买家，我们必须按他们的条件出售。""13号，星期一，威尔克森公司接收了一车油……请给它施加点儿压力。"像这类内部通知在标准石油公司高层是司空见惯的事情。标准石油公司的管理人员曾策划过针对布法罗一家炼油厂首席技师的一次小型爆炸活动，搞得这家炼油厂濒于破产。

到1899年，标准石油公司已经成为一家控股公司，操控着许多公司的股权。它拥有1.1亿美元的资金，年盈利4 500万美元，约翰·D.洛克菲勒的个人资产价值2亿美元。不久他又进军钢铁、铜、煤、船舶等行业，甚至插足银行业（通过大通曼哈顿银行）。年盈利达到8 100万美元，其个人总资产也升至20亿美元。

安德鲁·卡内基17岁时当过电报员，此后，他做过宾夕法尼亚铁路公司总裁的秘书，做过经纪人，在华尔街替许多委托者销售铁路债券，不久他成了百万富翁。1872年，卡内基来到伦敦，参观了新式的"贝西默炼钢法"。回到美国后，他投资100万美元组建了炼钢厂。由于国会制定了高额关税，海外竞争者很轻易地被拒之门外。到1880年，卡内基的钢产量已达到每月1万吨，年盈利150万美元。到1900年，卡内基一年之内就赚了4 000万美金。就在该年的一次晚宴上，他同意将他的钢铁公司卖给J.P.摩根。在一张便条上，他潦草地写下了钢铁公司的价码：4.92亿美金。

随后，摩根把卡内基的钢铁公司和其他的钢铁公司联合起来，组建了全美钢铁公司。他靠出售股票和债券获得了13亿美元（比联合起来的那些公司资产价值多4个亿），为了筹备此次联合，摩根花了1.5亿美金。怎样才能保证所有这些股东和债券持有者分得股息呢？靠的是确保国会通过关税法，阻止海外钢铁进入本国市场；靠的是排斥竞争者，保持每吨28美元的价格；靠的是20万人高强度低酬劳的工作——一天工作12小时，薪水却只能勉强度日。

与此类似，在一个又一个工业领域内，精明能干的实业家建立起自己的帝国。他们压制竞争、维持高价低薪、获取政府津贴。这些行业是"福利国家"的首批受惠者。在世纪之交时，美国电话电报公司已垄断了全国的电话系统，国际收割机公司生产的农用机器占市场份额的85%。在其他每一行业，资源也都被集中控制起来。银行非常关注这些垄断公司，甚至为这些实力雄厚的公司董事们创建了专门的联络网，每家垄断公司的董事同时也是别的许多家垄断公司的董事。据20世纪初期的一份参议院报告说，摩根在其极盛时期同时兼任48家垄断公司的董事；洛克菲勒则集37家垄断公司的董事于一身。

与此同时，美国政府的行为正像马克思所描绘的资本主义国家政府那样：假装中立以维持国家秩序，实际上只为富人的利益服务。富人之间的意见也不一致，他们对政策也有争执。政府的目标就是平息上层社会的争执，抑制社会底层的反叛，保持现行制度长期稳定。1877年，选举拉瑟福德·海斯为总统时，民主党与共和党所达成的协议就奠定了这样的基调：无论是民主党还是共和党获胜，国家政策在任何重要方面都不会发生变动。

1844年，民主党人格罗弗·克利夫兰竞选总统时，给国人的总体印象是他反对垄断集团和企业的强权；共和党候选人詹姆斯·布莱恩则是富有者的代表。但是当克利夫兰击败布莱恩当选为总统时，杰伊·古尔德却给他发来了贺电，电文中写道："我相信……我国庞大的商业利益由你掌管将会万无一失。"他的判断完全正确。

威廉·惠特尼是克利夫兰的一名首席顾问，他本人是一名公司法律顾问，一名百万富翁。他通过联姻的方式进入标准石油公司家族，还被克利夫兰任命为海军部长。他立即着手打造"钢铁海军"，以令人难以置信的高价从卡内基的工厂购置钢铁。克利夫兰亲自向资本家们保证说，他当选总统不会给他们带来惊恐和不安："我在位期间，政府实施的所有政策都不会对任何工商业利益造成损害……行政管理权力从一个政党转移至另一个政党手中，并不意味着目前这种状况会受到任何严重干扰。"

总统选举回避现实生活中存在的问题。人们根本弄不明白，如果某项政策付诸实施，究竟可以从中得到什么，又会失去什么。它通常采用竞选宣传的方式,纠缠于总统个性、流言蜚语和生活琐事,掩盖各党派之间事实上乃一丘之貉的实质。当时一位敏锐的文学评论家亨利·亚当斯在写给朋友的信中是这样评论总统选举的:

> 我们正沉湎于难以言表的政治玩笑之中。困扰我们的重大问题层出不穷……可有趣的是,无人谈论真正与其切身利害相关的事,他们也一致同意不去管这些事。取而代之的则是新闻界热衷于对某些很可笑的事情争论不休:克利夫兰先生是否有私生子,是否与多个情妇一起生活?

1887 年,尽管国库充盈,但是当有人提议从中拨出 10 万美元救济得克萨斯州遭遇长期干旱的农民、帮助他们购买谷种时,克利夫兰却否决了这项议案。他解释说:"这种情形下联邦政府如果给予救助……会助长他们的依赖心理,他们期望政府部门像父亲般关心他们,这会弱化我们民族刚毅不屈的性格。"就在同一年,克利夫兰用其黄金储备余额给富裕的债券持有者分配盈利(每张价值 100美元以上的债券盈利 28 美元),共支出 4 500 万美元。

克利夫兰政府的主要改革泄露了美国改革立法的秘密。人们曾普遍认为,1887 年州际商务法是代表用户的利益而对铁路系统进行的调整。但是,曾做过波士顿和缅因州以及其他铁路公司的律师、不久之后担任克利夫兰政府的首席检察官理查德·奥尔内,告知那些抱怨州际商务委员会的铁路系统官员,"从铁路系统的角度而言",取消州际商务委员会是不明智的。他解释说:

> 铁路系统可以很好地利用州际商务委员会。该委员会满足了民众对政府监督铁路系统的强烈要求,同时,这种监督却几乎完全是名义上的……因此,明智之举不是取消该委员会,而是学会利用它。

克利夫兰本人在其 1887 年的国情咨文中也特别强调了这一点,并警告说:"我们现在有机会进行安全、谨慎、深思熟虑的改革,我们每个人都应当注意,一个饱受屈辱、充满愤怒的民族……更倾向于采取暴烈的、极端的手段去矫正罪错。"

1889 年到 1893 年,共和党人本杰明·哈里森接替克利夫兰继任总统。马修·约瑟夫森对南北战争之后时期进行了饶有兴味的研究。在其《政客》一书中,约瑟夫森写道:"本杰明·哈里森与众不同,他曾经以两种不同的身份在铁路公司任职,即律师和军人。他曾在联邦法庭上对 1877 年的罢工者提起诉讼……罢工期间,他也曾负责指挥一连士兵前往平息事态……"

哈里森任职期间,也作出了改革姿态。1890 年通过的谢尔曼反托拉斯法,将旨在遏制州际或海外通商贸易的"联合或共谋"规定为非法。该法案的发起人、参议员约翰·谢尔曼在解释必须讨好对垄断持批评意见的人的原因时指出:"他们的垄断……由来已久,但却从未像现在这样强大。你们必须考虑他们的要求,也要对社会主义者、共产主义者、无政府主义者有所防备。以前察觉不到的

259

260

力量正妨碍着当前的社会秩序……"

1892年,克利夫兰再次当选总统。安德鲁·卡内基在欧洲接到他的钢铁厂经理亨利·克莱伊的一封来信。信中说:"我对哈里森总统的败选感到遗憾。不过,我觉得政府的更换将不会对我们的利益产生什么影响。"面对1893年因经济上的恐慌和萧条所导致的国内骚乱,克利夫兰调集军队驱散了"考克西失业大军"——聚集到华盛顿的失业者的一次示威活动。第二年他又调集军队驱散了全国铁路系统的罢工运动。

与此同时,最高法院尽管貌似铁面无私,实际却在为其统治精英们效力。最高法院的法官们是由总统挑选、参议院批准的,这样一来,他们怎么可能具有独立性呢?这些法官们先前往往都是富有的律师,而且差不多都来自上流社会,他们又怎么可能在贫富阶层之间保持中立呢?19世纪初,法院通过建立联邦对州际商务的统一控制,从而为在全国性范围内进行经济调整奠定了合法基础;法院还通过制订不可侵犯的合同法,为公司的资本主义制度奠定了合法基础。

1895年,法院对谢尔曼反垄断法重新进行了解释以使之无害。它声称,炼糖业的垄断属于生产垄断而不是商业垄断,所以不应由国会按照谢尔曼法实施控制。(合众国诉E. C. 奈特公司案)针对1894年的铁路罢工,法院认为,谢尔曼法可以用来反对跨州罢工,因为它限制了贸易。法院还判定国会对高收入实行较高一点的税率这一微不足道的努力为违宪。(波洛克诉农民贷款及信托公司案)在以后的几年里,法院还拒绝打破标准石油公司和美国烟草公司的垄断,理由是谢尔曼法只阻止那些限制贸易的"不合理的"联合。

1895年,一名银行家向最高法院法官祝酒时说:"先生们,向你们致敬!合众国的最高法院,是金钱的卫士,私有财产的保护神,掠夺者的天敌,共和国最后的希望。"

宪法第十四条修正案正式通过后不久,最高法院便着手将这一保护黑人的法案推翻,并将它改进为保护大公司的法案。不过,在1877年的一桩谷仓公司向农民收费的纠纷中,最高法院支持了州法律对价格的规定。(穆恩诉伊利诺斯案)谷仓公司认为这项州法律剥夺了个人的财产权,因而违反了宪法第十四条修正案关于"未经正当法律程序,任何州均不得剥夺任何人的生命、自由或财产"的规定。最高法院对此解释不予支持,认为谷仓不单是私有财产,也是一种"社会公益"设施,因此需要规定其价格。

该判决一年之后,由习惯于为富人说话的律师们组成的美国律师协会发起了一场全国性的宣传运动,谋求推翻这一法院判决。该协会主席一再表示:"如果托拉斯能够有效地保护私有财产不受共产主义者的侵犯,那么我们将对其持欢迎态度。""垄断通常是必要的,也是有益的。"

到1886年,他们终于如愿以偿。在觉醒的农民的压力下,一些州议会通过法律，规定铁路向农民收费的价格。而在同年的瓦巴什诉伊利诺斯案中，最高法院解释说，各州无权这样做，其行为侵犯了联邦的权力。仅这一年，最高法院就废除了 230 个对公司实施监管的州法律。

这时，最高法院已经接受公司是"人"的观点，这样的话，根据宪法第十四条修正案，公司的财富就属于未经正当法律程序不得剥夺的财产。宪法第十四条修正案本来是旨在保障黑人权益的，然而，在 1890 年至 1910 年期间，提呈给最高法院的有关该修正案的诉讼案中，只有 19 宗案例涉及黑人，而涉及大公司的则有 288 宗。

最高法院法官并不单单只是宪法的阐释者，他们有自己的背景，有自己的利益。1875 年，时任最高法院法官的塞缪尔·米勒说："同法官们抗争是徒劳无益的，他们作为铁路公司及各种形式的资本联合体的法律顾问，在律师界混了 40 年……"1893 年，最高法院法官戴维·J. 布鲁尔在写给纽约律师协会的信中说：

> 社会财富由少数人掌握，这是恒久的法律……绝大多数人都不愿忍受长期的自我牺牲和勤俭节约，然而，没有这些，就不可能积累起财富……所以，在人性得到彻底改造之前，一个国家的财富总是掌握在少数人手中，而大多数则要终生劳作。

这并非 19 世纪 80 年代和 90 年代忽然冒出的思想，这一观念的渊源可以回溯到立国时代，立国之父们从当时《布莱克斯通评论》里的一段话中已领悟到他们的法律真谛："有关私有财产的法律至关重要，它不能容忍哪怕只是对其最低限度的侵犯；不，即使是为了全社会的公共利益，也不得侵犯私有财产。"

在现代社会，要控制民众，需要的不仅仅是武力和法律。对那些聚集在城市和工厂里、生活中充满反叛动机的危险大众，还要教导他们懂得：存在的就是合理的。学校、教堂、大众文学都在灌输这种观念：富有象征着成功，贫穷象征着个人失败；对于穷人而言，向上的路只有一条，即凭借非凡的努力和机遇，挤进显贵的富人阶层。

拉塞尔·康韦尔毕业于耶鲁法学院，他是一名牧师，还是一名畅销书作家。在南北战争后的数年间，康韦尔以"钻石满地"为题在全国各地作了 5 000 多次演讲，听众达数百万。他的演讲的主旨是：只要肯努力，每一个人都可以变成富翁；只要你留心，随处都会发现宝石。他说：

> 我的意思是说，你们应当致富，这是你们的责任……你们会发现，在我们的社会里，成为富翁的都是最诚实的人。让我再说得明白一点……美国百分之九十八的富人都是诚实的人。这就是他们致富的秘诀。这就是他们挣钱的秘诀。这就是他们能够经营大企业，很多人愿意为他们工作的秘诀。就因为他们是老实人……
>
> ……我同情穷人，但是，真正值得同情的穷人是很少的。同情一个因为

罪孽深重而受到上帝惩罚的人……是错误的……我们要记住,在美国,所有的穷人之所以受穷,都是其自身的缺点所致……

康韦尔是天普大学的创始人。洛克菲勒向全国各地的大学提供捐赠,他帮助创建了芝加哥大学。中部太平洋铁路公司的亨廷顿向两所黑人学院即汉普顿学院和塔斯凯基学院提供资助。卡内基向大学和公共图书馆捐资。百万富翁、商人约翰·霍普金斯捐资建成了约翰·霍普金斯大学,同他一样,百万富翁科尼利厄斯·范德比尔特、埃兹拉·康奈尔、詹姆斯·杜克和利兰·斯坦福也都捐资创建了用自己名字命名的大学。

富人们从巨额利润中拿出一部分资助教育机构,他们因此成为著名的慈善家。这些教育机构不赞成受教育者对美国现存体制发表不同意见;它们培养了美国社会体制中的中产阶级,其中包括教师、医生、律师、行政官员、工程师、技术员和政治家,他们受雇用以维持现存体制,他们是反对动乱的忠诚的缓冲者。

同时,随着公立学校教育的普及,整整一代熟练或半熟练工人学会了读、写与算术,他们成为新产业时代受过教育的劳动大军。这些人认识到服从当局是相当重要的。19 世纪 90 年代,一名关注公立学校教育的新闻观察家写道:"显而易见,教师对学生冷漠,缺乏友善;学生完全受教师意志的压制,他们沉默寡言,死气沉沉,教室里充满了消沉、沮丧的气氛。"

1859 年的时候,马萨诸塞教育理事会秘书长曾这样描述洛厄尔镇的工厂主们热切期待其工人接受教育的情景:

> 对于工人的知识水平,工厂主们比其他阶级和群体更加关心。如果工人受过良好的教育,老板更愿意公正地同他们打交道,矛盾和罢工的事情就根本不会发生,群众也不会受政客的蛊惑或者意气用事。

乔尔·斯普林在其所著《教育与公司帝国的崛起》中写道:"学校在 19 世纪的发展日益呈现出工厂制度的特点,这并非偶然。"

这种状况一直延续到 20 世纪,当时,威廉·巴格利的《课堂管理》成为训练标准教师的教科书,重版 30 次。巴格利评论说:"认真研究教育理论的人不难发现,在机械而例行公事般教学的课堂中,教育机构慢慢将儿童从一个小野人教化成服从法律和秩序的傀儡,这样他们就能适应文明社会的生活。"

19 世纪中、晚期,中学日益发展成为工业制度的助手。学校开设历史课以培养学生的爱国主义精神;引进忠诚宣誓、教师资格证明书、公民资格等形式,以控制教师的教育与政治品质。在世纪之末,学校行政人员(不是教师)被授权控制课本。一些州通过法律禁用某些课本,例如,爱达荷和蒙大拿禁止使用宣传"政治"学说的课本,而达科他则规定学校图书馆不准收藏"具有明显党派色彩的小册子和书籍"。

庞大的教育机构培养的是正统而循规蹈矩者,针对这一现象,社会上出现了一大批表示抗议和反抗的文学作品。由于受到种种阻碍，这些文学作品不得不在读者中间私下流传。工人亨利·乔治，出身于费城的一个贫苦家庭，他通过自学成为报社记者、经济学家。他的著作《进步与贫困》1879 年出版，售出 100 万册，风行美国和世界。该书表明：土地是财富的基础，而这一基础日益被垄断；取消其他杂税，仅保留土地税，就足以解决贫困问题，平均国内财富。读者可以不同意他的解决方案，却可以从自己生活中的实例体验到他那敏锐的观察力：

> 财富确实增长迅速，生活的舒适、闲暇、修养等方面总体上也都有所提高。不过，增长并不均衡，下层阶级是享受不到这些成果的……贫困与进步形影相随的这种现象，是我们时代的一个巨大谜团……一种模糊不清却又相当普遍的失望感在蔓延，怨恨情绪在工人阶级中间不断扩散，到处弥漫着骚动的气息，酝酿着革命的情绪……文明世界正战战兢兢地站在一场巨大的社会运动的十字路口，它要么向前跃进，踏上令人难以想象的进步之路，要么跌入万劫不复的深渊，把我们重新拉回到野蛮状态……

马萨诸塞州西部的律师兼作家爱德华·贝拉米则对现存的经济与社会体制提出另一种挑战。他以简明、有趣的语言写了一本名为《回顾》的小说。书中，作者入睡长眠，醒来已是 2000 年，他发现自己处在社会主义社会里，人们互相协作，共同生活、工作。《回顾》对社会主义进行了栩栩如生、充满爱意的描绘，几年之内售出 100 万册；全国各地 100 多个社会团体还组织起来试图实现这一梦想。

尽管政府、商界、教会和学校为控制人们的思想而竭尽全力，数百万美国人民却早就对现存体制提出严厉批评，并探索其他可能的生活方式。19 世纪 80 年代和 90 年代席卷全国、声势浩大的工农运动，有助于美国民众对上述问题进行思考。这一时期的工农运动，在深度和广度上都超过了 1830 年至 1877 年间所发生的分散的罢工运动和佃户的反抗斗争；对统治阶级的精英来说，这一时期的运动是全国范围的运动，比以往任何一次运动都更具威胁性、煽动性。这一时期，革命组织广泛存在于美国的主要城市，革命的话题广为流传。

19 世纪 80 年代和 90 年代，欧洲移民以前所未有的速度和规模涌进美国，在漂洋过海的航行中，他们全都经受过穷困的折磨。当时的移民中，爱尔兰人、德国人比意大利人、俄国人、犹太人、希腊人要少得多。在土生土长的英裔美国人看来，这些来自南欧与东欧的移民，甚至比早期移民更难相处。

这些不同种族的移民会导致工人阶级内部发生分裂。在面临同样的困境时，他们彼此之间会发生冲突。对于这种状况，我们可以从波希米亚人报纸《斯沃尔诺斯特》1880 年 2 月 27 日刊登的一篇文章中略窥一斑。纽约斯鲁浦学校的 258 位父母和监护人提交的一份请愿书得到该校区过半数的纳税人签名连署。请愿书说："请愿者认为，他们有权申请由波希米亚人任教，就像公立学校的德国学生由德国人执教一样……沃克先生表示反对，他声称，德国人与波希米亚人有很大的不同,换句话说,他们优人一等。"

爱尔兰人仍然牢记着初来时遭人憎恨的情形,现在,他们开始从那些需要他们选票的新的政治机构那里得到工作。那些当上了警察的爱尔兰人,又得与新来的犹太人打交道。1902 年 7 月 30 日,当纽约犹太人社团为一位很有影响的犹太教拉比举行集体葬礼时,突然发生了骚乱。其组织者是爱尔兰人,他们憎恨犹太人进入其社区。警察主要是爱尔兰人,有关此次骚乱的官方调查也显示警察明显偏袒骚乱者:"……显然,警察无端地受到了野蛮的攻击,结果,涉案人受到惩戒,被罚没一天的收入,目前仍处于监视居住状态。"

新移民间的经济竞争十分激烈。到 1880 年,加利福尼亚的中国移民已有7.5 万人,差不多是该州人口总数的十分之一。铁路部门吸收了这些移民,让他们从事非常繁重的工作,付给少得可怜的报酬。他们成为不断发生的暴力事件的受害者。小说家布雷特·哈特为中国人李万写了这样一则讣告:

　　他死了,我尊敬的朋友们,他死了。公元 1869 年,在圣弗兰西斯科的大街上,他被一群半大小子和基督教学校的孩子们用石头击毙。

266　　1885 年夏,在怀俄明的罗克斯普林斯,白人袭击了 500 名中国矿工,其中 28人惨遭杀害。

新移民成了熟练工的辅助工、房屋粉刷工、凿石工人和挖沟工人。他们通常是由承包商成批输入。一名意大利人来的时候被告知准备送他去康涅狄格到铁路上工作,实际上却被带到南方的硫酸盐矿。他和同伴们不管是在棚屋休息还是在矿上劳作都受到全副武装的守卫的严密监视。他们的工资仅够支付火车票和购买工具,给他们吃的也很少。他和其他一些人决定逃跑。他们在枪口下被抓获,有两条路选择:要么工作,要么死亡。但他们仍不肯屈服,只好被带上镣铐,交付法官审判。他们最终被释放,这时距他们来到这里已经五个月了。"我的同伴都乘火车去纽约,而我身上只有一美元。我怀揣着这一美元的家当,既不了解这个国家,语言又不通,只能步行前往纽约。42 天之后,我到达纽约,这时我已是筋疲力尽了。"

移民的处境导致骚乱事件频频发生。当时的一位观察家写道:"在新泽西的迪尔湖地区工作的一些意大利人因为没拿到工资,便把承包商抓了起来,把他关在棚屋里。直到县司法行政长官带领民防团赶来把他解救出来,他才结束了这段囚徒经历。"

移民中童工数量不断增加,他们或者在国内被处境艰难的父母立约卖掉,或是被拐卖至此。孩子们受"包工头"监管,处境如同奴隶,有时还被派出去卖唱乞讨。他们成群在纽约和费城的街头流浪。

一旦移民们归化入籍后,他们就被纳入美国的两党体制中,受到引诱,效忠于某一党派。这样,他们的政治精力就分散到选举上。1894 年 11 月,《意大利

人》的一篇文章呼吁意大利人支持共和党:

> 如果非美国本土出生的公民拒绝站在共和党一边,那他就等于是向自己的幸福开战。共和党全力支持旧大陆的人民为之奋斗的事业。它是自由、进步、秩序和法律的守护神,是王权专制的天敌。

　　19 世纪 80 年代,美国有 550 万移民。19 世纪 90 年代又有 400 万移民涌入。这引起劳工过剩,工资下降。移民比本地工人更易受人压制,处于更加无助的状态。他们经常被无故开除,与其他人争吵。因此,让他们充当罢工破坏者,还能起点作用。他们的孩子也上班,这通常会引起劳动力过剩和失业问题进一步加剧。1880 年,全美有 111.8 万名 16 岁以下(6 岁以上)的儿童出来做工。由于每个人的劳动时间都很长,一家人彼此之间几同陌路。莫里斯·罗森菲尔德是一名裤子熨烫工人,他写了一首名为"我的孩子"的诗,该诗曾一再重印,广为传颂:

> 我家有一个小男孩
> 聪明又可爱。
> 我希望有朝一日能有点儿空闲
> 和一个属于自己的空间,
> 可以尽情地陪着孩子玩……
>
> 每天为了工作
> 我起早贪黑,披星戴月。
> 当我深夜回到家里,
> 孩子怯生生地望着自己的父亲,
> 我看着亲生的儿子也形同路人……

　　女性移民或为仆人,或为妓女,或为家庭主妇,或为工厂工人,有时她们也会成为反叛者。里奥诺拉·芭莉出生在爱尔兰,后来被带来美国,并在此结婚生子。丈夫死后,为了养活 3 个年幼的孩子,她到纽约州北部的一家制袜厂工作。第一个星期她只挣到 65 美分。她参加了劳动骑士团。到 1886 年,该组织已拥有 5 万名女会员,她们分散在 192 个妇女大会组织中。她成了自己所在的拥有 927 名成员的妇女大会的骨干,并被任命为骑士团的首席调查员,"负责在必要的时候向其工友姐妹们和公众发布消息,或给予教育和指导"。她指出,女工的最大问题是:"由于长年的忍耐,她们已经养成了逆来顺受的习惯,无论发生任何事情,她们都会无条件地接受,这几乎成了她们的第二天性。她们对生活持完全悲观的态度,因为她们从来看不到任何希望。"根据报告提供的材料,她在 1888 年接受了 537 个旨在帮助把妇女组织起来的邀请,巡访了 100 座城镇,散发了 1 900 个宣传册。

1884 年,纺织女工和制帽女工大会举行罢工。第二年,纽约的制衣工,无论是男工还是女工(分别开会,共同行动),举行了罢工。《纽约世界》称这次罢工是"要求面包和黄油的叛乱"。罢工者取得了胜利,工资提高了,工作日缩短了。

当年冬天,扬克斯一些织毯女工因参加"劳动骑士团"而被辞退。在寒冷的2 月里,2 500 名女工走出工厂,并向工厂派了纠察队员。她们中只有 700 人是骑士团成员,但不久,所有罢工者都加入骑士团。警察袭击了纠察队并逮捕了她们,但是陪审团认定她们无罪。纽约工人以及全市各个工会的 200 名代表举行盛大的晚宴欢迎她们归来。罢工坚持了 6 个月,妇女们取得了胜利,她们的部分要求得到满足。她们重新回到工厂工作,但她们的工会却仍不被承认。

在如此多的斗争中,最令人惊讶之处不在于罢工者没有实现他们的所有要求,而在于他们历经磨难却仍然敢于反抗,而没有被击垮。

人们开始认识到,单单日常的斗争或许还不够,必须要有根本性的变革,正是这一认识推动了这一时期革命运动的发展。1877 年建立的社会主义劳工党非常小,并且因为内部争论而呈分裂状态,但它在外籍工人中间组织工会方面仍有一定的影响力。在纽约,犹太人社会主义者组织出版了一份报纸。在芝加哥,德国革命者同阿尔伯特·帕森斯这样土生土长的激进分子一道建立了社会革命俱乐部。1883 年,无政府主义者在匹兹堡举行大会,起草了一份宣言:

> ……所有的法律都是针对劳动人民的……甚至学校教育的目的也仅仅是为富人的后代维护其阶级统治提供必要的技能和素养,而穷人的孩子则很少能受到正规的基础教育,结果,教育机构所培养的只是偏见、傲慢和阿谀奉迎,而不是良好的判断力。教会的终极目的就是把群众变成十足的白痴,用一个子虚乌有的天国诱使他们放弃追求人间乐园。另一方面,资产阶级又让新闻界去对付公共生活中的精神混乱……因此,在反对现存制度的斗争中,工人不能期望从任何一个资产阶级政党那里得到帮助。他们必须通过自己的努力去实现自身的解放。历史上还从未有任何一个特权阶层主动交出专制权力,所以,也不要指望我们时代的资产阶级在没有任何压力的情况下会主动放弃其统治……

该宣言呼吁"不分种族、性别,所有人都有平等的权利"。它引用《共产党宣言》的话说:"全世界无产者,联合起来! 你们失去的只是锁链,而你们得到的则是整个世界!"

在芝加哥,新的国际工人协会拥有 5 000 名成员,以 5 种语言出版报纸,组织了大规模的示威游行。经由他们领导的罢工极大地影响了 22 个工会,这些工会组成了芝加哥中央工会。尽管这些革命团体各有不同的理论,但出于劳工斗争的实际需要,理论家们通常保持团结。到 19 世纪 80 年代中期,劳工斗争越来越频繁了。

1886 年初，得克萨斯和太平洋铁路公司解雇了一名劳动骑士团地区大会的领导人，结果引发了一场遍及整个西南部的大罢工，其影响远及圣路易斯和堪萨斯城的交通。从新奥尔良招募的 9 名年轻人作为警官被派到得克萨斯去保护公司财产，当他们了解到罢工的情况之后便辞职不干了。他们表示："坦率地说，我们不能心安理得地去工作。不管我们多么需要，我们也不能从自己的工人兄弟嘴里抢饭吃。"因为拒绝上班，他们以诈骗公司罪被判刑，在加尔维县的监狱里关了 3 个月。

罢工者蓄意从事破坏活动。来自堪萨斯阿奇森的一则消息说：

> 上午 12 点 45 分，密苏里太平洋环形车库突然出现了 35 到 40 个蒙面人，这让值班人员着实吃惊不小。造访者中的一小队负责警卫工作的人挥舞着手枪，把车库值班人员赶入油泵室……其余的人把停放在车库中的 12 辆机车头全部毁掉了。

4 月，在东圣路易斯，罢工者同警察之间发生冲突。7 名工人死于非命，工人则放火焚烧了路易斯维尔和纳什维尔货站。州长发布了戒严令，并派出 700 名国民卫队。由于当局对罢工者大肆抓捕，态度强硬，对死者不予抚恤，而对铁路兄弟会的工人则支付高额报酬，罢工终于难以为继。数月之后，罢工者只好屈服，很多人被列入了黑名单。

到 1886 年春，争取 8 小时工作日的运动不断发展壮大。5 月 1 日这天，成立已有 5 年的全美劳工联盟要求任何还没有争得 8 小时工作日的地方举行全国性罢工。"劳动骑士团"的领袖特伦斯·波德利反对这次罢工，他指出：雇主和雇员首先必须接受 8 小时工作日的培训。但是，"劳动骑士团"召开大会，制定了罢工计划。机车工程师兄弟会的主要领导人反对 8 小时工作制，认为"少工作 2 小时意味着要在街角多消磨 2 小时，要多饮 2 小时的酒"。但是铁路工人并不同意这种观点，他们支持 8 小时工作日运动。

全国各地 11 562 家公司的 35 万名工人举行罢工。底特律 1.1 万工人举行了 8 小时的示威游行。在纽约，3 400 名面包师工会会员带领 2.5 万名工人沿着百老汇大街举行火炬游行。芝加哥 4 万名工人举行了罢工。资方为了防止工人罢工，勉强承认 4.5 万名工人可以缩短工作日。芝加哥全部铁路停运，绝大多数工厂陷入瘫痪状态。货场也关闭了。

270

芝加哥一个由企业家组成的"公民委员会"天天碰头探寻应对之策。州民兵奉命前来支援，警察也已作好了准备。5 月 1 日，《芝加哥邮报》呼吁密切监视国际工人协会的两名无政府主义领袖阿尔伯特·帕森斯和奥古斯特·斯皮斯的活动："跟住他们。一旦出什么乱子，就拿他们两个是问。如果发生什么麻烦，就拿他们惩一儆百。"

在帕森斯和斯皮斯的领导下，中央工会及其 22 个工会组织早在 1885 年秋就已正式通过了一个言辞激烈的决议案：

> 兹决定，我们迫切呼吁工人阶级自己武装起来，用唯一有效的论据来武装自己的头脑，把反对剥削的斗争推向前进，这个论据就是：以牙还牙。下一步的决定是，虽然我们对实行 8 小时工作日所寄期望非常小，但我们坚定地承诺：在阶级斗争中，一定要用我们可以利用的方法和力量，帮助落后同志。只要他们愿意继续以一往无前、不屈不挠的态度冲锋向前，对付我们共同的压迫者、贵族流氓和剥削者。我们的战斗口号是"消灭人类的敌人"。

5 月 3 日发生的一系列事件真的把帕森斯和斯皮斯推到了《芝加哥邮报》所建议的"惩一儆百"的位置上。当天，在麦克米克收割机制造厂门前，罢工者、同情罢工的人与拒绝加入工会的工人发生了冲突，警察开枪驱散了罢工工人，很多人受伤，4 人死亡。斯皮斯愤怒不已，他跑到《工人报》的印刷车间，用英文和德文两种文字印刷了一份传单：

> 报仇！
>
> 工人们，武装起来！
>
> 271　……多年来，你们一直忍受着令人难以忍受的羞辱；……你们自己将自己引向死亡……你们的孩子们成为工厂主的祭品——总之，这些年来，你们一直是可怜的、顺从的奴隶。为什么你们要满足懒惰的、偷窃成性的主人那毫不知足的贪欲？为什么你们要填满他们的钱柜？一旦你向他们提出减轻负担的要求，他们就会放出凶猛的大猎犬扑向你，咬死你！
>
> 请你们武装起来，武装起来！

5 月 4 日晚，3 000 人在秣市广场举行大规模集会。当时全场气氛平静，天空阴沉，风雨欲来。随着天色渐渐昏暗，群众也在渐渐散去，最后还剩下数百人。一支 180 人的警察队伍来到现场，直奔讲台，命令群众解散。演讲者宣布立即结束会议。这时，一颗炸弹在警察中间爆炸，66 名警察被炸伤（其中 7 人后来死亡）。警察向群众开枪，杀死了几个人，打伤 200 人。

在没有证据表明是谁投掷炸弹的情况下，警察在芝加哥逮捕了 8 名无政府主义者的领袖。《芝加哥日报》报道说："法官将会迅速审理被逮捕的无政府主义者。本州有关宣判从犯的法律十分清楚，对他们的审判要不了多长时间。"伊利诺斯州的法律规定，任何煽动谋杀的人都要判谋杀罪。指控 8 名无政府主义者的证据，就是他们的思想、他们的作品。那天秣市广场爆炸案发生时，只有菲尔登一人正在发表演讲。陪审团认定这 8 人有罪。他们被判处死刑。联邦最高法院以没有司法管辖权为借口，拒绝接受他们的上诉。

这一事件在国际上引起震动。法国、荷兰、俄罗斯、意大利、西班牙爆发了抗议集会。伦敦的一次集会得到乔治·萧伯纳、威廉·莫利斯、彼得·克鲁泡特金等人的支持。萧伯纳以他特有的方式，对伊利诺斯州高等法院的 8 名法官拒绝无政府主义者的上诉作出了反应:"如果这世界必须失去 8 个人,那么它最好是伊利诺斯州高等法院的 8 名法官。"

判决后的第 2 年,4 名被确信有罪的无政府主义者(印刷工阿尔伯特·帕森斯、家具装潢商奥古斯特·斯皮斯、阿道夫·费舍和乔治·恩格尔)被绞死。21 岁的木匠路易斯·林格口含一根雷管,在囚室内引爆身亡。余下的 3 人仍被关在监狱中。

当局的暴行唤醒了全国各地的人们。在芝加哥,送葬队伍的人数达到 2.5 万人。有证据披露,一位名叫鲁道夫·施诺贝尔特的男子,据称是个无政府主义者,但他是一名不折不扣的警探,一名故意从事破坏活动的坐探。他奉命扔下炸弹,致使数百人被捕,芝加哥的革命领导力量受到毁灭性的打击。不过,直到今天,也没有确凿的证据证明究竟是谁扔的炸弹。

秣市广场骚乱事件的直接后果是激进运动受到压制,而其长期的影响则是唤醒了许多人的阶级仇恨,激励着其他人(尤其是那一代的年轻人)为革命的目标而战斗。6 万多人联名向伊利诺斯州新任州长约翰·彼得·阿尔特盖尔德上书。阿尔特盖尔德在对案件进行调查后,谴责了过去发生的事情,赦免了 3 名仍关在狱中的无政府主义者。此后,全国各地每年都举行纪念秣市广场骚乱事件中死难者的追悼会。人们已难以知道,秣市广场骚乱事件到底唤醒了多少人的政治意识——比如埃玛·戈德曼、亚历山大·伯克曼等长期进行英勇斗争的新一代革命者。

1968 年,秣市广场事件再次复活。就在这一年,芝加哥一伙激进的年轻人炸毁了为纪念当年在爆炸中死难的警察而建的纪念碑。在此前后对芝加哥反战运动 8 名领导人的审判也让人联想到历史上的"芝加哥八人案",他们也是因其思想而获罪的。这一度成为新闻媒体、群众集会和文学作品议论的焦点。

秣市广场事件后,阶级冲突和暴力冲突一如既往,工人罢工、雇主关门、黑名单事件层出不穷,私人侦探和警察用暴力破坏罢工,法院则用法律阻挠罢工。秣市广场事件一个月之后,纽约第 3 大街的有轨电车司机举行罢工。面对数千群众,警察挥舞棍棒,不分青红皂白一顿乱打。据《纽约太阳报》报道:"头破血流的人们向着不同方向艰难爬行……"

1886 年末,一些人把满腔义愤倾泻到纽约市长的秋季竞选大战中。工会成立了独立劳工党,提名亨利·乔治为市长候选人。亨利是一位激进的经济学家,成千上万工人读过他的著作《进步与贫困》。乔治的纲领曾提及 19 世纪 80 年代纽约工人的生活条件,该纲领表示希望:

1. 废除陪审团成员的财产资格限制。

2. 下层阶级能够同上层阶级一样具有出任大陪审团成员的权利,目前大陪审团完全由上层阶级控制着。

3. 警察不得干预和平集会。

4. 严格执行对建筑物的卫生检查。

273

5. 取消公共建筑工程中的合同工。

6. 男女同工同酬。

7. 有轨电车属市政所有。

在公司律师艾利胡·鲁特主持下召开了选举提名大会,铁路公司经理昌西·迪皮尤发表了提名演讲。在会上,民主党提名制铁厂老板艾布拉姆·休伊特为市长候选人,共和党则提名西奥多·罗斯福为候选人。在这场充满威胁与利诱的竞选大战中,休伊特以 41％的票数当选,乔治以 31％的得票率名列第二。罗斯福名列第三,得到 27％的选票。《纽约世界》认为,选举结果是一种信号:

> 支持亨利·乔治的 6.7 万张选票传达了劳工们强烈的抗议之声,他们反对各种政党集团、华尔街和各种工商业利益团体、大众传媒的联合统治。它提醒社会要留意劳工们正当而合理的要求……

其他城市的情况也是如此,劳工们提名的候选人参加了竞选:在芝加哥,劳工候选人获得了 9.2 万张选票中的 2.5 万张;在米尔沃基市,劳工们提名的候选人竞选市长;在得克萨斯的沃思堡、俄亥俄的伊顿、科罗拉多的莱德维尔,劳工们提名的候选人竞选当地政府各级职务。

由此看来,对秣市广场骚乱事件的镇压并没有压制住工人运动。1886 年同时也是"劳工频繁暴动的一年"。从 1881 年到 1885 年,每年平均爆发 500 次罢工,每年参加罢工的工人大约 15 万人。1886 年一年就爆发了 1 400 多次罢工,参加者达 50 万人。约翰·康芒斯在《美国工人运动史》一书中指出:

> 非熟练工人阶级点燃了伟大运动的星星之火,而这场运动最终演化成了一场暴动……这一运动向人们展示了社会冲突的方方面面。每一次重大罢工中,工人们都表现出对资本的深切痛恨……"劳动骑士团"的所有壮举都表明他们对资本极度失望。无论在任何地方,如果工人领袖试图抑制工人运动,他们通常会被追随者抛弃……

274

由于得到联邦政府的默许,南部诸州集中所有军事、政治和经济力量企图驯服黑人,迫使他们乖乖地干活。但就是在这些黑人中,也不时爆发起义。在棉花种植园,黑人分散干活,但在蔗糖种植园,黑人们成群在一起干活,这样就有机会筹划行动。1880 年,他们举行罢工,威胁说要离开本州,目的是把日工资由 75 美分增加到 1 美元。罢工者被逮捕监禁,但获释后他们沿着甘蔗地边的路游行,举着"要么一天 1 美元,要么去堪萨斯"的标语。他们一次又一次被以非法侵入别人土地的罪名逮捕,罢工遭到破坏。

到 1886 年,劳动骑士团开始在蔗糖种植园里建立组织。这一时期也正是劳动骑士团最为辉煌的时候。黑人工人的工资不足以养家糊口,种植园主经常以商店的白条支付工资。于是，黑人一再提出一天1美元的要求。第2年秋天，近万名制糖工人举行罢工，其中90%是黑人和劳动骑士团成员。军队赶到现场，双方发生了枪战。

蒂博多也爆发了暴力冲突。这个小镇在某种程度上已经成为难民营。数百人被赶出种植园破烂的小木屋。他们身无分文，衣衫褴褛，只带着床单和婴儿。这些人联合起来发动了罢工。他们的罢工直接威胁着整个甘蔗种植业。蒂博多当局颁布了戒严令。劳动骑士团的黑人首领亨利·考克斯和乔治·考克斯两兄弟被捕，被戴上镣铐，投入囚牢，不久被从囚牢提出，此后再也没有他们的消息。11月22日夜间，枪声大作，交战双方都互相指责对方挑衅。第二天中午，30名黑人死亡或濒临死亡，数百人受伤。此外还有2名白人受伤。新奥尔良一家黑人报纸写道：

> 跛子、女盲人遭到枪击；儿童和满头白发的外祖父被无情的子弹射倒在地！黑人没有还手，他们也不可能还手，因为这次屠杀太突然了，出乎他们的意料之外。幸存者逃到森林中，绝大多数人则在城中四处寻求避难所……
>
> 州法官指挥一群暴徒杀害合众国公民……劳动人民请求提高工资，可是却被当狗一样对待！……
>
> 此情此景，任何谴责的话语都已毫无意义，就像雪片落入熔铅一样。黑人应当奋起捍卫自己的生命。如果必需赴死，那他们也要敢于直面刽子手，为家庭、为孩子、为法律赋予的权利战斗而死。

本地土生土长的贫穷白人，他们的境况也好不到哪里去。在南部种植园里，南部贫穷白人往往是佃农而不是地主。在南部的城市里，他们是租户而不是房东。C.范伍德沃德在其《新南方的起源》中指出，美国房屋出租率最高的城市是伯明翰，高达90%。在南部城市的贫民区里，贫困潦倒的白人过着与黑人一样的生活。一份州政府卫生情况公告中说，那里的街道没有铺上石子，"满是垃圾、污物、灰泥"，脏乱不堪。

南方存在着一种使用囚犯劳动的制度。在这里，大公司可以租用犯人从事奴隶劳动，这样不仅可以在总体上降低工资水平，而且还可以用来破坏罢工。为了反对这种制度，工人举行了罢工。1891年，田纳西煤矿公司要求矿工在"反工会合同"上签名。该合同规定：工人必须发誓不罢工；同意用白条支付工资；放弃他们核对所掘煤炭重量的权利（他们是按所采煤炭的重量付酬）。矿工们拒绝签名，结果被厂方赶出厂门。厂方找来囚犯代替工人干活。

1891年10月3日夜，1 000名武装起来的矿工占领了矿区，烧毁了关押囚犯的栅栏，放走了500名囚犯。厂方妥协了，答应不再使用囚犯顶替工人劳动，不再要求工人签订"反工会合同"，允许矿工核对他们所采掘煤炭的重量。

　　第二年,田纳西州发生的暴动越来越多。C. 范伍德沃德把它们称为"起义"。矿工制服了田纳西煤矿和钢铁公司的保安人员,烧毁栅栏,并用船将囚犯运送到纳什维尔。田纳西州其他工会纷纷声援。一名奉命前来了解情况的观察者向查塔努加贸易联合会发回这样一个报告:

> 我希望人们能永远记住这一运动。我亲眼目睹了所有 7 500 名矿工增援者的保证书。战斗已经打响,10 个小时后,他们也将进入阵地……全地区工人在"释放囚犯"这个主要问题上是一致的。星期一,当矿工游行队伍经过我身边时,我数了一下,他们共有 840 支来复枪,后面的人大多数都带着左轮手枪。各连队指挥官均为正规军人出身。白人与黑人并肩战斗。

　　同年,在新奥尔良,当地 42 个地方工会发动了一次总罢工,罢工人数达 2 万人,占整个城市人口的一半,其中大部分是白人,但也有一些黑人(罢工委员会中有 1 名黑人)。新奥尔良陷入瘫痪状态。3 天后,罢工破坏者介入,当局发布了戒严令,加上军队也以武力相威胁,罢工以劳资双方妥协而宣告结束。工人们的工作时间缩短了,工资增加了。但是,工会作为劳资双方交涉机构的地位却没有得到承认。

276　　　1892 年,罢工风潮席卷全国:除新奥尔良总罢工、田纳西州煤矿工人罢工外,纽约布法罗铁路扳道工、爱达荷的科达伦铜矿工人也举行了罢工。科达伦罢工的特点在于,罢工者和罢工破坏者展开枪战,很多人死亡。一家报纸详细记述了 1892 年 7 月 11 日当天发生的事情。该报报道说:

> 罢工工人与那些顶替罢工者岗位的未加入工会的工人之间的武力冲突终于爆发了。已证实 5 人死亡,16 人被送进了医院。克里克峡谷的弗里斯科厂被毁。宝石矿向罢工者投降,其雇员的武装被缴械,雇员也都被赶走了。受一系列胜利的激励,罢工者中的暴乱分子们开始酝酿夺取未加入工会工人的其他据点……

　　州长请来了国民卫队,并得到了联邦军队的大力援助。结果 600 名矿工遭到逮捕和关押,破坏罢工者又卷土重来,工会领导人被解雇,罢工失败了。

　　1892 年初,卡内基远在欧洲,亨利·克莱·弗里克管理着宾夕法尼亚州匹兹堡郊外霍姆斯特德的卡内基钢铁公司。弗里克决定降低工人工资,解散工会。他环绕工厂筑起了 3 英里长、12 英尺高的栅栏,墙上布满枪眼,顶上架设了铁丝网。当工人不同意削减工资时,弗里克将工人全部解雇。弗里克还雇用平克顿侦探公司保护罢工破坏者。

　　尽管霍姆斯特德的 3 800 名工人中只有 750 名工会会员,但由 300 名工人在歌剧院举行的集会上,压倒性的多数赞成举行罢工。由于工厂坐落在莫农加希拉河畔,1 000 人组成的罢工纠察队开始沿河 10 英里进行巡逻。罢工委员会占领了市镇,司法行政长官没办法在民众中征召民团来对付罢工者。

1892 年 7 月 5 日夜,平克顿侦探公司数百名侦探乘驳船离开霍姆斯特德,沿河而下航行 5 英里到达工厂,1 万名罢工者及同情罢工的人等在那里。群众警告侦探不要下船。一名罢工者放下轮船的跳板,当一名侦探试图推开他时,他开枪打伤了这名侦探的大腿。工人与侦探随之展开枪战,7 名罢工者被打死。

平克顿侦探公司的侦探们不得不撤退到船上,他们受到罢工者四面夹击,决定投降。愤怒的群众将他们痛打一顿,双方互有死伤。接下来的几天里,罢工者控制着这一地区。州政府当局开始采取行动:州长调集装备着最新式来复枪和加特林机枪的民兵以保护罢工破坏者进入本地。

罢工领袖被指控犯有谋杀罪;另外 160 名罢工者被指控犯有其他罪行。好心的陪审团宣判所有人无罪。罢工委员会全体成员以背叛本州罪被逮捕,但没有一个陪审团成员认为他们有罪。罢工持续了 4 个月,但是,公司一直利用罢工破坏者从事生产。这些招集来的罢工破坏者通常呆在封闭的车厢里,不知道目的地是什么地方,也不知道工人们正在罢工。罢工者想不出其他应对之策,只得同意复工。罢工者的领袖被列入了黑名单。

罢工失败的原因之一是这次罢工仅限于霍姆斯特德,卡内基别的工厂仍在开工。一些鼓风炉的工人确实举行了罢工,但他们很快就失败了,鼓风炉生产出的生铁被霍姆斯特德所采用。这次失败使得卡内基的工厂在 20 世纪之前一直没能建立起工会组织,而如果没有有组织的抵抗,工人便不得不忍受削减工资和延长工时。

在霍姆斯特德罢工中途,一名来自纽约的年轻无政府主义者亚历山大·伯克曼来到匹兹堡,进入亨利·克莱·弗里克的办公室,决心杀死弗里克。他在纽约的无政府主义朋友,其中包括他的爱人爱玛·戈德曼,替他制定了谋杀计划。伯克曼的行动失败了。他打伤了弗里克,自己也被抓住。法院审讯了伯克曼,判定他犯有故意谋杀罪。他被关进州监狱长达 14 年。他在《一个无政府主义者的狱中回忆》中,对暗杀计划和狱中生涯作了生动的描述。此时,他已改变了原先的看法,认为暗杀不起什么作用,但他仍然希望为革命而献身。爱玛·戈德曼的自传《我的运动生涯》记录了当时年轻的激进者们内心日渐增多的愤慨、对不公正行为的看法以及对新生活的迫切向往。

1893 年,美国爆发了历史上最大的经济危机。工业疯狂增长,金融诈骗增多,投机倒把、牟取暴利的行为猖獗,如此几十年后,经济全都走向了崩溃:642家银行倒闭,1.6 万家公司破产。在当时的 1 500 万劳动大军中有 300 万人失业。州政府当局没有一个提供救济,但全国各地群众举行示威游行,迫使市镇当局设立施粥厂,给失业者安排打扫街道、看守公园之类的差事。

在纽约联邦广场,爱玛·戈德曼召集失业者举行大规模集会,极力鼓动那些有孩子在挨饿的家长们冲入商场去夺取食物。她被以"煽动暴乱"的罪名逮捕,判处 2 年监禁。据统计,芝加哥有 20 万人失业。每天夜晚,无家可归的人挤满了市政厅和警察局的楼道和地板,想找一席睡觉的地方。

经济衰退持续了好几年,引发了全国性的罢工浪潮。其中最大的一次是 1894 年全国铁路工人的大罢工,这次罢工是由伊利诺伊州芝加哥城外普尔曼公司铁路工人的罢工引起的。

根据劳工部官员 1890 年提供的报告,铁路工人的年工资收入分别是:司机(他们属于铁路工人中的贵族)957 美元,列车员 575 美元,维修工 212 美元,普通工人 124 美元。铁路工人所干的工作是全美最危险的工作之一;每年有 2 000 多名铁路工人死亡,3 万人受伤。铁路公司方面称此乃"不可抗力"所致,或者是部分工人"粗心大意"的结果,但《火车司炉工杂志》则指出:"实际情况是:铁路管理者为了减轻压力,要求工人干双倍的活,这就需要减少休息和睡眠时间……公司的贪欲才是铁路工人罢工的真正原因。"

正是 1893 年经济衰退,促使尤金·德布斯下定决心为工会主义和社会主义奋斗终生。德布斯出生于印第安纳的特雷霍特,他的父母开着一家商店。他 19 岁时就已经在铁路上工作了 4 年。当一位工友从机车上堕落身亡时,他毅然离开了铁路。后来他返回铁路上,当了一名开票员,并加入了铁路兄弟会。1877 年大罢工时,德布斯对罢工持反对立场,他认为"劳资之间没有必要发生冲突"。但是,当他阅读了爱德华·贝拉米写的《回顾》之后,他被深深地打动了,随之开始对霍姆斯特德、科达伦以及布法罗铁路扳道工罢工等一系列事件发生兴趣。他写道:

> 如果说 1892 年对工人来说有什么值得汲取的教训的话,那就是资产阶级像章鱼一样紧紧地抓住他们,把他们拖进充满屈辱的万劫不复的深渊。如何摆脱这罪恶的魔爪,是组织起来的工人阶级在 1893 年不得不面对的巨大挑战。

1893 年经济危机的中期,包括德布斯在内的一个铁路工人小团体,成立了美国铁路工会,以联合所有的铁路工人。德布斯说:

> 我的人生目标就是把铁路工人团结起来,联合成一个整体……阶级的划分必然导致阶级偏见与阶级利己主义……我的终生愿望就是把铁路工人联合起来,消灭工人贵族……将所有的铁路工人组织成为一个团结而平等的团体……

据劳工史专家戴维·蒙哥马利的研究,劳动骑士团成员到来后,几乎把老骑士团同铁路工会融合在了一起。

德布斯希望将每一个人都组织起来,但黑人却被排斥在外:1894 年美国铁路工会在一次会议上,以 112 比 110 票的表决,批准了一个章程,该章程中规定将黑人排斥在外。后来,德布斯认识到:由于黑人工人无心与罢工者合作,这个章程对普尔曼罢工的结果产生了重要影响。

1894 年 6 月,普尔曼客车公司的工人举行罢工。在他们举行罢工的第一个月,紧邻芝加哥的地区几乎是群起响应。人们可以从里维伦德·威廉·H.卡尔沃丁所提供的捐助名单了解这次罢工所得到的支持。卡尔沃丁是普尔曼公司生活区的一名卫理公会教派的牧师,他在该地区已经 3 年了,由于支持罢工,他后来被撵走了。下面是他提供的名单:

印刷工会第 16 分会

油漆粉刷工会第 147 分会

木工工会第 23 分会

第 34 选区共和党人俱乐部

大十字街警察署

海德园自来水公司

加登纳花园野餐饮部

牛奶经销商工会

海德园酒水营销商

第 14 警区警察局

瑞典音乐会

芝加哥消防队

德国人音乐协会

来自蒙大拿的阿纳康达的支票

普尔曼公司的罢工者呼吁正在召开大会的美国铁路工会对罢工给予支持:

主席先生以及美国铁路工会的弟兄们! 我们在普尔曼公司发动罢工,是因为我们在这里没有一点希望。我们加入美国铁路工会,是因为它能给我们带来一线希望。2 万人,男人、妇女、儿童,都关注着今天的大会。我们热切地期盼绝望中能够出现一线天启之光,在这个地球上,你们是唯一能给我们带来天启之光的人……

大家知道,这次罢工的直接原因是我们的 2 名申诉委员会成员被解雇……5 个人被降低工资,降幅最大的达到 30%,而其租金却没降……

普尔曼公司以 1 000 加仑 8 美分的价格从城市买的水,零售给我们的时候价格却涨了 500%……就在我们北面的海德园出售的天然气是 1 000 英尺 75 美分,而普尔曼却卖到 2.25 美元。我们向他投诉时,他居然还说我们都是他的"孩子"……

普尔曼本人及普尔曼工业区都是政治机体上的一颗毒瘤。在这个以他那丑陋的名字命名的小镇上,房产、校舍、教堂的所有权都属于他……

正在上演的这场战争活剧是人类血泪浇灌的骷髅之舞,弟兄们,美国铁

280

路工会的弟兄们,如果你们不能够阻止它、结束它、扑灭它,那它将会永远持续下去。

美国铁路工会对此作出的反应是:要求全国各地的成员不得使用普尔曼公司生产的车厢。事实上,所有的客车都使用普尔曼公司生产的车厢,让所有的火车都联合抵制普尔曼公司,这也就等于举行全国性的罢工。不久,以芝加哥为始发站的全天候运行列车全都停运了。工人们掀翻了货车车厢,阻塞铁路,将那些拒绝合作的机车司机赶走。

代表铁路所有者利益的总经理联合会答应雇佣 2 000 名代理人,派往工人中间破坏罢工。但是,罢工仍在继续。司法部长理查德·奥尔尼,以前曾在铁路行业担任律师,现在前往法院颁发了罢工禁令,其法律依据是联邦邮政不得受到干扰。罢工者不理会禁令,克里夫兰总统下令联邦军队开往芝加哥。7 月 6 日,罢工者烧毁了数百辆火车车厢。

第二天,州民兵也开进芝加哥。《芝加哥时报》对随后发生的事情进行了报道:

> 第二团某连……昨天下午在第四十九大街和卢米斯大街对一群暴徒实施了惩罚。警察协助……完成了这项工作。人们没办法弄清楚骚乱者究竟有多大伤亡,只知道他们抢走了很多垂死者和受伤者。

281　5 000 人聚集起来,向民兵扔石头,民兵奉令向群众开火:

> 说暴徒们疯了,这只是一种比较温和的说法。攻击令下达了……立时,刺刀派上了用场……走在暴动者前面的很多人被刺伤……

> 暴徒们挖出地面上的鹅卵石,毅然发起了冲锋……要各自注意安全的命令沿着队伍传达给了每一位军官。时机一到,他们并排向骚乱人群近距离射击……警察挟带警棍紧随其后。后面是用铁线围起的栅栏。骚乱者忘记了这一点,当他们四散奔逃时,马上便陷入了早已为他们布置好的天罗地网。

> 警察可不是仁慈之辈,他们用缠有铁刺的棍棒毫不留情地抽打驱赶罢工者……铁丝网后面的人群集合起来帮助骚乱者,石块像雨点般在天空飞舞……

> 交战之地仿佛成了屠宰场。被军队和警察枪杀的罢工者,有如木头一般,僵直地躺倒在地上……

这天,芝加哥有 13 人被杀死,53 人身受重伤,700 人被捕。截止到罢工结束时,约有 34 人死亡。芝加哥当局动用了 1.4 万名警察、民兵、军队,方才制止了罢工。德布斯因藐视法院、违反禁令而被捕。按照禁令之规定,德布斯不得从事任何罢工的行动,不得发表任何煽动罢工的言论。他在法庭上陈词:"我认为,如果对这种可耻的现状不进行反抗,整个文明就会走向堕落,当真的到了不再有任何反抗行为的那一天,奴隶制也就降临了。"

在法庭上,德布斯否认他是社会主义者。但是,在狱中的 6 个月里,他认真研究社会主义思想,与狱中的社会主义者交流。后来,他写道:"在阶级冲突的怒潮中……在阶级斗争的枪林弹雨中,我接受了社会主义的洗礼……这是我首次参加社会主义的实际斗争。"

出狱两年之后,德布斯在《铁路时代》中写道:

> 在社会主义与资本主义的大论战中,我支持社会主义,因为我赞同人道。长期以来,我们一直尽力诅咒这个金钱统治的社会。金钱政治不应当成为现代文明的基础。社会改革的时代已经来临——我们正处于一场大变革的前夜。

19 世纪 80 年代和 90 年代都爆发了工人起义,它们比 1877 年自发的罢工更加有组织。现在,革命运动影响着劳工斗争,社会主义思想又影响着工人领袖。一大批思想激进的著作开始流传,它们宣传如何进行根本性的变革,探讨如何实现未来社会的新生活。

同一时期,那些在田地里劳作的人——农业工人(无论他们身处南部还是北部,也无论他们是白人还是黑人)彻底抛弃了内战前那种分散的承租者抗议的斗争形式,正在开创美国有史以来最伟大的农民斗争运动。

1862 年,国会讨论《宅地法》时,一名来自威斯康星的参议员明确表示支持:

> ……因为它可以把原各自由州的剩余人口迁移出来,去创造更多的谋生途径,这种温和的手段即便不能一劳永逸,但至少也可以把各自由州劳资之间的严重冲突延缓几百年……

《宅地法》的实施没能达到理想的效果。把人口迁移至西部并没有给东部带来安宁。因为社会的不满情绪太过高涨,企图把这种办法当成平息事态的安全阀显然是不可行的。正如亨利·纳什·史密斯在其《处女地》中所说:"恰恰相反,其后的 30 年正是美国史上劳资纠纷最为严重、最为广泛的时期。"对史密斯的这一看法我们深有同感。

《宅地法》的实施同样也没能给西部的农村带来安宁。曾唤起众多美国人关注农民生活的哈姆林·加兰①在为其小说《杰森·爱德华兹》所写的序言中说:"随着最后一块耕地落入私人和公司之手,自由土地彻底消逝了。"在《杰森·爱德华兹》中,一名波士顿技工举家西迁,广告铺天盖地,不胜其扰。不过,他发现沿铁路线 30 英里范围内的所有土地早已被土地承包商占去。他忙碌了 5 年才把贷款偿清,获得农场的所有权。但一场暴雨的袭击使得他辛苦种植的小麦颗

---

① 哈姆林·加兰(Hamlin Garland, 1860—1940):美国现代作家,诗人,其作品充分描述了他所亲身经历的美国中西部农民生活。

粒无收。

那个时代描写农场生活的文学作品经常流露出绝望的情绪,但在这种绝望的背后也时不时地闪烁着对另一种生活方式的憧憬与想往。这种新的生活方式,就像哈姆林·加兰另一部小说《抢夺官职》中女主人公在一次农民野餐会上所说的那样:

> 我看到了一个时代。到了那个时代,农民就将没有必要住在孤寂的农庄上的一所小屋里。我看见农民们联合起来集体行动。我看见他们花时间去读书学习,花时间去访亲问友。我看见他们坐在漂亮的大厅里享受听演讲的快乐,每个村庄都盖起了这样的大厅。我看见他们像昔日的撒克逊人那样,黄昏时分大家聚集在一起,在绿色草地上载歌载舞。我看见,离他们不远的地方兴起一座座城市,城市里开设着很多学校、教堂、音乐厅、剧院。我看见那时农民不再当苦工,他的老婆也不再是契约奴,男人女人们都很幸福,他们一路歌唱着来到自己富饶的农场上,干他们的那些令人愉快的活儿。当姑娘和小伙不再需要西迁,也不再需要涌向城市的时候,生活才变得真正有意义。那时,月光将越发皎洁,星空也将更加迷人。那时,其乐融融、充满诗意和情趣的生活又会重新返回到农人的身边。

哈姆林·加兰写于 1891 年的《杰森·爱德华兹》一书是献给农民联盟的,而农民联盟则是 19 世纪 80 至 90 年代波澜壮阔的农民运动的中坚力量,该运动后来被冠以平民运动之名。

1860 年到 1910 年间,美国军队摧毁了大平原上印第安人的村庄,为铁路向前延伸和霸占良田扫除障碍。随后,农民们来此地,继续开拓剩余的土地。从 1860 年到 1900 年,美国人口从 3 100 万增加到 7 500 万。现在 2 000 万人生活在密西西比以西,农场数量从 200 万增加到 600 万。由于东部拥挤的城市需要食物,国内食品市场更是成倍增长,82% 的农产品销往美国国内。

农业生产已经机械化了——人们用钢犁耕地,用刈草机除草,用收割机收割谷物,用经过改进的轧棉机脱去棉籽。到世纪之交时,人们用大型联合收割机收割谷物、脱粒、装仓。1830 年,收割一蒲式耳小麦需要 3 小时。到 1900 年时,只需 10 分钟。不同的地域,生产的专业化也各不相同:南部成为棉花和烟草专业化生产基地,中东部地区则形成小麦和玉米专业化生产基地。

土地需要投资,机械也需要投资——因此,农民们不得不借贷。他们以为,农产品的价格也会很高,他们能还清银行贷款,付得起铁路运输费,付得起谷物批发商的收购费,付得起谷仓的贮藏费。但是,农民们发现,农产品价格一路下跌,而运费和利息却提高了。原因在于,单个的农民无法控制谷物价格,相反,铁路和银行垄断者却能按他们的意愿索价。

威廉·福克纳在其小说《村子》一书中描写了南方农民所依赖的这样一

个人：

> 他是这个县……的大地主，又是邻县的地方官，同时还是这两个县的选 ⟨284⟩
> 举专员……他是农场主、高利贷放贷人、兽医……他拥有县里大多数良田及
> 其余部分的抵押权。他拥有谷仓、轧花机、联合脅谷机和锻工厂……

农民们还不起债务，只得眼睁睁地看着自己的房屋和土地被拿走。他们成
了佃农。到 1880 年，全部农场中有 25％租给了佃农，并且这个数字一路攀升。
很多人甚至因为无钱租佃田地而成为农场的苦力；到 1900 年，全国有 450 万名
农场苦力。当苦力是每一个还不起债务的农民不可避免的命运。

这些遭受严重压迫的农民能否转而向政府求助呢？劳伦斯·古德韦恩在其
专门研究平民运动的著作《民主的承诺》中指出，南北战争之后，两党都已被资产
阶级所控制。他们以南北分界线形成两军对垒之势，昔日战争的宿怨仍然没有
消解。在这种情况下，试图超越黑人和白人、土著人与非土著人的界线，联合南
方和北方的整个工人阶级，建立一种革新型政党，是极其困难的。

政府在帮助银行家，伤害农民；它牢牢地控制着大量货币——这些货币以黄
金贮备为基础，当人口增多时，流通的货币就越来越少。农民不得不用美元还
债，而美元又越来越难弄到手。银行家们却能收回贷款，收回的美元比当初借贷
出去的美元更值钱——这是一种超额利润。这也就是为什么那个时代农民运动
都要提及投入更多的钱参与流通的原因。那时是通过印刷美钞（纸币，国库内并
无相应的黄金）或发行银币来达到增加货币流通量的目的。

农民联盟运动发端于得克萨斯。在南部，最残酷的当属收获物抵押制。根
据这种制度，农民可以从批发商那里获得他所需要的东西：比如，在收割季节，无
论轧棉机多么供不应求，农民都能使用批发商的轧棉机。由于农民没有钱支付
租金，这样，批发商就可以获得抵押权（用收获物作为抵押品）农民必须把农作物
收成的 20％交给批发商。古德韦恩说："对于数百万南方人（无论是黑人还是白
人）而言，这种收获物抵押制度不过是奴隶制度的一个变种。"这种手持账册的人
对于农民来说是"供应商"，而对于黑人农民简直就是"老爷"。每年农民都欠下
越来越多的债务，直至最后，农场被拿去抵债，自己则沦为佃农。

为了说明白这一点，古德韦恩讲述了发生在两个人身上的故事。南卡罗来 ⟨285⟩
纳的一名白人农民在 1887 年至 1895 年间从供应商那里购买各种东西加上维修
费用共花了 2 681.02 美元，但他只能偿还其中的 687.31 美元，最后他不得不把
自己的土地给了供应商。在密西西比的布莱克霍克，有一位名叫马特·布朗的
黑人农民，在 1884 年至 1901 年间从琼斯商店里购买了各种物资，此后其购买力
逐年递减。1905 年，商店账册有关他的最后记录是一口棺材和丧葬用品。

到底发生过多少针对这一制度的骚乱事件，我们已无从知晓。1889 年，在
路易斯安那的德里，一群农民骑马冲进城镇，捣毁了商人的店铺，用他们自己的

说法，此举的目的就是要"彻底废除他们的债务"。

1877 年，经济衰退到最低点。一个白人农民团体聚集在得克萨斯州一个农场里，成立了第一个"农民联盟"。几年之内，它就发展到其他州。到 1882 年，已有 120 个联盟分会，它们分布在 12 个县。到 1886 年，10 万名农民加入了 2 000 个联盟分会。他们开始采取两种方式对付原来的收获物抵押制：加入联盟，通力合作；共同以低价购买农具。农民们将棉花收集起来一起出售——他们称之为"整批出售"。

一些州兴起了格兰其运动，设法通过有益于农民的法律。但是，正如一份"格兰其"组织的报纸所指出的，"格兰其本质上较为保守。同无法无天、喜欢铤而走险的共产主义运动相比，针对非法侵占行为，格兰其则更愿意采用持之以恒、组织良好、理性有序的方式进行反抗……"这是一个充满危机的时期，格兰其做得实在太少。它失去了支持者，而农民联盟的成员却不断增加。

自成立之日起，农民联盟就体现出它对日益发展着的劳工运动的同情心。当劳动骑士团成员在得克萨斯州加尔维斯顿举行罢工反对在该地设立一条汽轮航线时，得克萨斯农民联盟的一位激进领导人威廉·拉姆向联盟成员发出了公开信，说出了大多数（虽然不是全部）成员的心声："为了直接得到物资，农民联盟将对制造商实行联合抵制措施，相信这一天已为期不远了。这恰好是对劳动骑士团的声援……"古德韦恩说："激进的农民联盟运动即平民主义运动正是从这封信开始的。"

虽然得克萨斯农民联盟主席反对加入联合抵制阵营，但得克萨斯州农民联盟的一群成员还是通过了一个决议：

286
　　　鉴于资本家们侵犯全体劳工的不公正行为……我们对劳动骑士团反对垄断压迫的英勇斗争深表同情……我们建议支持他们。

1886 年夏，达拉斯附近克利本市的农民联盟召开会议，草拟了一份名为"克利本需求"的呼吁书，这是第一份平民主义运动的文件。文件呼吁"进行必要的立法，以保护人民免遭傲慢的资本家和强大的公司的控制，以及种种繁重而不人道的虐待"。他们呼吁召开全国劳工组织会议，"讨论对劳动阶级有利的种种措施"，建议对铁路运费进行调控，对土地投机者课以重税，增加货币供应量。

农民联盟不断地发展壮大。到 1887 年初，它已拥有 3 000 个分会，20 万名会员。到 1892 年，农民演讲家在 43 个州开展活动，吸引了 200 万个农民家庭。古德韦恩称之为"19 世纪美国史上由民间机构发起的最大规模的有组织的社会运动"。这一运动的基本理念是：农民应通力合作，创造自己的文化，建立自己的政党，赢得应有的尊严——不是由国家的实业大亨和政治强权所恩赐的那种尊严。

得克萨斯州农民联盟的组织者们来到佐治亚州组建联盟，在 3 年时间内，佐治亚州 137 个县中有 134 个建立了联盟分会,拥有 10 万名会员。不久,田纳西州 96 个县中有 92 个县建立了 3 600 个联盟分会,拥有 12.5 万名会员。农民联盟在密西西比州、路易斯安那州、北卡罗来纳州长驱直入,有人说,那种情形"如同飓风一样"。然后,农民向北挺进堪萨斯州和达科他州,在那里建立起 35 个合作社。

亨利·文森特是堪萨斯农民联盟的领导人之一。1886 年,他创办了一份名为《美国新教徒与堪萨斯工业解放者》的刊物,该刊创刊号说:

> 本刊旨在刊登那些有益于劳动阶级即农民和生产者教育和培训的事迹。在每一次斗争中,它都会努力站在被压迫者一边反对压迫者……

到 1889 年,堪萨斯农民联盟已拥有 5 万名会员,并开始竞选地方官职。

至此全国农民联盟成员发展到了 40 万之众。刺激联盟迅速发展的那些条件在进一步发展。1870 年,一蒲式耳玉米可获利 0.45 美元,1890 年则降至 0.10 美元。收割小麦需要在小麦干焦之前用机器打捆,而一台机器则需要花费数百美元,农民只能赊账。如果数年内还不上欠款的话,200 美元就会翻一番。接下来他要交一蒲式耳谷物作为运输费。最后他还得为了谷物的储存而向谷仓支付高额费用。南部的情况比其他地区都要糟糕——农民 90% 靠借贷生活。

针对这种状况,得克萨斯农民联盟在全州范围内建立了合作组织,即庞大的得克萨斯交换合作社,来处理农民在大宗交易中出售棉花的问题。但是,合作社自身也需要贷款来预支其成员的赊欠,遭到了银行的拒绝。合作社呼吁农民一起凑齐合作社运转所需要的资金。1888 年 6 月 9 日,数千人陆续赶到得克萨斯 200 多个县政府大楼,慷慨解囊,一下子就筹集到了 20 万美元。最后实际筹得了 80 万美元。但这仍然不够。农民的贫穷使得他们无力自助。银行赢了。这使得联盟最终明白了,货币改革才是关键。

在这种发展趋势中,农民只有一点获得了胜利。农民要花钱购买很多的黄麻袋(用于装棉花),一家托拉斯控制了黄麻袋市场。联盟的农民组织了联合抵制黄麻袋的行动,自己动手用棉花制造口袋。同时,他们还迫使黄麻生产商以每码 0.05 美元的价格,而不是 0.14 美元的价格销售黄麻袋。

查尔斯·马库恩是得克萨斯州平民主义者的重要领袖人物之一,他的身上表现出了平民主义者信仰的复杂性。马库恩是一位激进的经济学家,反对托拉斯和资本家,但在政治上比较保守,反对新党派独立于民主党之外,同时他还是一个种族主义分子。他提出了一个对平民党纲领产生重大影响的计划——"国库分库计划"。该计划指出:政府应当建立自己的仓库,农民可以在政府的仓库里储藏农产品,并从国库分库领取凭证。这样,无须借助黄金或白银,只要以农产品的数量为基础,就可获得美钞,从而得到更多的货币。

农民联盟还进行了许多试验。在达科他州,农民联盟制定了一个庞大的合作保险计划,以确保农作物产量降低时农民免受损失。在一些地方,向大保险公司投保 1 英亩地需花 0.50 美元,而农民的合作保险公司则只收 0.25 美元甚至更低。他们共发出了 3 万份保险单,涉及面达 200 万英亩土地。

马库恩的国库分库计划能否实施取决于政府。由于两大政党没有采纳该计划,这就意味着第三党已告形成,虽然这有违马库恩本人的信仰。农民联盟仍在继续活动。1890 年,38 位联盟成员当选国会议员。在南部,农民联盟成员当选佐治亚州和得克萨斯州州长。联盟战胜佐治亚州民主党,赢得了州议会四分之三的议席,并且在佐治亚州的 10 名联邦众议员中占据 6 席。

不过,正如古德韦恩所说,"革命性的变革不可能发生,因为整个政党组织机构并未易手,在国会和州议会里,各重要委员会关键的主席职位仍为保守党所牢牢控制。无论是在各州还是联邦,大公司仍然可以用金钱买到他们想得到的任何东西"。

农民联盟没能得到真正的权力,但它们正在传播新的思想观念,新的精神。农民联盟作为一个政党,被称为人民党(又称平民党)。1890 年,它在堪萨斯州托皮卡召开大会。来自堪萨斯州第一流的平民党演说家马丽·艾伦·李斯满怀热情地告诉人们:

> 华尔街主宰着这个国家。政府不再是一个民有、民治和民享的政府,而是一个为华尔街操纵、代表华尔街利益的华尔街政府……在我们的制度下,流氓恶棍之徒道貌岸然,而正直诚实之辈则落泊一生,我们的法律就是这一制度的产物……政客们声称我们正在为生产过剩所困扰。在美国,每年有超过 1 万名儿童因饥饿而死,仅纽约就有 10 万名女店员为了糊口而被迫出卖自己贞操,居然还奢谈什么生产过剩……
>
> 在美国,有 30 人的总资产合计超过了 15 亿美元。而 50 万人却在为寻找一份工作而四处奔波……我们需要金钱、土地和交通工具。我们希望废除国家银行,希望拥有直接取得政府贷款的权力,消灭可恶的取消抵押品赎回权制度……如果必要的话,我们会用暴力来捍卫我们的家庭生活。如果国家不向我们还债,我们是不会向高利贷公司还债的。
>
> 人民已经走投无路了。那些跟在我们身后搜刮钱财的讨债者们,你们当心点!

1892 年,人民党在圣路易斯召开全国大会,起草政纲。政纲的导言由另一位演讲大师伊格内修斯·唐纳利撰写,并由他向与会者宣读:

> 当此国家濒于道德、政治和物质崩溃之际,我们相聚一堂。行贿舞弊操纵了选举、州议会和国会,甚至也浸入了庄严的法官袍袖。民风败坏……报纸大都接受津贴或者被封住喉舌;公众舆论遭到钳制;商业疲软,我们家家户户摆满抵押单,劳动者贫困不堪,土地集中在资本家手中。

城镇工人组织起来进行自我保护的权利被剥夺,他们的工资受外来苦工的影响而大幅下降,受金钱雇佣的常备军……随时可以向他们开枪射击……数百万人辛辛苦苦劳动得来的果实被资本家明目张胆地窃取,去营造他们庞大的财富帝国……政府非公正的温床里同时孕育出了两个阶级,贫苦的穷人和百万富翁……

1892 年 7 月,人民党在奥马哈召开提名大会,提名依阿华州人民党人、前联邦将军詹姆斯·威弗为总统候选人。现在,人民党运动与选举制度联系起来了。他们的发言人波尔克表示,他们会"手挽着手,心连着心,一起走向投票箱,夺取政权,重心回到国父们组织政府的基本原则上去,代表人民的利益行使管理权"。威弗获得 100 多万张选票,但还是落选了。

人民党的任务是将不同的团体——北部的共和党和南部的民主党,城市工人和农村农民,黑人和白人——联合起来。全国有色农民联盟在南部发展起来,约有 100 万名会员,但它却由白人组织和领导着。虽然也有黑人组织者,但他们很难说服黑人农民相信黑人会取得同他们一样的权利;即使经济改革取得成功,黑人也不会有同等的获益。黑人将自己与共和党捆在一起。那是林肯的党,是主张制定保护公民权利的法律的党。而民主党则意味着奴隶制和种族隔离。古德韦恩写道:"在一个到处充斥着白人至上观念的时代,控制'邪恶的企业垄断'并不能像给白人平均地权论者那样给黑人农民带来解放的福音。"

一些白人开始认识到种族团结的必要性。阿拉巴马州一家报纸指出:

白人和有色联盟联合起来,共同反对托拉斯,倡导农民建立合作商店和合作工厂,出版自己的报纸,兴办自己的学校,作为公民积极参与任何与他们密切相关、对他们个人或集体产生影响的事务……

阿拉巴马劳动骑士团的官方报纸《阿拉巴马哨兵》写道:"极端保守的民主党人希望用陈腐的'黑鬼'论调来离间联盟,他们是不可能得逞的。"

一些黑人盟员也同样提出了联合的要求。佛罗里达有色人种联盟的一位领袖说:"我们意识到了这一事实:有色人种劳工和白人劳工的利益是一致的。" 290

1891 年夏,得克萨斯人民党在达拉斯成立。它是一个不同种族混合的激进组织。白人与黑人展开了激烈的公开辩论。一位黑人代表,"劳动骑士团"的积极分子,对"平等"的模糊叙述表示不满。他指出:

如果人人都平等,为什么县治安官不可以当着陪审团的面传唤黑人?为什么客车上悬挂着"黑人"的招牌? 我要告诉我们的人民,平民党将要做什么。我会告诉他们,一匹黑马和一匹白马能不能并肩耕作。

一位白人领袖对此作了答复,他力主应该从本州各个区中选拔黑人代表,"黑人与我们一样身陷壕沟"。有人建议分别建立白人和黑人人民党俱乐部,但双方可以"在一起交流意见"。有色联盟的白人领袖 R. H. 汉弗莱明确表示反对,他说:"不可以这样做。有色人种的人民也是人民的一部分,我们必须认识到这一点。"随后,两名黑人被选进该党的州执行委员会。

黑人和白人的境况并不相同。绝大多数黑人在田间劳作,是雇佣劳工;而农民联盟成员中的大多数白人却是农场主。1891年,当有色联盟在棉花地宣布罢工,要求给棉花采摘工1天1美元报酬时,联盟的白人领袖李奥尼克·波尔克却公然指责罢工损害了农场主的利益,因为他们也得给农民开同样的工资。在阿肯色,30岁的黑人棉花采摘工本·帕特森领导了这场罢工,他在一家又一家种植园之间奔波,寻求支持。他的队伍不断壮大,并同白人地方民团发生了交火。一家种植园的管理者被打死,轧棉机被烧毁。帕特森及其同伙被逮捕,其中15人被枪杀。

南部的一些黑人和白人在选举中联合了起来,结果,在北卡罗来纳的地方选举中,一些黑人胜选。1892年,阿拉巴马州一位白人农民写信给一家报纸说:"主啊,我期盼8月的第一个星期一,山姆大叔能护卫黑人腰带上的选票箱,以便让黑人公平参选。"在佐治亚,第三党会议上出现了黑人代表,1892年有2人,1894年有24人。阿肯色州人民党的政纲是"为被压迫者代言,无论其种族"。

291　　　确实存在种族团结的美好记忆。劳伦斯·古德韦恩发现,在东得克萨斯,存在着一种独特的黑白联合政府,这一现象始于重建时期并一直延续到平民主义运动时期。州政府由白人民主党人所控制,但在格莱姆斯县,黑人却赢得了地方官职,并向州府派送了议员。地区民政办事员是一名黑人,还有一些黑人司法行政官和一名黑人学校的校长。来自白人男子联盟的夜间骑马的歹徒用恐吓和暗杀的手段离间黑白联盟,不过,古德韦恩指出,"格莱姆斯县的跨种族合作有着相当长的历史",如此错失良机着实令人遗憾。

种族主义的影响依然很强大,民主党靠它从人民党那里赢得不少农民。那些被收获物抵押制弄得破产的白人佃农,被逐出自己的田地,黑人则取而代之,此时,种族仇恨就变得更强烈了。自1890年起,从密西西比州开始,南部诸州陆续起草新宪法,阻止黑人以各种形式参加选举,在生活中处处继续保持坚不可摧的种族歧视制度。

法律剥夺了黑人的投票权(参选者须交纳选举税,接受读写能力测验,且必须具有一定的财产资格),这些规定常常令贫穷的白人也不能参选。南部的政治领袖们当然对此一清二楚。在阿拉巴马州立法会议上,一位领袖说,他希望剥夺"所有不称职、不够格者"的投票权,"让他们统统滚蛋,如果这种规定对白人来说是个打击的话,那它对黑人而言同样是个打击"。北卡罗来纳的《夏洛特观察》指出,剥夺公民权"是北卡罗来纳白人为排除黑人和贫穷白人统治所做的努力"。

佐治亚州人民党的领袖汤姆·沃特森奋起呼吁种族团结:

> 如果大家处于分散状态,雇主就可以在报酬问题上欺骗你们,让你们互

相憎恨。这种憎恨的根源是经济专制权力，是它在奴役咱们大家。由于受到欺骗和蒙蔽，你们很难明白，正是你们彼此间的种族对立维系着当前的金钱制度，而正是这种制度让你们双方都陷入贫困的泥沼。

关注平民主义运动的黑人学者罗伯特·阿伦在其《不情愿的改革者》中指出，沃特森希望黑人支持白人的政党。沃特森很可能是发现这种支持令人为难且不再奏效，他便转而积极支持种族主义，就像他从前积极反对种族主义那样。

不过，沃特森对贫穷白人仍然怀有一定程度的同情心，而阶级压迫又使得这些人同黑人之间存在着某种共同利益。年轻的黑人牧师 H. S. 多伊尔支持沃特森竞选国会议员。当受到一伙暴徒私处绞刑的威胁时，他找到沃特森寻求保护，2 000 名白人农民帮助了多伊尔的出逃。

这一时期的历史，足以说明阶级冲突和种族冲突的复杂性。在沃特森参加竞选期间，15 名黑人被处私刑。阿伦指出，1891 年以后联盟控制下的佐治亚州议会"通过了大量的反黑人法案，甚至在一年之内就颁布了很多这样的法案，这在佐治亚州是前所未有的"。但是，就在 1896 年，佐治亚州人民党在其政纲中公开谴责了私刑法和暴力行为，要求废除罪恶的租佃制度。

C. 范·伍德沃德指出，人民党在南部进行的试验，共同的一点就是："有史以来，南部的两个种族从来没有亲密合作，这只是在人民党人的努力下才得以实现。"

在为乡村农民创造新颖而独立的文化方面，人民党运动同样作出了不同凡响的努力。农民联盟演讲团的足迹遍布全国各地；它有 3.5 万名演说家。人民党人利用自己的印刷机大量印刷书籍和小册子。伍德沃德说：

> 人们可以从发黄的宣传册中了解到，农民联盟宣传员的主要工作是对其同胞进行彻底的再教育。他们把"我们在学校所接受的历史教育"弃置不顾，认为"没有任何实际意义"，要从古希腊开始全部进行重写，当然这是一项庞大的工程。他们倾全力去修正经济学、政治理论、法律与政府管理，对此，他们无怨无悔。

平民党主办的刊物《民族经济学家》拥有 10 万名读者。据古德韦恩统计，19 世纪 90 年代，平民党人出版了 1 000 多种报刊，如路易斯安那棉产区出版的报纸《战友报》，佐治亚农村出版的报纸《勤劳者之友》，佐治亚出版的《革命》，北卡罗来纳平民党人的印刷厂被焚毁。阿拉巴马出版有《活证》。1892 年，该出版社被捣毁，铅字散落满地。第二年又遭人为纵火。不过，印刷机逃过劫难，得以保存了下来，编辑也没有丢失任何一期刊物。

平民主义运动中流传着大量的诗歌，《农民也是人》就是其中的一首。歌词唱道：

> ……
>
> 农民也是人

　　农民也是人

　　但他一生都要靠赊欠生存

　　天价的利率竟然

　　没把他压倒

　　但债权人会拿去

　　他身后的最后一根稻草

　　农民也是人

　　农民也是人

　　但他一生都要靠赊欠生存

　　他已经筋疲力尽

　　却仍然无法改变

　　每况愈下的悲惨处境

　　他逐渐忘记了

　　自己也是一个人

　　那些寄生虫都是靠他

　　才得以生存

　　平民主义领袖撰写的书籍，如亨利·德马雷斯特·劳伊德的《财富对抗国民》和威廉·哈维·考因斯的《金融学流派》都曾广泛发行。威廉·加洛特·布朗是研究这一时期历史的一名阿拉巴马历史学家。他在谈到平民主义运动时说："没有任何一场政治运动像平民主义运动这样对南方人民的生活产生如此深远的影响，即便是 1776 年和 1860 年至 1861 年的时候也难以匹敌。"

　　劳伦斯·古德韦恩表示，假如城市的劳工运动能够像平民主义运动在乡村那样发展，"在城镇工人中间创造一种合作、自尊、经济分析的文化"，那么，美国就会出现一场波澜壮阔的革新运动。农民与劳工运动之间只有不稳定的、偶然的联系。双方都不愿为对方的愿望而大声疾呼。然而他们中间还是出现了一些达成共识的迹象。尽管达成一致的情形各异，但这可能会导致人们采取步调一致的行动。

　　诺曼·波莱克通过深入研究中西部平民主义运动的报纸发现，"平民主义运动视自己为阶级的运动，农民和工人的社会地位相同"。《农民联盟》的一篇社论抨击了一天工作 14 至 16 小时现象："他的身心都受到摧残。他没有思想，只有习惯，没有信仰，只有本能。"这是对马克思所提示的资本主义条件下工人自我异化现象的一种非常朴素的认识。波莱克有很多这种同马克思思想相近的平民主义朴素认识。

　　无疑，平民党人与大多数美国白人一样，思想中带有种族主义和本土主义思

想。部分原因在于，他们天真地认为，种族问题不如经济制度那么重要。正因如 294
此，《农民联盟》说："人民党不断发展壮大，它不是为黑人带来自由，而是要解放
所有的人……要使人们获得所有的经济自由，没有这一点，就谈不上政治自
由……"

同理论上的联系更为重要的是平民党人对工人实际斗争的声援。在卡内基
钢铁厂工人举行大罢工期间，《内布拉斯加独立联盟》写道："透过现象看本质，每
一个人都应该明白，霍姆斯特德发生的流血战斗不过是劳资两大阶级殊死搏斗
的一个插曲。"考克西领导的失业者示威游行在农业地区引起了广泛关注。在内
布拉斯加的奥西奥拉，大约有500人参加了声援考克西的野餐集会。在普尔曼
罢工期间，一位农民写信给堪萨斯州长说："毫无疑问，即便不是全部，绝大多数
的联盟成员都对罢工者持完全同情的立场。"

平民党人发起了联合白人和黑人、城市工人和乡村农民的运动，但他们的努
力没有成功。这一失败加上选举政治的诱惑终于使平民党运动毁于一旦。1896
年，他们曾联合民主党支持威廉·詹宁·布莱恩竞选总统。此后，平民党沉溺于
民主党的政治活动中不能自拔。迫于赢得竞选的压力，平民党人不得不从一个
城市跑到另一个城市，与两大党做交易。如果民主党获胜，平民党就会被吸收进
政府参与政事。如果民主党失败，平民党就会瓦解。选举政治使得政治掮客取
代农业激进派进入最高领导层。

一些激进的平民党人注意到了这一点。他们指出，与民主党融合在一起，试
图取得"胜利"，那么，他们所致力的政治独立运动便会遭受失败。他们还指出，
大肆宣传银币自由铸造，并不能使资本主义制度发生实质性的变化。得克萨斯
的一名激进分子表示，银币"不会对财富过度集中的状况造成丝毫伤害"。

亨利·德马雷斯特·劳伊德指出，马库斯·达利（安孔达铜业公司）和威
廉·伦道夫·赫斯特（西部银币股份）为提名布莱恩的活动资助了部分资金。他
亲眼目睹了布莱恩在民主党大会上用花言巧语煽动2万多听众的情形："我们请
愿，他们不予理睬；我们恳求，他们不屑一顾；我们乞求，他们却拿我们的不幸取
笑。我们不再乞求，不再恳求，不再请愿。我们要向他们挑战。"劳伊德尖锐地
指出：

> 穷人向那些许诺带领他们走出荒地的人脱帽致意，那些人走的是金钱
> 路线……人们在金钱的迷宫里徘徊了40年。在这令人讨厌的40年里，人 295
> 们被纳税账单牵着四处奔走。

在1896年的总统大选中，平民党运动挡不住诱惑，投入了民主党阵营。这
是第一个大肆运用金钱展开的竞选运动。民主党候选人布莱恩被威廉·麦金莱
击败，因为实业界和新闻界都被动员起来支持麦金利。显而易见的是，即便是民
主党中存在哪怕只是些微的人民党成分，它也不会被容忍，当权的政要们则使出

了浑身解数,以确保自己竞选获胜。

　　美国常常利用选举来巩固它被连年不断的抗议和骚动动摇了的体制。现在就是这样的一个时期。南部的黑人仍然是被压迫者。印第安人被永远地赶出了西部大平原;1890年一个寒冷的冬天,美军在南达科他的翁迪德尼袭击印第安人营地,杀死300名男人、妇女、儿童。这是自哥伦布时代以来400年暴力冲突的顶点,它证明:白人是这片大陆的主人。不过,这只是针对特定的白人而言。到1896年,此种情况变得更显而易见了:各州已经作好了粉碎劳工罢工的准备,尽可能运用法律,必要时就动用武力。两党制度已经作好了准备,哪里发生了危险性的群众运动,它都随时可以派遣军队,围困起义者,并耗尽他们的精力。

　　爱国主义向来不失为一种把阶级仇恨淹没在维护国家团结的口号中的方法。麦金莱以罕有的直率言辞道出了金钱与爱国之间的联系:

　　　　……本年度会成为一个充满爱国精神和献身精神的年度。我高兴地得
　　知,全国各地的人民表示要为光荣的星条旗献身;全国人民表示要像保护国
　　旗荣誉那样神圣地保护本国的经济荣誉。

　　爱国主义的极端行为就是战争。麦金莱就任总统两年之后,美利坚就向西班牙宣战了。

第十二章

帝 国 与 臣 民

1897

年,西奥多·罗斯福在给一位朋友的信中写道:"说心里话……我几乎欢迎任何战争,因为这个国家需要战争。"

1890 年,也就是在翁迪德尼大屠杀那年,人口普查局正式宣布封锁国内边境。此时,追求利润的资本主义制度早已将目光转向了海外,向外扩张是其天性。1893 年开始爆发的严重的经济衰退,强化了在国内政治、经济精英们中间正在酝酿着的一个观念,即为美国商品寻找海外市场,也许能解决国内消费不足的问题并阻止经济危机的爆发,正是这种危机导致了 19 世纪 90 年代的阶级冲突。

对外的冒险活动是否会将某些罢工和抗议运动的反叛力量转向外敌? 它是否能使人民和政府、军队联合起来,而不是处于敌对关系? 这并非是绝大多数精英们有意识的计划——这只不过是被资本主义和民族主义这对孪生驱动器所推进的必然结果而已。

海外扩张并不是什么新观念。甚至在美国与墨西哥战争(正是这次战争使得美国的势力得以延伸至太平洋)之前,门罗宣言就已放眼南方,目光越过了加勒比海。1823 年,亦即拉丁美洲从西班牙的控制之下赢得独立之时,美国发表的这一宣言,就明确地向欧洲国家表示,美国把拉丁美洲视为自己的势力范围。不久以后,一些美国人又开始考虑进入太平洋的夏威夷、日本以及中国的广大市场了。

然而事情已不仅仅只是停留在思考上,它们还被付诸实践。国务院提供的一份"美国海外出兵一览表(1798—1945 年)"列举了 1789 年至 1895 年间对他国事务的 103 次干预。该表是 1962 年为武力干预古巴而由国务卿迪安·腊斯克提交参议院委员会作为可循先例用的。国务院对这些事件作了详细的描述,以下是该报告中列出的一些事例:

1852—1853 年,阿根廷

海军陆战队在布宜诺斯艾利斯登陆驻扎,保护革命期间的美国利益。

1853 年,尼加拉瓜

政治动乱期间保护美国人的生命和利益。

1853—1854 年,日本

"日本开放"和佩里远征。(这里,国务院省略了细节,包括用战舰强迫日本向美国开放港口。)

1853—1854 年,琉球和小笠原群岛

在去日本前和等待日本答复的过程中,海军准将佩里 3 次访问了日本。其间,他曾进行过一次海军示威、两次海军登陆行动,从冲绳岛那霸的封建领主那里取得加煤权。在小笠原群岛,他也组织了示威活动,得到了商业便利。

1854 年,尼加拉瓜

北圣胡安(为了给一名在尼加拉瓜被冒犯的美国部长报仇,格雷敦城被毁。)

1855,乌拉圭

在蒙得维的亚一次革命尝试之中,美国和欧洲海军登陆保护美国利益。

1859 年,中国

保护美国在上海的利益。

1860 年,安哥拉,葡属西非

在本地人惹麻烦时,保护美国人在基桑堡的生命和财产。

1893,夏威夷

表面上是为了保护美国人的生命和财产;实际上是创立一个在桑福德·B. 多尔控制下的临时政府。美国拒绝对这一行为承担责任。

1894 年,尼加拉瓜

一次革命之后,为了保护美国在布卢菲尔兹的利益。

这样,到 19 世纪 90 年代,在海外探险和海外干涉方面,美国已积累了很多经验。海外扩张的思想观念流传甚广,不仅存在于上层军官、政客和商人圈子里,甚至还存在于某些农民运动领袖中间——他们认为海外市场能给他们提供帮助。

美国海军上校 A. T. 马汉是一位颇受人欢迎的扩张主义宣传者,对西奥多·罗斯福和其他美国领导人有很大影响。他指出:拥有最强大海军的国家将成为地球的主人,"从现在开始,美国必须放眼海外"。马萨诸塞州的参议员亨利·卡博特·洛奇在一本杂志上著文表示:

为了我们的经济利益……我们应当开凿尼加拉瓜运河。为了保护这条运河,为了夺取太平洋经济霸权,我们必须控制夏威夷群岛并保持对萨摩亚的影响……在尼加拉瓜运河建成后,我们还必须控制……古巴岛……为了今后的扩张和目前的防御,我们伟大的国家正迅速兼并地球上的荒芜地区。这是一种推动人类文明和种族进步的运动,美国作为世界伟大民族之林中

的一员,决不能落伍。

在美西战争前夜,《华盛顿邮报》的社论指出:

> 我们获得了一种新的意识(力量意识),因为有了这种意识,我们萌生出显示我们力量的新欲望……野心勃勃、唯利是图、渴望土地、狂妄自大、好勇斗狠,如此等等,我们被一种新的冲动感所激励,前途未卜却又充满希望。人民希望品尝帝国滋味,正如丛林动物嗜血一样……

"人民希望品尝帝国滋味"真是来自于本能的侵略渴望和迫切的利己本性?或者这"帝国滋味"(假如这"滋味"真的存在)只是由当时富甲一方的新闻界、军人、政府以及热衷功名的学者创造、鼓动、宣传、夸张出来的而已?哥伦比亚大学政治学学者约翰·伯吉斯认为日耳曼和盎格鲁撒克逊两个种族"具有建设国家的特殊天赋……他们……肩负着指导现代世界政治文明的使命"。

在当选为总统的几年前,威廉·麦金莱曾指出:"我们要为我国的剩余产品寻找海外市场。"1897 年初,印第安纳州参议员艾伯特·贝弗里奇就宣布:"美国工厂所生产的产品超过了美国人民的需求;美国土地生产的粮食同样供过于求。命运为我们安排了扩张政策,世界贸易势在必行,美国必须主宰它。"1898 年,国务院解释说:

> 看来我们必须坦然承认,如果要保持美国的工人和技工整年不致失业的话,我们每年都得考虑给不断增长的剩余产品寻找海外市场。因此,不断扩大我国产品的海外销量,已不再仅仅是一个贸易问题,而且变成了每个政治家都必须予以关注的严重政治问题。

这些持有扩张主义立场的军人与政客彼此之间关系密切。西奥多·罗斯福的一个传记作家指出,"到 1890 年,洛奇、罗斯福和马汉之间开始相互交流看法",他们还试图让马汉从海军退役"以便让他集中精力从事扩张主义宣传"。一次,罗斯福送给亨利·卡博特·洛奇一首鲁德雅德·基普林的诗,说"虽然诗不怎么样,但却精确阐发了扩张主义者的观点"。

1893 年,当一些美国人(具有传教士和菠萝经营商双重身份的多尔家族)在夏威夷建立了自己的政府之后,美国并没有兼并它,西奥多·罗斯福认为这种优柔寡断的表现,是"反对白人文明的犯罪行为"。随后,他在海军军事学院指出:"所有强大的种族都是富有战斗精神的种族……和平的胜利远不如战争的胜利伟大。"

罗斯福对他眼里的劣等民族非常蔑视。当他得知一伙暴徒在新奥尔良用私刑处死一些意大利移民的时候,他认为美国应当给予意大利政府一定的补偿。但在写给姐姐的私人信件中,他却认为这一私刑处死事件"太好了"。他还告诉姐姐说,在一次正餐宴会上,他同样表示"所有的意大利外交官……都应当被私刑处死"。

　　哲学家威廉·詹姆斯是当时主要的反帝国主义者之一,他在写到罗斯福时,称其"大谈特谈战争是人类社会的理想状态,因为只有在战争中人们才显示出意气风发的昂扬斗志。他把和平看成是一种弥漫着萎靡猥琐之气的状态,这种状态只适合于蝇营狗苟的孱弱之徒,他们蜷缩于灰暗的黄昏,任凭幸福生活从身边流逝……"

　　罗斯福关于扩张主义的演讲决不单单是为了宣扬阳刚之气和英雄主义,他同样认识到了"同中国的贸易关系"。洛奇也意识到马萨诸塞的纺织业利益集团垂涎于亚洲的市场。根据历史学家玛丽莲·扬在其著作中的记述,美中发展公司为了商业利益不断在华扩大美国的影响力,美国国务院也指示美国特使要"使用一切正当的手段拓展美国在华利益"。她在其所著的《帝国外交辞令》中说,在那时,关于中国市场的讲话远比具体数量的美元要重要得多,其重要性就在于它勾画出了美国对夏威夷、菲律宾及整个亚洲的政策。

301　　但实际情况是,1898 年 90％的美国产品都在国内销售,只有 10％的产品销向海外,总额为 10 亿美元。沃尔特·拉夫伯在其《新帝国》中写道:"到 1893 年,美国的贸易额已超过除英国之外世界上的所有国家。农产品的繁荣,尤其是重要的烟草、棉花和小麦产地,长期严重依赖国际市场。"到 1895 年,美国资本的海外新增投资在 20 年间已达到 10 亿美元。1885 年,炼钢行业的刊物《钢铁时代》指出,国内市场不足,"将来应通过增加海外贸易解决和防止"工业产品生产过剩的问题。

　　19 世纪 80 和 90 年代,美国石油大量出口。到 1891 年,洛克菲勒家族标准石油公司的煤油出口量占美国总出口量的 90％,控制了世界市场的 70％。石油已成为销往海外的主要产品,它的销售量仅次于棉花。

　　《现代美利坚帝国的起源》一书揭示,依赖商品贸易的大农场主也有强烈的扩张欲望,包括像威廉·阿普里曼·威廉姆斯这样的平民党领袖。来自堪萨斯的平民党人国会议员杰里·辛普森 1892 年在国会演讲时说,由于大量农产品剩余,"农民迫切需要海外市场"。确实,他没有呼吁侵略和征服,但是,一旦发现海外市场关乎繁荣,扩张主义政策甚至战争政策就具有了巨大的魔力。

　　假如海外扩张看起来好像是一种慷慨之举——帮助起义者推翻外国统治者,就像帮助古巴推翻外国统治者那样——那么,国内要求扩张的呼声将会更为强烈。到 1898 年,古巴人民为了赢得独立,已与西班牙统治者进行了 3 年的战争。此时,极易产生对外来干涉的民族情绪。

　　在古巴,国家商业利益一开始似乎并不需要军事干涉为其鸣锣开道。只要能自由地进入外国市场,美国商人就不需要殖民地或者征服战争。在 20 世纪,"门户开放"的思想成为美国对外政策的主旋律。相对欧洲建立帝国的传统方法而言,这种帝国主义的方法更为老练。威廉·阿普里曼·威廉姆斯在《美国外交悲剧》中说：

> 这次全国性的争论通常被解释为以罗斯福和洛奇为首的帝国主义者和
> 威廉·詹宁斯和卡尔·舒尔茨为首的反帝国主义者之间的对阵，不过，如果
> 把它看成是三方之间的争论，可能更为精确。其中的第三方便是由企业家、
> 知识分子以及一些反对传统殖民主义、倡导门户开放政策的政治家组成的
> 联盟，通过这种门户开放政策，美国占优势的经济力量就会进入并控制世界
> 上所有的不发达地区。

一些企业集团和政治家所表现出来的这种非战争倾向被威廉姆斯称为"非正式帝国"计划。不过，这种理论总是一再服从于变化。如果和平的帝国主义不能奏效，那就必须采取军事行动。

比如，在 1897 年底至 1898 年初，中国因为与日本不久前进行了一次战争，国力日渐削弱。德国军队乘机占领了中国胶州湾的青岛港，打算在那儿建造一个海军基地，并要求在山东半岛拥有铁路权和采矿权。在随后几个月内，其他欧洲列强先后进占中国。当主要帝国主义强国正着手瓜分中国时，美国落在了后边。

此时，过去一直鼓吹自由贸易和平发展的《纽约商报》，现在也极力主张旧式的军事殖民主义。研究美国扩张史的历史学家朱利叶斯·普拉特是这样描述这一转变的：

> 这张报纸此前一直以倡导和平、反对帝国主义、主张通过世界自由贸易
> 来发展商贸著称，由于中国面临被瓜分的威胁，该报原先所坚持的原则也发
> 生了动摇。中国有 4 亿人口，可以在很大程度上解决我国的生产过剩问题。
> 该报声称美国拥有自由进入中国市场的权利，表明它支持美国坚持在华拥
> 有与其他列强完全平等权利的立场，不仅如此，它还完全赞成开凿巴拿马运
> 河，支持兼并夏威夷，建设强大的海军。而这三项措施都是它以前强烈反对
> 的。该报的立场在几个星期里发生如此大的变化，大概没有比这具有更大
> 的标志性意义了……

1898 年，美国对古巴的商业态度也有了类似的转变。自古巴人民开始起义反对西班牙统治以来，商人们关心的只是它对这里开展贸易的可能性会产生什么影响。他们在该岛拥有可观的经济利益。对此，格罗弗·克利夫兰总统曾在1896 年做过如下总结：

> 合理地估计，投入到该岛种植园、铁路、矿山及其他企业的美国资金至
> 少有 3 000 万至 5 000 万美元。美国与古巴之间的贸易额1889年约为 6 400
> 万美元，到 1893 年已上升到 1.03 亿美元。

美国公众支持对古巴人民起义则是基于这样的想法：古巴人民像 1776 年美国独立革命时期的美国人民一样，正在为自己的解放而战。然而，上一次革命战争（即美国独立革命）的保守产物美国政府，在观察古巴发生的事态时，心中盘算

的却是自己在那里的权力和利益。无论是古巴起义初期在任的克利夫兰总统,还是随后继任的麦金莱总统,官方都没有将起义者视为交战国公民;这种法律上的认可使得美国可以在不派遣军队的情况下向古巴起义者提供援助。但许多人也有顾虑,即担心古巴独自取胜并将美国拒之门外。

美国政府的这种举动似乎还有另一种担心。克利夫兰政府曾指出,古巴人胜利后可能会"建立一个黑人共和国和一个白人共和国",因为古巴是两个种族混居的国家。黑人共和国则可能占主导地位。1896 年,年轻而辩才无碍的帝国主义者温斯顿·丘吉尔(他母亲是美国人、父亲是英国人)在《星期六评论》上著文表达了上述思想。他认为,虽然西班牙当局的统治很糟糕,起义者得到了人民的支持,但让西班牙当局继续统治还是要更好一些:

> 严重的危险正在显现出来。战场上五分之二的起义者是黑人。倘若起义成功,这些人将要求在政府内占有优势地位……结果是,战争胜利后,另一个黑人共和国将会产生。

这里所说的"另一个"黑人共和国,是相对于海地而言的。1803 年海地爆发了反对法国统治的革命,导致新世界里诞生了第一个由黑人自己治理的国家。西班牙驻美公使曾就古巴革命致信美国国务卿。他在信中指出:

> 在这次革命中,黑人是起义者中最重要的组成部分。不仅主要的领导人是黑人,至少五分之四的支持者也是黑人。……倘若古巴岛能宣布独立,战争的结果将是:黑人分离出来并组建一个黑人共和国。

菲利浦·方纳在其两卷本著作《西班牙-古巴-美国战争》中说:"麦金莱政府已经在考虑古巴局势,但其中并不包括该岛的独立。"他指出,考虑到战争已经"危及美国企业的正当利益,影响到美国经济的繁荣",政府指示驻西班牙大使斯图尔特·伍德福德出面调解这场战争,但指示中没有提及古巴人的自由和正义问题。方纳解释说,麦金莱政府之所以仓促介入这场战争,其最后通牒几乎没有给西班牙留下谈判的时间,是因为"如果美国再等下去,古巴革命力量就胜利了,它就会取代倒台的西班牙政权"。

1898 年 2 月,在哈瓦那港,美国战舰"缅因"号(它象征着在古巴事件中美国的利益),在一次神秘的爆炸事件中被炸毁,沉入海底,268 人因此丧生。虽然找不到任何引起爆炸的原因,但美国国内的激动情绪迅速蔓延,麦金莱开始转向战争。沃尔特·拉夫说:

> 总统并不希望卷进战争中去。他诚心诚意、孜孜不倦地为维持和平而尽心竭力。但是,到 3 月中,他发现虽然他不希望战争,但现在只有通过战争才能得到他想要的东西:消除美国政治经济生活中的不稳定因素,夯实重建美国新商业帝国的基础。

正是在这年春天,麦金莱和商业界开始认识到,如果没有战争,他们将西班牙从古巴赶走的目标就不能实现,而与此相伴的另一目标,即确保美国在古巴的军事和经济权利之安全,不能委托给古巴起义者,只能靠美国的干涉加以保证。《纽约商业广告报》原先是反对战争的,到3月10日,它也要求对古巴进行干涉,理由是"出于人道主义考虑和对自由的热爱,更重要的是,为了整个世界的利益,全世界的商业与工业都应当得到充分自由的发展"。

此前,国会已通过了保证美国不兼并古巴的特勒修正案。发起和支持该修正案的,既有那些关注古巴独立、反对美国帝国主义的人,也有那些认为只需"门户开放"、无需军事干涉的商界人士。但到1898年春天,商界人士已经产生了采取军事行动的愿望。《商业杂志》指出:"应该从与其创作本意不同的角度,重新解释……特勒修正案。"

一些特殊利益集团希望直接从战争中谋取利益。钢铁工业中心匹兹堡的商会就积极鼓吹战争,《查塔努加生意人报》也公开说,战争的可能性"无疑会刺激钢铁贸易",而一旦"战争真的爆发,无疑又会拉动交通业的发展"。在华盛顿,有报道说,"自缅因号战舰事件以来,射弹、军用器材、弹药和其他军需用品供应商便蜂拥而来,在他们的积极游说下",海军部也感染上"好战精神"。

银行家拉塞尔·塞奇认为,倘若战争来临,"富人们当然知道该采取何种立场"。一项针对企业家的调查显示,约翰·雅各布·阿斯特、威廉·洛克菲勒和托玛斯·福琼·瑞安等人均"给人以好战的感觉"。J. P. 摩根认为,美国和西班牙再对话下去,仍然是什么问题也解决不了。

1898年3月21日,亨利·卡博特·洛奇给麦金莱总统写了一封长信,说他已同波士顿、林恩和纳汉特的"银行家、经纪人、实业家、报刊编辑、牧师等"进行过交谈,"所有的人",包括"来自最保守阶层的人"都希望"解决"古巴问题。洛奇汇报说:"他们表示,从企业发展角度来看,通过一次休克式的打击来彻底结束战争,显然要比持续不断的间歇性痉挛强。如果古巴战争继续下去的话,我们就不得不忍受这种间歇性的痉挛。"3月25日,麦金莱的一位顾问在发给白宫的一封电报中说:"这里的大公司都认为我们会发动战争。相信所有人都会支持的,因为那将意味着中止对古巴的援助。"

接到这个电报的两天后,麦金莱向西班牙发出了要求停战的最后通牒。他只字不提有关古巴独立的问题。纽约的古巴人团体中有古巴起义者的代言人,他将美国政府的这一行动解释为:美国只是想取代西班牙。他指出:

> 目前的干涉计划否认了以前对古巴独立的承认。面对这一计划,我们必须采取进一步的措施。我们必须申明:美国的这种干涉无异于对古巴革命者宣战……

的确,当麦金莱4月11日向国会提出战争议案时,他没有将古巴起义者视为交战者,也没有将起义视为古巴人的独立要求。九天之后,国会两院通过共同决议案,授予总统干涉之权。在美国军队进入古巴时,起义者欢迎他们,期盼特勒修正案会保证古巴独立。

许多研究美西战争的历史学家认为,是国内"舆论"引导麦金莱向西班牙宣战,并向古巴派遣军队。的确,一些有影响的报纸一直大力地、甚至是歇斯底里地推动美国向西班牙宣战。许多美国人认为,美国武装干涉的目的在于帮助古巴独立,特勒修正案可以确保这一意图得以实现,因此,他们也支持对西班牙宣战。可是,如果没有商业界人士的迫切要求,而只是因为新闻界和部分公众(那时我们没有民意测验)的建议,麦金莱会宣战吗? 古巴战争几年之后,商业部外贸局局长在谈到当时的情况时指出:

> 公众情绪对美国拿起武器同统治古巴的西班牙人作战起了推动作用,时过境迁之后,这种情绪或许会消失得无影无踪。但是,被这种情绪所掩盖着的,实际上是我们同西印度群岛和南美各共和国之间的经济联系……美西战争只是美国整个海外扩张运动中的一个插曲。海外扩张的根源是工业生产能力远远超过了国内消费能力。对我们来说,不仅要为我们的商品寻找海外购买者,而且还要为开辟海外市场找到便捷、经济和安全的手段。

1895 年,当古巴起义者反对西班牙统治时,美国劳工联盟就对古巴起义采取同情的态度。但是他们反对美国的海外扩张主义。1897 年,麦金莱总统提出兼并夏威夷的动议,劳动骑士团和美国劳动联盟都表示反对。一项无视古巴起义者的感情、呼吁美国进行干涉的议案提交给了 1897 年的劳联代表大会。该提案被大会否决。劳联的塞缪尔·冈珀斯在一封写给朋友的信中说:"我们发起同情古巴运动是真心诚意、实实在在的,但这并不意味着我们转瞬之间就会成为那种歇斯底里的冒险主义者……"

当 2 月发生的缅因号爆炸事件引起新闻界的战争狂热时,国际机械工人协会的月刊虽然也认为爆炸事件是一个可怕的灾难,但它同时指出,在工业事故中丧生的工人们从未引起过这样的全民鼓噪呐喊。该刊提到了 1897 年 9 月 10 日的拉铁摩尔大屠杀,它发生在宾夕法尼亚的一次煤矿工人罢工期间。当时,来自奥地利、匈牙利、意大利和德国的矿工们沿着通往拉铁摩尔的公路举行示威游行。他们最初作为劳工输入此地,是要他们充当罢工破坏者。可是,现在他们自己也组织起来了。由于示威者拒绝解散,当地的行政司法长官和他的帮办们便向游行的矿工开枪,打死了 19 名矿工,其中大多是背后中枪而亡。可是新闻界对此没有任何反应。一家劳工杂志写道:

> ……在工业王国,大屠杀的狂欢每年、每月甚至每日都在发生,数千名鲜活的生命每年都被献祭给贪婪的莫洛克神①。劳工向资本主义贡献了自

---

① 古代腓尼基人信奉的火神,每年需要儿童献祭。

己的鲜血,可是,他们从未采取报复行动,从未要求获得补偿……死神屡屡光顾厂矿追魂索命的事情数以千计,却从未听说有谁曾为此奔走呼号。

康涅狄克劳联的官方刊物《技工》也对缅因号沉没引起的歇斯底里发出了警告:

> 这是一个精心设计的……巨大阴谋。它表面上宣称是为了把美国建成一流的海上和军事强国,其实,资产阶级操纵着一切,任何工人胆敢要求最低生活工资……他就会像狗一样被杀死在大街上。

缅因号沉没之后,也有像美国矿业工人协会这样的一些工会要求美国进行干涉,但绝大多数工会反对战争。美国码头工人协会的出纳员博尔顿·霍尔写下了广为传播的"致劳动者的和平呼吁书":

> 倘使发生战争,你们要提供税款,充当炮灰;而其他人将会获得荣耀。投机商人将会从中渔利,说穿了,就是从你们身上捞钱。人们花高价买到的都是些劣质品:漏水的船,粗制滥造的衣服,纸板底做的鞋子,你还不能不买。惟一能够让你满意的就是你得到了痛恨西班牙工友的特权。而恰恰是他们才是你真正的兄弟,其实他们像你们一样,跟古巴的罪恶没有任何关系。

除犹太人主办的《前进日报》外,社会主义者都对战争持反对态度。社会主义劳工党的报纸《人民》指出,所谓古巴的自由问题只是一个借口,政府不过是想通过战争来"分散工人对他们实际利益的关注"。另一份社会主义者的报纸《呼唤理性》也指出,战争动员是"统治者用以阻止人民纠正国内政策错误最惯用的伎俩"。一个社会主义者在圣弗兰西斯科的《劳动者之声》上谈道:"仅仅因为几位领导人的煽动,就认为美国国内贫穷的工人弟兄应该被送往战场去杀害西班牙贫穷的工人弟兄,这真可怕。"

但是,正如方纳所说,美国宣战后,"绝大多数工会组织都屈从了战争的狂热"。塞缪尔·冈珀斯称之为"光荣而正义的"战争,并宣称25万工会会员志愿为军队服务。全美矿工联合会指出,高煤价是战争的结果,并说,"煤炭和钢铁贸易已经好多年没有像目前这样正常了"。

战争不仅带来了更多的就业机会和更多的薪水,而且还带来高物价。方纳说:"不仅生活费用高得惊人,而且穷人还发现,他们在免交个人所得税的情况下竟然几乎要倾其所有才能勉强应付令人难以置信的战争费用,这些费用是通过不断增长的蔗糖税、糖浆税、烟草税等征收的……"冈珀斯公开支持战争,但他在私下里也指出,这场战争使工人工资的购买力下降了20%。

1898年"五一"节,社会主义劳工党在纽约组织了一次反战游行,但当局不允许举行这次游行。而就在"五一"这天,由犹太人《前进日报》号召的、旨在鼓动犹太工人支持战争的游行,却得到了政府的许可。《芝加哥劳工世界》说,"这是一场穷人的战争,即由穷人买单的战争。富人则从中渔利,就像他们一直做的那样……"

1898 年 5 月 10 日,西部劳工联盟在盐湖城建立,原因是美国劳联没能把非技术工人组织起来。西部劳工联盟希望把"不同职业、不同民族、不同信仰和不同肤色"的所有工人全都团结起来,"把那些抢夺美国工人劳动成果的大公司和托拉斯统统埋葬……"针对美国在战争期间兼并夏威夷一事,联盟刊物指出,这一兼并行为表明,"战争已经由最初免除古巴人饥饿的行动转变成了征服行动"。

事实证明,码头工人博尔顿·霍尔关于战时腐败和暴利行为的预言非常正确。对此,理查德·莫里斯在其《美国历史百科全书》中提供的数字令人吃惊:

> 在美西战争和战后军人复员期间,大约有 27.4 万多名军官和士兵在军中服役。5 462 人死于美国各种各样的手术室或者野战营地,其中仅有 379 人属于战争伤亡人员,其他的人则死于疾病和其他原因。

沃尔特·米利斯在其《尚武精神》一书中也提供了类似的数据。在上面那本百科全书里,只是很简略地记述了战时的腐败和暴利情况,并没有提及肉联厂主卖给军队"防腐牛肉"(一位陆军上将所用的术语)一事,这是一种用硼酸、钾碱和人工色素作过防腐处理的牛肉。

1898 年 5 月,芝加哥最大的肉联公司阿穆尔联合公司卖给军队 50 万磅牛肉,这批牛肉一年前曾送往利物浦,后又被退回。这批牛肉经动物产业局检验员认可盖章后卖给军队。两个月后,军队检验员检查这批牛肉时,发现有 751 例已腐烂变质。在抽检的第一批 60 例中,有 14 听罐头已经胀破,"腐烂冒泡的臭肉几乎污染了所有的罐头"。这一描述来自陆军部管理调查委员给参议院的报告(1900 年)。数千名士兵发生食物中毒。不过,没有数据显示那 5 000 多名非战亡士兵有多少人是因食物中毒身亡。

三个月之后,西班牙军队战败。国务卿约翰·黑伊后来称之为一场"辉煌的小战争"。美军佯装古巴起义军仿佛并不存在。当西班牙投降时,美军不允许古巴人就西班牙军队的投降进行协商或签字。威廉·沙夫特将军说,凡是武装起义者都不得进入圣地亚哥首府,他还告知古巴起义领袖卡利克斯托·加西亚将军:圣地亚哥的市政机关不是由古巴人负责,而是由以前的西班牙行政机关权威人士继续负责。

美国历史学家也都无视古巴起义者在战争中的作用。菲利浦·方纳在其历史著作中首次发表了加西亚致沙夫特的抗议信:

> 有关和平或者西班牙人投降条件的谈判事宜,我没有收到您哪怕一个字的通知。
>
> ……在古巴港口城市圣地亚哥市政官员任命这一问题上,这些官员并非由古巴人民重新选举产生,仍然与西班牙女王所任命的官员同出一辙,对

此我殊难理解，并且深表遗憾。

有谣传说将军发布命令并采取相关措施禁止我的军队进驻圣地亚哥，原因是担心发生屠杀和对西班牙人采取报复行动，这谣言编造得也太离谱了，有谁会相信？阁下，请允许我对这种无中生有的谣言表示严正抗议。我们不是无视文明社会战争规则的野蛮人。我们虽然穷困窘迫，衣衫褴褛，但是，就像当年你们先辈那穷困窘迫、衣衫褴褛的军队为独立而进行高贵的战争一样，我们也是在为我们的独立进行高尚的战争……

在美国军队进驻古巴的同时，美国资本也进入了古巴。方纳写道：

早在西班牙国旗降落之前，美国的企业已开始在古巴显示起影响力了。数以千计的商人、不动产代理人、股票经纪人、不顾一切的冒险家、各种发家致富方案的策划者等纷纷云集古巴。七家辛迪加竞相争夺哈瓦那大街轨道铁路的特许经营权，最终是代表纽约华尔街利益的珀西瓦尔·法夸尔胜出。总之，在军事占领的同时，也开始了……商业占领。

木材加工业的代表刊物《木工评论》，在战争期间曾指出："西班牙对古巴统治权的失落之日……也就是美国木材商为古巴木材产品进军古巴岛之时。古巴还拥有1 000万英亩盛产珍贵木材的原始森林……这些木材，差不多每一英尺在美国都会有销路，并能带来高额利润。"

战争结束时，美国人从西班牙人手中接管了铁路、矿产和制糖业。几年之内，美国人在古巴就投资了3 000万美元。美国水果联合公司进入古巴制糖工业，它以每英亩约20美分的价格买下了190万英亩土地。美国烟草公司也到了古巴。据方纳估计，1901年，到美国结束占领古巴时，古巴至少80%的矿产出口，已由美国人（主要是伯利恒钢铁公司）控制。

在军事占领期间，古巴人民举行了一系列罢工。1899年9月，数千名工人聚集在哈瓦那举行了一次要求8小时工作日的总罢工。他们说："……我们决定将推动工人同资本家的斗争不断向前发展。古巴工人将不再忍受整体被奴役的命运。"美军的威廉·勒德洛将军命令哈瓦那市长逮捕了11名罢工领袖，美国军队占领了铁路和码头。警察进行全城搜捕，驱散了集会。但该市的经济活动已经停止，烟草工人、印刷工人、面包工人都罢工了。数百名罢工者被捕。美方还胁迫一些被监禁的罢工领袖结束罢工。

美国没有兼并古巴，但它告诫古巴立宪大会：在新的古巴宪章接受美国国会1901年2月通过的普拉特修正案之前，美军不会撤离古巴。这一修正案赋予美国"有权对古巴进行干涉，以保障古巴独立；有权维持一个适合保护生命、财产和个人自由的古巴政府……"它还保证古巴在一些特殊地方为美国提供煤炭装运基地和海军基地。

特勒修正案以及战争前夕和战争期间有关古巴自由的讨论让许多美国人和

古巴人都对古巴的真正独立抱有很高的期望。现在,不仅美国激进分子和劳动者刊物,而且美国的所有报纸和团体,都认为普拉特修正案背离了支持古巴独立的初衷。在波士顿的法纳伊尔会堂,美国反帝同盟举行了一次群众集会谴责这一修正案。会上,前波士顿州长乔治·鲍特维尔指出:"我们居然漠视确保古巴自由和主权的誓言,将殖民地附属国的社会地位强加于古巴。"

当古巴立宪大会在哈瓦那召开时,1.5万名古巴人举行了火炬游行,强烈要求大会否决普拉特修正案。不过,占领军司令伦纳德·伍德将军向麦金莱总统保证说:"古巴人已经准备使用各种手段进行示威和游行,不过这对他们都不会有什么意义。"

立宪大会授权给一个委员会来答复美国坚持宪法必须包括普拉特修正案的意见。委员会的报告是由一位来自圣地亚哥的黑人代表撰写的。报告指出:

> 美国要继续保持其决定古巴独立的权力,当古巴独立真的遇到威胁时,美国就有权干涉以保障其独立;这就等于让美国人掌管着我们房屋的钥匙,这样一来,无论白天或是夜里,也不管他们带着善良的目的或是邪恶的企图;只要他们想进来,他们就能进来。

报告又说:

> 只有仰赖美国支持和庇护的古巴政府才能维持下去,这就明明白白地告诉我们,我的政府是一个孱弱无能的可怜虫……为了生存,它更关心如何讨得美国人的欢心,而不是如何服务和保护古巴的利益……

312　　报告认为,美国有关提供煤炭运输和海军基地的要求是"对祖国尊严的严重伤害"。结论是:

> 一个民族被军事占领,就意味着它在考虑自己的政府之前,在自己的国土上获得自由之前,首先要赋予军事占领者取消该民族主权的权利和权力。这就是美国所采取的措施给我们带来的后果。这是必须坚决予以谴责的,是绝对不能接受的。

立宪大会同意了这个报告,以绝对优势的票数否决了普拉特修正案。

然而,在接下来的3个月里,美国政府不断对古巴施加压力,继续实行军事占领,拒不同意古巴人组建自己的政府(除非古巴人默许普拉特修正案)。美国政府的这些做法取得了效果;立宪大会对普拉特修正案几经否决,最后只得采用。1901年,伦纳德·伍德将军在给西奥多·罗斯福的信中说:"当然,在普拉特修正案的限制之下,古巴几乎没有什么独立可言。"

古巴没有彻底沦为殖民地,但现在它已在美国的势力范围之内。然而,美西战争还是引发了美国一系列的直接兼并行为。美军占领了古巴在加勒比海的近邻岛屿波多黎各(原属西班牙殖民地);1898年7月,美国国会通过了兼并夏威夷的联合决议案。若从美国横跨太平洋,夏威夷群岛就位于太平洋纵深处大约三分之一的距离,美国的传教士和菠萝种植园主的势力早已渗透其中,美国官员称之为"待采摘的熟透了的梨"。与此同时,美国还占领了距夏威夷西部 2 300 英里、正处在通往日本航线上的威克岛,占领了西班牙在太平洋上的属地关岛,该岛大致处在美国通往菲律宾的航线上。1898 年 12 月,美国与西班牙签订了和约,以 2 000 万美元的价格,从西班牙手中正式接管了关岛、波多黎各岛和菲律宾。

关于是否占领菲律宾,美国国内曾有激烈的争论。麦金莱总统在对一群到白宫访问的部长谈到他是如何作出占领菲律宾的决定时,道出一些内情:

> 在你们离开之前,我想简单谈谈菲律宾的事情……其实我并没想过要得到菲律宾。所以,当上帝把它作为礼物赐予我们的时候,我简单不知道如何是好……我广泛听取包括民主党和共和党在内的各方面的意见,但都没什么用。

> 我想,我们可以先得到马尼拉,然后是吕宋,或许再后来还可以得到其他岛屿。

> 我每天晚上都在白宫徘徊到深夜;先生们,我可以告诉你们:我不止一夜跪下祈祷,求上帝给我以光明和引导。对此,我并不以为羞耻。一天深夜,我终于得到了启示——我不知道它是怎样到来的,但它启示我:

> 1. 我们不能将菲律宾还给西班牙——那是怯懦而可耻的行为;

> 2. 我们也不能把它转给法国或德国,那样做的话后果会非常糟糕,而且也有损我们的信誉,因为它们都是我们在东方的商业对手。

> 3. 我们也不能把菲律宾留给菲律宾人自己,因为他们不适合自治,如果自治,不久他们就会陷入无政府的混乱之中,情况会比西班牙管理时期更为糟糕。因而,

> 4. 留给我们的只有一件事,那就是我们自己接管菲律宾并教育其人民,促进其社会进步、提高其文化、用基督教化他们。就像基督为了我们的同胞曾付出了生命,我们也要有上帝那样的仁慈之心,我们也要对菲律宾人民尽我们最大的努力。随后,我上床睡觉,不仅睡着了,而且睡得很香。

菲律宾人民并没有从上帝那儿接到同样的旨意。1899 年 2 月,他们举行了反对美国统治的起义,其情形如同他们为了反对西班牙统治而多次举行起义一样。埃米利奥·阿奎那多是早年美国人用战舰从中国带回来的一位菲律宾的领导人,当时是为了让他率领士兵反对西班牙人,而此时他却成了反对美国统治的起义领袖。他曾提议菲律宾可作为美国的保护国而独立,但他的提议被否决了。

美国动用了 7 万人组成的军队(四倍于在古巴登陆的美军人数),用了 3 年时间,才镇压了菲律宾起义。数千名美国军人阵亡,这个数字是古巴战争中死亡人数的好几倍。这是一场非常残酷的战争。至于因战争伤亡和疾病折磨而死去

的菲律宾人,更是数量巨大。

此时,全国各地的政客和商界人士都品尝到了帝国的滋味。他们谈论种族歧视、家长作风、赚钱,其间还夹杂着关于命运、文明的讨论。1900 年 1 月 9 日,阿尔伯特·贝弗里奇在参议院发表演讲,要求美国在经济和政治利益上取得优势:

> 主席先生,时代要求我们坦率。菲律宾永远是我们的……而且在菲律宾之外还有不可估量的中国市场,我们不会从这两个地区撤退……我们不会放弃我们的职责,即上帝赋予我们种族的神圣使命——教化世界上的受托管者……

314

> 太平洋是我们的海洋……我们到哪儿去为我们的剩余产品寻找消费者?地理学替我们回答了这个问题。中国就是我们天然的客户……菲律宾是我们通往东方世界大门的基地……

> 美国没有像吕宋那样富饶的平原和谷地,那里还出产丰富的大米、咖啡、蔗糖、可可豆、大麻和烟草……菲律宾的木材足可以满足世界市场今后一个世纪的需求。据宿务岛上可靠的情报来源,那里绵延 40 英里的山脉蕴藏着丰富的煤……

> 我有一块高纯度的天然金块,那是在菲律宾一条小溪的岸边得到的……

> 我相信,他们中能够明白盎格鲁撒克逊人的自治涵义的不会超过 100人,而那里却有 500 万人需要别人去管理他们。

> 有人指控我们的战争行为残酷无情,议员先生们,我认为事情恰恰相反……议员们必须牢记,正在与我们打交道的,不是美洲人和欧洲人,而是东方人。

麦金莱声称,当菲律宾起义者袭击美军时,美军方才还手。但是后来美国士兵证实是美军首先向起义者开火。战后,有位军官在波士顿的法莱尔大厅演讲时,谈到他的陆军上校曾命令他向起义者挑衅闹事。

1899 年 2 月,波士顿曾举行盛大宴会庆祝参议院批准同西班牙的和平条约。富有的纺织品制造商 W. B. 普伦基特邀请麦金莱本人到会发表演讲。这是美国历史上最大的一次宴会,与会嘉宾 2 000 人,仅服务人员就达 400 人。麦金莱表示,"美国人的思想中没有丝毫的帝国意识",不过,就在这同一个宴会上,面对相同的嘉宾,他的邮政部长查尔斯·埃莫利·史密斯说的却是"我们需要为我们的剩余产品找到市场"。

哈佛大学学者威廉·詹姆斯写信给《波士顿文摘报》,把"麦金莱最近在波士顿酒会上的言不由衷"形容为"油腔滑调",并指责美国在菲律宾的行动"透着大百货公司的奸猾狡诈,其杀人于无形的艺术已经练到了炉火纯青的地步,它能够让公众冷眼旁观,甚至连邻人都可以漠然处之"。

詹姆斯是反帝同盟运动的成员之一。反帝同盟组建于1898年,它的成员包括美国著名的商人、政治家和知识分子。该同盟发动了长时间的反帝运动,教育美国公众认清菲律宾战争的恐怖以及帝国主义的邪恶。这是一个奇特的组织,其中有反劳工的贵族,有学者,甚至安德鲁·卡内基这样的人也在其中,是共同的道义上的愤怒把这些人团结在了一起,他们都对美国假自由之名在菲律宾问题上的所作所为感到愤慨。不管他们在别的问题上有多大的分歧,但他们一致赞同威廉·詹姆斯的怒吼:"上帝会因为美国在菲律宾群岛的卑劣行径而诅咒它。"

反帝同盟公布了当时在菲律宾服役的美国士兵的信。来自堪萨斯的一位陆军上尉在信中写道:"据估计,卡洛奥坎可能有17 000居民,第二十堪萨斯连队对该地进行了扫荡,现在这里已没有一个活着的本地居民。"来自同一支部队的一名列兵也说:"卡洛奥坎胜利后,我自己就曾亲手烧掉了菲律宾人的50多间房子,伤及许多的妇女和儿童。"

来自华盛顿州的一位志愿兵写道:"战斗的血液在我们体内升腾,我们全都想杀'黑鬼'……这种射杀活人之举已变成彻头彻尾的狩猎游戏。"

这期间,美国国内种族矛盾迅速激化。在1889年到1903年之间,每周平均有两个黑人死于暴徒滥施的私刑——绞刑、火刑以及伤残致死。菲律宾人的肤色是棕色,在外形上容易辨认,在美国人看来,他们的语言、外表都很奇怪。战争期间,人们经常不分青红皂白就干出了野蛮行径,这加剧了种族之间的敌对情绪。

1901年11月,《费城记事》的马尼拉记者报道说:

> 眼前的这场战争决不是一场没有任何真正伤亡的滑稽剧中的军事行动。我们的士兵是如此残忍,他们大开杀戒,从10岁以上的少年开始,无论是男人、女人、孩子,无论是犯人、俘虏,也无论是起义者中的积极分子还是形迹可疑的人,全在被灭绝之列。当时盛行的观念是,菲律宾人几乎不如一条狗……我们的士兵喜欢拿别人的痛苦寻开心。他们先是把那些双手高举、没有任何暴力倾向投降过来的人囚禁起来,仅仅一个小时之后,在没有丝毫举证的情况下,又把他们作为叛乱者拉到桥上站成一排挨个儿射杀,尸体掉进河里,顺水漂流,他们想以此警告那些发现浑身中弹的尸体的人。

1901年初,一位从吕宋岛南部返回美国的将军说:

> 在过去几年里,有六分之一吕宋的土著人或者被杀,或者死于登革热。被杀者的数量非常巨大。不过,我想,杀人大概是为了证明战争的合法性,否则就不会有屠杀。在别的国家采取那些看来比较严厉的措施是必要的。

针对有关美军野蛮行径的指控,陆军部长伊莱休·鲁特申辩说:"美军在菲律宾的战争中,小心谨慎地遵循着文明战争的规则……他们具有前所未有的自我克制力和仁慈之心。"

在马尼拉,有人指控一名海军少校利特尔顿·沃勒在萨马尔岛上未经审判就枪杀了11名毫无防卫能力的菲律宾人。别的海军军官提供了证词:

> 利特尔顿·沃勒少校说过,史密斯将军曾命令他杀人放火,并说杀人放火越多他就会越高兴。当时没有时间关押犯人,所以少校要将萨马尔岛变为茫茫荒野。沃勒少校请史密斯将军规定被枪杀者的年龄,司令回答:"10岁以上的所有人"。

在巴堂加斯省,省秘书估计,该省的30万人口有三分之一死于战争、瘟疫和疾病。

马克·吐温对菲律宾战争作了如下评论:

> 我们已平定了岛上成千上万居民的反抗,掩埋了他们的尸体。我们破坏了他们的土地,烧毁了他们的村庄,使他们的寡妇、孤儿无家可归。我们对几十名不肯低头的爱国者施以流刑,让他们痛不欲生。我们对剩下的上千万人则用充满甜言蜜语的种族融合政策(其实不过是用来掩盖枪炮政策的虚伪的新名称)来征服他们。我们已经攫取了我们的商业伙伴苏禄人苏丹的300姬妾及别的奴隶的财产,并在那些赃物上升起了我们作为监护人的旗帜。
>
> 于是,凭借上帝的频频眷顾(这是政府的习语,不是我的),我们成为世界强国。

与菲律宾起义者的所有武器装备比较起来,美国的火力占有绝对优势。战争初期,海军上将杜威的炮火使得帕西格河水翻腾,犹如发怒一般。他向菲律宾战壕发射了500磅炮弹。被炸死的菲律宾人尸体堆积如山,以致美军直接使用它作为防御壁垒。有位英国目击者慨叹:"这不是战争;简直就是大屠杀,是杀人的屠场。"他说错了,这就是战争。

菲律宾起义者与美军的军事实力相差如此悬殊,却能持续数年坚持抵抗,说明他们的抵抗得到了公众支持。菲律宾战争的司令官阿瑟·麦克阿瑟将军指出:"……我认为阿奎那多的军队只是代表一个小集团,我不愿承认全吕宋岛的人民(本土的人民)都反对我们。"但是他说他只能"极不情愿地被迫"相信这一事实,因为菲律宾军队"依靠全体本国人民,采取完全一致的行动",向美军展开了游击战。

尽管有关美军野蛮行径的证据越来越多,并且反帝同盟为反对战争作了不少努力,但是,美国国内有些工会仍然支持帝国主义扩张运动。印刷工人联合会表示,它赞成吞并更多的领土,因为那些地区的英语学校有助于印刷业的发展。玻璃工人工会公开表示,开辟新的疆土可以增加玻璃的购买者。铁路兄弟会也认为美国向新领土上运输更多的货物意味着会给铁路工人提供更多的工作机会。总之,一些工会鹦鹉学舌般地重复着大公司的说法,即领土扩张将会为剩余产品开拓新的市场,阻止出现新的衰退。

另一方面,当《皮革工人报》说增加工资可以提高国内的购买力从而解决产品过剩问题时,《木工杂志》反问道:"英国拥有那多的殖民地财富,它的工人该有多富裕啊?"铁器工人、钢铁工人和罐头工人的联合刊物《全国劳工论坛》则认为,菲律宾确实拥有丰富的资源,不过它又说,

> 对于我们的国家你也可以同样这样说,但是,如果有人问你是否拥有煤矿、蔗糖种植园和铁路时,你会说没有······所有的东西都掌握在一小撮人控制的托拉斯的手里······

1899 年初,当吞并菲律宾的条约被提交国会展开讨论时,波士顿和纽约的中央工会坚决反对这一条约。纽约举行了反对吞并菲律宾的大规模集会。反帝同盟散发了 100 万多份反对占领菲律宾的印刷品。方纳指出,虽然反帝同盟主要由知识分子和商界人士组织和领导,但该同盟 50 万成员中工人阶级占绝大多数,其中包括妇女和黑人。全国各地的反帝同盟也纷纷集会反对美国吞并菲律宾。反吞并运动声势浩大。参议院只以一票的微弱多数才得以批准吞并条约。

劳动者对战争的反应很复杂(他们虽受经济利益的诱惑,却厌恶资本扩张和暴力),这就使得劳动者既不能联合起来阻止战争,也不能联合起来领导人民进行反对本国制度的阶级斗争。黑人士兵对战争的反应同样很复杂:他们既有为了获得成功的简单需要,因为在目前这样的社会里,人们不承认黑人有成功的机会,而军队生活提供了成功的可能性;也有种族自豪感,显示黑人作为爱国者,需要与其他任何人一样的勇敢。然而,与此同时,他们全都意识到这是一场残酷的战争,是对有色人种的战争,它与美国国内打击黑人的暴行互为呼应。

威利亚德·盖特伍德在其《烟熏的扬基佬:为帝国而斗争》一书中刊印并分析了 1898 年至 1902 年间黑人士兵写给黑人报纸的 114 封信。这些来信对他们的情感冲突都有反映。驻扎在佛罗里达州坦帕的黑人士兵,与当地白人居民陷入了尖锐的种族仇视之中。后来,虽然黑人在古巴战争中表现出众,但他们却没有得到职务升迁。由白人军官指挥着黑人军团。

佛罗里达湖泊地区的黑人士兵用枪柄痛打了一家药店老板,因为他拒绝为一名黑人士兵服务。随后,黑人士兵在同一群白人对峙过程中,杀死了一名平民。在坦帕,喝醉酒的白人士兵们拿一个黑人孩子作为靶子以卖弄其枪法,引发了种族冲突。黑人士兵对白人进行了报复。据当时的新闻电讯报道,"黑人的鲜血染红了"街道。27 名黑人士兵和 3 名白人士兵重伤。驻坦帕黑人军团的一名牧师乔治·普里奥洛在写给《克利夫兰报》的信中说:

> 美国比西班牙强些吗?难道在美国每天就没有国民未经法官和陪审团

审判就被杀害吗？难道在美国就没有国民仅仅因为自己黑色的皮肤而致其孩子食不果腹、衣不蔽体吗……尽管如此，黑人仍然忠于自己的国家。

这位普里奥洛牧师还讲述了古巴战争中黑人退伍军人在密苏里州堪萨斯城所受到的"刻薄而轻蔑的招待"。他说："他们不准这些黑人士兵，我们国家的英雄，靠近餐馆的柜台吃块三明治、喝杯咖啡；而白人士兵则受到欢迎和邀请，坐在桌边，免费吃饭。"

正是菲律宾的战争局势激发许多美国黑人士兵采取军事行动反对战争。非洲卫理公会教派的高级主教亨利·M.特纳称菲律宾战争是"一场邪恶的征服战争"，称道菲律宾人民是"坚定不移的爱国者"。

319　战争期间，4个黑人军团在菲律宾服役。许多黑人士兵和岛上的棕色肤色的菲律宾土著人建立了友善的关系。黑人士兵对美国白人军队用"黑鬼"这个字眼来形容菲律宾人，极为愤怒。盖特伍德说，在菲律宾战争期间，逃跑的黑人士兵"异乎寻常地多"。菲律宾义军经常以招贴的形式致信"非白人美国士兵"，提醒他们小心回国后会遭滥用私刑，要求他们不要充当白人帝国主义反对其他有色人种人民的帮凶。

一些逃兵参加了菲律宾义军，其中最著名的是第24步兵团的戴维·费根。据盖特伍德说："他接受了义军对他的任命，并在两年后重创了美国军队。"

威廉·西姆斯从菲律宾写信说：

有个自由玩耍的菲律宾小男孩曾问我一个问题："美国黑人为什么要来……和我们打仗？我们通常都是他们的朋友，我们也没对他们做过什么不好的事。我们彼此之间都完全一样。你们为什么不去打那些在美国放火烧黑人的人，那些不把你们当人看的人？"这个问题深深地打动了我。

另一名士兵在1899年的一封信中说：

就种族而言，我们同情菲律宾人是很自然的事情。他们为自身利益而战，打起仗来勇猛异常。但是，我们却不能敢情用事，掉转枪口对准我们自己的国家。

帕特里克·梅森是第24步兵团的一名中士。他在写给《克利夫兰报》的信中，强烈反对吞并菲律宾：

阁下：自从到这儿我还没参加过任何战斗，而且也不想参加。我对这里的人民以及所有被美国统治的人民都深表遗憾。我不相信他们受到了公正的对待。早上起来第一件事情就是"黑鬼"，晚上睡觉最后一件事情还是"黑鬼"……站在你们的立场，你们有你们的道理。我当然无话可说，因为我是一名士兵……

1901年6月，黑人步兵威廉·富布赖特在从马尼拉写给印第安纳波利斯一家报纸编辑的信中说："岛上的这场战争只是一个旨在掠夺和压迫的巨大阴谋而已。"

回家吧！当美国对菲律宾的战争仍在继续时，马萨诸塞州的一些黑人联名 320
给麦金莱总统写信提出了这一要求。他们说：

> 我们，马萨诸塞的黑人举行集会……决定给你写一封公开信，尽管你对
> 有关我们遭受不公正待遇的话题保持着极度的、令人费解的沉默……
>
> ……你知道我们所受的痛苦，从总统宝座上居高临下地目睹我们遭受
> 着极其不公正的待遇，过着极其悲惨的生活，而你却口口声声说你是我们的
> 代表……
>
> 当北卡罗来纳州威尔明顿发生流血暴动的紧要关头，我们苦战两天两
> 夜，坚守阵地时；当黑人在那个灾难深重的城市的街道上，像狗一样遭到屠
> 杀时（黑人本无罪，只不过他们具有有色肤色，只不过他们想要行使他们作
> 为美国公民的权利，于是他们成了有罪之人），我们的心被希望和恐惧残忍
> 地折磨着，我们这些美国的有色公民一致同意转而向你求救……希望得到
> 联邦政府的帮助。你从不愿意帮助我们，事实上也从未帮助过我们。
>
> 南卡罗来纳的菲尼克斯上演了同样的一幕：那里爆发了可怕的暴民骚
> 乱，黑人遭到追捕和屠杀，白人激进分子也遭到一群白人狂徒的扫射和驱
> 赶，我们盼着你能说句话，或采取点行动，但我们的期盼同样落空了。
>
> 此后不久，你到南部观光时，我们才发现你是多么狡猾地迎合南部的种
> 族偏见……我们才知道你是如何向你那些长期遭受苦难的黑人公民们鼓吹
> 忍耐、勤奋、克制，又是如何向你的白人公民们鼓吹爱国主义、沙文主义和帝
> 国主义……

麦金莱总统向黑人鼓吹的"忍耐、勤奋、克制"，向白人鼓吹的"爱国主义"，并
未被民众完全接受。20世纪初，尽管政府当局经常炫耀武力，广大人民，包括黑
人和白人、男人和女人，已变得不再忍耐，不再克制，不再"爱国"了。

第十三章

社会主义的挑战

战争与侵略或许可以延缓那源于日常生活现实中的阶级怒火,但却无法彻底压制它。当 20 世纪来临之际,这怒火又重现了。埃玛·戈德曼是一位无政府主义者和女权主义者。工厂劳作的艰苦、秣市骚乱者的尸体、霍姆斯特德的罢工潮、其爱人和同志亚历山大·伯克曼漫长的铁窗生涯、19 世纪 90 年代的大萧条、纽约轰轰烈烈的罢工斗争以及她本人在布莱克维尔监狱中的经历,所有这一切最终促使了她政治上的觉醒。在美西战争结束若干年后的一次集会上,埃玛·戈德曼说:

> 我们曾对残暴的西班牙人抱有多么强烈的愤怒之情呵……可是,当硝烟散去、死者入土,当战争的代价以物价与房租上涨的形式转嫁到人民头上的时候,也就是说,当我们从爱国主义的狂热中清醒过来的时候,我们才突然明白,美西战争的真正原因原来竟是蔗糖的价格……美国人民的生命、鲜血与财富不过是用来保护了美国资本家阶级的利益而已。

1900 年,65 岁的马克·吐温已是一位世界知名的作家。虽然他既不是无政府主义者,也不是激进派分子,但作为一名小说家,他却以幽默的笔调严厉地抨击了美国。他密切关注着美国及其他西方国家瓜分世界的行径。就在新世纪降临之际,马克·吐温在《纽约先驱论坛报》上写道:"我谨向你们介绍这位尊贵的夫人'基督王国陛下'。她在胶州湾、满洲里、南非和菲律宾所干的海盗勾当业已弄得她满身污秽、名誉扫地。她的灵魂充满了种种卑鄙的念头,口袋里塞满了不义之财,但满口却是虔诚的伪善之词。"

20 世纪早期,有不少作家鼓吹社会主义,对资本主义制度提出了尖锐的批评。这些作家大都身居美国著名文学家的行列,而决非杜撰小册子的无名之辈,他们的作品在社会上广为传诵。这些作家包括厄普顿·辛克莱、杰克·伦敦、西奥多·德莱塞、弗兰克·诺利斯。

厄普顿·辛克莱出版于 1906 年的小说《屠场》引起了全国人对芝加哥肉食品加工厂生产条件的极大关注:他们强烈要求用立法手段规范肉制品工业。同时,这本小说通过移民工人约吉斯·路德库斯的遭遇也宣扬了社会主义思想,即如果人民共同拥有、共同管理和共同享用世界上的财富,那么生活就会变得无限美好。《屠场》在社会主义者的报纸《呼唤理性》上发表后,其单行本在读者中广为流传。该书曾被译成 17 种文字。

　　杰克·伦敦的《在深渊中挣扎的人们》一书是影响厄普顿·辛克莱思想的重要因素之一。伦敦是一名社会党员。他是旧金山贫民窟中的一个私生子,做过报童、罐头工、水手和渔民,也曾受雇于一家黄麻织造厂和洗衣店;他曾在通往东海岸的铁路上踯躅,也曾在纽约街头被警察殴打;他曾在尼亚加拉瀑布一带流浪时被捕,亲眼目睹了人们在狱中遭鞭打和折磨的情景,也曾在旧金山直接参与过抢劫牡蛎的行动。他阅读过福楼拜、托尔斯泰、梅尔威尔的作品,也读过《共产党宣言》。1896 年冬,伦敦曾到阿拉斯加的金矿营地宣传过社会主义,其后又航行 2 000 英里经白令海返回美国,他也因此而成了闻名世界的探险游记作家。1906 年,他创作了小说《铁蹄》,警告美国有可能成为一个法西斯国家,畅谈人与人之间兄弟般关系的社会主义理想,并通过书中的主人公控诉了现实制度:

　　　　现代人的生产力比野蛮人高出 1 000 倍,而现代人的生活却比野蛮人更加悲惨,面对这一事实,唯一的结论只能是:资产阶级管理不善……这是一种损人利己的可耻的管理方式。

在对现实制度进行抨击时,他还对未来的美好前景进行了展望:

　　　　我们不要毁坏那些价格低廉、生产效率高的机器,而要掌握它们,并从它们的廉价和高效中受益。我们为自己操作它们,先生们,这就是社会主义……

　　在这样的时代,甚至像小说家亨利·詹姆斯这样一位自愿隐居欧洲而又不喜欢发表政见的文人也于 1904 年来到了美国。他把亲眼目睹的这个国家视为一个"贪婪无度的花园,它就像一个为了金钱而生产毒药的工厂"。

　　"丑闻曝光者"通过披露他们的所见所闻来揭露种种恶行,也对抨击现存制度起了推波助澜的作用。极有讽刺意味的是,正是一些很畅销的新杂志为了谋利而登载了他们的文章,如艾达·塔贝尔揭露标准石油公司的文章以及林肯·史蒂芬森反映美国大城市腐败的小说。

　　到 1900 年,无论是用战争唤起爱国主义还是以选举来消弭民众的精力,都已不再能掩饰这个制度所面临的困境。随着产业集中化趋势的发展,银行家的垄断地位越来越明显了,因为随着技术的发展和公司规模的扩大,它们需要更多的资本,而正是银行家们控制着资本。到 1904 年,1 000 多家铁路公司被并为六大集团,这六大集团都与摩根或者洛克菲勒的利益相联系。正如科克伦和米勒所说:

　　　　摩根财团是新寡头帝国的掌门人,乔治·F.贝克尔的纽约第一国家银行以及詹姆斯·斯蒂尔曼(代表洛克菲勒家庭利益)的花旗银行巧妙地帮着打理业务。他们中的这 3 个人及其金融伙伴占据了 112 家大公司 341 个高管职位。这些大公司 1912 年的总资产达到 22.45 亿美元,超过了密西西比河以西 22 个州及其领土上所有财产的预估价值……

摩根一直希望这个制度能实现规范化、稳定化并具有可预测性。1901 年,他的一名助手说:

> 有摩根先生这样的人执掌大企业,没有旧式工厂里盘根错节的利益纠葛,生产将变得越来越规范,良好的工资待遇使得雇员更加稳定,这样,由生产过剩造成的危机也将一去不复返。

但即便是摩根之辈也没能完全控制这个制度。1907 年发生了一场大恐慌,金融濒于崩溃,经济陷入危机。当然,大公司没有受到伤害,但是,1907 年以后利润的增长一直没能满足资本家的期望,工业的发展也没有预期的迅速,资本家开始寻求降低成本的办法。

324　　办法之一就是实行泰罗制。弗里德里希·W. 泰罗曾是一家钢铁公司的工头。他对工厂里的每一项工作进行严密的分析,设计出一种非常详细的劳动分工制度,提高了机械化水平,他还发明了计件工资制度。他的设计增加了企业的产量和利润。1911 年,他出版了《科学管理》一书,该书对商业界造成了巨大冲击。现在,管理者能够掌控工人体能和时间的每一个细节。正如哈里·布雷弗曼在其《劳动力与垄断资本》中所说,泰勒制的目的是使工人可以相互替换,使他们能够做新的劳动分工所要求的最简单的工作——他们就像是被剥夺了个性和人性的标准件,可以像商品一样自由买卖。

这是一种非常适合新兴汽车工业发展的制度。1909 年,福特公司卖出 10 607 辆汽车,1913 年卖出 16.8 万辆,1914 年达到 24.8 万辆(占当时汽车总产量的 45%),其利润高达 3 000 万美元。

随着移民在劳动力中的比例越来越高(1907 年,阿利盖尼县卡内基家族的工厂里,有 14 359 名普通劳工,其中 11 694 人来自东欧),工艺简化而又不需要技术的泰勒制变得越来越切实可行了。

在纽约城,新移民进入了血汗工厂①工作。1907 年 1 月,诗人埃德温·马卡姆②在《世界主义者》杂志上写道:

> 在令人窒息的房间里,男男女女们整日整夜地缝纫制作。那些在家庭式血汗作坊里工作的工人比大血汗工厂里的工人更廉价……尚在玩耍的孩子也被召进来,在大人们身边从事艰苦的劳动……
>
> 在纽约及其他城市,成年累月你都能看到从这些可怜的家庭里进进出出的孩子。在纽约市东区,每个小时你都能看到这些脸色苍白的男孩和身

---

① 双关语,直译为"汗衫缝纫店",转指工钱低、劳动条件恶劣、剥削残酷的小工厂。
② 旧译"埃德温·马尔侃"。

体纤弱的女孩,他们目光呆滞,堆在他们头上和肩上的厚重衣物压得他们脊背严重扭曲,浑身肌肉严重劳损……

当这些幼小的心灵在本应由成人承受的重负下受到伤害,而他们稚嫩的双肩也在重压下变形的时候,在同一座城市里,一条环佩叮当的癞皮狗却可以在漂亮的贵妇人那天鹅绒遮掩着的膝盖上炫耀撒娇,这难道不是一种野蛮的文明吗?

城市开始成为战场。当费德曼雇用罢工破坏者继续开工生产时,位于下东区的费德曼面包厂的罢工工人转而采取了暴力行动。1905 年 8 月 10 日的《纽约先驱论坛报》对此进行了报道:

> 昨夜早些时候,喧嚣纷乱、群情激昂的罢工工人及其同情者毁坏了位于奥查德大街 183 号的菲利浦·费德曼的面包作坊。当两名警察遭到暴民的粗暴对待时,警察们便挥舞警棍向身边的罢工者劈头盖脸一通乱打。

纽约当时有 500 家服装厂。一名女工后来回忆其工作条件时说:

> ……摇摇欲坠的楼梯……仅有的几扇窗户上布满了灰尘……木地板一年才擦一次,除了那日日夜夜燃烧的煤气灯的火焰,几乎没有任何亮光……充满恶臭的厕所一片黑暗……没有干净的饮用水……老鼠乱窜,蟑螂遍地……
>
> 我们要忍受严冬的寒冷和盛夏的酷热……
>
> 在这些疾病孳生、阴暗狭窄的工作间里,我们儿童与成年男女一起工作,一周要辛辛苦苦地干上 70 到 80 个小时! 星期六和星期日也不能例外! ……每周六下午都会贴出一则告示:"周六不来上工的人周一就不必再来了。"……孩子们的假日梦破灭了。我们哭了,因为,我们毕竟还只是孩子……

1909 年冬,特拉安格尔女用衬衫公司的女工们组织起来决定举行罢工。她们很快就在寒风中排起了长长的一列罢工纠察队,因为她们明白,只要别的工厂的工人还在继续上班,她们就肯定不会取得胜利。她们召集来自其他工厂的工人举行了一次集会。克莱拉·莱姆里奇年仅十几岁,口齿伶俐,身上还带着最近一次参加罢工纠察队时所受处罚的伤痕。她站起来喊道:"我提议,现在就宣布举行总罢工!"与会者群情激昂,一致赞成罢工。

罢工工人波林·纽曼数年后回忆总罢工开始时的情景时说:

> 成千上万的人们纷纷离开工厂,从四面八方游行到联合广场。时值 11 月,寒冷的冬天即将来临,我们没有皮衣御寒,是一种精神驱使着我们前进,前进,一直到达集会大厅……
>
> 我看到年轻的人们——绝大多数是女性——步行前往,而不考虑等待她们的将会是什么……饥饿、寒冷、孤独……她们正是在这个特殊的日子里

325

才不会有任何担心,这是她们的节日。

国际服装女工联合会原本希望能有 3 000 人参加罢工,结果却有 2 万人走上了街头,而且每天都有近千人加入到联合会中来,而这个联合会以前只有很少的会员。有色人种妇女也积极参加了罢工,她们顶着寒风同警察、同罢工破坏者、同逮捕与监禁进行斗争。在 300 多家工厂里,工人们的要求得到了满足。妇女们开始在联合会中任职。波林·纽曼接着回忆说:

> 我们尝试进行自我教育。我邀请姑娘们到我房间里来,我们依次朗读英文诗,以提高我们对语言的理解力。我们最喜欢的诗篇之一就是托马斯·胡德的《衬衫之歌》,另一首是珀西·比希·雪莱的《暴政的假面》……
>
> 不可征服的人们
>
> 站起来吧
>
> 挣断你们身上的锁链
>
> 就像刚刚醒来的雄狮
>
> 抖落熟睡时落在身上的露珠
>
> 他们是一小撮
>
> 你们是大多数!

但是,工厂的条件并没有多大的改善。1911 年 3 月 25 日下午,特拉安格尔女用衬衫公司里一只碎布箱引发的一场大火吞噬了第 8、第 9 和第 10 层楼,防火梯无法达到这样的高度。纽约消防长官说,他的防火梯只能达到第 7 层。可是,全纽约 50 万人中有一半却是整天几乎 12 小时在 7 层以上的楼房里工作。法律规定工厂的门必须朝外开,而特拉安格尔女用衬衫公司的门却是朝里开的;法律规定工作时间不许锁门,而该公司的门却经常锁着,为的是能随时掌握员工的动向。结果,年轻女工们全部被困在里面。她们或者被烧死在工作台上,或者被挤死在紧锁着的出口处,或者摔死在升降机的天井里。《纽约世界报》报道说:

> 窗台上挤满了尖叫着的男男女女和老老少少,他们从高高的楼上跳到下面的大街上,跳下时身上的衣服还在着火。有的女孩跳下时头发上蹿着火苗。尸体跌落的声音此起彼伏。格林大街和大楼旁边的华盛顿广场上堆满了死尸和奄奄一息的人们,场面非常悲惨……
>
> 女孩子们相互挽着胳膊一起跳下,构成了一幅临死前同生死、共患难的凄惨画面,这是目击者从对面窗户亲眼看到的。

大火扑灭后,146 名特拉安格尔女用衬衫公司的工人被烧死或挤死,其中大多数是女性。10 万人参加了悼念活动,他们沿着百老汇大街举行了游行示威。

类似的火灾及其他事故还有很多很多。1904 年,制造业、交通运输业和农业的 2.7 万名工人死于工伤。单是纽约的工厂一年就发生了 5 万起事故。制帽工人患了呼吸道疾病,采石工人吸入致命的化学药剂,平板印刷工人患了砷中毒症。纽约州工厂调查委员会1912年的一份报告说：

> 萨迪是一名聪慧、清秀，特别爱干净的女孩。自从拿到雇佣证书那一刻起她就在刺绣厂工作……在工作中，她习惯于用一种白色粉末（通常为白垩粉或滑石粉）刷扫穿孔图案，这样做是为了把图案印在布料上。不过，白垩粉和滑石粉图案很容易掸掉……因此，她受雇的最后一位老板开始用混合了松香的白铅粉。因为这种粉末不容易擦掉，所以也就不需要总是重印图案，这样便降低了工作成本。
>
> 女孩们谁也不知道这粉末中间的变故，更不会知道使用这种粉末的危险……
>
> 萨迪本来是一个非常强壮、健康的女孩，胃口好，肤色也好。但她逐渐变得吃不下饭……她的手脚都肿大了，她的一只手不能动了，牙齿和牙龈都变成了蓝色。最后她不得不停止工作。在按胃病治疗数月之后，医生建议她去医院检查，结果原来是铅中毒……

据工厂劳资关系委员会1914年的一个统计，3.5万名工人在工业事故中罹难，70万人致残。该年年收入在100万美元以上的44家的总收入同年收入500美元的10万家的总收入相当。下面是劳资关系委员会专员哈里斯·温斯托克同由洛克菲勒控制的科罗拉多煤炭公司董事长约翰·奥斯古德的谈话记录：

> 温斯托克：如果一个工人死了，需要向他的家属提供某种赔偿吗？
>
> 奥斯古德：不是必需的。有时候会赔偿，有时候不用。
>
> 温斯托克：如果他伤残，生活不能自理，需要赔偿吗？
>
> 奥斯古德：不，先生，不……
>
> 温斯托克：也就是说所有的负担都直接扔给了他们自己。
>
> 奥斯古德：是的，先生。
>
> 温斯古德：厂方一点也不承担？
>
> 奥斯古德：是的，工厂一点都不用负担。

工人的联合在增强。世纪交替后不久，工会会员已达200万人（14名工人中就有1名工会会员），其中80%是劳工联盟成员。但美国劳工联盟却是一个排他性的联盟——几乎全是男性，几乎全是白人，几乎全是技术工人。尽管女工数量持续增长，从1890年的400万人增长到1910年的800万人，已占劳动力的五分之一，却只有1%的人参加了工会组织。

1910年，黑人工人创造了白人工人三分之一的利润。虽然劳联领导人塞缪尔·冈珀斯在演讲中也说到机会均等，但黑人被排斥在绝大多数劳联组织之外。冈珀斯一再强调说他不想干涉南部的"内部事务"："我认为种族问题是南方人民不得不解决的问题，但这种解决不需要外部干涉。"

不过，在现实斗争中，普通工人却不断地突破这种界限。玛丽·麦克道尔曾这样讲述芝加哥堆料厂女工联合会的形成过程：

> 那是那天晚上富有戏剧性的时刻。门口的一个爱尔兰姑娘大声问："一名有色人种姐妹要求加入，我该怎么办？"坐在椅子上的爱尔兰少妇答道："当然同意她加入，让我们大家表示诚挚的欢迎。"

在 1907 年新奥尔良码头工人的总罢工中，包括码头装卸工、卡车司机和货物搬运工在内的 1 万多名黑人和白人兄弟并肩战斗了 20 天。黑人码头装卸工领导人 E. S. 斯万说：

> 白人和黑人如此紧密地团结在一起，这是前所未有的，在我 39 年的码头生涯中，还从未见到过这样团结一致的情形。在过去的历次罢工中，黑人总是被用来对付白人，这种状况一去不复返了，两个种族的兄弟为了共同的利益坚定地站到了一起……

但这些还都属于个别现象。在总体上，黑人是被排斥在工人运动之外的。W. E. B. 杜波依斯在 1913 年时写道："其结果是使得美国黑人相信，他的最大敌人不是剥削他的雇主，而是他的白种同伴。"

美国劳工联盟中存在着事实上的种族主义，排斥妇女与外籍人也是事实，因为他们绝大多数是非技术工人。美国劳联主要由技术工人构成，信奉经济工联主义。事实上，美国工联组织的主要官员通常也都被称为"代表工会会员同雇主交涉的代理人"，他们试图通过工会出面，把雇主的专营生产提供给专门的工人独享。这样，他们就会为一些工人赢得较好的条件，而大多数工人则被撇在了一边。

美国劳联官员们拿较高的薪水，与雇主关系密切，甚至活跃于上流社会。新泽西的大西洋城是一个有钱人才会光顾的海滨胜地。1910 年，一则发自该地的电讯写道：

> 今天早上，劳联的干事弗兰克·莫里森及其他要员陪同塞·冈珀斯在海滩上身着泳装玩棒球，前矿业工人联合会负责人约翰·米切尔丢了一枚价值 1 000 美金的钻戒，这枚钻戒是他成功平息了宾夕法尼亚煤矿工人大罢工所获得的奖赏。老救生员乔治·贝克上尉找到了钻戒，米切尔从随身携带的钱包里抽出一张 100 美元的钞票递给上尉，作为对他找到钻戒的奖赏。

劳联的这些收入不菲的官员们通过严密控制会议以及豢养打手队来保护自己免遭批评。这些打手们体格粗壮，最初是用来对付破坏罢工者的，但不久便被用来威胁和殴打工会内部的政敌了。

由于恶劣的劳动条件和工会组织的垄断性质，那些渴望进行激烈的变革并认识到了资本主义制度下生活悲惨根源的劳动者们开始酝酿新型的工会组织。1905 年 6 月的一天早上，来自全美国的 200 名社会主义者、无政府主义者和激进工联主义者在芝加哥的一家礼堂里举行集会,建立了世界产业工人工会联合会。西部矿业联盟的领导人比格·比尔·海伍德在其自传中回顾了他捡起主席台上的一块木板作警木宣布开会时的情景:

> 工人朋友们……这是工人阶级的大陆会议。我们在这里把全国的工人联合为工人阶级的运动,其目的就是要使工人阶级从资本主义奴役制的束缚下解放出来……建立这一组织的目的,就是要让工人阶级摆脱资产阶级的统治,自己掌握经济权利、谋生手段,掌控生产和分配制度。

330

在主席台上与海伍德一起就座的还有社会党领导人尤金·德布斯和美国矿工联合会的组织者之一、75 岁的银发老人玛丽·琼斯妈妈。会议起草了一个章程,该章程在序言中指出:

> 工人阶级与雇主阶级毫无共同之点。只要千百万工人群众还在遭受饥饿和贫困的折磨,而由极少数人构成的雇主阶级却占有着全部的生活必需品,就不可能有和平可言。
>
> 只要所有的劳苦大众还不能够像在生产领域里那样在政治上团结起来,只要他们还不能够通过不隶属于任何政党而只是依靠工人阶级自己的经济组织去获取和享受他们的劳动果实,这两个阶级之间的斗争就决不会停止……

世界产联的一本小册子解释了为什么要破除美国劳联的同业工会观念:

> 芝加哥工会名录显示,1903 年,食品加工业共有 56 个不同的工会组织,这些工会组织又分别归属于美国劳联旗下的 14 个不同的全国工会。
>
> 这是一个典型的例子,面对雇主的强大联合,工人阶级的队伍却如此内讧,这是非常可怕的……

世界产业工人工会联合会(或称"无定见分子联合会",它们开始时就被这么称呼,原因不太清楚)的目标是:不分性别、种族和技能,把所有产业的所有工人组成"一个大联盟"。他们反对与资本家妥协,因为那样常常会妨碍工人参加罢工或者同情别的罢工工人,最终使得联合罢工者变成了罢工破坏者。"无定见分子联合会"认为,领导人为达成某种协议而进行的谈判已经取代了普通工人所进行的持续斗争。

他们呼吁采取"直接行动":

> 直接行动是指工人们自己为了自身的利益而直接举行的罢工,它不需要把工人引向歧途的领袖和阴谋狡诈的政客们包藏祸心的所谓援助。由工人自己发动、控制并在他们的直接影响下达成协议的罢工就是直接行动……直接行动就是工业民主。

331

世界产联的一本小册子写道:"要我告诉你直接行动意味着什么吗? 它意味着工人工作的时候要告诉老板,自己应当什么时间在什么地方工作,工作多长时间,拿多少工资,工作条件如何。"

世界产业工人工会联合会的工人都是勇敢善战的。虽然媒体这样褒扬他们,但他们并不主张首先使用暴力。不过,一旦受到攻击,他们就会坚决回击。1909 年,在宾夕法尼亚的麦基斯罗克斯,为了反对美国钢铁公司联营,他们发动了由 6 000 名工人参加的大罢工并公然同骑警对抗。他们发誓每死一个工人就要杀死一个骑警(在一场枪战中,4 名罢工者与 3 名骑警死于非命),并努力维持着工厂的纠察工作,直到罢工取得胜利。

世界产联意识到罢工本身并不是目的:

> 罢工不过是阶级战争的小插曲。在工人阶级训练自己协调行动的过程中,罢工是一种定期的演练,是对工人阶级力量的一次检阅。这种训练是非常必要的,它可以为资本主义的最终灭亡,为彻底消灭私有财产的总罢工准备好群众基础。

在这一时期,无政府工团主义思想在西班牙、意大利和法兰西发展势头强劲。无政府工团主义认为,工人应当掌握权力,不是通过军事起义掌握国家机器,而是通过总罢工停止现行的经济制度并使它转而为全体人民的美好生活服务。世界产联的组织者约瑟夫·埃托说:

> 全世界的工人阶级想要取得胜利,他们需要做的就是认识到自身团结的力量。他们只要挽起手臂,世界就会停止前进。赤手空拳的工人阶级的力量比掌握着所有财富的资产阶级要大得多……

这种思想充满着巨大的威力。在其诞生后的激动人心的 10 年中,世界产联成了威胁资产阶级的一种力量,而这时也正是资本主义大规模发展和获取巨额利润的时候。世界产联的注册成员在任何一个时期都从未超过 5 000 到 1 万人;由于不时有人加入和退出,很难进行准确的统计,也许其会员在某一特定时刻能够达到 10 万人。但重要的是,他们的能量、他们的毅力、他们对其他人的感召力以及他们在一时一地动员成千上万人的能力,使得他们在国内的影响力远远超出了他们的人数限制。他们游说各地(许多人是失业者或移民工人),进行组织活动,通过写文章、演讲、唱歌来散布消息,传播他们的思想。

现存制度动用一切手段来对付他们:报纸、法庭、警察、军队、暴徒和暴力。地方当局通过法律禁止他们演讲,世界产联则公然蔑视这些法律。在木材和采矿区蒙大拿州的米苏拉,当一些人被禁止发表演讲时,数百名"无定见分子联合会"成员便乘棚车来到这里。他们一个接一个地被逮捕,直到塞满了监狱和法庭。最后,镇政府终于被迫撤销了反演讲法令。

1909 年,华盛顿的斯波坎通过了一项禁止街头集会的法令。坚持演讲的世界产联的组织者被逮捕。于是,数千名"无定见分子联合会"成员便进军市中心广场并发表演讲。演讲者一个接一个地被抓起来,600 人被投进了监狱。监狱条件非常糟糕,有几个人死在了牢房里。但是,世界产联最终还是赢得了演讲的权利。

1911 年,在加利福尼亚的弗雷斯诺,发生了另一场争取自由演讲权的斗争。《旧金山钟声报》评论说:

> 整个局势出人意料,事情发生得很突然,而且让人难以理解。数千人纷至沓来,他们都靠双手维生,但他们不畏艰难,甚至敢于直面被捕入狱的危险……

在监狱里,他们唱歌,呐喊,隔着门向聚集在监狱外的人群演讲。乔伊斯·科恩布卢赫在其著名的世界产联文件集《反叛之声》中写道:

> 他们轮流做有关阶级斗争的演讲,领唱会歌。由于他们坚持不肯停下来,监狱看守派来了消防车,用灭火水龙带尽力向他们身上喷水,他们便用床垫作防护。直到牢房里冰冷的水没过了膝盖,大家才消停下来。

当城市官员得到消息说又有数千人正打算开进城区时,他们宣布解除不许在大街上进行演讲的禁令,并分批释放了被囚禁者。

同年,在华盛顿的阿伯丁,同样上演了颁布法律禁止自由演讲—逮捕—囚禁—工人取得出人意料的胜利这幕活剧。其中一名被捕者"矮胖子"佩恩是一位木工师傅、农场工人,做过世界产联一家报纸的编辑,他后来详细记述了这次经历:

> 他们来了! 18 岁,正是一生中生龙活虎的年龄,但他们却忍饥挨饿,顶风冒雪,穿过一座座充满敌意的城镇,经过长途跋涉来到这个地方。在这里,被捕判刑已是他们可望得到的最温和的待遇了,因为很多人被赶进沼泽地,或者几乎被打死……然而,他们还是慨然而至,带着一脸孩子气的嬉笑,对种种悲惨的遭遇坦然面对,一笑了之……
>
> 但是,这些人这样做的动机是什么呢? ……他们为什么到这里来? 难道人类的手足之情真的有战胜任何恐惧和窘境的魅力,甚至让 6 000 年来一直想把它从我们头脑中根除的命运之神都对它束手无策?

在圣地亚哥,"无定见分子联合会"成员杰克·怀特在1912 年的一次争取言论自由的战斗中被逮捕,并被判处 6 个月的监禁。在县监狱关押期间只能得到限量的面包和水。当法庭问他还有什么需要陈述的时候,速记员记录下了他的如下发言:

> 检察官请求陪审团判我有罪,理由是我在公共集会上的公共讲台上发表了演讲,"让法庭见鬼去吧,我们清楚什么是公正"。他的谎言恰恰暴露了真相,因为当他试图探寻我心灵最深处的真实想法时,他确实发现了我过去从未表达过的思想,我现在可以明确地把它说出来了,那就是:"让法庭见鬼去吧,我清楚什么是公正。"我坐在你们的法庭上,一天天地看着我的阶级兄弟在这里听审,看着你们的所谓的法庭公正。我看着你们——斯隆法官以

及其他的法官,看着你们把他们送进监狱,因为他们侵犯了私有财产的神圣权利。你们对人的生存权和人们追求幸福的权利视而不见、听而不闻,你们肆意践踏这些权利,因为只有这样才能保护你们的私有财产的神圣权利。你们要我尊重法律。我不。我已经违犯了法律。我还要违犯你们的任何一条法律。这还不够,我还要站在你们面前说:让你们的法庭见鬼去吧……

　　检察官在说谎,不过我可以把他的谎言看成是真相。我再说一遍,斯隆法官,你对我态度的判断没有错,"让法庭见鬼去吧,我知道什么是公正"。

世界产联成员也经常遭受毒打、柏油羽毛刑①以及失败的折磨。世界产联分子约翰·斯通讲述了他与一名同伴深夜被放出圣地亚哥监狱,强行塞进一辆小车的情景:

　　我们被带出城外大约 20 英里的地方,小车停下了……一个人从后面用棍棒朝我头上肩上一阵乱打,另一个人一拳打在我嘴巴上。后面的那个人又跳过来踹我的肚子。我落荒而逃,听到耳边有子弹的呼啸声。我停下来……早上,我去翻看乔·马科的尸体,发现他的后脑勺都被打破了……

1916 年,在华盛顿的埃弗雷特,一船"无定见分子联合会"成员遭到司法行政官召来的 200 名治安警察的扫射,当场死亡 5 人,伤 31 人。自卫队员死亡 2 人,伤 19 人。第二年,即美国参加第一次世界大战的那年,蒙大拿的治安警察抓住了世界产联的组织者弗兰克·里特尔。他们折磨他,把他吊起来,任凭他的身体在铁路叉架上摇晃。

乔·希尔是世界产联的组织者之一。他写了大量歌词,这些歌词讽刺、幽默,具有鲜明的阶级意识和强烈的感染力。他是当时也是其后历史上的一位传奇人物。他的《布道者与奴隶》一歌中有一个特别讨人喜欢的世界产联的批评对象——教堂:

　　长头发的牧师们每晚光顾

　　他们想告诉你

　　何为正确

　　何为错误

　　你问他们什么可以充饥

　　他们的回答动听而甜蜜:

　　在天国的土地上

　　你会有美味分享

　　饥肠辘辘

　　干草果腹

---

①　一种刑罚,即把犯人身上涂以柏油并覆以羽毛。

　　辛勤工作

　　虔诚祷祝

　　百年之后

　　魂归乐土

　　他的《叛逆的女孩》是在马萨诸塞州劳伦斯纺织厂女工罢工的鼓舞下写成的，尤其受到了罢工中的世界产联领导人伊丽莎白·格利·弗林的影响：

　　在这个奇异的世界上，

　　有诸多的粉黛佳丽

　　有人锦衣玉食

　　满身的珠光宝气

　　尊贵的女王与公主

　　拥有钻石珠宝一样的魅力

　　然而

　　唯一有良好教养的

　　却是这位具有叛逆精神的女子

　　1915年11月，乔·希尔被指控在犹他州盐湖城的一次抢劫中杀死了一名335杂货商。尽管无法向法庭提供直接的证据证明他犯有谋杀罪，但陪审团还是用许多零碎的证据作出了有罪的判决。该案轰动一时，州长收到了上万封的抗议信。但乔·希尔还是被行刑队杀害了。在枪杀他时，警方用机枪封锁了监狱的入口。此前，希尔在致比尔·海伍德的信中写道："不要把时间浪费在悲痛中。组织起来！"

　　世界产联卷入了1912年马萨诸塞州劳伦斯的一系列戏剧性事件。美国毛织品公司在这儿拥有四家工厂。这儿的劳动力由移民家庭构成，他们中有葡萄牙人、法属加拿大人、英格兰人、爱尔兰人、俄国人、意大利人、叙利亚人、立陶宛人、德国人、波兰人和比利时人。他们住在拥挤不堪的廉价木板房里，平均工资是每周8.76美元。劳伦斯一位女医生伊利莎白·夏普勒博士这样写道：

　　在开工的前两三年间就有相当多的男女儿童死于非命……工厂里36%的男女工人的死亡年龄是25岁或25岁以下。

　　1月，正值隆冬时节，当一家工厂的波兰裔织工拿到工资袋时，她们发现她们那本来就已低得难以养家糊口的工资又减少了。于是，她们停下织机，走上了街头。第二天，另一家工厂的5 000名工人辍工，他们冲向一家仍在开工的工厂，撞开大门，切断织机的电源，并要求工人们离开。罢工工人很快便达到1万人。

　　他们发电报给纽约的世界产联领导人、26岁的意大利人约瑟夫·埃托，请求他来劳伦斯指导罢工斗争。埃托来了。为了便于做出重大的决定，一个代表工人中每一种族的 50 人委员会建立了起来。工厂工人中的世界产联会员还不足 1000 人,但是,由于美国劳联不关心非技术工人,于是,他们都转而参加了世界产联领导的罢工。

世界产联组织了群众集会和示威游行。罢工者需要供应 5 万人用的食物和燃料(劳伦斯的总人口是 8.6 万),为此搭起了施粥棚。全国各地的捐款纷至沓来——它们来自各工会组织、世界产联的各地方机构、各社会主义团体乃至个人。

336　市长召来了地方民团,州长也派出了州警。罢工开始数星期后的一天,游行队伍遭到警察的攻击,造成了一整天的骚乱。晚上,罢工工人安娜·洛皮佐中弹身亡,目击者说是警察所为。但当局却逮捕了来自劳伦斯的约瑟夫·埃托和另一名世界产联领导人以及诗人阿尔图罗·吉奥凡尼蒂。尽管两人都不在现场,但约瑟夫·埃托和阿尔图罗·吉奥凡尼蒂还是被指控"煽动、诱导、劝说和指使他人策划了这起谋杀案"。

埃托是罢工委员会的领导人,由于他被捕入狱,比尔·海伍德被召来接替他。世界产联其他一些领导人,包括伊丽莎白·格利·弗林,都来到了劳伦斯。当时,有 22 个连队的民团和两支骑兵部队被派驻该城。当局颁布了戒严令,禁止人们在大街上交谈。36 名罢工工人被捕,其中多数被判处一年监禁。1 月 30 日,星期二,年轻的叙利亚罢工工人约翰·拉米被刺刀刺死。罢工者们毅然走上了街头,工厂依旧无法开工。埃托说:"用刺刀织不出布匹来"。

2 月,罢工者开始组织大规模的纠察队。7000 到 1 万人的罢工纠察队员排成了看不见尽头的长链,在厂区巡逻。他们白色袖标上赫然写着:"不做罢工破坏者。"然而,他们的食物行将告罄,他们的孩子就要挨饿。一家社会主义报纸《纽约钟声报》建议把罢工者的孩子们送到其他城市的罢工同情者家里去代为照管,以便使罢工能够坚持下去。欧洲罢工工人已经这么做了,但美国工人还从未尝试过。《钟声报》在 3 天内就收到了 400 封要求领养孩子的信件。世界产联与社会党开始组织孩子们大规模撤离,帮着办理申请抚养手续,并为年幼者安排医疗检查。

2 月 10 日,100 多名 4 到 14 岁的孩子离开劳伦斯开赴纽约。他们在中央车站受到 500 名高唱"马赛曲"和"国际歌"的意大利裔社会主义者的欢迎。在接下来的一周里,另有 100 名孩子来到纽约,35 名到达佛蒙特州的巴里。很清楚,如果孩子有人照管,罢工者就能坚持下去,他们就会斗志昂扬。劳伦斯的市政官员们援引"被遗弃儿童法",不允许再有孩子离开劳伦斯。

尽管如此,40 名孩子仍于 2 月 24 日集体开赴费城。火车站挤满了警察。一名费城妇女委员会成员向议员描述了接下来发生的事情:

337　　　出发时,孩子们排起了两人一列的长队,秩序井然,他们的父母站在旁边。正当孩子们要登上火车的时候,警察开始包围并攻击我们,他们手持警棍左右猛击,丝毫不顾及孩子的安危,他们随时都有被踩踏至死的危险。母亲和孩子就这样被推到一堆,强行拖进一辆军用卡车,甚至于用棍棒驱赶,受到惊吓的妇女和孩子哭声一片,他们也不管不顾……

一周后,一群集会归来的妇女又遭到警察的包围和殴打。一名孕妇被打昏,送进医院后产下一名死婴。

但罢工者毫不退却。记者马丽·海顿·沃尔斯写道:"他们始终高歌前进,这些疲惫不堪、面色苍白的罢工者不管进厂还是出厂,只要一醒来,就开始唱歌。"

美国毛织品公司决定作出让步。它把工资提高 5％至 11％(罢工者坚持给最低工资收入者增加最高一档),加班另支付 125％的工资,并保证不歧视罢工者。1912 年 3 月 14 日,1 万名罢工工人云集劳伦斯公园,在比尔·海伍德的主持下投票决定结束罢工。

埃托和吉奥凡尼蒂受到审判。声援活动席卷了全国。纽约和波士顿开展了游行示威活动。9 月 30 日,1.5 万名劳伦斯工人进行了 24 小时罢工以示对两人的支持。随后,2 000 名罢工积极分子被解雇,但世界产联威胁说要发动另一次大罢工,解雇者又被重新录用。陪审团判决埃托和吉奥凡尼蒂无罪。当天下午,劳伦斯举行了万人庆祝集会。

世界产联认真履行了它的"一个大联盟"的承诺。每当一个工厂或矿山的工人组织起来时,妇女、外国人、黑人、贫民和大多数的非熟练工人都被吸收了进来。当路易斯安那的木材工人兄弟会成立时,他们于 1912 年劳伦斯斗争刚刚取得胜利之际邀请比尔·海伍德前往发表演讲。海伍德对居然没有一个黑人与会表示惊讶,因为邀请者告诉他,他们将在路易斯安那违法召开一个跨种族的大会。海伍德告诉大会:

> 你们在同一个工厂里一起工作。黑人和白人一起砍伐同一棵树。你们现在开会讨论自己的劳动条件……为什么这样不明智,为什么不邀请黑人与会？如果说这样做不合法,此时正是打破这种法律的时机。

于是,黑人被邀请参加了大会,随后经过投票,又被吸收进世界产联。

到 1900 年,已有 50 万妇女担任公职,而 1870 年时只有 1.9 万人。妇女们从事话务员、店员和护士等职业。另有 50 万人从事教师职业。教师们建立了教师协会,以便同妇女一旦怀孕便被视为自动解职的规定进行斗争。下面是马萨诸塞州一个城镇学校董事会公布的"女教师守则":

1. 不许结婚。

2. 不经校董事会的允许任何时候都不得离开本镇。

3. 不准与男性结交。

4. 晚 8:00 至早 6:00 不准外出。

5. 不准在街上冰淇淋店里闲逛。

6. 不准吸烟。

7. 除父兄外不准与其他男人同乘一辆马车。

8. 不准衣着华丽。

9. 不准染发。

10. 不准穿高于脚踝两英寸以上的裙子。

1910 年,玛丽·琼斯妈妈近 80 高龄的时候曾在米尔沃基啤酒厂工作过很短的一段时间,她详细描述了那里女工的劳动条件:

> 每天在洗涤室里像奴隶一样工作,浑身衣服鞋袜全都湿透,满口脏话的粗野工头在四周监视……可怜的女孩子们在充满变酸的啤酒气味的极其糟糕的环境中工作,要搬动一箱箱空的或满的酒瓶,重量从 100 至 150 磅不等……风湿病是最常见的一种慢性疾病,而且还常常伴有肺病……工头甚至连女孩上厕所的时间都要限制……许多女孩没有家,也没有父母,她们还不得不自己解决吃、穿、住的问题……每周要花 3 美元……

洗衣店的女工们也组织了起来。1909 年,妇女产业工会同盟手册在提及蒸汽洗衣店女工时写道:

> 你觉得一分钟熨一件衬衫如何? 试想一天 10 小时、12 小时、14 小时有时甚至是 17 小时站在洗衣房上的轧液机旁、酷热的蒸汽从楼板下喷涌而出时的那种滋味! 有的时候楼板是水泥的,女工们站在上面就好像站在热得发烫的煤块上,汗如雨下。她们……呼吸的空气里充满了苏打水、氨水及其他化学药品的味道。洗衣工人联合会……在一个城市里曾把这漫长的劳动时间缩减至一天 9 小时,而且还增加了 50% 的工资。

劳工斗争可以适当改善工人的生活条件,但国家资源仍然掌握在大公司的手里,他们的目的就是要盈利,他们有能力左右美国政府。于是,一种思想逐渐传播开来,而且越来越清晰和强劲,这种思想不仅仅存在于马克思的理论著作中,而且也存在于那个时代作家和艺术家的理想中,这就是人民应当联合起来共同使用地球上的财富,让所有的人而不仅仅是少数人都能生活得更好。

世纪之交的罢工斗争风起云涌:19 世纪 90 年代每年约有 1 000 次罢工,到 1904 年达到了每年 4 000 次。法律与军队一次又一次地站到了富人一边。该是千百万美国人认真思考一下社会主义的时候了!

德布斯在社会党成立 3 年之后的 1904 年这样写道:

> 过去那种"单纯的、简单的"工会已不能满足今天的要求了……

> 每个行业都试图各自保持自身相对于其他行业的独立性,其结果是不同行业间的纠纷日益增长、相互间的争论大量出现、彼此间的争斗无休无

止，最终是不可避免的分裂和瓦解……

　　　　每一位工会会员都应当认识到，劳工运动的含义远比微不足道的加薪及保证这种加薪的罢工要丰富得多；他们应该认识到它的更高目标是推翻生产工具私人占有的资本主义制度，废除雇佣奴隶制，实现整个劳动阶级的自由，即实质上的全人类的自由……

　　德布斯的阐述并非深奥的理论或缜密的分析，而是一篇充满雄辩和激情的檄文，人们对他要表达的思想感同身受。作家海伍德·布龙曾引述一位社会主义同伴的话描述德布斯："那老头儿双眼炯炯有神，他确实相信人和人之间存在着兄弟般的感情。这让人一点也不感到滑稽可笑。只要有他在身边，我自己对此都深信不疑。"

　　尤金·德布斯是普尔曼罢工期间在监狱里转变成社会主义者的。他现在是社会党的发言人，该党曾连续五次提名他为总统候选人。社会党曾一度拥有 10 万党员，并在 340 个市区拥有 1 200 名公务员。该党的主要报纸《呼唤理性》（德布斯为其主要撰稿人）拥有 50 万读者和捐助者。同时全国还有许多其他社会主义派别办的报纸。因而，加起来可能有 100 万人在阅读社会主义者的出版物。

　　社会主义运动开始越出城市移民的狭小圈子（犹太和德国社会主义者都使用他们自己的母语）而具有了全美性质。最强大的州级社会主义组织在俄克拉荷马，它在 1914 年时拥有 1.2 万名缴纳会费的会员（比纽约州还多），并有 100 多名社会主义者出任地方公职，其中 6 人就职于州议会。俄克拉荷马、得克萨斯、路易斯安那和阿肯色州出版有 55 家社会主义周报，还举办有吸引成千上万人的夏令营活动。

　　詹姆斯·格林在其《草根社会主义》一书中指出，这些西南部地区的激进分子主要是一些"负债的自耕农、流动的佃农、煤矿工人和铁路工人、被戏称为'美洲赤狗'的松林伐木工、来自被太阳晒得又干又硬的大草原上的牧师和中小学教师……农村的手工艺人和无神论者……正是这些芸芸众生开创了美国历史上波澜壮阔的地区性社会主义运动"。格林接着说：

　　　　社会主义运动……是由许多前平民主义者、激进的矿工以及被列入黑名单的铁路工人经过艰苦努力发动起来的，这一运动还得到了职业鼓动家和教育家的著名领导人的帮助，同时也得益于像尤金·德布斯和琼斯妈妈这样具有全国影响力的人物间或亲临指导……发起者中的中坚分子包括一些土生土长的持不同政见者……和一大批业余的宣传鼓动家，他们游说当地较为畅销的报纸，建立读书会，组织本地居民，发表露天演讲。

　　这一运动发展中曾呈现出一种几近宗教般的狂热，就像极富感染力的德布斯身上所展示的那样。1906 年，比尔·海伍德与另外两位西部矿业联盟领导人在爱达荷州为明显伪造的谋杀指控构陷入狱，德布斯在《呼唤理想》上发表了饱含激情的文章：

> 谋杀的罪名是一场精心策划的阴谋，并且就要以法律的名义、通过法律的手段予以处置……

> 这是无耻的构陷、卑劣的阴谋和骇人听闻的暴行……

> 假如他们真想谋杀莫耶，海伍德及其 100 万革命战友至少也该带上枪吧……

> 资产阶级的法庭从来没有、将来也不会为工人阶级做任何事情……

> 无产阶级的一次特殊革命大会……已准备就绪。如果需要采取极端措施，就会发动总罢工，届时工业将陷入全面瘫痪，总起义就会爆发。

> 只要财阀们拉开序幕，它必将以我们的胜利宣告结束。

西奥多·罗斯福读到这篇文章后，送了一份给总检察长 W. H. 穆迪，并附了一张便条："能把德布斯和这家报纸的主人入刑吗？"

随着社会主义者在选举中表现得越来越成功（德布斯在 1912 年选举中获得了 90 万张选票，较之 1908 年翻了一番），他们对此的兴趣也越来越浓，因而对产联"怠工"和"暴力"手段的批评也就越来越多。1913 年，他们以提倡暴力为由把比尔·海伍德赶出了社会党执行委员会（虽然德布斯的一些作品更富有煽动性）。

妇女积极参加了社会主义运动。她们大多数是以普通工人而非领导者的身份参加的，但有时也会以言词犀利的社会主义批评者的身份出现。例如，天生又聋又哑又瞎的海伦·凯勒，在其致《纽约钟声报》的一封信中，就曾以其独特的社会视角对开除比尔·海伍德发表了评论：

> 当我读到对海伍德同志的攻击时，我感到非常遗憾……两派之间发生如此极不光彩的内讧，在无产阶级斗争的最关键的时刻，两派本来是应当团结一致的……

> 什么？在工人阶级的迫切需要面前，难道我们不该把党内的策略之争放到一边吗？当无数的妇女和儿童因长时间的辛苦劳作而心力交瘁的时候，我们却在相互攻讦。简直太可耻了！

1904 年，女性只占社会党成员的 3%。在当年召开的全国大会上，只有 8 名妇女代表。但仅仅数年间，各地的社会主义妇女组织和全国性的杂志《社会主义妇女》便开始引导越来越多的妇女加入了社会党。结果，到 1915 年，女性党员的比例已上升到 15%。《社会主义妇女》杂志主编约瑟芬·康格-卡内科强调了妇女分组的重要性：

> 在独立的组织中，即使是那些最没有经验的弱小女性也能很快学会主持会议、提交议案、通过小型"演讲"捍卫自己的立场。通过一两年的实践，她就可以同男性一起工作了。同男性一起工作时的情形有很大的不同，她

们只是温顺地坐在那里,完全被天性好斗的男性所支配。

妇女社会主义者积极参与了 20 世纪初的女权运动。在来自俄克拉荷马的社会主义领导人凯特·理查兹·奥黑尔的领导下,纽约的妇女社会主义者极为有效地组织了起来。在 1915 年的纽约妇女选举权投票运动中,她们在选举高潮期间一天就散发了 6 万份英语传单、5 万份意地绪语传单,还卖出了 2 500 本一美分书刊和 1 500 本 5 美分的书刊,张贴了 4 万份广告,举行了 100 次集会。

但是,真的有超越于政治和经济之外、连社会主义制度也难以自行解决的妇女问题吗? 一旦性别压迫的经济基础消失,平等就会真的到来吗? 难道为选举权或为除革命之外的其他任何事情而进行的斗争真的是毫无意义的吗? 随着20 世纪初女权运动的发展,随着妇女们公开要求越来越多的东西——要求选举权以及包括两性关系和婚姻在内的各个领域的平等权,随着她们组织起来并进行抗议和游行活动,争论变得越来越激烈了。

夏洛特·珀金斯·吉尔曼在其著述中特别重视有关两性间经济平等的重大问题。她写过一首名为"社会主义者与妇女参政论者"的诗,该诗在结尾部分写道:

> 社会主义者夸耀说:
> 我们的双手撑起整个世界,
> 世界则托起女性那半边天。
> 妇女参政论者断言:
> 另一半如此孱弱,
> 你们独臂焉能擎天?
> 世界被吵醒,
> 说话更为尖酸:
> 你们的工作都一样,
> 不管是一起做,
> 还是分开干,
> 人人需尽力,
> 我不养懒汉!

当年逾八旬的苏珊·安东尼赶来听尤金·德布斯的演讲时(25 年前他曾赶去听过她的演讲,但此后两人再没见过面),他们热烈握手之后简短地交换了一下意见。她大笑着说:"给我们选举权,我们就会给你社会主义。"德布斯回敬道:"给我们社会主义,我们就会给你选举权。"

也有像克里斯特尔·伊斯门这样的妇女,她们坚持要把社会主义与女权主义两者所追求的目标结合起来。克里斯特尔·伊斯门设想了与传统婚姻不同的新生活方式,即男人与女人生活在一起但又保持各自的独立性。她是一个社会主义者,但她也曾这样写道:妇女们"明白,不能把整个的女性奴隶制简单地归结为追求利润的制度,资本主义垮台并不能保证她们的彻底解放"。

在20世纪的最初15年里,劳动大军中出现了越来越多的妇女,她们掌握了越来越多的劳工斗争经验。一些意识到女性所受的压迫并希望为此做些事情的中产阶级妇女走进了大学的校门,她们认识到,自己并不仅仅是家庭妇女。历史学家威廉·查菲在其《妇女与平等》中写道:

> 女大学生接受强烈的使命感教育,她们满怀激情,想要改造世界。她们成了医生、大学教授、慈善教育中心员工、实业家、律师和建筑设计师。在强烈的使命感和战友之情的鼓舞下,她们克服难以想象的重重困难,取得了骄人的成就。简·亚当斯、格雷丝·阿博特和埃迪丝·阿博特、爱丽斯·汉密尔顿、朱莉娅·拉斯罗普、弗罗伦斯·凯勒,她们都是一代先驱者中的佼佼者,为推动20世纪前20年的社会改革做出了贡献。

她们公开反对主流刊物的教化,因为这些刊物所传播的是妇女乃伴侣、妻子和主妇这样一种知识。一些女权主义者结了婚,另一些则坚持独身,但她们所有的人都在为与男性之间的关系问题进行斗争。如节制生育教育的先驱者玛格丽特·桑格,她的婚姻看似幸福美满,实则无异于一种枷锁,这场婚姻几乎使她陷于精神崩溃的境地,她最终不得不抛夫别子去开创自己的事业和寻找完整的自我。桑格曾在《妇女与新种族》中写道:"不能拥有和支配自己身体的女性不能自认为是自由的;只有能够自觉地选择自己是否愿意成为一个母亲的妇女才能认为自己是自由的。"

这是一个复杂的问题。例如,凯特·理查兹·奥黑尔向往家庭生活,但认为社会主义将会改善这种生活方式。1910年,她在堪萨斯城参加国会竞选时表示:"我渴望家庭生活,对家人和孩子无比爱恋……社会主义必须回归家庭。"

相反,伊丽莎白·格利·弗林却在其自传《叛逆的女孩》中写道:

> 家庭生活或者一个大家庭对我并没有吸引力……我想说、想写、想去旅行、想与人交往、想去谋职、想为世界产联作些组织工作。我认为,作为一名妇女,不能为了家庭而牺牲自己的事业……

尽管这一时期的一些妇女是激进分子、社会主义者和无政府主义者,但更多的人却在为争取选举权而斗争,她们是女权主义的社会群众基础。工会斗争中的老战士们也加入了争取选举权运动的行列,如服装工人协会的罗斯·施奈德曼。在纽约制桶工人联盟的一次集会上,当一位政治家说如果给妇女选举权她们将会失去女性的气质时,施奈德曼回答说:

> 洗衣店的女工们……一连13或14小时地站在可怕的蒸汽和热浪里,双手浸泡在热浆中。我敢肯定,她们因参加一年一度的投票选举而失去的美丽和魅力,决不会比她们一年到头呆在铸工车间或洗衣店里失去的更多。

在纽约，争取妇女选举权的游行每年春季都呈上升趋势。据1912年的一则消息报道：

> 从华盛顿广场沿第五大街直到第57大街，游行队伍首尾相顾，聚集了纽约成千上万的男男女女。他们阻塞了行进路线上的每一个十字路口。许多人本想对他们冷嘲热讽几句，结果却没有一个人这样做。那行进在大街中间的五列妇女纵队给人们留下的深刻印象足以使一切嘲笑者缄口……女医生们、女律师们……女建筑师们、女艺术家们、女演员们、女雕刻家们、女服务员们和家庭主妇们，各行各业的女工们……全都专心致志、坚决果敢地昂首前行，这真让街道两旁的群众感到吃惊。

1913年春，《纽约时报》记者从华盛顿报道：

> 今天，这里举行的争取妇女选举权的游行示威，是首都历史上规模最大的一次妇女游行活动……由5 000名妇女组成的游行队伍穿过宾夕法尼亚大街……这次示威活动令人震惊。据估计……有50万人见证了妇女们为自身事业而奋争的壮观场面。

但一些妇女激进分子仍然心存疑虑。像通常在其他问题上一样，无政府主义和女权主义者埃玛·戈德曼同样令人信服地表达了她对妇女选举权的看法：

> 普选权是我们时代盲目崇拜的偶像……澳大利亚和新西兰的妇女有投票权，她们还参与制定法律，难道那里劳工的条件有什么实质性的改善吗？
>
> 男性的政治活动史证明，如果他们不能够持之以恒地亲自投身到斗争中去，那么他们的努力是很难取得什么实际成果的。事实上，哪怕是极其微小的进步都是通过自身坚持不懈的斗争取得的，而根本不是什么选举权的题。但是，没有任何理由可以认为选票已经或将会对妇女的解放有所助益……
>
> 女性的发展、自由、独立必须要由妇女们自己通过自身的努力来实现：首先要确立其自身独立的个性；其次是要拒绝任何强加于其肉体之上的权利；除非出于自愿，否则有权拒绝生育；拒绝做上帝、国家、社会、丈夫、家庭等等的奴隶；把自己的生活变得更简朴、更充实、更富足……只有通过这种种方式而不是通过选票才能给妇女带来真正的自由……

1911年，海伦·凯勒给英格兰一位主张扩大选举权的人士写信说：

> 我们的民主不过是浪得虚名罢了。我们投票？有什么意义？它不过是让我们在两个尽管没有公开承认但事实上却是真正的独裁者之间进行选择。我们是在难分彼此的两个人中进行选择……
>
> 你想为妇女们争取选举权，可是，在英格兰大约91%的土地由20万人所有而其余4 000万人只拥有大约9%的土地的情况下，投票又能解决什么问题呢？在这种不公正的制度下，你们男人们靠着数百万张选票使自己获

得解放了吗？

埃玛·戈德曼不希望把妇女条件的改善推迟到未来的社会主义时代，她更愿意立即亲自投入战斗，而不是去争取什么投票权。海伦·凯勒虽然不是无政府主义者，但她也相信坚持不懈的抗争而非投票箱。虽然又盲又聋，但她坚持用自己的信念和笔为武器进行战斗。当她公然成为社会主义积极分子之后，曾视她为英雄的《布鲁克林之鹰》写道："她的错误很明显源于自身成长环境的制约。"她的答辩文章没有为《鹰》所接受，而是发表在了《纽约钟声》上。她说，当初与《布鲁克林之鹰》的编辑会面时，他高度赞扬了她。"但是，就因为现在我转向了社会主义，他便提醒我以及公众说，我又瞎又聋，特别容易犯错误。"她接着说：

> 噢，可笑的布鲁克林之鹰！多么胆怯的一只小鸟啊！一个又瞎又聋的群体，它所保护的是我们无法容忍的制度，这个制度使得许多人变成了瞎子和聋子，而这正是我们力图阻止的……这只"鹰"正在与我开战。我痛恨它所代表的这个制度……要反驳我，它就应当公平地进行论战……而提醒我及其他人说我看不见或者听不见，却不是在进行公平的论战，或者说，这不是一个有说服力的论据。我能阅读。我能在规定的时间里阅读英文、德文和法文的所有社会主义书籍。如果《布鲁克林之鹰》的编辑也读些同类书的话，他或许就比较聪明了，他就可以把报纸办得更好一些。假如我能为社会主义运动写一本书（就像我有时所梦想的那样）的话，我想，我该把它叫做《工业瞎子和社会聋子》。

琼斯妈妈好像对妇女运动并不特别感兴趣，但她却把纺织工人与矿工以及他们的妻子和孩子组织了起来。她的英勇事迹之一就是曾组织过一次儿童进军华盛顿运动，希望以此来消灭童工现象（20世纪开始时，已有28.4万名10到15岁的儿童在矿山和各种大小工厂里劳动）。她这样描述说：

> 1903年春，我到宾夕法尼亚的肯辛顿去，那里的7.5万名纺织工人正举行罢工。在罢工工人中至少有1万人是儿童。工人罢工是为了提高工资和缩短工时。童工们每天都要去联盟总部，他们有的失去了手臂，有的失去了拇指，有的失去了关节以下的手指。他们弯腰曲背、瘦骨嶙峋……
>
> 我请求一些孩子的父母把他们的孩子交我负责一周或10天，我保证安全完好地带他们回来……一个叫斯威尼的男人是位罢工的指挥者……一些男男女女陆续来到我这里……孩子们身上背着背包，里面装着刀、叉、杯、盘……一个小孩带来了小鼓，另一个孩子则带来了短笛……我们的旗子上写着："我们要玩耍"……

进军华盛顿运动的儿童游行队伍经新泽西和纽约到达奥斯特湾，希望能见到西奥多·罗斯福总统，但罗斯福拒绝接见他们。"不过，我们的进军运动还是达到了目的，因为我们的行动引起了国人对雇佣童工这一犯罪行为的关注。"

同年,费城的纺织厂的童工因为每周被迫工作 60 个小时而举行罢工,他们　347
高举"我们要上学!""一周 55 小时,否则罢工到底!"的标语。

只要看一眼伊丽莎白·格利·弗林的违警档案,你就能感觉到世纪初一些激进分子身上所表现出的毅力和热情:

1906—1916,世界产联领导人,演讲人

1918—1924,保障工人权益联盟领导人

1906 年,在纽约因自由演讲案被捕,起诉被驳回。1909 年,在华盛顿斯波肯活动,因自由演讲案被捕。1909 年,在蒙大拿的密苏拉因世界产联自由演讲案被捕。在华盛顿斯波肯,因世界产联自由演讲案,数百人被捕。1911 年,鲍德温机车工人举行罢工集会,在费城被捕 3 次。1912 年,积极参加了劳伦斯纺织工人罢工。1912 年,纽约旅馆工人罢工。1913 年,帕特森纺织工人罢工。1912 年,在埃托-吉奥范尼蒂案中从事辩护工作。1916 年,明尼苏达州梅萨巴岭罢工。1916 年,华盛顿斯波肯,埃弗里特世界产联案。1914 年,为乔·希尔辩护。1917 年,在明尼苏达的杜鲁思被捕,被控在禁止世界产联活动的法律通过之后仍四处活动。和平主义者,诉讼被驳回。1917 年,因芝加哥世界产联案被起诉⋯⋯

黑人妇女则受着双重压迫。1912 年,一名黑人护士写信给一家报纸说:

我们这些贫穷、以工资为生的南方有色人种妇女正在进行着一场可怕的战斗⋯⋯一方面,我们遭到本应是我们的天然保护人的黑人男子的殴打;同时,不论是在厨房里、在洗衣盆边、在缝纫机旁、在婴儿车后,还是在熨衣板旁,我们又都与干活的牲口和奴隶没有什么区别⋯⋯

在 20 世纪初被历代白人学者称为"进步时期"的这段时间里,私刑处死的事情每周都会发生。无论是对南方的黑人还是北方的黑人来说,这都是他们的黑暗时期,也就是黑人历史学家雷福德·洛根所说的"谷底"。1910 年,美国有1 000 万黑人,其中 900 万在南方。

无论是共和党政府还是民主党政府——在 1901 年和 1921 年间,在任总统分别为西奥多·罗斯福、威廉·霍华德·塔夫脱和伍德罗·威尔逊——都亲眼目睹了对黑人的私刑以及在佐治亚的斯泰茨波罗、得克萨斯的布朗斯维尔、佐治亚的亚特兰大针对黑人的谋杀暴乱,但它们都采取了听之任之的态度。

社会党里也有黑人,但社会党在种族问题上也没有多大作为,正如雷·金格谈到德布斯时所说:"当种族偏见刺到德布斯时,他总是公开予以批驳。他总是　348
坚持绝对的平等。但他却不认可为了达到这种平等有时需要采取特殊措施的观点。"

黑人开始组织起来。1903 年,建立了非洲裔美国人全国委员会,抗议私刑、以劳役偿债制度、种族歧视、剥夺选举权。大约与此同时,还建立了全国有色人

种妇女协会,谴责种族隔离制度和私刑。在佐治亚,1906 年的平等权利大会列举了 1885 年以来 260 起针对黑人的私刑。它要求给予黑人选举权、入伍权和参加陪审团的权利。它赞同黑人应当努力工作的观点,但"与此同时,我们必须对侵犯我们人权的行为进行抗议、申诉、反对,并进行持续不断的抗争……"

1905 年,在佐治亚的亚特兰大教书的 W. E. B. 杜波依斯致信全国的黑人领袖,呼吁他们从布法罗跨越美加边界,到尼亚加拉瀑布附近召开会议。这便是"尼亚加拉运动"的开端。

出生于马萨诸塞的杜波依斯是第一位拿到哈佛大学博士文凭的黑人(1895年),这时他刚刚完成并出版了充满战斗精神的诗集《黑人之魂》。杜波依斯是社会主义的同情者,但他只在很短的一段时期里做过社会党党员。

威廉·门罗·特罗特是杜波依斯召集尼亚加拉会议的一名助手,这是一位来自波士顿的黑人青年,具有尚武精神,主编着《卫兵周报》。特罗特在报上抨击了布克·T. 华盛顿的温和观点。1903 年夏,当华盛顿在波士顿的一家教堂里向 2 000 名听众发表演讲时,特罗特及其追随者们提出了 9 个带有争议性的问题,从而引起会场的骚动并酿成了一场殴斗。特罗特及其一名朋友被逮捕。这或许更增添了杜波依斯的义愤之情,从而促使他发起了尼亚加拉集会。尼亚加拉组织语气强硬:

> 我们拒绝给人这样一种印象,即黑人美国人认同自己低人一等,甘愿屈服于压迫和忍受屈辱。在孤立无助的情况下我们或许被迫顺从,但是,只要美国社会不能公正地对待我们,这 1 000 万美国人的抗议之声就决不会从他们同胞的耳边消失。

伊利诺斯州斯普林菲尔德的一场种族骚乱导致了 1910 年全国有色人种协进会的建立。白人把持着这个组织的领导地位,杜波依斯是其中唯一的黑人领导人。他也是全国有色人种协进会期刊《危机》的第一任主编。全国有色人种协进会的工作重点是在立法和教育上,而杜波依斯在其中所代表的则是尼亚加拉运动宣言所体现的精神:"持续而强有力的鼓动宣传乃解放之途。"

在这一时期,黑人、女权主义者、劳工组织者及社会主义者都明白,他们不能对政府抱有幻想。确实,这是一个"进步时期",是改革时代的开端;但那不过是一场不情愿的改革,其目的在于平息人民起义而不是要进行根本性的变革。

这一时期之所以赢得"进步"之名,是因为在这个时期通过了一系列新的法律:西奥多·罗斯福时期有肉制品检验法、规范铁路与管道的赫伯恩法、食物和药品卫生法;塔夫脱时期有授权州际商务委员会管理电话和电报系统的曼-埃尔金斯法;伍德罗·威尔逊任内成立了联邦贸易委员会来抑制垄断的增长,并通过了规范全国货币和银行制度的联邦储备法;塔夫脱时期还通过了允许征收收入累进税的宪法第 16 条修正案以及规定参议员由过去的州议会选举改为直接普选的宪法第17条修正案。也是在这一时期，一些州也通过了相应的法律以规范工资、工时、工厂安检及工伤赔偿。

这是一个试图以国家公共调查平息抗议浪潮的时代。1913 年，国会普若委员会（Pujo Committee）对银行业的权力集中展开调查，参议院劳资关系委员会就劳动管理方面的冲突举行了听证。

普通民众无疑从这些变革中得到了一定程度的好处。这是一个富裕丰饶和复杂的制度，它把相当大的一部分财富给予工人阶级中的一部分人，从而在社会的底层与上层之间构筑了一个防护网。对 1905 年至 1915 年间纽约的移民研究表明，32％的意大利人和犹太人从体力劳动者阶级上升到了较高的等级（尽管还不是太高的等级）。但是，许多意大利移民没有得到足以在这个社会里维持生计的机会，这也是事实。在每四年中，来到纽约的意大利人 73％的人要离开。尽管如此，仍有相当多的意大利人成了建筑工人，相当多的犹太人成了企业家和专业人员，他们构成了一个中产阶级，而正是这个阶级成了阶级冲突的缓冲阀。

然而，对于绝大多数的佃农、工厂工人、贫民窟居民、矿工、农场工人来说，对于男男女女的黑人和白人工人来说，基本的生活条件并没有发生什么变化。罗伯特·威贝注意到，为了实现更大程度的稳定，现实制度在"进步运动"中尽力适应环境条件的变化。面对变动不居的世界，它通过批准缺乏人情味的规则和章程来确保连续性和可预测性。它赋予政府更大的权力……鼓励中央集权。哈罗德·福克纳认为，之所以把新的着重点放在强力政府上，其目的是要维护制度的稳定以保护上层阶级的利益。

加尔布里尔·科尔克认为这标志着"政治资本主义"的兴起。在这种制度下，因为私人经济不能有效地预防来自下层的抗争，所以企业家牢牢地控制着政治制度。企业家们不反对新的改革，相反，他们主动发起改革，积极推动改革，希望以此达到在一个充满不确定性和骚乱频发的时代稳定资本主义制度的目的。

例如，西奥多·罗斯福就为自己博得了"托拉斯的炮弹"的名声，因为虽然其继任者塔夫脱是一名"保守党人"，而罗斯福以"进步"闻名，但塔夫脱时期的反托拉斯诉讼要远远多于罗斯福时期。事实上，据威贝透露，J. P. 摩根集团的两个人（美国钢铁公司董事长埃尔伯特·加里和后来成为罗斯福竞选助手的乔治·珀金斯）同罗斯福"达成了广泛谅解……即一方保证会积极配合公司管理局的任何一项调查，而另一方则会保证对方的合法权益"。这种谅解是他们通过同总统进行私下的沟通达成的。威贝用略带嘲讽的口气说，这是"明智的人之间达成的君子协定"。

1907 年的危机，连同社会党人、世界产联和工会力量的不断增长，加速了改革进程。威贝指出，"到 1908 年前后，多数大人物的看法都发生了实质性的变化……"现在重点转向了"利诱与妥协"。这种状况一直持续到威尔逊时期，"绝大多数具有改革意识的公民都沉迷于进步成就的幻觉之中"。

《银行家》杂志在 1901 年时写道:"由于这个国家的企业家们已经掌握了相互结盟的秘密,政治家们手中的权力便逐渐被颠覆,政治家也越来越屈从于企业所追逐的目标……"这基本上代表了激进批评家们的观点。

越强调稳定,需要保护的就越多。到 1904 年,资本超过 70 亿美元的 318 家托拉斯已经控制了美国制造业的 40%。

1909 年,新进步主义以出版《美国人生活的承诺》的形式发表了一个宣言。该书作者赫伯特·克洛利是《新共和》的主编,也是西奥多·罗斯福的崇拜者。他认识到,美国制度要想存续下去,就需要纪律和规章制度。他觉得政府应当更有作为,并希望看到"虔诚狂热的英雄和圣徒",这里他大概是暗指西奥多·罗斯福。

理查德·霍夫施塔特在其著作中论及白宫那不切实际的政治家(在公众眼里,他热爱自然、身体健康,是战争英雄)时,语带讥讽:"罗斯福的顾问都是些企业家和银行家,像摩根财团的汉纳、罗伯特·培根和乔治·W.珀金斯,代表洛克菲勒家族的艾利胡·鲁特、参议员纳尔逊·W.奥尔德里奇……以及詹姆斯·斯蒂尔曼。"在给其华尔街焦虑不安的内弟回信时,罗斯福安慰说:"我打算做一个彻头彻尾的保守分子,但这是为了各大公司本身的利益,首先是为了国家的利益。"

因为害怕事态恶化,罗斯福支持制定赫伯恩法。他在写给亨利·卡伯特·洛奇的信中说,那些议院外反对该法案的铁路游说者们"目光非常短浅,他们不明白,不通过这个法案就意味着加强铁路国有化运动"。他采取反托拉斯措施的目的,也是要引导他们接受政府管理,以防事态恶化。他在北部证券案中对摩根垄断铁路提起公诉,尽管有人视之为反托拉斯斗争的胜利,但它并没有改变任何东西。虽然谢尔曼法规定了刑事处罚条款,却从未对计划实行垄断的人如摩根、哈里曼和希尔提起诉讼。

至于伍德罗·威尔逊,按照霍夫施塔特的说法,他从一开始就是一个保守主义者。作为一个历史学家和政治学家,威尔逊在《论国家》中写道:"在政治学上,企图实施任何激进的新法都是不安全的。"他极力主张进行"缓慢渐进"的变革。霍夫施塔特指出,威尔逊对劳工的态度"基本上是敌视的",他还指责平民主义者"粗鲁、愚昧"。

詹姆斯·温斯坦在《自由国度里的共同理想》中研究了进步时期的各项改革,尤其是企业和政府在其认为必要时所进行的立法改革过程,这种改革有时会得到劳工领袖的帮助。温斯坦注意到,"各种企业组织基于自身的长远利益,会想方设法操控联邦、州和市镇各级政府的经济和社会政策……"虽然改革的"原初动力"往往来自抗议者和激进分子,但"在本世纪,尤其是在联邦层面,如果没有大公司的默许(如果不是操控的话),任何一项改革都难以推行"。

温斯坦把自由主义解释成代表大企业利益实现制度稳定的一种手段,这有别于自由主义者自己的解释。阿瑟·施莱辛格写道:"美国的自由主义通常是指社会各阶层限制企业群体权力的一种运动。"如果施莱辛格是在描述这些社会阶层的一种期待和目标,那他或许有点道理,如果他是在描述那些自由主义改革的具体功效,那他所指的"限制"还未曾发生过。

社会控制系统巧妙地建立了起来。1900年,一位名叫拉尔夫·伊斯雷的共和党人组织了全国公民阵线。伊斯雷是一位学校教师和新闻记者,一位保守主义者。组建全国公民阵线的目的是要改善劳资关系。阵线的领导人大多为大企业主和国家政界要人,但其第一副主席却长期由劳联的塞缪尔·冈珀斯担任。并不是所有的大公司都喜欢全国公民阵线。伊斯雷把这些反对把制度合理地组织起来的批评者称为无政府主义者。他写道:"事实上,我们的敌人既包括劳动群众中的社会主义者,也包括资产阶级中的无政府主义者。"

全国公民阵线试图用更加娴熟的技巧与工会打交道。它认识到,既然无法回避这些工会组织,那就谋求与之达成某种一致而不要同它们开战:毕竟,与一个保守的工会打交道远比跟一个富有战斗精神的组织对阵要好得多。1912年的劳伦斯纺织工人罢工结束后,劳联旗下保守的纺织工人联合会领导人约翰·戈尔登致信伊斯雷说,罢工使制造商们"迅速受到教育","他们中的一些人对现在能同我们的组织做生意而感激涕零"。

全国公民阵线并不能代表整个企业界。例如,全国制造业协会就不愿意承认任何劳工组织。许多资本家甚至连公民阵线所建议的微小的改革也不愿意进行,但阵线提出的方法却代表着现代国家的经验与权威,它确定了怎么做才会对整个资产阶级最为有利,尽管这会激怒个别资本家。新方法关心的是制度的长期稳定,它有时难免会牺牲一些短期的利益。

因此,该阵线于1910年起草了一份劳工赔偿议案草案,第二年便有12个州通过了赔偿法或事故保险法。当最高法院于当年以无正当法律程序就剥夺公司财产为由裁定纽约劳工赔偿法违宪时,西奥多·罗斯福曾大发雷霆。他说,这样的裁决"只会极大地增强社会党的力量"。到1920年,42个州有了劳工赔偿法。正如温斯坦所说:"这意味着许多大公司领导人正变得越来越成熟,越来越精明,他们现在明白了社会改革才是真正意义上的保守主义,这也是西奥多·罗斯福经常告诫他们的。"

至于国会或许是出于限制托拉斯的目的而于1914年建立的美国联邦贸易委员会,全国公民阵线的一位领导人在同它打过几年交道之后报告说:"很明显,该委员会的工作目的是要确保得到那些本意良好的企业家、大公司等等的信任。"

这一时期,城市也进行了改革:许多城市赋予了市政委员会而不是市长更多的权力,或者雇用了大量的市政管理人员。这种创意无疑更富效率,也更有益于稳定。温斯坦说:"改革运动的最终目的还是要保证城市的管理权牢牢掌握在资本家阶级的手中。"改革者所关注的是城市的管理越来越民主化,而历史学家塞缪尔·海斯所看到则是权力越来越向少数人集中的趋向,因为改革的结果是大企业主和职业政客更直接地控制了城市的管理权。

很明显,进步运动是用来抵御社会主义的,不管领导这一运动的是像威斯康星州的罗伯特·拉福莱特参议员那样的真诚改革派,还是像罗斯福这样虚伪的保守派(罗斯福在1912年是以进步党的候选人竞选总统的)都是如此。进步派机关刊物《米尔沃基》杂志说,保守派是"盲目地同社会主义开战……而进步派则是机智地同社会主义进行斗争并力图改革流弊和改善自身的生存环境"。

美国钢铁公司经理弗兰克·芒西把罗斯福视为1912年总统选举的不二人选,他在信中向罗斯福吐露心曲说:美国必须朝着能够"给它的人民提供家长般的监护"的方向发展,人民需要"国家为其提供支持和指导"。这位经理还说:"为人民着想,为人民作计划乃是国家的分内之事。"

很清楚,进步主义改革运动的多数激烈措施都是在试图阻止社会主义的发展。伊斯雷认为,"社会主义的威胁从它对大学、教堂和报纸的影响增长方面都可以得到证明"。1910年,维克多·伯杰作为第一位社会主义议员进入议会;1911年,在340个市镇中,73名社会主义者被选举为市长,另有1 200名社会主义者成为低级官员。报界称这一现象为"社会主义大潮的勃兴"。

354　　私下流传的一份备忘录向全国公民阵线的相关部门进言:"针对社会主义学说在美国的迅速传播",现在需要做的就是"让公众了解社会主义的真正含义,这需要周密计划和精心指导"。备忘录还建议说,"执行这一计划必须非常巧妙和策略",也就是说,"不要对社会主义和无政府主义本身进行猛烈的攻击",要着重捍卫三个理念,即"个人自由、私有财产和契约神圣"。

很难说有多少社会主义者能够说清楚改革对资本主义究竟有多大帮助,不过,1912年,来自康涅狄格的社会主义左派罗伯特·拉蒙特这样写道:"针对疾病、意外事故和失业的养老金和老年保险是很廉价的,相对于监狱、贫民院、精神病院和医院来说有所改善。"他建议进步派分子进行改革,但他同时也提醒社会主义者不要抱"不切实际的幻想",他们的任务是揭露改革者的局限性。

通过修补其最坏的弊端而稳定资本主义制度、削弱社会主义运动的锐气、在劳资冲突日益剧烈的时代采取某些措施恢复阶级间的和平,所有这些进步派改革的期望都获得成功了吗? 在某种程度上也可以说成功了。但是,社会党的力量仍在继续增长,世界产联仍进行着宣传鼓动。而且,就在伍德罗·威尔逊上台不久,科罗拉多即爆发了一场国内有始以来最为剧烈的劳资冲突。

这场冲突就是科罗拉多煤矿工人的罢工,该罢工开始于1913年9月,以

1914 年 4 月的"勒德洛大屠杀"为标志达到了顶点。南科罗拉多的 1.1 万名矿工为洛克菲勒家族的科罗拉多燃料与钢铁公司工作,其中绝大多数是外籍工人——希腊人、意大利人和塞族人。以他们的一名组织者被杀为导火线,工人们开始进行罢工以反对低工资、恶劣的劳动条件以及在完全由采矿工公司控制的城镇里对他们的生活所施行的封建式统治。这时,身为矿工联合会组织者的琼斯妈妈来到这里,她用演讲来唤起矿工,并在罢工之初的关键的几个月里帮助了他们。她被捕后被关押在地牢般的小房里,最后被强行逐出州境。

罢工刚一开始,矿工们就立即被从矿区小镇上的陋室中逐出。在矿工联合会的帮助下,他们在附近的小山上搭起帐篷坚持进行斗争,并在棚户区组织起罢工纠察队。洛克菲勒集团雇用的枪手(鲍德温-费尔茨侦探队)用加特林机枪与来复枪袭击了棚户区。矿工的死亡人数在不断增长,但他们坚持了下来。在一次枪战中,他们赶走了一列装甲火车,阻止了破坏罢工者的到来。由于罢工工人坚持斗争、拒绝妥协,各矿无法开工,科罗拉多州长(他被洛克菲勒的工矿老板们称为"我们的小牛仔州长")叫来了国民卫队,卫队的工资由洛克菲勒支付。

最初,矿工们以为卫兵是被派来保护他们的,因而用旗子和欢呼声对他们的到来表示致意。但他们很快便发现卫兵是来破坏罢工的,他们在夜幕的掩护下运来了罢工破坏者,而没有告诉他们这里正在进行着罢工。卫兵们殴打矿工并逮捕了数百人,还骑马在该地区中心城镇特林尼达德大街上的妇女游行队伍中横冲直撞。但矿工们仍然拒绝让步。他们一直坚持到了 1913—1914 年间的寒冷的冬季。事态的发展已经很清楚,要粉碎罢工只能采取非常措施了。

1914 年 4 月,两个连的国民卫队驻扎在小山上,监视着罢工者最大的一个棚区勒德洛棚区,大约有 1 000 名男女老少住在那里。4 月 20 日早上,机枪扫射了棚区。矿工开枪还击。矿工领袖、希腊人卢·蒂卡被以讨论停战协议为名诱骗到山上,被一连卫兵射杀。妇女和儿童在帐篷下挖掘坑道以躲避枪弹。黄昏时,卫队举着火把从山上冲下来,向着帐篷射击,各家矿工纷纷向山里逃亡,有 13 人被当场射杀。

第二天,一名电话接线员从勒德洛棚区的废墟上经过,当他揭开一个帐篷里的铁床盖着的坑道时,发现了已被烧焦变形的 11 名儿童和 2 名妇女的尸体。勒德洛大屠杀得以曝光于世人面前。

消息很快传遍全国。在丹佛,矿工联合会发出了"武装起来"的号召——"为了自卫,在法律许可的情况下把所有的武器与弹药集中起来。"300 名全副武装的罢工者从其他棚区进驻勒德洛地区,切断了电话和电报线,准备进行战斗。铁路工人拒绝从特林尼达德运送士兵前往勒德洛。在科罗拉多斯普林斯,①300 名

① Colorado Springs,一译"科罗拉多泉",城市名,位于科罗拉多中部。

矿工联合会成员丢下工作,携带转轮手枪、来复枪和散弹枪开赴特林尼达德区。

356　在特林尼达德,矿工们为勒德洛惨案中的 26 名遇难者举行了葬礼,然后从送葬场步行前往附近的一座建筑,那里堆积着为他们准备好的武器。他们拿起来复枪,冲进山里,毁坏了矿井,杀死了护矿卫兵,炸毁了巷道。新闻界报道说,"一时间,四面山头,草木皆兵"。

在丹佛开往特林尼达德的一列军车上,一个连队中的 82 名士兵拒绝前往。据新闻界披露:"这些人声言,他们不愿参与枪杀妇女和儿童。他们还向 350 名准备开拔的士兵发出嘘声并大声责骂他们。"

5 000 人聚集在丹佛的州政府前的草坪上,冒雨举行示威活动,要求以屠杀罪审判勒德洛的国民卫队官员,并谴责州长为同谋犯。丹佛雪茄生产者联盟投票赞成向勒德洛和特林尼达德派去 500 名武装人员。丹佛美国服装工人联盟的妇女们则宣布从其会员中派出 400 名志愿护士去帮助罢工者。

全国各地到处是集会和示威。罢工纠察队行军到纽约百老汇 26 号洛克菲勒办公室门前。在洛克菲勒不时前往讲演的教堂前,一名进行抗议的牧师遭到了警察棍棒的殴打。

《纽约时报》对已引起国际社会关注的科罗拉多事件发表了一篇社论。《时报》的侧重点没有放在已经发生的暴行上,而是更多地强调了策略错误。这篇关于勒德洛惨案的社论开头说:"有人铸成了大错……"两天后,当矿工们武装起来进入矿区的山林时,《时报》写道:"当文明世界的最致命的武器掌握在满脑袋奴役思想的人的手里时,人们无从得知科罗拉多的战争会持续多长时间,除非你用武力平息它……总统应该把注意力从墨西哥转过来,在科罗拉多采取更为严厉的措施。"

科罗拉多州长请求联邦军队恢复秩序,伍德罗·威尔逊答应了。秩序得到了恢复,罢工逐渐平息下去。国会委员会来到这里调查,写下了长达几千页的证词。矿工联合会没有被承认。有 66 名男子、妇女和儿童被处死,却没有一名军人或矿工卫兵被指控有罪。

科罗拉多仍然是一个阶级剧烈冲突的战场,它所激起的不满情绪已经蔓延到了全国。不管通过了什么样的法律,不管纸上充斥着什么样的自由化改革,不管正在展开什么样的调查,也不管说了多少道歉和安慰的话语,在美国工业化的条件下,在工人阶级未被挫败的反抗精神中,阶级反叛的威胁依旧明显地存在着。

357　《纽约时报》还提到了墨西哥。就在勒德洛帐篷的坑道里发现尸体的那天早晨,美国军舰袭击了墨西哥海岸城市维拉克鲁兹(先是轰炸,后是占领,造成上百名墨西哥人死亡),因为墨西哥逮捕了美国水手并拒绝行 21 响枪礼向美国道歉。爱国热忱和尚武精神能够消弭阶级斗争吗? 失业和萧条在 1914 年毕竟仍在继续蔓延。枪炮能够转移注意力和形成举国一致对抗外敌的共识吗？轰炸维拉克鲁兹和进攻勒德洛居民区确实都属于偶然事件。或者，就像有人描述人类历史时曾说的那样，它也许是"偶然中的必然"。也许，墨西哥事件只是这个制度求生的一种本能反应，它不过是为了使因内部冲突而分裂的民族在对外战争中求得一致性。

　　轰炸维拉克鲁兹只不过是一件偶然的小事，但仅仅4个月之后，第一次世界大战就在欧洲爆发了。

第十四章

战争:国家生机勃发之象征

"**战**争乃国家生机勃发之象征,"激进作家伦道夫·伯恩在第一次世界大战中这样说。确实,当欧洲国家于 1914 年开战时,各国政府终于摆脱危机,得到了暂时的喘息机会,民众的爱国热情急剧迸发出来,各阶级间的冲突也停止了,牺牲在战场上的年轻人数量大得惊人——他们常常是成批成批地倒在不足百码的土地上,甚至是同一条战壕里。

然而,在美国,政府尚未宣布参战,人们就已对这种"国家生机勃发之象征"感到了不安。社会主义力量在日益增长,产联的势力好像无所不在,阶级冲突极为剧烈。在 1916 年夏天旧金山举行的战备日游行中,一枚炸弹爆炸,9 人遇难。当地两名极端分子汤姆·穆尼和沃伦·比林斯被捕并被判处 20 年监禁。此后不久,纽约州参议员詹姆斯·沃兹沃思便建议对所有男性进行强制性军事训练,目的是要避免"我们中的这些人分裂为不同阶级"的危险,不仅如此,"我们必须让我们的年轻人明白,他们对国家负有某种责任"。

人们在欧洲最大限度地履行了对国家的责任。在那里,1 000 万人丧命于战场,另有 2 000 万人死于与战争相关的饥饿和疾病。从那时开始,没有人再可以振振有词地说,这场战争给人类带来的任何一种收获能够抵得上一条人命的价值。社会主义者所用的"帝国主义战争"这一术语现在看来是恰当的和无可争辩的。欧洲发达的资本主义国家是在为边界、殖民地和势力范围而战,为争夺阿尔萨斯—洛林、巴尔干地区、非洲和中东而战。

20 世纪伊始,人们(或许只是西方世界的精英分子)尚沉浸在进步和现代化的狂喜之中时,战争就来临了。就在英国宣战的第二天,亨利·詹姆斯在给一位朋友的信中写道:"人类文明陷入了血腥和黑暗的深渊……长久以来,人们一直认为,这个世界会变得……越来越美好,现在,这一假定被彻底推翻了。"在第一次马恩河战役中,英法联军成功地阻止了德国向巴黎挺进,双方各有 50 万人的伤亡。

相互杀戮在迅速蔓延,而且规模巨大。1914 年 8 月,志愿加入英军者必须达到 5.8 英尺;到 11 月,标准已降至 5.5 英尺,当月的伤亡为 3 万人;随后,只要身高 5.3 英尺就可以应征入伍。在战争的头 3 个月里,所有最初入伍的英军士兵几乎已伤亡殆尽。

事实上,经过 3 年的鏖战,战线仍维持在法国。战争双方往往是数码或数英里地进行艰苦的拉锯战,而每一次往复都是尸骨如山。1916 年,德军试图突破凡尔登防线;英法联军则在塞纳河沿线发起了反攻,向前推进了几英里,但却付出了损失 60 万人的代价。有一天,王属约克郡轻步兵第九营 800 人发起了一次进攻,24 小时后,只有 84 人幸免于难。

在后方,英国人避而不谈这些屠杀。据一位作家回忆:"这大概是英国历史上最血腥的失败……而我们的报纸对此却无动于衷,透过它那大量活灵活现的报道,似乎到处是阳光灿烂,我们已胜利在望……"德国方面也是如此,就像埃立克·玛丽亚·雷马克在其著名小说中所写的那样:当成千上万的人在枪林弹雨中丧生的时候,官方却在散布所谓"西线无战事"的消息。

1916 年 7 月,英国将军道格拉斯·黑格命令 11 个师的英国士兵爬出战壕向德国防线挺进,德军 6 个师用机枪向他们扫射。结果,发动进攻的 11 万人中有 2 万人阵亡、4 万人受伤,敌对双方战壕之间的无人地带布满了死尸,一派阴森可怖的景象。1917 年 1 月 1 日,黑格晋升为陆军元帅。威廉·兰格在《世界历史百科全书》中简明扼要地描述了这个夏天的战况:

> 虽然遭到劳合·乔治的反对以及其下属的质疑,黑格还是满怀希望地发起了总攻。第 3 次伊普雷战役是连续 8 次的猛烈冲锋,冲锋是冒着飘泼大雨、踏着满地泥泞进行的。没有实质性的突破,总的收获不过是得到了 5 英里的土地,而其代价不仅是让伊普雷前沿阵地陷入更加困难的境地,而且还有约 40 万人的生命。

法国和英国的人民并不知道伤亡的程度。在战争的最后一年,德军向索姆河发动了猛攻,英军伤亡达 30 万。我们从保罗·福塞尔的《世界大战与当代人的回忆》中可以读到当时伦敦报纸的如下报道:

> 我能做什么?
>
> 在这场危机中老百姓能帮什么忙?
>
> 欢呼吧……
>
> 写信鼓励前线的朋友们……
>
> 不要传播流言
>
> 不要听信谣传
>
> 不要认为自己比黑格更高明。

到 1917 年春,美国也落入了这一死亡和欺骗的陷阱。法国军队中开始出现士兵哗变。不久,112 个师中有 68 个发生了兵变事件,629 人被判处徒刑,50 人被执行枪决。急需美国军队的介入。

伍德罗·威尔逊总统已许诺美国将在战争中保持中立:"一个民族因自尊心

太强而不屑一战,这种情况是存在的。"但是,1917 年 4 月,德国却宣布他们将击沉任何向其敌人运送物资的船只,并且他们已经击沉了一些商船。到了这个时候,威尔逊声言,他必须保护美国商船在战争地区航行的权利。"我不允许任何一方对美国公民的权利造成任何伤害……"

正如理查德·霍夫施塔特在其《美国政治悲剧》中所说,"这不过是给没有任何说服力的理由找个合理的借口……"因为英国人在深海领域也侵犯了美国公民的权利,但威尔逊却绝口不提向他们开战。霍夫施塔特说,威尔逊"需要为其政策寻找合法依据,但这种政策的基础并不是法律,而是权力平衡和经济利益"。

362　　　美国向德国的敌对国运送大量战争物资却又希望德国把自己看成是中立国,这显然是不现实的。1915 年初,英国客轮卢西塔尼亚号被德国潜艇用鱼雷击中,该船于 18 分钟后沉没,1 198 人丧生,其中包括 124 名美国人。美国声称卢西塔尼亚号装载的是非战争物资,因此,德国用鱼雷攻击它是一种罪恶滔天的暴行。事实上,卢西塔尼亚号却满载军火:它装有 1 248 箱三英寸炮弹,4 927 箱子弹(每箱 1 000 发左右)以及 2 000 多箱轻武器弹药。但它的声明却歪曲和隐藏了这一事实,而英美国政府也在装载的货物问题上撒了谎。

霍夫施塔特提到了威尔逊战争政策背后的"经济需要"。1914 年,美国经济开始出现严重的衰退。J. P. 摩根后来证实:"战争开始的时候我们正处于一个非常艰难的时期……全国各地的商业一片萧条,农产品价格下降,出现了大规模的失业,重工业的生产远远低于其生产能力,银行间的划拨业务被取消。"但到 1915 年,同盟国(特别是英国)的战争订货却刺激了经济增长。到 1917 年 4 月,美国已将价值 20 多亿美元的物资出售给同盟国。正如霍夫施塔特所说,"现在,美国的繁荣已同英国的战争联系在一起"。

经济繁荣很大程度上依赖于国外市场,国家领导人对这一原则深信不疑。1897 年,美国的私人海外投资额为 7 亿美元,而到 1914 年已上升至 350 亿美元。虽然威尔逊的国务卿威廉·詹宁斯·布赖恩在战争问题上是中立主义者,但他也承认美国需要海外市场。1914 年 5 月,他对总统"为美国资本和企业涌向弱小国家大开方便之门"之举深表赞赏。

早在 1907 年,伍德罗·威尔逊在哥伦比亚大学演讲时就曾说过:"资本家得到的特许权必得到政府各部的保护,即便在这一过程中会激怒那些不情愿这样做的主权国家……那些闭锁的国门必须打破。"在 1912 年竞选运动中,他又说:"我们的国内市场不足,我们需要海外市场。"在其致布赖恩的备忘录中,伍德罗威尔逊把他的目标描绘成"向世界开放门户",而 1914 年他则声言要支持"正当地占领外国市场"。

通过第一次世界大战,英国越来越成为美国商品和付息贷款的市场。J. P. 363 摩根公司成了同盟国的代理商。当威尔逊于 1915 年解除对私人银行向同盟国贷款的限令时，摩根开始大量放贷，这不仅使他获取了巨额利润，而且还把美国财政与英国对德战争的胜利之间的利益紧密地联系在了一起。

　　实业家与政治领导人喋喋不休地谈论繁荣，就好像这繁荣是超阶级的，好像每一个人都能从摩根的放贷中得到好处。确实，战争意味着生产规模的扩大和就业机会的增加，但是，钢铁工厂的工人所得真的像美国钢铁公司那样多吗？该公司仅1916年一年就获利3.48亿美元。美国介入战争后，正是富翁们更直接地接管了经济：金融家伯纳德·巴鲁克领导着战时工业委员会，这是战争时期权力最大的政府机构。银行家、铁路巨头和企业主们控制了政府的各个战时机构。

　　1915年5月的《大西洋月刊》上发表了一篇关于第一次世界大战性质的极具预见性的文章《争夺非洲是战争的根源》，作者是W.E.B.杜波依斯。文章说，这是一场帝国主义的战争。在这场战争中，德国与协约国在非洲的争夺既有象征性的一面又有现实性的一面："……毫无疑问，正如我们所看到的那样，对非洲的争夺是这次毁灭人类文明的战争的首要根源。"杜波依斯说，非洲是"20世纪的新大陆"，因为那里有南非的黄金和钻石、安哥拉和尼日利亚的可可、刚果的橡胶和象牙以及非洲西海岸的棕榈油。

　　杜波依斯看到的远不止这些。在列宁发表《帝国主义论》数年之前，他就在文章中谈到了帝国主义国家的工人阶级分享战争红利这样一种新的可能性。他指出，美国"民主的扩大"同"上层社会力量的增强以及对黑人种族敌意的不断增加"之间存在着一种悖论，其原因就在于"白人工人阶级受邀参与瓜分剥削'中国佬和黑鬼'所得的赃物"。是的，英国、法国、德国和美国普通民众的生活水平确实比以前提高了。但是，"新财富来自何处呢？……它首先来自世界上的那些所谓黑暗国家——亚洲和非洲、南美洲和中美洲、西印度群岛和南洋群岛"。①

　　杜波依斯指出，资本主义制度的狡猾之处在于，它试图将剥削者与被剥削者联合起来，为爆炸性的阶级冲突制造一个安全阀："现在已不再仅仅是豪商巨富或者贵族式的垄断集团甚至也已不再是整个剥削阶级在掠夺世界了，这种掠夺现在是由整个的国家，一个由联合起来的资本家与劳动者组成的新的民主国家来进行了。"

　　美国的情形与杜波依斯的观点非常吻合。美国资本主义需要国际性的竞争以及周期性的战争在富人与穷人之间制造一个虚假的利益共同体，以代替那不时发生的运动中表现出来的穷人们的真正的利益共同体。那么，私人企业和政治家们是如何自觉意识到这一点的呢？这个很难说得清楚。不过，他们的行为（即便是不自觉的、出于求生的本能需求的行动）确有精心策划之嫌。到1917年，迫切需要举国一致支持战争。

364

----

　　①　"黑暗国家"、"黑暗大陆"都是殖民主义者对殖民地的蔑称。作者这里明显是借用。

按照过去惯常的做法,政府很快便促成了这种全国性的一致。伍德罗·威尔逊的传记作者亚瑟·林克写道:"总之,美国的政策是由总统和民意决定的。"事实上,那时根本还没有评估民意的手段,也没有有说服力的证据表明民意想要战争。政府为了制造这种举国一致可谓煞费苦心。而征召青年服役、精心策划的全国性宣传运动以及对拒绝入伍者的严厉惩罚,这一系列的强硬措施都表明,人们并没有自发的战争欲望。

尽管威尔逊发表了颇为振奋人心的讲话,声言美国所进行的是一场"结束一切战争"和"保障世界民主"的战争,但应征入伍者却并不踊跃。需要动员 100 万人开赴前线,而宣战后的前 6 个星期里却只招募到了 7.3 万名志愿者。于是,国会以压倒性的多数通过了征兵法案。

老报人乔治·克里尔成了政府的官方战争宣传员。为了说服美国人,使他们相信这场战争是正义,他建立起了宣传委员会。在该组织的赞助下,7.5 万名演讲者在美国 5 000 个城镇中进行了 75 万次 4 分钟演讲。这是一场大规模的运动,其目的在于试图说服不愿参战的民众。1917 年初,全国公民阵线的一名成员曾抱怨说:"对国家发起的安全保卫同盟一类的运动","工人和农民都没有参加,甚至根本就不感兴趣"。

就在国会宣战的第二天,社会党在圣路易斯召开了紧急代表会议,指责国会发表的战争宣言是"反对美国人民的犯罪行为"。1917 年夏,明尼苏达社会主义者的反战集会发动了大批的群众(5 000、1 万乃至 2 万个农民)抗议战争、征兵法及投机活动。威斯康星州的一份地方报纸《普利茅斯评论》写道,"也许还从来没有哪一个党像眼下的社会党这样发展如此迅猛"。它报道说:"在通常只要有数百人参加就被视为较大规模集会的地方,现在总是有数千人聚集在那儿倾听社会党人的演讲。"俄亥俄州的保守派报纸阿克伦市的《灯塔日报》说,"几乎所有的政治观察家……都承认,如果现在进行选举,社会主义的滚滚洪流将会吞没整个中西部"。该报指出,国家"还从未进行过如此不受欢迎的战争"。

在 1917 年的市政选举中,出乎喧嚷的舆论宣传与激昂的爱国热情意料的是,社会党人取得了令人瞩目的成功。他们推举的纽约市长候选人莫里斯·希尔奎特获得了 22% 的选票,这是社会党在此地正常得票率的 5 倍。10 名社会党人进入了纽约州议会。在芝加哥,该党的得票率从 1915 年的 3.6% 增至 1917 年的 34.7%;在布法罗,其得票率从 2.6% 增加到了 30.2%。

乔治·克里尔和政府一起在幕后操纵成立一个叫做美国劳工与民主同盟的组织,由塞缪尔·冈珀斯任主席。该组织的目的是要"把国人的情绪都凝聚到一起"为战争服务。它在 164 个城市设有分支机构,许多劳工领导人都曾积极参与其中。不过,詹姆斯·温斯坦认为,该组织根本就没有运转:"……工人阶级中的普通大众对支持战争始终缺乏兴趣……"尽管一些社会主义者如杰克·伦敦、厄普顿·辛克莱、克拉伦斯·达罗在美国参战后支持了战争，但大多数社会主义者仍然坚持反战立场。

1917 年 6 月，《反间谍法》由国会通过并由威尔逊签署生效。如果单从名称上看，人们可以认定该法案主要是反间谍的。但其中的一项条款却规定，"在美国处于战争状态时，任何人蓄意引起或试图引起不服从、不忠诚、叛变或者拒绝承担应负的对美国陆海军的义务，或者蓄意妨碍美国的征兵与服役……"都将受到直至 20 年监禁的处罚。如果不清楚政府的性质，人们根本不知道该怎么去适用这个《反间谍法》，它甚至还有这样的条款："本款不应当解释为对政府行为或政策的讨论、评论或者批评行为……有任何限制……"其实，《反间谍法》是用来限制那些进行口头或书面反战宣传的美国人的。

就在该法案通过两个月之后，一位名叫查尔斯·申克的社会主义者因印制和散发了 1.5 万份谴责该法案与这次战争的传单而在费城被捕。他在传单中引述宪法第十三条修正案反对"强制性苦役"的规定，认为征兵法违反了该修正案。传单说，征兵制是"为了华尔街金融家的利益而摧残人性的罪证"。"决不能向胁迫低头。"

申克被起诉并被判处有罪，他因违犯反间谍法而被判 6 个月的监禁（这是此类案件中被判刑最短的案例之一）。申克以要求言论和写作权提起上诉，认为反间谍法与宪法第一条修正案相抵触，该修正案规定，"国会不得制定……剥夺言论自由或出版自由……的法律"。

最高法院作出了全体一致的判决，判决书出自法院最著名的自由主义者奥利弗·温德尔·霍姆斯的手笔。他综合分析传单的内容之后说，它无疑打算"阻止"征兵法的实行。申克受宪法第一修正案保护吗？霍姆斯说：

> 严格保护言论自由并不是要保护在剧院里大声谎称失火而引起恐慌的人……对于每一个具体案件来说，问题在于这些言论是否适合于具体的场合，并且这些言论是否具有构成实质性犯罪行为的明显而现实的危险，国会只是对这种言论才有权制止。

霍姆斯的分析颇富机智和迷惑力。几乎没有人会认为言论自由应该赋予某个人在剧院里大喊失火而引起恐慌的权利。但是，这个例子适用于对战争的批评吗？哈佛法学院教授泽卡赖亚·查菲后来在其所著《美国的言论自由职业》中写道，对申克而言，更恰当的比喻应当是，有人在一家剧院的幕间大喊说这里没有足够的安全出口。可以继续拿这个例子打比方：申克的行为难道不是更像一个人大声告诉买票来剧院的人里面失火的事实而非大声向他们谎称失火吗？

或许当言论自由对生命和自由构成"明显而现实的危险"时，任何理智的人都不会放任不管，毕竟，言论自由不能同其他那些生命攸关的权利相牴牾。问题是，难道战争本身不就是一种"明显而现实的危险"吗？事实上，难道它不比任何反驳它的论据更明显、更现实和对生命更具危险性吗？难道公民无权反对战争，无权去危及那些给他们带来危险的政策吗？

由于得到最高法院的认可，从第一次世界大战开始，《反间谍法》这些年来一直没有废止。虽说它只是在战时才有效，但 1950 年以来却从未失效过，因为自朝鲜战争开始，美国便合法地进入了"紧急状态"。1963 年，肯尼迪政府曾极力主张通过一项法案［未获成功］，打算把《反间谍法》适用于海外美国人的言论。用国务卿腊斯克给驻越南大使洛奇的电报中的话说，这主要是出于对派往越南的记者所写的"批评文章"的担心，他们对"吴庭艳及其政府"的批评"有可能会对战争进程产生消极影响"。

不久，尤金·德布斯案也被提到了最高法院。1918 年 6 月，德布斯探望了因反对征兵法而入狱的 3 名社会主义者，紧接着，他又在监狱对面的大街上对如醉如痴的听众们发表了两个小时的演讲。他是国内著名的演说家之一，他的演讲不时被一阵阵的笑声和掌声所打断。"啊！前几天，他们以五比四投票宣布童工法违宪。五比四，就跟掷骰子游戏差不多，先来个七点儿，再来个十一点儿。"他谈到狱中的战友，也谈到了对社会主义者亲德的指控："我憎恨、讨厌、鄙视容克和容克制度。我对德国的容克绝对没有什么用处，对美国的容克也是一点用处没有。"（雷鸣般的掌声与欢呼声。）

> 他们告诉我们说，我们生活在一个拥有极大自由的共和国里，我们的制度是民主的，我们是自由的和自治的人民。这种话我们早就听够了，简直就是儿戏……

> 历史上所有的战争都是为了征服和掠夺……一句话，战争就是战争。统治者只管宣战，而征战沙场的却总是被统治者……

德布斯以违犯《反间谍法》而被捕。因为在听众中有达到应征年龄的青年，他的演讲"妨碍了征兵和应征"。

他的演讲甚至包含着比这还要多的内容：

> 是的，在适当的时候我们将夺取国家直至全世界的政权。我们将摧毁所有奴役性的、没落的资本主义剥削制度，重新创造一个自由、人道的世界……社会主义的太阳必将冉冉升起……这一时刻会不可避免地到来，这项伟大事业的胜利……将宣告工人阶级的解放以及全人类兄弟般关系的确立。（雷鸣般长时间的掌声。）

在庭审时，德布斯拒绝为自己进行辩护，也拒绝证人为他作证。他对自己所说过的话一概供认不讳。但在陪审团开始审议前，他对他们说：

> 我被指控犯有妨碍战争罪。我承认这一点。先生们，我憎恶战争。即使我孤立无助，我仍然会坚持反战……我同情所有在痛苦中挣扎的人民，无论他们生在何处，长在何方，我都一视同仁……

陪审团判决他违犯了《反间谍法》。德布斯在判决前对陪审团说：

> 尊敬的先生们，早在数年之前，我就认识到了自己与一切生灵之间的亲密关系，我承认，自己并不比地球上最卑劣者强多少。那时我曾说过，并且现在我仍然这样说：如果存在着下等阶级，我将是其中的一分子；如果有犯罪分子，我也必将是其中的一个；只要有人身陷囹圄，我将不会是自由之身。

法官谴责了那些"在国家尚在对付外部残暴势力之际试图打掉它手中战剑"的人，并宣布判处德布斯 10 年监禁。

德布斯的上诉直到 1919 年最高法院才予以受理。这时战争已经结束了。奥利弗·温德尔·霍姆斯在法庭全体一致的支持下认定德布斯有罪。霍姆斯谈到德布斯的演讲时说，"他接下来表示反对德国的军国主义，但他的讲话方式让人很自然联想到他是在暗讽美国。"霍姆斯说，德布斯"像惯常那样把资本家同工人对立起来，并暗示劳动者与战争无关"，因此，其演讲的"客观效果与主观意图"都是要妨碍征兵。

德布斯先是被囚禁在西弗吉尼亚州的监狱，后又被转到亚特兰大的联邦监狱，并在这里呆了 32 个月之久。1921 年，66 岁的德布斯被沃伦·哈定总统赦免。

以违反《反间谍法》之名被投入监狱的大约有 900 人。如此巨大的反对声音被强行压制，全国上下充斥着的则是军乐声声、彩旗飘飘，是争相购买战争券，是大多数人对征兵和战争的默认。这种默认是精明的攻关与威迫恫吓的结果，联邦政府使出浑身解数弄权于前，大企业利用金钱铺路操控于后。不过，花如此大的力气去对付反战的声音恰恰在某种程度上说明了公众对战争的真实态度。

报纸的鼓噪更加剧了对可能出现反战运动的恐惧气氛。1917 年 4 月，《纽约时报》引述前陆军部长、时任一家公司法律顾问的伊利休·鲁特的话说："现在不允许有任何批评的声音。"数月后，该报再次引述鲁特的话说："有些人今晚还在本市大街上漫步，但他们明天一早就应该被抓起来，以叛国罪枪毙。"与此同时，西奥多·罗斯福在同哈佛俱乐部交谈中把社会主义者、世界产联等主张和平的人讥讽为"一帮无性别的蠢物"。

1917 年夏，美国防务协会成立。《纽约先驱论坛报》报道说："昨天，在美国防务协会办公室里，100 多人报名参加了美国治安巡逻队……成立巡逻队是为了制止煽动性的街头演讲。"

司法部发起的美国保卫联盟到 1917 年 6 月已在 600 个城镇拥有分支机构，其成员几近 10 万人。报界报道说，联盟成员都是"各社区的头面人物……银行家……铁路职工……旅馆服务员"。一位保卫联盟的研究者详细描述过他们的行为：

> 邮件应该是神圣不可侵犯的……可是美国保卫联盟有时就像是长着千

里眼一样，他们竟然知道哪些信件出自嫌犯之手……未经许可私自闯入别人的家里或办公室里应该是入室盗窃，他们却可以这样做。问题是，联盟截取邮件、破门入户、私闯办公室的事情不下数千次，却从未被人发现！

保卫联盟声称，它查明了300万起"不忠诚"案件。即使数字有所夸大，但恰恰是联盟提供的规模和范围向我们泄露了"不忠诚"的数量。

各州都建立了巡察组织。明尼苏达公共安全委员会是按照该州法律建立的，它查封沙龙和移动摄影剧场，查证外国人的土地，鼓励购买自由公债，考查民众的忠诚程度。《明尼阿波利斯日报》刊登了该委员会的一份呼吁书，号召"所有爱国者积极行动起来，制止一切反征兵及煽动反政府的言论和行动"。

报纸与政府紧密配合。1917年夏，《纽约时报》刊载的一篇社论说："把任何引起注意的富有煽动性的罪证通报给有关当局，这是每一位好公民的义务。"《文摘报》则要求其读者"将任何认为具有煽动性和叛国倾向的社论剪下来寄给他们"。克里尔的宣传委员会大肆宣扬说，人们应当"举报那些散布悲观情绪的人，向司法部举报他们"。司法部长在1918年时说道，"可以负责任地说，在我国历史上还从来没有如此戒备森严过"。

370　　为什么如此不遗余力？1917年8月1日的《纽约先驱论坛报》报道说，纽约市第一批100名应征入伍者中有90人要求免除义务。在明尼苏达，《明尼阿波利斯日报》在8月6日和7日的大幅标题分别是"**反征兵运动迅速波及全州**"和"**应征入伍者在撒谎**"。在佛罗里达，两名黑人农场工人为逃避兵役携带短枪进入树林自残：其中一人打掉了自己一只手上的4根手指，另一人则打断了半只手臂。佐治亚州参议员托马斯·哈德威克说："制定征兵法无疑遭到了许多人普遍而广泛的抵制。该州各处人山人海的集会都是在举行抗议活动……"逃避兵役者最终竟达33万多人。

在俄克拉荷马，社会党和世界产联在佃农和谷租佃农①中很活跃，他们组成了一个"工人阶级联盟"。为了阻止征兵活动，在联盟的一次群众集会上，他们制定了破坏铁路大桥和割断电话线的计划。联盟准备组织全国的反征兵者搞一次向华盛顿进军运动。这一运动被命名为"嫩玉米反抗运动"，因为他们原计划在行军途中以嫩玉米充饥。但计划还没有来得及实施，联盟成员就被一网打尽。450人很快便以谋反罪被关进了州监狱。领导者被判处3至10年的监禁，其他人也受到了关押60天直至2年的处罚。

1917年7月1日，激进分子在波士顿组织了一场反战游行，他们的标语上写道：

　　　　这是一场受人民欢迎的战争吗？为什么要征兵？

----

① 指美国南方用谷物交租的佃农。

　　是谁窃取了巴拿马？是谁摧毁了海地？

　　我们要和平。

　　据纽约《钟声》报道,8 000 人参加了游行,其中包括"4 000 名中央劳工联盟成员、2 000 名列特族社会主义者组织成员、1 500 名立陶宛人和披风行会的犹太人,此外还有其他支部的一些成员"。游行队伍受到了奉命而来的士兵和水兵的攻击。

　　邮政部取消了印有反战文章的报刊杂志的邮寄免检权。一家社会主义者主办的政治、文学和艺术性刊物《民众》杂志被禁止邮政发行,因为它刊登了马克斯·伊斯门于 1917 年夏写的一篇社论。社论说,"你们究竟是为了什么特别的目的,把我们以及我们的孩子运往欧洲呢? 对我来说,我认为政府没有权力征募我去参加一场我本人并不相信其目的的战争"。

371

　　在洛杉矶,上演了一部记述美国革命、控诉英国对殖民地居民所犯暴行的电影《1776 年精神》。电影制作人以违反《反间谍法》的罪名被起诉,因为,按照法官的说法,该电影有一种"对我们的盟友大不列颠可靠的信任关系表示怀疑"的倾向。结果,他被处以 10 年监禁。该案被官方编目为"美国诉《1776 年精神》案"。

　　在南达科塔州的一个小镇上,有一位名叫弗雷德·费尔柴尔德的农民,他是一名社会主义者。据指控他的人说,在一次有关战争的辩论中,他说:"当我到了入伍的年龄,又没什么亲人,如果我被征召,那我会拒绝服兵役。他们可以枪毙我,但他们不能强迫我去打仗。"他以违反《反间谍法》被判有罪,在莱文沃斯监狱服刑 1 年零 1 天。这类案件多达 2 000 多例,而且这还只是以违反《反间谍法》遭起诉的数字。

　　大约有 6.5 万人声明自己属于拒服兵役者,请求从事非战斗服务工作。在他们服役的军事驻地,他们常常会受到残酷的虐待。有三个拒服军役者,无论是战斗性服务还是非战斗性服务一概拒绝,他们被监禁在堪萨斯的赖利堡。他们被并排带到走廊里,

　　　　……用一根吊在上层栏杆上的麻绳套住脖子往上拉,使他们的双脚离地,直到他们昏过去为止。同时,长官们还猛击他们的踝骨和胫骨。然后,他们被放下来,用绳子拴住胳膊,再吊上去,直到双脚离地。这一次是用一根带喷嘴的橡胶软管在距他们 6 英寸的地方朝他们脸上喷水,直到他们完全昏迷……

　　各大中学校也都禁止反战活动。在哥伦比亚大学,心理学家 J.麦基恩·卡特尔被解雇,他对董事会管理大学长期持批评态度,同时也是战争的反对者。为了抗议校方的这一行为,著名历史学家查尔斯·比尔德也于一周后辞去了哥伦比亚大学的职务。他指责校董们"保守、反动,没有政治头脑,在宗教信仰方面目

光短浅、墨守成规……"

在国会中也出现了公开的反战声音。众议院第一位女议员珍妮特·兰金在唱名呼吁通过战争宣言时表示了沉默。一位支持战争的老政客走到她跟前小声说,"小妇人,你承担不起投反对票的责任,你代表的是全国的妇女同胞……"在又一轮唱名时,她站起来说:"我愿意支持我的国家,但我不能投票赞成战争。我投反对票。"当时的一首流行歌曲唱道:"我不能把自己的孩子培养成战士。"然而,绝大多数的歌曲却是诸如"到欧洲去"、"一面伟大的国旗"和"约翰尼,拿起你的枪"一类。

据报道,社会主义者凯特·理查兹·奥黑尔 1917 年 7 月在北达科塔演讲时说:"美国妇女即便不是下崽的母猪也差不了多少,她们养育孩子,把他们送进军队,整个一个生育工具。"她被逮捕并被判有罪,被判处在密苏里州监狱服役五年。她在监狱里继续进行斗争。因为牢房上面的窗户一直关着,室内缺少空气,她与难友们一起开展了抗议活动,她为此被守卫们拖到走廊里备受折磨。她手里拿着一本诗集,当她被拖出去的时候,她用力把书抛向窗户,窗户被打破,新鲜空气吹了进来,难友们欢呼雀跃。

爱玛·戈德曼与其战友无政府主义者亚历山大·伯克曼因反对征兵而被判刑。此前,伯克曼已在宾夕法尼亚被关了 14 年,而戈德曼也在布莱克维尔岛上服了一年刑。她向陪审团说:

> 毫无疑问,像我们这样民主少得可怜的国家,又怎么能给世界以民主呢?……如果一个民主国家居然对人民实行军事奴役和经济奴役,其所谓的民主需要用人民的血泪来浇灌,那它根本就不是民主而是专制。根据那个极具危险性的文献即独立宣言的精神,一系列恣意妄为的最终结果必然是,人民有权把它推翻……

战争给了政府摧毁世界产联的机会。就在宣战前,世界产联的报纸《产业工人》这样写道:"美国的资本家们,我们将同你们进行战斗,决不会支持你们!征兵?如果工人阶级拒绝的话,世界上还没有哪个政权能够强迫工人阶级为它去打仗。"菲利浦·方纳在其有关世界产联历史的著述中说,世界产联分子不像社会主义那样积极地反对战争,也许是因为他们都比较宿命,意识到了战争的不可避免性,认为只有阶级斗争的胜利,只要革命性的变革,才能终结战争。

1917 年 9 月初,司法部的秘密警察在全国同时袭击了 48 个世界产联的集会大厅,搜获了足以作为法庭指控证据的通信和印刷品。月底,165 名世界产联领导人被捕,罪名是阴谋妨碍征兵、鼓动逃避服役、恐吓劳资纠纷中的另一方。1918 年 4 月,其中的 101 人受到审判。审判持续了 5 个月,这在美国刑事审判史上是空前的。刚刚以《震撼世界的 10 天》报道了俄国布尔什维克革命回国的作家约翰·里德,一名社会主义者,在《民众》杂志上报道了对世界产联的审判过

程,并详细描绘了被告人的形象:

> 我不知道历史上是否有过像他们这种景象:101 名伐木工人、庄稼汉、矿工、编辑……他们认为,世界上的财富应该属于他们这些财富创造者……即常年在野外作业的人,如采石工、伐木工、收麦工、码头装卸工,他们都是世界上干强体力活的人……

世界产联成员利用这次审判的机会向人们讲述了他们的活动和他们的思想。他们中有 61 人出庭作证,包括出庭三整天的比尔·海伍德。一名成员在法庭上说道:

> 你们问我为什么世界产联不热爱美国。如果你是一名衣不蔽体的流浪汉;如果你抛妻别子到西部谋生,而从此再没有他们的消息;如果你的工作从来不能保证你在一个地方居住到获得投票权;如果你睡在污秽酸臭的工棚里,靠吃腐烂变质的食物才能勉强度日;如果副警长朝你那本来就满是洞孔的饭盒开枪,把你的食物打翻在地上;如果你的工资任由老板的意思一降再降;如果福特、苏尔、穆尼适用一种法律,而哈里·索适用另一种法律;如果每一个代表法律、秩序和国家的人都毒打你,而那些善良的基督徒们却在一旁欢呼和鼓劲,难道你们还期望这样一个人成为爱国者吗? 这是一场为了商人们的利益而进行的战争,我们不明白,我们为什么要为挽救我们为之感到欢欣鼓舞的事态发展而去送死呢?

陪审团裁定他们所有的人都有罪。法官判决海伍德等 14 人 20 年监禁,另有 33 人被判处 10 年监禁,其余的人也被判处了短期徒刑。他们被判处罚金总额达 250 万。世界产联被摧垮了。海伍德在保释期间逃到革命的俄国,他在那里一直住了 10 年,直到去世。

战争于 1918 年 11 月结束。在这场战争中,5 万美国士兵战死沙场。战争结束后不久,伤痛与幻灭感开始在全国蔓延,甚至也波及爱国者们。这种情感在战后 10 年的文学中有着明显的反映。约翰·多斯·帕索斯在其小说《1919 年》中是这样描述约翰·多伊的死亡的:

> 在马恩河畔沙龙镇的一间涂有焦油的硬纸板围成的、散发着漂白粉和尸臭的陈尸所里,他们挑选了那只松木箱子,把约翰·多伊……留下的所有遗物都装在里面……
>
> 然后,覆盖上美国国旗
>
> 司号兵敲响了安魂鼓
>
> 哈定先生向上帝祈祷,外交官、陆海军上将、高级官员、政客以及来自《华盛顿邮报》社交圈里的穿着漂亮的贵妇们庄严肃立
>
> 并想着
>
> 当着司号兵敲响安魂鼓、三声排炮震耳欲聋的时候

374

这对于上帝之国的国旗来说该是怎样的哀荣啊。

他们要为他别上一枚国会勋章，可是，他的胸膛在哪儿呢……①

欧内斯特·海明威写下了《告别武器》；数年之后，大学生欧文·萧创作了剧本《死者的葬礼》；好莱坞电影剧本作家多尔顿·特朗博写出了颇富影响的反战惊险小说《约翰尼拿起了枪》，它描述的是一位在第一次世界大战的战场上侥幸生存下来的仅剩下躯体和大脑的伤兵的故事；福特·马多克斯则创作了小说《不再有游行》。

尽管经过了战时的监禁、威胁和民族整合运动，战争结束后，当权者仍然害怕社会主义。面对革命的威胁，看来，有必要继续采取改革与压制的双重策略。

前者是由威尔逊的一位朋友乔治·L.雷科德提出来的，他在 1919 年初写信给威尔逊说，"为了对付社会主义的威胁"，必须为经济民主做些事情。他接着说："你应当成为美国激进势力的真正领袖，并且应当为根本性的改革拿出一个建设性的纲领，这个纲领将成为社会主义和布尔什维克纲领的一个替代方案……"

1919 年夏，威尔逊的顾问约瑟夫·塔马尔蒂提醒他说，共和党人与民主党人面临着共同的威胁，相比之下，两党之间的冲突是非常次要的：

375

　　　　华盛顿昨天夜里发生的危及总检察长生命的行动，不过是可怕的骚乱悄然降临这个国家的前兆……作为民主党人，我对共和党人重新掌权确实深感失望，但更令人沮丧的是，眼睁睁地看着一个运动一天天地壮大。如果不能及时加以阻止的话，这一运动最终将向我们付出高昂的代价得到的一切发动攻击。在这个工业化和社会动荡的时代，对于普通老百姓而言，两党都已声名狼藉……

"华盛顿昨天夜里发生的事情"指的是，一枚炸弹在威尔逊政府的总检察长 A.米切尔·帕尔默的家门口爆炸。6 个月后，帕尔默开始了他对外国侨民（那些没有公民身份的外国移民）的第一次大规模行动。国会在战争临近结束时通过的一项法律规定，那些反对现政府和支持破坏私有财产的外国人将被驱逐出境。1919 年 12 月 21 日，帕尔默的人把抓获的包括爱玛·戈德曼和亚历山大·伯克曼在内的 249 名俄籍侨民塞进了一艘货轮强行驱逐到了苏维埃俄国。宪法并没有赋予议会有权驱逐外国人，但最高法院在 1892 年认可了议会驱逐华人的权利，据此，最高法院解释说，作为一种自卫权，驱逐外国人是政府的一项与生俱来的权利。

1920 年 1 月，4 000 人受到全国通缉。他们在长期隔离、秘密审讯之后又被

---

① 这段引文标点按照原书。

驱逐出境。在波士顿,司法部密探在地方警察的协助下用突袭会议大厅或凌晨入室的方式抓获了 600 人。一名联邦法官忧心忡忡地描述了抓捕过程:

> 尽可能地制造抓捕的轰动效应,让人感觉到公众的安全受到巨大的威胁,并且危险已经迫在眉睫……这些被捕的外国人绝大多数都是态度温和、不会招惹麻烦的工人群众,许多人不久前还是俄国农民。他们先是被戴上手铐。随后,因为要转移到火车上并要通过波士顿的大街,他们又被拴在一起……

1920 年春,排字工人、无政府主义者安德烈亚·萨尔塞多在纽约被联邦调查局的密探逮捕后,被关押在帕克罗大楼 14 层的联邦调查局办公室达 8 周之久,并且不准与家人、朋友或律师接触。后来,他的血肉模糊的尸体在楼下的人行道上被发现,而联邦调查局则声称,他是从 14 层的窗台上跳楼自杀的。

萨尔塞多在波士顿地区有两个工人朋友,也是无政府主义者,他们在得到他死亡的消息后开始携带枪支防身。两人在马萨诸塞州布劳克顿的一辆市内有轨电车上被捕,并被指控与两周前发生在一家制鞋厂的一起抢劫谋杀案有牵连。这两个人就是尼古拉·萨科和巴特洛米欧·范塞蒂。他们受到审判并被判有罪,在监狱中度过了 7 年时光。他们在此期间一直不停地上诉,全国乃至全世界的人民也都关注着他们的案情发展。审判所提供的证据及背景材料显示,萨科与范塞蒂将被判处死刑,因为他们是无政府主义者和外国人。1927 年 8 月,警察连抓带打冲散了游行队伍及其纠察队,与此同时,军队包围了监狱,两人被以电刑处死。

萨科用他那煞费苦心学来的英文给儿子丹蒂写了最后一封信,这封信也是写给千百万其他后来者的:

> 因此,孩子,不要哭,要坚强,这样才能安慰你的母亲……带她去幽静的田野里散步,到各处采集野花……但是,丹蒂,你要永远记住,在享受幸福生活时,不要只是想着自己……要帮助那些被迫害的人和遭难者,因为他们都是你的好朋友……在这一为生命而进行的斗争中,你将会发现很多的东西和爱,你也将会得到爱。

一些改良措施得到施行,战时的爱国热情也不断地被唤起。法庭和监狱被用来加强这样一种观念,即某些观念、某些抵抗是不能容许的。但是,一种信念依然在传播着——它甚至从死囚牢里传来:在美国这样一个据说是无阶级差别的社会里,阶级间的战争依然继续着。确实,在整个的 20 年代和 30 年代,它一直在继续着。

第十五章

困难时期的自助

19 19 年 2 月,战争刚刚结束,世界产联的领导人还都被关在监狱里,但是产联关于总罢工的思想却在华盛顿州西雅图付诸实施了 5 天,当时 10 万工人走上街头,整个城市都陷入了瘫痪。

总罢工的最初起因是 3.5 万名造船厂工人举行罢工要求提高工资。他们向西雅图中央劳工理事会寻求支持,中央劳工理事会建议发起一场全市性的罢工,该建议在两周之内便得到了 110 个地方分会(大多数属于美国劳联,只有少数属于世界产联)的响应。每个响应罢工的分会各推选出 3 名成员共同组成了罢工总委员会。1919 年 2 月 6 日上午 10 点,总罢工开始了。

要达成团结殊非易事。世界产联的地方组织同美国劳联的地方组织之间关系紧张。日籍地方组织被罢工总委员会接纳但却没有给它投票权。仍有 6 万工联成员没有加入,另外 4 万人是出于同情加入的。

西雅图工人传统上比较激进。战争期间,西雅图劳联主席,一名社会主义者,因为反对征兵而被监禁,受尽了折磨。工人在大街上举行了大规模的抗议集会。

除了罢工者为提供生活必需品所组织的活动外,整个城市都停止了运转。消防队员们同意坚守岗位。洗衣店只接收来自医院的衣物,只有贴着"罢工总委员会特别通行证"标志的车辆才准许运行,35 个街头牛奶供应站也建立了起来。每天,一些超大厨房要准备 3 万份早餐,然后以自助餐的形式被运往全城各处的大厅里,罢工者一份 25 美分,普通公众 35 美分。炖牛肉、意大利面条、面包和咖啡均敞开供应。

参加过战争的退伍老兵组成了战争老兵劳工卫队以维持和平。在其司令部的黑板上写着:"本组织的目的是用非暴力的手段保护法律和秩序,志愿者只能进行劝说,而不准采用任何警察手段或携带任何武器。"罢工期间,城市的犯罪率下降了。派驻该地区的美军司令官告诉罢工委员会,在其 40 年的军旅生涯中,他还曾未见过如此安静有序的城市。劳工自己发行的一份报纸《西雅图工会纪实》上发表了署名阿尼斯的一首诗:

资本家招来军队

携带着武器

一心要把骚乱平息。

然而

这里竟然平安无事

这让他们不寒而慄。

那宁静欢愉的气氛

神秘而怪异。

弟兄们

这才是一种

无坚不摧的武器，

资本家的枪炮

焉能匹敌？

看——

大街上运送垃圾的车辆

井然有序，

每辆车上都贴着

罢工委员会的特许标记。

牛奶站的生意红红火火

一日胜过一日。

三百退伍老兵

自发地组织起来

徒手

维持着城市的秩序，

他们

根本不需要

佩带武器。

看吧——

这里

诞生了

一个崭新的政权

这里

开始了

一个崭新的世纪。

　　市长征调了 2 400 名特派代表，他们大多是华盛顿大学的学生。美国政府
向该城派出了差不多 1 000 名水兵和海军陆战队队员。总罢工在坚持了 5 天之

后宣布结束。按照罢工总委员会的解释,这一方面是由于来自各种国际工会领导人的压力,另一方面也是由于城市瘫痪所带来的生活上的困难。

罢工是和平的。但是,罢工结束后,在社会党总部和印刷厂都发生了搜捕抓人事件。39 名世界产联成员以"无政府主义者首领"的罪名被投进了监狱。

世界产联曾在华盛顿的森特勒利亚组织伐木工人,那里的木材商便准备要除掉世界产联。1919 年 11 月 11 日是第一次世界大战休战纪念日。当天,退伍军人携带橡皮管和煤气管举行游行。为防止遭到攻击,世界产联采取了必要的防备措施。当队伍经过产联驻地时,发生了交火,但不清楚是谁先开的枪。他们攻打产联驻地,双方发生了更猛烈的交火。3 名士兵被打死。

驻地有一位名叫弗兰克·埃弗里特的产联成员(世界产联领导人因妨碍战争罪受到审判时,埃弗里特正在法国当兵)。他身着军装,手持来复枪。他混在人群中逃离大楼,跑向丛林。一群暴徒尾随而至。他本打算涉水过河,因为水流太急,只好中途折返。他射死领头的人,把枪扔进河里,同暴徒进行肉搏战。他们把他拴在汽车后面拖回镇子,吊在电线杆上。随后又把他关进了监狱。当晚,他被破门而入的暴徒拖出来,带到车厢里,割掉生殖器。后来又被带到桥上吊起来,乱枪射杀。

没有一个人因为残杀埃弗里特被捕,却有 11 名产联分子以在游行期间杀害一名美国退伍军人协会领导人的罪名而受到审判,其中 6 人被判处 15 年监禁。

为什么对总罢工、对世界产联成员的组织活动会采取这种行动? 西雅图市市长的声明暗示,当局不单单是害怕罢工本身,而且还有它所代表的东西。他说:

> 西雅图的所谓同情罢工实际上是一次有预谋的革命行动。非暴力本身并不能改变这一事实……其目的(无论是公开的还是隐蔽的)就是要推翻工业制度。这里仅仅是点点星火,随后将会呈燎原之势……确实,这里没有枪炮弹药,没有杀戮,但是,我再重复一遍,革命,不一定需要使用暴力。就像西雅图的实践所表明的那样,总罢工本身就是革命的武器,越是显得平静也就越危险。如果取得成功,它将使一切都陷入停顿;整个社会生活都将停滞不前……也就是说,政府将运转失灵。不管它是否取得成功,这都是彻头彻尾的叛乱。

而且,西雅图的总罢工正发生在战后世界反叛浪潮风起云涌之时。《民族国家》的一名撰稿人对那一年是这样评论的:

> 当前最令人惊奇的现象……就是普通老百姓史无前例的反叛运动……俄国的沙皇制度被推翻……朝鲜、印度、埃及和爱尔兰一直在进行着不

屈不挠地反抗暴政的斗争。英国的铁路工人举行罢工,反对资本家与经理人员沆瀣一气。西雅图和圣弗兰西斯科的码头工人拒绝装运旨在颠覆苏维埃政府的武器和物资供应。伊利诺斯某区的矿工举行罢工,一致通过决议要求州政府"滚蛋"。据冈珀斯说,匹兹堡的美国劳联领导人被迫呼吁钢铁工人举行罢工,以免世界产联及其他"激进分子"掌握主导权。在纽约,举行罢工的码头装卸工人不顾工会领导人的反对而把老板拒之门外;与此同时,纽约的印刷行业也发生了剧烈的动荡,国际领导人也不再能够完全控制局势,即便有雇主们的亲密合作也无济于事。

> 老百姓……已对旧的领导人失去了信任,他们义无反顾地踏上了新的自救之路,随时准备放手一搏……他们不再认同任何从上面强加给他们的权威,而更乐于接受下层的自治。

西宾夕法尼亚冶铁厂的工人每周工作 6 天,每天工作 12 个小时,劳动强度极大。1919 年的时候,10 万冶铁工人分别参加了劳联的 12 个手工业工会。当年夏天,一个全国委员会试图把他们联合起来共同行动,"因为道理很明白,如果我们不能为他们做些事情,那他们就会自行其事"。

全国委员会就收到了一封约翰斯敦钢铁工人理事会发来的电报:"如果全国委员会本周还不能就举行全国性罢工做出决定,那我们这里就单独采取行动。"时任全国委员会财务处长、后来成为共产党领导人的威廉·福斯特负责罢工组织工作。他收到了发自杨斯顿地区负责人的一封电报:"别指望同愤怒的工人举行会谈。如果我们推迟罢工,他们就会把我们当成叛徒。"

伍德罗·威尔逊总统和美国劳联主席塞缪尔·冈珀斯都要求推迟罢工,但钢铁工人却坚持己见。1919 年 9 月,不仅 10 万名工会会员举行了罢工,而且还有 25 万名其他工人也举行了罢工。

阿勒格尼县司法行政长官从没有参加罢工的美国钢铁公司征调 500 名雇员作为特派代表,并宣布禁止进行露天集会。跨教派世界联合运动的一篇即时报道说:

> 在莫内森……警察局的态度很明确,就是把罢工者从大街上赶回家……在布拉多克……如果罢工者在街上被抓,他就会通宵遭到监禁……在纽卡斯尔,许多被捕者……要到罢工结束才能获释。

司法部对外籍工人实施抓捕行动,并把他们驱逐出境。在印第安纳的加里,还派来了联邦军队。

还有一些因素也对罢工者不利。参加罢工的人绝大多数是来自不同国家、操着不同语言的新移民。被钢铁公司专门雇用来破坏罢工的谢尔曼服务公司告诉其南芝加哥的员工说:"我们希望你们尽力破坏塞尔维亚人和意大利人的关系,在塞尔维亚人中散布意大利人准备复工的消息……劝说他们早点复工,不然意大利人就会抢走他们的饭碗。"被劳联拒之门外的黑人对工人联合的主张持怀疑态度。有 3 000 多黑人被运到该地成了罢工破坏者。

罢工拖得越久,越变得乏味、单调,失败主义情绪也随之蔓延开来,罢工工人也开始陆续复工。10 个星期之后,罢工人数降至 11 万。于是,全国委员会便开始呼吁工人停止罢工。

就在战争结束后的头一年,新英格兰和新泽西的 12 万纺织工人以及新泽西帕特森的 3 万丝绸工人也举行了罢工。波士顿的警察以及纽约的烟草工人、衬衫工人、木匠师傅、面包工人、卡车司机和理发师傅都举行了罢工。有新闻报道说:芝加哥"罢工和工厂关门的规模与仲夏的炎热一样都是空前的"。5 000 名国际收割机公司工人与 5 000 名城市工人同时走上了街头。

然而,进入 20 年代,局势似乎得到了控制。世界产联被破坏,社会党四分五裂。罢工浪潮遭到武力镇压,经济的好转为人民带来的实惠也稍稍平息了群众性的反叛情绪。

20 年代,国会用立法规定移民限额的方式平息了危险和骚动的移民浪潮(1900 年至 1920 年间就有 1 400 万移民涌入)。移民限额制度有利于盎格鲁—撒克逊人,却把黑人和黄种人拒之于门外,同时它也严格限制了拉丁人、斯拉夫人和犹太人的进入。在这一时期,没有一个非洲国家能够输送超过 100 人的移民,中国、保加利亚和巴勒斯坦的限额也是 100 人。英格兰和北爱尔兰的限额是 34 007 人,意大利是 3 845 人,德国是 5 122 人,立陶宛是 124 人,爱尔兰自由邦 28 567 人,俄国 2 248 人。

20 世纪 20 年代,三 K 党死灰复燃,其势力遍及北部各州。到 1924 年它已拥有 450 万党员。全国有色人种协进会面对普遍的种族仇恨与种族暴力显得束手无策。黑人在白种人的美国不可能得到平等权利这种认识成了 20 年代马库斯·加维领导的种族主义运动的主题。他宣扬黑人优越论、种族隔离和重返非洲,他认为,这是黑人实现联合与求得生存的唯一希望之所在。然而,加维领导的运动虽然鼓舞了少数黑人,但它并没有对战后 10 年强大的白人霸权构成太大的威胁。

用繁荣昌盛和充满欢乐来称呼 20 年代(即所谓"爵士乐时代"、"狂欢的 20 年代")在某种程度上是符合实际的。失业大军从 1921 年的 427 万减少到 1927 年的 200 万多一点。工人的总体工资水平提高了。一些农场主赚了不少钱。有 40％年收入超过 2 000 美元的家庭可以添置新的家当:汽车、收音机、电冰箱。数百万人过上了不错的生活——他们已经摆脱了其他人如黑人或白人佃农以及那些生活在大城市里找不到工作或仍在生存线上挣扎的移民的悲惨处境。

但是,繁荣昌盛只是集中在社会的最上层。自 1922 年至 1929 年,制造业的实际年均工资每增加 1.4%，普通股股东就可以得到 16.4% 的收益。600 万家庭（占全美总数 42%）年收入不到 1 000 美元，而占全社会 1% 的上流社会中的十分之一家庭的收入，却等于占全社会 42% 的社会底层家庭收入的总和。在 20 年代，每年都有大约 2.5 万人死于工伤事故，10 万人终生致残。仅纽约市就有 200 万人生活在廉价公寓里，这些公寓都没有太平门等防火设施。

林德夫妇（罗伯特·林德和海伦·林德）在其所著《中等城镇》中指出，国内有许多像印第安纳的曼西这样的工业小镇。在那里，人们的阶级地位早就注定了。对于镇上三分之二的家庭来说，其生活模式几乎如出一辙："冬天，父亲天不亮就起床了，到厨房里草草吃点东西，就踏着晨曦去上班。等孩子们去上学时，他们已经工作一个小时，有的甚至已工作两个小时零一刻钟了。"

随着富裕人口的增加，其他的人都被挤到了幕后。由于富人掌控着信息发布手段，任谁也无能为力。历史学家默尔·柯蒂在研究 20 年代的历史时敏锐地注意到了这一点：

> 事实上，只有占人口 10% 的上层人的收入有明显的增长。不过，在通常情况下，由此引发的抗议之声很难广泛而有效地为人了解。这一方面是主要政党的大战略使然，另一方面也是因为几乎所有的公共舆论渠道都控制在那些大出版公司手里。

西奥多·德莱塞、辛克莱·刘易斯、刘易斯·芒福德等一些作家试图打破这种局面。F. 斯科特·菲茨杰拉德在其《爵士乐时代的回响》一文中写道："无论如何，这个时代都让人生出一种苟延残喘之感，占整个国家十分之一的上层人每天都像百无聊赖的公主或者合唱团的女歌手那样打发时光。"透过歌舞升平的繁华景象，他看到了不祥之兆：醉生梦死、郁郁寡欢、张扬暴力：

> 一位同学在长岛杀死自己的妻子后自杀，另一位在费城从一座摩天大楼上"意外"坠亡，还有一位在纽约从一座摩天大楼纵身跳下。有一位在芝加哥的一家非法经营的酒吧被杀；另一位在纽约的一家非法经营的酒吧里被殴打至半死，爬回到普林斯顿俱乐部的家里就死了；还有一位被关在疯人院里，被一个疯子用斧头砍破了脑壳。

辛克莱·刘易斯在他的小说《巴比特》中准确地抓住了人们对繁荣的误解以及中产阶级添置新家当的浅薄的享乐观：

> 这是最好的一款闹钟，广告闻名全国，产品定量生产，它的配件非常时尚，声音像教堂钟声一样悠扬宏远，报时准确，表盘指针粼粼闪光。每天被这样华美的闹钟叫醒，巴比特倍感自豪。在社交场上，其身价同豪华轮胎一样可以给它的主人带来荣誉。

> 让他感到闷闷不乐的是，他现在已走投无路：他对不动产业的贪得无厌深恶痛绝，不喜欢自己的家庭，但他同时对自己厌恶一切的态度也深表

厌烦。

经过长期的宣传,妇女终于在1920年通过宪法第19条修正案获得了选举权,但选举仍然是中产阶级与富有阶级的活动。埃莉诺·弗莱克斯纳在详细描绘了妇女运动史之后谈了自己对妇女获得选举权的看法:"妇女们像男性投票者一样按照传统的党派界线被分割开来。"

在20年代,愿意代表穷人说话的政治家寥寥无几,菲奥雷洛·拉瓜迪亚就是其中的一位,他是来自东哈莱姆贫穷移民区的国会议员。奇怪的是,他既赢得了社会主义者的选票,也赢得了共和党的选票。当拉瓜迪亚收到绝望中的选民来信时,他就肉食品的高价格一事致函农业部长,但得到的答复竟是送给了他一本关于如何更经济地利用肉类的小册子。拉瓜迪亚回信说:

> 我向你求助,而你却寄给了我一份公告。纽约市的老百姓靠你们农业部的公告养活不了他们的孩子……你们的那些公告……对于这个大城市廉价公寓里的住户来说不过是一堆废纸。纽约的家庭主妇们对难见到荤腥的困难处境早已习以为常,她们会非常节俭地使用每一块肉。肉食品投机商们不让这个城市里辛苦工作的人们得到适当的营养,我们所需要的是贵部能就此事为我们提供帮助。

在20年代哈定和柯立芝两位总统的任内,财政部长是美国富豪之一安德鲁·梅隆。1923年,国会收到了一项提案即"梅隆计划",该提案看起来好像是要呼吁普遍减少所得税,只不过最高额收入等级的税率是从50%降至25%,而最低额收入等级则是从4%降至3%。一些来自工人阶级选区的议员反对该项提案,如马萨诸塞的威廉·P.康纳里说:

> 那些在林恩的制鞋厂、劳伦斯的磨粉厂和皮博迪的皮革厂工作的人们在这个所谓的共和党繁荣时期每周只工作3天。不过,我并不打算让我的这些选民们以为我赞同该法案的这些条款……我注意到,在梅隆的这项税收提案中有一条规定使得梅隆本人少缴纳80万美元的个人所得税,而他的兄弟也可以少缴60万美元,我不能投赞成票。

梅隆计划获得了通过。1928年,拉瓜迪亚在纽约比较贫困的区巡视时说:"坦白地说,我对我看到的现实缺少足够的心理准备。居然还存在着如此贫困的生活条件,这简直让人难以置信。"

为大量有关20年代繁荣的报道所淹没的是时不时的关于劳动者所进行艰苦斗争的消息。1922年,煤矿和铁路工人举行了罢工。来自蒙大拿的参议员博顿·惠勒是一名进步派分子,他的当选得益于工人的支持。惠勒在访问过罢工地区之后报告说:

> 我一整天听到的全是有关妇女被煤矿公司赶出家门的悲惨故事。到处都是孩子们乞求面包的哀嚎声。当被私人警察毒打的人向我讲述他们那可

怕的遭遇时，我被惊得目瞪口呆。耳闻目睹的一切令我感到异常震惊和不安。

1922 年，罗得岛的意大利裔和葡萄牙裔纺织工人举行的罢工虽然失败了，但它唤醒了工人的阶级意识，一些罢工工人参加了激进派运动。卢吉·纳德拉回忆说：

> ……我大哥吉多是罢工的发动者。吉多拔下罗亚尔厂织布机的把手，从一个车间到一个车间，高喊"罢工了！罢工了！"……罢工开始的时候，没有任何工会组织者领导我们……我们把一群女孩子集合在一起，从一个厂跑到另一个厂，那天上午我们一共跑了 5 个厂。每到一个厂，我们都会鼓动厂里的女孩子们说："出来！出来！"接着我们又去另一个厂……
>
> 青年工人同盟派人带着请柬邀请我去参加一个集会，我去了。我加入了该组织。数年间，我一直参加普罗维登斯复兴俱乐部的活动。我们反对法西斯主义。我在街角发表演讲，自带一张小桌台，跳到上面同友好的人们交流看法。我们呼吁大家支持萨科和范塞提……

战后，伴随着社会党的衰落，一个共产主义政党建立了起来，共产主义者致力于组建工会教育同盟，以培养美国劳联的战斗精神。一位名叫本·戈尔德的共产主义者，是工会教育同盟毛皮加工分会的成员，他在一次集会上因为向美国劳联所属工会的领导人挑战而被刺伤并遭到殴打。1926 年，他同别的共产主义者一起领导了毛皮加工工人的罢工斗争。他们组织群众组成警戒线，并同试图突破警戒线的警察发生了冲突。他们被逮捕并遭到殴打，但他们坚持罢工，最终取得了胜利，资方答应他们每周工作 40 小时并给他们增加工资。

共产主义者还在 1929 年春遍及南北卡罗来纳和田纳西的纺织工人大罢工中发挥了领导作用。工厂主们迁到南部是为了躲避工会组织，并希望在穷苦的白人中能雇到更恭顺的工人。但这些工人却起来反对延长工时和低工资。他们对"连轴转"即增加劳动强度的做法尤感深恶痛绝。例如，一名操作 24 台织机的织布工，他的周工资要从 18.9 美元增加到 23 美元，他就必须"连轴转"：他需要操作 100 台织机，被累得筋疲力尽。

纺织工人的罢工首先是从田纳西开始的。那里一家纺织厂的 500 名女工走出工厂，抗议每周只能得到 9 至 10 美元的工资。紧接着是北卡罗来纳的加斯托尼亚，那里的工人加入了一种新的工会，即由共产党人领导的全国纺织工人工会，黑人和白人都可以入会。当一些会员被解雇时，2 000 名工人中有一半人举行了罢工斗争。一种反共产主义和种族主义的气氛开始出现，暴力冲突开始了。纺织业的罢工开始向南卡罗来纳蔓延。

各种各样的罢工在取得了一些成就之后都被平息了下来。但加斯托尼亚的罢工却没有停止。在那里,纺织工人们居住在棚户区,他们坚持让共产党人做他们的领导人,罢工在继续进行。但是破坏罢工的工人被招募来了,工厂照旧开工。人们的绝望情绪在增长,与警察发生了暴力冲突。警察头子在一次夜间枪战中被击毙,16 名罢工者及罢工同情者以谋杀罪被起诉,其中包括一名共产党的领导人弗雷德·比尔。最后,有 7 人受审并分别被判处 5 年至 20 年的徒刑。他们被保释后纷纷离开美国,共产党人逃往苏俄。然而,正是这些失败、挫折和谋杀却导致了南部纺织工厂工联主义的诞生。

混乱的投机业的崩溃所直接引发的 1929 年的股市暴跌,导致了整个经济的回落,这标志着美国大萧条时期的来临。但是,正像约翰·加尔布雷斯在其相关的研究著作《大崩溃》中所说,在投机业背后隐藏着的是"经济基本不健康"的事实。他指出了不健康的公司和银行结构、不健康的对外贸易、经济信息的混乱以及"收入分配的不公正"(总人口中 5％的豪富占有着全部个人收入的三分之一)。

387　　　　一位社会主义者提出了更尖锐的批评。他认为资本主义制度在本质上就是不健康的:它是把过度追逐企业利益作为动力的一种制度,因此,它本身就是不稳定的、不可预测的、不顾人们的需要的。所有这一切所导致的结果是:许多人长期为经济萧条所累,同时,几乎每一个人都会受到周期性危机的困扰。尽管资本主义制度进行了煞费苦心自身改革,其组织控制能力也有所增强,但是,它在 1929 年时仍然是一种病态的和不稳定的制度。

大崩溃之后,经济因受到沉重的打击几乎不再运转。5 000 家银行倒闭,许多企业也因拿不到钱而关门了。那些继续开工的企业则一次又一次地解雇员工和降低工人的工资。工业产品减少了 50％,失业人数到 1933 年可能已达 1 500 万(没有人掌握确切的数字),占当时劳动力的四分之一或三分之一。1929 年春,福特汽车公司有雇员 12.8 万人,到 1931 年已降至 3.7 万人。到 1930 年底,新英格兰 28 万纺织工人差不多半数已失业。前总统卡尔文·柯立芝以其特有的睿智评论道:"随着越来越多的人丢掉了饭碗,接踵而来的便是失业问题。" 1931 年初,他再次发声:"国家境况不妙。"

很清楚,那些对经济管理负有责任的人还不知道发生了什么事情,他们感到困惑不解,拒绝承认所发生的一切,随便找几条并非导致该制度失败的原因进行搪塞。赫伯特·胡佛在大萧条发生前不久曾说:"在今天的美国,我们比历史上的任何国家的任何时候都更接近于最终战胜贫困。"1933 年 3 月,亨利·福特说,之所以发生危机是因为"除非他们被监视着无法旷工,老百姓并不心甘情愿去做完一天的工作;如果愿意的话,他们其实有足够的工作可做"。但是,刚过了几个星期,他就解雇了 7.5 万名工人。

数百万吨粮食因为无利可图而不能运送和出售。仓库里堆满了衣物,而人们却无钱购买。许许多多的房屋闲置着,但人们却因为付不起房租而被赶了出来,住在垃圾堆旁草草搭起的被称为"胡佛别墅"的木棚里。

只要扫一眼当时报纸上所载的事实,你就能想象出数百万人的生活状况。1932 年初的一份《纽约时报》这样写道:

尽管他试图滞留到 1 月 15 日,但在进行了一番无谓的努力之后,48 岁的彼得·J.康奈尔还是被从布鲁克林汉考克大街 46 号公寓赶了出来。康奈尔是一位失了业的屋顶建筑承包商,现在已身无分文。他于昨天死在妻子的怀里。

医生认为他死于心脏病,而警察则说,他的死至少部分是由于他对自己试图阻止他和他的家人沦落街头但却徒劳无功的结果极度失望所致……

康奈尔拖欠了 5 美元的房租,也交不起房东要求他预付的 1 月份 39 美元的房租。拿不出钱的结果是昨天他家收到了周末就要生效的一纸驱逐令。

在四处求助无门的时候,房屋救济局当天又通知他说,1 月 15 日之前它没有资金能给他提供帮助。

1932 年底,一则从威斯康星发给《民族国家》的消息说:

在整个中西部,农民与政府之间的关系……因征税和抵押品拍卖……而变得越来越紧张。多数驱逐令都因农民的群体抗争而未能实施,不过,其间并没有发生真正意义上的暴力冲突。转折点是 12 月 6 日。当天,一大群警察携带机关枪、来复枪、短枪和催泪弹包围了威斯康星的艾尔柯霍恩附近西雄的住宅。马克斯·西雄的财产已于去年 8 月作为抵押品拍卖,但他既不允许买主也不允许政府人员靠近他的房屋。他用猎枪对抗任何不受欢迎的来访者。警长要求他缴械投降,他拒绝了。警长命令机枪和来复枪密集扫射……西雄现在被关在艾尔柯霍恩的监狱里,当时同他一起守在房子里的妻子和两个孩子则躺在县医院里。西雄并不是一个麻烦制造者。他深得邻居们的信任,他们不久前刚选举他出任舒格克里克镇的治安法官。这样一位深孚众望的人居然会走到如此公然蔑视政府权威的地步,这件事明明白白地警示我们,如果我们不能给农业区的农民提供切实帮助的话,那里的麻烦将会越来越多。

东哈莱姆大街 113 号分租公寓的一位房客写信给华盛顿的菲奥雷洛·拉瓜迪亚议员说:

你知道,我的条件很差。我过去靠的是政府的抚恤金,他们已经停发了。现在,我已差不多 7 个月没有找到工作了。我希望你能帮我做些什么……我有 4 个孩子,他们需要衣服和食物……我那生病的 8 岁女儿还没有康复。我还需要支付 2 个月的房租,我害怕被赶走。

在俄克拉荷马,农民们发现他们的农场在拍卖商的锤子下已变得一钱不值,承包商们过来就取走了。约翰·斯坦贝克在他关于大萧条时期的小说《愤怒的葡萄》中描述了所发生的一切:

> 无家可归者、移民纷纷涌向加利福尼亚,一次就有 25 万乃至 30 万人。土地承包商紧随其后,佃农们被迫离去。而这时新一轮的浪潮已经上路,那是新一轮无家可归的流浪者、新一轮的艰辛,新一轮的期望,新一轮的危险……

> 一个饥肠辘辘的驾车在异乡流浪的男子,身边坐着他的妻子,后面载着的是骨瘦如柴的孩子。当他举目四望,看到那么多休耕的土地,他想到的决不会是盈利,而是食物。他知道,对于那些食不果腹的孩子而言,土地休耕就是造孽,土地闲置就是犯罪……

> 在南方,他看到金橘挂满了枝头,点点金黄掩映在墨绿的树叶之间。持枪巡逻的卫兵看护得严密,他想给饥饿的孩子摘一个橘子都不可能。但是,如果价钱不合适的话,这些橘子会被全部扔掉……

像斯坦贝克所说的那样,这些人都变成了一种"危险因素"。反叛情绪在增长着。莫里茨·哈尔格林在其 1933 年所著《反叛的根源》中汇集了报纸报道的全国各地所发生的事情:

> 1931 年 1 月 3 日,阿肯色州英格兰。大约 500 名农民来到该市商业区,他们绝大多数是白人,许多人全副武装……高喊着他们必须为他们自己和他们的家人弄到食物。这些入侵者宣称,除非他们可以从别的地方无偿获得,他们打算自己动手从商店中拿……

> 1931 年 7 月 9 日,底特律。今晚,因缺钱而被驱逐出该市分租房的 500 名失业者在卡迪拉克广场发起的暴乱刚刚开始就被警察预备队平息了……

> 1931 年 8 月 5 日,印第安纳州印第安纳港。1 500 名失业者袭击了此间弗鲁特格罗尔斯快运公司,他们希望以此能够得到工作以免于挨饿。公司召来了城市警察,他们用包皮警棍驱散了失业者。

> 1931 年 11 月 10 日,波士顿。查尔斯顿—东波士顿码头区罢工的码头工人和黑人罢工破坏者发生冲突,20 人被抬去治伤,3 人重伤濒临死亡,其他几十人被包扎护理,他们被飞来的瓶子、铅管、石头砸伤。

> 1931 年 11 月 28 日,底特律。当天早晨 2 000 名男女不顾警察的阻挠在大马戏团公园聚集,发生骚乱,一个骑马的巡警被石头击中头部跌下马来,一个示威者被逮捕。

> 1932 年 4 月 1 日,芝加哥。500 名学校的孩子(绝大多数衣衫褴褛、面容憔悴)游行穿越芝加哥的商业区到教育委员会办公室要求教育系统为他

们提供食物。

1932 年 6 月,波士顿。在波士顿的一次游行中,25 名饥饿的孩子哄抢了为西班牙战争中的老兵准备的自助午餐。招来两汽车警察才把他们赶走。

1933 年 1 月 21 日,纽约。今天,数百名失业者包围了联合广场附近的一家饭店要求免费就餐……

1933 年 2 月 16 日,西雅图。对县府大楼两天的围攻于今晚早些时候结束,该大楼曾为 5 000 名失业者组成的部队占领。副县长和警察用了差不多 2 个小时才驱逐了示威者。

歌词作家伊普·哈堡向斯塔兹·特克尔讲述了 1932 年的所见所闻:"当时,我走在大街上,可以看到领取救济面包的人所排的长队。纽约城最大的一家施舍场是威廉·伦道夫·赫斯特办的,有一辆大卡车,盛满热粥的几口热气腾腾的大锅,还有面包。人们脚上裹着麻布片,在哥伦布环岛周围排着长队耐心等待,长长的队伍绕着公园过了几个街区。"哈堡曾为电影《美国》写了一首歌《哥们儿,能否赏给我一角钱?》,他这样写道:

> 想当初,
> 我们身着卡其装,
> 嗬! 真有点趾高气扬,
> 傻里傻气,一幅扬基佬的模样。
> 50 万大兵从地狱中走来,
> 我就是那个打鼓的小孩。
> 嘿,记得吗? 他们曾喊我叫阿尔——
> 从那时到现在,
> 我始终没把名儿改。
> 嘿,记得吗? 我是你们的好伙伴——
> 我的哥们儿呵,
> 能否赏给我一角钱?

391

这不仅仅是一首伤心之歌。正如伊普·哈堡跟特克尔说的那样:

在这首歌中,主人公实际上说的是:我向这个国家投资,可是我应得的红利呢? ……这决不只是有点儿伤感的问题。它可以使他不致沦为乞丐,可以让他维护自己做人的尊严,问他想问的问题——虽然有点过分,但也在情理之中。

第一次世界大战的退伍老兵们现在失业了,他们的家人在挨饿。1932 年的春夏间,愤怒的老兵发起了一场退役军人进军华盛顿运动。老兵们拿着政府发给他们的有效期仍有好多年的退役费证书,要求国会付清欠款,因为这些钱现在是绝对必需的。他们有的携带妻儿，有的孤身一人，或者开着破旧不堪的汽车，或者偷乘货车，或者搭便车，从全国各地向华盛顿进发。他们有的是来自西弗吉尼亚的矿工，有的是来自佐治亚哥伦布的铁皮工，还有的是来自芝加哥的波兰裔失业老兵。有一对夫妻带着3岁的男孩儿从加利福尼亚坐了3个月的货车赶来了。还有来自新墨西哥梅斯卡勒罗印第安人的追狼族酋长，一位失业者，一身印第安装束，身背弓箭而来。

共有2 000多人抵达华盛顿。绝大多数人在与国会大厦相望的波托马克河对岸的安那科斯蒂亚沙洲上安营扎寨。约翰·多斯·帕索斯写道，"他们就睡在用旧报纸、卡纸盒、包装箱、小块马口铁皮或者焦油纸顶棚等搭起来的单坡顶小屋里……"清偿退役费的议案在众议院获得通过，但被参议员否决了。一些泄了气的老兵离开了，但大多数人留下来了。有些人在毗邻国会大厦的政府大楼里扎营，其余的人仍留驻在安那科斯蒂亚沙洲上。胡佛总统命令军队来驱赶他们。

4个骑兵队、4个步兵连、1个机枪中队和6辆坦克在白宫附近集结。道格拉斯·麦克阿瑟将军是这次行动的总指挥，德怀特·艾森豪威尔少将是他的助手，乔治·S.巴顿是其中的一名军官。麦克阿瑟率领部队沿宾夕法尼亚大街用催泪瓦斯把老兵们从他们的破屋子里赶出来，并放火烧了这些房子。随后军队过桥到达安那科斯蒂亚。数千名老兵与他们的妻子和孩子在催泪瓦斯中东奔西跑。士兵们点着了几间棚屋，整个宿营地很快便成了一片火海。到事件平息时，有两名老兵中弹身亡，一名仅11周大的孩子也死于非命，另外还有一名8岁孩子的眼睛受瓦斯伤害而部分失明，两名警察颅骨断裂，还有1 000多名老兵为瓦斯所伤。

艰难困苦的时代、政府在社会救济方面的无所作为以及政府驱散退伍老兵的行动，所有这一切都对1932年11月的选举产生了影响。民主党候选人富兰克林·罗斯福以压倒多数击败了赫伯特·胡佛。罗斯福在1933年春就任总统后，便开始实施他的立法改革计划，即著名的"新政"。当少数老兵在他上台之初来到华盛顿时，罗斯福对他们表示了慰问并送去了咖啡；老兵们在与他的一名助手会谈后返回了家园。这是罗斯福即将实施新政策的一个信号。

罗斯福的改革远远越出了旧的立法规范。通过给人民提供必要救助的办法，罗斯福政府试图解决两个最急迫的问题：一方面，它要克服危机和稳定制度，以达重建资本主义之目的；另一方面，它还要阻止罗斯福上台初期的自发性反叛运动（一些城市出现的佃户与失业者组织、自助运动、总罢工）的惊人增长。

第一个目标，即稳定制度、增强其自身保护能力，在罗斯福当政第一个月所通过的主要法律《全国产业复兴法》（NRA）中已明显地体现了出来。它通过由管理者、劳动者和政府一致赞成的一系列法令来控制经济，稳定物价和工资，限制竞争。最初,《复兴法》由大公司所操纵,为它们的利益服务。正如伯纳德·贝鲁什在其《〈全国产业复兴法〉的失败》中所说,该法的第一条即是"把多数国家权力转交给了组织严密、资金充足的同业公会和工业联合体。而毫无组织的社会大众(即人们所惯称的广大消费者)以及那些没什么经验的工会运动成员,实际上对国家复兴管理局的最初创建以及基本政策的制定没有起到任何作用"。

在有组织的劳工力量强大的地方,罗斯福也主张向工人阶级作些让步。但是,"在那些劳动组织较弱的地方,面对企业代言人要求限制……实施《复兴法》的压力,罗斯福却不打算坚持"。对此,巴顿·伯恩斯坦在《旧史新论》中坦言道:"虽然一些大老板对 7a 项条款有看法,但《复兴法》还是重申并巩固了他们的权力……"贝鲁什概括了他对《复兴法》的看法:

> 白宫赋予全国制造商协会、商会及其他商业和贸易联合会超乎寻常的权力……事实上,私权力变成了公权力,私人的政府变成了公共政府,这样便确保了资本主义同国家主义联姻。

393

1935 年,《全国产业复兴法》被最高法院以赋予总统过多权力为由宣布为违宪。不过,贝鲁什认为,"……通过《复兴法》,罗斯福把过多的政府权力让渡给了全国的工业代言人"。

新政初期通过的《农业调整法》(AAA)是为了组织农业生产。就像《复兴法》有利于大公司一样,《农业调整法》则有利于大农场主。《田纳西河流域管理局法》(TVA)是政府介入企业的开始。该法案使政府拥有了对拦河大坝和水电厂网络的所有权,从而使它能够对田纳西流域的洪水及发电量实施有效的控制。这一举措为失业者提供了就业机会,并以较低的电费服务消费者。在某种程度上它确实像其批评者所责备的那样是"社会主义的"。但是,新政管理经济的首要目的是稳定经济,其次是给下层阶级提供足够的帮助以防止他们把反叛运动转化成一场真正意义上的革命。

在罗斯福就任总统的时候,反叛运动是实实在在地存在着的。绝望的人民不再等待政府的救助,他们采取直接的行动进行自助。莫莉·杰克逊大妈后来成了阿巴拉契亚劳工运动的积极分子。据她回忆,她来到当地一家商店,要了一袋 24 磅重的面粉,让她的小儿子拿到外面去,然后又装了一袋糖。她跟店主人说:"哎,90 天内我一定过来。我得养活孩子……我会付你钱的,不用担心。"店主不同意,她便拔出了手枪。她是一名助产士,需要一个人翻山越岭,所以允许配枪。她说:"马丁,如果你想从我手里拿走这些食物,天知道他们明天会不会弄死我。我 1 分钟可以打你 6 枪。"这样,"我便出来了。我回到家,7 个孩子都饿坏了,他们从妈妈手里抢过生面团就往嘴里塞,狼吞虎咽,一下子就吃光了"。

在全国范围内,民众自发地组织起来抵制驱逐:在纽约、在芝加哥或在其他一些城市里,当听说某人将被赶出家门时,人们就会聚集过来;警察把家具从屋

394

里搬出来扔到大街上,人们便自发地帮着把被抛出来的家当再搬回去。共产党在这些城市里积极发起组织了各种各样的工人互助同盟组织。黑人妇女威莉·杰弗里斯女士向斯塔兹·特克尔讲述了有关驱逐的事情:

> 许多东西被扔了出来。他们打电话让监守过来坐在外面看着,但他们一走,我们马上把它们搬回了原处。我们所要做的就是给希尔顿兄弟打个招呼……你看看,某个地方有一家人坐在外面,只要有人招呼一声,这里的临近街坊都是工人互助同盟的成员。一个人过来,他身后会有差不多50个人跟着……把东西堆回那儿,男人们把电灯接上,到五金店买来天然气管,重新把炉子接上,把家具放回到原来的位置上,这样你根本看不出你曾被赶出过家门。

失业委员会在全国各地建立起来。1932年,查尔斯·沃克在《论坛》中是这样描述它们的:

> 我发现共产党人在许多城市里组织的、通常也是由他们领导的失业委员会并没有什么秘密可言,这些委员会是民主地、按照多数原则建立起来的。在密歇根的林肯公园,我造访过一个委员会。这个委员会有300名成员,其中有11名共产党员……委员会中有左中右三派。委员会主席……也是当地美国退伍军人协会的领导人。在芝加哥,失业委员会有45个分会,会员总数达2.2万人。
>
> 这些委员会的武器就是民众的民主力量,它们的功能是阻止对贫困者的驱逐,或者一旦发生驱逐事件便向救济委员会施压以便为被驱逐者找到新家;如果失业工人因为付不起钱而致使煤气或用水被停,委员会就与有关部门进行交涉;保证缺少衣物或鞋子的失业者得到衣物鞋子;通过宣传和施加压力消除救济中出现的黑人与白人之间的歧视或对外国人的敌视现象……组织人们到救济署为得到衣服和食物进行请愿。最后,委员会还为所有的失业者因为游行运动、饥饿进军运动或参加工会集会被捕提供法律帮助。

自从1931年至1932年间企业和政府不再向他们提供救济时起,人民便开始组织起来实行自助。在西雅图,渔民工会用捕到的鱼同拿着水果和蔬菜的人以及伐木者进行物物交换。一共有22个这种地方,每个地方都有一个物资供应所,在这里可以用食物、木柴去换取别的生活必需品和服务,理发师、女裁缝、医生都可以用他们的一技之长换取别的东西。到1932年底,在37个州有330个自助组织,拥有30万成员。到1933年初,这些组织似乎在走向衰落,因为它们指望在经济越来越混乱的情况下做太多的工作。

也许最著名的自助典型发生在宾夕法尼亚的产煤区,在那里,一队队失业的矿工们在公司矿区开掘小煤矿采煤,用卡车运到城里,以低于商家的价格出售。

到 1934 年,这些"非法开采者"已拥有 2.4 万人和 4 000 辆车。当试图对他们进行起诉时,地方陪审团不愿宣布他们有罪,狱吏们也不愿监禁他们。

这些只是出于实际需要所采取的简单行动,但它们却有引发革命的可能性。马克思主义作家保罗·马蒂克评论说:

> 要彻底终结自己的悲惨处境,工人们所要做的事情其实真的就这么简单,即不要管什么现存的财产原则和社会观念,哪儿有就去哪儿拿,生产自己所需要的东西。如果这种行动形成一定的社会规模,它就会产生深远的影响,如果只是某个地方的孤立行动,那它将……必败无疑……矿工们的非法盗采行为清楚的表明,虽然所谓工人缺乏社会主义思想之说曾让那么多人哀叹不已,但它并没有妨碍工人为了自身的利益采取实际行动反对资本主义。矿工们为了自身的利益勇于打破私有财产种种限制的行为,同时也向人们展示了他们强大的阶级意识,即工人阶级的问题只有通过工人阶级自己才能得到解决。

对罗斯福和他的顾问们以及那些支持他的企业家们来说,实行新政是不是也是其阶级意识的一种表现呢? 1933 年和 1934 年间,他们意识到必须迅速地采取措施提供工作、食物和救济以防止工人们得出他们的问题只能靠他们自己来解决这样一种结论来吗? 也许,像工人的阶级意识一样,它也只是基于现实需要的本能反应而非基于现成的理论所采取的一系列措施。

也许正是这种阶级意识导致了国会在 1934 年初以《瓦格纳—康纳里法》来规范劳动纠纷。法案规定工会代表可以选举一个委员会来解决问题和受理申诉。这类立法不正是用来对付工人的事情只能由工人自己来解决这样一种思想的吗? 大企业主认为该法案对工人太有利而表示反对。罗斯福也失去了热情。但 1934 年一系列劳工事件的发生却表明了立法的必要性。

1934 年,各种工厂有 150 万工人举行了罢工。在春季和夏季,西海岸的码头工人举行集会,要求废除"临时工挑选制度"(一种清晨买卖雇佣奴隶的市场制度,在那里挑选当日的临时工),他们为此举行了罢工。工人们不仅反对发货人,也反对他们自己的工会领导人。

2 000 英里的太平洋海岸迅速陷入瘫痪。卡车司机紧密配合,他们拒绝向码头运载货物,海员也加入了罢工的行列。当警察开进来疏通码头时,遭到了罢工者全体一致的抵制,有两人被警察枪杀。为罢工死难者举行的葬礼游行吸引了数万名支持者。紧接着,在圣弗兰西斯科市举行的总罢工中,13 万工人走上了街头,全市机动车全部停止运营。

500 名特种警察被派进来,由步兵、机枪、坦克和大炮组成的 4 500 名国家卫队也奉命集结。《洛杉矶时报》写道:

> 圣弗兰西斯科的局势用"总罢工"一词来描述已不够准确。确切地说,

那里发生的是一次起义,一次共产党鼓动和领导的反政府起义。现在要做的只有一件事,即使用一切必要的武力手段平息这次起义。

压力太大了。不仅军队开了过来,美国劳联也逼迫工人结束罢工。码头工人接受了妥协方案,但他们已向人们展示出举行总罢工的潜在实力。

同样是在 1934 年的夏天,明尼阿波利斯卡车司机的罢工得到了其他劳动阶层的支持。除牛奶车、冰车和煤车得到罢工者授予的特权之外,其他车辆很快都停运了。农民把他们的产品运到城里来直接卖给市民。在警察发动的攻击中有两名罢工者遇难。有 5 万人参加了葬礼,并举行了大规模的抗议集会和进军市政厅运动。一个月后,雇主们被迫满足码头工人的要求。

同年秋天,南部爆发了有 32.5 万纺织工人参加的最大规模的罢工。他们离开工厂,建立了由卡车和小汽车组成的"飞行"中队,来往穿梭于各罢工区间,执行纠察和战斗保卫任务,进入各工厂,关掉机器。在这里,像在其他地方一样,罢工的原动力来自普通工人,他们反对态度消极的工会高层领导人。《纽约时报》写道:"局势的严重危险在于,它有可能完全脱离工会领导人的控制。"

国家机器再次开动。南卡罗来纳州的地方当局和全副武装的罢工破坏者向纠察队员们开了枪,杀死 7 人,伤 20 人。但罢工蔓延到了新英格兰。在马萨诸塞的罗威尔,2 500 名纺织工人发动了一场骚乱。在罗得岛塞来斯维尔,5 000 名群众公然对抗携带机枪的州警,关闭了纺织厂。在罗得岛温索科特,因为国民卫队枪杀无辜,2 000 人冲进市区,关闭了工厂。

到 9 月 18 日,全国已有 42.1 万纺织工人卷入了罢工斗争。当局采取了大逮捕行动,组织者受到殴打,有 13 人死亡。罗斯福插手干预,建立了一个调停委员会,工会也呼吁停止罢工。

在南部的农村也出现了有组织的运动。这一运动通常是共产党人鼓动的结果,但其深层根源则是贫穷白人和黑人的不满情绪。这些穷人都是佃农或农业工人,其经济处境本来就已十分艰难,大萧条对他们来说更是雪上加霜。由黑人和白人谷租佃农发起的南部佃农工会从阿肯色州开始,逐渐遍及其他地区。罗斯福的《农业调整法》并没有给最贫穷的农民带来好处;事实上,通过鼓励农民少种地,它强迫佃农和谷租佃农离开了土地。到 1935 年,在 680 万农民中有 280 万人是佃农。谷租佃农的平均年收入是 312 美元,而没有自己的土地、从一个农场迁往另一个农场或从一个地区迁往另一个地区的农场工人的年收入在 1933 年大约为 300 美元。

由于黑人农民的处境最糟,一些人开始为大萧条期间出现于他们当地的陌生面孔所吸引,这些人建议他们组织起来。在西奥多·罗森加滕的著名采访报道《最高危机》中,内特·萧回忆说:

在大萧条的岁月里,国内出现了一个名叫谷租佃农工会的组织——我想,这是一个不错的名字……我记得,南方人无论是白种人还是有色人种都开始发生转变,这是很不平常的事情。我听说它是一个穷人的组织——这正是我想加入的组织。我想知道它的秘密,以便对它能有足够的了解……

马克·斯隆是一名白人,他说,"你不要参与。这些黑鬼四处奔走,忙着张罗一些会议,你最好不要参与。"

我心中暗想,"你这个笨蛋,你真以为你能阻止我加入"。等下次集会时,我就毫不犹豫地过去加入了……他命令我不要加入的结果反而是促使我尽快加入。

该组织的老师们驾车在农村四处奔波,不过他们不能大张旗鼓地宣扬自己做的事情。他们中有一位黑人小伙子,我现在已记不得他的名字了。不过他确实干得非常卖力,经常同我们一起开会——这也是他分内的事儿……

不管是在家里还是在别的什么地方开会时,我们都会注意观察周围的动静,提防有人混进我们中间来。有时小型会议只有十来个人……黑人们很害怕,黑人们很害怕,这的确是事实。

内特·萧讲述了当一名黑人农民因无力还债而将被驱逐时所发生的事情:

地方官说,"今天上午我将拿走老弗吉尔·约翰斯所有的一切……"

我求他不要这样做,我恳求说,那样的话,"你将会剥夺他养家糊口的能力"。

当内特·萧告诉地方长官不许他这样做时,地方官带了很多人过来,其中一人还举枪打伤了他。于是萧举枪还击。他于1932年晚些时候被逮捕,并在阿拉巴马的一座监狱里服了12年徒刑。他的遭遇不过是在谷租佃农工会时代南方的穷人们那没有留下文字记录的长剧中小小的一幕罢了。出狱若干年后,内特·萧曾谈了他对肤色与阶级的看法:

噢,非常清楚,白人穷人与黑人穷人成了同一个战壕里的战友——富人已经同他们分道扬镳。对人的控制权,即统治权,掌握在富人的手里……富有者阶级立场相同,穷人白人则被抛到了有色人种一边——我相信:行动总是比语言更有说服力……

霍齐亚·赫德森是一位来自佐治亚乡间的黑人,10岁时做过把犁人,后来又在伯明翰做钢铁工人。1931年的斯科茨保罗男孩案使他受到很大的震动——在该案中,有9名黑人少年被控强奸2名白人女孩,并被白人陪审团依据并不能令人信服的证据判定有罪。赫德森就在该年加入了共产党。1932年和1933年,他在伯明翰组织了失业黑人运动。他回忆说:

1932年隆冬时节,我们党员组织了一次失业群众集会。集会在位于北伯明翰第3大街的县政府大楼前的台阶上举行……到会者达7 000多人……其中既有黑人,也有白人……

1932 年和 1933 年间,我们开始在伯明翰的大街小巷组建街道失业委员会……如果有人家里揭不开锅……我们就会前往拜访,并会不失时机地说:"真是太糟糕了。"我们把走访这类人家视为自己的工作……如果他们愿意的话……我们就会吸收他们一起工作……

街道委员会定期开会,每周都举行会议。我们讨论福利救济问题,讨论所发生的事情;我们从《每日工人报》和《南方工人》上了解失业救济的进展情况,了解克利夫兰的人民在做什么……芝加哥的斗争情况……我们还讨论斯科茨保罗案的最新进展。我们密切关注形势的发展,我们始终走在前面。因此,人们总是希望来我们这里,因为每次我们都有新的东西告诉他们。

1934 年和 1935 年间,成千上万的工人摆脱严密的控制,撇开美国劳联的工会组织,开始在那些新建的大型流水线规模生产工厂(汽车厂、橡胶厂、食品加工厂)里组织起来。美国劳联再也不能无视他们的存在了。新组织在行业界限之外以工厂为基本单位建立起产业组织工会,把工人联合起来,每一工厂的所有工人属于一个工会。在约翰·刘易斯的领导下,这个产业组织工会后来又单独分离出来,组成了产业工会联合会(产联)。

普通工人的罢工和起义推动着工会领导层即劳联和产联采取行动。杰里米·布雷彻在其所著《罢工》一书中记述了相关史实。30 年代初期,俄亥俄州阿克隆的橡胶工人创造了一种新的斗争方式——在厂静坐罢工。由于工人不是走出工厂而是留在工厂内,这种方式有着明显的优点:他们直接阻止了厂主使用罢工破坏者;他们不用通过工会领导人,而是自己直接控制着局势的发展;他们有遮挡风雨的便利条件,而不必在外面经受寒冷与风雨;他们不再像在工作中或者在罢工纠察队中那样孤军作战,而是上千人坐在一起,可以相互进行自由地讨论,组成一个斗争的整体。工人作家路易斯·阿达米克描述了早期静坐罢工的情形:

他们坐在机器旁边、大锅旁边、锅炉旁边或工作台旁边开始讨论。一些人首次了解了自己在整个橡胶生产过程中的重要性。有 12 个人实际上完全停下了手里的工作……主管、工头、二工头急得团团转……不到一个小时,罢工结束,工人大获全胜。

阿克隆的费尔斯通橡胶厂汽车轮胎工人的工资本来就已非常低,他们甚至买不起食物,付不起房租。1936 年初,他们的工资又要被削减。当几名工会会员被解雇的时候,别的工人放下手头的工作,开始静坐罢工。第一天,整个一号厂进行静坐罢工。第二天,二号厂也开始静坐罢工,资方答应让步。接下来的 10 天里,固特异轮胎橡胶公司发生静坐罢工。法院发出强制令,禁止群众集会。

但没有人理睬。派去的150名特别代表很快被从阿克隆各地赶来的上万工人所包围。罢工持续了一个月,最终宣告胜利结束。

这一策略在1936年得到广泛传播。该年12月,密歇根弗林特的渔船制造一厂举行在厂静坐罢工,其起因是两兄弟被枪杀。罢工一直坚持到1937年2月,是持续时间最长的一次在厂静坐罢工。在40天中,2 000名罢工者形成了一个统一整体。"这就像一场战争,"有人这样说,"同我在一起进行战斗的人都成了我的朋友。"悉尼·法恩在其《在厂静坐罢工》一书对罢工情形有详细描述。委员会开展娱乐活动、发布消息、组织上课、提供邮政服务、维持环境卫生。他们建立法庭审判那些没有按规定清洗碗筷者、乱扔垃圾者、在禁区抽烟者和醉汉。给予的"惩罚"是从事额外的劳动,最高的处罚是赶出工厂。一家沿街饭店为这2 000名罢工者准备一日三餐。他们所上的课程有议会程序、公共演讲和劳工运动史。密歇根大学的毕业生还为他们开设了新闻写作和创作课。

政府发布了禁令。但是,5 000名武装的工人保卫着工厂,没有人试图执行禁令。警察使用催泪瓦斯向工人发起了进攻,而工人们则使用消防水管还击。13名罢工者受枪伤,但警察也被迫撤退了。州长召来了国民卫队。这时,罢工已蔓延到另一家通用汽车工厂。最后,罢工总算平息了,劳资双方签订了一份为期6个月的合同,但同时也遗留下许多尚未解决的问题。不过,有一点是清楚的,即从现在开始,公司将不得不与工会打交道而不再是同个人打交道了。

1936年共发生了48起静坐罢工,1937年则增加到了477起:圣路易斯的电力工人罢工;田纳西普拉斯基的衬衫工人罢工;科罗拉多普衣布罗的扫帚工人罢工;康涅狄克布里奇港的清洁工人罢工;新泽西的掘墓人罢工;纽约犹太盲人同业工会中的17名盲人工人罢工;甚至为平息渔船制造厂工人静坐罢工奉调而来的某国民卫队连的30名士兵自己也举行了静坐罢工,因为他们没有拿到工资。

静坐罢工对现存制度特别危险,因为它们不受正规的工会领导人的控制。一名美国劳联派去代表宾馆饭店业雇员工会会员同资方谈判的代表说:

　　　　1937年3月,你在办公室里每天都会接到这样的电话:"我是玛丽·琼斯,我是李格特公司的苏打水员工,我们把经理赶走了,钥匙在我们手里,我们现在该怎么办?"你匆匆忙忙赶到公司去协调此事。他们又会说:"我觉得在你们还没有提出条件之前就号召进行罢工是极不负责任的。"这时你惟一能做的只能是回答他说:"您说得非常对。"

正是为了应付劳工骚动和稳定现存制度,要求建立一个全国劳工关系委员会的瓦格纳法案才于1935年获得了通过。1936年、1937年和1938年的罢工浪潮使得实施这一法案的要求显得更加紧迫了。在芝加哥1937年的阵亡将士纪念日,共和钢厂的罢工招来了警察,他们向一群罢工工人纠察队员开火,当场打死 10 人。尸体解剖表明，子弹是在工人四散奔逃时从后面射中的。这就是阵亡将士纪念日大屠杀。共和钢厂的工人组织了起来，福特汽车公司以及其他大型的钢铁、汽车、橡胶、食品加工和电力工厂的工人也都组织了起来。

瓦格纳法案受到一家钢铁公司的指控，但最高法院裁定它合宪——因为政府有权规范州际商务，而罢工却损害了州际商务。从工会方面来看，这项新的法律有助于工会进行有效的组织；从政府方面来看，该法律则有助于商业的稳定。

资本家们不喜欢工会，但工会毕竟比工人的自发罢工、比普通工人占据工厂更好控制一些，即相比较而言工会更有利于制度的稳定。1937 年春，《纽约时报》上的一篇文章使用了这样的标题："产联工会反对自发的在厂静坐罢工。"文章写道："已严令所有领导人和代表，任何人未经同意擅自组织罢工都将被免职……"《纽约时报》援引产联颇富朝气的领导人约翰·L. 刘易斯的话说："同产联签订契约有助于防止在厂静坐、卧地抗议等罢工行为。"

402

一些共产党员在组织产联工会方面发挥了关键作用。共产党似乎也持同样的立场。据报道，在厂静坐罢工发生后，在党的对策会议上，阿科隆一位党的领导人说："现在，我们必须努力在工会和雇主之间建立正常的关系，工人一方应当严格遵守工会章程。"

这样，到 30 年代中期便出现了两种颇为老辣的直接控制劳工行动的手段。其一，全国劳工关系委员会给予工会组织以合法地位，听取他们的意见，解决他们的某些冤情。这样，便能把工人反抗的能量疏导到选举中来，从而弱化劳工的反叛情绪——就像宪政制度把可能引起麻烦的能量引导到投票中一样。全国劳工关系委员会可以限制经济冲突，就像投票可以限制政治冲突一样。其二，工人组织本身（如工会，甚至像产联这样颇富战斗性和攻击性的工会）也可以把工人的暴动能量导入到契约、谈判和工会会议中去，它力图把工人罢工的规模和影响减至最低限度，以便能建立起一个强大的、有影响力的和值得尊重的组织。

那些年的历史好像印证了理查德·克洛沃德和弗朗西斯·皮文在其《穷人的运动》一书中提出的论点，即劳动者在其自发斗争阶段即工会被承认或者很好地组织起来之前的阶段得到的利益更多："在大萧条时期，即在工厂的工人被吸收进工会之前，他们拥有最大的影响力，能够逼迫政府向他们作出最重大的让步。在大萧条时期，他们的力量不是源于组织，而是源于破坏。"

皮文和克洛沃德指出，工会会员在 40 年代、在第二次世界大战期间大规模地增加（产联和劳联到 1945 年各自拥有超过 600 万的会员），但是工会的力量却比以前削弱了——它通过罢工所获得的利益在持续下降。被任命的劳工关系委员会成员很少同情劳动者，最高法院宣布静坐罢工为非法行为，州政府也通过法律阻挠罢工、罢工纠察队以及联合抵制行动。

第二次世界大战的到来削弱了 30 年代老的劳动者的战斗精神,因为战时经济创造了无数个新的高薪就业机会。新政只是成功地把失业人数从 1 300 万减少到 900 万,而战争却使得几乎每一个人都有了工作。战争还带来了别的东西:爱国主义,把所有阶级团结起来共同反对海外的敌人,鼓动人们起来反对企业老板的难度增加。战争期间,产联和劳联都保证不再呼吁罢工。

但是,工人们的冤屈仍然存在,对工人来说,所谓战时"管制"不过是指他们的工资相对物价而言得到了更为有效的控制罢了。这促使工人进行了许多自发的罢工斗争。杰里米·布雷彻指出,1944 年的罢工次数之多在美国历史上是空前的。

403

30 和 40 年代比以前更清楚地显示了美国劳动人民所处的两难处境。现存制度通过寻找新的控制形式(即通过工人自身组织实行的内部控制和通过法律与武力实现的外部控制)来对付工人的反抗。但与新的控制相伴而生的还有新的让步,这些让步并不能解决根本问题,对许多人而言它们甚至不能解决任何问题。不过,它们也确实帮助许多人创造了一种进步和改善的氛围,从而恢复了他们对现存制度的一些信心。

1938 年的最低工资制度规定:一周工作 40 小时,雇佣童工为非法。虽然该制度把最低工资降到了异常低的程度(第一年为 1 小时 25 美分),并把许多人排除在了制度保护之外,但它却多多少少减弱了人们的愤怒之情。住房建设只能满足很小一部分人的需要,保罗·康金在其《富兰克林·罗斯福与福利国家的起源》中曾用"简陋、小气、原始"来形容它。但是,由联邦政府提供补贴来建设住房、运动场、自由公寓、翻新失修的经济公寓的计划却使人精神振奋。田纳西河流域管理局的设立则让人似乎看到了由地方代替国家实施社会控制、提供就业机会、改进路面和提供廉价能源的地方计划的诱人前景。《社会保障法》保证提供退休金和失业救济金,相应地,国家也为母亲和未成年的孩子提供基金;当然,《社会保障法》所提供的救助是把农民、家庭工人和老人排除在外的,它也不提供健康保险。康金指出:"同那些大企业建立的保险相比,社会保险这种蝇头小利可以说是微不足道的。"

通过联邦戏剧工程、联邦作家工程和联邦艺术工程,新政用联邦资金为成千上万的作家、艺术家、演员和音乐家们提供了工作:公共建筑物上刷上了壁画,为从来没有看过戏的工人阶级上演了戏剧,写作出版了成百上千的著作和宣传册,人民第一次听到了交响乐。这是一个激动人心的人民艺术大繁荣的时期,它在以前的美国历史上从未发生过,而且此后也没有再出现过。1939 年,当国家更加稳定和新政改革的动力减弱之后,补贴艺术的计划也被取消了。

新政结束了,资本主义制度依然完好无损。富人依旧控制着国家的财富,就像依旧控制着它的法律、法院、警察、报纸、教堂和学校一样。为相当一部分人提供相当部分的救助使罗斯福成了千百万人心目中的英雄,但是,这个曾经给美国带来大萧条和危机的制度(这是一个造成巨大浪费的制度、一个不公正的制度、一个关心利润超过关心人们的需要的制度)却依然维持着。

对黑人而言,新政确是鼓舞人心的(罗斯福先生颇富同情心,一些黑人在他的政府中谋到了一官半职),但是,新政计划并没有照顾到绝大多数黑人的利益。作为佃农、农业工人、移民或者家庭工人,他们没有条件享受失业救济、最低工资、社会保险或农业补贴。为了得到南方白人政客们必要的支持,罗斯福小心翼翼地尽可能不去触犯他们的利益,他没有推动通过一项反对对黑人处以私刑的法案。在军队中,黑人与白人之间依旧实行着种族隔离政策。黑人在求职中也受到歧视。他们总是最后一个就业者和第一个失业者。只是在 1941 年当卧车服务员工会领导人 A. 菲利浦·伦道夫威胁发动一场群众性的进军华盛顿运动时,罗斯福才同意签署一项行政命令,建立了一个公平就业实施委员会。但该委员会没有强制性权力,因此情况并无多大改善。

在整个的新政改革过程中,哈莱姆黑人区没有什么变化。那儿生活着 35 万人,平均每英亩 233 人,而曼哈顿其他区平均只有 133 人。它的人口 25 年中增长了 6 倍。上万个家庭生活在老鼠横行的阁楼上或地下室里。结核病十分流行。差不多一半的妇女做佣人。她们来到布朗科斯,聚集在街角("奴隶市场"),等待召唤,即被雇佣。卖淫业也盛行起来。两名年轻黑人妇女艾拉贝克和马维尔库克在 1935 年的《危机》杂志上对此有所描述:

> 人们不仅可以交换和出卖劳动换取雇佣工资,性也成了可以买卖的商品。不管是为了出卖劳动还是出卖肉体,妇女们都要在那儿从早上 8 点一直等到下午 1 点,除非有人雇佣她们。不管是风吹雨打还是烈日暴晒,寒来暑往,她们都得为能够得到一小时挣取 10 美分、15 美分或 20 美分的机会而苦苦等待。

1932 年,哈莱姆医院的死亡率比白人区的贝尔维医院高出两倍。哈莱姆是犯罪的渊薮,或如罗伊·奥特莱和威廉·威瑟斯比在其论文"纽约的黑人"中所说,是"贫穷结出的苦涩之花"。

1935 年 3 月 19 日,就在新政改革实施的过程中,哈莱姆却发生了暴乱。上万名黑人涌上街头,毁坏了白人商人的财产。700 名警察开进来恢复了秩序,有两名黑人被打死。

30 年代中期,年轻的黑人诗人兰斯顿·休斯写下了《让阿美利加复活吧》这样一首诗:

　　……

　　我是任人摆布的穷苦白人,

我是烙着奴隶印记的黑人，
我是失去家园的红种人，
我是拼命追逐梦想的移民。
蓦然回首，依旧是一场春梦：
在这里
损人利己、弱肉强食
的铁律依然横行……

噢，让阿美利加复活吧——
恢复她昔日的面容——
在那里
每个人都是自由之身。
这里
是我的土地
穷人、印第安人、黑人的土地。
是我
缔造了阿美利加
并用鲜血和汗水浇灌了它。
我对它
矢志不移
我为它
耗尽了心力
我为它
在工场胼手胝足
我为它
在田野风餐露宿。
阿美利加
我伟大的梦想之地
我一定要把它收回。

不错
你们怎么骂我
我都不在乎，
但自由之神
却不容玷污。

> 我们发誓
>
> 要从压榨人民的寄生虫手里
>
> 收回阿美利加
>
> 我们的土地……

然而,对于 30 年代北部和南部的白种美国人来说,黑人问题是不存在的。只有激进分子试图打破种族隔阂,他们是社会主义者、托洛茨基主义者和绝大多数的共产主义者。受共产党人影响的产联在大工厂里把黑人组织了起来。尽管黑人依然通常被用作罢工破坏者,但现在也有试图把黑人与白人联合起来反对共同敌人的努力。一位名叫莫莉·刘易斯的妇女在 1938 年的《危机》杂志上撰文讲述了自己参加印第安纳的加里钢铁工人罢工的亲身经历:

> 虽然加里市政府在儿童学校教育问题上继续实行种族隔离制度,但孩子们的父母在工会及其附属机构中早已走到一起了……加里惟一一家可供不同种族自由出入的公共餐馆就是主要由工会及其附属机构成员惠顾的合作餐厅……

> 当黑人和白人工人及其家人明白他们有着共同的经济利益之后,他们就会联合起来捍卫他们的共同利益……

406   30 年代没有规模太大的妇女运动。但许多妇女都参加了那些年的劳工组织运动。当 1934 年卡车司机大罢工席卷整个明尼阿波利斯的时候,时年 34 岁的明尼苏达诗人梅里黛尔·莱雪尔积极参加了这场斗争。后来她描述了自己的亲身经历:

> 我还从来没有参加过罢工……事实上我很怕……我急切地问:"要我帮忙吗?"……我们连续分发了数千杯咖啡,向数千人提供了食物……车开回来了。播音员高声喊道:"这是谋杀。"……我看到他们把人从车上拖出来放到医院的吊床上或地板上……罢工纠察队的车进进出出。一些人浑身是血,从市场上徒步返回……男人、女人、孩子聚集在外面,自发地围成一个生命保护圈……我们的裙子上沾满了鲜血……

> 星期二,送葬日,1 000 多名军人布满了商业区。

> 90 多人躲在隐蔽处。我朝着灵堂走去,数千名男男女女在骄阳下等待着。一群妇女和儿童已站在那里等了两个小时。我走过去,站在他们附近。我不知道我是否该去参加游行。我并不喜欢游行……3 个妇女把我拉了进去。"我们希望所有的人都能参加,"她们温和地说,"一起走吧。"……

数年后,西尔维亚·伍兹向斯托顿·林德和艾丽斯·林德夫妇讲述了她 30 年代作为洗衣工及洗衣工人工会组织者的经历:

> 你得向人民解释他们所看到的一切。他们也许会说,"噢,我从来没有想到"或者"我从来没有想到会是这个样子"……田纳西就是这样一个人,他

憎恨黑人。他是一位谷租佃农……(后来)他开始同黑人妇女一起跳舞……在他身上,我看到了人民的转变。只有身处人民之中,你才能得到这样的信念。

在那些危机与反叛的日子里,许多美国人的思想开始发生变化。在欧洲大陆,希特勒在进军。在太平洋对岸,日本正在入侵中国。西方的帝国正在受到后起者的威胁。对美国来说,战争已经迫在眉睫了。

第十六章

人 民 的 战 争？

"我们，大不列颠和美利坚合众国政府，谨代表印度、缅甸、马来亚、澳大利亚、印属东非、印属圭亚那、香港、暹罗、新加坡、埃及、巴勒斯坦、加拿大、新西兰、北爱尔兰、苏格兰、威尔士以及波多黎各、关岛、菲律宾群岛、夏威夷、阿拉斯加和维京群岛，在此郑重宣告：这不是一场帝国主义战争。"这是1939年共产党人在美国上演的一幕讽刺短剧。

两年之后，德国入侵苏维埃俄国，曾一再把轴心国和同盟国之间的战争描述为帝国主义战争的美国共产党，现在又反过头来把这场战争称之为反法西斯的"人民战争"。实际上，现在几乎所有的美国人（资本家和共产党人，民主党人和共和党人，穷人、富人和中产阶级）都一致认为这确实是一场人民的战争。

真是这样的吗？

从某种意义上说，第二次世界大战是美国参加过的最受民众支持的一场战争了。这个国家的历史上还从没有如此多的人参与战争：1 800万人在军队中服役，1 000万人漂洋过海，2 500万工人定期拿出他们的工资购买战争债券。既然从政府、新闻界、宗教界到左翼组织的领袖这所有的力量都响应了全力支持战争的号召，你能认为这种支持是虚假的吗？那么，究竟存在不存在不愿服从的潜流？有没有一些未曾公开报道的抵制迹象呢？

这是一场反对罪恶滔天的敌人的战争。希特勒德国把极权主义、种族主义、军国主义以及公然的侵略战争发展到了无以复加的地步。然而，进行这场战争的各国政府（英国、美国和苏联的政府）真的与希特勒德国有什么重大差别吗？它们的胜利真的能够对世界上的帝国主义、种族主义、极权主义、军国主义给予沉重打击吗？

美国战时的行为（它在海外的军事行动，它在国内对待少数派的政策）是否与所谓的"人民战争"名实相符呢？国家的战时政策是不是尊重各地普通人民的生存、自由以及追求幸福的权利？战后美国的内外政策是否践行了它参战时所追求的价值观呢？

所有这些问题都值得认真思考。在第二次世界大战期间，由于战争的狂热气氛过于浓重，这些问题一时还无法充分地显露出来。

　　美国作为弱小国家保护神的形象是由国内高级中学教科书描绘出来的,这一形象与它在世界事务中的实际行为根本不相符合。19世纪初,它反对海地人的反法独立革命。它煽动起一场反对墨西哥的战争,吞并了该国一半的领土。它假装帮助古巴从西班牙赢得了自由,紧接着却用军事基地、封锁和干涉权在古巴培植起了自己的势力。它攫取了夏威夷、波多黎各和关岛,发动了一场征服菲律宾人的残酷的战争。它用炮舰与威胁"打开"了日本的贸易大门。它宣布对中国实行"门户开放政策",以便保证美国能够获得与其他列强一起掠夺中国的均等机会。为了维护西方在中国的特权(这种特权一直维持了30多年)它与其他国家一道出兵北京。

　　当美国要求中国开放门户的时候,它却在门罗主义与许多军事干预的配合下同时坚持要求在拉丁美洲实行"门户关闭政策"——也就是说,拉丁美洲国家应当向除美国以外的所有国家关闭门户。为了开凿和控制运河,它策划了一场反对哥伦比亚的革命,"创建"了"独立的"巴拿马国。1926年,它派出了5 000名海军陆战队员到尼加拉瓜去对付当地的革命,军队在那里驻留了7年。1916年它第4次入侵多米尼加共和国,军队在那里驻扎了8年。1915年它第2次入侵海地,军队在那里驻扎了19年。1900年至1933年间,美国入侵古巴4次,尼加拉瓜2次,巴拿马6次,危地马拉1次,洪都拉斯7次。到1924年,20个拉丁美洲国家的财政有一半为美国所操纵。到1935年,美国超过一半的钢铁和棉花出口到了拉丁美洲。

　　1918年,就在第一次世界大战结束的前夕,一支7 000人的美国部队作为武装干涉俄国的联军一部在符拉迪沃斯托克[①]登陆,在那里一直驻扎到1920年初。一支5 000多人的部队也作为联合远征军的一部在另一个俄国港口阿干折尔[②]登陆,并在那里驻扎了近一年。国务院告诉国会说:"所有这些军事行动都是为了消除俄国布尔什维克革命的影响。"

　　简言之,如果说美国参加第二次世界大战(像当时许多目睹了纳粹侵略的美国人所相信的那样)是为了捍卫不许干涉别国内部事务的原则,那么这个国家在历史上的所作所为却让人怀疑它是否真的能够维护这一原则。

　　在当时,这样一种观点似乎是不容置疑的,即美国是一个拥有真正自由的民主国家,而德国则是一个迫害犹太少数民族、监禁持异议者、声称不管其信仰如何日耳曼民族都是最优秀种族的国家。然而,对黑人而言,他们所看到的德国反犹太主义浪潮与他们自己在美国所处的地位并没有太大的差别。美国对希特勒的迫害政策也并没有采取多少措施。事实上,整个30年代,它都与英法一道对

409

————————

　①　即海参崴。
　②　即阿尔汉格尔斯克。

希特勒采取了绥靖政策。罗斯福和他的国务卿科德尔·赫尔在公开批评希特勒的反犹太主义政策方面表现得犹豫不决;据阿诺德·奥夫纳在其《美国的绥靖政策》中说,1934 年 1 月,当一项提案要求参议院和总统对德国人在犹太人问题上的所作所为表示"震惊和悲痛",并要求恢复犹太人的权利时,国务院则"极力主张搁置该项议案"。

1935 年,当墨索里尼统治下的意大利入侵埃塞俄比亚时,美国宣布实行军火禁运,但它同时却让美国企业大量向意大利出售石油,从而为意大利进行战争提供了基本的保证。1936 年,当西班牙的法西斯势力发动叛乱反对民选的社会主义者和自由派联合政府时,罗斯福政府却提出了中立法案,拒绝支持西班牙政府,而希特勒和墨索里尼却向弗朗哥提供了关键性的援助。奥夫纳说:

> ……美国的实际行为甚至比中立法的要求走得还要远。如果美国、英国和法国的援助能够及时到位的话,至少到 1936 年 11 月,希特勒支持弗朗哥的态度就不会那么明朗,那样的话,西班牙共和政府本来是可以大获全胜的。然而,结果却是德国从西班牙内战中坐收渔利。

410　　这到底是缺乏起码的判断力而导致的不幸错误,还是政府认为国家的最高利益不是制止法西斯而是增进美利坚帝国的利益这一政策的必然结果? 在 30 年代,反对苏联被认为是美国的最高利益,其后,当日本和德国威胁到美国的世界利益时,一种亲苏、反纳粹的政策又变得适逢其时了。罗斯福对结束压迫犹太人的关心不亚于林肯内战期间对结束奴隶制的关心;他们政策的重心(无论他们个人对受迫害者的同情心有多大)是国家权力而不是少数民族的权利。

并不是希特勒对犹太人的攻击促使了美国参加第二次世界大战,就像并不是因为把 400 万的黑人变成奴隶才导致了 1861 年的国内战争一样。当意大利进攻埃塞俄比亚,希特勒入侵奥地利、攫取捷克斯洛伐克和进攻波兰的时候,尽管罗斯福确实开始向英国提供重要的援助,但所有这些事件都没能促使美国参战。促使美国全面参战的是 1941 年 7 月日本对夏威夷珍珠港美国海军基地的进攻。或者更确切地说,导致罗斯福义愤填膺地呼吁参战的并不是出于对日本轰炸平民的人道主义的关心——日本入侵中国是在 1937 年,它对南京平民的轰炸并没有促使美国参战。归根到底,是日本对美利坚帝国太平洋地区领土的进攻促使了它的参战。

只要日本仍然是掠夺中国的帝国主义列强俱乐部中的一个表现良好的成员(即只要它维护门户开放政策),美国就不会反对它。1917 年美国在与日本的互换照会中说,"美国政府承认日本在华的特殊利益"。按照入谷秋良《帝国主义之后》的说法,1928 年,美国驻华领事曾表示支持日军的对华入侵。只是当日本试图占领整个中国从而威胁到了美国的潜在市场,尤其是当它进一步攫取东南亚的锡、橡胶和石油时,美国才有所警觉并采取了诸如 1941 年夏对废旧钢铁和石油实行全面禁运等等措施,正是这些措施导致了日本对美国的进攻。

正如布鲁斯·拉西特在其《危机并未迫在眉睫》中所说:"在整个30年代,对日本进军亚洲大陆的政策,美国政府基本上没有反对。"但是,"西南太平洋地区对美国具有极其重要的经济价值,这一点是毫无疑问的,因为当时美国的锡和橡胶主要来自这一地区,还有大量的其他原材料也来自该地区"。

对于美国公众而言,珍珠港事件是突然袭击,是令人震惊的邪恶行为。像任何大轰炸行为一样,这次袭击确实是不道德的。但对美国政府而言,它却很难说是突然袭击或者感到震惊。拉西特写道:"日本对美国海军基地的进攻只不过是把两国一系列的敌对行动推向了高潮而已。美国对日本实行经济制裁之初,华盛顿就已广泛认识到这是在冒严重的战争风险。"

撇开对罗斯福的那些妄加猜测的指控不论(如说他知道日本人要进攻珍珠港而故意隐匿不报,或者说是他故意诱使日本人袭击珍珠港,这些说法都没什么证据),有一点是毋庸置疑的,即像此前墨西哥战争中詹姆斯·波尔克和其后林登·约翰逊在越南战争中所做的那样,在什么才是正义的事业这个问题上,自己的真实想法究竟为何,他并没有告诉老百姓实情。有关1941年9月德国潜艇事件和10月美国驱逐舰事件的真相,罗斯福都没有讲实话。对罗斯福持同情立场的历史学家托马斯·A.贝利写道:

> 珍珠港事件爆发前夕,富兰克林·罗斯福一再欺骗美国人民⋯⋯他就像一位必须向自己的病人撒谎的医生那样,总是告诉病人说他身体状况良好⋯⋯因为对广大老百姓而言,他们目光短浅,如果不是迫在眉睫,他们一般是看不到处境危险的⋯⋯

在战后的东京战犯审判中,法官拉德哈宾诺德·帕尔不同意有关日本官员的一般裁定,认为很明显是美国人挑起了对日战争,并预料到了日本所要采取的行动。理查德·迈尼尔在《胜利者的正义》中概括了帕尔有关废钢铁和石油禁运的观点,认为"这些措施对日本的生存构成了确定无疑的、巨大的威胁"。档案材料显示,就在珍珠港事件爆发前两周,白宫召开的一次会上已预见到战争即将爆发,并讨论了将如何合理地做出解释。

珍珠港事件爆发一年前,国务院有关日本扩张的一份备忘录中既没有谈到中国的独立问题,也没有谈到自治原则。它写道:

> ⋯⋯由于失去了中国、印度和南太平洋的市场(由于日本越来越能够自给自足,我们的产品也丢掉了许多的日本市场),由于在获取亚洲和大洋洲地区的橡胶、锡、黄麻及其他重要的原材料方面受到无法逾越的限制,我们的总体外交和战略地位将会受到相当大的削弱。

当美国加入到战争中的英国和俄国一方(德国和意大利在珍珠港事件后向美国宣战)时,它的这一行为表明其参战的目的到底是出于人道主义还是出于其自身的权力和利益呢？它的参战究竟是为了结束一些国家对另一些国家的控制，还是为了确保掌握控制权的国家必须是美国的盟友呢？1941 年 8 月，罗斯福与丘吉尔在纽芬兰海滨会晤，向世界公布了大西洋宪章，阐明了有关战后世界的宏伟目标，并声称他们的国家"不追求扩张、领土及其他东西"，它们将尊重"所有国家的人民按照自己的意愿选择其政府形式的权利"。该宪章以宣布了民族自决权而驰名世界。

然而，就在大西洋宪章发表的两周前，美国代理国务卿萨姆纳·威尔斯已向法国政府保证它可以在战后保持法兰西帝国的完整无缺："考虑到同法国的传统友谊，本政府对法国人民保有其领土并保持领土完整的愿望深表赞同和支持。"美国国防部越南战争历史文件（即"五角大楼文件"）披露了在印度支那问题上政策的"摇摆不定"所指为何。文件指出，"在大西洋宪章及其他相关声明中，美国表示支持民族自决和独立"，但是，"还在战争期间，它就已经反复向法国表示或者向其暗示了在战后帮助法国恢复其海外帝国的意向"。

1942 年底，罗斯福的私人代表也向法国将军昂利·吉罗德保证："一旦有可能，法国的主权将在其全部领土，即 1939 年法国国旗曾经飘扬的宗主国与殖民地的所有土地上得到完全的恢复，这一点是非常明确的。"（这些内容同"五角大楼文件"的其他内容一样都标有"绝密，须妥善保管"字样。）到 1945 年，摇摆不定的态度不见了。当年 5 月，杜鲁门向法国保证他不怀疑法国"对印度支那拥有主权"。同年秋，美国不顾越南要求独立的强烈愿望，敦促在波茨坦会议受权暂时负责管理印度支那北部的中华民国把它移交给法国。

这反映的是美国对法国政府的支持。那么，在战争期间美国自身的帝国野心又如何呢？罗斯福在大西洋宪章中所宣布放弃的"扩张、领土及其他东西"又如何呢？

有关战斗与军事行动的消息占据了各大报纸的头条位置：1942 年军队攻入北非，1943 年军队开进意大利，1944 年越过海峡进入德军占领的法国的大规模军事行动，越过边界击退德军的艰苦战斗，英美空军不断升级的轰炸。与此相呼应的是俄国人对纳粹的军事胜利（在英美发起登陆战役时，俄国人已把德国人赶出了国境，并牵制着德军 80％ 的兵力）。在太平洋，美国军队在 1943 年和 1944 年也从日本人手中夺取了一个又一个的岛屿，从而获得了距离越来越近的基地去轰炸日本城市。

在被大肆渲染的那些战斗和轰炸的背后，美国的外交官与企业家们却在悄悄地进行着另一场艰苦的工作，即确保美国的经济力量能够在战后成为世界之冠。美国的企业将会扩展到迄今为止仍为英国人统治着的那些地区。机会均等的门户开放政策也将从亚洲扩展到欧洲，也就是说，美国打算把英国推到一边并取而代之。

这就是在中东及其石油问题上所发生的一切问题的实质。1945 年 8 月,国务院一名官员说:"回顾过去 35 年的外交史,不难发现,在美国对外关系中,石油已超过其他任何商品发挥着越来越大的作用。"沙特阿拉伯是中东最大的石油库。阿美石油公司通过内政部长哈罗德·伊基斯的关系,成功游说罗斯福通过《租借法》对沙特阿拉伯提供援助。这样,由于美国政府的介入,阿美公司就为自己的利益找到了一个强大的后盾。1944 年,美英两国签订了一项条约,双方同意在石油问题上奉行"机会均等原则"。劳德·加德纳在其《新政外交的经济特征》中由此得出结论说,"门户开放政策在中东大获全胜"。

历史学家加布里埃尔·科尔科在其《战争政治学》中,通过对美国战时政策的潜心研究得出结论:"美国经济战争的目的是在国内和海外拯救资本主义。"1944 年 4 月,国务院一位官员说:"你们知道,我们已决定在战后大幅度扩大生产规模,但长期来看,美国国内市场不可能吸纳全部产品,所以,我们需要大规模扩展海外市场,这一点是确定无疑的。"

安东尼·桑普森在其研究国际石油公司的著作《七姐妹①》中写道:

> 到战争结束时,美国在沙特阿拉伯已拥有无可争议的支配地位。伊本·沙特国王不再被看成是荒凉沙漠中的一名军阀,而是成了权力博弈中一枚举足轻重的棋子,西方国家竞相向其示好。1945 年 2 月,罗斯福从雅尔塔返国途中,在昆西号巡洋舰上盛情款待了这位国王,同时被招待的还有他的 50 名随从人员,包括他的两个儿子、一名首相和一名占星术士,甚至还有一群待宰的羔羊。

后来,罗斯福又致信伊本·沙特,保证未经征求阿拉伯人的意见美国将不会改变其巴勒斯坦政策。在随后的几年中,对石油的关注通常是与对中东犹太国的政治考虑相提并论的,不过,石油似乎更重要一些。

鉴于大英帝国的势力在第二次世界大战中已日趋衰落,美国便随时准备着取而代之。早在战争初期,赫尔就已指出:

> 鉴于美国超强的经济实力,我们势必会在涉及贸易及其他经济事务的新国际关系体制中发挥更为突出的领导作用。即便是从纯粹国家自身利益考虑,我们也应当担负起这一领导作用,并负起相应的责任。

战争结束之前,政府已经制定了建立在政府与大企业合作基础上的国际经济新秩序的蓝图。劳德·加德纳在谈及对罗斯福的首席顾问、新政救济计划的组织者哈里·霍普金斯的看法时说:"在支持和保护海外投资方面,任何保守派

---

① 桑普森书中的"七姐妹"是指标准石油(Standard Oil)公司在 1911 年被美国联邦最高法院分割后所形成的三家较大的石油公司和另外四家原有的石油公司:新泽西标准石油、纽约标准石油、加利福尼亚标准石油、德士古(Texaco)、海湾石油(Gulf Oil)、英国波斯石油公司、壳牌公司(Shell)。

人士都不是霍普金斯的对手。"

后来的助理国务卿、诗人阿奇博尔德·麦克利什,不无讥讽地谈到了他战后所目睹的一切:"由于事情进展得很顺利,我们将会缔造出和平,我们好像正在缔造和平,缔造出石油的和平、黄金的和平、海运业的和平,简言之,没有道德目的或人类利益……的和平……"

战争期间,英美创建了国际货币基金组织,用以规定货币汇率;由于表决权取决于出资额的多少,美国的统治地位便得到了保证。为了帮助遭战争破坏地区的重建,建立了国际复兴开发银行,但其首要的目的之一就是(用它自己的话说)"促进外国投资"。

对于战后许多国家迫切需要的经济援助,美国已经开始更多地从政治角度来考虑了:驻苏大使埃夫里尔·哈里曼在 1944 年初说道:"在影响欧洲政治事务,使之朝着我们所期望的方向发展方面,经济援助是可以使用的最有效的武器之一……"

415　　战争期间创建联合国是为了加强世界各国的国际合作,防止未来的战争。但是,联合国却是由西方的帝国主义国家(美国、英国、法国)和一个在东欧有着众多军事基地和强大政治影响力的新帝国(苏联)操纵的。关于联合国宪章,著名的保守派共和党参议员阿瑟·范登堡在其日记中这样写道:

> 其中最引人注目的是,从国家主义者的立场看它太保守,其基础实际上是四大强国的结盟……这不过是激进的国际主义者建立世界国的一个梦想……赫尔竟能在他的方案中如此谨慎地行使美国的否决权,给我留下了非常深刻的印象(同时也使我感到惊异)。

尽管许多人把德占区犹太人的痛苦遭遇看作是这场反对轴心国战争的关键之所在,但它并不是罗斯福关注的重心。范戈德在其《救助政策:罗斯福政府与大屠杀》一书中的研究表明,当犹太人被送进集中营的时候,当对 600 万犹太人以及数百万非犹太人的惨绝人寰的种族灭绝的大屠杀开始的时候,罗斯福没有采取措施去挽救成千上万人的生命。他没有把这一问题放到优先的地位,却把它推给了国务院,而国务院里的反犹主义以及冷漠的官僚作风则成了进一步采取有效行动的障碍。

进行这样一场战争真的就是为了证明希特勒关于白种日耳曼人优于"劣等"种族的观点是错误的吗? 事实上,美国军队也实行种族隔离。当 1945 年初美国士兵被塞进"玛丽女王号"开赴欧洲去打击敌人时,黑人被安排在了接近机房的最底层,尽可能让他们远离甲板上的新鲜空气,这令人吃惊地想起了古老的奴隶贩运。

红十字会对白人和黑人献血也实行隔离政策,这是得到政府批准的。具有讽刺意味的是,正是一位名叫查尔斯·德鲁的黑人医生发明了血库制度。他负责战时的献血活动,后来被解雇了,因为他试图取消血液隔离制度。尽管战争时期急需劳动力,黑人在求职中依旧会受到歧视。西海岸一家飞机厂的发言人说:"黑人只能考虑做看门人或其他类似的工作……不管他们曾作为飞机厂工人受到什么样的训练,我们都不会雇用他们。"罗斯福建立起了公平就业管理委员会,但他从没有为强制执行该委员会所发布的命令做过任何事情。

法西斯国家以其坚持认为妇女应该从事家务而臭名昭著。然而,尽管这场名为反法西斯的战争危急关头在国防工业中也起用了妇女,但它在改变妇女的从属地位方面并没有采取任何特别的措施。战时人力资源委员会不顾有大量妇女在从事战时工作这一事实,坚持把妇女排斥在决策机构之外。劳工部妇女局局长玛丽·安德森提交的一份报告说,战时人力资源委员会对"部分妇女领导人身上所表现出来的那些被认为是富于战斗性和参与精神的东西……"表示"怀疑和忧虑"。

在美国政府所采取的政策中,有一项几乎就是法西斯主义政策的直接复制品。这就是对居住在西海岸的日裔美国人的处理。珍珠港事件后,政府中弥漫着反日的歇斯底里气氛。一位议员说:"我赞成把从阿拉斯加到夏威夷的美国领土上的每一个日本人都抓起来,把他们送到集中营里去……该死的! 我们要消灭他们!"

富兰克林·D. 罗斯福虽然没有这么狂热,但他于 1942 年 2 月平静地签署了 9066 号行政命令,授权部队在没有逮捕令、起诉书和审讯的情况下把西海岸的 11 万日裔美国人,不分男女老少一律逮捕,把他们赶出家门,发配到遥远的内地集中营里,像犯人一样地看管起来。这些人中有四分之三属于尼塞(Nisei)——即父母为日本人但本人却出生于美国的美国公民;另外四分之一被称为伊塞(Issei),他们出生于日本,按照法律不能成为美国公民。[①] 1944 年,最高法院确认这次军事遣送有其军事上的必要性。这些日本人在集中营里被关了 3 年多。

米奇·韦格林在其家人被发配和拘押时还是个小女孩,她在《声名狼藉的岁月》里讲述了遣送工作的拙劣,被遣者的悲惨遭遇以及他们的迷惘和愤怒,也讲述了这些日裔美国人不屈不挠的抵抗。他们举行过示威、请愿和群众集会,他们拒绝在忠诚誓词上签字,甚至还举行过反对集中营当局的暴动。他们的反抗斗争一直坚持到最后。

直到战争结束之后,日裔美国人的遭遇才开始为普通民众知晓。就在亚洲

---

①　Issei 日语的英语音译,本意即"第一世"、"第一代",被借用来专指侨居美国(或加拿大)的日本移民;Nisei 也是日语的英语音译,本意即"第二世"、"第二代",被借用来专指有资格成为美国(或加拿大)公民的原日本移民的子女一代,即第二代。后该词用来泛指日裔美国(或加拿大)人。

战事结束的当月，即 1945 年 9 月，耶鲁大学法学教授尤金·V. 罗斯托在《哈泼斯杂志》上发表文章，称发配日裔美国人之举是"我们在战时所犯的最大错误"。不过，这究竟是一个"错误"，还是这个有着长期种族主义传统的国家意料之中的行动呢？它进行这场战争的目的不是为了终结种族主义，而不过是为了维护美国制度赖以存在的根基。

417　　政府所从事的这场战争，其主要的受益者（除大量的改革而外）是一小撮富人。大公司同政府之间的结盟又重新回到了当初亚历山大·汉密尔顿在独立战争结束之后的主张。到第二次世界大战时，这种伙伴关系又有所深化和加强。在大萧条时期，罗斯福曾公开指责"经济上的保皇派"，但是，他总是能够得到某些大公司老板的支持。正如布鲁斯·卡顿从其任职的战时生产委员会的角度所看到的那样，在战争期间，"饱受责难和嘲弄的经济上的保皇派现在又要大显身手了……"

卡顿在其《华盛顿的战争贩子》中详细描述了战争期间的工业动员过程，在此过程中，财富逐步集中到越来越少的大公司之手。1940 年，美国开始向英国和法国提供巨量的战争物资。到 1941 年，军事合同总值的四分之三为 56 家大公司所控制。参议院的一份报告"经济集中制与第二次世界大战"指出，战争期间，政府招标进行工业科学研究，虽然有 2 000 家公司参与其中，但 10 亿美元的经费中有 4 亿美元给了 10 家大公司。

战争期间，资方仍牢牢地控制着决策权。虽然 1 200 万工人参加了产联和劳联，劳工仍处于从属地位。作为实行工业民主的一种象征性的姿态，5 000 家工厂建立了劳动管理委员会，但这些组织绝大多数只是发挥着惩戒旷工和提高产量的功能。卡顿写道："那些握有生产决策权的大老板们已经决定不进行任何实质性的变革。"

尽管爱国主义和为赢得战争而奉献一切的观念盛行，尽管劳联和产联承诺不举行罢工，但企业利润扶摇直上而工资却被冻结的事实却使工人深感失望，他们纷纷举行罢工斗争。战争期间，共发生 1.4 万起罢工事件，677 万工人参加了罢工，这一纪录超过了美国历史上的任何时期。只 1944 年一年就有 100 万的矿工工人、钢铁工人、汽车及运输设备工厂的工人进行了罢工斗争。

到战争结束时，罢工斗争一直保持着高纪录，1946 年上半年仍发生了 300 万起罢工。根据杰里米·布雷彻《罢工》的研究，如果没有工会组织的纪律约束，很可能出现"产业工人大军同政府及其支持的资本家之间发生大决战的局面"。

418　　例如，在马萨诸塞的罗维尔，根据未出版的马克·米勒的手稿《令人啼笑皆非的胜利：第二次世界大战期间的罗维尔》提供的材料，1943 年和 1944 年的罢工同 1937 年的罢工数量一样多。这场战争或许真的是一场"人民的战争"，但这里的事实却远不能令人满意：从 1940 年到 1946 年，纺织厂的利润增长了

600%,而棉制品工业工人的工资却只增加了36%。在这里,女工们艰苦的劳动条件也没有大的改观,只有5%的母亲有条件把孩子交给幼儿园看护,其他人只能自己想办法。

在狂热的爱国主义喧嚣声中,仍然有许多人认为战争是错误的,即使在法西斯入侵的情况下也是如此。在第二次世界大战应征入伍的1 000万人中,虽然只有4.3万人拒绝打仗,但这一人数却是第一次世界大战期间良心上的拒服兵役者的3倍。在这4.3万人中,有6 000人被投进监狱,是第一次世界大战期间拒服兵役者中被投入监狱者的4倍。在联邦监狱中,每6个人中就有一人是拒服兵役者。

比这4.3万人更多的人则根本不愿意入伍。仅政府记录在案的逃避兵役事件就有35万例。其中既包括违规行为,也包括实际的开小差,所以我们没有办法得到实际数字,但是,不愿意入伍者和声明拒服兵役者总数应该有数十万之众,这可不是一个小数目。而这还是在美国社会几乎全体一致支持战争的情况下发生的。

军队系统内部缺乏民主,这是显而易见的事实。所以,在那些不反对服兵役或者说愿意打仗的士兵中,究竟有多少人对政府抱有怨恨情绪,有多少人对战争目的不明确而又不得不参加战斗的状况表示不满,这些都没办法说清楚。没有记录下在所谓的民主国家的军队里普通士兵在军官特权的淫威之下所遭受的痛苦。这里仅以欧洲战区空军的作战机组为例,在执行轰炸任务的间隙,机组人员去基地影院看电影有两条路线,军官走的那条路线比较短,而士兵走的那条路线则特别长。驻地有两个餐厅,即使在他们准备执行战斗任务时,普通士兵的伙食也比军官的伙食要差。

二战后的文学作品如詹姆斯·琼斯的《从这里到永恒》、约瑟夫·赫勒的《第22条军规》和诺曼·梅勒的《裸者与死者》都抓住了美国士兵对军官的不满情绪。在《裸者与死者》中,士兵们在战斗中聊天时,其中一个说:"这支军队的唯一错误就是它从没有输掉过任何一次战争。"

托格里奥吃惊地问:"你认为我们应当输掉这次战争?"

雷德发觉自己有点感情冲动。"我为什么要反对该死的日本鬼子? 你想,我为什么要在乎他们是否占有这令人窒闷的丛林呢? 即便卡明斯再得到一枚勋章,这与我又有什么相干?"

"卡明斯将军是一个好人,"马丁内斯说。

"但在这个世界上没有一个好将军,"雷德争辩道。

尽管黑人报纸和黑人领袖力图煽动起黑人的情绪,但黑人社会却对这场战争普遍表现出冷漠甚至敌意。劳伦斯·威特纳在《战争叛逆》中引述一位黑人记者的话说:"黑人……对这场战争感到愤怒、怨恨和异常冷淡。他们总是这样发问:'我为什么而战?'这场战争对我而言什么意义都没有。如果我们赢了,我就输了,那我为什么而战?"一名休假在家的黑人军官告诉他哈莱姆的朋友们说,他曾同黑人士兵进行过数百次的闲谈,发现没有人对战争感兴趣。

一位黑人大学的学生对他的老师说:"军队歧视我们,海军只让我们做炊事员,红十字会不让我们献血,雇主和工会把我们拒之门外,对黑人滥施私刑的事情仍在发生。我们被剥夺了公民权,被人蔑视,遭人唾弃,希特勒还能做得比这更多吗?"全国有色人种协进会领导人沃尔特·怀特在中西部的一次数千人参加的黑人集会上重复了这一观点。他原以为听众会表示异议,但事实却恰恰相反。他回忆说:"使我感到意外和惊异的是,听众发出了热烈的掌声,我用了30到40秒的时间才使他们安静下来。"

1943年1月,一份黑人的报纸上刊登了一篇"被征入伍者的祷文":

亲爱的主啊!

今天

我将要出征,

去战斗,

去牺牲。

可是,

我究竟为何而战?

请您指点迷津。

亲爱的主啊!

我将要去战场厮杀。

德国人和日本鬼子,

我都不害怕。

真正让我恐惧的,

就在眼前,

它就是——

阿美利加!

但是,没有出现有组织的黑人反战斗争。事实上,甚至几乎没有发现任何有组织的反战迹象。共产党是战争的狂热的支持者。社会党的分裂则使它无力用这种或那种方式发表明确的意见。

只有一些小的无政府主义和和平主义组织拒绝支持战争。妇女和平与自由国际联盟说:"国家间的、阶级间的或种族间的战争并不能一劳永逸地解决冲突和治愈它们给人类造成的创伤。"《天主教工人》写道:"我们仍然是和平主义者……"

　　在一个资本主义、法西斯主义和共产主义并行的世界，单纯地呼吁"和平"是困难的，因为这里充斥着各种生机勃勃的意识形态和富于侵略性的行为。一些和平主义者对此颇感苦恼。他们开始大谈所谓"革命性的非暴力"。若干年后，和谐共进会的 A.J. 马斯特说："我对本世纪早期那种伤感而温和的和平主义没什么兴趣。人们发现，如果他们坐下来彼此和气地谈论和平与友爱，他们就能够解决世界上所有的问题。"马斯特意识到，由于世界正处于一场革命的风暴中，即使那些反对暴力的人也必须采取革命的行动，当然，他们的革命是非暴力的。这种革命的和平主义运动必须"同被压迫者和少数派如黑人、谷租佃农和工业无产者有效地结合起来"。

　　只有一个社会主义组织明确地、毫不含糊地反对战争。它就是社会主义工人党。历史上著名的 1917 年《间谍法》适用于战时言论，但是，1940 年时美国尚未处于战争状态，于是国会又通过了《史密斯法》。《史密斯法》重申了《间谍法》中禁止发表可能导致拒绝为军队服役的言论和文字的相关条款并把它适用于和平时期。《史密斯法》还规定，任何人鼓吹用武力和暴力手段推翻政府，或者加入任何宣扬这种观点的组织，或者发表任何宣扬这种观点的文字，都属于犯罪行为。1943 年，在明尼阿波利斯，社会主义工人党 18 名成员受到指控，理由是他们所加入的组织违犯了《史密斯法》，因为该党的原则声明以及《共产党宣言》所表达的思想都同《史密斯法》相抵牾。他们被判处徒刑，最高法院拒绝重审他们的案件。

　　有少数人仍然坚持认为真正的战争发生在每一国家的内部。德怀特·麦克唐纳主办的战时杂志《政治学》在 1945 年初发表了法国工人哲学家西蒙·韦尔的一篇文章：

　　　　不管它戴上法西斯主义的、民主的还是无产阶级专政的面具，我们最大的对手都仍旧是"机关"，即官僚机器、警察、军队。我们的敌人不是那些在战场上同我们对阵的人（他们与其说是我们的敌人，倒不如说是所在国我们阶级兄弟的敌人更为确切），而是那些自称我们的保护人而实则把我们当成奴隶的人。无论如何，最大的背叛始终是使我们自己屈从于这个"机关"，为它服务，践踏那表现在我们或其他人身上的全人类的价值观。

　　但是，大多数美国人被动员起来，在军事和民用领域为战争服务。战争的气氛笼罩了越来越多的美国人。战后时期的公共民意测验显示，大多数的士兵喜欢参军。痛恨敌人、尤其是痛恨日本的情绪非常普遍。种族主义的影响非常明显。《时代》杂志在报道硫磺岛战役时说，"普通的、没有理智的日本鬼子都是白痴。也许他是人，但这……并没有说明什么"。

　　这样，便有了在每一次战役中猛烈轰炸民事目标的群众基础：对德国和日本城市的轰炸都是如此。或许有人会争辩说，既然得到如此广泛的支持，那么这就是一场"人民的战争"。但是,如果"人民的战争"指的是人民反抗侵略的战争,指的是一场防御性的战争;如果它是为了人道的目的而不是某个精英集团的特权而进行的战争,是一场反对少数人而非多数人的战争,那么,对德国和日本民众的大规模空袭就是对这一概念的亵渎。

在埃塞俄比亚战争中,意大利轰炸了城市;在西班牙内战中,意大利和德国轰炸了平民;第二次世界大战开始时德国的飞机也向荷兰的鹿特丹和英国的考文垂及其他地方投下了炸弹。罗斯福曾把这些轰炸描述为"给人类的良心带来沉重打击的非人道的野蛮行为"。

但德国人的这些轰炸比起英美对德国城市的轰炸来规模要小得多。1943年1月,盟军在卡萨布兰卡相会,决定发起大规模的空中打击,以便"摧毁和扰乱德国的军事、工业和经济体系,打垮德国人的士气,最终达到彻底削弱其军事抵抗能力的目的"。于是,对德国城市的饱和轰炸开始了,上千架飞机袭击了科隆、埃森、法兰克福和汉堡。夜间起飞的英国飞机无需假称瞄准的是"军事"目标;白天起飞的美国飞机谎称进行的是精确轰炸,但飞机的轰炸高度表明,其所谓的精确度是根本不可能的。最典型的错误是1945年初对德累斯顿的轰炸,轰炸产生的热浪造成了真空状态,迅速蔓延的大火把整个城市变成了一片火海。德累斯顿轰炸导致10万多人丧生。温斯顿·丘吉尔在其战时回忆录中坦承了自己对此次轰炸的责任:"在后一个月,我们对当时德国东部战线的交通枢纽德累斯顿展开了猛烈轰炸。"

为了打击日本人的士气,对日本城市的轰炸继续采用饱和轰炸战略。对东京一夜的轰炸就导致了8万人丧命。随后,1945年8月6日,广岛上空的一架巨型飞机投下的第一颗原子弹使大约10万人死于非命,另外还有成千上万的人慢性死亡于原子弹爆炸所产生的有害射线。据历史学家马丁·舍温在其《一片废墟》中说,在这次轰炸中,还有12名美国海军飞行员死于广岛监狱,这是美国政府从未承认的一个事实。3天后,第二枚原子弹投到长崎,有5万人丧生。

为这些暴行进行辩护的借口是,只有这样才能尽快结束战争,并且不必向日本发起进攻。政府认为,进攻将会付出巨大的生命代价:按照国务卿伯恩斯的说法是100万人,按照乔治·马歇尔提供给杜鲁门的数字,也要50万人。(从数年后泄露出来的曼哈顿计划即制造原子弹计划的文件看,马歇尔极力主张就军事轰炸向日本提出警告,以便人员能够安全撤离,只留下一些军事目标。)这些对进攻日本将会造成的损失的估计都是不符合实际的,其效果已众所周知,这些估计好像就是为了在更多的人中造成恐慌、为轰炸的正当性制造气氛。1945年8月,日本已陷入绝境并已准备投降了。《纽约时报》的军事分析家汉森·鲍德温在战争刚刚结束时写道:

到要求日本无条件投降的波茨坦公告于7月26日签订的时候,从军事观点来看，敌人已在战略上陷于绝境。

这就是我们消灭广岛和长崎时的形势。

我们有必要那样做么？当然，没有人能够肯定，但答案却几乎必然是否定的。

陆军部于 1944 年所建立的研究战争中实施空中打击的机构——美国战略轰炸调查组曾在日本投降后访问了数百名日本平民与军事领导人，它在战争刚刚结束时所提交的报告中说：

根据我们掌握的所有证据，结合我们对日本相关领导人的调查取证，调查组认为：即使没有原子弹的打击，即使没有俄国人的参战，即使没有打算进行军事登陆，日本到 1945 年 11 月 1 日之前也极有可能会投降，而到 1945 年 12 月 31 日时则一定会投降。

那么，1945 年 8 月美国领导人已经知道这一点了吗？回答是确定无疑的：知道。日本的电报密码已被破译，日本的情报不断被截获。盟军方面获悉，日本方面已指示其驻莫斯科的大使与盟军进行和平谈判。日本领导人早在一年前就已在讨论投降问题。到 1945 年 6 月，天皇自己也开始提议考虑如何才能结束战争的问题。7 月 13 日，外相东乡茂德电告其驻莫斯科的大使："无条件投降是和平的唯一障碍……"通过对相关材料进行认真的研究，马丁·舍温得出结论说："既然已经破译了日本人的密码，美国情报部门完全能够把这些信息传递给总统，而且他们也确实这样做了。但所有的努力都付之东流，这些东西对结束战争没有起到应有的作用。"

只要美国不再坚持让日本无条件投降，也就是说，如果他们愿意接受一个投降条件，即保留日本人心目中神圣的天皇职位，日本人就会答应停战。（事实上，当战争结束时，天皇确实被保留下来。）

为什么美国没有采取这一微小的步骤以拯救美国人和日本人双方的生命呢？是因为研制原子弹花费了太多的金钱和精力而不能不投掷它？（主持曼哈顿计划的莱斯利·格鲁夫斯形容杜鲁门总统已经势成骑虎，当时是箭在弦上，不得不发。）还是如英国科学家 P. M. S. 布莱克特在其《恐惧、战争与原子弹》中所说的那样，美国是要急于赶在俄国向日本宣战之前投下原子弹？

俄国人已秘密承诺（他们没有公开向日本宣战），他们将于欧战结束的 90 天后参加对日作战。5 月 8 日欧战结束，因此，俄国人应于 8 月 8 日向日本宣战。而这时第一颗原子弹已经投下，第二颗也将于次日投向长崎；日本人将向美国而不是俄国投降，美国人将成为战后日本的占领者。或者，换成布莱克特的话说，投放原子弹"是对俄冷战外交的第一个重大行动……"布莱克特的观点得到了美国历史学家加尔·阿尔波罗维茨的支持，阿尔波罗维茨在《原子弹外交》中引用了海军部长詹姆斯·福里斯特尔 1945 年 7 月 28 日的一则日记，其中写道，国务卿詹姆斯·F.伯恩斯"非常希望能在俄国人介入之前结束日本的战事"。

杜鲁门说,"世界将会记住,第一颗原子弹扔在了军事基地广岛,因为我们希望尽最大可能避免平民的伤亡"。这是一个十分荒谬的声明。广岛的10万死难者几乎全是平民。美国战略轰炸调查组在其官方报告中承认:"广岛与长崎之所以被选作轰炸目标,就是因为其人口密集,街市繁华。"

把第二颗原子弹投到长崎似乎是早有预谋的,但还没有人能够解释到底是为什么。是因为投在广岛的是一颗铀弹而这次却是一颗钚弹吗?还是因为在长崎被炸死的人与放射线的牺牲品都不过是一次科学实验?马丁·舍温指出,在长崎的死者中可能有美军战俘。他引证了驻关岛美国战略空军司令部7月31日发给陆军部的一份电文:

> 据有关战俘的消息来源报告,但没有照片可以证实,盟军战俘被关押在长崎市北距市中心一英里处。这是否会影响到最初精确选定的打击目标?请马上回答。

得到的答复是:原先确定的轰炸目标保持不变。

确实,战争很快结束了。意大利早在一年前就已战败,德国首先由于受到苏联军队在东方战线的毁灭性打击同时也由于盟军部队在西部的夹击而于最近投降了。现在日本也投降了。法西斯政权被彻底打垮了。

但是,作为一种思想和一种现实存在的法西斯主义又怎么样了呢?它的基本要素(军国主义、种族主义、帝国主义)是已经消亡了,还是已经浸入了胜利者的肌骨?A.J.马斯特是一位革命的和平主义者,他早在1941年就曾预言:"战后的问题在胜利者身上。他认为他已经让战争和暴力付出代价。现在谁还能来教训他?"

胜利者是苏联和美国(也包括英国、法国和民族主义的中国,不过它们力量较弱)。两个国家都努力营造自己的帝国范围,只不过没有纳粹的卐字饰、踢正步和政府公开声明的种族主义,他们一个打着"社会主义"的旗号,而另一个则挂着"民主"的招牌。它们瓜分并相互争夺对世界的控制权,它们建立起了远远超过法西斯国家曾经建立的军事机器,它们掌握着比当年希特勒、墨索里尼和日本所能控制的国家还要多的国家的命运。他们也都谋求对自己的人民实行控制以巩固自己的统治,只不过各有各的办法——在苏联更野蛮一些,而在美国则更老练一些。

战争不仅让美国在世界事务中居于主导地位,而且也为其在国内实施有效控制创造了条件。失业、经济萧条以及由此引起的社会动荡给整个30年代留下了难以抹去的印记,新政措施也只是使紧张态势部分地得到缓解。现在,这些问题由于战争这一更大的动荡局面的出现而彻底得到舒缓和解决。战争带来了巨大的企业利润,它同时也带来了农产品价格回升和工资的增加,并使相当多的人能够享受相当程度的繁荣所带来的好处,这些无疑都保证了威胁30年代的反叛情绪得到缓解。正如劳伦斯·威特纳所说:"战争使美国资本主义得以枯木逢春。"受益最大的公司利润,从1940年的64亿攀升至1944年的108亿。工人和农民也感到这一制度待其不薄。

每个政府大多认识到了这样一则古训,即战争可以解决社会控制的问题。通用电器公司总裁查尔斯·E.威尔逊对战争期间的情况非常满意,因此,他建议企业界与军方继续进行联合以便能"长期实行战时经济"。

这就是所发生的一切。战争刚刚过去,美国公众已对战争感到厌倦,他们更喜欢复员和裁军,而杜鲁门政府(罗斯福已于1945年4月去世)却在尽力制造一种危机与冷战的气氛。确实,与苏联的竞争是实实在在的,这个国家正从经济严重破败和2 000万人死亡的战争阴影中走出来,以令人吃惊的速度复苏,其工业正在重建,军事力量也在恢复。但是,杜鲁门政府不是把苏联当成公平的竞争对手,而是要把它看作直接的威胁。

通过国内外的一系列行动,它建立起了一种恐怖气氛,一种对共产主义的歇斯底里。在这种气氛下,军费开支大幅度攀升,军工生产旺盛,从而也刺激了经济的增长。这些政策结合起来,导致了更多的国外侵略与国内镇压活动。

欧洲和亚洲的革命运动都被描绘为苏联扩张主义的例证展示给美国公众,意在重新唤起人们当年对希特勒侵略行为的愤慨之情。

在希腊,战前实行的是右翼专制政体。战争甫一结束,颇得人心的左翼民族解放阵线即遭到英国占领军的镇压,右翼专政得以恢复。由于政府反对派被投进了监狱,工会领导人也被更换,一个反政府的左翼游击运动开始成长起来,并且很快便发展到1.7万名士兵和5万名积极分子,在这个700万人口的国家拥有大约25万名支持者。英国称它已无力控制反叛势力并要求美国介入。正像国务院的一位官员所说:"一小时之内,大英帝国便把它领导世界事务的工作移交给了……美国。"

美国以杜鲁门主义相回应。杜鲁门主义源于杜鲁门1947年春在国会的一次演讲,在演讲中,他呼吁向希腊和土耳其提供4亿美元的援助。杜鲁门说,美国必须帮助"自由的人民,他们正在抵抗少数武装分子或外部压力试图对他们进行的征服"。

其实,最大的外部压力就是美国。希腊反政府力量虽然从南斯拉夫得到了一些援助,但苏联却没向它提供任何援助。因为在战争期间,作为丘吉尔在罗马尼亚、波兰和保加利亚问题上向苏联让步的回报,苏联已答应丘吉尔英国对希腊有自由处置权。像美国一样,苏联好像也不愿意向不受自己控制的革命提供援助。

杜鲁门声称,这个世界"必须在两种生活方式中间作出抉择",其一是基于

"大多数人的意志……以自由制度闻名于世",另一种则建立在"少数人的意志……恐怖、压迫……对个人自由的压制"之上。杜鲁门的顾问克拉克·克利福德曾建议杜鲁门在其国情咨文中提到对希腊的干涉时少一些华丽的辞藻,多一些实质性的内容,即"中东丰富的自然资源"(克利福德这里指的是石油),但杜鲁门没有提及。

美国介入了希腊内战,不是派兵,而是通过提供武器和军事顾问。在1947年的最后五个月里,美国向雅典的右翼政府提供了7.4万吨的武器装备,包括大炮、俯冲轰炸机、凝固汽油弹。詹姆斯·范弗里特将军率领的250名军官在战场上对希腊军队进行现场指导。范弗里特采取措施,强迫数千名住在农村的希腊人离开家园,以便达到孤立游击队并切断其给养的目的。这是对付人民起义最常用的伎俩。

在美国的帮助下,到1949年时,反叛势力被摧垮。美国继续向希腊政府提供经济与军事援助。埃索石油公司、道化学公司、克莱斯勒汽车公司以及其他美国公司的资本也纷纷涌向希腊。但是,文盲、贫困与饥饿在那里仍然非常普遍。用理查德·巴尼特《干涉与革命》的说法,这个国家仍然控制在"一个极其残暴落后的军事专制政府"手里。

在中国,第二次世界大战结束时,由共产党人发起并受到广大群众支持的一场革命已在进行之中,抗击日本侵略者的红军现在又开始了推翻蒋介石腐败专制统治的斗争。到1949年,美国已向蒋介石的军队提供了20亿美元的援助。但是,根据国务院自己关于中国问题的白皮书分析,军队和人民都已对蒋介石政府失去了信心。1949年1月,中国共产党的军队进驻北京,内战结束了,中国由革命政党执掌政权。对一个人民政府而言,在这个古老国家的相当长的历史中,其首要的任务就是要摆脱外国势力的控制。

在战后的10年间,美国试图在保守派与自由派、共和党人与民主党人之间就反共与冷战政策达成全国性的共识。当然,激进派是被排除在外的,因为他们不可能支持旨在镇压革命的对外政策。这种结盟最好能由一位自由派民主党总统创造出来,这样他在国外的侵略政策将会得到保守派的支持,而他在国内的福利计划(杜鲁门的"公平施政")又将赢得自由派的喝彩。另外,鉴于人们对刚刚过去的战争尚记忆犹新,如果自由派和传统民主党人能够支持反对"侵略"的对外政策,那么第二次世界大战所造成的激进派与自由派之间的结盟就会被打破;或许还有一种情况,如果反共气氛变得越来越浓,自由派就有可能支持在国内实施镇压的动议,而在通常情况下这是有违其提倡宽容的自由主义传统的。1950年发生的一件事情加速了自由派和保守派之间共识的形成,这就是杜鲁门在朝鲜的不宣而战。

在被日本占领35年之后,光复后的朝鲜在第二次世界大战后被分为朝鲜和韩国,前者实行社会主义专政,是苏联的势力范围,后者则实行右翼专政,属于美国的势力范围。朝鲜与韩国相互之间不断发出威胁。当朝鲜军队于1950年6月25日向南越过北纬38°线进入韩国时,由美国操纵的联合国便要求其成员国帮助"打退这一军事进攻"。杜鲁门命令美国军队帮助韩国,美军变成了联合国军。杜鲁门说:"在国际事务中倒退到暴政将会产生深远的影响,美国将继续维护法治。"

美国对"暴政"的反应就是在长达3年的狂轰滥炸中把南北朝鲜变成一片废墟。一名英国广播公司的记者描述了凝固汽油弹扔下后的情形:

> 在我们面前矗立着一个奇形怪状的人体:身体微屈,双腿叉开,胳膊向外伸出,没有眼睛;透过被烧焦了的破碎的衣服碎片可以看到整个身体被裹在一层坚硬的黑色外壳里,并不时向外流着黄色的脓血……他就那样矗立在那儿,因为他身上完整的皮肤已不复存在,留下的就像是烤猪肉的脆皮那样,一碰就碎……我想到自己亲眼所见的那数百个已化为灰烬的村庄,想到前线死亡人数的记录不断被刷新。

在朝鲜战争中,南北双方总计约有200万人死亡,而这一切都是在反对"暴政"的幌子下发生的。

至于杜鲁门所声称的维护法治,美国的军事行动似乎也走得太远了。联合国议案呼吁采取行动以"打退军事进攻并恢复该地区的和平和安全",但是,美国军队在把朝鲜推回到北纬38°线后却长驱直入一路北上,一直推进到了鸭绿江,到达中国边境,从而挑起中国人介入了战争。中国军队向南进攻,战争在北纬38°线(北南双方的旧边界)上处于僵持状态,直到1953年恢复和平谈判。

朝鲜战争把支持这场战争和总统的自由派舆论动员起来了。它建立起了国外干涉和国内经济军事化政策所必需的一种联盟形式。这意味着像左翼批评家那样仍然站在联盟之外的人将会遇到麻烦。阿朗索·汉比在《超越新政》中指出,朝鲜战争得到了《新共和》、《民族国家》和亨利·华莱士(他曾在1948年同杜鲁门争夺左派联盟进步党的选票)的支持。自由派不喜欢约瑟夫·麦卡锡(他到处寻找共产党人,甚至找到了自由派者中间),但朝鲜战争却给麦卡锡提供了"施展手脚的机会"。

左派在30年代的困难时期及反法西斯战争期间影响极大。共产党的实际党员人数并不多——可能不到10万人,但是,它在拥有数百万成员的工会中、在艺术家和无数在30年代深受资本主义制度之苦而对社会主义和共产主义抱有好感的美国人中却是一支潜在力量。因此,如果当局想在第二次世界大战后使资本主义制度在这个国家更加稳固,如果它想建立起一种支持美国帝国主义的共识,它就不得不削弱和打击左派力量。

在针对希腊和土耳其的杜鲁门主义向全国发表两周之后,即1947年3月

22 日,杜鲁门又发布了 9835 号行政命令,提出了一个在美国政府中调查"不忠诚者的一切渗透行为"的方案。道格拉斯·米勒和马里恩·诺瓦克在其《五十年代》中评论道:

> 虽然杜鲁门后来抱怨"歇斯底里的狂潮"席卷了全国,但他有关战胜共产主义、保护美国免于内部和外部威胁的承诺,对于这种歇斯底里气氛的形成无疑负有相当大的责任。从 1947 年 3 月他的安全方案出台到 1952 年 12 月,660 万人被调查。虽然约有 500 人以"有不忠诚嫌疑"而被解雇,但却没有发现一例间谍案。而且,所有这些嫌疑案都是通过黑材料、告密、领赏等途径制造出来的,既没有法官,也没有陪审团。虽然没有发现颠覆活动,但官方如此大规模地追查"红祸",使得广大公众也相信政府部门渗透进了间谍。整个国家为保守和恐怖的气氛所笼罩。美国人开始相信确实需要保证绝对安全和维护现实秩序。

战后世界发生的一系列事件使得在国内争取对反共讨伐的支持变得十分容易。1948 年,捷克斯洛伐克共产党把非共产党人从政府中驱逐出去,建立起了自己的政权。同年,苏联人封锁了属于苏联势力范围的东德包围之中的联合占领城市柏林,迫使美国不得不向该市空运物资。1949 年,共产党在中国取得胜利。同年,苏联爆炸了第一颗原子弹。1950 年,朝鲜战争爆发。所有这些都向公众展示了一幅共产党人正在全世界策划阴谋的恐怖画面。

虽然所谓的共产主义胜利进军远不像宣传的那样可怕,但是,要求独立的各殖民地人民在世界各地展开的反抗斗争确实让美国政府感到头痛。革命运动风起云涌:印度支那人民反抗法国,印度尼西亚人民反对荷兰,菲律宾人民武装反抗美国。

在非洲,各种不满情绪也以罢工的形式表现出来。巴兹尔·戴维森在《呼唤自由》中记述了非洲历史上时间最长的罢工(长达 160 天):1947 年,在法属西非,1.9 万名铁路工人向总督发出了充满新的战斗精神的最后通牒:"打开监狱的大门,准备好你们的机枪和大炮吧。但是,如果我们的要求得不到满足,10 月 10 日午夜我们仍然会宣布进行总罢工。"一年前,南非 10 万金矿工人举行罢工,要求得到一天 10 先令(约合 2.5 美元)的工资。这是南非历史上规模最大的一次罢工。最后通过军事镇压才强使他们复工。1950 年,肯尼亚发生了反对不足温饱的工资的总罢工。

由此看来,并不只是苏联的扩张威胁着美国政府和美国企业的利益。事实上,中国、朝鲜、印度支那和菲律宾所代表的是地区性的共产主义运动而非俄国人的煽动。反对帝国主义的熊熊烈火已成为世界潮流,而美国却想扑灭它。这就需要国内的团结,以便实现财政的军事化并镇压国内对这种对外政策的反对意见。杜鲁门和国会的自由派打算用效忠宣誓的行政命令、司法部门的起诉以及反共立法在战后时期建立起一种新的举国一致。

正是在这种背景下,来自威斯康星州的参议员约瑟夫·麦卡锡才能比杜鲁门走得更远。1950年初,在西弗吉尼亚惠灵的共和党妇女俱乐部发表演讲时,他举起一些材料大声嚷道:"我手里有一份205人的名单,国务卿已经知道名单上的这些人都是共产党员,但这些人至今仍在起草和制定国务院的政策。"第二天在盐湖城演讲时,麦卡锡又声称手里有一份供职于国务院的57人共产党员名单(他的数字不断变化)。不久,他又在参议院展示了影印的100多份国务院忠诚档案的卷宗副本。这些都是3年前的老档案,而且其中大多数人都已不在国务院。但麦卡锡不管这些,照读不误。而且他在读这些档案时常常会无中生有、添油加醋或改头换面。例如,他把一宗档案中所写的"自由主义"换成"倾向于共产主义",把另一栏中所填写的"活跃的同路人"换成"活跃的共产党人",如此等等。

麦卡锡的这类行为在此后数年间大行其道。作为美国参议院政府工作委员会之常设调查小组委员会主席,他调查国务院的新闻节目、美国之音及其海外图书馆——这些图书馆收藏了一些被麦卡锡认为是共产党人的著作。国务院有点惊慌失措,连忙向海外的各图书中心发出了一系列的指令。40多种图书被清理出来,其中包括菲利浦·方纳编辑的《托马斯·杰弗逊著作选》和莉莲·赫尔曼的《孩子们的时间》。一些书籍被烧掉。

麦卡锡的胆子越来越大。1954年春,他开始举行有关调查被怀疑为颠覆分子的军方人员的听证会。当他攻击将军们对待共产党嫌疑犯态度不够强硬时,他招来了共和党人和民主党人的一片怨怒之声。1954年12月,参议院以压倒多数通过了对他的不信任案,因为他的"行为……与美国参议员的身份不符"。不信任案避免批评麦卡锡在反共问题上谎话连篇和夸大其辞,而是把焦点集中在一些细枝末节上,如拒绝出席参议院的特权及选举小委员会,在听证时污辱军队的一位将军。

就在参议院通过对麦卡锡不信任案的同时,国会又通过了一系列的反共法案。自由派分子休伯特·汉弗莱还针对其中的一项法案提出修正案,要求认定共产党为非法组织,他说,"我不打算做一个半爱国者……作为参议员,你们要么赞成对共产党的性质做出明确认定,要么就继续在无关痛痒的法律细节问题上纠缠不休"。

政府中的自由派亲自参与了对共产党人的排斥、迫害、解雇甚至监禁。只不过麦卡锡走得太远了,他不仅攻击共产党人,也攻击自由派,危及自由派和保守派之间广泛的联盟关系,这才是问题的实质。例如,作为参议院少数党领袖,林登·约翰逊为通过对麦卡锡的不信任案出了力,但他也只是把该项议案限制在"其行为……与美国参议员身份不符"这一狭小的范围内,而没有对麦卡锡反共本身提出任何疑问。

参议员约翰·F.肯尼迪没有公开反对麦卡锡（当对麦卡锡进行不信任表决时，他不在场；他也从没有表态说他将投赞成票还是反对票）。麦卡锡坚持认为共产党在中国获胜是由于美国政府对共产主义的软弱所致，这一点与 1949 年 1 月中国共产党占领北京时肯尼迪本人在众议院所表达的观点相似。肯尼迪说：

> 议长先生，周末我们得到消息，灾难降临到了中国和美国的头上。毫无疑问，白官和国务院应该对我国远东外交政策的失败负责。
>
> 我坚持认为，直到共产党的联合政府成立，我们的援助仍迟迟不能到位，这对于国民政府是致命的打击。
>
> 我们的外交官及其顾问——拉铁摩尔和费正清之流（拉铁摩尔和费正清都是研究中国历史的学者，欧文·拉铁摩尔是麦卡锡最喜欢攻击的目标，费正清是哈佛大学的教授）太过于关注经历了 20 年战火的中国民主制度的缺陷及其高层的腐败问题，却忽视了我们与非共产党的中国极大的利害关系……
>
> 众议院现在必须承担起自己的使命，以便阻止方兴未艾的共产主义大潮吞噬整个亚洲。

1950 年，当共和党人提议通过《国内安全法》对那些被认为是共产党的组织或其外围组织实行登记制度时，自由派参议员不仅没有进行正面的批驳，其中的一些人，包括休伯特·汉弗莱与赫伯特·莱曼，甚至进一步提出了替代性措施，即当总统宣布"国内安全紧急状态"时，可以建立拘留中心（实际上是集中营），对那些颠覆嫌疑分子不经审讯先行拘禁。建立拘留中心的议案不是对《国内安全法》的替代，而是对它的补充。为备不时之需，拘留中心建立了起来。（1968 年，当反共的幻想整个破灭之后，该法案才被废除。）

杜鲁门 1947 年关于忠诚的行政命令曾责成司法部对被确定为"极权主义的、法西斯主义的、共产主义的或颠覆性的……或者试图以非宪法的手段改变美国政府"的组织列一个清单。不仅是那些被列入总检察长清单上任何组织的正式成员，而且包括那些任何一个这些组织的同情者，都被认定为不忠诚。到 1954 年，已有数百个组织上了这份名单，其中除共产党和三 K 党外，还包括肖邦文化中心、塞万提斯兄弟会、黑人艺术委员会、保护人权法案委员会、美国作家联盟、美国自然之友协会、人民戏剧协会、华盛顿书店协会以及斯拉夫海员俱乐部。

不是麦卡锡和共和党人，而是民主党的杜鲁门政府的司法部发起的一系列迫害活动加剧了国内的反共气氛。其中最重大的一起案件就是 1950 年夏的朱利叶斯·罗森堡和埃塞尔·罗森堡夫妇案。

罗森堡夫妇被指控犯有间谍罪。主要证据是由一些已经承认自己是间谍的人和一些正在监狱服役或正在被起诉的人提供的。埃塞尔·罗森堡的兄弟戴维·格林格拉斯是主要的证人。他证明,在1944—1945年间,当他在新墨西哥的洛斯阿拉莫斯的原子弹制造基地的曼哈顿工程实验室做机械师时,朱利叶斯·罗森堡曾要他为俄国人搜集情报。格林格拉斯说,他曾根据记忆为其姐夫绘制原子弹内引爆装置草图。他说,罗森堡曾给他半块硬纸板做的吉露果冻①盒盖,并让他到新墨西哥去见拿着另外半块盒盖的人。1945年6月,哈里·戈尔德果然拿着另外半片盒盖出现了,格林格拉斯便凭记忆把相关情报给了他。

在另一间谍案中已被判了30年徒刑的戈尔德被从监狱里带来证实格林格拉斯的证词。他从来没有见过罗森堡夫妇,但他作证说,一位苏联使馆官员给了他半块果冻盒盖,要他与格林格拉斯联络,并告诉他说,"我是从朱利叶斯那里来的"。戈尔德说,他拿到了格林格拉斯凭记忆画出的草图并把它们交给了那位俄国官员。

但所有这些仍然存在着疑问。戈尔德是否为了早些获释才予以合作?他在服完30年徒刑中的15年后就被假释出狱了。格林格拉斯是否也明白,在他提供起诉证词的时候,他未来的生活将取决于他的合作?他被判处15年徒刑,也在服刑一半之后获释。戴维·格林格拉斯凭记忆提供的原子弹情报究竟有多大可信度?他不过是一位普通的机械师而非科学家,而且在布鲁克林工业学院就读时所修的6门课有5门不及格。戈尔德和格林格拉斯的说法最初并不一致。但是,在审判前,两人被安排在纽约图姆斯监狱的同一层,为他们统一口径提供了机会。

戈尔德证词的可信度如何?据证实,在罗森堡一案中他有400个小时的准备时间,因为这期间他要接受联邦调查局的取证。同样可以证明的是,戈尔德是一位经常的和极富想象力的说谎者。在后来的一次审判中,戈尔德作为证人出庭。辩护律师曾当庭询问他捏造出根本不存在的妻子和孩子的事情。律师问:"……你撒了6年谎?"戈尔德回答说:"何止6年。我撒了16年的谎。"在审判中,戈尔德是朱利叶斯·罗森堡与戴维·格林格拉斯同俄国人联系的唯一证人。该案20年后,审问过戈尔德的联邦调查局特工曾接受记者的采访。当被问及戈尔德应该使用过的所谓"朱利叶斯给我的"密码的时候:这位特工说:

> 戈尔德记不得他说过的名字了。他想他说过:我是从——大概就是这一类的话吧。我提醒他说:"或许是朱利叶斯?"
> 于是他便记起来了。

罗森堡夫妇被判有罪,欧文·考夫曼法官宣读了判决书。他说:

> 我认为,你们这种相当于把原子弹拱手送给俄国人的行为,使他们比我们最优秀的科学家的预见提前好几年制成了原子弹。其直接后果是共产主

---

① 原文为Jell-O,指一种作甜食用的冻状食品。

义在韩国的侵略,造成了 5 万多美国人的死伤。数百万无辜的人民将不得不为你们的叛国行为付出代价……

两人被判以电椅刑处死。

莫顿·索贝尔也以罗森堡夫妇同谋犯的罪名被审讯。指证他的主要证人是他的一位老朋友,也是他婚礼上的男傧相,此公因为隐瞒其政治史而正被联邦政府以伪证罪起诉。他就是麦克斯·埃里彻。他作证说,他曾开车送索贝尔前往曼哈顿的一个住宅区,罗森堡夫妇就住在那儿。索贝尔从车上下来,从汽车仪表板上的小柜子里拿出一个像是胶卷盒一样的东西,然后就离开了,但等他回来的时候,那个小盒却不见了。没有人知道小盒子里装的是什么。诉索贝尔一案缺乏起码的证据,索贝尔的律师认为根本没有必要进行辩护。但是陪审团却判定索贝尔有罪,考夫曼判了他 30 年监禁。他被押解到阿尔卡特拉兹,其假释申请两次都被驳回。他在各种各样的监狱里苦熬了 19 年才获释出狱。

20 世纪 70 年代传审的联邦调查局档案材料显示,考夫曼法官曾就他将对该案所作的判决与起诉人进行过秘密的商议。另一档案则显示,在历经 3 年的上诉之后,最高法院首席大法官弗雷德·文森曾经同美国总检察长赫伯特·布罗内尔会晤,并向后者保证,只要最高法院的任何一名法官延缓执行裁决,他将立即宣布开庭合议以使之无效。

判决引起了世界性的抗议运动。阿尔伯特·爱因斯坦(他在战争初期致罗斯福的信成了原子弹研制工作的开端)为罗森堡夫妇提出了申诉,让-保罗·萨特、帕布罗·毕加索以及巴托罗密欧·范塞蒂的妹妹也都发出了同样的申诉。就在 1953 年春杜鲁门总统离任前,一份申诉递交到他的手上。申诉被驳回。随后,另一份递交给新总统德怀特·艾森豪威尔的申诉也被驳回。

最后威廉·O.道格拉斯法官同意暂缓执行。首席法官文森派出专机把在全国各地休假的法官运回华盛顿,他们及时取消了道格拉斯关于暂缓执行 1953 年 6 月 19 日的罗森堡夫妇一案的判决。虽然极少有人会同情罗森堡夫妇,但此举的目的主要在于警示国人,对于那些被政府认定为叛徒的人,罗森堡夫妇的下场就是他们的前车之鉴。

50 年代的同一时期,众议院非美活动委员会正在讯问美国人与共产党人的关系,如果他们拒绝回答,就对他们进行诱供。该委员会散发了数百万份小册子"共产主义百题问答"("共党分子在哪里? 到处都有")。自由派经常批评该委员会,但在国会中,自由派与保守派一样年复一年地投票赞成向这个委员会拨款。直到 1958 年,众议员中才有詹姆斯·罗斯福一人投票反对拨款。虽然杜鲁门也批评该委员会,但他的总检察长在 1950 年时所发表的看法,同推动非美委员会展开调查的那些理由如出一辙:"今天,在美国有许多共党分子。他们无孔不入,工厂、办公室、肉店、街角、私人企业,到处都有他们的身影,他们每个人身上都带着危害社会的致命细菌。"

自由派知识分子也加入了反共大合唱。《评论》杂志公开指责罗森堡夫妇及其支持者。它的一位作者欧文·克里斯托尔 1952 年 3 月在杂志上撰文问道："难道我们只有通过保护共产分子才能捍卫我们的权利吗？"他自己回答说："不！"

正是杜鲁门的司法部依据《史密斯法》对共产党领导人提起了诉讼，指责他们阴谋教唆和鼓吹用武力和暴力推翻政府，其证据绝大多数是指共产党人传播马克思列宁主义的著作，诉讼认为这就是呼吁暴力革命。当然，根本没有任何来自共产党的直接的暴力革命的危险，但是，由杜鲁门任命的首席大法官文森领导的最高法院援引"明显而现实的危险"这一古老的量刑原则，认为确实存在着在适当的时机发动一场革命的明显而现实的阴谋。于是，共产党的高级领导人便被投进了监狱，不久，绝大多数党的领导人都转入了地下。

在老百姓中间制造对共产主义的恐怖气氛，为采取极端的反共行动（在国内实施监禁，在国外采取军事行动）做准备，政府的这一努力毫无疑问是成功的。整个文化界都弥漫着反共气息。一些发行量极大的刊物上发表了诸如"共党分子是如何得手的"、"共党分子盯上了您的孩子"一类的文章。《纽约时报》1956 年发表的一篇社论写道："我们的新闻部或评论部不会有意去雇用一个共产党员……因为我们相信他不可能对新闻作出客观的报道和公正的评论……"一个联邦调查局密探的故事——"我过着三种生活"，讲述了他从一名共产党人转变成为联邦调查局特务的经历，该故事被 500 多家报纸连载，并被拍成了电视剧。好莱坞的电影也把《我与一个共产党员结婚》和《我是一名为联邦调查局工作的共产党人》之类作为片名。在 1948 年和 1954 年间，好莱坞出产了 40 多部反共电影。

在冷战气氛下，甚至连当初专门为保护共产党人及其他所有政治组织自由权利而建立的美国公民自由同盟这样的组织也枯萎了。其实早在 1940 年就已露出了这种苗头。当年，它开除了自己的一名创建人伊丽莎白·格林·弗林，就因为她是共产党员。在 50 年代，当科利斯·拉蒙特（还是它理事会成员）和欧文·拉铁摩尔受到攻击时，它不愿意替他们辩护。在第一次《史密斯法》审判期间，它不愿意公开站出来为共产党领导人辩护，在罗森堡夫妇案中它也躲得远远的，理由是那里不存在公民自由权保护问题。

无论是在对年轻人还是对年老者的教育中，反共都被认为是英雄行为。米基·斯皮兰 1951 年出版的《寂寞之夜》卖了 300 万册。书中的主人公迈克·哈默说："今天晚上我杀的人超过了我双手的指头数。我枪杀他们的时候非常冷静，也感到非常享受……他们是共党分子……这些狗娘养的红色恶魔早就该死……"一本连环画的主人公阿美利加上尉说："共党分子们，特务们，叛徒们和

436

外国间谍们,你们当心点! 阿美利加上尉以及他身后忠心耿耿的热爱自由的人们一定会把你们挖出来……"在 50 年代,全国所有学校的孩子们在参加防空演习时,苏联进攻美国都被作为警报信号:孩子们不得不蜷屈在书桌下直到"警报解除"为止。

在这种气氛下,政府重振军备的政策很容易得到群众的支持。这个在 30 年代已经摇摇欲坠的制度现在明白了:战争的成果可以带来稳定和高额利润。1946 年 11 月,杜鲁门主义尚未出笼,商业刊物《钢》就曾预言:杜鲁门的政策"保证那些一如既往地做好战备工作的企业在不久的将来一定会成为美国的企业巨头"。

事实证明,这一预言是准确的。1950 年初,美国的总预算大约 400 亿美元,其中军事部分约占 120 亿美元。到 1955 年的时候,单军事一项就达到了 400亿,当年的总预算为 620 亿。反战同盟等一些组织勇敢地开展了小规模的反对增加军备运动,但以失败告终。

1960 年的军事开支是 458 亿美元,占整个财政开支的 49.7%。就在这一年,约翰·F.肯尼迪当选为总统,他一上台便又着手进一步提高军事开支。据埃德加·博顿在其《恐怖平衡》中提供的材料,肯尼迪政府在 14 个月里就增加了90 亿的防卫资金。

到 1962 年,通过制造一系列关于苏联正在增加军备的恐慌,捏造虚假的"核武器差距"和"导弹差距",美国得以不断增强其核威慑能力,最终获得了绝对的核优势。在核武器方面,美国拥有威力相当于 1 500 颗投于广岛上的原子弹的核当量,远远超出了足以毁灭世界上所有大城市的能力,相当于地球上的每个人(包括男人、女人和儿童)拥有 10 吨 TNT。为了投掷这些核弹,美国拥有 50 枚洲际弹道导弹,80 枚核潜艇导弹,90 枚海外陆基导弹,1 700 架能够抵达苏联的轰炸机,300 架可以携带原子武器的舰载攻击型轰炸机,1 000 架可以携带原子弹的陆基超音速攻击机。

苏联明显地落在了后面——它只拥有 50 到 100 枚的洲际弹道导弹和不到200 架的远程轰炸机。但美国的军事预算继续攀升,其歇斯底里仍在发展,获得军火合同的各大公司的利润成倍增长,而就业与工资的增加则足以使相当数量的美国人依赖军工企业为生。

到 1970 年,美国的军事预算达到了 800 亿,凡是同军工产品有关的企业都发了大财。花在武器系统的 400 亿美元中有三分之二给了 12 至 15 家超大型公司,这些公司的生存主要依赖于履行政府的军事合同。经济学家、参议院联合经济委员会主席保罗·道格拉斯指出:"这些合同七分之六都是非竞争性的……为了保密起见,政府常常会选择某个公司,在近乎秘密的谈判中草拟出合同。"

C.赖特·米尔斯在其 50 年代出版的《权力精英》一书中,是把军队同政治家和大公司一起并列为上层精英集团的。他们之间盘根错节的关系越来越复杂。参议院的一份报告显示，一百家最大的国防承包商，握有67.4%的军事合同，雇用着2 000多名前军界高官。

同时，美国通过向一些国家提供经济援助的办法为美国企业创造了一个全球性的控制网并在受援国确立了它的政治影响。1948年的马歇尔计划决定在4年时间里向西欧国家提供160亿美元的经济援助，该项计划的经济目的就是为美国的出口开拓市场。1948年初的一份《国务院公报》援引乔治·马歇尔将军（后来出任国务卿）的话说："认为欧洲经过自身的努力……仍然会一如既往地保持对美国企业实行开放，是毫无根据的。"

马歇尔计划也隐含有政治动机。由于意大利和法国共产党的力量比较强大，美国便决定用政治压力和经济援助把共产党人排斥在这些国家的政府之外。马歇尔计划开始之初，杜鲁门的国务卿迪安·艾奇逊①说："救援和重建计划当初在某种程度上是基于人道主义的考虑提出来的。但在今天，国会已经授权，政府正在贯彻落实的这项计划主要还是从国家自身利益来考虑的。"

从1952年开始，对外援助越来越明显地带有了在非共产党国家建立军事强权的性质。在随后的十年间，美国向90个国家提供的500亿美元的援助中，只有50亿美元用于非军事的经济发展。

约翰·F.肯尼迪上台后，发起了"为进步而联合"的运动，这是一项援助拉丁美洲、强调用社会改革来改善人民生活的计划。但事实证明，它主要是为维护右翼独裁者的权力使之能够避免发生革命的一种军事援助。

军事援助距离军事干涉只有一步之遥。在杜鲁门及其继任者那里，他在朝鲜战争之初有关"暴政"和"法治"的煌煌高论一次又一次地被美国自己的行为戳穿。1953年，当伊朗实行石油工业国有化之后，中央情报局成功策划了一场颠覆活动。1954年，在危地马拉，一个合法选举的政府被美国中央情报局在洪都拉斯和尼加拉瓜的军事基地上训练的一支雇佣兵的武装入侵所推翻，这次入侵还得到了美国飞行员驾驶的4架美国战机的支援。政权落在了卡洛斯·卡斯蒂洛·阿莫斯之手，阿莫斯曾经在堪萨斯的里芬沃斯堡接受军事训练。

被美国所推翻的是危地马拉历史上最民主的政府。总统雅各勃·阿本斯是一位中左派社会主义者，共产党在议会56个席位中拥有4席。对美国商业利润构成最大威胁的是阿本斯征用了联合果品公司所拥有的23.4万英亩土地，而他所提供的补偿却是该公司不能接受的。阿莫斯当政后，把土地退还了联合果品公司，废除了外国投资者的利息与红利收入所得税，取消了秘密投票制度，并把数千名政治反对派投进了监狱。

---

① 原文如此。迪安·艾奇逊此时的职务是副国务卿，后继马歇尔之后出任国务卿。

　　1958年，艾森豪威尔政府向黎巴嫩派出了数千名海军陆战队员，以确保那里的亲美政权不会被革命推翻，同时也是为了在这块丰富的产油区保持军事存在。

　　民主党与共和党、自由派与保守派之间在防止和推翻革命政府（只要有可能，不管在任何时候，也不管这个政府是共产主义的、社会主义的抑或是反对联合果品公司的）问题上所达成的一致在1961年的古巴事件中表现得最为典型。1959年，菲德尔·卡斯特罗领导的武装力量在距离佛罗里达90英里的这个小岛上发动了一场革命，得到美国支持的军事独裁者富尔根西欧·巴蒂斯塔被推翻。革命直接威胁到了美国企业的利益。富兰克林·D. 罗斯福曾经废除了允许美国干涉古巴的《普拉特修正案》，但美国仍霸占着古巴的关塔那摩海军基地，美国的公司利益仍然主导着古巴经济，控制着古巴80%—100%的公用事业、矿产业、畜牧业和炼油业，以及40%的制糖业和50%的公共铁路。

　　1953年，菲德尔·卡斯特罗率部攻打圣地亚哥的军营，失败后被投入监狱。出狱后，他到了墨西哥，在那儿遇到了阿根廷革命家切·格瓦拉。1956年，卡斯特罗重返古巴。他的游击队在丛山密林中与巴蒂斯塔的军队作战，得到了越来越多的公众支持，并最终走出崇山峻岭，穿越整个国家，向哈瓦那挺进。1959年新年，巴蒂斯塔政府垮台。

　　掌权后，卡斯特罗希望在全国范围内建立起教育体制和住房制度，把土地分给无地的农民。政府没收了3家美国公司（包括联合果品公司）100万英亩的土地。

440

　　古巴革命纲领的实施需要资本赞助，但由美国操纵的国际货币基金组织不愿向它提供贷款，原因是古巴不愿接受该组织提出的所谓"稳定化"条件，因为这一条件旨在暗中破坏古巴业已开始实行的革命纲领。当古巴与苏联签订了一项贸易协定后，古巴的美国石油公司拒绝炼制苏联提供的原油，卡斯特罗便没收了这些公司。为了报复，美国削减了作为古巴经济支柱的蔗糖的进口，而苏联则立即表示愿意购买被美国拒绝了的全部70万吨蔗糖。

　　古巴的局势发生了变化，睦邻政府不再适用了。1960年春，艾森豪威尔总统秘密授权中央情报局在危地马拉武装和训练反卡斯特罗的古巴流亡分子，以备以后入侵古巴之用。1961年春肯尼迪上台时，中央情报局已武装和训练了1 400名流亡分子。肯尼迪进一步加快了这一计划的实施。1961年4月17日，由中央情报局训练的武装分子与一些美国人一起在古巴南部海岸、距哈瓦那90英里的猪湾登陆。他们本来期望能煽动起反对卡斯特罗的总起义。但这是一个平民政权，根本没有人愿意起义。3天后，中央情报局的部队被卡斯特罗的军队击溃。

　　整个猪湾事件充斥着虚伪与谎言。入侵违反了美国签字的美洲国家组织宪章(也有悖于杜鲁门的"法治"原则)，该宪章指出："任何国家或国家集团无论何种原因均无权直接或间接干涉别国的内政或外交事务。"

因为有关于秘密基地和中央情报局训练入侵者的新闻报道，就在入侵事件发生的 4 天之前，肯尼迪总统还在新闻发布会上狡辩说："……在任何情况下都不会有任何的美国武装力量对古巴进行干涉。"确实，登陆的武装力量是古巴人，但它们全部是由美国组织的。美国的战斗机，包括美国飞行员，都介入了；入侵行动中，肯尼迪还批准使用了海军隐形喷气机。4 名飞行员丧生，而家属却不知道他们死亡的真相。

在入侵古巴事件中，自由派和保守派联合起来，成功地制造了举国一致的反共气氛。一些重要的新闻出版物在欺骗美国公众这一点上与肯尼迪政府沆瀣一气，互为唱和：在入侵事件发生的数周之前，《新共和》打算发表一篇关于中央情报局训练古巴流亡者的文章。历史学家阿瑟·施莱辛格提前得到文章的复印件，施莱辛格把它拿给肯尼迪过目。肯尼迪要求《新共和》不要发表该文，《新共和》听从了。

《纽约时报》的詹姆斯·赖斯顿和特纳·卡特利奇应政府的要求也没有发表有关即将发生的入侵的报道。阿瑟·施莱辛格谈到《纽约时报》的行为时说："这是另一种爱国行为，但回想起来，让我不明白的是，为什么在媒体失职的情况下美国仍然难逃此劫。"看来，在冷战共识之下，让施莱辛格及其他自由派人士感到困惑的，不是美国屡屡干涉别国革命运动的行为本身，而是这种干涉为什么总是失败。

到 1960 年前后，自第二次世界大战结束以来力图遏止新政时期和战争年代共产党和左派力量不断上升势头的 15 年的努力似乎已获成功。这时，共产党陷入了混乱——它的领导人还在监狱里，它的成员在减少，它在工会运动中的影响已非常小。与此同时，工会运动本身也已变得越来越容易控制和越来越保守了。军事开支占了国库开支的一半，而公众却接受这一事实。

核武器试验的放射物对人体健康可能带来的危害还没有为公众普遍认识。原子能委员会坚持认为原子弹试验的严重后果被夸大了，1955 年《读者文摘》(美国发行量最大的杂志)上的一篇文章说："有关我国原子弹试验的恐怖报道完全是无稽之谈。"

50 年代中期，曾经掀起过一阵关于防空洞的热潮。公众被告知说，当原子弹爆炸时，这种防空洞就是他们的安全避难所。科学家赫尔曼·卡恩是一名政府顾问，写过一本名为《论热核战争》的书。在书中，卡恩解释说，核战争有可能不至于在总体上毁灭整个世界，人们完全没必要那么恐慌。1957 年，一位名叫亨利·基辛格的政治学家出版了一本书，他在书中说："如果有适当的策略，核战争并不一定就那么具有破坏性……"

尽管国家长期处于战时经济状态极大地影响到了人民的生活水平,但是,由于相当多的人可以找到工作,足以养家糊口,所以社会还能够维持稳定。财富的分配依然不均,从 1944 年到 1961 年,情况基本上没有发生大的变化:生活在最底层的五分之一家庭的收入只占总收入的 5％,而生活在最上层的五分之一家庭的收入则占到了总收入的 45％。1953 年,成年人口中 1.6％的人拥有 80％以上的公司股票和近 90％的公司债券。20 万家公司中的大约 200 家大公司(占所有公司的 1‰)控制着这个国家所创造的财富的大约 60％。

当约翰·F.肯尼迪任职一年后向国人公布其财政报告时,无论是自由民主派还是其他人都非常清楚,收入分配、财富和免税优惠等方面没有发生太大的变化。《纽约时报》的专栏作家詹姆斯·赖斯顿把肯尼迪的财政报告概括为避免"国内政策出现突然转向"以及"对失业问题提出任何尖锐的正面批评"。赖斯顿说:

> 他同意降低公司用于工厂扩建与现代化方面的投资税率,但他并不太热心于在民权问题上向南方保守派宣战,他极力推动工会组织降低在工资方面的要价以便使产品价格在国际市场上能够具有竞争力,由此也会带来工作岗位的增加。他再次向企业家们保证说,他不会在国内向他们发动冷战。
>
> 在本周举行的新闻发布会上,他拒绝履行自己有关废除政府保障房方面的歧视性政策的承诺,而是要等到"举国一致"赞同之后再实行……
>
> ……在这 12 个月的时间里,总统已经走到了美国政治具有决定意义的中间地带……

在这一中间地带,一切看来都很安全。没有为黑人做任何事情,没有试图改变经济结构,侵略性对外政策仍在继续,国家机器仍在正常运转。但紧接着,在整个 60 年代,在美国社会生活的每一领域都发生了一系列爆炸性的反叛行为。这些反叛行为表明,所有那些认为该制度是安全和成功的观点都是错误的。

第十七章

"或者它会爆发?"

到了 20 世纪 50 和 60 年代,美国出人意料地爆发了遍及南北的黑人反叛运动。人们也许不应该为此感到大惊小怪,因为对于被压迫的人民来说,他们所遭受的苦难始终是一种挥之不去的记忆。只要岁月的流逝不能治愈被压迫者心灵的创伤,他们便随时随地都有可能揭竿而起。就美国黑人而言,奴隶制度恍如昨日,种族隔离、私刑处死以及各种各样的屈辱和苦难更是刻骨铭心。更何况,所有这些并不单单只是一种记忆,它们还是一种活生生的现实,即一代又一代黑人日常生活的组成部分。

30 年代,兰斯顿·休斯曾写过一首名为《伦诺克斯大街上的壁饰》的诗,诗中写道:

> 梦想既已推迟,
> 又如何预定明天?
> 是默默地死去,
> 像阳光下被蒸干了水分的葡萄干?
> 还是像流着脓血的疮口
> 那样溃烂?
> 是像腐肉一样散发着腥臭,
> 还是像面包片和糖果那样弥漫着香甜?
>
> 或者,
> 它会为重负压垮。
>
> 或者,
> 它会爆发?

在一个控制严密的社会里,人们常常会在艺术作品里发现各种各样的或略显粗糙或经过精心雕琢的内容隐晦的叛逆情绪。黑人社会也是如此:布鲁斯①

---

① 布鲁斯(the blues),一种伤感的黑人民歌,慢四步爵士舞曲。

的哀婉中隐含着愤怒；爵士乐的欢快中预示着反叛。但在随后的诗歌中，思想便
不再那么隐晦了。"哈莱姆文艺复兴"的重要人物之一克劳德·麦基在 20 世纪
20 年代写过一首诗，该诗被亨利·卡伯特·洛奇作为年轻黑人中存在着危险倾
向的例证收入了国会议事录：

> 如果
>
> 我们必须去死
>
> 切勿像猪一样
>
> 被剿杀在屠宰场里……
>
> 堂堂七尺男儿
>
> 面对凶残怯懦的群小
>
> 即便是身陷绝地
>
> 行将罹难
>
> 也要战斗到底！

康蒂·卡伦的诗《插曲》唤起了每一个美国黑人对自己孩提时代痛苦经历的
回忆。他们的经历尽管千差万别，但其实质却是相同的。卡伦写道：

> 骑马穿过古老的巴尔的摩，
>
> 心里充满了无限的欢乐，
>
> 我看到一个巴尔的摩人
>
> 目不转睛地凝视着我。
>
> 我还只是一个 8 岁的孩子，
>
> 他也比我大不了多少。
>
> 我冲着他微微一笑，
>
> "黑鬼！"
>
> 他却对我大声骂道。
>
> 从 5 月到 12 月，
>
> 我看到了整个的巴尔的摩，
>
> 看到了那里所发生的一切，
>
> 这一切都深深地印在了我的脑海里。

在斯科茨保罗男孩事件发生时，卡伦在一首充满悲愤的诗作中指出，在别的
冤案发生时，白人诗人都会拿起笔发出抗议之声，可是当牵涉到黑人的时候，他
们绝大多数人都沉默无声。诗的最后一节写道：

> 我想说的是
>
> 诗人们想必正在

放声高唱

我不知道

为什么他们会

一点也不感到悲伤

即使是对人低眉顺目(像现实生活中的汤姆叔叔,或者像舞台上滑稽搞笑、阿谀奉迎的黑人,他们充满自嘲、谨小慎微),也难掩盖他们骨子里的怨恨、愤怒和坚毅。在世纪之交的黑人歌手时代,黑人诗人保罗·劳伦斯·邓巴写下了《我们带着假面》:

我们

强颜欢笑谎话连篇

就像是戴着假面

遮挡了我们真实的容颜

……

我们歌唱

但是,唉

脚下泥泞遍地

前路漫长无边

给世界一点梦想吧

我们戴着假面

当时有两名黑人歌手既扮演着吟游歌手的角色,又对他们大加嘲讽。当伯特·威廉姆斯和乔治·沃克尔宣传自己是"两个黑鬼①"时,用内森·哈金斯的话说,他们是"准备赋予白种男性所虚构的这个名称某种特殊风格和喜剧性的自豪……"

到30年代,许多黑人开始扔掉假面。兰斯顿·休斯写下了《我,也》

我,也把美国歌唱

我是那个肤色黝黑的兄弟

每当客人造访

他们便把我撵到厨房

我放声大笑

吃得香

长得壮

---

① 原文为 coon,该词是对黑人极具污辱性的称呼。

明天

客人再来造访

我将坐到餐桌旁

……

格温德林·贝内特写道：

太阳徐徐落下山

天空越来越幽暗

我想去把那位轻盈袅娜的

黑人姑娘见

一群陌生的黑人异教徒

围坐在一堆篝火旁

高声吟诵

我想去听听

他们的诵经声

446　　在吟游歌手微笑的背后

是人民的灵魂在鼓荡

我想去感触一下那

蕴藏其中的巨大能量

还有马格丽特·沃克尔的散文诗：

……让新的地球降临，让新的世界诞生，把血染的和平写满苍穹。让勇敢的下一代健康成长，让热爱自由的人民天天向上，让抚慰创伤的柔美和永不放弃的毅力同我们息息相通、血脉相连。让军歌嘹亮，让挽歌退场。让人们行动起来，把命运掌握在自己手里。

20 世纪 40 年代出现了一位天才的黑人小说家理查德·赖特。他于 1937 年出版了自传体小说《黑孩子》①。书中的真知灼见俯拾即是，例如，对于黑人如何互殴，他向人们讲述了自己如何被怂恿与另一名黑人孩子打架以博取白人欢笑的事情。《黑孩子》毫不掩饰地向人们揭露了作者的每一件丑行，也反映了作者内心深处的冲突：

白种的南方声称它了解"黑鬼"，而我就是一名所谓的"黑鬼"。不过，白种的南方却从来没有真正了解过我——它从来不知道我在想什么、我的感觉是什么。南方的白人说社会上有我的"位置"，不过，我却从来没有发现我

---

① 这里作者有误。赖特的《黑孩子》初版于 1945 年。

的"位置",或者毋宁说强烈的本能冲动使得我从不认可白人给我安排的所谓"位置"。无论在何种意义上,我从来都不认为自己是一个劣种。不管南方的白人对我说什么,我也从不怀疑自己作为人的价值。

不难看出,在那里,无论是诗歌、散文还是音乐,它们所隐晦地流露或清晰地表达出来的,全都是一个民族不屈不挠、坚忍不拔、生机勃勃和同仇敌忾的精神。

在《黑孩子》一书中,赖特谈到了有关教育美国黑人儿童逆来顺受的种种方式。但他同时指出:

> 黑人们对强加于他们的生活方式感觉如何? 当他们身受孤寂之时,他们又将如何谈论它呢? 我想,这个问题可以用一句话来回答。一位开电梯的朋友曾这样告诉我:
>
> "天哪! 如果不用警察和私刑打手对付这帮家伙,他们肯定会发生骚乱!"

理查德·赖特曾加入过共产党(他在《上帝的失败》中讲述了自己在这一时期的生活及对共产党幻想的破灭)。众所周知,共产党对种族平等问题特别关注。30年代,阿拉巴马的斯科茨保罗男孩案曝光之后,正是共产党人在大萧条初期站出来为这些遭受不公正监禁的黑人年轻人进行辩护。

自由派和全国有色人种协进会指责共产党利用该案谋求自身私利,虽然这一批评有一定的道理,但黑人想得到白人的真诚支持确实非常困难。另一方面,南方的黑人共产党人克服重重阻力所进行的有效组织工作也确实赢得了黑人的尊敬。在伯明翰组织失业工人的黑人领袖霍齐亚·赫德森就是一例。另一位黑人领袖安杰洛·赫恩登曾在肯塔基矿井当过童工,他的父亲死于肺痨病。1932年,这位年仅19岁的黑人在佐治亚州加入了共产党人在伯明翰组织的失业救济委员会,接着他又加入了共产党。后来,他这样写道:

> 我一生都在遭受压榨、欺凌和侮辱。为了一周几美元的收入,我在矿井下拼命地干活,眼睁睁地看着自己的工资被偷走、被克扣,眼睁睁看着自己的同伴被杀。我背着"有色人种"的标记乘车,就好像我身上有什么令人作呕的东西一样。我听任别人称我为"黑鬼",并且不管他们是否值得我尊敬,我都不得不向每一位白人说道:"是的,先生。"
>
> 我对此深恶痛绝,但从来都不知道该怎么办。现在我突然间找到了这样一种组织,在这里,黑人与白人坐在一起,一起工作,却没有种族和肤色的界限……

赫恩登成了亚特兰大共产党的组织者。1932年,他和他的同志们在许多街区建立起了失业救济委员会的分会机构,为失业者争取房租救济金。他们领导了包括600名白人在内的1 000人的游行示威活动。示威活动的第二天,市政当局便答应为失业者提供6 000美元的救济金。但不久赫恩登即被逮捕并被单

447

独关押,他被指控违犯了佐治亚反暴乱法。他回忆了受审时的情景:

> 佐治亚州当局向陪审团出示了从我的房间里搜出来的书籍,并当众宣读了其中的一些段落。他们讯问得非常详细:你真的认为资本家和政府应当为失业工人提供保险吗? 黑人应当与白人完全平等吗? 你真的认为黑人区有必要实行自治,让黑人自己管理该地区事务,让白人地主和政府官员一并撤出吗? 你真的认为工人阶级能够管理工厂、矿山和政府吗? 难道资本家真的就没有必要存在吗?
>
> 我告诉他们,我对所有这些都深信不疑,而且还远不止这些……

赫恩登被判有罪,并被关押了5年。直到1937年最高法院裁定他被判罪所依据的那项佐治亚法律违宪,他才获释。正是像他这种充满战斗精神的黑人使当权者感到非常害怕,而且,他们一旦与共产党联系起来,就会变得更加危险。

另外还有一些著名的黑人与共产党有联系,从而放大了这种危险性,如在审讯中为赫恩登辩护的黑人律师本杰明·戴维斯,以及像歌唱家、演员保罗·罗伯逊和作家、学者 W. E. B. 杜波依斯这样一些全国闻名的人物,他们从不掩饰对共产党的支持和同情。黑人不像白人那样对共产主义持敌视态度。他们不能这样做,因为他们的朋友本来就很少。所以,像赫恩登、戴维斯、罗伯逊、杜波依斯这些人,他们的政治观点对整个国家而言或许有不良影响,但他们的战斗精神却为他们在黑人社区赢得了尊敬。

30年代此起彼伏地弥漫于黑人中的好战气氛在第二次世界大战期间处于低迷状态。这一时期,国家一方面谴责种族主义,另一方面仍然在军队中实行种族隔离,黑人仍然只能从事收入低微的工作。但在战争结束的时候,一个新的因素进入了美国的种族格局,这就是在非洲和亚洲兴起的规模空前的黑人与黄种人的反抗斗争。

哈里·杜鲁门总统不得不认真予以对付,尤其是在与苏联的冷战已经开始,而世界各殖民地的反抗斗争又威胁将接受马克思主义的时候。对种族问题采取必要的行动,这并不单单是要平息国内黑人的情绪(战争期间的慷慨允诺曾一度使黑人感到振奋,而现在基本未变的生活条件又使他们感到沮丧),而且还要向全世界显示它有能力解决共产主义者所大肆渲染的美国社会最为糟糕的一面,即种族主义问题。杜波依斯在很久以前说过一句当时没有引起人们关注的话,这句话在1945年时却开始惹人注意了。他说:"20世纪的问题就是肤色界限问题。"

1946年晚些时候,杜鲁门任命了一个民权委员会。它建议在司法部民权部门的基础上建立一个常设性的民权问题委员会,并建议由国会通过法律来反对对黑人动用私刑,停止支持种族歧视,他还提议通过新的法律来结束就业中的种族歧视现象。

杜鲁门的这个委员会提出上述建议的动机不是很清楚。确实,如它所说,是出于"道德上的原因",即出于良知的考虑。但显然也有"经济上的原因",因为种族歧视使国家付出了高昂的代价,也造成了人才的浪费。不过,最重要的也许是国际上的原因:

> 战后,我们的国际地位已经变得极其重要,我们的任何一个极微小的行动都会对未来产生深远的影响……我们无法回避这样一个事实,即我们的民权记录已成为世界政治中的一个问题。全世界的报纸和广播都在关注。那些满脑子对抗意识的人特别强调甚至无耻地歪曲我们的缺点……他们试图证明,我们的民主制度只是彻头彻尾的欺骗,我们的国家始终是压迫贫困阶层的机器。这种观点在美国人看来是非常荒唐可笑的,但它也足以让我们的朋友感到忧虑。美国还不够强大,民主理想走向最后胜利的进程还没有发展到不可逆转的地步,所以,我们还不能无视世界对我们及我们的记录的看法。

现在美国已经以前所未有的姿态走向世界,它的目标非常宏大,那就是攫取世界霸权。正像杜鲁门的民权委员会所称:"……我们的任何一个极微小的行动都会对未来产生深远的影响"。

于是美国开始采取一些微小的改良行动,并期望它们能够产生巨大的影响。国会没有颁布民权委员会所请求通过的法律。但是,就在1948年总统选举的4个月之前,为了应付选举中的左派即进步党总统候选人亨利·华莱士的挑战,杜鲁门发布了一项行政命令,要求在第二次世界大战期间实行种族隔离的各部队"尽可能快地"实行种族平等政策。该项命令的出台不只是受到了来自选举的压力,而且也是出于鼓舞军队中黑人士气的需要,因为战争的可能性在增长。军队彻底废除种族隔离制度花了足足10年的时间。

杜鲁门在其他领域也可以发布相关的行政命令,但他没有这样做。宪法第14条和第15条修正案以及19世纪60年代晚期和70年代早期的一系列法律赋予了总统消除种族歧视的足够的权力。宪法要求总统执行这些法律,但没有一位总统行使过这种权力。杜鲁门也没有。例如,他要求国会立法"禁止在州际交通设施上实行歧视",但1887年就已经有了禁止在州际交通设施上实行歧视的专门立法,但始终未见实行该项法律的相关行政措施出台。

同时,在有关种族平等的宪法修正案通过90年之后,最高法院迈出了可喜的一步。战争期间,民主党初选投票中为排斥黑人实行所谓的"白人优先",这在南方选举中确实存在,最高法院判定此举违宪。

1954年,最高法院终于放弃了它从19世纪90年代以来一直捍卫的所谓"隔离但平等"①理论。在全国有色人种协进会在一系列反对学校中种族隔离的

---

① 原文为"separate but equal",意思是说实行黑白种族隔离,但允许黑人在教育、就业、交通等方面享有同等待遇。

诉讼案中与最高法院对抗时,在"布朗诉教育局"一案中,法庭判决说,在学校中实行的种族隔离制度"会使孩子们产生自卑感……这种自卑感将会给他们造成一种无法弥合的心灵创伤"。因此,它指出,在公立学校教育中"决不允许'隔离但平等'之说存在"。但法院也没有立即实行变革:一年后,它宣布说,种族隔离设施应当以"慎重的速度"予以废除。到 1965 年,即"慎重的速度"指导方针确定了 10 年之后,75% 以上的校园里仍然实行着种族隔离制度。

不过,美国政府于 1954 年宣布种族隔离为非法毕竟是一个引人注目的决定,这一消息传遍了世界。在国内,对那些没有意识到言词与事实之间通常存在着差距的人来说,这也是一个令人振奋的变革信号。

在别人看来,这似乎已是非常大的进步了,但对黑人而言,它却远远不够。20 世纪 60 年代早期,黑人反叛运动遍及南部各地。60 年代晚期,他们又在 100 多个北部城市发动了暴乱。对于那些对奴隶制度没有刻骨铭心的体验的人来说,把日常生活中所遭受的屈辱都用诗歌、音乐、偶然爆发的愤怒以及经常性的郁郁寡欢来表达,这简直是无法理解的。这种屈辱的体验有时候也会通过政客们的演讲、政府的法律和决定折射出来,但实践表明,它通常都没有什么实际的意义。

然而,对于那些对奴隶制度和屈辱的生活有着亲身的体验,其处境没有得到丝毫改变的人来说,反抗则随时都有可能发生。它的出现不遵从任何预定的时间表,其爆发也往往与一系列无法预测的事件相伴随。1955 年底,反抗活动在阿拉巴马州首府蒙哥马利出现了。

在被捕 3 个月之后,43 岁的女裁缝罗莎·帕克斯太太解释了自己为什么拒绝遵守蒙哥马利市有关公共汽车上实行种族隔离的法律,以及她为什么决定坐在公共汽车上的"白人区":

451
  嘿……工作了一整天之后,我感到非常累。我每天都在飞针走线,为白人赶制服装……但我从来没有想过而且也一直弄不明白的是:我们何时和用什么方法才能像人一样行使我们自己的权利? ……碰巧那天司机要求我遵守法律,而我恰恰又不愿意听从他的指令。于是他便叫来了警察。我就被逮捕并扔进了监狱……

蒙哥马利的黑人呼吁举行群众集会。这一地区最有影响的人物是 E. D. 尼克松,他是一名老工会会员,有着丰富的组织经验。他们决定进行联合抵制,拒绝乘坐全市的公共汽车。他们组织起小车队运送黑人上班,大多数黑人则干脆步行上班。当局进行了报复,100 名联合抵制的领导人受到指控,许多人被投入了监狱。白人种族隔离主义分子采取了暴力行动。4 座黑人教堂发生了炸弹爆炸案。联合抵制的领袖之一、出生于亚特兰大的 27 岁的牧师小马丁·路德·金博士家的前门遭到枪击,他的家也受到了炸弹的袭击。但是蒙哥马利的黑人坚持不屈。1956 年 11 月,最高法院废除了地方公共汽车上的种族隔离制度。

蒙哥马利事件只是个开端。它预示了未来 10 年里席卷整个南方的声势浩大的抗议运动的方式和精神状态:群情激昂的教堂集会,配合当前战斗的赞美诗,寻找失落的美国精神,赞扬非暴力,渴望奋斗与牺牲。《纽约时报》的一名记者描述了联合抵制期间蒙哥马利一次群众集会的情形:

> 今天晚上,在拥挤的浸礼会教堂里,后来受到指控的那些黑人领袖一个接一个地登上讲坛,力劝其追随者不要乘坐市内公交车,而要"同上帝一起步行"。

> 2 000 多名黑人把整个教堂挤得满满的,从底层到阳台,连大街上都站满了人。他们时而吟诵,时而高唱,时而喊叫,时而祈祷。极度的狂热使得他们脑袋昏昏然,他们坐在走道上,一遍又一遍地发誓要进行"消极抵抗"。他们决定以这一名义对市内公共汽车进行 80 天顽强的联合抵制行动。

在这次群众集会上,马丁·路德·金发表了演讲,这是不久之后他那将鼓舞数百万人要求种族公正的演讲的一次预演。他说,抗议不能只是停留在反对公共汽车上的种族隔离这一层面上,而且更要针对那些"深深根植于历史中"的事情:

> 我们已经认识到了屈辱,我们已经懂得了侮辱性的语言,我们已经被投入了被压迫的深渊。我们决定把抗议作为反抗的唯一的武器。美国最值得自豪的事情之一便是我们有抗议的权利。

> 即便我们每天都遭到抓捕,每天都遭受剥削,每天都受到践踏,也千万不要怨恨他们,否则就是把自己降低到了同他们一样低的层次。我们必须运用爱的武器,我们必须同情和理解那些仇视我们的人。我们必须认识到,虽然那么多的人接受教育,要求他们恨我们,但他们完全不应该为此承担责任。而我们已站在生命的午夜时分,而这正是新一天的黎明的开端。

金所强调的爱和非暴力思想具有巨大的感召力,这使得他在遍及全国的黑人和白人中间赢得了一批同情者和追随者。但有的黑人却认为那不过是一种天真的幻想,因为当被误导的人们为爱所倾倒之时,另一些人仍不得不进行艰苦的战斗,而且并不总是通过非暴力的方式。正因为如此,在蒙哥马利联合抵制运动两年之后,在北卡罗来纳的门罗,前海军陆战队员、当地全国有色人种协进会主席罗伯特·威廉斯的观点曾名震一时。威廉斯认为,黑人在暴力面前应当以牙还牙,必要时可以开枪自卫。所以,当当地的三 K 党党徒攻击门罗全国有色人种协进会的一位领导人的住宅时,威廉斯与其他黑人一起用来福枪进行了还击。三 K 党党徒被迫撤离(三 K 党现在遇到了它自己采取的暴力手段的挑战;袭击北卡罗来纳州印第安人社区的一个三 K 党组织也被印第安人用来复枪打退了)。

在此后的数年里,南方的黑人仍然强调非暴力。1960 年 2 月 1 日,北卡罗来纳州格林斯伯勒一所黑人学院的 4 名新生决定在商业区只供白人就餐的伍尔沃斯午餐柜台前坐下用餐。柜台拒绝为他们提供服务。但他们不愿离去,柜台服务员当天只好关门歇业。第二天,他们又来了,并且以后每天都过来。其他黑人也过来进行静坐抗议。

在此后的两周内,静坐抗议扩展到南部 5 个州的 15 个城市。亚特兰大斯佩尔曼学院二年级学生、17 岁的鲁比·多丽丝·史密斯听说了有关格林斯伯勒的消息:

> 当成立学生委员会的时候……我告诉我的姐姐说……把我的名字也列进去。当 200 名学生被推举出来举行第一次示威活动时,我是其中之一。我同 6 名学生一起在州议会大厦餐厅排队打饭,但收银员却拒绝收我们的钱……副州长过来要求我们离开。我们不离开,于是便进了县监狱。

453　　在纽约哈莱姆的公寓里,一位名叫鲍勃·摩西的年轻黑人数学教师在报上看到了格林斯伯勒静坐抗议者的一幅照片。他说,"照片上学生们脸上的表情既带有几分沉郁,又流露出愤怒和坚毅。而在以前,南方的黑人看起来总是显得胆怯和畏缩。这一次他们表现出了创造性。他们是与我同龄的年轻人,我知道,这件事将会影响到我的生活"。

一些地方发生了针对静坐者的暴力行为。但积极主动地反对种族隔离的观念已深深地扎下了根。在此后的 12 个月里,100 多座城市里的 5 万多人(其中大多数是黑人,也有一些白人)参加了各种各样的示威活动,3 600 多人被投进了监狱。但到 1960 年底,格林斯伯勒和其他许多地方的午餐柜台还是向黑人开放了。

格林斯伯勒事件一年后,北方的一个致力于种族平等的组织"种族平等大会"领导了"自由乘车"运动。他们组织黑人同白人一起乘公共汽车穿越整个南方,旨在打破州际旅行中的种族隔离。这种种族隔离制度早已不再合法,但联邦政府却从来还没有在南方实施过有关种族平等的法律。这时的总统是约翰·F.肯尼迪,他在种族问题上也表现得小心翼翼,他主要关心的是南方民主党白人领袖的支持。

1961 年 5 月 4 日,两辆公共汽车离开华盛顿特区前往新奥尔良。但公共汽车没能到达新奥尔良。在南卡罗来纳,自由乘客们遭到殴打;在阿拉巴马,自由乘客的一辆汽车被点燃,他们遭到拳头和铁棍的毒打。南方的警察和联邦政府对这些暴力没有进行任何干预。联邦调查局的特工只是在一旁看着,并作了记录,但也没有采取任何行动。

与此同时,一批老静坐抗议者们刚刚成立了一个叫做大学生非暴力协调委员会的组织,旨在以非暴力的战斗性行动争取平等权利,他们组织了另一场从纳什维尔到伯明翰的自由乘客运动。出发前，他们向华盛顿特区的司法部寻求保护，但遭到断然拒绝。正如斯佩尔曼学院学生鲁比·多丽丝·史密斯的报道所说："……司法部不答应。他们不能保护任何人，但如果有事情发生，他们将会予以调查。你们当然知道他们会怎样做……"

这支不分种族的大学生非暴力协调委员会组织的自由乘客队伍在阿拉巴马的伯明翰被拘留，他们在牢房里待了一夜之后被警方押送到田纳西边境。但他们又重新回到了伯明翰，并乘公共汽车前往蒙哥马利。在这里发生了流血冲突，他们遭到了白人拳头与棍棒的殴打。此后，他们继续上路，前往密西西比的杰克逊。

此时的自由乘客运动已成为全世界舆论关注的焦点。政府急于阻止进一步 454
的暴力事件发生。司法部长罗伯特·肯尼迪不再维护自由乘客们的旅行抗议权利，同意在杰克逊逮捕他们，作为交换条件，他要求密西西比警方保护他们免遭可能的暴徒袭击。正如维克多·纳瓦斯基在《肯尼迪正义》中评论罗伯特·肯尼迪时所说："他毫不犹豫地用自由乘客们宪法赋予的州际旅行的权利作为交换条件，让参议员伊斯特兰德保证他们的生命权。"

自由乘客们在监狱里也不屈服，他们坚持斗争，提抗议，唱歌，要求维护他们的权利。斯托克利·卡迈克尔后来回忆了他和狱友们在密西西比的帕契曼监狱唱歌时警长威胁要拿走他们的床垫的情形：

> 我一边抓住床垫一边说："我认为我们有权使用床垫，我认为你是非法的。"他说："黑鬼，我讨厌听你们的狗屁歌曲。"他一边说一边开始拆我的垫子。我一动不动，并且开始唱"我要告诉上帝你如何待我"，所有的人都唱了起来。这次泰森真的要崩溃了，他招来模范囚犯说："给我好好看着他！"然后就摔门而去，也顾不得去拿别人的垫子了。

佐治亚的奥尔巴尼是美国南方腹地一座仍然弥漫着奴隶制气氛的小镇。1961年冬和1962年，这里接连发生了群众性的示威运动。奥尔巴尼共有2.2万黑人。有1000多人冲向监狱，举行游行和集会，抗议种族隔离和种族歧视。像遍及南方的所有示威活动一样，这里的黑人儿童也参加了进来——新一代正在学习如何采取行动。在一次集体大逮捕中，奥尔巴尼的警察总监坐在桌旁依次登记被监禁者的名字。当他抬头看见一位年仅9岁的黑人孩子时便问道："你叫什么名字？"孩子直盯盯地瞪着他说："自由，自由。"

我们无法准确评估南方的运动对整个年轻一代黑人的心理究竟产生了多大影响，我们也无法得知究竟有哪些人是受其影响才成长为活动家和领袖的。在佐治亚的李县，在1961—1962年事件过后，一名年仅十几岁的黑人男孩詹姆斯·克劳福德加入了大学生非暴力协调委员会，他开始带领黑人前往县政府大楼参加投票。一天，他带领一名妇女前去投票时，助理登记员朝他走来。另一位大学生非暴力协调委员会成员记下了他们的对话：

455 登 记 员：你想干什么？

克劳福德：我带这位太太来登记。

登 记 员：（给了那位妇女一张需要填写的卡片并打发她到一边去。）你为什么要带这位太太来这儿？

克劳福德：因为她想像你们所有人一样成为一流的公民。

登 记 员：你是谁啊？凭什么带人来登记？

克劳福德：这是我的职责。

登 记 员：小心让你头上吃两粒枪子儿。

克劳福德：怎么死都无所谓，随你的便。

登 记 员：即使我不这么做，我可以让别的人去做。（没有回答。）

登 记 员：害怕了吧？

克劳福德：没有。

登 记 员：假如现在有人从那道门里朝你脑后射枪，你会怎么样？

克劳福德：我什么也不做。如果他们向我脑后开枪的话，所有的人都会涌到这儿来。

登 记 员：什么人？

克劳福德：我为之工作的人。

1963 年，伯明翰的数千名黑人迎着警察的棍棒、催泪瓦斯、警犬和高压水龙头冲上了街头。与此同时，大学生非暴力协调委员会的年轻人（绝大多数是黑人，也有一些白人）进入所有南方腹地各州（佐治亚、阿拉巴马、密西西比、阿肯色）的社区进行宣传鼓动。在当地黑人群众的积极参与下，他们组织起来登记选民投票，抗议种族主义，鼓起了民众反抗暴力的勇气。据司法部统计，1963 年的短短 3 个月里就有 1 412 例示威活动。监禁早已司空见惯，挨打也成了家常便饭。虽然有许多当地人胆怯了，但仍有人勇往直前。19 岁的黑人大学生卡弗·尼布利特来自伊利诺斯州，在佐治亚州特勒尔县为大学生非暴力协调委员会工作，他报告说：

我同一位盲人聊了起来。他对民权运动非常感兴趣，从一开始就积极投身于这场运动。虽然他是个盲人，但他很想掌握为获得投票资格而进行的文化水平测试的所有问题。请想一想，当许多人担心白人会烧掉他们的房子、枪击他们、抢掠他们的财产的时候，一个 70 岁的盲人却要来参加我们的集会。

当 1964 年夏季来临时，大学生非暴力协调委员会与其他一些民权组织在密
456 西西比集会。面对越来越猖獗的暴力活动，它们决定向全国其他地方的青年发出呼吁，寻求支持。他们希望借此引起人们对密西西比局势的关注。因为在密

西西比以及其他地方,当民权斗士们被毒打和监禁之时,当联邦法律遭到践踏之时,联邦调查局却一次又一次地冷眼旁观,司法部的律师们也一次又一次地隔岸观火。

在"密西西比之夏"的前夕,即1964年6月初,民权运动组织租用了白宫附近的一家剧院,满满一汽车的密西西比黑人来到华盛顿举行公开听证会,揭露日常生活中存在的暴力以及前往密西西比的志愿者们所遭遇的种种危险。维护宪法的律师作证说,政府拥有阻止这种暴力的合法权力。该项证词的抄件与一份要求联邦政府在密西西比之夏期间提供保护的声明一起送达约翰逊总统和司法部长肯尼迪,但却杳无回音。

在举行公开听证会的12天之后,3名民权工作者(一名年轻的密西西比黑人詹姆斯·钱尼及两名白人志愿者安德鲁·古德曼和米歇尔·施沃奈尔)在密西西比的费城被捕,当天夜间晚些时候获释后,他们紧接着又被抓获,并在遭到铁链的毒打后被枪杀。由于知情者的作证,正副警长及其他相关人员最终都被判了刑。但为时已晚。由于肯尼迪、约翰逊和其他总统一次又一次地拒绝由联邦政府阻止针对黑人的暴力行为,终于发生了密西西比屠杀案。

黑人对联邦政府的不满情绪与日俱增。夏天的晚些时候,民主党在华盛顿召开全国代表大会。在此期间,来自密西西比的黑人要求在州代表团中拥有部分席位,以便代表占全州人口40%的黑人的利益。他们的请求遭到自由派民主党领导人的断然拒绝,其中包括副总统候选人休伯特·汉弗莱。

国会开始对黑人的暴动、骚乱及世界舆论的关注作出反应,它在1957年、1960年和1964年相继通过了一系列民权法案。这些法案在公平选举、平等就业等方面作出了许多规定,但是,这些规定在执行中却显得软弱无力甚至干脆被弃置不顾。1965年,国会又通过了由约翰逊总统提议的一项更为强硬的选举权法案,从而确保了联邦政府在任何时候都有权保护选民的登记权与投票权。该法案对南方黑人投票权产生了明显的影响。1952年,有100万南部黑人登记投票,占合格黑人选民的20%;1964年,登记人数达到200万,占合格黑人选民的40%;到1968年达到了300万,占合格黑人选民的60%——这一比例已与白人选民的参与率相当。

联邦政府试图在不进行根本性变革的情况下控制住爆炸性的局势,把愤怒的情绪导入投票箱、温和的请愿、官方批准的和平集会这些传统的冷却机制。当黑人民权领袖打算在1963年夏发起一场大规模的进军华盛顿运动以抗议政府在解决种族问题上的无所作为时,这场运动很快便为肯尼迪总统及其他政府领导人所利用,并把它变成了一次气氛友好的集会。

马丁·路德·金在集会上的演讲打动了20万黑人和白人的心。"我有一个梦想……"的演讲极富雄辩力,但却没有众多黑人所感受到的那种激愤之情。当阿拉巴马出生的大学生非暴力协调委员会领导人、曾多次遭受逮捕和殴打的年轻的约翰·刘易斯试图在集会上对暴行提出强烈批评时,他的演讲稿受到了进军华盛顿运动领导人的审查。这些领导人坚持删去了他在演讲中批评政府和鼓吹采取强硬态度的一些关键性的句子。

华盛顿集会的 18 天之后,一枚炸弹在伯明翰一座黑人教堂的地下室爆炸,4名前往参加主日学校班的女孩被炸死,这真好像是对华盛顿集会所表现出的温和态度的故意蔑视。肯尼迪总统称赞这次进军"充满热情而又温和庄严",但黑人斗士马尔科姆·艾科斯或许更了解黑人社区的真实情绪。在进军华盛顿和伯明翰爆炸案的两个月后,马尔科姆·艾科斯在底特律以他那颇富感染力的,清脆悦耳、抑扬顿挫的语调说:

黑人上街了。他们到处都在谈论如何进军华盛顿……谈论进军华盛顿、进军参议院、进军白宫、进军议会,使之陷入瘫痪和停顿,不让政府正常运转。他们甚至说要去机场,他们要躺在跑道上,不让飞机着陆。我告诉你们他们究竟谈论的是什么。那是革命。那是革命,黑人的革命。

最底层的人民走上了街头。白人吓得要死,华盛顿特区的白人政权吓得要死。事情就是这样。当他们获悉黑人的大队人马正向首都进发时,他们找来了……你所尊敬的那些全国知名的黑人领袖。肯尼迪说:"赶快取消这次行动。你看看,事情就要失控了。"老汤姆回答说:"头儿,我没办法制止,因为那不是我发起的。"我告诉你们他们在说什么。他们是在说:"我根本就没参与,更不要说当头儿了。"他们是在说:"这些黑人是在独立做自己的事情。他们已经跑到我们前面去了。"那位狡猾的老狐狸说的是:"如果你们都没有参与的话,那我就让你们都参加,我还要你们去当领袖。我支持你们参加,我欢迎你们参加,我还会帮助你们参加,我自己也会参加。"

他们就是这样来对付进军华盛顿运动的。他们参加进来……成为其中的一部分,并接管了它。运动失去了其原有的战斗精神,怒火逐渐平息,热情逐渐消退,态度逐渐软化,为什么? 因为它已不再是一场进军运动,而是变成了一次野餐旅行、一场滑稽表演。这不过就是一场小丑们主演和所有人参加的闹剧而已……

不对。进军运动是被出卖了,被完全控制了……而且控制得非常严密。他们吩咐黑人们何时到达城镇,于何地休整,打什么标语,唱什么歌,发表什么样的演说以及不能发表什么样的演说,并吩咐他们在日落时离开城镇……

这位马尔科姆·艾科斯对进军华盛顿的描述虽然尖刻,但却不失准确。这一点可以从官方的描述得到证实。白宫顾问阿瑟·施莱辛格在其所著《一千天》中讲述了肯尼迪会见民权领袖的情形。肯尼迪强调,在国会正在考虑民权法案

458

的当口,这次进军运动无疑"制造了紧张气氛"。A.菲利浦·伦道夫说:"黑人已经在大街上了,想让他们离开经不可能了……"施莱辛格说:"同总统的这次会晤中确实有规劝民权领袖不要围攻国会山的内容……"施莱辛格是以赞赏的口吻讲述这次进军华盛顿运动的,他最后说:"1963年,肯尼迪打算把黑人革命运动吸收到民主联盟中去……"

但这并不可行。只要炸弹还在教堂持续爆炸,只要新"民权"法还没有从根本上改变黑人的生存条件,黑人要想参与到"民主联盟"中来绝非易事。1963年春,白人的失业率为4.8%,而有色人种的失业率则为12.1%。根据政府的估计,五分之一的白人生活在贫困线以下,而生活在贫困线以下的黑人则占了黑人人口的一半。民权法案着重强调了投票,但投票并不是解决种族主义或贫困的根本手段。在哈莱姆,已参加选举数年的黑人依然居住在鼠害泛滥的贫民窟里。

1964年和1965年是国会民权立法的高峰期,但正是在这两年,全国各地都发生了黑人骚乱。在佛罗里达,起因是一名黑人妇女被杀害,一家黑人高中受到炸弹威胁;在克利夫兰,起因是一名白人牧师被杀害,他坐在推土机前抗议建筑业招工歧视黑人;在纽约,起因是一名15岁的黑人男孩在同一名非当值的警察的枪战中受了致命伤。在罗彻斯特、泽西城、芝加哥、费城等地也都发生了骚乱。

1965年8月,林登·约翰逊签署了强硬的选举权法,为黑人选民提供联邦登记以保证其投票权。正在这个时候,洛杉矶的瓦茨黑人居住区却爆发了第二次世界大战以来最狂烈的城市暴动。暴动的起因是警察强行逮捕一名年轻的黑人司机,用警棍殴打一名围观者,诬陷一名黑人少妇向警察吐痰并将其拘捕。于是街头发生了骚乱,商店被洗劫和焚毁。奉命调来的警察与国民卫队开枪弹压。34人遇难——其中大多数是黑人,数百人受伤,4 000多人被捕。西海岸记者罗伯特·康诺特在《黑暗岁月,血流成河》中记述这次骚乱时写道:"在这一事件中,洛杉矶市的黑人公开表明,他们不会再逆来顺受。如果受到欺负,无论力量对比是否悬殊,他们都必将还手。"

1966年夏爆发的骚乱更多。在芝加哥,黑人投掷石块、抢劫、纵火,国民卫队则用乱枪扫射。结果,3名黑人被杀,其中一人为年仅13岁的男孩,还有一位是年仅14岁的怀孕女孩。在克利夫兰,国民卫队被招来镇压黑人社区的一场暴乱,4名黑人被枪杀,其中2名为警察所杀,2名为白人市民所害。

现在已非常清楚,在南方那种社会环境下,南部黑人运动采取非暴力形式确有其策略上的必要性,它能够有效地唤起全国舆论反对南部的种族隔离。但是,试图用这种办法来解决长期存在着的黑人社区的贫困问题则显然是行不通的。1910年,90%的黑人生活在南部。而到了1965年,密西西比三角洲81%的棉花都是由机器收摘的。在1940年至1970年间,400万黑人离开农村来到城市谋生。到1965年,已有80%的黑人生活在城市,而且有50%的黑人生活在北部。

　　在大学生非暴力协调委员会和许多富有战斗精神的黑人中间开始弥漫一种新的情绪。黑人作家朱丽叶斯·赖斯特道出了他们的幻灭感：

　　　　现在一切都结束了。美国一次又一次地试图证明，在这里确实"每个人都被造物主赋予了若干不可剥夺的权利"……现在一切都结束了。高唱自由歌曲和用爱去迎战子弹和警棍的日子结束了……爱是那么的纤弱，那么的文雅，它本身同样需要爱的呵护。过去，他们常常一边唱着"我爱每一个人"一边躲避飞来的砖头和瓶子。现在，他们开始改唱：

460

　　　　爱已泛滥成灾

　　　　爱已泛滥成灾

　　　　没什么再把黑鬼来伤害

　　　　爱已泛滥成灾

　　1967年，全美黑人居住区都爆发了历史上最大规模的城市骚乱。根据国家城市骚乱咨询委员会的报告，骚乱行为并不是单纯地攻击白人，而是"攻击当地白人社区的象征目标"，以及黑人街区权力和财产的象征物。委员会报告了8起大暴动、33起"严重但规模不大"的暴乱和123起"小规模"的骚乱。83人死于枪战，其中绝大多数是死在纽瓦克和底特律。"在所有骚乱事件中，伤亡者绝大多数是黑人平民。"

　　根据该委员会的报告，"最典型的暴乱分子"是那些高中退学的年轻人，"他们比他们的那些未参加暴乱的黑人同胞多受了一点教育"，并"经常处于半失业状态或者从事一些卑微的工作"。这些人"为自己的种族而骄傲，极端仇视白人和中产阶级黑人，他们对政治颇为敏感，但对现实政治制度又持有极不信任的态度"。

　　报告把暴乱归咎于"白人种族主义"，并认识到"自第二次世界大战结束以来，城市中爆炸性的不安定因素一直在不断增加"：

　　　　就业、教育和住房方面普遍存在着种族歧视与种族隔离……这导致了我们各大城市中贫困黑人的集中化趋势日益增长，交通和服务设施恶化与人们的需求越来越不相适应，造成了危机的日渐增长……

　　　　一种新的情绪在黑人尤其是年轻黑人中迅速蔓延开来。在这种新情绪中，自尊与种族优越感正在取代对"制度"的冷漠与屈从。

　　委员会的报告本身是现存制度面临反叛时的一种常用手段：建立一个调查委员会，发布一份报告；不管报告的措辞如何强烈，它都不过是起着缓和气氛的作用。

　　但它也并非总是完全有效。"黑人权力"成为一种全新的口号，它表达了对已取得的任何"进步"或白人的任何妥协的不信任，是对家长式统治的否定。极少有黑人（甚至白人）知道白人作家阿尔多斯·赫克斯利"自由不是赐予的，而是争取的"这则声明,但"黑人权力"这一口号体现了这种精神。张扬黑人种族自豪感,坚持黑人的独立以及通过分离来实现独立,也都体现了这种精神。马尔科姆·艾科斯是这一观点最雄辩的代言人。1965年2月,马尔科姆·艾科斯在一次公开演讲中遇刺身亡,谋杀的原因至今仍不清楚。他成了这场运动的殉难者。成千上万的人阅读他的自传。他死后的影响远远超出了生前。

马丁·路德·金尽管仍然受到敬重,但他的地位现在已被新的英雄所取代,例如黑豹党的休伊·牛顿。黑豹党人有枪,他们声言黑人应当自卫。

1964年岁末,马尔科姆·艾科斯在向访问哈莱姆的密西西比黑人学生演讲时说:

> 你们应当让你们的敌人明白,为了得到自由你们将不惜采取任何手段。只有用这种办法,你们才能得到自由。这是你们获得自由的唯一方法。当你们采取这种态度的时候,他们会称你们为"狂热的黑人",或者称你们为"狂热的黑鬼"——他们不说黑人。或者他们会称你们为极端分子、阴谋颠覆分子、煽动分子、赤色分子或激进分子。但是,只有当你们长期保持激进的立场并争取到足够的人民站在你们这一边的时候,你们才能得到自由。

作为对1967年骚乱的回应,国会通过了1968年民权法案。或许该法案确实强化了禁止对黑人实施暴力的法律,加大了对剥夺公民权利行为的制裁力度。不过,它同时又规定:"本款的规定不适用于执法官员、国民卫队……合众国军队平息骚乱和内乱时不履行法律责任的行为……"

而且,为了该法案能够整体通过,征得国会自由派议员的同意,它还补充了一项条款,规定凡通过跨州旅行或使用州际交通工具(包括信件和电话在内)的方式"组织、倡导、鼓励、参与或进行骚乱"者,可判最高达5年的监禁。它所规定的骚乱是指3人以上进行暴力威胁的行为。首个以1968年民权法的名义被起诉的是大学生非暴力协调委员会年轻的黑人领导人H. 拉普·布朗,他在马里兰满腔愤怒地发表了一个充满战斗精神的演讲,因为那里刚刚发生过一场种族骚乱。稍后,该法案又被用来对付芝加哥的反战示威游行,制造了著名的"芝加哥8人案"。

马丁·路德·金本人也越来越关注民权法所未曾触及的问题——那些由贫困产生的问题。1968年春,他开始公开反对一些害怕失去华盛顿的"朋友"的黑人领袖的意见,公开反对越南战争。他把战争与贫困联系了起来:

> ……我们首先免不了要谈谈可悲的决策失误。我们花这么多钱去送死、去毁灭,却拿不出足够的钱去维持人民生计,从事建设性的开发……当一个国家沉溺于战争武器的时候,社会需要便不可避免地会受到损害。

金现在成了联邦调查局的头号目标。他们窃听他的私人电话,还寄给他伪造的信件,威胁他,敲诈他,甚至在一封匿名信中要求他自杀。联邦调查局的内部备忘录曾经不止一次讨论过重新寻找一位黑人领袖以取代金的问题。正像1976年参议院关于联邦调查局的一份报告中所说的那样,联邦调查局试图"毁掉马丁·路德·金博士"。

金把注意力转向了令政府头痛的问题。他仍然坚持非暴力。他认为骚乱只会适得其反。但骚乱也确实表达了不能忽视的深挚情感。因此,他表示,非暴力"必须是富有战斗精神的、群众性的非暴力"。他在华盛顿设计了一座"穷人营地",这次,总统并没有给他父亲般的赞许。接着他又前往田纳西的孟菲斯去声援该市垃圾工人的罢工。在那里,他在旅馆阳台上被一蒙面人枪击身亡。穷人营地运动继续进行。但它像1932年的第一次世界大战老兵争取退伍津贴的运动一样,最后也被警察驱散了。

金的被害在全国引发了新的城市骚乱。在骚乱中,39人遇难,其中35名是黑人。大量证据表明,尽管所有的民权法案都是白纸黑字,一清二楚,但现在法庭不再保护黑人免遭暴力与非正义之害了:

　　1. 在1967年的底特律骚乱中,3名十几岁的黑人孩子在阿尔及尔旅馆被杀。在3人被杀案中,3名白人警察和1名黑人私人保镖受审。据合众国际社消息说,辩护律师承认他们射杀了其中的2名黑人,但陪审团却宣布他们无罪。

　　2. 1970年春,在密西西比杰克逊市的一所黑人学院杰克逊州立学院的校园里,警察用短枪、来复枪和一挺轻机枪猛烈扫射了28秒钟。400发子弹或弹片击中了女生宿舍,2名黑人学生遇难。地方大陪审团裁定这次攻击是"正当行为",由肯尼迪任命的美国地方法院法官哈罗德·考克斯则宣布,那些参与国内骚乱的学生都是"自作自受和找死"。

463　　　3. 1970年4月,在波士顿,1名警察射杀了1位手无寸铁的黑人——1名在波士顿市立医院受监护的病人。当这名黑人咬他身边的毛巾时,警察朝他开了5枪。但波士顿市法院的首席法官却宣布该警察无罪。

　　4. 1970年5月,在佐治亚的奥古斯塔发生的抢劫和骚乱中,《纽约时报》报道说:

　　　　据警察内部通报,遇难者中至少有5人是被警察枪杀的……
　　　　据目击者说,有1位死者被1名黑人警察及其白人同伴视为疑似抢劫者,他们朝其后背开了9枪。38岁的商人查尔斯·A.雷德说,他们既没有开枪示警,也没有要求他不要跑。

　　5. 1970年4月,在波士顿,一个联邦陪审团发现1名警察虐待2名来自福特德文斯的2名黑人士兵,其中1名士兵被要求在自己头皮上扎了12针。而该陪审团却只判给2名士兵3美元的受害赔偿。

此类事件在美国历史上无休止地重复着,它随时随地都可能发生,其根源乃是深深植根于现存制度和美国国家观念之中的种族主义。但也有其他的情况，如警察和联邦调查局针对好战的黑人组织者蓄意策划的暴力事件。1969 年 12 月 4 日凌晨，将近 5 时，一小队携带轻机枪和短枪的芝加哥警察袭击了黑豹党人居住的一座公寓。他们向楼内发射了至少 82 梭大约 200 发子弹，杀死了正睡在床上的 21 岁的黑豹党领导人弗雷德·汉普顿和另一名黑豹党人马克·克拉克。数年后，人们在一次法庭调查中发现，联邦调查局在黑豹党中安插了一名密探，他向警方提供了该公寓的楼层图，包括弗雷德·汉普顿所在房间的草图。

政府采取谋杀与恐怖手段是因为让步政策（立法、演讲以及林登·约翰逊总统的民权赞美诗"胜利属于我们"）未能奏效吗？人们后来才发现，在整个民权运动时期，包括通过国会作出让步的时候，政府一直在利用联邦调查局对那些富有战斗性的黑人组织进行骚扰和破坏。在 1956 年至 1971 年间，联邦调查局拟定了一个庞大的反情报计划（即著名的 COINTELPRO 计划），针对黑人组织采取了 295 次行动。黑人以其战斗精神对破坏活动进行了顽强的抵抗。1970 年，联邦调查局递交给尼克松的一份秘密报告说："最近一份民意调查显示，高达 25% 的黑人对黑豹党极其尊重，其中 43% 是 21 岁以下的黑人青年。"也许是政府担心黑人会把注意力从可控制的投票领域转向更危险的贫富阶级冲突的舞台？1966 年，密西西比格林维尔的 70 名穷苦的黑人占领了一座废弃的空军营地，并一直坚持到被军队驱散。一名当地妇女尤尼塔·布莱克维尔太太说：

> 我感觉联邦政府并不关心穷人的死活。这些年来我们的所有要求都只是停留在纸面上，从来没有落在实处。我们密西西比的穷人对此已感厌倦。我们对现政府已经失去信心，我们打算建立自己的政府，因为现在没有愿意代表我们说话的政府。

1967 年底特律发生的骚乱催生了一个致力于领导黑人工人进行革命变革的组织革命黑人工人同盟，该组织一直存在到 1971 年，其间曾影响到底特律的数千名黑人工人。

新的趋势比民权运动本身更加危险，因为它创造了把黑人与白人在阶级剥削问题上联合起来的可能性。早在 1963 年 11 月，A. 菲利浦·伦道夫在美国劳联—产联的联合代表会议上谈到民权运动时就已预见到了它的方向："今天黑人的抗议只不过是'下层阶级'的第一声呐喊。在黑人走上街头之后，各种族的失业者也都会相继走上街头。"

过去曾用来对付白人的方法现在开始用来对付黑人了，即用经济诱饵把少数人拉拢到现存制度中来。由此便产生了人们所说的"黑人资本主义"。全国有色人种协进会和争取种族平等大会的领导人都成了白宫的座上客。争取种族平等大会的詹姆斯·法默，曾是富有战斗精神的自由乘客运动成员，被尼克松总统安排到政府任职。争取种族平等大会的弗洛伊德·麦基锡克得到 1 400 万美元的政府贷款在北卡罗来纳从事房地产开发。林登·约翰逊通过经济机会局为一黑人安排了工作,尼克松则建立了少数族裔企业局。

大通曼哈顿银行和洛克菲勒家族(大通银行的控股人)对发展"黑人资本主义"表现出了特殊的兴趣。洛克菲勒家族一直是城市联盟的赞助商,并通过支持南方黑人学校而对黑人教育产生强大的重响。戴维·洛克菲勒还试图说服其资本家同行:虽然在资金上帮助黑人企业家或许在短期内效果不明显,但是,"创造一种让企业在未来三五年甚至十来年内都能够持续获益的环境"是非常有必要的。不过,黑人企业的规模一直都非常小。最大的黑人公司(汽车城工业公司)1974 年的销售额为 4 500 万美元,而埃克森公司则达到了 420 亿美元。黑人企业的总收入仅占所有企业收入的 0.3%。

确实产生了一些微小的变化,而这些微小的变化却被着意大肆渲染了一番:更多的黑人面孔出现在报纸和电视上,意在给人造成一种变革的印象。人数虽少但足以引起人们注意的一小撮黑人领袖被纳入了主流社会的轨道。

一批新的黑人代言人公开谴责了这种现象。罗伯特·艾伦在其《资本主义美国的黑人正在觉醒》中写道:

> 要使社区整体受益,那么,社区作为一个整体就必须集体地组织管理其内部经济及其与美国白人的业务关系。黑人商业企业必须作为社会财富而不是个人或少数人的财富来对待和管理。这就需要在黑人社区废除资本主义财产关系而代之以有计划化的公有经济。

黑人妇女帕特里夏·罗宾逊于 1970 年在波士顿散发的小册子《穷苦的黑人妇女》中把男性至上同资本主义联系在一起,主张黑人妇女把"自己与世界上更加广大的穷人以及他们的革命斗争联系起来"。她说,贫穷的黑人妇女过去"从未对社会和经济制度发生疑问",但是现在她必须而且事实上也"已经开始对男权统治以及实行这种统治的阶级社会即资本主义社会的合理性提出强烈质疑"。

另一位黑人妇女玛格丽特·赖特说,如果平等只意味着在世界各地平等地杀戮、平等地竞争,那我没必要去为男女平等而战斗了。"我不想在剥削他人的能力上同人一争高下,我不想剥削任何人……我只想得到黑人的权利,我自己的权利……"

到 60 年代末和 70 年代初,资本主义制度遏制日益高涨起来的令人恐惧并且颇富爆炸性的黑人运动的努力愈加难以实施了。在南部,大量的黑人参加了投票。在 1968 年的民主党代表大会上,3 名黑人进入了密西西比代表团。到 1977 年,已有 2 000 多名黑人在南部 11 个州中任职(1965 年时只有 72 人)。其中 2 人为国会议员,11 人为州参议员,95 人为州众议员,267 人为县委员会专员,76 人为市政长官,824 人为城镇委员会成员,18 人为县司法行政长官和警察局长,508 人为学校董事会成员。这是一个重大的进步。但是,占南部人口 20%

的黑人仍然仅仅拥有不到 3％的民选职位。一位《纽约时报》记者在分析 1977 年的新形势时指出,即便是在黑人担任重要职务的城市里,"白人几乎总是把持着经济权力"。在黑人梅纳德·杰克逊当选为亚特兰大市长后,"白人商界巨头仍继续发挥着他们的影响力"。

南部的黑人可以到商业区的饭店和旅馆里工作而不再因为其肤色受到阻挠。更多的黑人能够进入学院、大学、法律学校或医药学校学习了。北部城市尽管在住房方面仍然存在着种族隔离现象,但已开始来来往往地用校车接送孩子以便办起种族混合学校。然而,所有这些都不足以阻止如弗兰西斯·皮文和理查德·克劳沃德在其《穷人的运动》中所说的"黑人下层阶级的毁灭"——失业率人数的增加、黑人居住区环境的恶化、犯罪率的上升、吸毒和暴力事件的增多。

根据 1977 年夏劳工部的报告,黑人年轻人的失业率为 34.8％。黑人中形成了一个小的黑人中产阶级群体,它的出现提升了黑人收入的总体水平,但是,在这个新兴的黑人中产阶级与黑人贫困人口之间却存在着巨大的鸿沟。尽管少数黑人可以得到新的就业机会,但是,中等黑人家庭 1977 年的收入只相当于中等白人家庭收入的大约 60％,而因糖尿病死去的黑人却可能是他们的两倍,为因贫困和对黑人区的绝望而不断增长的暴力残杀夺去生命的黑人则更可能高达七倍之多。

《纽约时报》1978 年初报道说:"……除了极个别的例外,60 年代发生城市骚乱的地方,其变化都非常小,大多数城市的贫困状况还都有更进一步的发展。"

统计数字并不能说明一切。作为一种全国性的现象,种族主义并不只限于南方,它也存在于北部各城市。联邦政府向穷苦的黑人作出让步,让他们与穷苦的白人为争夺匮乏的资源而相互厮杀,而这种资源的匮乏正是由现存制度造成的。从奴隶制下获得解放的黑人为了在资本主义制度下争得生存的条件,被迫为争夺少量的就业机会而与白人发生长期的冲突。现在,随着住房领域种族隔离制度的取消,黑人们拼命想搬进白人街区,而在那里,白人们本来就生活贫困,拥挤不堪,困难重重,黑人的进入恰好为他们提供了一个发泄怒气的靶子。1977 年 11 月的《波士顿环球报》写道:

> 多切斯特的萨文希尔的一栋公寓里住着一家西班牙人。一周来,一群白人青年不断往他家扔石头,窗户玻璃都砸碎了。据警方证实,滋事的年轻人可能是出于种族动机。昨天,由于不堪其扰,这一家六口已经逃离。

在波士顿,接送黑人孩子到白人学校和接送白人孩子到黑人学校引发了白人街区的暴力浪潮。政府和法院为了应付黑人运动而发起的用公共汽车接送孩子到混合学校的活动是针对抗议活动所做出的一种机智的让步,其结果是把白人穷人和黑人穷人推到了为简陋不堪又数量有限的学校而公开竞争的地步,因为这些学校是这个制度为所有的穷人提供的。

　　当黑人被封闭在黑人居住区里、被增长着的中产阶级所分裂、被贫穷折磨得濒于死亡、被政府所攻击、被驱赶着同白人发生冲突的时候,他们真的被制服了吗? 70 年代中期确实没有再发生大规模的黑人运动。但是,一种新的黑人意识毕竟已经出现并日益发展着。此外,南方的白人和黑人已经跨越种族界线,团结成一个阶级同雇主作斗争。1971 年,密西西比的 2 000 多名黑人和白人木工联合起来,抗议雇主使用新的木材测量方法导致工资的削减。J. P. 斯蒂芬纺织厂的 4.4 万名工人分布在 85 家工厂里,这些工厂绝大多数都在南部,在那里,黑人和白人在工会活动中一起工作。1977 年,在佐治亚的蒂夫顿和米利奇维尔,黑人和白人一起为自己厂里的工会委员会服务。

　　新的黑人运动能够超越 60 年代民权运动的局限、超越 70 年代自发的城市骚乱、超越种族分离主义,从而在白人与黑人之间结成具有历史意义的新联盟吗? 在 1978 年的时候,还没有人能够回答这个问题。正像兰斯顿·休斯所说:梦想既已推迟,又如何预定明天? 或者默默地死去,或者它会爆发? 像过去一样,如果它真的要爆发,那也是因为存在着某种必然性,这种必然性是由美国黑人的生活条件所决定的。不过,因为没有人知道它什么时候会爆发,所以当它真的爆发的时候,还是会让人感到吃惊。

第十八章

胜利无望的越战

在 1964 年至 1972 年间，一个人类有史以来最富裕、最强大的国家动用最大限度的军事力量，使用了除原子弹之外的一切武器，去镇压一个弱小的农业国里发生的一场民族主义革命运动，结果却失败了。美国在越南的战争，实际上是用装备精良的现代技术与组织起来的人对阵，结果是人取得了胜利。

在这场战争期间，美国国内出现了该国有史以来最大规模的反战运动，这一运动为结束这场战争起到了关键性的作用。

这是 60 年代另一个激动人心的现象。

1945 年秋，战败的日本被迫撤出印度支那这个它在战争开始时占领的前法属殖民地。与此同时，一场志在结束殖民统治并为印度支那农民争取新生活的革命运动在那里开展起来。在共产党人胡志明的领导下，革命者进行了抗日斗争。1945 年底，他们在河内举行了上百万人参加的盛大庆祝活动，并发表了独立宣言。他们的宣言借鉴了法国大革命中的《人权与公民权宣言》和美国的《独立宣言》，开篇就说："人人生而平等，造物主赋予了他们某些不可剥夺的权利，其中包括生命权、自由权和追求幸福的权利。"正像 1776 年的美国人列举了他们对英王的控诉一样，越南人也列举了他们对法国统治者的控诉：

他们实行野蛮的法律……他们建造的监狱比学校还要多，他们残酷地 杀害我们的爱国同胞，他们把起义淹没在血泊之中，他们禁锢公众舆论……他们掠夺我们的稻谷、我们的矿山、我们的森林和我们的原材料……

他们制定的不合理的苛捐杂税多如牛毛，使我们的人民，尤其是农民陷于极端贫困中……

……仅从去年底到今年初……就有 200 多万同胞死于饥馑……

全体越南人民万众一心，决心为粉碎法国殖民者重新占领他们祖国的任何企图战斗到底。

丹尼尔·艾尔斯堡和安东尼·拉索在其著名的《五角大楼文件》中披露出来的美国国防部"绝密"文件"越战调查"中是这样描述胡志明的工作的：

……胡把越盟建立成了能够有效抵抗日本人与法国人的唯一的全越性政治组织。他是越南唯一拥有全国性追随者的战时领袖。当 1945 年 8 月至 9 月间推翻日本人的统治……建立了越南民主共和国、筹划欢迎联合占领军的仪式时,他确保了越南人民对他自己的普遍效忠……在 1945 年 9 月的几个星期里,越南摆脱了外国势力的控制,北部和南部统一置于胡志明的领导之下,这在越南近代历史上是第一次,也是唯一的一次……

西方列强早就试图改变这一状况。英国人占领了印度支那南部,接着把它交还给法国。中华民国(这时,在共产主义革命之前,中国还在蒋介石的统治下)占领了印度支那的北部,美国也劝其把它还给法国。正像胡志明对一位美国记者所说的那样:"显然,我们相当孤立……我们将不得不依靠我们自己。"

1945 年 10 月至 1946 年 2 月间,胡志明给杜鲁门总统写了 8 封信,提醒他践行大西洋宪章所许诺的民族自决权。其中一封信同时送给了杜鲁门和联合国:

> 我奉请阁下从严格的人道主义立场出发对下述情况给予关注。200 万越南人死于 1944 年冬至 1945 年春的大饥荒,而这次饥荒却是由法国人的饥荒政策造成的,他们掠夺和囤积所有能得到的大米,却让这些大米在仓库中烂掉……1945 年夏,我们有四分之三的耕地遭受洪灾,接着又遭受了旱灾;我们损失了六分之五的正常收成……许多人在挨饿……如果世界强国和国际救援组织不能提供及时的援助,我们将会面临灭顶之灾……

杜鲁门连一封信都没有回。

1946 年 10 月,法国人轰炸了越南北部港口海防,从此开始了越南民族主义运动与法国殖民主义者之间长达 8 年的战争。随着 1949 年共产党在中国取得胜利和第二年朝鲜战争爆发,美国开始向法国提供大规模的军事援助。到 1954 年,美国已经提供了足以装备印度支那全部法军的 30 万件小型武器和机枪以及 10 亿美元的援助。所有这些加在一起,美国实际上承担了法国战争支出的 80％。

为什么美国要这样做? 政府给公众的解释是:美国需要帮助亚洲遏制共产主义。但是,美国民众并没有就这一问题展开足够的辩论。国家安全委员会(这是一个向总统提供对外政策咨询的机构)1950 年提交的一份秘密备忘录提到过著名的"多米诺骨牌理论"。备忘录认为,就像一排多米诺骨牌一样,一旦有一个国家沦陷到共产主义阵营,下一个国家就会接踵而至。所以,保证第一个国家免遭沦陷至关重要。

在国家安全委员会 1952 年 6 月提供的一份秘密备忘录中也提到了一条沿中国海岸从菲律宾经台湾直到日本和南韩的美国军事基地链条:

> 共产主义控制整个东南亚将会危及美国在太平洋沿岸诸岛地位的稳定,并将严重危害美国在远东的根本安全利益……
>
> 南亚,特别是马来亚和印度尼西亚,是世界上天然橡胶、锡、石油及其他重要战略物资的主要产地……

该备忘录还指出,日本依赖东南亚的大米,一旦共产主义运动在东南亚取得胜利,我们将"很难阻止日本的逐步共产主义化"。

1953 年,一个国会研究小组提供的报告说:"印度支那的这个地区富产大米、橡胶、煤和铁矿,它的位置使它成为连接东南亚其他地区的战略要害。"同年,国务院的一份备忘录指出,"因为得不到当地人必要的支持",法国在印度支那的战争正在走向失败,而协商解决的结果,恐怕不仅印度支那,而且整个东南亚都有可能逐渐落入共产主义者之手。因此,"如果法国确实决定撤出,美国将不得不非常审慎地考虑是否应该占领该地区"。

1954 年,由于得不到越南人民的支持,法国不得不撤离该地区。这时的越南民众绝大多数都已站到了胡志明及其领导的革命运动一边。

法国与越南在日内瓦国际会议上达成了和平协议。按照协议的规定,法国暂时撤退到越南南部,越盟则留在北部;越南将在两年之内举行联合大选以便让人民自主地选择自己的政府。

美国迅速采取了阻止南北统一的行动,在南越建立自己的势力范围。它在西贡成立了以前南越官员吴庭艳为首的政府,并鼓动他不要如期举行联合选举,吴此前一段时间客居新泽西。1954 年初,参谋长联席会议的一份备忘录中提到,据情报分析,"如果实行自由选举,印支联邦国家(即老挝、柬埔寨和越南,印度支那在日内瓦会议上被分割成的三个部分)几乎注定将落入共产主义者手里"。吴庭艳一次又一次地阻止越南人所盼望的选举。在美国金钱和武器的帮助下,他的政权也越来越巩固了。正如《五角大楼文件》所说:"南越基本上是美国的产物"。

吴庭艳政权越来越不受欢迎。吴是一名天主教徒,而大多数越南人是佛教徒;吴与地主关系密切,而越南是一个农民的国度;他的虚张声势的土地改革基本上无所作为;他用远在西贡任命的亲信接替地方选举出来的各省官员;到1962 年,88% 的省府官员是军人。越来越多的人被投进监狱,因为他们批评当权者腐败无能和固步自封。

反对派力量在吴庭艳政权鞭长莫及的农村地区迅速壮大起来。1958 年前后,针对政府的游击活动开始出现。河内的共产党政权通过提供援助、鼓励和向南方输送人员的办法支持游击运动,被派往南方的人大多数都是日内瓦协定后跑到北方去的南方人。1960 年,南方成立了民族解放阵线。该阵线把各派反政府力量都联合起来了,其中坚力量则是南越的农民。农民把民族解放阵线看成是改变他们生存条件的希望所在。在其《越共》一书中,美国政府分析家道格拉斯·派克依据他对造反者的采访和对所获得材料的分析力图对美国所面临的局势进行符合实际的评估:

在南越 2 561 个村子里,民族联合阵线建立起了许多全国范围的社会政治组织,而在这个国家里,群众组织……过去基本上是不存在的……除民阵外,南越还从来没有过一个群众性政党。

派克指出:"共产主义者给南越农村带来了深刻的社会变革,并借助各种通讯交通手段使之取得长足的发展。"也就是说,他们更像是组织者而不是军阀。"民阵带给我最大的震撼是它的总体战略,这一战略把社会革命放在首位,而把战争放在从属的位置。"如此众的多农民积极投身于社会运动,这一点给派克留下了深刻印象。"越南农民不再是被当成争权夺利的棋子,而是被视为推动社会进步的积极分子。他们就是社会发展的动力。"派克写道:

> 这一广泛而有组织的行动所要达到的目的……就是要在农村重建社会秩序并教育农民实行自治。民阵从一开始就具有的生生不息的原动力,既不是来自消灭多少越南共和国军(西贡)的士兵,也不是来自占有多少房产,也不是要准备打几场大决战……而是来自全面深入地把农村居民组织起来,实行自治。

派克估计,在 1962 年早期,民阵拥有大约 30 万名成员。《五角大楼文件》也认为,在这一时期,"只有越共在农村拥有广泛的支持和影响力"。

肯尼迪在 1961 年初上台后继续贯彻杜鲁门和艾森豪威尔的东南亚政策。
474 《五角大楼文件》披露,肯尼迪一上台就签署了一个在越南和老挝采取各种军事行动的秘密计划,包括"向北越派遣特务"以从事"阴谋破坏和灵活的骚扰活动"。早在 1956 年,他就曾称道过"吴庭艳总统令人惊奇的成功",并赞扬吴庭艳统治下的越南"其政治自由令人鼓舞"。

1963 年 6 月的一天,一名佛教僧人坐在西贡的公共广场上点火自焚。接着,许多僧人竞相以焚身自杀来表达他们反对吴庭艳政府的决心。吴庭艳的警察袭击了佛教徒的佛塔和庙宇,打伤 30 名僧人,逮捕 1 400 人,并封闭了一些佛塔。市内爆发了示威活动。警察开枪打死 9 人。古都顺化随之发生了万人抗议示威活动。

根据日内瓦协议,美国允许向南越派遣 685 名军事顾问,艾森豪威尔却秘密派去了数千人,到肯尼迪时期增加到了 1.6 万人,而且一些人还参加了作战行动。但吴庭艳却无法摆脱其失败的命运。现在,大多数南越农村都落入了由民阵领导的当地村民之手。

吴庭艳已经成了对越南实行有效控制的障碍和绊脚石。一些与美国中央情报局特务卢西恩·科奈恩保持着联系的越南将军开始策划推翻他统治的密谋活动。科奈恩秘密会见了积极支持政变的美国大使亨利·卡博特·洛奇。根据《五角大楼文件》,洛奇在 11 月 25 日提交给肯尼迪的助手麦乔治·邦迪的报告中说:"我个人赞成陈文惇将军与科奈恩之间所进行的每一次会晤,科奈恩在每一种情况下都明确地执行了我的命令。"肯尼迪好像有些犹豫,但他并没有向吴庭艳发出警告。事实上,就在政变发生前,刚刚通过科奈恩与政变分子进行接触之后,洛奇还与吴庭艳一起在海滨胜地度过了一个周末。当 1963 年 11 月 1 日将军们进攻总统府时,吴庭艳打电话给洛奇大使,两人进行了如下对话:

吴:一些军队发生了哗变,我想知道美国对此事的态度。

洛:我感觉我现在没办法告诉你更多情况。我听到了枪声,但我还不了解全部事态。而且现在是华盛顿时间早晨四点半,美国政府不可能拿出什么意见来。

吴:但你总会有些一般性的看法吧……

洛奇告诉吴庭艳说,如果为保障其生命安全需要他做些什么的话,就打电话给他。

这是美国人与吴庭艳的最后一次谈话。吴庭艳逃离总统府后,与他的弟弟一起被政变者逮捕。他们被塞进一辆卡车,拉出去枪毙了。

1963 年初,肯尼迪的助理国务卿 U. 亚历克西斯·约翰逊在底特律经济俱乐部演讲时说:

数百年来,到底是什么东西吸引着各国列强从四面八方云集东南亚,拼命想攫取这块地方呢?……东南亚国家物产丰富,可供出口的剩余产品有大米、橡胶、柚木、棉花、锡、香料、石油等许多东西……

但是,肯尼迪却不公开这样说。他的解释是,美国在越南的目的是遏制共产主义和增进自由。在 1962 年 2 月 14 日的一个新闻发布会上,他说:"是的,正如你们所知道的那样,美国十多年来一直在帮助越南政府和人民保持其独立。"

就在吴庭艳被处死 3 周之后,肯尼迪本人也被人谋杀了,副总统林登·约翰逊接替了他。

接替吴庭艳的将军们无力扑灭民族解放阵线。民族解放阵线广受欢迎,斗志昂扬,美国领导人对此屡屡感到困惑不解。《五角大楼文件》写道,1961 年 1 月,艾森豪威尔总统会见当选总统肯尼迪时,表示自己感到非常纳闷:在这类干涉行动中,我们似乎发现共产主义政权军队的士气总是比民主政府军队要高,这究竟是为什么呢? 马克斯韦尔·泰勒将军在 1964 年晚些时候报告说:

在这场游击战争中,越共源源不断地补充损失、重整旗鼓的能力简直不可思议……越共军队不仅有凤凰再生的能力,而且还有保持士气的神奇手段。在抓获的越共战俘身上,或者缴获的越共文件中,都鲜有士气低落的证据。

1964 年 8 月初,在北越海岸的东京湾①附近发生了一连串扑朔迷离的事件,约翰逊总统利用这些事件发动了对越南的全面战争。约翰逊与国防部长罗伯

———————————————

① 即北部湾。

特·麦克纳马拉向美国公众提供的解释是,那里的北越鱼雷艇攻击了美国的驱逐舰。麦克纳马拉说,"美国马多克斯号驱逐舰在公海例行巡逻时遭到了无端的挑衅"。后来的事实表明,所谓东京湾事件不过是一个骗局。就像肯尼迪时期入侵古巴时一样,美国的高级官员们向公众撒了谎。事实上,中央情报局早已在秘密实施对北越沿海军事设施的攻击计划了,因此,即便是发生了攻击行为,也绝不是"无端"的;那也不是"例行巡逻",因为马多克斯号正在进行特殊的电子间谍活动。同时,它也不是在公海,而是在越南领海水域。事实证明:根本不像麦克纳马拉所说的那样有鱼雷攻击马多克斯号。时隔两晚,又有一则关于另一艘驱逐舰遭到袭击的报道,约翰逊称之为"公海上的公开挑衅"。这则报道看来也纯属捏造了。

事件发生后,国务卿腊斯克接受了全国广播公司电视节目的采访:

记　者:那么,对于这一无端的挑衅行为,您是否找到了合理的解释了呢?

腊斯克:坦率地说,我还不能给出完全令人满意的解释。我们生活的这个世界与他们生活的那个世界以及彼此的意识形态之间存在着巨大的鸿沟。他们观察世界的方式与我们完全不同,他们的思维方式也与我们完全不同,因此,我们与他们彼此之间都很难跨越意识形态的鸿沟去了解对方的思想。

东京湾"挑衅"事件促使议会通过一项法案,授权约翰逊总统在东南亚地区采取适当的军事行动,该法案得到了众议员的一致赞成,参议院也只有两票反对。

其实,早在东京湾事件发生前2个月,美国政府官员就在檀香山开会讨论过这一法案。据《五角大楼文件》披露,腊斯克在会上表示:"现在,美国国内舆论对政府的东南亚政策产生了严重分歧,所以,总统亟须得到确切而肯定的支持。"

东京湾法案赋予了总统在未经宪法授权的国会宣布进入战争状态的情况下就可以采取战争行动的权力。越战期间,许多请愿者一再请求作为宪法守护神的最高法院宣布这场战争违反宪法,但最高法院始终置之不理。

477

东京湾事件后,美国战机立即对北越实施了轰炸。1965年,20多万美国士兵被派往越南,1966年又增派了20万。到1968年初,那里已有50万美国军队。美国空军进行了史无前例的轰炸。有关这种狂轰滥炸所造成的大规模的人道灾难的报道,只有少量有幸得以公之于众。1965年6月5日,《纽约时报》登载了一篇从西贡发来的这样一则电讯稿:

当共产党部队上周一从广义撤退时,美国的喷气式轰炸机对他们挺进的山区实施了猛烈的轰炸。许多越南人被炸死——有人估计死亡人数高达500人。美方争辩说,死者都是越共士兵。但是,在越南一家医院里接受治疗的被凝固汽油弹或胶凝汽油烧伤的伤员中,有四分之三是农村妇女。

9月6日,另一则发自西贡的新闻稿写道:

8月15日,美军飞机意外地轰炸了西贡之南边和省的一座佛塔和一座天主教堂……这已是他们的佛塔在1965年一年中第3次遭轰炸了。同年,这一地区的高台教①教区的一家寺庙也2次遭到轰炸。

在另一个三角洲地区,一名妇女的胳膊被凝固汽油弹烧掉了,眼睑被烧坏,眼睛已无法闭上。当她睡着时,家人便用一条毯子盖在她的头上。她的2个孩子也死于使她致残的这次空袭。

几乎没有美国人意识到他们的国家在南越使用空中力量都干了些什么……在南越,每天都有无辜的平民伤亡。

南越的广大地区被宣布为"任意交火区",也就是说,留在该地区的所有人(平民、老人、孩子)都被认为是敌人,可以随便对他们实施轰炸。有窝藏越共嫌疑的村子动辄遭到"搜查和摧毁"——村子里凡达到从军年龄的男人都被杀死,房子被烧掉,妇女、儿童和老人则被押往集中营。乔纳森·谢尔在其所著《边水村》一书中描述了这类军事行动的过程:村庄被包围,遭到攻击,1名骑车的男子被射倒,3名在河边野餐的人被射杀,房屋被毁,妇女、儿童和老人被赶到一起,从他们祖祖辈辈居住的家园中被带走。

478

在一个名为"凤凰行动"的计划中,中央情报局驻越人员未经审判就秘密处决了至少2万南越平民,因为他们被怀疑为共产党的地下工作者。1975年1月,一名亲政府分析人士在《外交事务》杂志上撰文称:"虽然在凤凰行动中确实有许多无辜平民遭到杀害和监禁,但它也确实消灭了许多共产党组织的成员。"

战争结束后,根据国际红十字会透露的消息,在战争白热化时期,南越的集中营里关押着6.5万到7万人,他们经常受到毒打和折磨,美国顾问或袖手旁观或直接参与其中。在美国顾问驻扎的富国岛和归仁的两个主要的越南人集中营里,国际红十字会观察员还发现了持续而有组织的暴行。

到战争结束时,美国已在越南、老挝和柬埔寨投下了700万吨的炸弹——比第二次世界大战期间投在欧洲和亚洲的炸弹总量的两倍还要多,差不多是每个越南人一枚500英镑的炸弹。据估计,越南全国有2 000万个弹坑。不仅如此,它还在相当于马萨诸塞州那么大的地区里用飞机喷洒了毒剂,旨在毁坏那里的树木和其他植物。据报道,越南母亲生下了许多残疾儿。耶鲁生物学家给老鼠使用同样剂量的药物(分别为2、4、5匙)后,发现它们产下的全是残废鼠。这些生物学家们指出,没有理由相信,该药用在人身上会产生不同的效果。

1968年3月16日,一伙美国士兵来到广义省的一个小村子——美莱四号

---

① 越南的一种宗教,起源于20世纪20年代。

村,包围了所有居民,其中包括老人和怀抱婴儿的妇女。这些人被美国士兵赶进一条沟里挨个儿枪杀。《纽约时报》对后来威廉·卡利中尉审判案中来复枪手詹姆斯·达理斯的证词作了如下报道:

> 卡利中尉和一位名叫保罗·D. 米德罗的眼泪汪汪的来复枪手——这位士兵在枪杀孩子之前还在喂他们糖吃——把被捕者推进沟内……
>
> "卡利中尉命令射击,我已记不得他的准确用词,大概是'开火'一类吧。
>
> "米德罗转向我问:'开枪呀,你怎么不开枪呀?'
>
> "他在哭。
>
> "我说:'我做不到。我不愿。'
>
> "接着,卡利中尉和米德罗把枪对准沟里就开了火。
>
> 人们相互挤压着跳下去,母亲拼命想保护她们的孩子……"

记者西摩尔·赫什在其《美莱四号》一书中写道:

> 迫于美国国内追查美莱真相的压力,军方调查人员于 1969 年 11 月来到这个荒凉的地方,他们找到了三处乱葬岗和塞满尸体的一条沟。估计大约有 450 人到 500 人被集体活埋,其中绝大多数都是妇女、儿童和老人。

军方力图掩盖事实真相。但是一位名叫罗恩·赖德诺尔的美国兵发出的一封信传播了这则消息。罗恩听说过这次屠杀。另一位名叫罗纳德·黑伯利的随军摄影师还拍下了有关这次屠杀的照片。后来供职于东南亚一家反战新闻机构文传电讯社的西摩尔·赫什也曾报道过这次屠杀。有关这一屠杀事件,1968 年 5 月在法国出版了两本书,一本名为《越南战争》,另一本是由出席巴黎和平谈判的北越代表团出版的。但是,当时的美国新闻界对这件事却只字未提。

后来,好几位军官因美莱屠杀案受到审判,但只有卡利中尉被判有罪。他被判处终身监禁,但又被两次减刑。他服了 3 年刑后即获假释,因为尼克松签署命令说,他应当在家里而不是正式的监狱里接受监管。数千名美国人为其声辩,其中一部分人认为,从反对"共产主义者"的必要性的角度看,他的行为是正当的爱国主义行为;还有一部分人认为,在许许多多的同类战争暴行中,单单把他当作替罪羊是不公正的。曾经对掩盖美莱屠杀提出指控的科·奥林·亨德逊在 1971 年初对记者说:"每一支部队在某个地方都有它们自己的美莱。"

确实,美莱大屠杀的独特价值只是在于该案的真相已大白于天下。赫什曾在一家地方报纸上公开报道过一名美国兵写给其家人的这样的一封信:

> 亲爱的爸爸妈妈:
>
> 今天我们去执行了一项任务。我觉得我愧对我自己、我的朋友和我的国家。我们烧毁了所见到的每一间房屋!
>
> 这里是一个小的乡间村落群,这儿的人民极端贫困。他们那点可怜的财物被我们烧的烧,抢的抢。我来给你们具体谈谈这儿的情况吧。

　　这儿的房顶都是用棕榈叶搭建的。每栋房子里都有一个用干泥巴砌成的地堡。这些地堡是用来保护家庭成员的,类似于防空掩体。

　　然而,我们部队的指挥官们却认为这些地堡违法。所以,凡看到建有地堡的房屋一律全部烧掉。

　　这天早上,10架直升机降落在这些房屋中间,从每架飞机上跳下6个人,我们一着地便开火,向所有能看到的房屋开火……

　　随后,我们便点燃了这些房屋……所有的人都哭喊着,乞求我们不要把他们分开,不要带走他们的丈夫和父亲、儿子和祖父。妇女们在呜咽和呻吟。

　　接着,他们充满恐怖地眼睁睁看着我们烧掉他们的房屋、财产和食物。是的,我们烧掉了所有的大米并射杀了所有的牲畜。

西贡政府越不受欢迎,为挽救局面而采取的军事行动越显示出其孤注一掷的本性。1967年末,国会的一项秘密报告显示,越共分给农民的土地是南越政府的五倍,南越政府的土地分配计划不过是"基本维持现状"。报告说:"越共已经消灭了地主阶级的统治,并把在外地主和越南政府的土地分给无地农民及其他同越共政权合作的人。"

1968年初,民族解放阵线向西贡及其他政府控制的城镇成功地进行了渗透,原因在于,西贡政府不受欢迎,没有人向政府通风报信。民阵发动了一次奇袭(当时正值"泰特"节,他们的新年节日),攻入了西贡的腹地,使机场陷于瘫痪,甚至一度占领了美国大使馆。这次进攻虽然被击退了,但它也表明,美国向越南提供的数量巨大的军火并没有摧毁民阵,包括它的士气、它所得到的广泛支持、它的战斗意志。它引起了对美国政府决策的重新评价,同时也在美国人民中激起了更多的疑虑。

与高级军官和文官们所制定的针对越南平民的大规模毁灭性作战计划相比,一连普通士兵在美莱村的屠杀不过是小巫见大巫。1966年初,当发现大规模轰炸北越村庄没有产生预期效果时,助理国防部长约翰·麦克诺顿便建议改变战略。他说,轰炸村庄所产生的效果"事与愿违,国内外对此都很反感"。因此,

　　轰炸水闸和堤坝——如果处置得当的话——或许……可以达到预期目的。这个可以研究一下。这类轰炸不会杀死或淹死民众。制造只淹没稻田而不伤人的水灾,如果他们没有足够的粮食,必将造成普遍的饥荒(超过100万人?),我们则可以"在谈判桌上"向他们提出要求……

狂轰滥炸旨在摧毁普通越南人的抵抗意志,就像第二次世界大战中对德国和日本的人口中心实施的轰炸一样——尽管约翰逊总统在公开声明中一再表示轰炸的只是"军事目标"。政府使用诸如"施加更大的压力"一类的语言来描述轰

炸。根据《五角大楼文件》,中央情报局在 1966 年的某个时候曾建议实施"更猛烈的轰炸计划",用中央情报局的话说,就是要直接摧毁"作为打击目标的政府的意志"。

与此同时,就在边界的另一端,在越南的邻国老挝,中央情报局扶植的右翼政府也正面临着一场叛乱。结果,这片世界上最美丽的地区之一的加斯平原也被炸成了一片瓦砾。政府对此保持了沉默,新闻界也没有进行相关的报道。但是,一名生活在老挝的美国人弗雷德·布兰夫曼在其所著《加斯平原的呼声》一书中却记录了这一史实:

从 1964 年 5 月至 1969 年 9 月,加斯平原遭受了 2.5 万多次的轰炸,被投下了 7.5 万吨的炸弹,数千人伤亡,数万人被迫转入地下,所有的建筑都成了一片废墟。

布兰夫曼能讲老挝语言,曾在村子里与一家老挝人生活在一起。他采访了数百名因轰炸而涌进首都万象的难民,记录了他们的倾诉,保存了他们的素描。一位来自川圹的 26 岁的护士小姐谈到了她在自己村子里的生活情况:

我同我们村里的土壤、空气、丘陵、水稻、苗圃血肉相连,浑然一体。每天白天或者在月夜里,我都会和村里的朋友一起在森林或田野漫步,我们或大喊大叫,或放声歌唱,与小鸟的鸣叫声相映成趣。每当收获或者栽种的季节,我们在太阳下或者雨水里一起辛勤劳作,同贫穷和艰苦的环境作斗争,从而使我们祖祖辈辈赖以谋生的农耕生活得以延续。

然而,到 1964 年和 1965 年的时候,我感觉到了大地的战栗和村子周围炸弹爆炸声造成的剧烈震动。我听到在上空盘旋的飞机发出的噪音。其中一架带着震耳欲聋的轰鸣声朝着地面俯冲而下,让人感到心头发颤,刺目的亮光和浓烟笼罩了一切,让人看不到任何东西。我们每天都同遭到轰炸的邻村交流情况,了解房屋毁坏情况,人员死伤情况……

地洞!地洞!在那期间,我们需要利用地洞求生。为了维持生命,我们这些年轻人在田间和森林里吃掉了尚未成熟的谷物。我们费尽所有的力气挖洞以求自保……

一位年轻妇女向我解释了老挝革命运动——新老挝——之所以吸引她及她的众多朋友的原因:

作为一名年轻女孩,我对过去没什么好感,因为男人们总是把妇女当成玩物,虐待她们,拿她们寻开心。但是,当新老挝党控制了这个地区之后……情况便发生了巨大变化……在新老挝,事情从精神层面起了变化,例如,他们教给女人要像男人一样勇敢。虽然过去我也上过学,但长辈们跟我说没有必要。他们说我上学没有用,因为我毕了业又不能指望成为高官,只有贵族或者富家子弟才有指望。

　　但新老挝却表示女子应当接受与男子同样的教育，他们给予我们平等的权益，不允许任何人拿我们寻开心……

　　新的社会交往关系取代了旧的社会交往关系。例如，大多数受过培训的老师和医生都是女性。他们改善了赤贫者的生活状况……他们把拥有众多肥沃田地的地主的土地分给没有土地的人耕种。

一位17岁的男孩讲述了自由老挝革命军来到他们村子的情况：

　　一些人，特别是那些有钱人，起初有些害怕。他们把奶牛送给自由老挝的士兵吃，但士兵却拒绝接受。如果他们接受了的话，就会按照适当的价格付钱。结果，人们对他们不再有任何顾虑。

　　接着，他们组织选举村镇首脑，当选者当然也乐意追随他们……

483

在胜利无望的情况下，中央情报局开始征召苗民部族参加战斗行动，结果导致数千苗民丧生。当然这都是在保密和谎言掩盖下进行的，就像在老挝发生的诸多同类事情一样。1973年9月，前老挝政府官员杰罗姆·杜里特尔在《纽约时报》上撰文说：

　　最近五角大楼频频散布的有关轰炸柬埔寨的谎言，不禁勾起了我当年在美国驻越南和老挝使馆任新闻随员时常常萦绕于心的一个疑团。

　　我们为什么要刻意撒谎？

　　当我首次到达老挝时，我接到指示，对所有新闻界有关我们对这个小小国家所实施的大规模的和惨无人道的轰炸的询问都要作如是回答："美方只是应老挝王国政府的请求在武装护航队保护下进行非武装的侦察飞行。如果遭到袭击，护航队有权反击。"

　　这是撒谎。每一位听到我这番回答的记者都知道这是谎言。河内知道这是谎言。国际控制委员会知道这是谎言。每一位关注此事的议员和读报人也都知道这是谎言……

　　但不管怎么说，这种谎言对某些人隐瞒了某些真相，而我们就属于那"某些人"。

到1968年初，战争的残酷性开始触动许多美国人的良知。在许多人看来，麻烦还在于：美国根本不可能赢得这场战争。这时，已有4万美国士兵死于非命，25万人受伤，而战争还远未结束。越南人的伤亡更是数倍于此。

林登·约翰逊能够使一场残酷的战争逐步升级，但却无力打赢这场战争。他的支持率开始直线下跌。不管他在哪儿公开露面，总会有反对他和反对战争的示威在外面等着他。"LBJ①，LBJ，你今天又杀死了多少孩子"的喊声在全国各地的示威活动中回荡。1968年春，约翰逊宣布，他不再参加总统竞选，与越南

---

① LBJ，即林登·B.约翰逊的缩写。

的和平谈判也将在巴黎举行。

1968 年秋,保证要把美国带出越战泥潭的理查德·尼克松当选为美国总统。他开始从越南撤军;到 1972 年 2 月,在越美军还剩下不足 15 万人。但是轰炸仍在继续。尼克松的政策是使战争"越南化",即由西贡政府利用越南人组成的地面部队,在美元和美国空中力量的支持下继续这场战争。尼克松的本意并不是要结束这场战争,他不过是要结束这场战争的最不受欢迎的方面,即那种使美国士兵卷入远离本土的战争的政策。

1970 年春,在实施了从未公之于众的长期的轰炸之后,尼克松和国务卿基辛格发动了对柬埔寨的一次军事入侵。但是,这次侵略行动不仅在美国国内引发了强烈的抗议浪潮,而且它本身也是一次军事失败。国会为此通过法案:不经国会同意,尼克松不得动用美国军队扩大战争。第二年,在没有美国军队参加的情况下,美国支持南越入侵老挝,这次同样遭到失败。1971 年,美国在老挝、柬埔寨和越南投下了 80 万吨的炸弹。同时,阮文绍总统(他是西贡政权最后一任长期在位的国家元首)领导下的西贡军政权仍然关押着数千名反对派。

美国国内反对越战的最初信号来自民权运动——这多半是因为黑人群众有与政府打交道的经验,他们不再相信它关于为自由而战的任何口实。就在 1964 年 8 月初林登·约翰逊向全国通报东京湾事件并宣布要轰炸北越的当天,黑人与白人民权积极分子也在密西西比的费城附近集会,纪念夏天在此被害的 3 名民权工作者。其中有一人发言严厉谴责了约翰逊在亚洲的穷兵黩武,并把它同密西西比针对黑人的暴力行为相提并论。

1965 年年中,在密西西比的麦考布,黑人青年在得到消息说他们的一位同班同学在越南战死后散发传单说:

在所有的密西西比黑人获得自由之前,他们任何人都不会到越南去替白人的自由卖命。

黑人男子不应当以在此地应召入伍为荣,母亲们应当鼓励孩子们不要去当兵……

任何人都没有权利为了让白种美国人更加富裕而拿我们的生命去冒险,让我们到圣多明各和越南去残杀那里的有色人种。

当到密西西比参观的国防部长罗伯特·麦克纳马拉赞扬著名的种族主义分子、参议员约翰·斯滕尼斯是一位"名副其实的伟人"时,白人和黑人学生走上街头表示抗议,他们的标语上写着:"悼念被烧死的越南儿童。"

1966 年初,大学生非暴力协调委员会宣称"美国正在实行一种违犯国际法的侵略政策",并呼吁美国从越南撤军。当年夏天,6 名大学生非暴力协调委员会成员因涉嫌非法进入亚特兰大征兵中心而被逮捕,他们被起诉并被判处了数年的监禁。几乎同时,被选举为佐治亚众议员的非暴力合作委员会成员朱利安·邦德因公开反对战争和征兵而被众议院剥夺了议员资格,理由是他的声明违犯了选征兵役法并"试图激起人们对众议院的不信任情绪"。但最高法院恢复了邦德的席位,因为根据宪法第一修正案,他有自由发表言论的权利。

国内著名的运动员、黑人拳击手和重量级冠军穆罕默德·阿里拒绝为被他称为"白人的战争"服役,拳击当局因此取消了他的冠军头衔。1967 年,马丁·路德·金牧师在纽约河边教堂演讲时说:

> 我们必须设法制止这种愚蠢的行为。我们应当立即结束这场战争。我现在是以上帝之子的名义说话,以蒙受苦难的越南穷人的手足兄弟的名义说话。我为那些土地被迫荒废、家园惨遭毁坏、文明遭到践踏的人高声呐喊,也为那些在家里为希望的破灭付出双倍代价以及在越南战死、尸骨无存的美国穷人大声疾呼。我现在是作为一名世界公民为这个世界说话,因为它已被我们所选择的道路吓呆了。我也是作为一名美国人向我自己国家的领导人进言。我们既然是这场战争的始作俑者,就理应对结束这场战争负有不可推卸的责任。

年轻人开始抵制登记服役,拒绝应征入伍。早在 1964 年 5 月,"我们不愿去"的口号已不胫而走。一些抵制服役的人开始公开焚烧他们的兵役卡以表达对这场战争的抗议。1967 年 10 月在全国各地出现了有组织的"上缴"兵役卡运动,仅旧金山一地就有 300 多张兵役卡缴还给政府。就在当月国防部五角大楼前举行大规模示威之前,司法部就已收到了一麻袋收集起来的兵役卡。

1965 年中,针对拒绝登记服兵役者进行的诉讼有 380 起,1968 年中上升到 3 305 起,到 1969 年末,全国范围内抵制服兵役的案件已达到 33 960 起。

1969 年 5 月,全北加利福尼亚服役者集结的奥克兰征兵中心报告说,在应奉命报到的 4 400 人中,有 2 400 人未到。1970 年第一季度的征兵未能完成定额,这在历史上尚属首次。

1968 年 5 月 1 日,波士顿大学历史学专业毕业生菲利浦·苏皮纳写信给他所在的亚里桑那州图克木森征兵委员会的一封信中说:

> 寄上你们要我前去参加入伍前体检的命令。我根本不打算前往体检,也不打算应征入伍,不打算以任何方式为美国所从事的反对越南人民的战争效劳……

战争初期曾发生过两起相互没有直接联系的事件,绝大多数的美国人当时都没有注意到这两件事情。1965 年 11 月 2 日下午晚些时候,在华盛顿的国防部大楼前,当数千名雇员鱼贯而出时,3 个孩子的父亲、32 岁的和平主义者诺曼·莫里森全身浸透了煤油,站在大楼第三层国防部长罗伯特·麦克纳马拉办公室的窗台下面点火自焚,为抗议战争献出了他的生命。同年,一位名叫艾丽斯·赫茨的 82 岁的老太太在底特律自焚而亡,以表达她对美国在印度支那所采取的恐怖行动的抗议。

社会情绪终于发生了转折性的变化。1965 年初开始轰炸北越的时候，只有 100 名群众在波士顿公共广场集会，以表达他们的愤慨之情。1969 年 10 月 15 日，在波士顿公共广场抗议战争的集会群众已多达 10 万人。当天全国各地村镇举行反战集会的群众人数达到了 200 万左右，这是史无前例的。

1965 年夏，只有数百人在华盛顿集会游行，抗议战争。走在队伍第一排的是历史学家斯托顿·林德、全美学生非暴力统一行动委员会组织者鲍勃·摩西以及长期从事和平运动的戴维·德林杰，他们被一些起哄捣乱分子泼了一身红漆。但到 1970 年，成千上万的人参加了华盛顿的和平集会。1971 年，聚集到华盛顿的 2 万人举行了公民不服从运动，他们试图堵塞华盛顿的交通以表达他们对政府继续在越南实行屠杀政策的抗议。1.4 万人被逮捕。这是美国历史上规模最大的一次逮捕行动。

和平工作队①中的数百名志愿者公开表示反对战争。在智利，92 名志愿者公然蔑视和平工作队的领导人，发表了谴责战争的通告。800 名前和平工作队队员发表了一则声明，抗议在越南所发生的一切。

诗人罗伯特·洛厄尔受邀参加白宫宴会，但他拒绝出席。同时被邀请的阿瑟·米勒向白宫发去了一封电报："枪炮响处，艺术死亡。"被邀参加白宫午宴的辛格·厄萨·基特的反战演说则使所有出席宴会的人大惊失色，与会者中就有总统夫人。一位应邀到白宫受奖的少年也对战争提出了批评。

在伦敦，两名美国年轻人擅自闯入美国使馆举行的气氛肃穆的国庆招待会会场，高呼"为所有在越南的死难者和正在前往越南的赴难者干杯"。他们被守卫带走了。在太平洋，2 名年轻的美国海员劫持了一艘军火轮，迫使这艘满载弹药的军舰改变航线，不再前往泰国空军基地。他们指挥着该船及服用了安非他命、仍保持着清醒状态的船员经过 4 天的航行到达柬埔寨水域。1972 年底，美联社记者从宾夕法尼亚的约克市报道："今天，5 名反战积极分子因涉嫌蓄意破坏一家工厂附近的铁路设备而被州警抓捕，这家工厂主要生产用于越南战争的炸弹外壳。"

连不习惯于政治行动主义的中产阶级与专业技术人员也打破了沉默。1970 年 5 月，《纽约时报》从华盛顿报道："100 名'资深'律师参加了反战抗议活动。"企业界也开始对战争是否会损害企业的长远利益感到担忧，《华尔街日报》开始对继续进行战争提出批评。

随着战争越来越不受欢迎，政府内部及政府支持者中也开始出现了不同意

---

① 一译"和平队"或"和平工作团"，美国国务院于 1961 年创设的机构，旨在派出援外志愿人员，为发展中国家提供技术服务。

见。最著名的例子就是丹尼尔·艾尔斯堡案。

艾尔斯堡是哈佛出身的经济学家，一名前海军陆战队军官，受雇于兰德公司。该公司为美国政府从事特殊的而且通常是秘密的研究工作。艾尔斯堡负责帮助编写越南战争这段时间的国防部史。在他的朋友、前兰德公司雇员安东尼·拉索的帮助下，他决定把这一绝密文件公之于世。两人曾在西贡相遇。在那里，尽管各自的经历不同，但他们都被耳闻目睹的战争惨相震撼了。他们开始对美国对越南人民所犯下的罪行感到强烈的愤慨。

艾尔斯堡与拉索花了好几个夜晚的时间，在一个朋友开办的咨询机构的帮助下复印完了长达 7 000 页的文件。接着艾尔斯堡向各位国会议员和《纽约时报》送去了复印本。1971 年 6 月，《纽约时报》开始从这本名为《五角大楼文件》的材料中发表文件选编，一时间轰动了全国。 ₄₈₈

尼克松政府试图让最高法院制止文件的进一步扩散，但最高法院认为这样做是对新闻自由的"先定限制"，因而是违宪的。于是政府便指控艾尔斯堡和拉索违犯反间谍法，向未经授权的人泄露保密文件。一旦被定罪，他们将会遭到长期监禁。然而，法官在陪审团评议期间取消了审判，因为水门事件暴露了检察当局的不公正行为。

艾尔斯堡用自己的勇敢行动打破了政府内部异见者通常所秉持的规则，即等待时机，隐藏观点，静候政策的松动。一位同事劝其不要离开政府部门，因为在那里他会得到"机会"。这位同事说："不要断了自己的后路，不要自寻死路。"艾尔斯堡回答："生命的意义在政府部门之外。"

反战运动发展的早期出现了一个奇特的新成员：天主教会的牧师与修女。他们中的一些人是被国内的民权运动激发起来的，另一部分人则是由他们在拉丁美洲的亲身经历使然，在那里他们亲眼目睹了在美国扶持的政府统治之下的贫穷和不公正。1967 年秋，菲利浦·贝里根神父（他是一名约瑟夫派牧师、第二次世界大战中的老兵）与艺术家汤姆·刘易斯以及朋友戴维·埃伯哈特和詹姆斯·门格尔一道来到马里兰州巴尔的摩的征兵委员会办公室，用鲜血浸染了征兵名册后坐等被捕。他们被交付审判，分别被判处 2 年到 6 年的徒刑。

第二年 5 月，在巴尔的摩案中被保释出来的菲利浦·贝里根又参加了他的兄弟耶稣会牧师丹尼尔发起的第二次行动。丹尼尔曾到过北越，亲眼目睹过美军轰炸的后果。他们与其他 7 人一起来到马里兰州坎顿斯维尔一个征兵中心的办公室，搬出登记册，拿到外面，在报名者与围观者面前当众烧毁。他们被裁定有罪并被判监禁。这些人因这次"坎顿斯维尔九人案"出了名。丹·贝里根曾为坎顿斯维尔事件写过一篇"悔过书"。他写道：

　　善良的朋友们，我们为破坏了所谓的正常秩序而向你们表示歉意，为用烧毁登记册来代替烧死儿童的行为而向你们致歉。遵照上帝的意旨，我们 ₄₈₉

不能采取相反的行动……在我们看来,屠杀才是真正的破坏秩序,我们所认可的秩序是生命、尊严、共享和无私。为了实现这一秩序,我们甘冒失去自由和良好声誉的风险。善良的人们缄口不语、明哲保身的时代以及穷人任人宰割而无力自卫的时代,已经一去不复返了。

上诉被驳回后,丹尼尔·贝里根消失了,人们曾怀疑他遭到了监押。正当联邦调查局四处搜捕时,他却意外地在康奈尔大学复活节的庆祝会上露面了,实际上他一直在那里授课。当时,几十名联邦调查局人员正在人群中寻找他,他突然在舞台上现身。随后灯灭了,他藏身于舞台上圣餐木偶剧院的巨大道具中,被抬上卡车,逃到附近的农场。在处于地下状态的四个月(在此期间他写过诗、发表过声明、秘密地接受过采访)之后,他又突然出现在费城的一座教堂里,作了一次讲道,随后再次消失。连联邦调查局也被贝里根的神出鬼没搞得晕头转向。直到情报人员截获的一封信透露了他的行踪,他才被抓获并被投入了监狱。

“坎顿斯维尔九人案”中的一名妇女玛丽·莫伊伦是一名修女。她也拒绝向联邦调查局屈服。她一直没被抓住。她在秘密潜伏中写下了自己的经历及转变过程:

　　……我们都知道自己会被逮捕下狱,所以,我们都作了最坏的打算。我真的筋疲力尽了,随手把小衣箱推到折叠床下就爬到床上睡了。我想,现在巴尔的摩郡监狱里所有的女囚都是黑人,大概只有我一个白人。狱友们把我弄醒,问我:“你想哭吗?”我说:“怎么了?”她们说:“你进监狱了。”我说:“是呀,我知道我现在在监狱里。”……

　　我睡在2个狱友之间。我发现每天早上醒来时她们都在依靠着双肘盯着我看。她们说:“你睡了整整一夜。”她们怎么也不大相信。她们都很善良。我们在一起过得很快乐……

　　我想,我人生的政治拐点出现在我在乌干达的时候。那时美国飞机正在轰炸刚果,而我们离刚果边境非常近。飞机飞过来轰炸了乌干达的2个村庄……美国飞机到底是从哪儿飞来的呢?

　　稍后,我到了达累斯萨拉姆,碰巧周恩来也到了那儿。美国使馆发出函件,要求任何美国人都不得上街,因为周是一位让人讨厌的共产党领导人。但我认为周是一位改变历史的人,我想见见他……

490 　　我从非洲回国后就到了华盛顿,我不得不去应付那儿的局面,不得不与疯狂野蛮的警察打交道,不得不去适应那个城市的生活方式,那种生活方式是由该市绝大多数居民——其中70%是黑人——主导的……

　　接下来是越南问题,什么凝固汽油弹啦,脱叶剂啦,还有炸弹……

　　大约一年之前我参加了妇女运动……

　　在坎顿斯维尔期间被投入监狱的经历让我明白了很多,尤其是黑人的遭遇——始终有那么多的黑人塞满监狱……我认为目前这种解决问题之道已不再有效……我不想再看到有人面带微笑走进监狱。我根本就不希望他们进去。70年代的时局更加难难,我不想再让兄弟姐妹们用走进监狱或辗转躲藏或别的任何方式去浪费生命时光……

战争造成的后果与一些牧师和修女的勇敢行为打破了天主教会传统的保守主义。1969年的停炸日那天,在波士顿附近圣哈特的牛顿神学院(一个田园诗般静谧的圣地和远离政治喧嚣的殿堂)宏伟的前门展出了一幅涂有鲜红拳头的油画。在波士顿学院这样一所天主教学校里,当晚也有6 000人在体育馆集会谴责战争。

在争取民主社会大学生协会(SDS)的鼓动下,大学生们也深深地卷入了早期的反战抗议运动。争取民主社会大学生协会创始于密歇根大学,它在1962年发表了一份宣誓分享民主制的休伦港宣言,它对组织反战抗议起到了非常重要的作用。一项由城市研究公司负责的调查显示,单是1969年上半年,仅仅全国2 000家高等教育机构中的232家就有至少21.5万名学生参加了校园抗议,其中3 652人被捕,956人被中止学业或开除。到60年代末,甚至高级中学里也出现了500多种地下报纸。在布朗大学1969年的毕业典礼上,当亨利·基辛格登台讲话时,三分之二的毕业班学生背过身去以示抗议。

1970年春,尼克松总统下令美军入侵柬埔寨,抗议运动达到了高潮。5月4日,当俄亥俄州肯特州立大学的学生举行反战集会时,国民卫队朝人群开了枪。4名学生遇难,1名终身瘫痪。400所大专院校的学生继续举行抗议活动。这是美国历史上规模最大的学生总罢课运动。1969—1970学年期间,联邦调查局记录了1 785起学生示威,其中包括占领313座建筑事件。

在肯特枪杀案后,学校的毕业典礼与历史上以往的典礼完全不同了。从马萨诸塞的阿姆赫斯特发来了这样一则新闻报道:

491

　　　　昨天的马萨诸塞大学第一百期毕业典礼变成了一场呼吁和平的抗议活动。

　　　　2 600名男女学生列队前行,丧葬鼓为他们击打出的是"恐怖、绝望和失望"之声。

　　　　黑色的校礼服上印着表示抗议的红色拳头、白色的和平标志和蓝色的鸽子,其他的高年级学生也几乎每人都带着吁求和平的臂章。

学生们对预备役军官训练计划(ROTC)的抗议运动使得该计划在40多所院校被取消。1966年,191 749名大学生参加了预备役军官训练计划。到1973年,这一数字减至72 459人。预备役军官训练计划承担着向越南输送一半军官的任务。1973年9月,预备役军官计划已是连续第六个月未能完成定额了。一位军官表示:"我只是希望我们别再卷进另一场战争,因为,如果我们真的再卷进去的话,我对我们能否打赢持怀疑态度。"

对学生抗议运动的报道给人们造成了一种印象,似乎反战运动主要来自中产阶级知识分子。当纽约发生一些建筑工人袭击示威学生事件时,国内媒体极尽渲染之能事。但是,包括蓝领工人占多数的一些城市的选举结果表明,工人阶级中的反战情绪是相当强烈的。例如,在密歇根的迪尔本——一座汽车制造城,早在 1967 年,一项民意测验就已显示,41% 的人赞成从越战中撤出。1970 年,在加利福尼亚的 2 个郡旧金山和马林,请愿者把请求从越南撤出美国军队付诸公决,结果大多数投票支持。

1970 年晚些时候,当回答盖洛普测验中"美国明年年底应当从越南撤出全部军队"一项时,65% 的被调查对象都表示赞成。1971 年春,在威斯康星的麦迪逊,一项呼吁美国军队从东南亚撤军的动议以 31 000∶16 000 获胜,而同样的动议在 1968 年时就通不过。

最令人惊奇的却是密歇根大学提供的一份调查资料。该资料显示,在整个越战过程中,只受过中小学教育的美国人比完成大学教育的美国人更强烈要求从越南撤军。1966 年 6 月,在大学毕业生中,27% 的人要求马上从越南撤军,而在只受过中小学教育的人中,41% 的人要求立即撤军。1970 年 9 月,这两组数据的反战率都有提高:47% 的大学毕业生赞成撤军,而只受过中小学教育的人中赞成撤军者则为 61%。

这类材料还有很多。在 1968 年 6 月《美国社会学评论》发表了一篇文章,理查德·F.汉密尔顿通过对民意的调查发现,"偏爱选择'强硬'政策的人大多数属于这样一些群体:受教育水平较高者,身居高位者,高收入者,年轻人以及平时比较关注报纸和杂志的人。"政治学家哈兰·哈恩对许多城市有关越南问题的全民投票所进行的研究表明,社会经济地位较低人群对从越南撤军的支持率最高。他还发现,抽样调查表明,普通的民意测验低估了下层人民的反战情绪。

所有这些都不过是全体居民总体变化的一部分。1965 年 8 月,61% 的国民认为美国卷入越南战争没有错;而到了 1971 年 5 月,情况完全颠倒了过来,61% 的国民认为我们的卷入是错误的。哈佛大学公共舆论系学生布鲁斯·安德鲁斯发现,极力反对战争的人大多是 50 岁以上的人、黑人和妇女。他还注意到,1964 年春,当越南问题还只是报纸上的一个小问题的时候,一项研究表明,53% 的大学毕业生赞成派军队去越南,而只受过中小学教育的人中只有 33% 的人赞成。

媒体往往会给人以错误的印象,就好像工人阶级群众都是支持战争的狂热的爱国者。事实上媒体是由受过较高水平教育或较高收入者群体操控的,而正是这些群体的人在对外政策方面更富侵略性。刘易斯·利普西茨在 1968 年年中对贫困黑人和南部白人进行过一项调查,他对调查中发现的一种典型现象进行过解释:"帮助穷人的唯一办法是从越战中抽身……在我看来,征收税赋(高额税赋）就是为了到那边去枪杀人民,除此之外,再无别的理由。"

美国士兵反战情绪的迅速发展大概可以很好地说明普通美国人的独立判断能力,因为志愿兵与义务兵大多数都来自低收入阶层。美国早期历史上士兵不满战争的事例屡见不鲜:如革命时期零星的兵变,墨西哥战争期间的拒绝重新应征入伍事件,以及第一次世界大战与第二次世界大战中的开小差与出于道德理由拒服兵役现象。但在越南战争中,却出现了以前从未有过的士兵与老兵中狂热的、颇具规模的反战运动。

反战运动在开始时只是一些零星的抗议活动。早在1965年6月,西点军校毕业的理查德·斯坦克就曾拒绝登上要把他运往一个偏僻的越南村庄的飞机。他说,"任何一个美国人都不值得为越南战争付出生命。"斯坦克被交付军事法庭审判并被解雇。第二年,3名穷苦的列兵(1名黑人、1名波多黎各人和1名立陶宛—意大利人)拒绝开赴越南,并谴责这场战争是"不道德的、非法的和非正义的"。他们被交付军事法庭审判并被判处监禁。

1967年初,南卡罗来纳州杰克逊堡的一名军医霍华德·莱维上尉拒绝给被称为军中特种部队精英的"绿色贝雷帽"提供培训,并骂他们是"杀害妇女和儿童的刽子手","枪杀农民的元凶"。他被交付审判,并被指控企图用自己的观点在士兵中激起不满情绪。主持审判的上校表示,"他所陈述的事实真相与本案无关"。莱维被定罪并被判处监禁。

个体的反战行动在不断增加。在奥克兰,一名黑人列兵宁愿服11年苦役也拒绝登上前往越南的军用飞机。海军护士、苏珊·施奈尔中尉因为穿着军装参加和平示威活动和从一架参加海军典礼的飞机上抛撒反战传单而受到了军事法庭的审判。在弗吉尼亚的诺弗尔克,一名海员拒绝训练战斗领航员,因为他认为这场战争是不道德的。1968年初,在华盛顿特区,一名中尉被逮捕,因为他在白宫前打着"12万美国人死了——为什么?"的标语参加游行示威。两名黑人海军陆战队员(乔治·丹尼尔斯和威廉·哈维)因为与其他黑人海军陆战队员讨论反战而被判处长期监禁(丹尼尔斯被判6年,哈维被判10年,两人后来都被减刑)。

随着战争的继续,军队开小差的人数激增。数千人逃往欧洲——法国、瑞典、荷兰。大多数人(有人估计有5万人,有人估计有10万人)则逃到了加拿大。还有一些人就待在美国。少数人公然蔑视军事当局,竟然到为他们的反战朋友与同情者包围着的教堂去寻求"避难",在那里等着被捕和军法审判。在波士顿大学,1000名学生在学校附属教堂坚守了5个昼夜,以声援18岁的逃兵雷·克洛尔。

克洛尔的经历是最典型的。他是被骗入伍的。他家境贫寒,被控醉酒。法庭给了他两条路,要么坐牢,要么入伍。他选择了入伍。接下来他开始对这场战争的性质产生怀疑。

一个礼拜天的早上,联邦特工拥进波士顿大学小礼拜堂,蛮横地闯过挤满学生的走廊,破门而入,强行抓走了克洛尔。他从监狱里写信告诉朋友们:"我不想去杀人,那是违背我的意愿的……"他在教堂里结识的一位朋友给他带来了书籍,他从其中一本书上摘抄了一段名言:"人在做,天在看。日月盈昃,天行有常。"

美国士兵的反战运动变得越来越有组织了。在南加利福尼亚的杰克逊堡附近建立起了第一家"美国兵咖啡屋",士兵们可以在那里喝咖啡、吃炸面包圈、得到反战文学作品和相互自由交谈。这家"咖啡屋"被戏称为"飞碟",一直坚持了数年时间,直到被法庭以"公害"为名宣布关闭为止。但同类的美国士兵咖啡屋却已在全国各地雨后春笋般地涌现了出来。一家反战"书店"在马萨诸塞的丹佛斯堡开业,另一家也在海军基地罗得岛的新港开业。

地下报纸在全国各地的军事基地涌现出来,到 1970 年时已达 50 多种。如洛杉矶的《向后转》,华盛顿州塔科马的《受够了!》,杰克逊堡的《瞬间》,芝加哥的《越南大兵》,德国海德堡美军驻地的《涂鸦》,北卡罗来纳州的《布拉格·布里夫斯》、佐治亚州戈登堡的《最后的烦恼》、爱达荷州霍姆山空军基地的《帮手》。这些报纸刊载反战文章,倾诉士兵的苦恼,为军人的法律维权支招,告诉人们如何抗命。

与反战情绪相交织在一起的是对残酷和非人道的军事生活的愤恨。这种情况在军人监狱里尤其明显。1968 年,在加利福尼亚的军人监狱,卫兵射杀了一名因心理失常而离开工作队的囚犯,导致 27 名犯人静坐罢工,并高唱歌曲"我们一定赢"。他们在庭审中以哗变罪被处以最高达 14 年的徒刑,后来因为引起舆论的关注和抗议才给予减刑。

反战言行在战争前线也得到了广泛的传播。1969 年 11 月,停止轰炸日那一天,美国国内发生了规模宏大的示威活动,一些远在越南战场上的美国士兵也带上黑色臂章以示支持。据一位新闻记者报道,在岘港附近巡逻的一个排中大约有一半人都带着黑色臂章。1970 年 10 月 26 日,驻扎在古芝的一名士兵写信给朋友说,为那些拒绝开赴前线作战的士兵建起了独立的营地。"在这里,最大的事情就是拒绝上前线。"据法文报纸《世界报》报道,在短短 4 个月里,仅第一空中骑兵小队就有 109 名士兵因拒绝作战而受到指控。《世界报》记者写道:"普遍认为,紧握左拳的黑人士兵对这场从来就不属于他们自己的战争根本就不屑一顾。"

华莱士·特里是《时代》周刊的一名美国黑人记者。他对数百名黑人士兵进行了录音采访,发现士兵中存在着对军人种族主义的怨恨情绪以及对战争的厌恶情绪,并且士气普遍低落。越南战场上的士兵伤害军官案被频频报道出来。

士兵们或者因为军官们命令他们去打仗而心生怨恨,或者因为别的事情而对军官不满,就把碎裂弹偷偷地安放在军官的帐篷里。据五角大楼提供的消息,仅仅1970年一年,就发生了209起这类案件。

从越南归来的黑人老兵建立了越战老兵反战组织。1970年12月,该组织的数百名成员到达底特律参加一项叫作"冬季士兵"的调查活动,对他们亲自参与或亲眼目睹的美国对越南人民所犯下的暴行公开作证。1971年4月,该组织的大约1 000名成员赶到华盛顿特区举行反战示威。他们爬上国会大厦外面的铁丝网,把他们在越战中获得的勋章扔进去。许多人纷纷登台发表简短的反战声明,他们或情绪激昂,或神色严峻。

1970年夏,包括一些越战老兵在内的28名军官,声言代表其他250名军官,宣布成立反战组织"军官反战运动"。在1972年圣诞节前后进行的对河内和海防的野蛮轰炸期间,B-52战机飞行员首次违抗命令,拒绝执行这项轰炸任务。

1973年6月3日,《纽约时报》报道了西点军校士官生退学事件。报道说,那里的军官们"认为这类事件的发生与生活优裕、纪律松弛、富于怀疑精神、充满好奇心的新一代人有关,也与少数激进分子和越南战争所渲染起来的反战气氛有关"。

但绝大多数的反战行动来自普通美国士兵,其中绝大多数又都是来自低收入阶层——白人、黑人、美国土著、华裔和墨西哥裔美国人。数以千计的墨西哥裔美国人用返国的方式进行反战抗议活动。

20岁的华裔美国人萨姆·乔伊出生于纽约市。他17岁应征入伍,被派到越南做厨师。他发现自己成了美国大兵们辱骂的对象,他们用戏称越南人的那些字眼称他为"中国佬"或"东方佬",并说他看起来像敌人。一天,他拿起来复枪向折磨他的人开枪示警。"此刻,我正在靠近基地边境的地方,我在考虑要不要投奔越共,因为至少他们会信任我。"

乔伊被军警逮捕,遭到殴打和军法审判,被判在里文沃斯堡服苦役18个月。"他们每天毒打我,就像定时闹钟一样准时。"他引用纽约唐人街报纸的说法结束了对他的采访:"我想告诉所有的华人一件事:是军队把我折磨成这个样子,我讨厌它,我不能支持它。"

1972年4月,一则发自富沛的报道说,驻防连队的142名士兵中有50人拒绝执行巡逻任务。他们高喊:"这不是我们的战争!"1973年7月14日的《纽约时报》报道,当管理战俘营的军官命令越战中的美军战犯不要同敌人合作时,他们大声回敬说:"谁是敌人?"他们在战俘营中建立起一个和平委员会。该委员会的一名陆军中士后来回忆了他本人从被俘到战俘营的经历:

直到到达第一个营地,我们沿途都没有见到一座完好无损的村落。所有的村落都被毁坏了。我在人群中间坐下来，扪心自问：这样做究竟是对还是错？毁掉村子对吗？对人民实施集体屠杀对吗？这些问题一直在我心头萦绕。

华盛顿五角大楼的官员与圣地亚哥海军基地的新闻发言人一致宣布，1973年美国从越南撤军后，海军将对自身队伍中的不良分子实施整肃，这些所谓的不良分子仅太平洋舰队就多达6 000人，"其中一大部分是黑人"。总共大约有70万美国兵非荣誉退役。1973年，有五分之一的退役者是"非荣誉性的"，也就是说，他们在从军期间没有能够苟尽职守。截止到1971年，每1 000名美国士兵中有177人有"擅离职守"的记录，其中有些人多达3到4次。擅离职守者从1967年的4.7万增加到了1971年的8.9万，几乎翻了一倍。

罗恩·科维奇是一位留下来参加过战斗、后来又转向反战的士兵。他的父亲在长岛一家超级市场工作。1963年，17岁的罗恩应征入伍，参加了海军陆战队。两年后，即19岁那一年，在越南，他的脊柱被炮弹击伤。由于腰部以下瘫痪，他不得不与轮椅为伴。回到美国后，由于亲眼目睹了受伤的老兵们在医院里所受到的非人待遇，在经过对战争的认真思考后，他加入了越南老兵反战组织。科维奇参加了示威活动并发表了反战演说。一天傍晚，科维奇听了演员唐纳德·萨瑟兰朗读的多尔顿·特朗博写的反映第一次世界大战后生活的小说《约翰尼举起枪》①的片断，其中讲到了一名士兵的故事。这名士兵在炮火中失去了四肢和面部，只剩下了一个会思考的躯体。他发明了一种与外界联系的办法，并接收到了一种没有电震器根本无法听到的功率极强的信号。

当萨瑟兰开始朗读那一段时，它那令我永远难忘的情节深深地打动了我的心。真像是有人在向我讲述我曾在医院里所经历的一切……我被震撼了，眼眶里充满了泪水。

科维奇反对战争，他在自己的《生逢7月4日》一书中描绘了他被捕时的情形：

他们把我挽回到椅子上，抬着我到监狱大楼的另一处去登记。

"叫什么名字？"坐在桌子对面的那位官员问。

"罗恩·科维奇，"我回答说，"职业是反战的越战老兵。"

"什么？"他直盯盯地看着我，面带嘲弄地反问。

"我是一名反战的越战老兵，"我几乎是在向他大喊了。

"你应该死在那儿，"他说。他又转过脸对助手说，"我真想把这家伙扔到屋顶上去。"

---

① 一译《约翰尼上战场》或《尊尼拿起枪》，同名影片也有译为《无语问苍天》。

　　他们让我按了手印,照了相,把我关进一间牢房。我像小孩子一样尿湿了裤子,因为管子在医生给我检查时就已滑落。我想尽办法希望进入梦乡。然而,尽管我已经精疲力竭,但仍然无法抑制住胸中的那团怒火。我把头靠在墙上,一遍又一遍地听着卫生间里抽水马桶的声音。

　　1972 年,科维奇与其他老兵驱车前往迈阿密共和党全国代表大会会场。他们把轮椅停在会议大厅的走廊上。当尼克松开始他的总统提名演讲时,他们高声喊道:"停止轰炸! 停止战争!"代表们朝他们骂道:"叛徒!"特工人员推推搡搡把他们弄出了大厅。

　　1973 年秋,由于感到胜利无望,也由于北越军队已在南越建立起众多根据地,美国同意接受这样一个撤军方案,即美军撤离,革命军队在原地活动,直到选举产生一个包括共产党人与非共产党人在内的新政府为止。但西贡政权不同意该方案,美国决定进行最后一次努力,即向北越发起猛烈的攻击以迫其降服。它派遣大批 B-52 轰炸机前往河内和海防,炸毁那里的房屋和医院,炸死了无数平民。但进攻仍未能奏效。许多 B-52 被击落。同时,世界各地都出现了愤怒的抗议声浪。基辛格不得不返回巴黎签署和平协议,其内容与以前已达成的方案完全相同。

498

　　美国撤出它的军队后,仍向西贡政权提供援助,但当 1975 年初北越向南越各大城市发起进攻时,西贡政权终于垮台了。1975 年 4 月末,北越军队进入西贡。美国大使馆工作人员与许多害怕共产党统治的越南人一起逃走了。在越南的这场旷日持久的战争终于结束了。西贡更名为胡志明市,越南南北双方统一为越南民主共和国。

　　在传统历史学家看来,战争的爆发每每是对"人民"呼声的积极回应,而战争的结束则总是领导人的天才创举——即战争结束应归功于巴黎、布鲁塞尔、日内瓦或凡尔赛的谈判。然而,越南战争清楚地表明,至少在这场战争中,政治领导人在结束战争问题上是滞后的,而"人民"则远远地走在了前头。总统总是远远地落在后面。最高法院悄然回避了那些涉及战争合宪性的案件,国会则落后公众舆论若干年。

　　联合专栏作家①罗兰·埃文斯和罗伯特·诺瓦克是这场战争的坚定的支持者。1971 年春,针对众议院员"反战情绪的突然爆发",两位专栏作家遗憾地写道:"在政府支持者看来,时下在众议员民主党中间突然弥漫开来的反战情绪,与其说是反对尼克松的,不如说是对选民压力的一种反应。"

　　越南战争只是在武装入侵柬埔寨失败之后,在全国的校园里响起反侵略的怒吼的时候,国会才不得不通过议案,宣布未经它的允许美国军队不得开赴柬埔

---

①　联合专栏作家是指其撰写的专栏文章可以同时在同属一个报业集团的多种报纸或杂志上发表。

寨。直到 1973 年底,美国军队才最终撤离越南,国会才通过了一项限制总统在未经国会赞同的情况下发动战争权力的法案;但即便是在这项"战争权力法"中,总统在国会未曾宣战的情况下仍有 60 天的战争权限。

政府试图让美国人民相信,战争的结束是它决定进行和平谈判的结果,而不是因为战争失败了,不是因为美国国内掀起了强大的反战运动。但是,政府在整个战争过程中所保存下来的秘密备忘录却揭示了它对国内外每一阶段"公众舆论"的感受。这些资料都汇集在《五角大楼文件》中。

1964 年 6 月,美国军方高层与国务院官员在火奴鲁鲁(檀香山)聚会,其中包括亨利·卡博特·洛奇大使。"腊斯克表示,我们的东南亚政策在公众舆论中已造成严重分歧,因此,总统需要得到肯定的支持。"吴庭艳被陈将军取代后,五角大楼历史学家写道:"6 月 5 日,洛奇大使一回到西贡,便直接在机场打电话给陈将军……其谈话的主旨便是暗示对方,美国政府最近将会发起对北越采取军事行动的舆论攻势。"果不其然,两个月之后便发生了东京湾事件。

1965 年 4 月 2 日,中央情报局局长约翰·麦考恩在一份备忘录中建议加强对北越的轰炸力度,因为对北越政策的转变还远远不够。"另一方面……可以预料的是……来自美国公众各个阶层、新闻界,以及来自联合国和世界舆论等各方面要求停止轰炸的压力会持续上扬。"麦考恩说,美国应当赶在这种汹汹舆论形成之前实施一次毁灭性的打击。

国防部副部长约翰·麦克诺顿 1966 年初提交的一份备忘录建议用轰炸堤坝的办法来制造大范围的饥荒,因为"把平民作为轰炸目标"将会"事与愿违,在国内外制造强烈的厌战情绪"。《五角大楼文件》写道,1967 年 5 月,"随着民众骚动及其对战争不满情绪的蔓延,麦克诺顿对事态发展的广度与深度也极为关注……尤其是青年人,社会的下层,知识分子和妇女"。他忧心忡忡地说:"足以动员 2 万后备大军的这场运动……会不会撕裂整个社会舆论,导致美国'鸽派'完全失控——譬如发生大规模的拒服兵役,拒绝打仗,拒绝合作,甚至更坏的事情?"他警告说:

> 确实存在着一个大多数美国人以及世界上大多数国家都不允许美国逾越的界限。一个世界上最大的超级大国为了迫使一个落后的小国屈服,每周要造成 1000 名非作战人员的伤亡,而其成败功罪尚在未定之天,这种情景可不大美妙。可以预料的是,美国的国民意识将会发生代价高昂的畸变。

到 1968 年春,这种"代价高昂的畸变"便发生了。当时,由于民族解放阵线突然发动了可怕的"泰特"节攻势,威斯特摩兰将军请求约翰逊总统在现有的 52.5 万军队的基础上再增派 20 万军队。约翰逊在五角大楼向一小撮"作战官员"咨询此事。他们在研究了形势之后得出结论说,再增派 20 万军队也根本无法巩固西贡政权,因为"西贡的领导人没有显示出有意愿(更不用说有能力)去争取获得人民必要的忠诚与支持的迹象"。不仅如此,报告还说,增派军队就意味着动员预备役军人和增加军事预算,它同时还意味着增加伤亡和增加税收。而且,

> 由于民众认为我们忽视了国内问题的解决,抵制征兵事件与城市中的不稳定因素在不断增多,随之而来的必然是社会不满情绪的急剧膨胀。所有这些,最终不可避免地会引发一场可怕的国内危机,其前景殊难预料。

"城市中不稳定因素增多"的说法肯定是指 1967 年的黑人暴乱,不管黑人是否有意要这样做,这些事件本身却都清楚地揭示出了国外战争与国内贫困之间的联系。

《五角大楼文件》清楚地表明,1968 年春,约翰逊总统作出的决定是:拒绝威斯特摩兰的请求,首次放慢战争升级的步伐,减弱轰炸的强度,走上谈判桌。约翰逊的这些决定很大程度上是受了美国人反战行为的影响。

尼克松就任总统后,也曾努力想让公众明白:抗议不会对他产生什么影响。然而,当一位和平主义者单枪匹马企图阻止他进入白宫时,他几乎要发狂了。尼克松对待异议分子的疯狂行为(策划盗窃、窃听电话、私拆邮件)表明,反战运动确实给国家领导人造成了极大的困扰。

反战运动的观念已在美国公众中深深地扎下了根,其表现之一就是:陪审团越来越不愿对反战抗议者定罪,地方法官对待他们的态度也有所变化。在华盛顿,到 1971 年时,法官们开始驳回针对示威者的指控,而在 2 年前,这些示威者几乎肯定会被送进监牢。冲击征兵委员会的反战组织也受到轻判,如"巴尔的摩4 人团"、"坎顿斯维尔 9 人团"、"米尔沃基 14 人团"、"波士顿 5 人团"等。

最后一个袭击征兵委员会的组织是"卡姆登二十八人团",其成员包括牧师、修女和未担任神职的信徒。1971 年 8 月,他们袭击了新泽西卡姆登的一个征兵委员会。本来,4 年前"巴尔的摩 4 人团"搞过同类袭击行为,当年所有成员都被判有罪,菲尔·贝里根甚至被判了 6 年监禁。但是,这一次,"卡姆登 28 人团"的所有被告在每次庭审中都被陪审团宣告无罪。当陪审团进行评决时,陪审员、曾在军队中服役 11 年、来自亚特兰大的 53 岁的黑人出租汽车司机塞缪尔·布雷斯韦特向被告们散发了一封信:

> 我得说,你们这些神职人员,上帝赋予你们智慧,你们做得不错。你们试图阻止那些极不负责任的人,人民选举这些人是让他们行使管理和领导职责的。你们做得很好。这些人辜负了人民的期望,在一个不幸的国家里造成了大量的死亡与破坏……当你们的兄弟们还在他们的象牙塔里犹豫观望的时候,你们却站了出来,尽到了你们的责任……希望在不远的将来,和平与和睦之光能够照亮世界的每一个角落。

1973 年 5 月,美国军队撤离了越南。亲政府的《纽约时报》记者 C. L. 苏尔

兹伯格写道:"美国成了最大的输家,历史教科书必须承认这一点……我们输在自己的密西西比河谷,而不是湄公河谷。未来继任的美国政府再也无法在国内凝聚起必要的民众支持了。"

事实上,无论是在湄公河还是在密西西比河,美国都输掉了这场战争。第二次世界大战后,美国最终变成了一个名副其实的世界帝国,而越南战争则是这个世界帝国所遭受的第一次确定无疑的失败。正是国外农民的革命运动和国内巨大的抗议浪潮促成了这一失败。

1969 年 9 月 26 日,理查德·尼克松总统在提到遍及全国的反战活动日益增长时,仍然信誓旦旦地说:"在任何情况下它都无法左右我。"但 9 年之后,尼克松在他的回忆录里承认,正是反战运动促使他放弃了进一步使战争升级的打算:"虽然在公开场合我继续无视激烈的反战论争……但我明白,在所有这些抗议与停止轰炸之后,战争的每一次军事升级都会导致国内公众舆论的重大分裂。"由总统来承认公众抗议的力量,这确是罕见的。

从长远的角度来看,也许更重要的事情已经发生了。国内的抗议运动已经远远超出了越南战争问题本身。

第十九章

令人惊奇的变化

海 伦·凯勒在 1911 年曾说过："我们参加投票？投票有什么用？"大约同一时期的埃玛·戈尔德曼也说过："普选权是我们的现代迷信。"1920 年以后，妇女获得了选举权，可以像男人一样参加选举，但她们的从属地位却几乎没有发生任何变化。

刚好在妇女获得选举权之后，全国报纸上发表了多萝西·迪克丝所写的一篇读者答疑，从中不难看出她们的社会进步程度。她说，妇女不应当只是做一个家庭苦力：

> ……男人的妻子是展示他本人成就的一个窗口……餐桌上摆满丰盛的大餐……我们在宴席上同给我们带来好运的人见面……妇女结交一些名流要人，参加俱乐部，培养自身的魅力和亲和力……对其丈夫都是有益的。

罗伯特·林德和海伦·林德在其研究印第安纳州曼西的《中等城镇》中注意到，20 年代后期，人们在评价某个妇女时，很看重她的容貌和衣着。同时他们还发现，当男人们直言不讳地谈论妇女时，他们通常"喜欢把妇女说成是比男人更单纯的造物，更有道德修养，但她们相对来讲又更不切实际，更情绪化，更易接受成见，更易被伤害，而且她们中的大多数不能够面对事实，或是进行逻辑缜密的思考"。

30 年代初，一名为美容业造势的作家在给一家杂志的文章中开篇写道："平均每位美国妇女有 16 平方英尺的皮肤。"文章说，全国有 4 万家美容店，每年女性化妆品的花费是 20 亿美元，但这还远远不够："美国妇女的花销连她们保养皮肤所需开支的五分之一都不到。"随后，作者开列了"每位妇女每年美容所需用品"的清单：焗油 12 次，面部护理 52 次，修眉 26 次，等等。

当社会非常需要她们提供服务的时候，无论是在工业生产，在战争中，还是在社会运动中，妇女们从为人妻、为人母、温柔贤惠、操持家务、美容打扮、孤芳自赏的性别囚牢中迈出第一步，看来还是比较容易的。每一次，社会的实际需要都推动妇女们走出她的牢笼（在某种程度上这可以说是一种以工作为条件的假释）；而一旦社会不再需要，她们每每又会被推回到囚牢中去。这自然会导致妇女们起来进行斗争,要求改变这一现状。

第二次世界大战促使更多的妇女从家庭中走出来,参加到社会工作中。到1960年,有2 300万妇女在从事某种工作挣钱,占16岁及16岁以上所有妇女的36%。但这些参加工作的母亲中,虽然43%的人家里都有到达入学年龄的孩子,但幼儿学校只能满足2%的需求,其余的人只能自己想办法。妇女占选民人数的50%,但直到1967年的时候,他们只占州议员席位的4%和法官总数的2%。这些参加工作的妇女们的平均收入只是男性的三分之一左右。社会对妇女的态度比起20年代时并没有多大的变化。

女权主义社会学家艾丽丝·罗西写道:"1964年,在我们社会上不存在公开的反女权主义运动,这并不是因为性别平等已经达到了目标,而是因为美国妇女中几乎已不再有女权主义的火花。"

在60年代的民权运动中,开始出现了一些集体骚动的迹象。妇女们在其中所扮演的角色,就像在通常的社会运动中一样,只是在前面冲锋陷阵的小卒子,而不是运动的领导人。鲁比·多丽斯·史密斯是斯佩尔曼学院的学生,在静坐示威期间曾蹲过牢房。在亚特兰大大学生非暴力协调委员会的办公室里,史密斯对女性总是被安排从事办公室日常工作一事感到愤愤不平,委员会的另外2名白人女生桑德拉·海登和玛丽·金也加入到了抗议的行列。委员会的男生非常礼貌地倾听了她们的意见,认真阅读了维护她们自身权益的综合意见书,但却没有采取什么实际行动。埃拉·贝克尔是一名来自哈莱姆的老战士,现在在南方进行组织活动,她很了解这种模式:"我从一开始就知道,大人先生们总是习以为常地让女人们充当他们的支持者,在这群人里,根本不可能让我这样一个女人,一个上了年纪的女人,来担当领导的角色。"

然而,在南方早期的那些危险岁月里,妇女在组织活动方面发挥了关键作用,因而受到人们的敬佩。她们中有许多年长者,如埃拉·贝克尔、阿拉巴马塞尔马的艾米丽娅·博因顿、佐治亚阿尔巴尼的"多利妈妈"。而像马里兰的格劳利娅·理查德逊、密西西比的阿尼拉·庞德这样的年轻人,她们不仅是积极分子,而且是领导人。不论年长年幼,所有参加示威活动的妇女,都被投入了监狱。来自密西西比鲁尔维尔的佃农范妮·卢·哈默女士,就是一位颇具传奇色彩的组织者和演说家。她高唱圣歌,拖着大家熟悉的一双瘸腿一跛一跛地勇敢地穿越警戒线(她小时候患过小儿麻痹症)。在群众集会上,她鼓动大家要振作起来:"我讨厌别人把我当成残疾对待!"

大约与此同时,白人妇女、中产阶级妇女、职业妇女也开始发出自己的呼声。贝蒂·弗里丹写的《女性的奥妙》,就是早期一本影响很大的先驱性的著作。

那个还没有名称的问题到底该叫什么?当女性想表达它时,她们都用什么词儿呢?有时女人说:"我感到有些空虚……又不完全是。"有时她又会说:"我觉得我好像不存在了。"有时……"感觉很疲倦……生孩子的气让我很担心……有时我莫名其妙地就想哭一场"。

弗里丹不仅写出了一个中产阶级家庭主妇的感受,她所讲述的东西还触及到了所有妇女内心深处的一些东西:

> 这一问题长年埋藏在美国妇女心底,从未示之于人。这是一种莫名的不安感,一种不满情绪,代表着20世纪中叶美国妇女的一种强烈渴望。每一位比较传统、保守的妻子都在内心里孤独地进行着挣扎。她铺床叠被,购买日用品,选配家具套,喂孩子花生酱三明治,开车送童子军,当夜里躺在丈夫身边的时候,她甚至都不敢扪心自问:"难道这就是全部吗?"……

> 但是,在1959年4月的一个早上,我听说一名4个孩子的妈妈同其他四位妈妈在距纽约15英里的一个城郊新建住宅区里喝咖啡时,以一种平静而绝望的语调说:"这个问题……"其他人都相对无言,大家都知道,她没有同自己的丈夫、孩子和家人讨论过这个问题。她们突然一下子全意识到,她们所有的人都面临着一个同样的问题,一个不知道该叫什么问题的问题。于是,她们开始躲躲闪闪地讨论这个问题。当她们从幼儿园接孩子回到家里哄他们入睡之后,其中有两位妈妈如释重负般地放声痛哭了一场,因为她们终于明白了自己并不孤立。

弗里丹所说的"奥妙"就是,一个女性,她只有作为母亲、妻子这样一种形象,她是为她的丈夫、为她的孩子而活着的。为此,她放弃了自己的所有梦想。她得出的结论是:"就女性而言,要发现自己,了解自己,唯一的办法就是,同男人一样进行创造性的工作。"

1964年夏天,在密西西比的麦库姆,在自由大厦(一个人们在一起生活和工作的民权总部),妇女们举行罢工反对男人,因为男人们总想让她们待在家里烧菜煮饭、收拾床铺,而男人自己则坐着汽车到处组织活动。弗里丹所讲述的这种困扰和波动,看来都是各地妇女们的真实经历。

到1969年,妇女已占到全美劳动力的40%。但她们多数是做秘书、清洁工、初级学校的老师、售货员、服务员和保育员。有三分之一以上的妇女,其丈夫的年薪不到5 000美元。

那些没有职业的妇女的情况又怎样呢?她们在家里从事着非常辛苦的家务劳动,但这种家务常常不被看成是工作,因为在资本主义社会(大概在任何一个物品和人力都可以用钱来买卖的现代社会里),如果工作不计报酬,不以金钱论价,就会被认为是毫无价值的。在20世纪60年代,妇女开始比较深入地思考这一问题,马格丽特·本斯顿的《妇女解放的政治经济学》可以视为这一思考的代表性成果。她说,做家务的妇女是处在现代经济制度之外的劳动者,她们类似于农奴或个体农民。

那些从事典型的"女性职业"(如秘书、接待员、打字员、售货员、清洁工、保育员等)的妇女,要受到各种各样的羞辱,这种羞辱是整个下等阶层包括男人在内在工作时的共同遭遇。除此之外,就因为她们是女人,还要受到另外一种羞辱:有人嘲笑她们考虑问题的方法,有人跟她们开下流的玩笑,有人还要对她们进行性骚扰。除了把她们作为性工具之外,人们常常完全不考虑她们的女性特征,冷酷地要求她们提高工作效率。一份商业性的"文员时间标准指南"上有一份问答表:

> 问:我是一个老板,我的秘书动作似乎太迟缓了。她一分钟应当能够打开并合上文件柜多少次?

> 答:精确地说是 25 次。其他东西"打开和合上操作"的时间是……打开或合上一个文件夹需要 0.04 分钟,打开标准的中心台抽屉需要 0.26 分钟。如果你担心她"在椅子上要花招",你可以按照如下标准测量她所用的时间:"从椅子上起来",0.033 分钟,"坐回到转椅上",0.009 分钟。

70 年代初,一名在马萨诸塞新贝德福德一家中等规模企业里上班的女工(该公司董事长从公司拿到的红利 1970 年时已达到 32.5 万)在报上说,她工作的那个车间 90％ 是女工,但所有的主管都是男人。

> 多年前,我曾被罚停工 3 天,因为孩子们太小,生病的时候我得抽时间照料……他们要求人们保持安静,要求大家相互告发,希望每个人都像个听话的小木偶。许多人上班前不得不服用神经药丸,不到一个星期就会有 2 到 3 个人痛哭失声。不过,他们根本不把这当回事。

她接着说:"但时代在变化,从现在起,很多人可以大胆说出自己的意见,他们还要求那些所谓的上司要己所不欲勿施于人。"

时代确实在变化。1967 年前后,在各种运动如民权运动、要求建立一个民主社会的学生运动和反战团体中,妇女开始举行女性集会。1968 年初,在华盛顿举行的一个妇女反战集会上,数百名妇女高举火把,到阿灵顿国家公墓游行,上演了一幕"传统女性的葬礼"。此时及以后,对于妇女应该投身到反对种族主义、战争和资本主义的运动中去还是仅仅为其自身的特殊权益而战,在妇女中间开始出现一些不同的声音,这种不同意见在男人间更多。但女权主义中心观已经形成了。

1968 年秋,一个叫"激进派女性"的组织引起了全国的注意。她们抗议进行"美国小姐"选举,把这称作是"受压抑的妇女形象"。她们把乳罩、紧身裙、卷发、假眼睫毛、假发和其他被她们称作"女性垃圾"的东西,统统扔进了"自由垃圾箱"。她们还给一只绵羊戴上了"美国小姐"的帽子。更重要的是,人们开始谈论"妇女解放"了。

稍后,纽约的一些"激进派女性"成员建立了一个名为"来自地狱的国际妇女

恐怖主义密谋"的组织,简称"女巫"①,其成员穿戴打扮活像女巫,突然出现在纽约股票交易所大厅。该组织在纽约张贴的传单说:

> 女巫就居住在每位女性的内心深处,她从那里发出狂笑。在娇羞的微笑后面,在对荒谬的男权表示顺从的背后,在我们这个病态社会所需要的化妆品和窒息肉体的服饰的掩盖之下,她代表的是我们每个人对自由的向往。不需要"加入"女巫。只要你是一名大胆自省的女性,你就是女巫。请按照你自己的自由意志行事。

在华盛顿特区,女巫组织到联合果品公司就该公司在第三世界的活动及公司内部女工的待遇问题举行抗议活动。在芝加哥,它就激进的女权主义教师马林·迪克逊被解雇一事举行了抗议活动。

穷人妇女、黑人妇女,也用她们自己的方式来表明这一普遍存在的妇女问题。1964 年,罗伯特·科尔斯在《危机中的儿童》一书中采访了一个刚从南方移居到波士顿的黑人妇女,她讲述了自己对生活的绝望和寻找幸福生活的艰难:"对我来说,我真正感到自己还活着,是当我肚子里怀着我的孩子的时候。"

许多妇女,许多贫穷女人,不是只考虑她们作为女人所遇到的个人问题,而是像她们经常所做的那样,悄悄地把邻居们组织起来,去纠正那些不公正的事情,去争取获得所需的服务。60 年代中期,亚特兰大一个叫"葡萄藤城"的社区,有 1 万名黑人联合在一起实行互助:他们建立了节俭商店、幼儿园和医院,每月还举办家庭晚餐会,还创办了报纸,开设了家庭咨询服务社。在格尔达·勒纳主编的《白人美国中的黑人妇女》一书中,海伦·霍华德向勒纳讲述道:

> 我组织这个社区互助组织,最初只有 2 位男子和 6 位女士,确实费了很大力气。很多人都是后来参加的。在差不多 5 个月的时间里,我们几乎每晚都集会,学着如何同别人相处……很多人真的害怕做任何事情:害怕去市政厅,害怕提任何要求;因为害怕地主,甚至从来也不向他提任何要求。举行集会之后,我们就不再那么害怕了……

> 这个活动场地我们是这样搞到的:我们把街道的一部分隔离出来,禁止任何人通过。也不让电车从这儿经过。全体邻居都参加进来。放电唱机,跳舞;这样持续了有一个星期。我们没有被抓起来,因为我们人数太多了。后来这区就给孩子们建了这个活动场地……

一位名叫帕特里夏·罗宾逊的妇女写了一本名为《贫穷的黑人妇女》的小册子,她把妇女问题同社会根本变革的需要联系在了一起:

> 贫穷的黑人妇女(她们处于阶级社会的最底端,此前从未被人提及)的

---

① 该组织英文名称全称是 Women's International Terrorist Conspiracy from Hell,缩写为 WITCH,而 witch 一词恰好是"女巫"的意思。

反抗活动提出了这样一个问题,即她们所希望得到并为之奋斗的理想社会是什么? 她们已提出要像中产阶级的黑人和白人妇女那样有节制生育的权利。她们意识到自己遭受着双重压迫,她们同其他穷人一起不再心甘情愿受人压迫。她们把自己同世界上广大的穷人及其革命斗争联系起来。囿于历史条件,在男权支配之下,她们被迫自己抚养和教育孩子。但也正是在这一过程中,男性的权威和剥削受到了严重削弱。而且她们还意识到,就像历史上儿童一直被视为廉价的雇佣大军一样,她们的孩子也是精英集团维护和获取权力的一支重要力量。所有这些……都使得她们开始对攻击性的男性统治权以及强加在自己身上的阶级社会即资本主义社会产生怀疑。

1970 年,多萝西·博登,一个亚特兰大的洗衣女工,6 个孩子的母亲,讲述了她为什么在 1968 年开始把做家务的妇女组织起来,加入了"全国家庭工作者同盟"。她说:"我认为,当社区就改善社区问题做出决策时,女人也应该参与其中,拥有发言权。因为生活在贫民窟中的妇女经过日常的艰苦打拼,早已具备处理各种事务的智慧和能力。她们长期被人忽视,我想她们应该拥有发言权。"

一个女子网球队组织起来了。一位妇女为当一名职业赛马师而斗争,结果她如愿以偿,成了第一个职业赛马师。女演员为怀特尼博物馆作警卫,向雕塑展览中的性别歧视挑战。女记者们在华盛顿的橄榄球场俱乐部门外设置纠察警戒,因为这家俱乐部排斥妇女。1974 年伊始,已有 78 家学院设有妇女研究项目,约 500 所大学开设有关女性的课程讲座 2 000 多次。

一些地区性和全国性的女性杂志和报纸也开始出现了。出版了很多关于妇女历史和妇女运动的书籍,一些书店还为她们开设了专柜。在电视娱乐节目中,既演一些对女性表示同情的节目,也演一些对她们表示刻薄的讥讽的节目,这些都显示出这场运动已经具有全国性的影响。有一些电视节目内容低劣,妇女们认为那是对她们的侮辱,在表示抗议后,这些节目被取消了。

1967 年,在妇女组织的游说下,约翰逊总统签署了一项行政命令,禁止在联邦职员中实行性别歧视,在随后的几年里,妇女组织还要求强制实行这一命令。1966 年建立的"全国妇女组织"抗议美国公司实行性别歧视,为此而提起的诉讼不下 1 000 例。

要求获得自由堕胎权也成了一个主要问题。1970 年以前,每年近百万次的堕胎中只有 1 万例是合法进行的。大约有三分之一的妇女做过非法堕胎,她们大多数是穷人,因为出现并发症而不得不入院治疗。究竟有多少妇女死于非法堕胎,没有人能知道。但是很明显的一点是,把堕胎视为非法对穷人是不利的,因为对富人来说,不管是把孩子生下来还是打胎,都有安全保障条件。

1968 年至 1970 年间,一场要求法院采取行动,取消禁止堕胎法的活动在 20 多个州蓬勃展开。认为妇女有自行决定权而政府无须干预的公众舆论越来越强烈。在 1970 年出版的一本重要的妇女作品论文集《姐妹关系威力无穷》中，露辛达·西斯勒的文章《未竟之业：节育》写道："堕胎是妇女的权利……任何人都无权禁止她做出决定，强迫她违背自己的意愿而怀上孩子……"1969 年春天，哈瑞斯民意调查机构的一项问卷调查显示，64％的被调查者认为，是否堕胎完全是私人的事。

终于，在 1973 年初，最高法院决定（"罗诉韦德案"，"多伊诉博尔顿案"），国家只是在妊娠的最后 3 个月禁止堕胎。在妊娠的第 4 至第 6 个月里，出于健康原因允许堕胎；在头 3 个月中，妇女本人和她的医生都有权做出决定。

这些行动也推动了许多儿童护理中心的建立。尽管政府没有给予太多的帮助，但成千家儿童护理中心还是建立起来了。

妇女们也就强奸问题第一次公开发表自己的看法。每年有报告的强奸案就有 5 万起，但没有报告的要更多。妇女开始参加一些课程讲座，学习如何进行自卫。妇女提出强奸指控时，警察粗鲁无理地对待和审问她们，攻击她们，也遭到了妇女的抗议。苏珊·布罗恩米勒的《非我们所愿》一书曾广为流传，该书对强奸行为进行了最具权威性的、鞭辟入里的历史解剖和理论分析，并提出了有针对性的个体性和集体性的自我防护建议：

> 坚持抵抗。如果我们妇女想要矫正这种不平衡，使我们自己以及男人们最终摆脱有关强奸的意识形态，我们就必须在各种不同层面上开展工作。强奸不仅可以在个体基础上得到控制和避免，而且可以根除，但这一目标需要经过长期的共同努力才能达到，在这一过程中，它需要得到许许多多男人和妇女的理解和善意……

许多妇女积极开展活动，努力争取国会通过宪法修正案，即权利平等修正案（ERA），有相当多的州已经通过了。但是很显然，即使它正式成为一条法律也还不够；妇女已经争取到的东西，还需要组织起来，采取行动，进行抗议，才能实现。即使这项法律确实有用，也只有用行动作支持才会有效。黑人女国会议员雪莉·奇泽姆说：

> 法律不会自动为我们做到这一点。我们必须自己去争取我们想要的东西。在这个国家，我们必须把自己变成一个革命者。我们必须拒绝接受旧的、传统的角色和形象……我们必须以新的、积极的思想和行动，取代关于我们女性的陈旧而消极的思想……

60 年代的妇女运动所产生的最深刻影响，既不是在堕胎问题上所取得的实际胜利，也不是在争取职业平等方面所取得的胜利，而是远远超出这两者之外，表现在"妇女团体"中常常发生的所谓"意识觉醒"上。这种"觉醒"在全国各地的家庭里都会遇到。这意味着妇女要重新思考自己的女性角色，不再接受从属的地位，重新确立自信心，建立起姐妹情谊的纽带，母亲和女儿之间形成新的一致

511

和团结。亚特兰大诗人埃斯塔·西顿曾写下《她的一生》一诗：

　　我的脑海
　　至今萦绕着
　　一幅画面
　　那是到达佛蒙特的
　　第一个冬天
　　17 岁的年轻妈妈
　　站在煤炉边
　　烧着一家人可口的晚餐
　　父亲感情木讷
　　除了偶尔叫嚷两声
　　一向沉默寡言
　　他表达爱意的方式
　　就是津津有味地吃饭

　　50 年的时光流逝
　　她那清澈的双眸
　　早已变得灰暗迟滞
　　见证岁月沧桑的
　　是那栋灰色的老屋
　　还有
　　一个接一个出生的孩子
　　医生告诉她说：
　　"如果你不想再生孩子
　　那就搬出这间屋子。"

　　人们第一次开始公开谈论妇女的纯生理特性。一些理论家（如舒拉密斯·费尔斯通在其《两性辩证法》中）认为，对于她们所遭受的压迫而言，它较之独特的经济制度带有更为根本性的意义。过去长期让人感到神秘、隐晦，让人感到羞耻和难堪的问题，现在都可以直截了当地放开了谈论，像月经、手淫、绝经、流产、女同性恋等。

　　70 年代初，最有影响的一本书是波士顿的 11 位妇女编辑的"妇女健康全书"，即《我们的身体，我们自己》。书中包含大量实用知识和信息，涉及妇女生理解剖、性别特点和性关系、女同性恋、哺乳与健康，也涉及强奸与自卫、性交不适症、生育控制、堕胎、妊娠、生产和更年期等等。更为重要的不是这些知识信息、这些图表和照片，也不是对这些以前从未注意过的领域进行如此直率的探究，而是全书所描述的那种健康情调和身体的欢娱,新知识和新发现所带来的快乐,以及妇女之间不管年长年幼那种情同姐妹的关系。她们引述了英国妇女参政论者克里斯特贝尔·潘克赫斯特的一段话:

> 谨记你们
> 作为女人的尊严。
> 不要恳求,
> 不要低头,
> 不要摇尾乞怜。
> 鼓起勇气,
> 携手向前,
> 同我们站到一起,
> 大家共同作战。

许多妇女表示,这场斗争是从她们的身体开始的,因为对妇女的剥削似乎就是从她们的身体开始的:当被作为性的玩物时,就说她们柔弱而无能;如果她身怀有孕,就说她依赖别人,不能自助;如果她已人到中年,就不会再有人说她漂亮;而一旦年老珠黄,就会完全忘掉她的存在。男人和社会为妇女制造了一个生物学的囚笼,正如阿德里安娜·里奇在《妇女的诞生》中所说:"妇女就是被这种捆在我们身体上的绳索给束缚住了。"她写道:

> 婚后第二天的情景我至今历历在目:擦地板。其实地板根本不需要擦,也许是自己简直不知道该做点什么才好的缘故吧。但是,当我擦着地板时我就想:"现在我已经为人妇了,人们历来就是这么做的,这一直就是妇女的分内之事。"我感觉到自己开始向某些古老的习俗屈服。这些习俗太古老了,没有人对它们表示怀疑。这就是妇女们惯常做的事。
>
> 当我明显感到已怀有身孕的时候,我没有感觉到负罪感,这也是我从青春期直到成年第一次有这种感觉。周围一片赞扬之声,甚至大街上的陌生人也这么对我。就好像我怀着的是一团祥瑞,所有的怀疑、忧虑、恐惧,顷刻间全都瓦解冰消。这就是妇女们惯常做的事……

里奇认为,妇女完全可以把自己的身体"看成是财富而非宿命"。她表示,无论是在资本主义还是"社会主义"制度下,只要男性家长制存在,妇女就不可能支配自己的身体。她探讨了妇女身上的被动性是如何培养起来的。《小妇人》被学校用来教育一代又一代的女孩子。书中的主人公乔的母亲告诉她说:"乔,我几乎对我生活中的每一天都感到厌恶;但是我学会了不把它流露出来,而且我还希望我能学会感觉不到它,尽管我今后的 40 年有可能还是这个样子。"

处在一个"生育麻醉化和技术化"的时代,男性医生们用各种各样的器具来催生,代替了接生婆那有灵性的双手。里奇与同是女权主义的费尔斯通对此持有不同的看法。费尔斯通希望改变分娩的生理法则,因为它是女性痛苦和服从的根源。而里奇则希望在不同的社会条件下,生育能够成为肉体快乐和情感愉悦的源泉。

里奇说,人们不要以为弗洛伊德在妇女问题上的愚昧无知是其知识的"盲点",因为这样的话就等于说他在其他问题上的观点是明白无误的。他的无知歪曲了全部事实——女性身体的尴尬在于:

> 就我所知,无论是童贞少女还是孩子的母亲,无论是女同性恋者、已婚妇女还是独身女子,无论她是家庭主妇还是鸡尾酒侍者,抑或是以操作脑电波扫描仪为生,所有女性最根本的问题都是来自其身体:态度暧昧、生育能力、情欲、性冷淡、嗜血演讲与缄默不语、发育与伤残、强奸与成熟。

里奇对此的回答是:"收回我们的身体……每个妇女都是其自己身体的天才指挥",在其自己主导下,她不仅会自主地生孩子,还会创造新的观念、新的价值,缔造一个新的世界。

对绝大多数没有受过多少教育的妇女来说,此时此地一个迫在眉睫的问题是:如何消除饥饿、痛苦,改变从属地位和摆脱受羞辱的处境。一位名叫约翰尼·蒂尔曼的妇女在 1972 年写道:

> 我是个女的。我是个黑人女子。我是个穷女人。我是个胖女人。我是已年近中年的女人。我是个接受福利救济的女人……我养育了 6 个孩子……我是在阿肯色长大的……我在那里的一家洗衣店里干了 15 年……后来搬到了加利福尼亚……1963 年我得了病,不能再干活了。朋友们帮我去领救济……

> 领救济维生就像一场交通事故,谁都有可能碰上,特别是对妇女来说。

> 这就是为什么说福利是一个妇女问题。对这个国家的大多数中产阶级妇女来说,妇女解放是件值得关心的事。但对靠领救济生活的妇女来说,首先是个生存问题。

514　她说,救济就像是"一桩超性婚姻,你用这个男人来折抵另一个男人……这个男人经营着一切业务……管理着你的钱财……"她和其他领救济的母亲们组织了一个"全国福利权益组织"。她们宣传说,妇女应该为她们付出的劳动如操持家务、抚养孩子而得到应得的报酬。"在所有的妇女没有站起来之前,没有一个妇女会得到解放。"

妇女问题本身,不仅孕育着解决妇女压迫本身的手段,而且也孕育着解决一切压迫问题的手段。社会对妇女的控制相当精致而有效,但并不是由国家直接进行的。相反,它利用的是家庭,即用男人来控制女人,用女人来控制孩子。大家全都全神贯注于对方,时而相互帮助,时而相互埋怨,假如事情进展不顺利的话甚至会相互施暴。为什么不能转变这一点呢? 为什么不让妇女自己去解放她们自己，让孩子自己去解放他们自己，让男人和女人都能互相理解，寻找他们所受的外界压迫的共同根源，而不是在相互之间寻找压迫的根源？大概到那时，他们相互之间将会联合起来形成一股力量，成千上万的家庭将成为起义的发源地。他们将使自己的思想和行为革命化，而且恰恰就是发生在家庭这个与世隔离的私人的天地里，本来这个社会制度还曾经指望通过它来进行控制和实施教化的。男人和女人，父母和孩子，都将联合在一起，而不是彼此反目，他们将使社会本身发生变化。

这是一个充满反抗的年代。如果说在最微小、也最复杂的家庭牢笼里都发生了造反行为，那么，在最野蛮、最明显的牢狱里，即在监狱制度本身内部发生造反，也完全在情理之中。在 60 年代和 70 年代早期，这类造反不仅数量上成倍地增加，而且也具有了从未有过的政治性质。在 1971 年 9 月纽约的阿提卡监狱，这场阶级战争的残酷性也达到了它的顶点。

美国的牢狱制度，起源于贵格会派改革的一个尝试，想以此取代断肢、绞刑、放逐等严酷的刑罚。建立牢狱的目的，是想让犯人在与外界的隔绝状态中产生悔悟之心，从而得到解救。但犯人却往往因此患上了精神病，并在这种与世隔绝中死去。到 19 世纪中期，监狱的做法主要是驱使犯人从事苦役，同时辅之以各种各样的惩罚措施，如关入小囚室、戴上轭状枷锁，关禁闭。纽约奥西宁监狱的看守人把这种办法概括为："为了改造罪犯，你必须首先摧毁他的意志。"这种办法被一直沿用下来。

监狱的官员们每年都会开会庆祝他们取得的进步。美国感化矫正协会主席在 1966 年的年度演讲中谈到新版的《感化矫正标准手册》时说："如果我们愿意的话，我们可以充满自豪地在瓦尔瓦拉感化院门口徜徉，因为我们的工作太出色了！我们感到非常骄傲、非常自豪、非常满足。"就在他发表这篇宏论的当时，包括在他讲话之前和之后，国内都有较大的监狱暴动发生。

监狱骚乱事件始终都存在。20 世纪 20 年代发生了犯人骚动浪潮，这一浪潮最后以纽约的克林顿监狱骚乱而告结束。这个监狱有 1 600 名犯人。这场骚乱被镇压，有 3 名犯人被杀死。在 1950 年到 1953 年间，美国监狱里共发生了 50 多次大规模的骚乱。60 年代早期，在佐治亚采石场干活的犯人曾用采石用的大锤砸断自己的腿，希望以此引起官方对他们每天都要面对的野蛮生活状况给予注意。

加利福尼亚的圣昆丁监狱关押着 4 000 名囚犯。60 年代末，那里发生了一系列反抗事件：1967 年发生了种族骚乱，1968 年初黑人和白人联合发动的总罢工导致几乎全部监狱工厂关门，当年夏天又发生了第二次罢工。

1970 年秋，纽约长岛昆斯看守所的犯人占领监狱，扣押人质，并提出了自己

的要求。犯人的谈判委员会由 4 名黑人、1 名波多黎各人和 1 名白人组成。他
们要求立即给予 47 个案件的涉案人提供假释,声言他们都是种族主义的受害
者,应该批准假释。法官来到监狱,答应了一些人的假释请求,还给一些人减了
刑。人质获释。但当犯人继续抵抗时,警察用催泪瓦斯和警棍发动强攻,骚乱被
平息。

差不多与此同时,就在 1970 年的 11 月,加利福尼亚的福尔瑟姆监狱的犯人
们开始了罢工,这场罢工成为美国历史上最长的一次监狱罢工。2 400 名犯人
中,绝大多数人在没有食物的情况下,不惧威胁恫吓,在他们的小囚室里坚持了
19 天之久。当局武力威胁与谎言欺骗两手并用,最终破坏了这场斗争。有 4 名
犯人戴着镣铐、赤身裸体地被关进一部大篷车里,并在 14 个小时内转送到了另
一所监狱。一位参与此次抗争的人写道:"……意识在慢慢地觉醒……种子已经
播下……"

长期以来,美国的监狱就是美国制度本身的一个极端反映:穷人与富人之间
生活水平反差极大,种族主义盛行,利用牺牲品相互攻讦,下等阶层没有发表意
见的渠道,"改革"无休无止而变化却微不足道。陀思妥耶夫斯基曾说过:"一个
社会的文明程度是高是低,只要进它的监狱看一看就能判断出来。"

你越穷,越是有可能坐监狱。这是长期以来一个不容置疑的事实,而且犯人
们比任何其他人更清楚这一事实。这不是因为穷人更容易犯罪——事实上他们
确实如此,而是因为富人不必通过犯罪就能得到他想要得到的东西,因为法律就
站在他们那一边。而且,当富人犯了罪的时候,他们常常不会受到惩治,即使受
到惩治,他也会获得保释而不必呆在监狱里,或是雇用精明伶俐的律师,从法官
那里搞到较好的待遇。更莫名其妙的是,监狱里常常是关满了贫穷的黑人。

在 1969 年,有 502 例骗税案经调查证据确凿。这些案例叫"白领犯罪",通
常涉及的都是一些很有钱的人。在这些被控有罪的人当中,只有 20% 的人被判
入狱。平均每起案件骗税是 19 万美元,对他们的量刑平均是 7 个月。同年,因
入室行窃和偷盗汽车(这往往是穷人的犯罪)有 60% 被判入狱。每起偷车案平
均是 992 美元,量刑平均是 18 个月。入室行窃案平均是 321 美元,判刑则平均
为 33 个月。

威拉德·盖林是一名精神病医生,他曾在《残缺不全的正义》中记述了一个
可能已被重复了数千遍的案件(当然细节可能有出入):他刚刚见过耶和华见证
会的 17 名成员,他们在越战期间拒绝应征入伍,全部被判了两年徒刑。他接着
又来见一个黑人青年,他通知征兵委员会说,他讨厌越战中的暴行,因此,出于良
知,他不能同他们合作。他被判了 5 年徒刑。盖林写道:"汉克是我碰到的第一
个被判 5 年刑的人,也是第一个黑人。"其中还有别的因素:

"你的头发是怎么回事?"我问。

"这是非洲式发型。"

"那你穿的是什么?"

"短袖套衫呀。"

"你没有意识到这些都会影响你的量刑吗?"

"当然知道。"

"那它值一两年吗?"我问。

"这就是我的生命的全部。"他一脸茫然地看着我说,"先生,你不会明白的! 一切的一切尽在其中! 难道我没有选择生活方式的自由吗? 难道我没有选择发型的自由吗? 难道我没有拥有自己肤色的自由吗?"

"当然,"我说,"你是对的。"

盖林发现,法官在作出判决时握有很大的量刑裁决权。在俄勒冈,有 33 人被证明违反征兵法,结果 18 人被判缓刑。在南得克萨斯,有 16 人违反同一个法,却没有一人被判缓刑。而在南密西西比,每一个被确证违法的被告,都被判处最重的处罚即 5 年。在我国的一个地方(新英格兰),各种罪案平均判处 11 个月,而在另一个地方(南部),则是 78 个月。这不单单是一个南方、北方的事。在纽约市,一个法官审理了因公共场合酗酒而被送来受审的 673 个人(都是穷人,因为有钱人都是在室内饮酒),其中有 531 人免于处罚。而在另一位法官那里,有 566 人犯有同样的指控,却只有一人免于处罚。

因为法院手中拥有这么大的权力,法官又是来自中产阶级上层、清一色的正统白人,所以穷人、黑人、临时工、同性恋者、嬉皮士、激进分子想在法官面前得到平等的对待,是绝对不可能的。

每年(以 1972 年为例)县、市以及州和联邦的各级监狱里关押着大约 37.5 万人,还有 5.4 万人在少年拘留所,再加上处于缓刑期的 90 万人和假释期的 30 万人,受刑事司法制度影响的人总数高达 160 万人。看看这个流动率,每年竟有数百万人在这一制度下进进出出。这是被中产阶级的美国忽视了的一个庞大社会群体。不过,既然 2 000 万的黑人可以长期视而不见,四五百万的"罪犯"又能算得了什么呢? 据托马斯·科特尔在《监狱里的孩子们》中提供的材料,儿童保护基金会 70 年代中期的一项研究披露,每年都有高达 90 多万 18 岁以下的年轻人受到各种形式的拘押。

犯人们每每在描述监狱里的实际情况时,一个个都不寒而栗。马萨诸塞州沃尔波尔监狱的一个犯人说:

我们搞出的每一个方案,都会被当局用来作为反对我们的武器。如上学的权利,做礼拜的权利,会客的权利,写信的权利,看电影的权利,它们最终都成了用来惩罚犯人的武器。那些方案没有一条是我们自己的。任何东西只要被当作是一种特殊待遇,就会从我们这里拿得远远的。结果就是让犯人产生不安全感和挫折感,这些感觉会慢慢把你吞噬掉。

沃尔波尔监狱的另一个犯人说:

> 我已4年多没有在那个又脏又乱的大厅里吃饭了。我真是再也吃不下去了。你可以在早上进那个流水服务线去看看,盘子里爬满了蟑螂,足有一二百只。盘子那么脏,食物往往要么是没煮熟,要么就是落满灰尘,蛆虫在里面爬来爬去。

> 好多次我晚上饿极了,就靠花生酱和三明治加上零星搞到的一些面包片和腊肠充饥。别的人没法像我这样做,因为他们没有像我那样的亲戚或者没有钱去搞这些吃的东西。

犯人想跟外部世界建立联系很困难。看守会撕毁他们的信件。要么就是半路截留信件,拆看信件。杰瑞·索萨是沃尔波尔监狱的一名犯人,他在1970年写过2封信,一封给法官,另一封是给假释委员会的,信中讲述了看守毒打的事情。信发出后没有任何回音。直到8年后法院举行的一次听证会上,他才发现监狱方面把信拦下了,根本就没寄出去。

犯人的家庭也跟着受罪。一个犯人报告说:"在大门最后要关闭的当儿,我4岁的儿子偷偷地溜进院子给我采了一束花。岗楼上的一个卫兵报告了典狱官,于是一个人带着一位州警察进来了。他宣布说,如果再有小孩进这个院子,再采一朵花的话,所有的探视将一律中止。"

同早期的骚动相比,60年代末和70年代初的监狱骚动具有完全不同的特点。昆斯看守所的犯人们把自己称作是"革命者"。在全国各个监狱,犯人们都受到了当时全国发生的动乱、黑人暴动、青年人反抗和反战运动的影响。

这些年月里发生的事件预示着犯人们已经开始意识到,不管给他们判什么罪名,最大的犯罪正是维护这些监狱的当局干下的,是美国政府干下的。总统每天都在干破坏法律的事情,他派出轰炸机去杀人,派出去的士兵被杀掉,超越宪法,超越"世上最高的法律"。各州和地方官员们则破坏黑人们的公民权,他们触犯这些法律却不会因此受任何惩罚。

关于黑人运动的文学作品和有关越战的书籍,开始偷偷地进入监狱里。黑人、反战示威者们在街头树立的榜样,确实令犯人们感到鼓舞——对这个无法无天的制度来说,只有发出挑战,才是唯一的回答。

就是这个制度,判处一个52岁老黑人马丁·索斯特25年到30年的监禁。他原在纽约的布法罗经营一家亚非书店,由于有人指证说他卖给一个知情人价值15美元的海洛因而被判入狱。但此人后来又放弃了他的证词。不过索斯特并未因此而获得释放。他发现,没有一家法院,包括联邦最高法院,愿意对这一判决重新进行审理。他在监狱里呆了8年,被看守毒打10次,又被关了3年禁闭,直到被释放前,他一直在跟监狱当局作斗争。对这种不公正,只能用反抗来回答。

监狱里总有一些政治犯,他们因为参加激进运动,因为反对越南战争而被关　519
进来。但是现在又出现了一种新型的政治犯。这些人有男有女,起初被指控是
普通犯罪,但在监狱里,他们在政治上逐渐觉醒了。一些犯人开始把他们个人所
受的折磨与这个社会制度联系起来。然后,他们就不只是个人进行反抗,而且还
参加集体行动。在充满了野蛮竞争气氛的监狱里,由于周围犯人言行凶狠残暴,
每个犯人不得不更操心个人的安危。现在,他们开始关心起民权、关心起他人的
安全来了。

乔治·杰克逊就是这种新型的政治犯之一。他因抢劫了别人 70 美元而被
判处无定期徒刑①。在加利福尼亚的索莱达监狱,他已经为此整整表现了 10
年,仍未获得释放,最后他变成了一个革命者。在谈到自己的处境时,他怒不可
遏地说:

> 他们放进我身体里的魔鬼是从墓穴里、从万丈深渊中被放出来,现在要
> 反过来对付他们自己了。他们把我打入地狱,可是地狱里的魔鬼却没有像
> 他们那样折磨我……我会让他们血债血还,我会像一头发了疯、受了伤的野
> 象那样向他们发起攻击,张着耳朵、抬起粗壮的腿、发出震天的吼声……誓
> 死战斗到底。

像这种情况犯人早就受够了。他写的《索莱达的兄弟》成了美国表现黑人斗
争精神的最受欢迎的一本书,犯人在读,黑人在读,白人也在读。这多半也证明
他确实不愿再忍受下去了。

> 我确实做了自己一生中想做的事情,而且正是在自己想做的时候,这种
> 机会以后不会再有,永远都不会再有了。这也就是我被囚禁的原因之所
> 在……我从未改变过,将来也不会变,誓将这牢底坐穿。

他知道可能会有什么事情等待着他:

> 我天生短命,上天早已注定,我只能去当仆人,做最低薪工人,打零工,
> 做清洁工,做犯人,做底舱看门人,没有保释的权利——那就是我,一个殖民
> 地的牺牲品。任何一个人,只要今天他通过了公务员考试,明天他就可以把
> 我杀掉……而且根本不会为此而受任何处罚。

在 1971 年 8 月,他在圣昆丁监狱被卫兵从背后开枪打死,据说他当时正试
图越狱。据埃里克·曼在《乔治同志》中分析,官方的解释漏洞百出。早在尸体
解剖之前,早在政府策划杀死杰克逊的阴谋被公开披露之前,凡是在全国任何一　520
级监狱里呆过的犯人都知道,他是被谋杀的,原因就是他竟敢在监狱里成为一个
革命者。在杰克逊死后不久,全国就发生了一连串的监狱骚动,如圣何塞市政中

---

① 即刑期虽有限度但具体刑期要依犯人表现而定。

心监狱、达拉斯县监狱、波士顿的萨福克县监狱、新泽西布里奇顿的坎伯兰县监狱、得克萨斯圣安东尼奥的贝尔县监狱。

　　杰克逊被害所产生的最直接影响是1971年9月阿提卡监狱发生了暴动。这起暴动的起因是由于狱中犯人们长期以来一直遭受着深重的冤屈,但达到沸点则是因为乔治·杰克逊的死讯。阿提卡监狱的围墙有30多英尺高2英尺宽,上面盖有14个射击塔楼。犯人中有54%是黑人,卫兵则全部都是白人。犯人们每天要在他们的小囚室里呆14个到16个小时,他们的邮件被拆读,他们能阅读的东西有严格限制,家人来探访也只能通过小小的铁丝网孔,他们根本享受不到应有的医疗保护,对他们的假释制度并不平等,种族主义偏见随处可见。监狱管理方对这些问题的认识程度从阿提卡监狱主管文森特·曼库西身上可见一斑:当暴动开始的时候,曼库西说:"他们为什么要毁掉自己的家?"

　　阿提卡监狱中的绝大多数犯人都是认罪辩诉协议制度的产物。在纽约州每年的3.2万例重罪指控中,只能判决4 000例至5 000例。其余大约75%的案子都被迫按照所谓的"认罪辩诉协议"处理。纽约犯罪问题联合立法委员会的报告对此有如下描述:

　　　　认罪辩诉协议程序中最后也是最精彩的一幕便是具有某种欺骗性的故作姿态,这种欺骗很多时候甚至不亚于最初的犯罪。被告要公开坚称他犯了某罪,其实在很多案件中被告根本就没有犯他所承认的那项罪,在有些案件中被告甚至会承认他根本就不在场的犯罪。不仅如此,他还必须说明他的认罪完全出于自愿……而不是因为得到了某种承诺。

　　　　通过认罪辩诉协议,被告承认自己有罪——不管他是否真的有罪,从而省去了审判的麻烦,作为回报,他将会得到较轻的处罚。

　　阿提卡监狱的犯人们起来要求获得保释权。但狱方听取他们申诉的时间,加上宣读申请书和保释部3名成员对此进行审议的时间在内,平均只有5.9分钟。随后狱方就作出决定,不进行任何解释和说明。

　　据官方提供的有关阿提卡监狱暴动的报告,在阿提卡,一个由狱中犯人主持的社会学讲座,成了讨论关于进行监狱改革的论坛。后来他们举行了一系列有组织的抗议活动。7月,他们发表了犯人宣言书,提出一系列温和的改革要求。"阿提卡的紧张局势持续升温",最终在声讨圣昆丁监狱杀害乔治·杰克逊的那天达到了高潮。在抗议集会上,绝大多数犯人都拒绝吃午餐和晚饭,许多人还戴上了黑色的臂章。

　　1971年9月9日,犯人和看守之间发生了一系列冲突。最终,一群犯人冲破了焊接不牢的大门,占据了4所监狱大院中的一所院落,还扣压了40名看守作人质。接下来的五天,犯人们在大院里建立了一个特殊的团体。应犯人的邀请,一群公民观察员来到监狱,其中包括《纽约时报》的专栏作家汤姆·威克,他在《走向死亡时刻》中写道："监狱里，犯人们不分种族肤色，充满了团结一致的气氛，这真让人感到惊异……那座监狱里的庭院是我见到的第一个没有任何种族主义色彩的地方。"一名黑人囚犯后来说："我从来没有想到真的能够同白人相处……不过我没办法告诉你那座院落像什么，说实在的，大家是那么的亲密无间，那么的团结一心……"

五天之后，官方失去了耐心。州长纳尔逊·洛克菲勒批准对监狱发起武力攻击。国民卫队、监狱卫兵以及地方警察带着自动武器、卡宾枪和机关枪冲进了监狱，向这些手无寸铁的犯人们发起了全面攻击。当场有 31 名犯人被杀害。最初监狱当局向新闻界描述说，有 9 名被劫为人质的卫兵在发起进攻期间被犯人们勒住咽喉而致死。但官方的验尸报告立即证明这是在撒谎：这 9 名卫兵是被枪弹打死的，而这些枪弹与杀害犯人的枪弹一模一样。

阿提卡监狱暴动事件的后果很难估量。就在这次暴动 2 个月之后，马萨诸塞诺福克监狱的犯人开始组织起来。1971 年 11 月 8 日，武装的卫兵和州警发动突然袭击，进入诺福克监狱的牢房，抓走了 16 个人，把他们拖上船带走了。一名囚犯描述了当时的场面：

> 自从越战以来我就落下了睡觉易受惊醒的毛病。昨天夜里一两点钟的时候我醒了。从窗户往外看，发现有州警，还有狱警，有很多。身上带着武器，还有大号警棍。他们进入宿舍抓人，抓各种人……
>
> 他们抓走了我的一个朋友……1 点半的时候，2 名州警和 1 名狱警把他拖了出去，当时他只穿着囚犯的内衣，赤着脚。再看那些军队，都带着枪和警棍，戴着面具，月光洒在头盔上，可以看到他们那一张张充满仇恨的脸。想想看，这就是这些人生活的地方，到处是枪、仇恨、钢盔、面具。而你呢，你正要醒来，眼前闪现的是肯特州立大学惨案、杰克逊的惨死芝加哥，还有阿提卡，特别是阿提卡……

就在同一周，马萨诸塞的康科德监狱也进行了一场突袭。在阿提卡事件之后的数周到数月里，好像每个地方当局都在采取预防性行动，以粉碎犯人们进行的有组织的反抗。杰瑞·索萨是康科德监狱改革运动的年轻领导人，他在深夜被带走，投入沃尔波尔监狱，直接关进令人恐惧的隔离牢房"九区"。他进去不久便设法给外面的朋友送去了一份报告，该报告的很多内容都讲到了阿提卡暴动前后犯人们的心路历程：

> 1 小时前，就在这儿，在九区，约瑟夫·切斯努拉维奇死了。我们怀着沉痛的心情撰写这份报告，向你们讲述相关的背景和整个事件的经过，告诉你们究竟是什么导致了约瑟夫的死亡，以及围绕他的死所发生的一切。
>
> 从圣诞节的前夕，九区这里凶残的监狱看守便开始对我们这些犯人搞恐怖统治。我们 4 个人都挨了打。其中包括唐纳德·金。

522

　　为了逃避无休止的折磨和非人的待遇,犯人乔治·海伊斯吞了刀片,犯人弗雷德·埃亨则吞下了针头……两人被紧急送往马萨诸塞州总医院。

　　这天晚上6点的时候,监狱看守巴普蒂斯特、塞恩斯伯里、蒙蒂加把装满化学泡沫的灭火器喷到乔①的身上,关上坚固的钢板门,把他密封在牢房里,然后便扬长而去,临走还威胁说:"看我们怎么收拾你这个小流氓。"

　　9点25分,发现乔已经死了……狱方还有新闻发布会说小乔死于自杀,但九区这儿的人亲眼看见这是谋杀。我们会是下一个吗?

接下来要做的便是把犯人组织起来,让犯人们互相关心,努力把单个犯人反抗的仇恨和怒火变成推动变革的集体行动。在监狱外面也发生了一些新的变化,对监狱内犯人表示声援的组织向全国发展,成立了监狱文学组织。对犯罪和刑罚的研究也越来越多,还开展了支持取消监狱的运动,理由是监狱并不能防止犯罪或是治愈犯罪,而只是扩大了犯罪。关于监狱改革提出了几种选择方案并开始进行讨论:短期的办法是建立社区改造所(除了无可救药的暴力犯罪外);长远的办法是建立经济安全的最低保障。

　　除了他们自身及其朋友之外,犯人们还在思考监狱外面的问题,对其他的一些牺牲品表示关心。在沃尔波尔监狱,犯人在传阅一份要求美国从越南撤军的声明,每一个犯人都在上面签了名。这是一小伙犯人在进行了惊人的组织活动之后取得的成果。感恩节那天,不仅在沃尔波尔监狱,还有其他3个监狱,大多数犯人都拒绝吃节日的特别餐,他们说,希望以此引起对全美国饥饿现象的关注。

　　犯人们还努力提出上诉,并在法庭上也赢得了一些胜利。阿提卡的公众舆论和声援团体都发挥了各自的作用。尽管阿提卡的反抗者们被指控犯有重罪,面临着被判处两到三倍的刑期,但这些罪名最后还是被撤销了。不过总的来说,许多法院都公开宣布他们不愿意进入监狱这个被严密控制、与世隔绝的世界,因此,犯人们仍旧得像他们长期以来所做的那样,继续依靠他们自己的努力。

　　即便在法院判决中偶尔取得"胜利",如果仔细研判,发现情况并没发生太多变化。在1973年的普罗库尼尔诉马丁内兹案中,美国最高法院宣布加利福尼亚管教部有关邮件检查的规定违宪。但你不妨仔细研究最高法院的判决书。在有关"第一修正案自由"的那些华丽辞藻之后,你会读到"……如果遇到下列情况,我们认为对监狱邮件的审查就是合理的……"当审查能够"促进政府的重要或实质性的利益",或者关系到"安全、秩序和恢复名誉等政府的实质性利益"的时候,检查都将是允许的。

　　1978年,最高法院颁令宣布,新闻媒体进入监狱和囚室的权利不受法律保

---

　　①　乔(Joe)是约瑟夫(Joseph)的昵称。

护,还规定监狱当局有权禁止犯人向别人讲述、集会讨论或是传阅有关建立犯人协会的文献。

很显然,犯人们从一开始就知道,通过法律不可能改变他们的生存条件,只能通过举行活动进行抗议,组织起来进行抵制,创造自己的文化,创造属于他们自己的文学,并与监狱外面的人们建立联系。现在,有更多的监狱外面的人知道了监狱里面是怎么回事。在争取民权运动和反战运动中,有成千上万的美国人曾被关在这围栏里。他们了解监狱体制,也很难忘记他们的经历。现在,这一切都成了犯人打破长久以来同社区之间的隔离状态、寻找自己支持者的基础。在70年代中期,这方面已开始初露端倪。

这是一个民众普遍起来进行反抗的时代。妇女,曾经在每个家庭中被"保护"着,起来反抗了。犯人,曾经被关在不为人知的地方,关在围栏的后面,也起来反抗了。更大的反抗还在后面。

这就是印第安人的反抗。他们曾是这块大陆的唯一主人,后来被白人入侵者远远地赶到了边缘地带,给消灭了,几乎就要湮灭无闻了。在1890年的最后几天里,即圣诞节过后刚刚不久,对印第安人的最后一场大屠杀就在南达科他翁迪德尼克里克附近的派恩里奇发生了。苏族的伟大领导人"坐牛"刚刚被美国人收买的印第安人警察暗杀,幸存的苏族人逃到派恩里奇避难。120名男子以及250名妇女和儿童被美国骑兵队包围。美国人把携带的两挺射程超过2英里的霍奇基斯机关枪架在高坡上监视着印第安人营地。当骑警命令印第安人交出武器的时候,有人开了枪。士兵的卡宾枪和山坡上的重机枪一齐射向印第安人的帐篷。战斗结束时,原有的350名男人、女人和孩子中,有200人到300人被杀死。士兵死亡25人,他们大部分是被同伙的榴霰弹、子弹打中而送命的,因为印第安人总共只有几条枪。

印第安人的部落经常受到攻击,被征服掳掠,加上受饥饿折磨,全部被赶入了保留地,在那里,在饥寒交迫之中维持着生活,最终被分裂了。在1887年,一项"单独占有土地法"试图打破保留地,把它变成小块的地段分给印第安人个人所有,从而把他们变成美国式的小农场主,但是这些土地大部分被白人投机商给夺走了,保留地残存了下来。

后来在新政期间,一个印第安人的朋友,约翰·科利尔主管印第安事务署,他曾试图使印第安人恢复部落式生活。但在以后的几十年,情况并没有发生重大变化。许多印第安人仍留在贫瘠的保留地里,而年轻人则常常离去。一位印第安人类学家说:"印第安人保留地是我所知道的世界上最完备的殖民体系。"

有一段时间,印第安人离去或与他人混居看来是不可避免的。在20世纪之交,美国最初的100多万印第安人只剩下了30万人。但后来人口开始一增再

524

增，就如一株植物，让它自己死掉而不去管它，它又会繁殖兴旺起来。到 1960 年时，印第安人就已达到 80 万人，其中半数留在保留地，另有半数则生活在全国的各个城镇中。

一位印第安人自传作者揭示了他们是如何拒绝被白人文化同化的。他写道：

525

嗯，是的，我是上的白人学校。我学会了读书看报，阅读《圣经》。但是，有时我发现这些还不够。文明人太多地依赖于那些人造的印刷品。我开始阅读"伟大精灵"的书，那就是它所创造的一切……

一位名叫"太阳酋长"的霍皮印第安人说：

我学会了许多英语单词，能背诵《十戒》的部分内容。我也会在床上睡觉，向耶稣祈祷。我还会梳头、用刀叉吃饭，还会用抽水马桶……我也知道了人是用脑袋而不是心脏思考问题。

"站熊"路德酋长在他 1933 年所写的自传《来自斑鹰的故乡》中写道：

确实，白人给我们带来了很大的变化。但是，他们的文明所产生出的果实，尽管种样繁多，色彩很鲜艳，味道也很诱人，但却是病态的和毫无生气的。如果使人变得肢体残缺不全，沾染偷盗习气，言行变得蛮横无理，这些也能算是文明的组成部分，那还有什么进步可言？

我准备去做这样的一个人，他在自己的圆锥形帐篷里席地而坐，冥想什么是生命以及其意义何在，承认一切造物之间都有着亲缘关系，并理解他与世间万物的统一性，那时真正的文明观念就会注入他自身……

正当 60 年代民权与反战运动方兴未艾之时，印第安人也在积蓄能量准备进行抵抗，思考如何才能改变他们的处境，并且开始使自己组织起来。1961 年，500 名部落和城市的印第安人领导人在芝加哥集会。其中受过大学教育的年轻印第安人同时举行集会，建立了全国印第安人青年委员会。委员会首任主席、派尤特印第安人迈尔·汤姆写道：

印第安人的活动越来越多。有争执，有嘲笑，有歌颂，也有愤怒，有时还会有提出一些计划……印第安人正在找回他们的自信和勇气，坚信他们的事业是正义的。

斗争在继续……印第安人聚集在一起，共同探讨他们的命运……

大约在此前后，印第安人开始向美国政府提出一个颇让它感到麻烦的问题：历史上的条约问题。小瓦因·德洛里亚在其 1969 年出版、发行量颇大的《卡斯特因你而亡》一书中指出，林登·约翰逊总统喜欢谈论美国人如何"遵守承诺"，

526

尼克松总统则喜欢谈论俄国人如何不尊重条约。"印第安人听到他们这样讲的时候简直要笑死了。"

美国政府和印第安人签订的条约有 400 多个，但每一个都被他们破坏了。

例如,远在乔治·华盛顿政府时期,曾跟纽约的易洛魁人签订条约:"美国承认前文所指边界之内之一切土地皆为塞尼卡族之财产……"但在 60 年代初期,在肯尼迪总统执政时,美国就忘记了这个条约,在这里修建起了水坝,致使大部分塞尼卡人保留地被淹没。

全国各地都开始出现抵制现象。在华盛顿州,曾经有一个古老的条约,政府根据这个条约从印第安人手里拿走了土地,但还给他们保留了捕鱼权。随着白人人口不断增加,他们又想把捕鱼区域全部划归自己所用,于是这个旧条约就变得不受欢迎了。1964 年,当州法院宣布关闭该河流域并禁止印第安人继续捕鱼时,印第安人对法庭的命令表示了蔑视,继续到尼斯阔利河里"捉鱼"。他们还宁愿去坐牢,希望这能使公众关注他们的抗议活动。

第二年,一名地方法官判决说不存在普亚拉普部落,因此其成员不能再以它的名字命名的普亚拉普河上捕鱼。警察袭击了印第安人捕鱼队,毁了他们的渔船,割破了他们的渔网,对他们拳打脚踢,还抓了 7 个人。1968 年,最高法院的判决承认了条约赋予印第安人的权利,但同时又认为各州在不歧视印第安人的情况下可以"规定所有捕鱼事宜"。该州继续发布强制令,继续抓捕印第安人捕鱼者。他们应付最高法院判决的办法,也就是南方白人多年来应付宪法第十四条修正案的办法,即置之不理。抗议、袭击、抓捕,贯穿了整个 70 年代早期。

卷入偷捕事件的印第安人中也有参加过越战的老兵,锡德·米尔斯就是其中的一个。1968 年 10 月 13 日,他在华盛顿的尼斯阔利河弗兰克地段捕鱼上岸时被逮捕。他发表声明说:

> 我是个雅基玛和切罗基印第安人,我是个男人。有两年零四个月的时间在美国军队里服役当兵。我在越南打过仗,直到我受了重伤……我声明从此不再为美国军队服务或尽任何职责。
>
> 印第安人正在为条约赋予他们的捕鱼权而战。按照条约,他们有权在尼斯阔利河、哥伦比亚河以及西北太平洋其他的河上进行捕鱼,他们常年在这些河上生活,对它们异常熟悉。目前,我的首要任务就是用一切可能的方式为他们的权利保卫战服务……
>
> 我们已经安葬了在越南战死的印第安渔民,而生活在这里的印第安渔民,在持续不断的攻击面前,其权益却得不到任何的保障。正是这些事实迫使我做出了决定。
>
> 就在 3 年前,1965 年 10 月 13 日,在尼斯阔利河弗兰克地段发生的一场无端的残暴袭击中,19 名妇女和儿童遭到 45 名华盛顿州武装特工的毒打……
>
> 有意思的是,最近,人们在哥伦比亚河岸发现了西半球最古老的人类骨骼残骸——印第安渔民的残骸。这是一个什么样的政府?又是一个什么样

527

的社会呢？它一边花费数百万美元去捡拾我们的骸骨，复原我们古老的生活方式，保护我们的古老遗址免遭破坏，但同时却又残忍地吞噬着我们这些活着的人的血肉之躯？

我们将为自己的权利而战。

印第安人不仅身体力行进行回击，也利用白人文化创造的东西如书籍、标语、报纸等进行反击。1968年，阿克维萨森的莫霍克族的成员，在美国和加拿大之间的圣劳伦斯河上创办了一张著名的报纸《阿克维萨森评论》，上面登载的新闻、社论、诗歌不仅充满了挑战的味道，还流露出抑制不住的幽默感。小瓦因·德洛里亚写道：

> 非印第安人的一些想法有时会给我留下很深的印象。去年在克利夫兰时，我曾跟一位非印第安人谈论美国的历史。他说，他为历史上对印第安人干下的一切感到非常遗憾，不过，那段历史还是有其自身合理性的。这个大陆需要发展，而印第安人却站在原地不动，因此它只好被搬开。他又说："你想过没有，如果你拥有这块土地，你会拿它干什么？"直到有一天我发现凯霍加河通过克利夫兰一段的水面很容易着起火来，我才明白他的意思。因为有许多易燃的污物被倒入这条河里，在夏天的时候，居民们需要格外小心，以免失火。过后仔细回味那位非印第安人朋友的评论，我想，或许他是对的，白人更好地利用了这片土地。有多少印第安人想过，他们竟会造出这么一条容易着火的河呢？

1969年11月9日，一起戏剧性的事件吸引了人们的注意力，大家开始对印第安人所遭受的、别人从未受过的不公平待遇表示关注。从前，地方印第安人的抗议一直不为人所知。这次它突然打破沉默，向全世界宣布：印第安不仅仍然存在，而且他们还要为自身权益而战。那天，太阳落山之前，有78个印第安人登上了圣弗兰西斯科湾的阿尔卡特拉斯岛并占据了这个岛。阿尔卡特拉斯原是一处被废弃不用的联邦监狱，绰号"夺命岛"，这里曾是一个让人充满仇恨和恐惧的地方。1964年，一些年轻的印第安人一度占领该岛，并在那儿建立了一所印第安人大学，但他们很快便被撵走了。这件事没有公之于众。

但这一次情况完全不同。带领这群人的有2个人，一个是莫霍克族人理查德·奥克斯，他领导着圣弗兰西斯科州立学院的印第安研究所；另一个是萨西-福克斯族的印第安人格雷斯·索普，她是印第安学院著名足球明星和奥运会长跑、跳高和跨栏运动员吉米·索普的女儿。越来越多的印第安人跟着上了岛。到11月底，已有来自阿尔卡特拉斯50多个部落的近600人。他们把自己称作是"所有部落的印第安人"，还发表了一个声明，宣布"夺命岛是我们的"。他们在宣言中提出要用玻璃珠子和红布买下阿尔卡特拉斯，这曾是300年前为曼哈顿岛而付给印第安人的价钱。他们说：

我们觉得,按照白人自己确定的标准来看,这个叫做阿尔卡特拉斯岛的地方更适合作为印第安人的保留地。我们说它更像印第安人的保留地,是因为:

1. 这里独立于现代设施之外,没有合适的交通手段。

2. 这里没有流动的新鲜水源。

3. 这里没有合适的公共卫生设施。

4. 这里没有石油,也不存在开采权。

5. 这里没有工业,所以失业现象很严重。

6. 这里没有医疗保健设施。

7. 这里的土质坚硬,不适合耕作;它的土质也不适合于开展娱乐项目。

8. 这里没有教育设施。

9. 这里的人口总是超过土地的承载力。

10. 这里的人总是被当作犯人,也不能自立。

他们宣称,他们将让这个岛成为美国土著人生态学研究的中心:"我们将努力清除该河湾地区的空气和水污染……让鱼类和动物在这里能重新生存……"

在随后的几个月里,政府切断了电话、电力供应和对阿尔卡特拉斯岛的供水。许多印第安人不得不离去,但还有一些人坚持呆在这里。一年后,他们仍在这里坚持着,他们还给"受大地之母哺育的所有种族和使用各种不同语言的兄弟和姐妹们"发出一封信:

> 我们继续以真正的自由、公正和平等之名占据阿尔卡特拉斯岛,因为你们,这个地球上的兄弟和姐妹们,会支持我们的正义事业。我们伸出自己的手,捧出一颗心,向你们每一个人送去我们真诚的愿望——我们要坚守夺命岛……
>
> 我们知道,暴力只能培养出更多的暴力,因此我们将用和平手段继续我们对阿尔卡特拉斯的占领,希望美国政府也能采取相应的行动……
>
> 我们是一个值得骄傲的民族!我们是印第安人!我们仔细研究但最后还是拒绝了很多所谓的文明方案。我们是印第安人!我们会教育自己的孩子,保持我们自己的传统和生活方式。我们是印第安人!我们会以空前的团结投入战斗。我们是印第安人!我们的大地之母正期待着我们的声音。
>
> 我们是所有部落的印第安人!我们要坚守夺命岛!

6个月以后,联邦军队开进了这个小岛,把住在这里的印第安人强行迁走。

人们一度认为,大概不会再有那瓦霍人的消息了。19世纪中叶,美国军队在"基特"卡森的带领下焚烧了那瓦霍人的村庄,毁坏了他们的庄稼和果园,并把他们赶出了家园。但是,在新墨西哥的布莱克梅萨①,他们从未屈服过。20世纪

①　原文为 Black Mesa,一译"黑山"或"布莱克方山"。

60 年代末,皮博迪煤炭公司在新墨西哥的那瓦霍进行开采作业,开始无情地挖掘地表的土层。皮博迪公司出示了一份跟某些那瓦霍人签订的"合同"。这使人们想起了过去,那时为夺走印第安人的所有土地,也曾与一些印第安人签订过"条约"。

1969 年春,150 名那瓦霍人举行集会。他们指出,采煤会污染水源和空气,会毁掉家畜的牧场,消耗掉他们可怜的水源。一位年轻妇女指着皮博迪公司印制的公共关系手册上的鱼塘、草地和树木说:"你们在图片上看到的那些很快就会消失……到我们孩子那个时候,以及我们孩子的孩子的时候,那里又会像个什么样子呢?"此次集会的组织人之一、一位上了年纪的那瓦霍妇女说:"皮博迪公司的妖魔正在撕开我们大地母亲的心脏,蹂躏我们受伤的山峰,我们能感受到那阵阵的伤痛……我已在这里生活了许多年,我们不想离开。"

霍皮印第安人也受到皮博迪公司作业的影响。他们给总统尼克松写信表示抗议:

> 目前,霍皮人生活的神圣土地正在遭到那些人的亵渎,他们正从我们的土地里挖煤找水,好为白人的城市创造出更大的动力……伟大精灵说过,决不允许这种事发生……伟大精灵还说,不能从大地拿走东西——不能毁灭它的生灵……

530

> 伟大精灵还说,如果把一葫芦灰烬掷向大地,就会有许多人死去,我们离此已经不远了。我们认为,这种情景就像是在广岛和长崎掷下原子弹一样。我们不想看到这种事情在任何地方或者任何国家再发生。我们应该把这些能量转化为和平用途,而不再被用于战争……

1970 年秋,一本叫《种族》的杂志出版问世了。在这些年代里,各类社会运动出版了无数的地方性出版物,以提供被正规媒体忽略了的信息,这是其中的一种。它报道了北加利福尼亚皮特河的印第安人的消息。有 60 名皮特印第安人占据了他们认为是属于他们的土地;当林业署命令他们离开时,他们对当局表示了蔑视。其中一位名叫达里尔·B. 威尔逊的人后来回忆说:"伴随着火焰的跳动,橘子给树木平添了几分生机。冷风悄悄地从黑暗中溜进来,仿佛在朝着篝火示威,我们说话的时候,呼出的气息形成了细小的水雾。"他们要求政府说明它究竟依据什么条约得到的这片土地,政府却拿不出来。而他们则援引一项联邦法规说:当印第安人同白人发生土地纠纷时,"白人有举证责任"(《美国法典》第 25 卷第 194 章)。

他们建造了活动房屋。警察局局长告诉他们,房子很丑陋,破坏了周围风景。威尔逊后来写道:

> 整个世界都已腐烂透顶。水污染了,空气污染了,政治变形了,土地被糟蹋,森林被滥伐,海岸遭到蹂躏,城镇化为灰烬,人们的生活被毁掉了……

而联邦官员居然浪费自己 10 月最好的时光跑来告诉我们说,活动房屋"很丑陋"!

在我们看来它是美丽的。它是我们的学校,我们的会议厅;它是无家可归者的家,是精疲力竭者的避难所;它是我们的教堂、指挥中心和商业办公室;它是我们争取自由的象征。它巍然屹立。

它还是我们那饱受打击和削弱、已显得支离破碎的文化的复兴中心。它是我们新的起点。就像是春光明媚、万里无云的一天来临之际那一轮冉冉升起的太阳。它是我们悉心找寻的美好圣洁之地。它在地球上是一个很小很小的地方,但这正是我们的家园。

但是,150 名警察开了进来,他们带着机枪、滑膛枪、步枪、手枪,手提大棒、警棍,牵着警犬,还拿着脚镣和手铐。"老人们被吓坏了,小伙子们也不敢吱声,小孩子像是被飞矛击中的小鹿在惊叫乱跑。大家的心都在剧烈地跳动,像刚刚在酷暑烈日下跑完比赛一样。"警察开始挥动手中的大棒,有人受了伤,鲜血直流。威尔逊抢过一个士兵手中的大棒,却又被打倒在地,还被铐了起来,脸朝下趴在地上。他的头被打了好几下。有个 66 岁的老人被打得失去了知觉,还有一个白人记者被逮捕,他的妻子也被打伤了。他们都被扔进汽车里带走了。当局指控他们袭击州政府和联邦政府官员并且私砍树木,但这些指控和罪名没有提到非法侵入,因为那会涉及土地的所有权问题。当这一插曲完全结束以后,他们还在继续发出挑战。

那些参加过越南战争的印第安人开始相互联络。在底特律的"冬季士兵调查所",参加过越南战争的老兵们都在这里讲述他们的所见所闻。一个名叫埃文·黑尼的俄克拉荷马印第安人讲述了自己的经历:

同样的大屠杀 100 年前就对印第安人进行过。当时也使用了细菌战,他们把染有病菌的小盒子放进印第安人的毛毡里……

我了解越南人民,而且我也知道,他们就像我们一样……我们正在做的一切,其实是在毁灭我们自己和这个世界。

种族主义一生都在陪伴着我。孩提时代,在电视上看到牛仔和印第安人,我支持骑兵而不是印第安人。就是这么糟糕。我在自我毁灭之路上走得太远了……

……我在俄克拉荷马上学的那个学校,尽管有 50% 的孩子是印第安人,但在学校里、电视上或广播里,关于印第安人的文化却从来也不提。也没有关于印第安人历史的书,甚至在图书馆里也没有……

但是我知道有些事是错误的,我开始学习我自己的文化……

当印第安人前往阿尔卡特拉斯岛,或者前往华盛顿捍卫其捕鱼权时,我看到了印第安人最幸福的时刻。他们终于找到了做人的感觉。

　　针对他们的"自我毁灭",即他们的文化被消灭,一些印第安人开始行动起来。1969年,第一届美国印第安学者大会上,印第安人气愤地指出,给全美国小学生阅读的那些课本,要么是把印第安人一笔抹掉,要么就是对印第安人大加侮辱。同年,印第安人历史出版社成立了。在对中小学使用的400种教科书重新审查时,发现其中没有一本对印第安人作过准确的描述。

　　印第安人开始在学校发起反击。1971年初,阿拉斯加州格莱恩纳莱恩铜谷学校的45名印第安人学生给他们的国会议员写了一封信,反对阿拉斯加的石油管道,因为它破坏了生态环境,"对我们和平、安宁的阿拉斯加"构成了威胁。

　　其他的美国人也开始去关注和反思他们自己所学的知识。第一批试图重新展现印第安人历史的动画片出现了,其中一部就是《小人物》,这是根据托马斯·伯格的小说制作的。越来越多的关于印第安人历史的书出现了,最后它们形成了一个完整的新文学。教师们对老一套的说教很反感,都把那些老课本扔掉,开始使用一些新的材料。1977年春,纽约市一位名叫简·加利芙的小学教师给四五两个年级的学生讲述了自己的亲身经历。她给班里带来了传统的教科书,让学生一一标出其中的模式化观点。她高声朗读美国本土作家的作品或者《阿克维萨森评论》上的文章,在教室里贴满了抗议招贴画。随后孩子们便给他们读到的那些书的编辑写信,其中的一封这样写道:

　　　　亲爱的编辑先生,我不喜欢你们出版的那本叫《哥伦布之旅》的书。我不喜欢它,是因为你们所说的有关印第安人的一些事情并不是真的⋯⋯另外我还不喜欢的是,在第69页上讲哥伦布邀请印第安人去西班牙,但事实是,他偷偷地带走了他们!

　　　　　　　　　　　　　　　　　　　　　　　你的真诚的
　　　　　　　　　　　　　　　　　　　　　　雷蒙德·米兰达

　　在1970年感恩节那天,即一年一度的清教徒登陆北美的纪念日,当局决定要做一些完全不同的事情:邀请一个印第安人去做庆祝演讲。他们找到了一个叫弗兰克·詹姆斯的万帕诺亚格印第安人,并且邀请他发表讲话。但是当他们看到他打算用来演讲的发言稿时,他们决定不让他演讲了。这样,在马萨诸塞的普里茅斯,在那样的时刻,人们没能听到他的讲话。在这篇演讲稿中有这样一段话(讲话全文载于《美国印第安人的抗争:文献汇编》):

　　　　作为一个人,一个万帕诺亚格人⋯⋯当我站在这里,要说说我的心里话的时候,我的心情非常复杂⋯⋯那些清教徒们刚刚到达科德角海岸,4天后,他们就抢劫了我的祖先的墓地,偷走了他们的小麦、谷物、豆子⋯⋯

　　　　我们的精神不会死亡。昨天,我们在林间小道和沙质小径漫步,今天,我们一定会在碎石铺成的高速路上行走。我们正在联合起来。我们不是站在我们自己的茅草屋里,而是站在你们钢筋混凝土的建筑物里。我们高高地站在这里,并为此感到骄傲。不用等太久的时间,我们将纠正那些错误,那些我们曾经被允许犯下的错误……

对印第安人来说,散文和诗之间从来没有明确的界限。当有人赞扬一位在新墨西哥学习的印第安人的诗歌时,他说:"在我们的部落里没有专门的诗人,每个人都是用诗一样的语言说话。"不过,还是有"诗"被收进了威廉·布兰顿的《最后的美国人》以及雪莱·希尔·威特和斯坦·斯坦纳的《路》中。

杰拉德·维泽诺翻译的一位名叫阿什纳贝的《春天的诗》写道:

远眺一望无际的大草原

我仿佛从春天里

感受到了夏天的气息

约瑟夫·康查的《雪最后一个到》写道:

雪最后才到

因为它抚慰了万物

下面是 1940 年的"那瓦霍特别计划"中五年组中的一首,名为"不!":

那瓦霍保留地是一片荒凉吗?

不!

那里阳光灿烂,

天空湛蓝;

每当下雨时节,

天地间灰白一片。

那里通行着自然法则,

人们每天都很快乐,

何来荒凉之说?

听说那瓦霍的房子破旧又狭小?

不!

那里四处飘荡着

爱的气息

人们可以尽情地

开怀大笑

谈天说地

更重要的是

这里的每一家

从不关门闭户

每个房间

人人都可以自由出入

那里已不存在

人和人之间彼此隔绝的去处

在 1973 年的 3 月发生的一件事，有力地证明了北美印第安人并没有消亡。在 1890 年发生大屠杀的地方，在派恩里奇保留地，有几百名奥格拉拉的苏族人和他们的朋友们回到了翁迪德尼村，占据该地作为象征，要求讨回印第安人的土地和印第安人的权利。这件事情的详细史实，由参与者口述，收入了《阿克维萨森评论》于 1973 年出版的一本很珍贵的著作《翁迪德尼的呼声》之中。

在 20 世纪 70 年代，派恩里奇保留地 54% 的成年男性处于失业状态，三分之一的家庭领取社会保障金或者抚恤金，酗酒之风盛行，自杀率居高不下。奥格拉拉苏族人的预期寿命只有 46 岁。就在占领翁迪德尼前夕，库斯特镇刚刚发生过暴力事件。一位名叫威斯利·白德·哈特·布尔的印第安人被加油站的一名白人服务生杀死。凶手在缴纳 5 000 美元的保证金后被释放在外候审，他被控犯了过失杀人罪，将面临大约 10 年的徒刑。印第安人举行抗议集会，并同警察发生了冲突。被害人的妈妈萨拉·白德·哈特·布尔太太被逮捕，并将面临最高可判 30 年的指控。

1973 年 2 月 27 日，大约 300 名奥格拉拉苏族人进入翁迪德尼村并宣布该地获得解放，他们中许多人都是新成立的美国印第安人运动这一军事组织的成员。艾伦·穆弗斯·凯姆普后来说："我们认为这里确实需要美国印第安人运动，男人们都畏首畏尾、犹豫不决，大多是妇女们冲锋在前，敢说敢做。"

不到几小时，就有 200 多名联邦调查局的密探、联邦执法官和印第安事务署的警察包围并封锁这个镇子。他们有装甲车、自动武器、机关枪、榴弹发射架和催泪弹，很快就发起进攻。格莱迪斯·比索内特 3 周之后说："自从来到这儿，来到翁迪德尼，我们就陷入了枪林弹雨之中，一遍遍的扫射，往往是在天黑之后。昨天夜里，我们受到了最严重的打击。我想，大概是伟大精灵同我们在一起的缘故吧，子弹都打不到我们的身上。一整夜我们都在弹雨中穿梭……我们准备坚持下去，直到我们建立一个完全独立的主权国家——奥格拉拉苏族国家。"

封锁开始后，食品开始短缺。密歇根的印第安人用飞机送来了食物并投放在被包围的镇子里。第二天，联邦调查局的密探逮捕了飞行员和从密歇根来的一位医生，因为他雇用了这架飞机。在内华达，有 11 名印第安人被逮捕，因为他们带了食物、衣服和药品供应给南达科他。在 4 月中旬，有 3 架以上的飞机投下了 1 200 磅食物，但当人们去收集时，政府的飞机出现在上空并向他们射击，同时还从四面八方向他们开火。弗兰克·克利沃特，一个躺在教堂里小床上的印第安人也被子弹击中。当他的妻子陪同他去医院时，她却被抓了起来并关入监狱。弗兰克·克利沃特也死了。

枪战在不停地进行，也不断地有人死亡。最后，通过谈判签订了一个协议，在协议里双方都同意解除武装（印第安人不同意在被武装人员包围的情况下解除武装，因为他们对 1890 年的屠杀记忆犹新）。美国政府承诺将对印第安人事务展开调查，总统委员会也会重新审查 1868 年的条约。围困结束后，有 120 名占领者被捕。后来，美国政府声称它重新审查了 1868 年条约，并承认该条约具有法律效力，但是，该条约已经被美国政府的"征用权"（即美国政府使用土地的权力）废除了。

印第安人坚持了 71 天。在被包围的镇子里，他们创造了一种独特的共同体。他们建起了公共食堂、保健所和医院。一个那瓦霍族的越战老兵说：

> 有不少冷眼旁观者认为我们会投降……但我们还是坚持着，因为我们相信他们进行的是共同的事业。这就是我们为什么会在越南输掉，因为那里没有值得我们为之奋斗的事业。我们打的是一场有钱人的战争，是为富人打仗……在翁迪德尼，我们做得相当好，因为我们是出于道义。因为我们一直相处得很快乐。

从澳大利亚、芬兰、德国、意大利、日本、英格兰都有声援的消息传到翁迪德尼。从阿提卡的一些兄弟们那里也传来了消息，他们中有两位是印第安人："你们在为我们的大地母亲和她的孩子们而战斗。我们的精神在同你们一起战斗！"华莱士·布莱克·埃尔克回答说："小小的翁迪德尼变成了一个巨大的世界。"

在翁迪德尼事件结束之后，尽管有人死去，有人受到刑讯，尽管当局动用警察和法庭企图打垮这一运动，但土著美国人运动仍在继续。

在出版《阿克维萨森评论》的阿克维萨森地区，印第安人一直坚持他们的领土是独立的，不受白人法律的管辖。一天，纽约州警察给莫霍克印第安人卡车司机送来了三张交通违章通知单，印第安人的一个委员会会见了一名警察局中尉。一开始，尽管他尽力想做到通情达理，但他坚持自己必须服从命令，即便是在莫霍克人的领土上，他也必须把传票送达。到最后，他同意在事先未同莫霍克人委员会协商的情况下不会抓捕任何一个印第安人，无论是在莫霍克人领土范围之内还是之外。随后，中尉坐下来点了支雪茄。留着一头长发、相貌堂堂的印第安酋长乔基索站起来，用一种严肃的口吻向着中尉说："在你走之前，还有一个问题"，他说话时两眼直直地盯着中尉，"我想知道，"他缓缓地说，"你是否还有多余的雪茄。"双方的会晤在哄堂大笑中结束。

《阿克维萨森评论》仍在继续出版。1976 年秋末，它的诗歌一栏里刊登了一首诗，就反映了这一时代的精神。作者艾拉·阿伯内西写道：

> 我是青草，
> 又是那割草机；
> 我是垂柳，
> 又是那修剪器。

织工和织物

把柳条和青草编织在一起。

我是地上的严霜，

又是霜下的土地。

把那

满腔的浊气，

讨厌的东西，

连同锋利的岩石，

全都踏在足底。

把那

无尽的山峦

尽收眼底，

闲看苍鹰空中搏击，

让自己与群山融为一体。

我是太阳的孪生兄弟，

我是造血机，

而鲜血已流逝殆尽；

我是一头鹿，

而鹿业已死去。

请你

承认我，

我是你良心上

一粒带刺的种子。

巴菲·圣-玛丽写道：

就因为我是印第安人

所以

在你眼里

我满脑子都是不切实际的幻想

我确实充满幻想

因为那是触手可及的希望

60 和 70 年代的反抗运动，还不只限于妇女、监狱犯人和印第安人，还有普遍的反抗，反对压迫，反对矫揉造作，反对先前没有受到任何质疑的生活方式。它触及了个人生活的各个方面：生育、孩子、性爱、性别、婚姻，以及服饰、音乐、艺术、体育、语言，还有饮食、起居、宗教、文学、死亡、学校等等。

新的情感方式、新的行为方式让许多美国人震惊不已。它制造了紧张气氛。有时,这被看成是"代沟"的问题,即年轻一代在生活方式上同年老的一代相距太远了。但人们很快便发现这好像决不仅仅是个年龄问题,因为一些年轻人还在继续"前行"的时候,反而是一些中年人改变了方向,而一些老年所展现出来的行为方式更是让人瞠目结舌。

性行为发生了惊人的变化。婚前性行为不再是偷偷摸摸的事。男人和女人在婚姻外生活在一起,当要向别人作介绍时,还力争用下述的词语来描述自己的那一位:"我想介绍您与我的……朋友认识一下。"已婚的夫妇则可以坦白地谈论他们的私生活,一些书也开始讨论"开放的婚姻"。手淫也成了可以公开谈论的事,甚至还得到了赞成。同性恋不再被禁止。男同性恋者和女同性恋者还组织起来,反对针对他们的歧视,并赋予自己一种团体观念,战胜羞耻感和孤立感。

所有这一切在文学中和大众媒介上都有反映。法院判决驳回了地方对色情甚至淫秽图书的出版禁令。出现了教导男人和女人如何获得性生活满足的新文学作品(如《性快乐》等)。虽然电影产业因为既要坚持原则又要营利,建立起了分级制度(R级代表受限制,X代表儿童不宜),但电影在表现裸体时也越来越无所顾忌。有关性的话语在文学和日常谈话中越来越常见了。

所有这些都跟新生活方式联系在一起。特别是在年轻人中间,群居生活呈泛滥之势。有些人是真正的共同生活,也就是说,有钱共享,共同决策,建立了一种亲密无间、彼此钟爱、相互信任的共同体。但绝大多数人则是出于合租房屋方面的实际考虑,群居者彼此之间的朋友关系与亲密程度各不相同。男人和女人之间出于实际考虑而非自主安排成为"室友"已不再值得大惊小怪,即2到3个或者更多的没有性关系的异性生活在同一屋檐下。

在60年代的文化变革中,还有更大的"不拘礼节"的表现。女权运动一直坚持要丢弃"女性的"和碍手碍脚的服饰,现在妇女们继续坚持这一点。许多女性不再戴乳罩。束身用的"腰带"曾是50年代和60年代的流行服饰,现在变得很少见了。年轻男人和女人的穿着越来越相似,都穿牛仔裤,过时的军队制服。男人们不再打领带,各种年龄的女人们中穿短裤的越来越多,这是在对阿米利亚·布鲁默表达无声的敬意。

新的抗议音乐也很流行。皮特·西格从40年代起就唱过一些抗议歌曲,但现在他唱的是自己写的歌,他的听众也更多了。鲍勃·迪伦和琼·贝兹不只唱一些表示抗议的歌曲,而且也唱一些反映叛离、反映新文化的歌,他成了流行的偶像。西海岸的一位中年妇女玛尔维娜·雷诺兹自写并自唱了一些符合她的社会主义思想和她的自由主义精神、批判现代商业文化的歌。她唱道:现在,每个人都"生活在小盒子里",而且他们都"一模一样"。

鲍勃·迪伦是一个独特的杰出人才:他既唱强劲有力的抗议性歌曲,也唱一些表现自由和自我的个人歌曲。在一首愤慨的歌《战争之主》中,他希望有朝一日他们会死亡,而他则《在一个日光苍白的午后》追随着他们的棺材。《暴雨就要来临》一曲则反复讲述人类最后几十年发生的恐怖故事,饥饿、战争、眼泪,死去的小马驹,被污染的河水,满地的灰尘,肮脏的监狱,预示着"一场暴雨就要来临"。迪伦也唱过痛苦的反战歌曲,如《上帝和我们在一起》,以及一首讲述黑人活动家梅德加·埃弗斯被害的歌《在他们的游戏中只有爪牙》。他向这旧的时代发出了挑战,希望一个新的时代、"一个变化的时代"降临。

天主教徒起来反对战争是天主教会方面发起普遍抗议的一部分,长期以来教会一直是保守主义的堡垒,曾与种族主义、主战论和战争有染。牧师和修女们退出教会,公开宣布他们为性爱而生活,去结婚和生孩子,有时连正式离开教会的手续都不用办。确实,守旧的宗教复兴者还很受欢迎,比利·格雷厄姆[①]还指挥着他的上百万信众,但现在毕竟出现了不同于这一主流的小溪细流。

人们对一些大企业产生了新的怀疑,怀疑其牟取暴利的动机在于破坏环境。正如杰西卡·米特福德在其《美国人的死亡方式》中所做的那样,人们开始重新检视那些所谓的"死亡产业",即那些靠丧葬和墓石谋利的产业。

随着人们对大型权力机构如商业公司、政府、教会日渐失去信任,对个人或集体的自信心则越来越增强。各方面的专家都满腹怀疑地关注着:随着这种自信的增加,人们将自己来安排自己的生活,确定如何饮食起居、如何生活和如何保健。还有,人们对医药工业表示怀疑,发起反对化学防腐剂、无营养的食品和广告的宣传运动。现在科学的证据说明了抽烟的危害,如肺炎、心脏病是如此的厉害,以至于政府禁止在电视和报纸上做香烟广告。

人们开始对传统的教育进行重新评价。学校原来灌输给一代又一代人的爱国主义和服从权威的价值观,只不过是使无知和愚昧变得长存不朽,甚至教会了人不尊重别的民族、种族、土著美国人和妇女。不只是教育的内容受到了挑战,它的风格如拘泥于形式、官僚主义、顽固不化、屈从权威也受到了挑战。虽然这只是在这个牢固的国家正统教育体制上打开的一个小缺口,但它还是在全国各地的新一代教师身上和支撑它们的新文学中得到了反映,如乔纳森·科佐尔的《早殇》、乔治·丹尼森的《孩子的生活天地》、伊凡·伊里奇的《去学校社会》。

在如此短的一段时期之内,有这么多要求变革的运动集中涌现出来,这在美国历史上还从未有过。但是,在两个多世纪中形成的这套体制,还是拥有大量的控制民众的技巧。在70年代中期,这种技巧就发挥了作用。

---

① 美国布道家,1918年生于北卡罗来纳,本名威廉·富兰克林·格雷厄姆,1944年成为"青年基督"运动的首席布道家,在美国宗教界影响很大。

第二十章

70 年代：处于控制之下吗？

在70年代早期，这一制度似乎处于失控状态——它不再能保有公众对它的忠诚。例如，根据密歇根大学调查研究中心的材料，1970年初，"对政府的信任度"在每一公众群体中都很低，而且各类不同人群中的差别非常显著。在专业人士群体中，40％的人对政府的政治信任度属"低级"；在非熟练的蓝领工人中，则有66％的人对政府的信任度属于"低级"。

1971年，即在美国介入越战7年之后，公众舆论调查显示，假若别的国家受到共产党支持的势力的进攻，他们也不愿对其提供援助。即使它们属于同美国结盟的北大西洋公约国家，甚或像墨西哥这样我们的南部近邻，大多数舆论也不赞成美国军队干涉。至于泰国，如果它受到共产党的进攻，只有12％的白人和4％的非白人主张应派兵去帮助。

1972年夏，波士顿地区的反战人士在霍尼韦尔公司前拉起了警戒线。他们在散发的材料中指出，霍尼韦尔公司正在生产在越南战场上使用的杀伤性武器，像让数千名越南平民痛苦万状的集束炸弹，其杀伤力极强，可以把人炸得满身是洞，而且碎裂的弹片很难从身体里取出。他们给了公司员工大约600张问卷，让他们回答该公司是否停止生产这些武器。在返回的231张问卷中，有131人认为应该停止生产，88人认为不应该停止生产。他们还要求双方各自提供理由。否定性的代表意见认为："霍尼韦尔对国防部使用其所购买的东西所做的事情不承担责任……"而持肯定意见的理由是："如果我们所从事的工作其整个基础毫无道义可言的话，那我们的工作还有什么值得骄傲的呢？"

密歇根大学调查研究中心提出了一个问题："政府是不是操纵在少数几个只顾他们自己利益的大财团手中？"在1964年的被调查者中，有26％的人回答"是"；而到1972年，就有53％的被问者回答"是"了。《美国政治学评论》发表的阿瑟·H.米勒的一篇文章公布了调查研究中心这次广泛调查的详细情况，认为民意调查显示出"带有普遍性、根本性的不满情绪和政治上的离心离德倾向"。他补充说（政治学者经常替当权者担心）："让人感到吃惊甚至在某种程度上感到忧虑的是短短6年时间里人们的态度变化竟有如此之大。"

与以前相比，越来越多的选民拒绝认同自己是民主党或是共和党。在1940

年,被调查者中只有 20％的人自称是"独立人士"。而在 1974 年,则有 34％的人称自己是"独立人士"。

法庭、陪审团甚至法官的行为也不同以往。陪审团经常释放一些激进分子:安吉拉·戴维斯,一个知名的共产党人,被西海岸的全部是由白人组成的陪审团宣布释放。黑豹党人,政府曾想尽一切办法对他们大加诽谤并想摧毁他们,但在数次审讯中都被陪审团宣布无罪释放。在西马萨诸塞曾发生这样一起案件:一名年轻的积极分子萨姆·洛夫乔伊被指控推倒了一座 500 英尺高的塔楼。一家公用事业公司原本打算用这座塔楼来建造一座核反应堆。但法官拒绝审理此案。1973 年 8 月,在华盛顿特区,最高法院的法官拒绝判决 6 名被告有罪。这 6 人被指控的罪名是非法进入白宫,因为他们为抗议轰炸柬埔寨,没有按规定的白宫游览路线参观。

毫无疑问,这种全国性的对政府的敌视情绪和敌对行为正是越南战争所导致的结果。这场战争导致了 5.8 万名美国人死亡,不仅使国家道义上蒙受羞耻,也暴露了政府的虚伪和残暴。在越战的顶峰时期,又发生了尼克松政府的政治丑闻。这桩丑闻后来有一个专门的称呼,叫"水门事件",它导致了理查德·尼克松在 1974 年 8 月辞去了总统职务。这在美国历史上还是第一次。

水门事件发生在 1972 年总统竞选期间。当时有 5 个窃贼携带窃听和照相设备溜入民主党设在华盛顿特区水门办公大楼里的全国总部,结果被当场抓获。这 5 个人中有一个叫小詹姆斯·麦科德,是为尼克松的竞选班子工作的;他是"总统选举委员会"中负责"安全"的官员。另一个人随身带着通讯录,上面列有 E. 霍华德·亨特的名字,而这个亨特的地址则是白宫。他是查尔斯·科尔松的助手,而此人则是尼克松总统的特别顾问。

麦科德和亨特都为中央情报局效力多年,而亨特还曾是中央情报局 1961 年入侵古巴行动的负责人。水门贼中有 3 个人曾参与了这次入侵事件。麦科德作为总统选举委员会的保安人员,是为该委员会的主席约翰·米切尔效力,而此人还是美国的司法部长。

这样一来,本来谁也不知道这几个窃贼竟与高层有联系,但由于警察出人意料地抓获了他们并对他们展开调查,这种联系就被揭露出来。最后,在任何人还没有来得及对这一消息进行封锁,就泄露出来并为公众所知晓,而且人们还知道了这些窃贼与尼克松竞选班子的重要官员、与中央情报局、与尼克松的联邦司法部长有瓜葛。米切尔矢口否认与这些窃贼有任何联系,尼克松也在事发之后 5 天举行的一次记者招待会上说:"白宫与这起特殊事件没有任何瓜葛。"

次年 9 月,在大法官对水门贼(加上霍华德·亨特和 G. 戈登·利迪)进行调查之后,尼克松政府中那些级别较低的官员由于担心受到惩治,开始一个接一个地招供。他们向参议院调查委员会、向新闻界透露了审讯过程中的一些情况。

他们暗示不仅约翰·米切尔,还有尼克松的白宫最高助理罗伯特·霍尔德曼和约翰·埃利希曼,最后还有尼克松本人,不仅与水门贼有牵连,而且与整个一系列的针对政治反对派和反战分子的非法行动也有牵涉。尼克松和他的助手曾一次又一次地撒谎,想掩盖他们曾卷入了这些事件。

下面是经过各种调查后发现的一些事实:

1. "司法部长约翰·米切尔控制着一笔用于反对民主党的35万到70万美元的基金,主要用于伪造信件、向新闻界泄露消息和窃取竞选文件。"

2. 海湾石油公司、国际电话和电报公司(ITT)、美国航空公司和其他美国大公司都做过非法捐献,赞助尼克松竞选,数额高达数百万美元。

3. 1971年9月,即在《纽约时报》刊出丹尼尔·艾尔斯堡的绝密文件《五角大楼文件》之后不久,政府打算并最后决定盗窃艾尔斯堡的精神病医生的办公室,寻找他的记录,霍华德·亨特和戈登·利迪也亲自参与其中。

4. 在水门窃贼被抓获后,尼克松秘密保证假如他们被捕入狱的话,要给他们减轻处罚,还提出给他们100万美元让他们保守秘密。事实上,根据埃利希曼的命令,已经付给他们45万美元。

5. 尼克松提名的联邦调查局局长候选人(J.埃德加·胡佛刚刚去世)L.帕特里克·格雷揭露说,他曾把联邦调查局有关水门盗窃案的调查记录交给尼克松的法务助理约翰·迪恩,司法部长克兰丁斯特(米切尔刚刚以寻求自己的安逸生活为由辞职)指令他不要向参议院司法委员会详述水门案。

6. 尼克松政府的两名前官员约翰·米切尔和莫里斯·斯坦斯被指控从一位名叫罗伯特·维斯科的金融家那里收取25万美元,以回报他们在证券交易管理委员会调查维斯科活动过程中提供的帮助。

7. 结果证明,某些材料从联邦调查局的文档中消失了。涉及由亨利·基辛格亲自下令在4个新闻记者和13名政府官员的电话上进行一系列非法窃听的材料,后来出现在白宫尼克松的顾问约翰·埃利希曼的保险柜里。

8. 水门窃贼之一伯纳德·巴克告诉参议院委员会说,丹尼尔·艾尔斯堡在华盛顿反战集会上发表演讲时,他曾参与计划对艾尔斯堡实施袭击。

9. 中央情报局的一名副局长作证说,霍尔德曼和埃利希曼告诉他,尼克松希望中央情报局转告联邦调查局不要扩大水门盗窃案的调查范围。

10. 一位证人纯属偶然地告诉参议院委员会,总统尼克松对白宫所有个人的谈话和电话交谈进行了偷录。尼克松起初拒绝交出录音带,后来终于交出来了,但它们已被改动过了:有一盘录音带上被抹掉的部分长达18分钟半。

11. 在这期间,尼克松的副总统,斯皮罗·阿格纽被指控在马里兰期间收受当地合同商的贿赂,作为他提供政治庇护的回报。结果,他在1973年

10月辞去了副总统之职。尼克松任命议员杰拉德·福特接替他的位置。

12. 尼克松以"安全"为由,挪用了1 000多万美元的政府资金用于其位于圣克利门蒂和基比斯坎的私人宅第,他通过非法伪造一些文件,从他的某些文稿中偷税57.6万美元。

13. 调查还披露,在1969—1970年一年多的时间里,美国卷入了一次对柬埔寨的秘密的、大规模的轰炸行动,却一直不让美国公众甚至国会了解真相。

尼克松的倒台来得迅速而且出人意料。在1972年11月的总统选举中,尼克松和副总统阿格纽获得了60%的选票,击败反战的候选人、参议员乔治·麦戈文,赢得了除马萨诸塞州之外所有州的支持。但在1973年6月,盖洛普民意调查显示,67%的被调查者认为尼克松卷入了水门事件或是公开撒谎掩盖真相。

到1973年秋,众议院已出现8个弹劾尼克松总统的不同方案。第二年,众议院的一个委员会提出了一个对总统的弹劾议案并提交给众议院审议。尼克松的顾问告诉他,众议院会以法定多数通过这项提案,然后参议院将进行投票表决,以三分之二的多数让他下台。1974年8月8日,尼克松辞职。

就在尼克松辞职的6个月之前,商业杂志《邓恩评论》公布了针对300名公司经理进行的一项调查,他们在1972年几乎全部支持尼克松,而现在大多数人都认为他应该辞职。美林集团政府证券公司副董事长说:"如果尼克松现在辞职,华尔街90%的人会欢呼雀跃。"尼克松辞职的时候,当权的所有部门都松了一口气。

代替尼克松主持政府工作的杰拉尔德·福特说:"我们国家长长的梦魇总算过去了。"各大报纸,不管是支持还是反对尼克松的,也不管是自由派或是保守派的,都庆祝水门危机有一个成功的、和平的高潮和结局。《纽约时报》专栏作家、对越南战争长期持强烈批评态度的安东尼·莱维斯评论说:"这个制度还是起作用的。"《华盛顿邮报》对水门事件进行深度调查和揭露的两名记者卡尔·伯恩施坦和鲍勃·伍德沃德写道,随着尼克松的离职,一切又会"平常如初"。所有这些评论都有一种如释重负的感觉,甚至有一种不胜感激的意思在里面。

《外交世界》的编辑克劳德·朱利恩1974年9月曾说过这样一句话:"虽然把理查德·尼克松先生赶下了台,但导致水门丑闻发生的全套机制和全部虚伪的价值观仍旧丝毫未受触动。"朱利恩指出,尼克松的国务卿亨利·基辛格仍旧呆在他的位子上,换言之,尼克松的外交政策仍在继续。但没有一家正派的美国报纸说过这样的话。朱利恩写道:"也就是说,华盛顿会继续支持智利的皮诺切特将军、巴西的盖泽尔将军、巴拉圭的斯特劳斯将军等等……"

在朱利恩写完这些话之后几个月,又有一桩隐情被揭露出来:众议院里的民主党和共和党高级领导人曾秘密向尼克松保证，如果他辞职，他们将不会对他追究任何刑事责任。其中一位是司法委员会中最资深的共和党人，他说："在有关弹劾问题的电视辩论中，我们大家都已战战兢兢地熬过两周了，这样下去势必严重撕裂我们的国家，并影响我们的外交政策。"《纽约时报》的文章报道说，华尔街希望尼克松辞职。文章援引了华尔街的一位银行家的说法：如果尼克松辞职，"我们要玩的游戏还是同以前一样，不过只是玩家不同罢了"。

杰拉德·福特是一位保守的共和党人，支持尼克松的所有政策。当福特被提名为总统时，来自加利福尼亚的自由派参议员阿兰·克兰斯顿在国会发表支持性演讲时说，他询问过很多人，包括共和党人和民主党人，发现大家"围绕在他的周围达成和解方面有着惊人的共识"。当尼克松辞职，福特接任总统时，《纽约时报》写道："美国民主制度从水门事件的绝望中走出来，重新展现出其独特的魅力和强大力量。"几天之后，《纽约时报》又高兴地写道："权力的和平移交""给美国人带来了如释重负般的清新之感"。

在众议院委员会提出的对尼克松的弹劾指控中，似乎可以清楚地看出，它不愿意突出强调那些在别的总统那里也会发现而且在未来的总统身上还会重复出现的东西。它刻意回避尼克松与大公司所做的交易，绝口不提对柬埔寨进行的轰炸。它把指控都集中在尼克松个人身上，而不是美国总统们在国内和国外持续实行的基本政策。

这样做的意图显而易见：要把尼克松搞下台，但这个制度要保留。曾当过肯尼迪总统顾问的西奥多·索伦森在水门事件发生时写道："现在，在我们执法体制中被揭露出的大量违法行为，其基本原因主要在于个人，而不是体制上的缺陷。进行某种结构性的变革是需要的。所有的烂苹果都应扔掉，但桶要留下。"

事实上，这个桶确实留下来了。尼克松的对外政策保留下来了。政府与大公司利益的联系也还存在。在华盛顿，福特最亲密的朋友就是大公司的说客们。亚历山大·黑格是尼克松最亲密的顾问之一，在录音带交给公众之前曾协助对其进行"处理"，并向公众传递有关录音带的错误信息。但就是这个黑格却被福特总统任命为北大西洋公约组织军队的司令。福特颁布的首批法令之一便是赦免尼克松，这样就能使他免受司法审判，并可让他在加利福尼亚拿着高额的退休金退休。

当权者清除了自己队伍中的规则破坏者，但也尽量做到不至于对他们太过苛刻。极个别遭受牢狱之灾者不仅刑期很短，而且也被送到最好的联邦监狱，并享受普通犯人无法享受到的特殊待遇。理查德·克兰丁斯特认罪伏法，被判处100美元罚金以及1个月的监禁，当然是缓期执行。

尼克松可以离开总统宝座，但是，总统可以以"国家安全"的名义做任何他想做的事情的权力则会保留下来，最高法院1974年7月的判决强调了这一点。最高法院要求尼克松必须把白宫录音带交给专门的水门事件检察官,但同时它也确认存在"总统通讯的机密性"问题,也就是说,当总统"声称需要保护军事秘密、外交秘密或具有高度机密性的国家安全秘密"时,它不仅在尼克松案中要予以维护,而且应被视为一般性的原则予以遵守。

电视台对参议院就水门事件举行的听证会进行了实况转播,但就在将要涉及他与大公司的瓜葛时却突然停播了。这是电视台有选择地对重要事件进行掩饰时惯用的典型做法:像水门行窃这样异乎寻常的一幕戏,电视台可以全部播出。但与此同时,对正在进行的如美莱大屠杀、秘密轰炸柬埔寨、联邦调查局和中央情报局的活动等等则是浮光掠影,一带而过。而针对社会主义工人党、黑豹党及其他激进组织所使用的肮脏诡计,则只能在少数几家报纸上看到。对窃贼闯入水门办公室的细节,全国民众早已耳熟能详,但对美国长期介入越战一事,电视台却从来没有作过这般细致的报道。

在约翰·米切尔和莫里斯·斯坦斯因阻止证券交易管理委员会针对罗伯特·维斯科(尼克松的一名赞助者)展开的调查而以妨碍司法罪受审时,证券交易管理委员会前总顾问乔治·布拉德福德·库克作证说,1972年11月13日,他同莫里斯·斯坦斯一起在得克萨斯的稻田里猎鹅时曾说起自己想做证券交易管理委员会主席,为此,他剪下了委员会指控维斯科至为关键的一段,即维斯科为尼克松竞选秘密捐助20万美元一事。

公司对白宫的影响是美国制度的一个永远不变的事实。在绝大多数情况
548　下,它都非常明智,不去触犯法律。在尼克松时期,他们抓住了机会。据一位肉类加工业经理说,在水门事件期间,尼克松的一位助选官员曾同他进行接触并告诉他,如能提供2.5万美元的赞助将不胜感激,"如果提供5万美元赞助的话就可以安排同总统进行交谈"。

这些公司中有很多对两方都提供捐款,这样,不管谁赢得选举,他们都会在政府内有朋友。克莱斯勒公司鼓励它的董事和经理们"支持他们选择的党和候选人",然后又从他们那里收集支票,把它们送到共和党或民主党的竞选委员会。

国际电话和电报公司在给两边捐款方面是个老手。1960年,它曾向鲍比·贝克提供非法赞助,贝克同包括林登·约翰在内的民主党参议员一起工作。公司一位高级副总裁的助手引述该副总裁的话说,董事会"设有专门机构'去讨好'两边,从而使我们不管谁获胜都能处于有利位置"。1970年,该公司的一位董事约翰·麦考恩(他同时还是中央情报局的头子)曾告诉国务卿亨利·基辛格和中央情报局局长理查德·赫尔姆斯说:公司愿提供100万美元以帮助美国政府实施其颠覆智利阿连德政府的计划。

1971年,该公司计划出资15亿美元买下哈特福德火灾保险公司。这是公司史上最大规模的吞并行动。司法部反托拉斯署打算采取行动对该公司进行处

罚,因为它违反了反托拉斯法。然而,这一处罚并没有进行,该公司被允许与哈特福德公司合并。一切都是在法庭外解决的,在一项秘密安排中,该公司同意给共和党捐款40万美元。司法部副部长理查德·克兰丁斯特同该公司一位名叫费利克斯·罗哈丁的董事进行了6次会晤,而后反托拉斯署的负责人理查德·麦克莱伦参加了会谈。罗哈丁告诉麦克莱伦,如果中止这次合并的话,公司的股东们将会"处境艰难"。麦克莱伦最终答应了。他后来被任命为联邦法院法官。

　　弹劾案中未曾提到,参议院听证会期间也从未通过电视播放的是政府同乳业的合作。1971年初,农业部长表示,政府不会提高对牛奶的价格补贴(这是一项对大牛奶企业的常规补贴)。随后,牛奶业协会开始为尼克松竞选提供赞助,在白宫同尼克松和农业部长会谈,紧接着是提供更多的赞助,于是,农业部长便声称经过"新的分析和研究",认为有必要把牛奶的价格补贴从每英担4.66美元提高到每英担4.93美元。结果,奶业协会提供的赞助更多了,最终总额超过了40万美元。价格上涨为牛奶业主(主要是大公司)增加了5亿美元的利润,而这都是以损害消费者利益为代价的。

549

　　不管是尼克松还是福特,不管是其他任何一个共和党人还是民主党人当总统,这套体制都照样会更好地运作。参议院一个调查跨国公司的小组委员会披露(一些报纸顺便提及)的一份文件显示,石油公司的经济专家们正在讨论通过控制生产来提高石油价格。1973年,阿美公司(阿拉伯—美国石油公司,美国公司拥有75%的股份,沙特阿拉伯拥有25%的股份)1桶油可以得到1美元的利润,而到了1974年,1桶油的利润已上升到4.5美元。这些跟谁当总统都没有关系。

　　即使是在特别检察官阿奇博尔德·考克斯对水门事件进行煞费苦心的调查过程中,这些公司也都平安无事。考克斯后来也被尼克松给赶走。美国航空公司承认为尼克松竞选做了非法捐赠,被罚款5 000美元;固特异公司被罚款5 000美元;3M公司[①]被罚款3 000美元。固特异的一位官员被罚款1 000美元;3M公司的一位官员被罚款500美元。1973年10月20日的《纽约时报》报道说:

　　　　考克斯先生指控他们只犯有轻罪,即搞非法捐赠。根据法律,这一轻罪涉及"非有意"捐赠。如果判为有意捐赠的重罪,将可能受到罚款10 000美元或是两年期监禁的惩罚;而轻罪只罚款1 000美元或是一年监禁。

　　　　当被问及两被告都承认做了捐赠,法院何以只判决它们是进行了"非有意"捐款时,(考克斯办公室职员)麦克布赖德先生回答说:"这是一个连我也感到困惑的法律问题。"

　　福特主政时,美国的政策继续保持其长期不变的连续性。他继续执行尼克

---

① 即明尼苏达矿业加工公司(Minnesota Mining & Manufacturing Co)。

松的政策,援助西贡政权,显然是仍旧希望阮文绍政府能保持稳定。国会委员会一位负责人约翰·卡尔金斯恰好在尼克松下台前后访问了南越,他报告说:

> 种种迹象显示,南越军队是一支行动高效、充满活力的安全部队……

> 石油开采不久就会开始。那些遍布自然风光与历史古迹地区良好的安全保障以及正在建设中的新凯悦饭店也吸引着旅游业来此拓展业务。

> 南越亟须外国投资来为上述事业以及其他事业的发展提供资金……这里的劳动力资源丰富,人民聪明能干、吃苦耐劳;而这里的劳动力价格要远远低于香港、新加坡,甚至韩国和台湾……

> 我认为来这里可以赚取丰厚的利润。事实证明,凡是敬上帝与拜财神可以并行不悖之处,都会让美国人趋之若鹜……越南一定会成为资本主义乐园在亚洲的下一个"发迹"之地。

那些对美国在越南的政策持激进批判态度的人说,如果没有美国的军队,西贡政府就会暴露出它得不到民众的支持。在 1975 年春天,这种情况应验了。根据 1973 年停战协定留在南方的北越部队发起了攻势,横扫南方。

福特依旧很乐观。他是一长串承诺将会取得胜利的政府官员和新闻记者中的最后一位。在他之前,1963 年 2 月 19 日,国防部长罗伯特·麦克纳马拉说过:"胜利就在眼前。"1967 年 11 月 15 日,威廉·威斯特摩兰将军声言:"我还从未有过像在越南的 4 年这样信心百倍。"1972 年 11 月 1 日,专栏作家约瑟夫·艾尔索普也说:"河内正面临全面失败。"1975 年 4 月 16 日,福特说:"如果国会能够在我要求的时间内或者稍后提供 7.22 亿美元的军事援助,南越军队就能够把越南的局势稳定下来,对此我有十足的把握。"

两周之后,即 1975 年 4 月 29 日,北越军队开进西贡,战争结束了。

除福特和一些强硬派分子外,当局大部分人其实早已放弃了越南。他们现在担心的是美国公众是否打算支持美国其他的海外军事行动,因为在越南失败前的几个月里已出现了麻烦迹象。

1975 年初,依阿华州的参议员约翰·C.卡尔弗对美国未为朝鲜而战感到不悦:"他说,越南已经对美国人民缺乏国家意识敲响了警钟。"此前不久,国防部长詹姆斯·施莱辛格在乔治敦战略与国际研究中心发表演讲,据报道其总体格调相当悲观。他认为:"世界已不再把美国视为令人生畏的军事强国。"

1975 年 3 月,一个天主教组织在对美国人对堕胎态度进行调查时,也曾问及别的问题,如"操纵这个国家的人(政府、政治、教会和市民的领导人)向我们隐瞒了事情的真相",请大家对此作出判断,结果有 83% 的人对此作了肯定的回答。

《纽约时报》国际版的记者 C.L.苏兹伯格是政府冷战外交的一贯的支持者。1975 年初,苏兹伯格怀着一种矛盾的心情从土耳其的安卡安写道:"杜鲁门学说时代的光环已黯然失色（那时美国向希腊和土耳其提供军事援助）。"他又补充道："人们很难说用美国在希腊的任何辉煌成功来为这里的黯淡前景开脱，因为那里的一群暴民也刚刚袭击过美国大使馆。"他的结论是："我们今天在表现我们自己的方式上肯定存在某种错误。"根据苏兹伯格的看法，问题不在美国自身的行为，而在于把这一行为展示给世界的方式。

就在苏兹伯格写这份报告数月之后，1975 年 4 月，国务卿基辛格应邀去密歇根大学并在毕业典礼上发表讲话。结果，因为他在越南战争中所表演的角色，他收到了抗议邀请他的请愿书。一个反对他参加毕业典礼的计划已准备就绪。最后他没有去。这是白宫威信低落的时期，因为越南"丢掉了"（这个用词意味着越南原来是"我们的"）。就在 4 月，《华盛顿邮报》专栏作家汤姆·布雷登曾援引基辛格的话说："美国必须在世界的某个地方做出某种行动，来显示它有决心继续做一个世界大国。"

于是第 2 个月就发生了"玛亚圭斯"号事件。

"玛亚圭斯"号是从南越使往泰国的一艘美国货船。1975 年 5 月中，即越南革命力量取得胜利仅 3 周时，该船正驶近柬埔寨的一个岛，而革命政府刚刚夺取了那里的政权。该船受到柬埔寨人的拦阻，并被带到近岛的一个港口，船员们被转移到了大陆。船员们后来描述说，他们受到了非常礼貌的对待："一个讲英语的男子同我们握手并致问候，对我们来到柬埔寨表示欢迎。"据新闻报道："米勒船长及其属下都表示不曾受到俘获他们的人的虐待。从他们的讲述中甚至受到了友好的对待，如柬埔寨士兵让他们先吃，拿出美国人留下来的东西给他们吃，还把自己的床垫让给船员们。"不过，柬埔寨人确实向这些船员们询问过间谍和中央情报局的事情。

福特总统向柬埔寨政府发出信函，要求释放被扣船只和船员，当 36 小时过去后仍旧没有收到回音（信函交给了华盛顿的中国联络处，但第二天又退了回来，据媒体报道说，"宣称无法送达"）时，他下令开始军事行动，派美国飞机去轰炸柬埔寨的船。他们轰炸了那艘把美国船员带往大陆的船。

那些人是在星期一早上被扣留的，到了星期三傍晚，柬埔寨人释放了他们，把他们放到一艘渔船驶向美国舰队。虽然福特总统那天下午就知道那些水手已被带离了当岛（Tang），但他还是下令海军陆战队对当岛发起攻击。攻击是从星期三晚上 7 点 15 分开始的，但 1 小时前船员就已经向美国舰队返回了。下午 7 点左右，曼谷的电台就已经发布了释放的消息。而且，载着返回船员的小船也确实被美国的侦察机发现并向他们发了信号。

当时没有为任何新闻报道和任何政府声明提及的一个事实，被 1976 年 10 月审计总署有关"玛亚圭斯"号事件的一份报告披露出来：美国方面收到了中国外交官传来的一则消息，说中国正在运用自己的影响就货船问题同东方协商，并

"希望不久就能获得释放"。这个消息是在美国军舰发起攻击的 14 个小时前收到的。

没有美国士兵受到柬埔寨人的伤害。然而,海军陆战队在进攻当岛时却遇到了顽强的抵抗,200 名入侵者中很快就有三分之一的人或死或伤(这接近第二次世界大战中进攻硫黄岛的死亡率)。在入侵军队里的 11 架直升飞机中有 5 架被击中或是丧失了战斗力。另外,一架直升飞机在执行任务途中飞越泰国上空时坠毁,23 名美国人丧生。政府力图对此保守秘密。总计有 41 名美国人在福特下令进行的这次军事行动中身亡,还有"玛亚圭斯"号上的 39 名水手。为什么要急着去轰炸、扫射和发起进攻呢? 为什么,甚至被扣的船只和船员已经放还,福特还要命令美国飞机轰炸柬埔寨本土,造成无数的柬埔寨人死亡呢? 对于这一道德上不够明智而军事上又愚蠢至极的失败之举该作何解释呢?

答案很快就有了,这就是必须向世界显示美国仍是个巨人,虽被小小的越南打败,但仍旧是最强大的国家,仍旧有果断的意志。《纽约时报》在 1975 年 5 月 16 日报道说:

> 在福特总统声明要"维持我们在世界范围内的领导地位"后,白宫的官员们,包括国务卿基辛格、国防部长詹姆斯·施莱辛格在内,据说都热情地强调这句话中所包含的重大意义。货船被劫给他们带来了机会……白宫官员们的行为……清楚地表明他们欢迎这一机会……

在"玛亚圭斯"号事件中间,另一则发自华盛顿的新闻说:"一位熟悉军事战略和规划的可靠消息来源私下表示,货船被扣为美国提供了证明其在东南亚的决心的机会,他们确信这正是自越南和柬埔寨联合政府垮台之后美国一直追求的一个目标。"

专栏作家詹姆斯·赖斯顿写道:"事实上,政府对于能有这样一个机会来显示总统有能力迅速采取行动非常高兴……当这里的官员们还在怒气冲冲地发表一大堆荒唐的牢骚,嘲讽美国是'纸老虎',夸夸其谈地憧憬未来时,军舰已对这些指责作了回答。"

国防部长施莱辛格称此次行动是一次"非常成功的行动",是"我们的社会幸福安宁所必需的",他这么说一点也不奇怪。但为什么《时代》杂志权威的专栏作家詹姆斯·赖斯顿这样强烈批评尼克松和水门事件的人,却把"玛亚圭斯"号行动叫做是"情节丰富和成功的行动"? 为什么曾经批评越南战争的《纽约时报》现在也谈论起"此次行动值得称道的效果"来了?

看来就要发生的事情是,权力机构,包括共和党人、民主党人、报纸和电视,都在福特和基辛格后面团结起来,支持必须要在世界各地重新树立起美国的权威这一思想。

此时国会的行为很像它在越南战争早期那样,温顺得像一大群绵羊。1973

年，当时全国都处于对越南战争的厌恶和困扰之中，国会通过了战争权力法案，要求总统在采取军事行动前，需与国会协商。在"玛亚圭斯号"事件中，福特并不理睬这一点。他只是让几名助手打电话给18名国会议员，通知他们军事行动已经开始。但是，正如I. F. 斯通（他是一名特立独行的记者，出版有反对当权者的《I. F. 斯通周刊》）所说："像在东京湾事件时一样，国会还是那么容易被强奸。"马萨诸塞的众议员罗伯特·德里南算是个例外。尼克松1972年竞选总统时的政治对手参议员麦戈文长期反对战争，也反对这次行动。威斯康星的参议员盖洛德·纳尔逊也持反对立场。参议员爱德华·布鲁克提出了疑问。爱德华·肯尼迪没有说话，还有别的一些在越南战争期间在国会里阻止在印度支那采取进一步军事行动的参议员也没有说话，理由是现在他们自己的立法不适用。

国务卿基辛格会说："我们是被迫介入的。"既然不清楚"玛亚圭斯"号船员在什么方位，为什么还要向该区域的轮船开火？为什么美国要拿"玛亚圭斯"号船员的生命去冒险？当基辛格被问及这些问题时，他声称那是"必要的冒险"。

基辛格还说，通过这一事件，人们"应当清楚，有一些界限是美国必须坚守的，美国会随时准备保护那些利益，而且美国所采取的这类行动也一定会得到公众和国会的支持"。

确实，曾经批评过越南战争的那些众议员，无论是民主党人和还是共和党人，现在都急于在各种事务上表现出通力合作、团结一致的一面，以向世界展示美国的力量。就在"玛亚圭斯"号事件一周之前，亦即西贡陷落两周之前，由56名众议员签署的一份声明说："不要让任何国家误读印度支那事件，以为是美国意志的失败。"签名者包括一位来知佐治亚的黑人众议员安德鲁·扬。

这个制度在1975年所进行的加固过程是一个复杂的过程。其中包括采用旧式的军事行动，像"玛亚圭斯"事件那样，在世界上和国内确立权威。同样，也需要安慰一下抱有幻想的公众：这个制度正在进行自我批评和自我校正。通常的做法是，公布调查结果，找到具体的罪犯，但这个制度不能受到触动。水门事件使联邦调查局和中央情报局的形象受损，它们破坏了它们发誓要维护的法律，在尼克松的偷窃和窃听活动中与尼克松相勾结。1975年，众议院和参议院设立了国会委员会开始对联邦调查局和中央情报局进行调查。

对中央情报局进行的调查暴露出，中央情报局超出它原来的收集情报的使命，进行了各种各样的秘密活动。例如50年代，它曾给不明真相的美国人使用LSD（一种麻醉药）以试验它的效果。中央情报局的密探给了一位美国科学家一剂这种药，结果他从纽约饭店的窗户跳下身亡。

中央情报局卷入了对古巴卡斯特罗和其他国家领导人的谋杀活动。1971年，它把非洲的猪瘟病毒传入古巴，导致那里疾病流行，后来有50万头猪不得不屠宰掉。一位中央情报局特工告诉记者，他从运河区的一个军事基地携带这种病毒交给了反卡斯特罗的古巴人。

从这次调查中还得知,中央情报局曾与亨利·基辛格领导的40人秘密委员会合谋"颠覆"萨尔瓦多·阿连德领导的智利政府。阿连德是一个马克思主义者,他在拉丁美洲少有的自由选举中当选为总统。国际电话和电报公司,因为在智利有很大的利益,也参与了这一颠覆行动。1974年,美国驻智利大使戴维·波珀提醒在美国帮助下推翻阿连德的智利军政府违反了人权,基辛格已斥责了他。而军政府则回话说:"让波珀少来政治说教那一套。"

555　　　对联邦调查局进行的调查显示,它许多年来进行了种种非法活动,以扰乱和摧毁激进组织和各种左翼组织。联邦调查局发出伪造的信件,进行盗窃(它承认在1960年到1966年间有92次),非法拆开邮件,看来它还参与了针对黑豹党领导人弗雷德·汉普顿的谋杀案。

这次调查虽然透露了有价值的情况,但只要正确地加以利用(媒体温和报道,电视台少作渲染,拥有有限读者群的报告书则可以详细披露),它刚好能够给人造成这样一种印象,即一个诚实的社会是能够进行自我矫正的。

此次调查本身显示出政府对调查诸如此类的活动的意愿是有限的。由参议院建立的"丘奇委员会"①主要通过与被调查的特工合作进行其调查,并把它发现的关于中央情报局的材料交给中央情报局,让它看看是否有它们想删除的东西。因此,如果发现报告中有很多有价值的材料的话,那么究竟还有多少更有价值的材料没有曝光,我们是没有办法知道的,因为最终报告是委员会孜孜不倦的努力与中央情报局谨小慎微的校改之间妥协的产物。

众议院建立的"派克委员会",虽然没有与中央情报局或是联邦调查局达成这种协定,但当它拿出它的最后报告时,曾经授权该委员会进行此次调查的众议院自己,却投票赞成对这个报告保守秘密。当这一报告被哥伦比亚广播公司新闻播音员丹尼尔·肖尔泄露给纽约的"乡村之声"后,国内的重要报刊如《时代》、《华盛顿邮报》或其他报纸从未登载过这一事件。丹尼尔·肖尔被公司暂令停职。这是大众传媒与政府在涉及"国家安全"的情况下进行合作的另一个例子。

"丘奇委员会"在其有关中央情报局试图谋杀菲德尔·卡斯特罗和其他外国领导人的报告中,透露了一些很有意思的观点。在委员会看来,刺杀一国领导人似乎有违政治家之间的君子协定,是不可原谅的,甚至比那些杀死普通老百姓的军事干涉行动更应受到谴责。委员会在该报告的前言中写道:

　　　　一旦使用了强制和暴力手段,就很可能会出现人身伤亡。然而,冷酷无情地对某个外国领导人采取定向式的蓄意谋杀,同对外国事务采取其他形

---

①　1975年美国参议院建立的专门委员会,由弗兰克·丘奇出任委员会主席,故名。下文的"派克委员会"是众议院设立的专门委员会,由奥蒂斯·派克任主席。

式的干涉之间还是有显著差别的。

"丘奇委员会"揭露了中央情报局是如何采取一系列行动来对美国人的心理施加秘密影响的:

> 现在,有数百名美国学者(包括管理人员、大学教员、从事教学的研究生)被中央情报局利用。他们除提供线索外,还利用各种机会教授情报方面的课程,写一些通常用于国外宣传用的书籍和材料……这些学者们分布于全国100多所大学、学院和有关的研究机构。在大多数研究机构,只有相关的个人同中央情报局有联系。而别的地方(各高校),至少有一名校领导知道在其校内有学者为中央情报局提供服务……中央情报局把它同美国学术圈的这种情报网视为其国内最为敏感的领域,因而对其管理和控制也格外严格……

1961年,中央情报局秘密行动处负责人曾指出,书籍是"战略宣传中最重要的武器"。丘奇委员会发现,到1967年底,有上千种书籍的出版得到了中央情报局的补贴或资助。

当基辛格在丘奇委员会就轰炸老挝这一由中央情报局精心策划的秘密行动作证时,他说:"现在回想起来,我认为让中央情报局在老挝策划这场战争并非明智的国策,我们应当找到其他更为合适的办法来做这件事。"没有证据显示委员会里有人对基辛格的观点提出质疑,即这件事确实应该做,但应该用另外的方法去做。

因此,在1974—1975年间,我们的制度开始清除其自身肌体上的脓疮,恢复其健康状态,至少是回到为人们所接受的状态。尼克松的辞职、福特的继任、联邦调查局和中央情报局干的坏事被揭露,这一切的目的就是要重新恢复美国人民对政府的信任,这种信任曾经受到严重的破坏。然而,尽管作了种种努力,还是有许多迹象表明,不管是对政府领导人、军队,还是对大公司,美国公众仍持怀疑态度、甚至是敌视态度。

在越战结束之后两个月的时候,只有20%的民众认为西贡政府的垮台会威胁到美国的安全。

1975年7月4日,美国国旗日,杰拉德·福特在佐治亚的本宁堡发表演讲,军队举行了象征参加13次战争的游行。福特说,看到那么多国旗,他感到非常高兴。但据报道此事的一位记者说:"事实上,总统所在的观礼台附近很少能够看到国旗。有示威者高举的一面旗帜上用墨汁浸画的文字,写的是'不要再以我们的名义进行大屠杀',当身边的人鼓掌欢呼时,有旁观者把它撕毁了。"

就在这个7月,路易斯·哈瑞斯民意调查机构在对1966年到1975年民众对政府的信任度进行调查后报告说,在这一时期对军队的信任从62%下降到29%,对公司的信任从55%下降到18%,对总统和国会的信心则从42%下降到

13%。不久之后进行的另一项哈瑞斯民调显示:"有65%的美国人反对进行海外军事援助,因为他们感觉这种援助让一些独裁政权得以维持其对本国人民的统治。"

大多数美国人所处的经济状况也是引起这种普遍的不满情绪的原因。通货膨胀和失业率从1973年以来一直在上升。据哈瑞斯民调显示,1973年时,感到同国家总体状况"有距离感"和对国家总体状况"不满意"的人数已经超过50%(1966年是29%),到福特取代尼克松任总统时,"有距离感"的人数已达到55%。调查显示,人们最感苦恼的还是通货膨胀。

在1975年秋,《纽约时报》对1 599个人进行了调查,采访了12个城市的60个家庭,结果都显示出公众"对未来的乐观态度发生了明显的变化"。《纽约时报》报道说:

> 通货膨胀的加剧,国家在解决经济问题上明显的无能,对能源危机引起国家生活水平长期倒退的不祥预感,所有这些都已对美国人的信心、期望和抱负产生了消极影响。
>
> 对未来的悲观失望情绪在那些年收入不足7 000美元的人中尤其强烈,年收入在1万美元至1.5万美元的家庭失望程度也非常高……
>
> 另外大家比较关心的就是……他们通过艰苦奋斗和勤恳努力所挣的钱已不再够在市郊买到一处较好的房子……

调查发现,甚至高收入人群,"现在也不像过去几年那样充满乐观,这表明不满情绪正从低收入者向高收入者蔓延"。

差不多同时,也是在1975年秋,民意分析师在众议院委员会作证时说,根据对《纽约时报》的分析,"公众对政府和国家经济前景的信心可能低于他们从事此项分析以来的任何时候"。

政府的统计指出了其中的原因。人口调查局报告说,从1974年至1975年,美国"法定"贫困人口(即收入低于5 500美元)增长了10%,达到了现在的2 590万人。1974年失业率是5.6%,1975年上升到8.3%,而花光失业救济金的人数从1974年的200万人增加到430万人。

政府官员普遍对贫困人数估计不足,把"法定的"贫困线定的太低,对失业人数估计不足。例如,在1975年间,如果说16.6%的人口平均失业时间是6个月,或是32.2%的人口平均失业3个月,而政府规定的"年平均数"是8.3%,显然这一数字听起来要好听些。

在1976年,随着总统大选的临近,权力机构更加担心公众对这一制度的信心。1976年秋,尼克松和福特时期任财政部长的威廉·西蒙(此前是一家投资银行的老板,年收入超过200万美元)在弗吉尼亚温泉城的商业理事会上发表讲话时说,当"世界很多地方犹豫不决地倒向社会主义或极权主义"的时候,迫在眉睫的是让大家了解美国的企业制度，因为正是"私有企业的不作为，它正在失去许多的学校、众多的新闻媒体以及越来越多的公共意识"。他的演讲典型地代表了美国企业精英们的思考：

> 越南战争、水门事件、学生动乱、道德准则的改变、30年来所面临的最严重的衰退和许多其他不和谐文化的流行，所有这一切结合在一起，造成了一种新的疑问和怀疑的气氛……再加上普遍的不满情绪，在全社会范围内产生了对制度的信任危机……

西蒙说，美国人"太多地被教导说不要相信口头允诺的好处和那些使我们有可能繁荣起来的利益动机，而要以某种方式去感受体验这个制度，尽管比起其他制度来，它已经为减轻人类的痛苦和贫困做了很多事情，但在某些方面仍是玩世不恭、自私和不道德的"。他说，我们必须"让资本主义人道的一面能被理解"。

当1976年美国准备举行独立宣言发表200周年纪念时，来自日本和美国、西欧的一群知识分子和政治领导人组织了"三边委员会"，提出了一个报告，其标题就是"民主制度的可控制性"。哈佛大学的一位政治学教授塞缪尔·亨廷顿，曾长期担任白宫有关越南战争问题的顾问，他撰写了该报告有关美国的部分，名之为《民主的瘟疫》，并以此来指称他要讨论的问题："20世纪60年代美国出现了急剧上扬的民主狂热。"亨廷顿写道，"在60年代，公民对游行示威、抗议运动和'事业'组织等种种活动的参与大大增多了"。与此同时，"黑人、印第安人、奇卡诺人、白人种族团体、学生和妇女的自我意识水平也有显著的提高，他们都以新的方式变得更有主动性和组织性……""白领阶层的工会也显著地扩大了"。所有这些都意味着"争取平等重新被作为社会、经济和政治生活的目标"。

亨廷顿谈到了政府权威下降的迹象：这种对平等的强烈要求在60年代改变了联邦预算。在1960年，外交事务上的开支占预算的53.7%，社会开支占预算的22.3%。而到1974年，外交事务开支占33%，而社会开支则上升到了31%。这也反映了公众情绪上的变化：在1960年，只有18%的公众表示政府在防务方面的开支过多，而在1969年，这一比例上升到了52%。

亨廷顿也为他所观察到的现象而深感困扰：

> 60年代汹涌澎湃的民主浪潮，其实质是对官方的、公共的和非公共的现存制度体系普遍发起的挑战。在家庭中、学校里、实业界、公共的或私人的协会与组织中，以及政治上、政府官僚机构和军队部门里，通过这种或那种形式，到处都能看到这种挑战的反映。人民已不再对以前他们认为无论年龄、地位、身份、专业、人格、能力上均优于自己的人有服从的义务。

他说，所有这一切"都对70年代民主制度的可控制性提出了问题……"

在这里，所有这一切的关键是总统权威的衰落。

如果说在第二次世界大战后几十年里美国是由什么人来统治的话，那么,在这个意义上,可以说,首先是美国总统行使着管理权,而在这一过程中,支持他、同他合作的是那些行政机构中主要的个人和组织、联邦官僚机构、国会以及更为重要的私营领域的"当权者"即企业、银行、法律事务所、基金会和媒体。

这大概是这位当权者的顾问所做的最为坦率的陈述了。

560　　亨廷顿还说,总统要想赢得选举,就需要获得民众广泛的联合支持。然而,"一旦他当选之后,其中的绝大多数(如果说不是全部的话)同他管理国家的能力就没什么关系了。现在的关键是要看他是否有能力去动员社会和政府关键机构的领导人来支持他……这一联合必须包括国会、执法部门以及私营部门'当权者'中的关键人物"。他举了个例子:

> 杜鲁门就比较注意吸收一些无党派的士卒、共和党的银行家和华尔街的律师进入他的政府。他利用国内现有的权力源泉来获得他管理全国所需要的帮助。艾森豪威尔部分地继承了这一联合,也部分地对其进行了改造……肯尼迪则试图再造一个类似的联盟结构。

让亨廷顿感到担心的是政府权威的丧失。例如,反对越南战争引出废除征兵制。"然而,这样的话问题也必然会随之出现:假如新的安全威胁在将来某一天突然出现(这在某一时刻是必然的),政府是否有足够的权威去调动资源,包括做出的牺牲,这都是面临威胁时必需的。"

当时"美国是世界秩序的霸主",而亨廷顿却看到了未来 25 年的可能前景。他得出的结论是,美国已发展起了一种"过度的民主",他建议"对政治民主的范围作出一些限制"。

亨廷顿把这一切向一个组织作了报告,而这个组织对美国的将来来说是非常重要的。在 1973 年初,由戴维·洛克菲勒和兹比格涅夫·布热津斯基成立了"三边委员会"。洛克菲勒是美国和世界上最强大的金融界人物,是大通曼哈顿银行的官员;布热津斯基则是哥伦比亚大学的教授,研究国际关系问题方面的专家,并且还是国务院的顾问。罗伯特·曼宁 1977 年 3 月 25 日在《远东经济评论》上所作的报道中说:

> 建立委员的动议完全是出自洛克菲勒。据委员会的执行书记乔治·富兰克林说,洛克菲勒"对美、欧、日关系的恶化深表忧虑",他在另一个精英联谊会上把自己的想法和盘托出:"……在彼尔德伯格俱乐部(一个著名的盎格鲁血统的美国人联谊组织,已存在相当长一段时间)的会议上,迈克·布鲁门撒尔说,他感觉世界局势很糟糕,难道私人组织就不能做点什么吗……于是,戴维再一次提出了自己的建议……"于是,洛克菲勒的密友布热津斯基便担负起重任,着手组建了这个由洛克菲勒资助的委员会。

561　　看来是所谓"糟糕的世界局势"促成了三边委员会的建立,其目的是要在日本、西欧和美国之间建立起更大的统一,以应付比铁板一块的共产主义集团更为复杂的危险。这种危险已对三块大陆上的资本主义制度造成了威胁:这就是第三世界的革命运动。这些运动都有它们自己的目标。

"三边委员会"同样也想对付另一种局势。曾在肯尼迪政府出任负责经济事务的副国务卿的乔治·鲍尔是一家大型投资公司雷曼兄弟公司的负责人。早在1967 年时,他就告诉国际商会的成员:

> 在战后的这 20 年里,我们在行动中已经认识到(虽然在理论上还没有完全弄清楚),民族国家的政治疆界已经过于狭小,它已不能够准确地解释现代商业的范围及其活动。

要考察美国公司国际经济增长的情况,人们只要关注其银行业的形势即可。在 1960 年,只有 8 家美国银行在国外有分支机构;而到 1974 年,有国外分支机构的银行就达 129 家。在 1960 年,这些海外分支机构的资产总计才有 35 亿美元,而到 1974 年就达到 1 550 亿美元。

"三边委员会"显然认为自己有助于为新的多国经济创造必要的国际联系。它的成员都来自西欧、日本和美国的政界、商界和新闻界的高层,大多是来自大通曼哈顿银行、雷曼兄弟公司、花旗银行、巴黎银行、伦敦劳埃德保险公司、东京银行等石油、钢铁、汽车、航空以及电力工业的头面人物,还有一些人则来自《时代》杂志、德国《时代周报》《日本时报》伦敦《经济学家》等著名新闻媒体。

1976 年不仅是总统大选年,还有众所期待的 200 周年纪念日。全国各地到处是大肆渲染的各类活动。尽最大的努力来搞好庆祝活动,看来已被视为用来恢复美国人的爱国主义的一种途径,即用这一历史象征来把人民和政府统一起来,并把近年来的不满情绪丢到一边。

但民众似乎并未对此表示出巨大的热情。当波士顿纪念"波士顿倾茶事件"200 周年时,虽有大量的人群涌到街头,但他们并不是去参加官方的庆典,而是为"人民的 200 周年"举行反庆祝活动,标有"Gulf Oil(海湾石油公司)"、"Exxon(埃克森公司)"字样的包裹在波士顿港被投入水中,象征他们反对公司在美国的权力。

第二十一章

卡特—里根—布什：两党协调一致

20世纪中期，历史学家理查德·霍夫施塔特在其《美国的政治传统》一书中对我们国家几位重要的领导人，从杰弗逊、杰克逊到赫伯特·胡佛以及两位罗斯福逐一进行了考察，他们有的是共和党人，有的是民主党人；有的是自由派，有的是保守派。他得出的结论是："两大党派……的视野总是要受资本和企业的眼界的限制……它们都已经认可了资本主义文化的经济优点……那种文化已经具有强烈的民族主义性质……"

在20世纪将要结束之际，如果考察一下它的最后25年，我们看到的恰好是霍夫斯塔特所说的这种被限制住了的视野：资本主义一方面鼓励人们积累巨额财富，另一方面也造成了极端的贫困；一方面它用民族主义的态度来接受战争，另一方面它也为战争做着准备。政府的权力从民主党手中转移到共和党手中，然后又转了回来；但无论哪个党，都没有表现出自己能够超越这一视野的限制。

在经历了灾难性的越南战争之后，紧接着又发生了水门事件。还有，大多数民众经济上的不安全感也加深了。伴随着环境污染的加重，暴力文化和家庭纷争也在日益增加。显然，如果不在社会和经济结构方面进行大胆的变革，这些重大的问题是不可能得到解决的。但没有一个多数党的候选人提出过进行这种变革的建议。"美国的政治传统"被牢牢地坚持着。

由于已经认识到了这一点，或者说多半只是模糊地意识到了这一点，很大一部分选民开始远离投票箱，或者虽然投了票但并不热情。他们越来越多地声称他们疏远这套政治制度，最好是不参加。在1960年，有63%的符合投票资格的人参加了总统选举投票。到1976年，这一数字就下降到了53%。在哥伦比亚广播公司和《纽约时报》进行的调查中，有一半以上的被调查者回答说，政府官员不像关心他们自己那样关心人民。其中一名水暖工的回答最具代表性："美国总统不打算解决我们的问题，因为我们的问题太大了。"

社会处于一种令人不安的不和谐状态。选举政治不仅控制着报纸和电视，也操纵着总统、国会议员、最高法院法官以及其他官员们的行为，尽管他们被认为是这个国家历史的创造者。其中也有虚伪矫饰和自我吹嘘的成分，不过是想以此来说服那些持怀疑论的公众，让他们把自己的未来寄托在华盛顿的政治家们身上。但这些政治家们却没有一个靠谱，因为在他们夸夸其谈、花言巧语、赌咒发誓的背后，绝大多数人所关心的都是自己的权力。

人民与政治之间的距离在文化方面反映得非常清楚。公共电视被认为不受大公司利益的摆布，是最好的媒体，但这个公共电视上却很少能够看到公众的身影。在公共电视的主要政治论坛即每晚播出的"麦克尼尔—莱勒报道"节目中，从来没有公众受到过邀请，他们不过是没完没了的众议员、参议员、政府官员以及各种专家们的观众和看客。

商业电台尤其明显，其窄频道所表达的都是一个声音，只有基频上有批评意见。20世纪80年代中期，即罗纳德·里根任总统期间，联邦通讯委员会要求保证不同意见播出时间的"公平原则"被取消。到90年代，拥有大约2 000万听众的"谈话节目"每天都邀请右翼脱口秀主持人发表一通言辞激烈的长篇演说，但却从未邀请过左翼客人。

由于对政治以及对自称是明智的政治辩论感到失望，平民大众开始把他们的注意力转向（或者说他们的注意力已经转向）贪图娱乐消遣、追求闲情逸致和实施成千上万种的自助计划上。而处在他们的边缘部分的这些人，则变成了暴力分子，在某个集体内寻找替罪者（如一批穷黑人对另一批穷黑人施加暴力），或是反对别的种族、外国移民，把外国人、领救济金的母亲和小偷小摸（相对于碰不得的大罪犯而言）视为魔鬼。

但还有一些公民，他们竭力想坚持60年代和70年代留传下来的思想和理念。确实，在全国各地到处都有这样一部分公众，他们既不曾被媒体所关注，也不被政治领导人所注意，但却在全国各地数千个地方组织中积极展开活动。这些有组织的团体或是宣扬保护环境，或是主张维护妇女权利，或是呼吁实行公平的医疗保健制度（包括关注艾滋病患者的痛苦），或是要求为无房者解决住房问题，要么就是反对扩大军事开支。

这种行动主义与60年代的行动主义不同。当时，抗议种族隔离和反战的浪潮成为一股势不可挡的全国性力量。而现在，他们艰难地进行着斗争，反对那些冷漠的政治领导人，试图让大多数既不关心政治投票活动、也不对政治抗议活动抱有希望的美国人参加到斗争的行列中来。

在1977—1980年吉米·卡特任总统期间，以民主党为代表的一部分当权者试图使满怀失望的公众重新恢复对政治的信心。但尽管向黑人和穷人做出了一些姿态，尽管大谈国外的"人权"，卡特却仍旧停留在美国制度的历史的政治局限性之内，不仅对财富与权力之间的合作给予保护，还顽固地维持庞大的、耗尽了国民财富的军事机器，并使美国与国外的右翼暴政结成联盟。

卡特似乎是有强大影响力的国际组织三边委员会的中意人选。据《远东经济评论》报道，三边委员会的两位创始会员戴维·洛克菲勒和兹比格涅夫·布热津斯基认为，共和党因受到水门事件的困扰必败无疑，因此卡特便成了1976年总统选举的理想人选。

当权者认为，卡特作为总统的任务就是阻止民众对政府、经济制度以及海外灾难性军事冒险行为日益高涨的失望情绪进一步漫延。在竞选运动中，他试图安抚失望和愤怒的人们，并特别向黑人发出强烈呼吁，因为他们在60年代末的反抗运动曾对当局构成了自30年代劳工和失业者反叛以来的最可怕的挑战。

卡特发出的施政演说是"平民主义"的，即面向美国社会的各个阶层，这些人认为自己正深受有权者和有钱者的围困。尽管卡特本人就是一个百万富翁，一个花生种植园主，但他总是以一个普普通通的美国农场主出现。尽管他直到越南战争结束前一直表示支持这场战争，但他也经常对那些反对这场战争的人表示同情，并且还向许多60年代的年轻反叛者发出呼吁，许诺要削减军事预算。

566　　在对律师们发表的许多公开性讲话中，卡特公开反对利用法律来保护富人。他任命了一位黑人妇女帕特里夏·哈里斯出任住房和乡村建设部部长；还有一位黑人民权运动的老兵安德鲁·扬被安排出任驻联合国大使。他还让一个年轻的前反战积极分子塞姆·布朗领导"全国青年服务协会"。

然而，当对最关键的职位作出任命时，他还是听从了哈佛大学政治学教授塞缪尔·亨廷顿的"三方委员会"的报告，该报告说，不管是哪个集团选出的总统，一旦当选，"他要考虑的就是他是否有能力动员关键机构的领导人来支持自己"。布热津斯基，一个传统的鼓吹冷战的知识分子，变成了卡特的国家安全顾问。从《五角大楼文件》的报道来看，他的国防部长哈罗德·布朗还在越南战争期间就曾设想过"要取消对当时进行的轰炸的所有限制"。而他的能源部长詹姆斯·施莱辛格曾出任尼克松的国防部长。据华盛顿新闻界人士讲，施莱辛格在试图扭转国防预算的下降趋势方面有一种强烈的使命感，他还是核能的积极支持者。

他所任命的其他阁员也都有很深的公司背景。一位金融专栏作家在卡特当选之后不久就写道："迄今为止，卡特先生的行为，他的就职演说，特别是他对阁员的任命，都是对实业界作出的明确保证。"华盛顿的老资格记者汤姆·威克写道："有足够的证据表明，迄今为止卡特先生不愧是让华尔街深为信任的选择。"

对那些对本国人民大加压制的国家和政府，卡特则制定了更为复杂而老练的政策。他利用驻联合国大使安德鲁·扬在黑非洲国家培养对美国的好感，鼓励南非放松对黑人的压制政策。对美国来说，和平解决南非问题具有战略上的必要性：南非可以用来建立雷达监视系统。同时，南非还是美国公司重要的投资地和所需原料的关键来源（特别是钻石）。因此，美国需要一个稳定的南非政府，而继续压迫黑人会酿成内战。

对其他国家也采取了同样的办法，即把现实的战略需求与促进公民权利的发展结合起来。不过，因为主要的动因来自现实需求而非改善人权，所以便出现了一种趋向,即搞一些象征性的小动作来装点门面,例如在智利,释放了几名政治犯就算完事了。众议员赫尔曼·巴迪洛曾向国会提出动议,要求美国在世界银行及其他国际金融机构的代表投票反对向那些滥用酷刑或非法监禁的国家提供贷款,卡特以个人名义致信每位议员,敦促他们否决此项提案。结果,该项动议虽然在众议院的口头表决中获得通过,但在参议院中却失败了。

在卡特当政时,美国在世界各地继续支持那些涉嫌镇压国内持不同政见者、对犯人使用酷刑、进行大屠杀的政权:如菲律宾、伊朗、尼加拉瓜。还有印度尼西亚,在这里,东帝汶居民在一次近似种族屠杀的战役中几乎被消灭殆尽。

据认为站在当权的自由派一边的《新共和派》杂志也表示支持卡特的这一政策:"……在今后 4 年,美国的对外政策将使尼克松—福特时代发展起来的哲学得到实质性的发扬光大。这种前景完全不是消极的……这将是连续性的。它是历史的一部分……"

卡特喜欢把自己扮演成是反战运动的朋友,但当尼克松下令在海防港布雷并在 1973 年春天恢复对北越的轰炸时,卡特却鼓励说:"不管我们是否同意他的某项决定,我们都会给尼克松以支持。"一当选总统,卡特便拒绝向越南的战后重建工作提供援助,尽管一个明摆着的事实是,这个国家正是被美国的狂轰滥炸给毁掉的。当国会有人问到这一点时,卡特回答说,美国并无特别义务去这么做,因为"毁灭是相互的"。

考虑到美国曾有大批轰炸机和 200 万士兵不惜跨越半个地球远程征战,并在 8 年之后使一个蕞尔小邦有上百万人殒命,有无数的家园被毁灭,这不能不说是一个非常骇人听闻的声明。

或许,当权者的意图,就是希望后人所看到的战争,不是国防部自己在《五角大楼文件》中所描绘的那种为了军事战略和经济利益而残忍地攻击无辜平民的图景,而不过是一场令人扼腕的错误。诺姆·乔姆斯基在越战期间是一名著名的反战知识分子。1978 年中,他对主要媒体有关战争史的介绍进行了认真分析之后写道:他们正在"销毁真实的历史,用一种更为轻松愉快的故事取而代之……用中性范畴的错误、无知和代价来代替战争的'教训'"。

在越南战争结束之后,卡特政府显然是想通过把美国的对外政策会变得更为温和一些、侵略性稍微减弱一些来遏制公众失望情绪的进一步发展。所以它才强调"人权",才向南非和智利施加压力,以促进政策的自由化。但是,在经过一番严密检查之后,这些看似更自由主义的政策并不打算触动美国军队和美国公司在世界上的权力和影响。

同中美洲小小的巴拿马共和国重开关于巴拿马运河条约的谈判就是一个例子。这条运河每年给美国公司节省运费 15 亿美元,美国因此一年也收入税费达 1.5 亿美元,其中有 230 万美元是付给巴拿马政府的,作为美国在这一地区保持其 14 处军事基地的费用。

　　早在 1903 年,美国就一手操纵了反对哥伦比亚的革命,在中美洲建立一个新的小国——巴拿马共和国,并指使它签订了一个条约,允许美国建立军事基地、管理巴拿马运河并享有"永久性主权"。1977 年,鉴于巴拿马发生反美抗议活动,卡特政府决定重新进行谈判来签订一个新条约。《纽约时报》在谈到运河时坦率直言:"我们偷窃了它,并从我们的历史书上抹掉了犯罪证据。"

　　到 1977 年,运河对美国的军事意义已不如从前,它不能通行大型邮轮或航空母舰。在这种情况下,加上巴拿马国内的反美骚乱,使得卡特政府不顾保守派的反对,同巴拿马重新谈判新约,表示要逐步撤出美国的军事基地(事实上它可以轻而易举地重新布置在该地区其他地方),过一段时间把运河的法律所有权移交给巴拿马。条约也包含有一些模糊性语言,为美国在某种条件下的军事干涉预留了伏笔。

　　不管卡特在对外政策方面多么精明老练,它的某些基础早在 60 年代末和 70 年代就已经奠定了。美国的公司以前所未有的规模在世界各地积极开展活动。到 70 年代初,已有大约 300 家美国公司在全球范围内开展业务,其中包括占美国每年国外净获利润 40% 的 7 家最大的银行。它们被称作是"多国银行",但实际上,它们的高级行政官员中有 98% 是美国人。作为一个集团,它们现已成为世界上的第三大经济力量,仅次于美国和苏联。

　　长期以来,这些全球性大公司与贫穷国家之间的关系一直就是一种剥削和被剥削的关系,这可以从美国商业部的统计数字中看出来。在 1950 年到 1965 年间,美国的公司在欧洲的投资额是 81 亿美元,获利是 55 亿美元;在拉丁美洲的投资额是 38 亿美元,获利达 112 亿美元;在非洲的投资额是 52 亿美元,而获利则高达 143 亿美元。

　　这是一种典型的帝国情形,自然财富的出产国变成了更强大国家的牺牲品,而这些国家的实力正是来源于那些被掠夺来的财富。美国的公司百分之百地依赖穷国的钻石、咖啡、石油、水银、天然橡胶和钴。他们从国外获得 98% 的锰,90% 的铬和铝。某些进口物资(铂、水银、钴、铬、锰)有 20% 到 40% 是来自非洲。

　　无论是民主党人还是共和党人入主白宫,美国对外政策的另一块基石就是训练外国军官。军队在运河区有一所"美洲人学校",拉丁美洲数千名军事领导人均毕业于此。例如,它的 6 名毕业生均为智利军政府的成员,他们都参与了 1973 年推翻民选的阿连德政府的政变。该校校长告诉记者:"我们同我们的毕业生保持着联系,他们也同我们保持着联系。"

　　美国还赢得了富有而慷慨的好名声。确实,它经常向受灾地区提供援助。然而这种援助常常取决于受援者政治上是否忠诚于美国。在西部非洲一次长达 6 年的旱灾中,10 万非洲人死于饥馑。卡内基国际和平基金会提供的一份报告说,美国国际开发署在向西部非洲萨赫勒地区(该地区包括 6 个国家)的游牧民族提供援助方面效率低下且玩忽职守,国际开发署回应说,这些国家"同美国不存在密切的历史、经济和政治关系"。

1975 年初,报上刊登了一则发自华盛顿的消息:"国务卿亨利·基辛格正式提出一项政策,称美国将对那些在联合国投反对票的国家有选择地削减援助。同样情形的削减也适用于食品和人道主义项目。"

大多数援助是公开的军事援助。到 1975 年,美国出口军火 95 亿美元。卡特许诺不再向实行镇压的那些政权提供军火,但当他上台后,大多数军售活动仍在继续。

军事开支仍占国家预算的很大份额。在竞选时,卡特告诉民主党政纲起草委员会:"在不危及国家防务及对盟友承诺的情况下,我们可以把目前的军费开支每年裁减 50 亿到 70 亿美元。"但是,他提出的第一个预算案计划不是裁减而是增加 100 亿美元的军费。实际上,他提出的美国下一个五年的军事开支是 1 万亿美元。卡特政府还宣布,由于不再向 140 万曾在学校享受免费餐的贫困儿童提供免费的辅餐牛奶,农业部每年将节省 2 500 万美元。

如果说卡特的工作是要恢复公众对政治制度的信任,那么他在这方面遭到的最大的失败就是未能解决民众的经济问题。食品和生活必需品的价格继续上涨,远快于工资的增长。官方公布的失业率一直保持在 6% 到 8%,非官方统计的失业率更高。对人口中特定的关键群体青年人特别是黑人青年来说,失业率更是高达 20% 或 30%。

很快便清楚了,美国黑人这个当初最支持卡特出任总统的社会群体对他的政策表现出极度的失望。卡特反对联邦政府向需要堕胎的穷人妇女提供帮助。当有人向他指出这样做不公正,因为有钱的妇女可以很容易地堕胎。他回答说:"是的,你也知道生活中有许多事情是不公正的,有钱人可以承受,但穷人不能。"

在政府与石油和天然气公司利益的相互关系中,根本看不到卡特所标榜的"平民主义"。卡特提出的"能源计划"的一个组成部分就是不再为消费者调整天然气价格。当时最大的天然气生产者是埃克森公司,该公司最大的私人股票集团属于洛克菲勒家族。

卡特政府早期,联邦能源局发现,海湾石油公司把它从海外分公司买来的原油成本虚报了 7 910 万美元,然后又把这种虚假的成本转嫁给消费者。1978 年夏,能源局声称已经同海湾石油公司达成妥协,海湾石油公司同意退回 4 220 万美元。公司告诉股东们说:"退赔不会影响大家的收益,因为往年已经给足了大家。"

同海湾公司达成妥协的能源部律师说,妥协避免了一场持久、昂贵的诉讼。难道这场诉讼真的能花费 3 690 万美元而值得去做这样的妥协? 难道我们的政府觉得一个银行抢劫犯只要退回一半的赃物,不用坐牢就可以万事大吉了吗?总统竞选期间,卡特在一次律师集会上说,法律是站在富人一边的。该案的庭外和解便是对卡特此论的最好诠释。

571　　　显然,在美国,卡特的政策并没有对财富分配不当这一基本事实产生任何影响,即使是有,也一点不比前任政府(不管是保守派还是自由派政府)政策的影响多。据美国经济学家安德鲁·津巴利斯特在 1977 年的《世界外交》中提供的材料,占美国人口 10％的最富有的人,其收入是社会最底层 10％的人的 30 倍;最富有的 1％的人拥有国家财富的 33％。最富有的 5％的人拥有私人公司股票的83％。虽然征收高额累进税让人误以为富豪们所缴税额至少会占到纳税额的50％,但据 1974 年国家税务署统计,100 家最大的公司平均缴纳的税款只占税收的 26.9％,最大的石油公司缴纳税款只占税收的 5.8％。事实上,有 244 个人其年收入超过 20 万美元却不用纳税。

　　　1979 年,卡特勉强提出的贫困救济方案因为国会的强烈抵制而流产。华盛顿儿童保护基金会主席、黑人妇女马里安·赖特指出,每 7 个美国儿童中就有 1人(总数达 1 000 万人)根本不知道有定期的初级卫生保健这回事,每 3 名 17 岁以下的孩子中就有 1 人(总数达 1 800 万)从未去看过牙医。她在《纽约时报》评论版上发表的一篇文章中写道:

　　　　　最近……政府要求拨款 2.88 亿美元用于儿童健康问题的筛查和治疗,这一款项本来就不算多,参议院预算委员会却又从中砍掉了 8 800 万美元。与此同时,参议院却拿出 7.25 亿美元帮助立顿工业公司解困,并向海军提供至少两艘驱逐舰,这是由伊朗国王订购的。

　　　卡特批准进行税收"改革",得利的主要是大公司。经济学家罗伯特·莱卡赫曼在《民族》周刊上撰文指出,1978 年最后一个季度的公司利润较之上年同期急剧飙升(高达 44％)。"总统最令人无法容忍的行为或许就是 11 月份签署了一项减税 180 亿美元的法令,因为其最大的受益者便是富人和大公司。"

　　　1979 年,穷人的收入减少了,而埃克森石油公司董事长的年收入却增长到了 83 万美元,而美孚石油公司董事长的年收入则超过了 100 万美元。当年,埃克森石油公司的净收入增长 56％,超过了 40 亿美元,同年却有 3 000 家小汽油站关门歇业。

　　　卡特确实为推进社会事业做了一些努力,但却因受到其庞大军事预算的干572 扰而收效不大。这或许是为了防范苏联,但当苏联 1979 年入侵阿富汗时,卡特却只采取了一些象征性的行动,如恢复征兵,呼吁联合抵制 1980 年的莫斯科奥运会。

　　　另一方面,美国的武器通常被用来帮助外国独裁政权去对付左翼力量的反抗。卡特政府 1977 年提交给国会的一份报告中直言不讳地说:"许多国家虽然人权纪录非常糟糕,但我们在那里却存在着安全和外交利益。"

于是,1980 年春,卡特要求国会贷款 570 万美元给萨尔瓦多的军人政权以帮助其镇压国内的农民起义。在菲律宾,1978 年国民大会选举之后,总统费迪南德·马科斯下令逮捕了 21 个竞选失败的反对派候选人中的 10 个,还有许多犯人经受折磨拷打,许多公民被杀害。尽管如此,卡特还是要求国会在未来 5 年里给马科斯提供 3 亿美元的军事援助。

在尼加拉瓜,美国帮助索摩查维持专制统治达数十年之久。由于对这个政权的基本弱点以及对反对他的革命运动的受欢迎程度判断失误,直到该政权 1979 年行将垮台,卡特政府仍继续支持索摩查。

在伊朗,到 1978 年,酝酿多年的对国王独裁统治的不满演变成了群众性的游行示威。在 1978 年 9 月 8 日,有数百名示威者被国王的军队杀害。第二天,根据合众国际社发自德黑兰的一则消息报道,卡特明确地表示了他对国王的支持:

> 军队向反对国王的示威者开火。第 3 天,也就是昨天,吉米·卡特总统打电话给王室,表示支持穆罕默德·礼萨·巴列维国王,后者正面临着执政 37 年来最严重的危机。在新任总理发表讲话,说他的手因镇压保守的穆斯林和其他抗议者而沾满了"鲜血"后,有 9 位议会成员退席表示抗议。

1978 年 12 月 13 日,尼古拉斯·盖奇在发给《纽约时报》的报道中写道:

> 据来自美国使馆方面的消息,使馆工作人员因为数十名专家的到来而感到欢欣鼓舞,这些专家们试图用一切可能的手段帮助国王对付日益增长的挑战,维持其统治地位……据消息说,新来者中除了外交官和军事人员之外,还有不少是来自中央情报局的伊朗问题专家。

1979 年初,伊朗危机进一步升级。中央情报局研究伊朗问题的前首席专家告诉《纽约时报》记者西摩·赫什:"他本人及其同事对萨瓦克①虐待反对派的暴行了如指掌,伊朗的秘密警察就是 50 年代后期由伊朗国王在中央情报局的帮助下建立起来的。"他还向赫什透露,一名中央情报局的高级官员曾向萨瓦克教授使用酷刑的技术。

在这次广泛的群众性革命中,国王逃走了。卡特政府后来以进行治疗为借口,接受他来美国,使革命者的反美情绪达到了最高点。1979 年 11 月 4 日,美国驻德黑兰大使馆被好战的学生们攻占,他们要求国王回伊朗接受审判,还扣留了 52 名使馆工作人员作为人质。

在随后的 14 个月,人质一直被扣留在大使馆里。在美国媒体的新闻报道

———

① 原文为 Savak,是波斯语 Sazemane Etelaat va Aminate Kechvar 的缩写,意为"伊朗安全和情报组织"。

中,这一问题成了头号新闻,激起了强大的民族主义情绪。当卡特命令移民归化局对没有有效签证的伊朗学生启动驱逐程序时,《纽约时报》表达了谨慎但明确的支持立场。政治家和大小报纸开始陷入普遍的歇斯底里状态。一个伊朗裔美国姑娘原定要在一所高中毕业典礼上讲话,最后从计划中被取消了。在全国各地的汽车保险杆上,都贴着这样一句标语:"对伊朗实施核打击。"

当52名人质活着被释放并且身体状况明显不错时,很少有记者像《波士顿环球报》记者艾伦·里奇曼那样,敢于大胆指出美国对此事件的反应同其他同样违反人权事件的反应存在着明显的不同:"他们有52个人,这个数目很容易记住,不像阿根廷那永远消失的1.5万无辜的平民百姓……他们(美国的人质)说的是跟我们一样的语言。去年在危地马拉,有3 000人被草草处决,这些人不说美语。"

当1980年中卡特同里根展开竞选宣传时,人质仍旧被扣压着。这一事件,加上许多人正遭受经济困难,在很大程度上决定了卡特的失败。

里根的胜利以及八年之后乔治·布什的当选,意味着权势集团的另一组成部分将要掌权,意味着卡特当政时的那种微弱的自由主义也将被抛弃。政府的政策将变得更加粗鲁愚钝:削减对穷人的补贴,降低富人的税收,增加军事预算,用保守派的法官充实法院系统,积极摧毁加勒比地区的革命运动。

574　　在里根—布什执政的12年里,原来充其量只是一个温和自由派的机构的联邦司法部,被改造成了保守派占主导地位的机构。到1991年末,里根和布什把联邦法官837个职位中的一半多都给撤换了,还任命了相当右倾的法官去改造最高法院。

在70年代,在自由派法官威廉·布伦南和瑟古德·马歇尔的领导下,法院宣布废除了死刑,支持(在罗诉韦德一案中)妇女有权选择堕胎,并把民权法解释成允许对黑人和妇女给予特别关照,对其过去所受的歧视进行补偿(矫正歧视措施)。

威廉·伦奎斯特最初是由理查德·尼克松提名进入最高法院的,现在又被罗纳德·里根任命为首席法官。在里根—布什时期,伦奎斯特领导下的法院做出一系列决定,不仅削弱了罗诉韦德一案的判决结果,重新恢复了死刑,减少了政治犯反对警察暴力的权利,还不许医生在联邦政府拨款的家庭医院向妇女提供有关堕胎的信息,并且声称穷人将不得不为公共教育而付费,即教育不再是"基本权利"。

法官威廉·布伦南和瑟古德·马歇尔是法院的最后两位自由派。由于年老和生病,尽管不情愿放弃这一权力,他们还是退休了。总统布什提名的人选取代了马歇尔。这是为建立一个保守的最高法院而采取的最后一个行动。他选择了保守派黑人克拉伦斯·托马斯。一名年轻的黑人法律学教授阿妮塔·希尔先前曾与他是同事,她证明托马斯曾对她进行过性骚扰。尽管有这样一个重要的证词,托马斯的提名还是被参议院通过了,因此现在的最高法院更为右倾。

由于保守派出任联邦法官,有公司背景的人员被任命为国家劳资关系署官员,因此法院的判决和署里的调查,不论结果如何,目的都是要削弱劳工运动,更何况它本身早已因制造业的衰退而受到影响。工人走出厂门举行罢工,却发现自己并不受法律的保护。里根政府颁的首批法令之一就是解除他们的工作,而那些参加罢工的空中交通控制员则被全部开除。这既是要对将来的罢工者们发出警告,也反映出劳工运动日渐衰弱的迹象,而在30年代和40年代,它曾经是一支强大的社会力量。

里根和布什执政时期最大的获利者是美国的公司。在60年代和70年代,一场意义重大的环境保护运动在国内发展起来,人们对空气、海洋和河流所受到的严重污染以及每年因工作条件恶劣而导致的上千人死亡感到震惊。1968年11月,西弗吉尼亚矿井发生爆炸,78名矿工死亡。随后,在矿区大街上发生了愤怒的抗议游行。国会通过了1969年煤矿工人健康与安全法。尼克松的劳工部部长谈到:"全国出现了一种新的热情,一种对改善环境的热情。"

次年,鉴于劳工运动和消费者团体的强烈要求,加之也想借机取得工人阶级选民支持,总统尼克松签署了1970年职业安全与保健法(OSHA)。这是一个重要的法律,它确立了工作场所保证工人安全和健康的普遍权利并制定了强制执行措施。时任尼克松政府经济顾问委员会主席的赫伯特·斯坦后来回忆这段历史时叹惜道:"事实证明,环境保护运动的巨大力量是尼克松政府无力左右的。"

入主白宫以后,吉米·卡特虽然继续对职业安全与保健计划大加称赞,但同样也热心于取悦公司的老板。他任命尤拉·宾厄姆为OSHA的负责人,这位女性为OSHA的贯彻和实施进行顽强的斗争,有时也会取得一些成功。然而,随着石油价格、通货膨胀和失业率的不断上涨,美国经济危机的迹象越来越明显,卡特也开始越来越多地关注该法案给企业所造成的困难。他成了一个宣传员,鼓吹取消对公司的限制性法规,给它们更大的活动空间,即便这样做对劳工和消费者有害也在所不惜。环境保护越来越成为"成本—收益"考量的牺牲品,因为同企业所付的代价相比,公众的健康与安全的保护毕竟处于次要地位。

在里根和布什时期,这种对"经济"(这是公司利润的速写术语)的关心远远超过对任何劳工和消费者的关心。里根总统建议以一种"自愿"的办法来代替强制执行环境保护法,即让企业自行决定他们应该做什么。他任命一位对OSHA持敌视态度的商人出任其负责人。他采取的第一批行动之一就是下令销毁10万本由政府发行的小册子,因为这些小册子指出棉花粉尘对纺织工人的健康有危害。

政治学家威廉·格罗弗在其《囚犯总统》中对卡特和里根两位总统都进行了

犀利的"结构性批判",其中也涉及对其环境政策的评论。格罗弗的结论是：

> OSHA 好像总是在自由派总统和保守派统治之间循环轮替：自由派总统希望对健康和安全保持一定程度上的监管措施,但是,为了自己的政治前途,他也需要维持经济的增长;而保守派总统则把注意力完全集中在增长方面。这种循环轮替总是倾向于把承诺给 OSHA 的对安全和健康工作环境的需要……置于企业优先权的许可范围内。

乔治·布什总统把自己打扮成是一位"环境保护总统",还骄傲地指出他签署了 1990 年的《空气净化法案》。但这项法案在通过两年之后却被环境保护署的新法规大大削弱了,因为新法规允许制造商们每年向大气中排放有害污染物的限额再增加 245 吨。

此外,几乎拿不出钱来用于该法案的贯彻执行。据环保署报告,在 1971—1985 年间,因遭污染的饮用水造成的病例已超过 10 万。而在布什就任总统的第一年,环保署就接到了 8 万多件水污染的投诉,其中只有 1％接受了调查。据民间环保组织自然资源保护委员会提供的材料,仅 1991 年和 1992 年就有 25 万例违反《安全饮用水法案》事件,该法案是在尼克松任内通过的。

布什上任不久,政府部门的一位科学家准备向国会委员会作证,说明工业使用矿物燃料的危害性：它导致全球变暖,大量消耗保护地球的臭氧层。白宫不顾该科学家的反对,修改证词,把危险程度大大降低了(参见《波士顿环球报》1990年 11 月 29 日)。企业对规章制度的担心似乎又一次压倒了公共安全。

世界面临的生态危机如此严重,以至于教皇保罗二世也感到应对导致这场危机的发达国家的有钱阶层提出批评："今天,生态毁灭的严重威胁正在教育我们,过分的贪婪和自私,不管是个人行为还是集体行为,都有悖于造物主的旨意。"

为了共同对付全球变暖的危险,还专门召开了一次国际会议。欧共体国家和日本在会上建议就二氧化碳排放问题确立专门的排放量和时间表。在这方面美国是主要的被告。但是,正如 1991 年夏天的《纽约时报》报道所说："布什政府担心……它会为尚无法证实的长期气候效益而在短期内对国家经济造成伤害。"很明显,科学观点所关注的是长期效益,但其重要性却远不如"经济"即大公司的需要。

到 80 年代末期,一系列更有说服力的科学证据表明,与核电站相比,可更新的能源资源(水力、风力、阳光)会产生出更多可用的能源,而核电站不仅比较危险,而且价格昂贵,还会产生出放射性核废料,不易安全处置。但是,里根和布什政府却大大地削减了用于对可再生能源的可行性进行研究的科研经费(里根时期削减了 90％)。

1992 年 6 月,有 100 多个国家参加了在巴西举行的全球首脑环境保护高峰会议。有统计数字显示,对臭氧层造成破坏的二氧化碳,有三分之二应归咎于世界各国的军事部门。但当有人建议此次峰会讨论军事活动对环境恶化的影响时,美国代表团表示拒绝,结果这一建议没能获得通过。

事实上,维持庞大的军事设施和保护石油公司的利润依旧是里根和布什政府的双重目标。在里根入主白宫后不久,有23家石油公司的董事捐款27万美元用来重新装修白宫的起居室。据美联社报道:

> 这一事件……发生在总统放开石油价格4周之后。这一决定等于给了石油工业20亿美元……俄克拉何马城的杰克·霍奇斯是科尔石油和天然气公司所有者,他说:"这个国家的最高人物理应住在最高级的地方。里根先生帮了能源界的大忙。"

同时,里根努力扩充军备(军事拨款在他主政的头4年超过万亿美元),为此,穷人的福利一再被削减。1984年,用于各类社会项目的经费被削减了1 400亿美元,而同期用于"防务"的开支却增加了1 810亿美元。他还建议削减1.9万亿美元的税收(大部分是为有钱人)。

虽然实施减税和增加军事拨款,里根仍坚信能够平衡预算,因为削减税收会刺激经济,并且带来新的收入。诺贝尔经济学奖获得者瓦西里·列昂节夫冷静地指出:"这是不可能的。我敢保证,事实上这是不可能做到的。"

确实,商业部的统计数字显示,在公司税降低期间(1973—1975年,1979—1982年),资本投入并没有增长,反而在急剧下降。资本投入的急剧增长恰恰发生在公司税收比前5年略高的1975—1979年间。

里根对预算的削减在人道方面造成了更为深远的影响。例如,有35万残疾人的社会保险福利被取消。一名在油田事故中受伤的工人被强迫返回工作岗位,虽然公司的医生和一名监理人员都证明其伤残已到丧失工作能力的程度,但联邦官员却不予采信。当得到这个人死去的消息时,联邦官员则说:"我们遇到的是一个公关问题。"罗伊·本纳维德兹是一位越南战争的英雄,曾被里根授予国会荣誉勋章。但有位社会保障部的官员却对他说,他心脏、胳膊、大腿里残留的榴霰弹片并不妨碍他工作。在国会委员会发言作证时,他谴责了里根的政策。

在里根时期,失业率继续上升。1982年有3 000万人整年或一年中大部分时间处于失业状态。其后果之一是,1 600多万美国人失去了医疗保险,因为这常常是与有无职业相联系的。全国失业率最高的密歇根州,从1981年起婴儿死亡率也开始上升。

新的需要使100多万穷人孩子享受的学校免费午餐被取消,这顿饭占他们一天中所需营养的一半。数百万儿童进入官方宣布的"贫困"行列,很快,全国四分之一的儿童,约1 200万人生活在贫困之中。在底特律地区,有三分之一的孩子不满周岁就夭折了。《纽约时报》评论说:"看看美国那些食不果腹的人的惨状,美国政府真的应该感到无地自容。"

救济也成了被攻击的对象:对抚养孩子的单身母亲,救助要通过未成年儿童家庭援助计划(AFDC)进行,食物要凭票供应,穷人的医疗护理也要通过"医疗援助"计划。对大多数靠领救济金(救济金数目各州不同)为生的人来说,每个月能领到 500 到 700 美元的援助,这意味着比每月 900 美元左右的贫困线还要低。靠救济金生活的黑人儿童的人数要比白人多四倍。

里根政府初期,有人振振有词地说,不再需要政府的援助了,因为私人企业将照顾穷人。对此,一位母亲给当地的报纸写信说:

> 我是靠"未成年儿童家庭援助基金"生活的,我的 2 个孩子都在上学……我以优异的成绩大学毕业,在全年级 1 000 多人中排名第 128 位,获得了英语和社会学专业文学学士学位。我在图书馆工作、儿童保健、社会工作和咨询服务方面都有工作经历。

> 我曾去找过社区就业培训协会的官员,他们没有给我提供任何帮助……我也曾每周到图书馆的报纸上浏览招聘广告。我每次发送求职简历时都会保留一份附函,这些材料加起来已有几英寸厚。我申请的工作年薪都不足 8 000 美元。我在一家图书馆里干钟点工,1 小时挣 3.5 美元。由于靠救济金生活,我不得不减少花销……

> 看来,我们的就业部门提供不了就业岗位,我们的政府不能进行有效管理,我们的经济制度不能够为愿意工作的人提供工作机会……

> 上周,为了给我的车支付保险,我把床卖了。因为缺少公共交通,我需要开车去找工作。我现在睡在别人送我的一块海绵胶垫上。

> 当年我的父母来到这个国家,寻求的是一个伟大的梦想:只要卖力地工作,接受良好的教育,循规蹈矩,就会富起来。我并不想成为有钱人。我只希望能养活我的孩子,能活得多少有点尊严……

民主党常常与共和党一起联合攻击福利计划,其目的或许是为了博取中产阶级的政治支持,因为在大多数中产阶级看来,他们缴税是在为未成年母亲以及不愿意工作的懒汉买单。其实,大多数公众并不知道(当然,无论是政治领导人还是媒体都没有告诉他们),社会福利只有极小的一部分来自税收,反而是军事开支占了税收相当大的部分。不过,公众对社会福利的态度同两大党还是有区别的。虽然政客们经常攻击福利政策,相关报道充斥报刊和电视,但想彻底取消大多数美国人所享受的基本福利的企图却并没有取得成功。

1992 年初,《纽约时报》和哥伦比亚广播公司举行的民意调查显示,公众对社会福利的看法会依所提问题的不同表达方式而发生变化。如果使用"福利"一词,44%的被问者会说花在福利上的钱太多了(同时有 50%的人认为花在福利上的钱正合适或者太少);但是,如果用"帮助穷人"来提问的话,只有 13%的人认为花的钱太多，而 64％的人认为花的钱太少。

这意味着两大党都想通过不断地诋毁"福利"一词来达到制造反对人道需求的气氛，然后再宣称他们的行为符合公意。民主党同共和党一样也与那些资产雄厚的大公司有密切的联系。共和党国内政策分析家凯文·菲力浦斯在 1990 年写道，民主党是"历史上对资本家热心的第二大政党"。

菲力浦斯指出，共和党人里根和布什任总统期间，政府政策的最大受益者是超级富豪："正是那些富人而非别的什么人在里根治下得以兴旺发达……80 年代是美国上层阶级大获全胜的时期……富人在政治上居于绝对支配地位，对资本主义、自由市场和金融业极尽渲染美化之能事。"

如果政府是通过实行降低税率的政策使富人变得更加富有的话，那就不能叫福利。给富人的这种"福利"不像每月发给穷人的救济现金那么显而易见，最常采取的形式是在税制方面做慷慨的变动。

在《美国：谁是真正的纳税人？》一书中，《费城调查报》的两名喜欢寻根究底的记者唐纳德·巴利特和詹姆斯·斯蒂尔揭露了超级富豪们的税率越来越低的事实真相。在第二次大战后，并不是共和党，而是民主党的肯尼迪—约翰逊政府，率先在"税制改革"的幌子下将年收入 40 万美元以上的税率由 91％降低到 70％。在卡特政府时期，尽管卡特本人多次表示反对，国会中的民主党和共和党还是联合起来给予了富人更多的减税。

在国会中民主党人的帮助下，里根政府再次把富人的税率降低到 50％。紧接着，共和党和民主党在 1986 年操纵了另一次"税制改革"法案，把最高税率降低到 28％。巴利特和斯蒂尔指出，学校教师、工厂工人和百万富翁们一样，都要交 28％的税。富人要比普通人交更多税的"累进所得税"思想现在完全被抛弃了。

从 1978 年到 1992 年，所有这些税收法案实行的结果就是：《福布斯》杂志（在广告中自称"资本家的工具"）所选出的国内最富有者"福布斯 400"的净值增长了 3 倍，而政府的年收入却减少了约 700 亿美元。结果，在这 13 年间，最富有的 1％的人获得了上万亿美元的收入。

威廉·格雷德在其著名的《谁来告诉人民？美国民主的背叛》一书中指出：

> 那些谴责共和党的行径而相信只要民主党重返白宫就能恢复公平税收的人，最好能够注意如下事实：让有钱人大赢的税收政策的转折点发生在 1978 年，此时里根尚未入主白宫，而民主党则居于压倒性优势地位。税负政策的每一次重大转变都得到了大多数民主党人的支持。

在 20 世纪的最后 10 年中，不仅收入税不再按累进办法征收，相反，社会保障税却呈现出递减之势。也就是说，从穷人和中产阶级的工资账户上扣除的税钱越来越多，而一旦工资达到 4.2 万美元时，反而不再多扣税了。至 90 年代初，年收入 3.78 万美元的中等收入家庭需要支付其收入的 7.65％作为社会保障税。而年收入 10 倍(即年收入 37.8 万美元)的家庭只需支付其收入的 1.46％作为社会保障税。

由于实行这种高额的工资税,结果有四分之三的挣工资的人,他们每年要交的社会保障税超出了收入税。令民主党人难为情的是,它曾被认为是工人阶级的政党,可这些高额的工资税却正是在吉米·卡特政府时期开始征收的。

在两党体制下,如果两大党都漠视公众的呼声,选民失去了任何可选择的余地,就会无所适从。具体到税收政策,很明显,美国老百姓希望税收能够真正实行累进制。威廉·格雷德告诉我们,第二次世界大战刚刚结束的时候,对超级富豪征收高达 90％的税,一项盖洛普民意测验显示,85％的公众认为联邦税则是"公平的"。而到了 1984 年,当民主党和共和党把所有税制"改革"都付诸实施之后,由国内税务署进行的公众意见调查发现,有 80％的被调查者认为:"目前的税制有利于富人,对普通的男女上班族是不公正的。"

到里根执政末期,美国富人和穷人之间的差距已急剧拉大。在 1980 年,公司的首席行政官员(CEO)的工资是工厂工人平均薪水的 40 倍,到 1989 年已经达到了 93 倍。在 1977 年至 1989 年的 12 年间,1％的最富有者的税前收入增长了 77％,而同一时期最贫穷的 40％的人的收入则没有任何增加,实际上还有小幅度下滑。

同样,由于整个税收结构的变化有利于富人,在 1981 年至 1990 年的 10 年间,1％的最富有者的税后收入增长了 87％,而同一时期 80％的低收入者的税后收入要么下降了 5％(最贫穷的阶层),要么其增长从未超过 8.6％。

低收入者的总体处境每况愈下,其中黑人、拉美人、妇女和年轻人的损失尤为惨重。里根—布什时期收入最低群体的总体贫困化使得黑人家庭更加艰难,因为他们不仅缺乏足够的资金去开业经营,而且在职业方面仍存在着对他们的种族歧视。民权运动的胜利为某些非洲裔美国人开辟了生活空间,但却把其他的人群远远地抛到了后面。

到 80 年代末,至少三分之一的非洲裔美国人家庭生活在官方的贫困线以下,黑人失业人数维持在白人的 2.5 倍的水平,而年轻黑人没有工作的则高达 30％到 40％。黑人的预期寿命比白人至少短 10 年。在底特律、华盛顿和巴尔的摩,黑人婴儿的死亡率要高于牙买加或者哥斯达黎加。

随贫困而来的是婚姻破裂、家庭暴力、公共犯罪和吸毒现象泛滥。在华盛顿特区,离富丽堂皇的国家政府大楼几步远的地方挤满了黑人穷人,年龄在 18 岁和 35 岁之间的年轻黑人有 42％要么是坐过牢,要么是被调查过和被假释过。但正是居高不下的黑人犯罪率,而非消灭贫困的呼吁声,常常被政客们利用来要求建立更多的监狱。

1954 年,以最高法院对"布朗诉教育署"一案的裁决为开端,开始了取消学校中存在的种族隔离的进程。但是由于贫困,在贫民区和全国许多学校里,黑人儿童仍被按种族和等级实行隔离。70 年代最高法院做出判决,规定不必把给穷人学区和富人学区的基金平均分配(圣安东尼奥独立学区讼罗德里格兹学区案),也不需要在富裕的郊区和市区之间用校车接送学生(米利肯讼布拉德利案)。

对赞赏自由进取精神和崇尚自由放任政策的人来说,所谓穷人就是那些既不从事生产也不工作的人,他们应该为他们的贫困而受责备。但这里忽略了一个事实,即妇女们照料她们自己的孩子其实也是一种非常辛苦的工作。他们也不去问一问,为什么一个小孩子,还不到能展示他们工作技巧的年龄,就因为他是生长在一个穷人家庭,却要承受种种各样的处罚(甚至被打死)。

具有讽刺意味的是,正是共和党人凯文·菲利浦斯在分析里根时期时这样写道:"创造财富的人占有的财富越来越少……极不公平地流向社会经济、法律和文化精英,从律师到理财师。"

在 80 年代中期,华盛顿又暴出一起特大丑闻。还在卡特政府时期,储蓄和借贷银行就开始违反有关规定。在里根时期,这种违规行为仍在继续,结果导致银行进行冒险性的投资,最后耗干了银行的资产,使它们欠下储户数 10 亿美元的存款。政府曾经为此提供过担保,现在却不得不由纳税人来支付。

随着时间的推移,当问题还没有暴露的时候,需要用越来越多的钱来支付储户,以便帮助这些银行摆脱困境。所需数额高达 2 000 亿美元。在 1988 年的总统选举中,民主党候选人迈克尔·杜卡基斯被禁止披露这一数字,因为虽然是共和党当政,但国会中的民主党人对于造成这一局面和掩盖事情真相方面都陷得很深。结果,选民对此仍然一无所知。

为了国家防务而大肆耗用国库的钱财,曾一度被艾森豪威尔总统宣布为是对人道需要所犯下的"偷窃行为"。但两大党都延续了这一政策,无论是民主党还是共和党都争相向选民显示自己的"强硬态度"。

吉米·卡特当选总统时,宣布增加军事预算 100 亿美元,这是艾森豪威尔所描绘的一个恰如其分的例子。第二次世界大战结束后,从杜鲁门一直到里根和布什,美国作出的所有庞大军事预算,都得到了民主党和共和党的完全赞成。

花费数万亿美元来建设核力量和非核力量,其论据是对苏联入侵西欧感到担心,因为它也在建设自己的军事力量。不过,前驻苏大使、冷战问题专家乔治·凯南却认为,这种担心是没有道理的。哈里·罗西茨克曾为中央情报局工作了 25 年,一度还领导了针对苏联的间谍行动,他在 80 年代时写道:"在我为政府工作的整个期间,我从未看到一项情报评估认为入侵西欧或是进攻美国会对苏联的利益有好处。"

　　然而,在公众中制造这样一种恐慌,作为建设性能强大而优越的武器系统的论据是非常有用的。例如,一艘能发射上百枚核弹头的三叉戟潜艇,它的造价是15亿美元。除了发生核战争,它其实根本没有任何用处。即便是在核战争中,那也不过是在数以万计的核武器之外再增加数百枚核弹而已。而这15亿美元足以用来实施一项为全世界儿童免除死亡性疾病的五年期计划,并可防止500万人的死亡(参见鲁斯·西瓦德《世界军费与社会支出:1987—1988》)。

　　80年代中期,为国防部提供调查研究服务的兰德公司的一位专家曾异常坦率地告诉来访者说,巨量的武器从单纯军事观点来看是不必要的,但在国内外树立某种形象方面却是有用的:

584

　　　　如果你有一个强势的总统和国防部长,他们就会告诉国会说:"我们只是想建立必要的防务……如果俄国人的军力两倍于我们的话,那就麻烦了。"不过,这在政治上是不稳定的……因此,对我们而言,哪怕竞争在客观上是否有意义本身……都值得怀疑,但是,保持一个旗鼓相当的对手,既有利于国内稳定,也有利于我们在国际问题上达成共识。

　　1984年,中央情报局承认它夸大了苏联的军事开支,声言自1975年以来苏联的军费开支每年增长4%—5%,而实际上只有2%。因此,由于误判,甚至欺骗,我们的军费开支得以迅速攀升。

　　"星球大战"计划是里根政府最热衷的军事计划之一,其目的是建立空间屏障以阻止敌人来自空中的核打击,为此要花费数十亿美元。但头3次技术实验都失败了。接着又进行了第四次实验,政府还为此项计划投资担保,结果又一次失败了。但里根政府的国防部长卡斯珀·温伯格却批准伪造数据来证明试验取得了成功。

　　当苏联1989年开始走向解体时,人们熟知的"苏联威胁"不再存在了。但是,在民主党和共和党两党的共同支持下,军事预算只是略有一些减少,却仍旧很庞大。1992年,众议院军事委员会主席、民主党人勒斯·阿斯平建议:鉴于国际形势的变化,把军事预算裁减2%,即从2810亿美元降至2750亿美元。

　　就在民主党和共和党都赞同略微减少军事预算之时,同年的全国报刊俱乐部进行的调查则显示,59%的美国选民们希望在下一个五年削减国防开支50%。

　　两党试图说服民众,使其相信军事预算应当继续保持在高水平上,但似乎都没能成功。但是两党对他们曾表白要代表的公众意见继续漠然置之。1992年夏天,国会中民主党和共和党议员一致投票表决,反对把一项基金从军事预算转到人道的需要上,同时却一致投票赞成花1200亿美元来"保卫"欧洲,尽管谁都知道它已不再面临苏联进攻的危险(假若过去曾有过这种危险的话)。

　　民主党和共和党早已共同秉持"两党一致的对外政策",不过,在里根—布什585时期,美国政府在海外使用军事力量方面显得特别富于进攻性。这不仅表现为直接的武装入侵，而且还包括对亲美的右翼独裁者给予或明或暗的支持。

里根当选总统之时，尼加拉瓜恰好刚刚发生了一场革命。在那里，深受民众欢迎的桑地诺运动（得名于20世纪20年代革命英雄奥格斯都·桑地诺）推翻了腐败的索摩查暴政（美国长期以来一直在支持它）。桑地诺运动是马克思主义者、左派神职人员和各种民族主义者的大联合，它公开宣布要给农民更多的土地和在穷人中间推广教育及健康保护。

里根政府不仅把它看作是一种"共产主义"的威胁，更把它看作是对长期以来美国所控制的中美洲各国政府的一个严重挑战，于是立即开始着手策划推翻桑地诺政府。中央情报局组织了一支抵抗革命的力量"康特拉斯"（contras①），进行了一场秘密战争。在它的领导人中，有许多人就是令人痛恨的索摩查国家卫队的前领导人。

"康特拉斯"在尼加拉瓜国内显然并不受欢迎，因此它把基地设在了附近的洪都拉斯。这是一个被美国操纵的非常贫穷的国家。他们从洪都拉斯越过边界，袭击农场和村庄，杀死男人、妇女和儿童，犯下了种种暴行。"康特拉斯"前陆军上校艾德加·查摩罗在国际法庭作证说：

> 我们被告知，要打败桑地诺民族解放阵线，只能用中央情报局特工在别处对付共产主义叛乱者的手段，即杀人、绑架、抢劫、酷刑……许多公民被残酷地杀害，还有许多人被拷打、被致残、被强奸、被劫掠以及其他种种虐待……当我同意加入的时候……我希望这是一个尼加拉瓜人的组织……事实证明它只是美国政府手中的一个工具……

美国完全有理由把它在尼加拉瓜进行的活动向公众保守秘密；公众舆论调查显示，美国的公众反对对这里进行军事干涉。1984年，中央情报局利用拉美代理人来掩盖自己的卷入，并在尼加拉瓜的港口布设水雷打击船只。当消息被泄露出去后，国防部长温伯格对美国广播公司撒谎说："美国并没有在尼加拉瓜港口布雷。"

同年晚些时候，大概是要对公众的意见作出回应，也可能是对越南记忆犹新的缘故，国会判定美国采取"直接或间接的、军事或准军事的行动支持尼加拉瓜"为非法。里根政府决定不理睬这一法律，想办法秘密资助"康特拉斯"，即寻找"第三方的支持"。里根本人曾亲自向沙特阿拉伯要求3 200万美元的赞助。亲美的危地马拉独裁政权曾暗中向"康特拉斯"提供武器。以色列也干过同样的勾当，它仰赖美国的援助，总是能够提供可靠的支持。

1986年，贝鲁特一家杂志上刊登了一则轰动一时的消息：美国已经在向伊朗（美国假想的敌人）出售武器，作为回报，伊朗答应释放在黎巴嫩被极端伊斯兰

---

① contras，contra sandinistas 的缩写，意为"反桑地诺主义者"。

分子扣押的美国人质；而卖武器所得的利润则交给尼加拉瓜的"康特拉斯"用来购买军火。

在1986年11月的一次记者招待会上，有人曾问及此事，当时里根总统撒了4个谎，即运往伊朗的船上只装载了少量象征性的反坦克导弹（实际上有2 000枚之多）；美国绝不允许为第三方运送货物；武器不是用来交换人质；采取这一行动的意图是为加强与伊朗温和派的对话。实际上，它的意图是双重的：释放人质并为此搞到钱款去帮助"康特拉斯"。

就在上个月，一架向"康特拉斯"运送武器的运输机被尼加拉瓜人的炮火击落，美国飞行员被俘，一时间更是谎言成堆。助理国务卿埃利奥特·阿布拉姆斯撒了谎，国务卿舒尔茨也撒了谎（说"与美国政府毫无关系"）。证据显示，被俘的飞行员受雇于中央情报局。

整个伊朗军售事件是揭开美国当局双重防线的最好例证。其第一道防线是矢口否认事实真相。如果事情败露，其第二道防线便是着手调查，但不会深入；媒体会公开予以披露，但他们却接触不到最核心的内幕。

丑闻曝光后，无论是国会调查委员会，还是媒体，抑或是监督援助行动的奥利弗·诺斯上校都没能深入到最核心的问题：美国的对外政策究竟是什么？总统及其僚属怎么会在中美洲支持恐怖组织去推翻一个深受本国人民欢迎的政府？在他们看来，不管这个政府有什么缺点，相对于美国多年来支持的那些糟糕的政府，它毕竟是一个巨大的进步。有关民主、言论自由和开放的社会，这个丑闻又能告诉我们什么呢？

虽然"军售门"丑闻被大肆曝光，但是政府所采取的此类秘密行动并未遭到强烈批评；一小撮人的密谋行动虽使民主制度受到侵蚀，但并未受到公众舆论的谴责。在这个以教育和信息高度发达为荣的国家里，媒体不过是让公众对最肤浅的一些东西有所了解而已。

民主党对这一事件提出了批评，但这种批评的局限性可以从著名的民主党人、佐治亚的参议员萨姆·纳恩的话中看出来。当对此事件的调查开始后，他表示："我们大家必须一致努力来帮助总统，在外交方面恢复公众对总统的信任。"

一些持批评态度的民主党人受到里根的对外情报咨询委员会成员、哈佛大学教授詹姆斯·Q. 威尔逊的强烈批评。威尔逊对"两党一致"（相当于极权体制下的一党制）怀有深深的眷恋之情，他最为忧虑的是"缺少像一个超级大国那样行动的决心"。

很显然，里根总统和布什副总统都卷入了这场人所共知的伊朗军售事件。但他们的下属都小心地让他们置身事外。这是政府惯用的一种策略："貌似合理的否认"，按照这一策略，下级官员为上级官员掩饰真相，而上级官员则头头是道地否认曾卷入其中。虽然来自得克萨斯的众议员亨利·冈萨雷斯提出了弹劾里根的动议，但很快便被国会否决了。

无论里根还是布什都没有因此受到指控。相反，国会委员会却把无足轻重的犯人推到了被告席上，而这些人中也只有少数几个被指控有罪。一个是罗伯特·麦克法兰，里根的前国家安全顾问，他试图自杀。另一个是奥利弗·诺思上校，因为在国会作伪证而被审讯。他虽然被判有罪，但并没有被关进监狱。里根平安无事地退休了，而布什则成了美国的下一任总统。

极具讽刺意味的是，印第安纳一个名为奥敦的小镇上的一位名不见经传的小人物意外地卷进了伊朗军售事件的纠纷之中。这位名叫比尔·布里登的年轻人此前是一名牧师。他同自己的妻子和两个孩子一起住在森林里的帐篷里，在家里教育孩子。布里登的家乡奥敦恰好也是海军上将约翰·波因德克斯特的故乡，他是里根国家安全顾问麦克法兰的继任者，在伊朗军售事件的违法活动中陷得很深。

一天，比尔·布里登发现小镇为了表达对这位同乡的敬意而把一条街道改名为"约翰·波因德克斯特街"。布里登是一位对美国对外政策持批评立场的和平主义者。他认为这是公开颂扬政府的不义之举。因为气愤难平，他偷起了路牌。他声言要用它来换取3 000万美元的"赎金"，这是支付伊朗用以转给"康特拉斯"的数额。

他被逮捕判刑，在监狱里呆了几天。事实证明，比尔·布里登成了与伊朗军售事件有关的人员中唯一蹲过牢的人。

伊朗军售事件只是美国政府为追求其对外政策目标，破坏它自己制定的法律的许多事例之一。

到越南战争结束时，即1973年，国会为了限制曾经在印度支那被滥用的总统权力，通过了"战争权力法案"，法案中规定：

"总统在任何可能采取军事行动的情形下，即在命令美国军队参战或介入当地局势（依据当地形势判断这种介入显然会导致立即卷入冲突）之前，都应与国会进行协商。"

然而，该法案甫一通过就被杰拉德·福特总统违反了。他命令入侵柬埔寨的岛屿，轰炸柬埔寨的村镇，以报复柬方临时羁押美国"马雅圭斯"号商务货船上的海员。在下达攻击命令前他并没有同国会进行协商。

1982年秋，里根总统再次置"战争权力法案"于不顾，派遣美国海军陆战队介入了黎巴嫩内战。当时那里的局势正日益恶化，内战步步升级。次年，恐怖分子在海军陆战队驻扎的营房放置了炸弹，有200多名海军陆战队员被炸死。

此后不久，1983年10月（一些分析家认为这是想转移对黎巴嫩不幸事件的注意力），里根派美国军队入侵了小小的加勒比岛国格林纳达。这一次，国会也只是被告知而并未与之协商。关于此次入侵（官方称之为"紧急复仇"行动）的理由,美国政府做出的解释是,格林纳达最近发生的政变使美国公民(在该岛上医学院学习的学生)处于危险之中;美国收到了东加勒比国家组织要求美国进行干预的紧急请求。

1983 年 10 月 29 日,《纽约时报》刊登了记者伯纳德·格韦茨曼一篇异常尖锐的文章,对上述理由进行了驳斥:

> 美国及别的友好国家所提供的那份要求提供军事援助的所谓正式的请求是东加勒比海国家组织应美国的要求于上周日做出的,目的是要证明其行动符合该组织条约的相关条款,是应其请求而采取的行动。其实,该请求的正式文本是在华盛顿拟定并由美国特使送达加勒比国家各位领导人的。

> 古巴和格林纳达发现美国军舰驶往格林纳达时都曾紧急知会美国,保证美国学生的安全,敦促美国不要派兵入侵……没有任何迹象显示,政府曾做出过让美国人和平撤离的明确行动……官方承认,根本不存在同格林纳达方面进行谈判的任何意向……总统表示,"我们及时赶到了那儿"……争论的焦点在于,是不是岛上美国人的这种危险的存在恰恰为入侵提供了正当理由。官方没有任何人提供确凿的证据证明美国人受到了虐待,或者他们想离开而无法离开。

一名美国高级官员告诉格韦茨曼,入侵的真正原因是美国要向外界显示(它决心克服因越南战争失败而造成的挫折感)它仍是一个强大的国家:"如果你从未使用过,怎么能知道显示实力是一个很不错的手段呢?"

在加勒比地区,美国的军事介入与资本家的业务拓展之间一直存在着很紧密的联系。例如,在军事入侵格林纳达 8 年之后,《华尔街日报》1991 年 10 月 29 日发表的一篇文章把这次入侵称为"银行的入侵"。文章指出,格林纳达的首都圣乔治城只有 7 500 人,却有 118 家国外银行,平均 64 个居民中就有一家银行。"圣乔治城已变成加勒比海的卡萨布兰卡,正在迅速沦为洗钱、逃税和各种金融诈骗者的天堂……"

政治学家斯蒂芬·沙洛姆在其《帝国的托辞》中研究了美国各种各样的军事干预,其结论是,被入侵国家人民的死亡"并不能保护美国公民的生命安全。事实上,如果没有军事入侵的话,他们会安全得多。美国不过是想以此表明自己是加勒比地区的主宰者,它随时可以按照自己的意愿发动一场暴力袭击"。沙洛姆接着写道:

> 确实有美国公民处境危险的情况存在。例如,1980 年,在萨尔瓦多有 4 名修女被政府支持的暗杀队杀死,但美国没有干预,既没有海军陆战队登陆,也没有保护性的空袭。相反,美国却一如既往地支持这个以暗杀队为支柱的政府,包括提供军事和经济援助,进行军事训练、情报共享和外交支持。

在萨尔瓦多，2％的富人拥有 60％的土地，美国的传统角色就是保证让支持美国商业利益的政府掌权，绝大多数人民的生活如何贫困，对它来说都无关紧要，但一旦发生危及美国商业利益的平民反叛活动，美国就会坚决反对。当1932 年萨尔瓦多各地发生平民起义，对军政府造成威胁时，美国派出 1 艘巡洋舰和 2 艘驱逐舰予以支持，军政府屠杀了 3 万多萨尔瓦多人。

吉米·卡特政府也没有改变这一历史状况。它希望拉丁美洲国家进行改革，但却不希望发生危及美国公司利益的革命。1980 年，国务院经济事务专家理查德·库珀告诉国会，那里存在着平等分配财富的强烈愿望。"不过，要继续保持现有经济制度顺利运转，我们将会冒巨大的风险……制度的重大变革……将会给我们自己的福利政策带来重大影响。"

1980 年 2 月，萨尔瓦多的天主教主教奥斯卡·罗梅罗以个人名义致信卡特总统，要求他停止对萨尔瓦多的军事援助。在此前不久，国民卫队和国家警察公然向教区大教堂前的抗议人群开枪，杀死了 24 个人。但卡特政府继续对萨尔瓦多提供援助。1 个月后，主教罗梅罗也被谋杀了。

有大量的证据表明，这次谋杀是由右翼领导人罗伯托·多比伊森下令进行的。但多比伊森享有尼古拉斯·卡伦查和埃利奥特·艾布拉姆斯的保护。前者是国防部副部长，当时中央情报局每年付给他 9 万美元。更具有讽刺意味的是，埃利奥特·阿布拉姆斯还是主管人权事务的助理国务卿，他声称多比伊森"并未卷入此次谋杀"。

里根出任总统后，对萨尔瓦多的军事援助又有大幅攀升。从 1946 年至1979 年，对萨尔瓦多的军事援助总计达 1 670 万美元。而里根执政的第一年，援助总额已上升到 8 200 万。

国会对萨尔瓦多发生的大屠杀深感困扰，要求政府在提供任何新的援助之前，总统必须证明对方在人权方面已有进步。然而里根并没有把它当回事。1982 年 1 月 28 日，有报道说政府对几个村子的农民进行了屠杀。第 2 天，里根作证说，萨尔瓦多政府在人权方面已有进步。仅仅 3 天之后，士兵便袭击了圣萨尔瓦多穷人的家，有 20 人被拖出来杀掉了。

1983 年底，国会通过法案，要求继续进行调查取证，里根否决了这一法案。

在里根执政时期，新闻媒体的表现，既极为胆小怯弱，又善于谄媚奉迎，正如马克·赫茨加德在其所著《跪着》一书中描绘的那样。当记者雷蒙德·邦纳继续报道萨尔瓦多发生的暴行和美国在其中扮演的角色时，《纽约时报》将他调离原职。早在 1981 年，邦纳就曾报道过美国训练的士兵在埃尔摩佐特镇屠杀数百名公民的事件。里根政府当时还曾嘲笑过这一统计数字。但一批法医学人类学者于 1992 年组队前往大屠杀地点挖掘死者的遗骸时，却发现死者大多数是儿童。第 2 年，联合国委员会证实了埃尔摩佐特发生的大屠杀事件。

在一些拉丁美洲国家(危地马拉、萨尔瓦多、智利),尽管执掌政权的是军人集团,但如果他们对美国"友好",里根政府就一点也不觉得有什么不舒服。但如果是一个对美国怀有敌意的独裁政府,像利比亚的穆阿迈尔·卡扎菲政府那样,那美国政府就很难容忍了。1986年,当一个不知名的恐怖分子在西柏林的一家迪斯科舞厅制造一起爆炸案,并导致一个美国服务生丧命时,白宫立即决定进行报复。卡扎菲确实可能对过去数年发生的各种恐怖主义活动负有责任,但并没有任何实际证据表明他与此案有牵连。

里根下定决心要教训卡扎菲。有数架美国飞机奉命飞往利比亚首都的黎波里,并且它们还接到特别指示要轰炸卡扎菲的住所。炸弹落到人群聚集的城市,据驻的黎波里的外交官估计,大约有100多人被炸死。卡扎菲没有受伤,但他的一个养女被炸死了。

斯蒂芬·沙洛姆在其《帝国的托辞》中分析这一事件时写道:"如果把恐怖主义定义为出于某种政治目的而对非战斗目标所实施的暴力打击的话,那么当年美国对利比亚的空袭便是一起不折不扣的、严重的国际恐怖主义事件。"

在乔治·布什任职初期,国际舞台上发生了自第二次世界大战以来最富戏剧性的变化。1989年,在充满活力的苏联新领导人米哈伊尔·戈尔巴乔夫领导下,长期被压抑的对"无产阶级专政"的不满(因为它最终变成了对无产阶级的专政)在整个苏联集团内爆发了。

在苏联和长期以来被苏联控制的东欧国家里,群众示威游行连续不断。民主德国同意与联邦德国实现统一,长期以来分隔东西柏林并成为民主德国对其公民严加控制的象征的柏林墙,在两个德国狂欢的人群面前轰然倒塌了。在捷克斯洛伐克,组成了新的非共产党政府,一直被囚禁的前持不同政见者、剧作家维克拉夫·哈维尔成为政府的领导人。在波兰、保加利亚、匈牙利也出现了新的领导人,他们许诺实行民主、自由。值得注意的是,所有这一切变化都顺应了大多数普通民众的要求,并没有引发内战。

在美国,共和党宣称是里根的强硬政策和增加军费开支导致了苏联的垮台。不过,变化早就开始了。在1953年斯大林死后,特别是尼基塔·赫鲁晓夫执政时期,就开始了非常公开的讨论。

不过,美国前驻苏联大使乔治·凯南认为,美国长期坚持的强硬路线实际上成了苏联进一步自由化的绊脚石。他写道:"把美苏冷战推向极端所产生的总体效果,与其说是促使80年代末苏联发生的巨大变化进一步加快,不如说是拖延和迟滞了这种变化。"就在美国的媒体和政客们为苏联的崩溃而欣喜若狂之时,凯南却指出,美国的冷战政策不仅延缓了苏联的崩溃,而且让美国人民付出了沉重的代价:

我们连续40年维持着本来是不必要的、庞大的军事开支。我们付出的高额代价就是把核武器积累到了顶点，大量的、无用的核武库已经成为（今天也依然是）对这个星球环境本身的一种威胁……

苏联的突然解体使美国的政治领导人感到措手不及。武装干涉朝鲜和越南曾让许多人丢掉性命，对古巴和多米尼加共和国的干涉也一样，还有向世界各地提供的巨额军事援助（欧洲、非洲、拉丁美洲、中东和亚洲），所有这些行动之所以必要，就是要对付据说是来自苏联的共产主义威胁。为维持庞大的核武库和非核武库，以及美国在世界各地的军事基地，政府以税收的形式从美国公民那里拿走数万亿美元。所有这一切首要的理由就是"苏联的威胁"。

现在，苏联的解体对美国来说是一个机会，美国乘此不仅可以重新调整其对外政策，还可以从预算中每年腾出数千亿美元用来搞建设，搞医疗保健方案。

但这一切并没有发生。在"我们赢得了这场冷战"的狂热鼓噪声中，一种痛苦也接踵而来："我们怎样才能继续维持我们的军事设施呢？"

美国的对外政策并不单是建立在有苏联存在这个基础之上，它还来自对世界各地发生革命的恐惧，尽管曾有人对此表示怀疑，但现在这一点已变得越来越清楚了。左翼社会批评家诺姆·乔姆斯基始终坚持认为："对安全的呼吁很大程度上不过是一种欺骗。冷战体系已经变成为镇压独立的民族主义辩护的工具，不管这种民族主义是在欧洲、日本还是第三世界。"（《世界秩序：新与旧》）

害怕"独立的民族主义"是因为它会危及美国强大的经济利益。尼加拉瓜、古巴、萨尔瓦多和智利发生的革命，对联合果品公司、阿纳康达铜业公司、国际电话电报公司等的利益构成了威胁。因而，在公众面前打着"国家利益"的幌子所进行的国外干涉行动其实不过是为了捍卫某种特殊利益，而美国人民却要求为此牺牲自己的孩子和税金。

中央情报局现在也需要证明自己继续存在的必要性。1992年2月4日的《纽约时报》宣称："在一个战后敌人已不复存在的世界上，中央情报局及其姊妹机构，连同它们价值数十亿美元的附属组织以及堆积如山的机密文件，一定会以某种适当的方式留在美国人的记忆里。"

军事预算仍旧居高不下。冷战时期的3 000亿美元的预算裁减7%，仍有2 800亿美元。参谋长联席会议主席科林·鲍威尔说："我们想把那个邪恶势力从世界的其他地方威吓出去。我不认为那是好战。"

为证明仍有必要保持庞大的军事设施，布什政府在其4年的执政期内先后发动了2场战争：一次是针对巴拿马的"小"战，另一次是针对伊拉克的大战。

1989年，乔治·布什一上台，就因为巴拿马独裁者曼努伊尔·诺列加胆大妄为的挑衅性行为而陷入尴尬境地。虽然诺列加政府腐败、残暴而又独断专行，但里根总统和布什副总统都对此视而不见，因为他对美国有用。他在许多方面与中央情报局一直维持着合作关系。例如，把巴拿马作为美国从事反对尼加拉瓜桑地诺解放阵线政府军事行动的基地,同奥利弗·诺斯上校会晤,一起商讨针对尼加拉瓜的袭击目标。布什在 1976—1977 年任中央情报局局长期间,对诺列加保护有加。

然而,到 1987 年,诺列加已经没用了,他参与贩毒的活动也被公开了。于是,他便顺理成章地被美国政府选作了打击的目标,因为布什政府想要证明的是,美国虽然不能摧毁卡斯特罗政权、桑地诺民族解放阵线或萨尔瓦多的革命运动,但它仍旧是加勒比海地区的霸主。

1989 年 12 月,美国派出了 2.6 万人的军队入侵了巴拿马,声称要把诺列加作为毒品走私犯逮捕并予以审判(他已以此罪名在佛罗里达受到起诉),同时是为了保护美国公民的安全(一名军人和他的妻子受到巴拿马士兵的威胁)。

美国很快就取得了胜利。诺列加被抓获并被带到佛罗里达受审(随后他被判有罪并遭关押)。但在入侵过程中,巴拿马城的邻近地区遭到轰炸,有数百或者数千平民被炸死,估计约有 1.4 万人无家可归。在巴拿马,一位对美国友好的新总统被扶植上台,但贫困和失业状况仍旧没有丝毫的改变。1992 年的《纽约时报》报道说,此次入侵和赶走诺列加“并未阻止毒品通过巴拿马非法流入”。

然而,美国重建它在巴拿马的影响这一目标算是达到了。自由派民主党人(约翰·科瑞和马萨诸塞的泰德·肯尼迪以及其他许多人)声明他们赞成此次军事行动。作为军事干涉的支持者,民主党确实起了他们在历史上所曾起过的作用,因此在外交政策上两党仍旧是一致的。看来他们决心要显示他们像共和党一样坚定不移(或者说冷酷无情)。

里根和布什政府非常期盼的另一个目标是克服美国公众自越战以来对对外干涉的厌恶情绪。但对实现这一目标来说,巴拿马行动的规模实在是太小了。

两年后,针对伊拉克发动的海湾战争提供了这样的机会。萨达姆·侯赛因残暴统治之下的伊拉克,在 1990 年 8 月悍然吞并了它的小小邻国——富产石油的科威特。

此刻,乔治·布什正需要做一些事情来提高他在美国选民中的知名度。《华盛顿邮报》在 1990 年 10 月 16 日头版头条使用了“调查显示公众信心骤降,布什支持率暴跌”的标题。该报 10 月 28 日报道说:“党内一些观察家担心,总统将被迫采取某种行动来防止他在国内的支持率进一步下降。”

10 月 30 日,做出了对伊拉克开战的秘密决定。作为对入侵科威特的回击,联合国宣布对伊拉克实行制裁。1990 年秋,国会委员会反复举行的听证会都证明,制裁已经奏效,应当坚持下去。中央情报局向参议院提供的秘密证据也显示,受制裁的影响,伊拉克的进出口已经减少了 90% 之多。

但是,在民主党于 11 月举行的国会选举中获得胜利之后,布什把在海湾的兵力增加了一倍以上,达到了 50 万人。此举清楚地表明,现在的兵力部署是用来发起进攻而不是进行防御的。根据《纽约人》的一位撰稿人伊丽莎白·德鲁的说法,布什的助手约翰·苏努努"告诉人们,打一场耗时不长的速胜战对总统来说纯粹是出于政治目的,因为这将保证他能再次当选"。

此后不久,历史学家乔恩·威纳就分析了布什发动这场战争的国内背景。他写道:"布什之所以放弃制裁而选择战争,因为他的时间表是根据迎战即将到来的 1992 年总统选举这一政治目的决定的。"

这一政治目的以及美国长期以来想确立对中东石油资源的控制权,是决定对伊拉克战争决策的关键因素。战争刚一结束,13 个石油生产国家的代表即准备在日内瓦举行会议。《纽约时报》的经济版记者写道:"借助于这次军事上的胜利,美国对石油输出国组织的影响力有可能超过历史上其他任何一个工业化国家。"

但政府并没有将这些动机告诉美国的公众,只是说美国希望把科威特从伊拉克的统治下解放出来。主要的媒体也都把它作为开战的理由详加报道,却只字不提在其他国家受到类似入侵时美国何以没有表现出与此类似的关心,例如,当印度尼西亚入侵东帝汶,伊拉克入侵伊朗,以色列入侵黎巴嫩,南非入侵莫桑比克时都没有说过什么,更不用说美国自己入侵巴拿马、格林纳达这样的国家了。

看来,最能使人信服的开战理由是伊拉克自己在制造核炸弹。但在这方面所掌握的确凿证据也很少。科威特危机爆发前,据西方情报机构掌握的信息,估计伊拉克造出一件核武器需要 3 年到 10 年的时间。即使按照比较悲观的估计,伊拉克能够在一两年内造出核炸弹,它也没有自己的运载系统来发射这些炸弹。此外,以色列已经拥有了核武器。美国大约也有 3 万枚此类武器。布什政府竭力试图在国内散布一种妄想症,一种对根本就不存在的伊拉克核炸弹的妄想症。

看来布什下决心要发动战争。在伊拉克入侵科威特后不久,本来有几次机会可以通过谈判要求伊拉克从科威特撤军,包括《每日新闻》记者克努特·罗伊斯在 8 月 29 日报道的伊拉克所提出的建议。但美国对此都未作任何回答。当国务卿詹姆斯·贝克去日内瓦会见伊拉克外长塔里克·阿齐兹时,布什给他的指示却是"不要进行谈判"。

尽管数月来华盛顿一再向公众告诫萨达姆·侯赛因如何如何危险,但民意调查显示,支持军事行动的公众还不及一半。

在 1991 年 1 月,布什显然感到他需要获得支持,于是便要求国会给予他开战的授权。这不是宪法所称的宣战。不过自朝鲜战争和越南战争以来,宪法的相关条款似乎已经死亡,即便是最高法院那些以死扣宪法条文和字句为自豪的"狭义宪法解释派"法官也不曾置一词。

国会内部的争论非常激烈。参议院的辩论发言一度被楼厅内"不要为石油而流血！"的抗议声所打断,抗议者被卫兵强行推了出去。可能布什确信自己已得到足够的支持,或者他觉得发动这场战争根本不需要国会的批准,毕竟在朝鲜、越南、格林纳达和巴拿马的战争已经开了无视国会和宪法的先例。

参议院对军事行动进行表决时只有几票赞成,而在众议院中则得到了大多数的支持。然而,一旦布什下达进攻伊拉克的命令,参众两院里就只有少数几个人坚持不同意见,民主党同共和党人的立场一样,都投票表示"支持战争、支持军队"。

1991年1月中旬,当萨达姆·侯赛因对要求撤出科威特的最后通牒置之不理时,美国对伊拉克发起了空中打击。这次行动的代号是"沙漠风暴"。政府和媒体极力渲染美国军事力量强大无敌,伊拉克根本不在话下。美国的空军完全控制了伊拉克的领空,可以任意进行轰炸了。

不仅如此,美国的官员们还完全地控制了无线电波。美国公众面对的全部是"精巧炸弹"精确打击的电视画面,以及让人确信无疑的政府声明。这些画面和声明都在告诉人们,这种激光炸弹不仅被精确制导,而且都准确地命中了军事目标。主要的新闻网发送的全是诸如此类的声明,没有对此表示任何疑问或提出任何批评。

让公众确信这种"精确炸弹"不会伤害平民,这有助于改变公众舆论的态度。刚准备开战的时候,支持者与反对者各占一半;现在则大约有85％的人表示支持这次入侵。在赢得公众支持方面,大概最重要的一点就是,对许多先前反对此次军事行动的人来说,一旦美国军事上已经卷入,再对军事行动提出批评,就意味着背叛已经在那里作战的军队。全国各地都挂起了黄丝带,象征对在伊拉克作战的美国军队的支持。

事实上,公众被投到伊拉克城镇的"精巧炸弹"是如何精巧的宣传给欺骗了。在对前情报官员和空军官员进行采访后,《波士顿环球时报》的记者报道说,在沙漠风暴行动中投下的激光制导炸弹,大约有40％没能命中目标。

里根政府的海军部长约翰·莱曼估计说有数千平民的伤亡。五角大楼没有提供官方数字。五角大楼的一位高级官员告诉《波士顿环球时报》说:"实话告诉你,我们并未真正关注这个问题。"

路透社发自伊拉克的一则报道,描述了在巴格达南部的一个镇里,一家有73个房间的旅馆被摧毁。报道还引述一个埃及目击者的话说:"他们打中了一家住满了人的旅馆,稍后他们再次击中这家旅馆。"路透社报道说,对伊拉克的空袭首次使用了激光制导炸弹,但在几周内,又改用携带常规炸弹的B-52轰炸机,这表明,不加区分的狂轰乱炸将越来越多。

美国记者则被拒绝参观战争结束时的情景,他们发来的消息都是一些被审查过的内容。显然,一回想起越南战争期间报纸对平民伤亡所作的报道曾如何影响当时的公众舆论，美国政府便决定此次不再给它们提供这样的机会。

针对这种严格的信息控制，《华盛顿邮报》的一名记者在 1991 年 1 月 22 日满腹怨言地写道：

> 轰炸使用了……数十架配备有巨量非制导炸弹的 B-52 高空轰炸机。但五角大楼禁止采访 B-52 轰炸机的飞行员，不让看他们轰炸行动的录像，不回答参加本次行动的飞机的任何问题，这种飞机在波斯湾地区 2 000 架美国和盟国飞机中杀伤力最强、打击最精准……

2 月中旬，在美国飞机凌晨 4 时对巴格达进行的一次空袭中，投下的炸弹炸死了 400 到 500 人。一位美联社记者，作为少数被允许到该地点的记者之一，在报道中说："找到的尸体大多数残缺不全，以至于无法辨认。有一些显然是儿童。"五角大楼声称这是军事目标，但美联社的报道却说："在废墟中没有找到存在军事设施的任何证据。"其他察看过这一地方的记者都同意这一说法。

战争结束后，有 50 名华盛顿新闻署的官员在一份联合声明中抱怨说，五角大楼在海湾战争期间"对美国的新闻舆论进行了非常严密的控制……"

但战争一开始，几家主要电视台的新闻评论员的所作所为看起来就像是在为美国政府工作一样。例如，哥伦比亚广播公司的丹·拉瑟算得上是一位出镜率最高的电视新闻记者，在从沙特阿拉伯报道一枚激光制导炸弹击中一片露天市场、炸死了很多平民的场面（这枚炸弹是支持美国战争的英国人投下的），他惟一的评论就是："可以肯定，萨达姆·侯赛因又会拿这些伤亡来大肆进行宣传。"

当苏联政府试图通过谈判结束战争，敦促伊拉克在地面战争开始前撤出科威特时，哥伦比亚广播公司的高级记者莱斯利·斯塔尔却问另一名记者："这是不是一场梦魇？苏联人是不是想阻止我们？"（《波士顿环球报》记者埃德·西格尔，1991 年 2 月 23 日）

在战争的最后阶段，即战争开始仅仅六周之后，盟军就发起了地面进攻。像空战一样，地面进攻几乎没有遇到真正的抵抗。虽然胜券在握，伊拉克的军队全面溃败，但美国的飞机继续轰炸在科威特城外高速公路上拥挤不堪的伊拉克溃兵。一位记者称此情景是"一幅可怕的地狱景象……恐怖末日的明证……从东到西，沙漠上到处都是这些溃兵的尸体。"

1911 年 1 月 28 日，耶鲁大学军事史教授迈克尔·霍华德在《纽约时报》上撰文，以赞许的口吻引述了军事战略家克劳塞维茨的话："血腥屠杀的残酷和可怕只能使我们更加慎重地对待战争，而不应该让我们在人道的名义下让我们的刀剑逐渐变钝。"霍华德接着说道："在这场不同意愿的冲突中，其底线依旧是准备去杀人还是被人杀死……"

在战争结束之后，当轰炸伊拉克所引起的饥饿、瘟疫和成千上万儿童死亡等惨痛景象逐步呈现在世人面前的时候，这场战争所造成的人道主义后果就变得令人惊骇了。战争刚一结束，一个联合国小组就访问了伊拉克。该小组报告说："最近的这场冲突给该国的基础设施造成了近乎毁灭性的大破坏……绝大多数现代生活设施都已毁坏或者勉强维持着……"

哈佛的一支医疗队5月报告说，儿童的死亡率一直在上升，在当年的前4个月（战争从1月15日持续到2月28日）死去的儿童，比去年同一时期多5.5万人。

巴格达儿科医院的主任对《纽约时报》的记者说，在轰炸开始的第一个晚上，电力供应就被切断了："母亲们把她们的孩子从早产儿保育器中抢出来，拿掉他们手臂上的输液管。其他人则从氧气帐篷中移出来，跑进地下室，因为这里不是很热。在轰炸的头12小时内，我失去了40多个早产儿。"

尽管在战争过程中，萨达姆·侯赛因被美国官员和报纸描述成另一个希特勒，但是，由于战争很快结束，盟军没有入侵巴格达，因此他还可以继续掌权。看来，美国只是想削弱他的势力，并不是要消灭他，因为还要利用他来平衡伊朗的力量。在海湾战争前的几年里，美国既向伊朗也向伊拉克出售军火，根据传统的"均势"战略，时而倾向这个，时而又倾向另一个。

因此当战争一结束，美国并没有支持伊拉克的持不同政见者，他们本想推翻萨达姆·侯赛因的政权。1991年3月26日，《纽约时报》一篇发自华盛顿的电讯报道说："综合今天的官方声明和私下得到的消息，布什总统已决定，让萨达姆·侯赛因总统去镇压国内的反叛，美国不必进行干涉，因为这比冒分裂伊拉克的危险要更好。"

这样一来，那些起来反对萨达姆·侯赛因的库尔德少数民族便处于孤立无援的境地，而伊拉克主体民族中的反萨达姆暗流也都胎死腹中。据《华盛顿邮报》1991年5月3日报道："3月，在库尔德人反抗活动最活跃的时候，伊拉克军方的重大倒戈事件也在酝酿之中，但是，由于军官们确定美国方面不会支持他们起义，所以他们便没有付诸行动……"

在海湾战争结束1个月之后，吉米·卡特的国家安全顾问兹比格涅夫·布热津斯基对该事件的利弊得失进行了一番冷静的评估："它所取得的了不起的成绩是无可争辩的，首先，明目张胆的侵略行径遭到挫败，并受到了惩罚……其次，人们此后可能会更为慎重地对待美国的军事力量……第三，现在美国在中东和波斯湾地区已居于明显的优势。"

不过，布热津斯基更为关注的是"一些消极后果"。其中之一便是，"对伊拉克的猛烈空袭使得人们相信，美国人视阿拉伯人的生命如草芥，这一点在这次战争中得到了充分的验证……它同时也提出了与罚罪相当原则相关的道德问题"。

布热津斯基关于美国人视阿拉伯人的生命如草芥的观点为如下事实所印证：战争在美国激起了反阿拉伯人的种族主义恶浪，阿裔美国人受到袭击或是被打或是被以死亡威胁。汽车保险杆上张贴的广告上说："看见伊拉克人不要踩刹车。"一位阿裔美国商人在俄亥俄的托莱多被殴打。

布热津斯基对海湾战争的评估可以视为基本上代表了民主党人的观点，它支持了布什政府，对战争的结果感到满意。尽管它对平民的伤亡多少有点担忧，但这不算是反对意见。

乔治·布什总统对战争结果感到满意。战争刚一结束，他就在电台广播中宣布："在阿拉伯半岛的沙漠中，越南战争的幽灵已经被战火烧得无影无踪了。"

主流媒体非常赞同这一观点。两家主要的新闻杂志《时代》和《新闻周刊》专门发表文章，为此次战争的胜利而大声欢呼，还指出美军在战争中的伤亡不过几百人。它们都没有提到伊拉克的伤亡。《纽约时报》1991 年 3 月 30 日的社论说："美国在波斯湾战争中的胜利……为美国军队提供了一个特殊的证明。在这场战争中，这支军队不仅出色地发挥了它的战斗力和机动性，而且完全消除了它在越南经历的各种艰难困苦所留下的令人忧伤的记忆。"

加利福尼亚伯克莱的一位黑人诗人琼·乔丹则对此表示了不同的观点，他说："我想提醒你们，重击之后必然是破裂，而且不会太久。"

第二十二章

未曾报道过的反抗

90 年初，《新共和》杂志的一位作者在《纽约时报》上刊登一篇书评，向他的读者警告说，在美国存在着"永久对抗文化"。这本为他所称道的书认为，美国知识分子中存在的非爱国主义因素将会产生危险的后果。

这个评价确实很准确。尽管华盛顿的民主党和共和党在政治观点方面彼此一致，即都主张要对美国的改革进行限制，以保证资本主义能够正常发展，国家军事力量继续得以维持，并让财富和权力仍旧掌握在少数人手中，但还是有数百万、也许有数千万的美国人，不管是主动地还是消极地，都拒绝追随他们。但他们的活动大都不被媒体报道。他们便构成了这种"永久对抗性文化"。

民主党的反应更为敏感一些，因为他们需要这些人的选票。但是，因为受到大公司利益的束缚，它的反应便具有相当大的局限性，其国内改革尤其受到制度的禁锢，这一制度对军国主义和战争具有很强依赖性。于是，60年代林登·约翰逊总统的"向贫困开战"成了越南战争的牺牲品，吉米·卡特总统只要坚持巨额军费开支（其中很大部分被用于核武器储备）也不可能走得太远。

当这种局限性在卡特执政时期变得越来越明显的时候，一个规模虽小但行动果断的反核运动开始发展起来。它的先驱是一小群基督教和平主义者，他们曾积极反对过越南战争（其中有前神甫菲力浦·贝里根和他的妻子、从前是修女的伊丽莎白·麦卡利斯特）。这个小组的成员一次又一次地在五角大楼和白宫前进行非暴力的、颇具戏剧色彩的反对核战争抗议活动：他们越过警戒区域，在战争机器的象征物上滴洒自己的热血。他们也一再因此而被捕。

在1980年，来自全国各地的和平运动积极分子组成的小型代表团，在五角大楼进行了一系列的示威活动，有1000多人因这种非暴力的消极反抗行动而被捕。

当年9月，菲力浦·贝里根、他的兄弟丹尼尔（他是一名耶稣会牧师和诗人）、6个孩子的妈妈莫莉·拉什、修女安妮·蒙哥马利（她是曼哈顿流浪儿和妓女的咨询师）以及他们的4位朋友来到位于宾夕法尼亚普鲁士王市的通用电器厂。这是一家为核导弹生产鼻锥体的工厂。他们用大锤砸碎了两个鼻锥体，把他们自己的血涂到导弹部件上、蓝图上以及其他设备上。他们遭到逮捕并被判处数年监禁。他们声称要以身作则，按照圣经的指示，铸剑为犁。

他们指出，巨量的纳税人的钱被拿去给了大公司去生产武器："仅通用公司一家一天就耗掉 300 万美元的公共财富，这是针对穷人的巨额盗窃。"对他们的审判使他们以"铸剑为犁 8 人案"而闻名遐迩。在审判前，丹尼尔·贝里根在其《天主教徒》中写道：

> 我无法预料事情会朝着什么方向发展，不知道别人是否能听得进去，听后会作何反应，反应是快是慢。我也不知道我们的行动能否唤醒别人，或者我们最终不得不筋疲力尽地停下来，像傻瓜一样任人指指点点甚至不屑一顾。只要坚持不懈，我们就一定会有机会。

事实上，他们发起的这场运动没有停下来。其后的 10 年间，一场全国性的反对核武器运动轰轰烈烈地开展起来，起初是少数几名男女宁愿冒坐牢的危险也要唤起人们的注意，让人们停下脚步来仔细思考一下这个问题，后来就有数百万的美国人开始对核浩劫感到害怕，对不顾民众日常生活的需要而把数十亿美元花在武器上感到愤慨。

甚至曾经宣判"铸剑为犁 8 人案"有罪的宾夕法尼亚陪审团成员也开始对他们的行动持明显的同情态度。一位名叫迈克尔·德罗莎的陪审员告诉记者说："我不认为他们真的要去犯罪。他们是去抗议。"另一位叫玛丽·安·英格拉姆的陪审员为陪审团辩解说："我们……真的不愿意以任何罪名宣布他们有罪，但我们不得不那样做，因为法官暗示我们可以在法律范围内利用这件事情。"她补充说："这些人并不是罪犯。这些人是想为这个国家做点好事。但法官说核武器问题不容讨论。"

里根庞大的军事预算激起了全国性的反核运动。在把他推上总统宝座的 1980 年选举中，西马萨诸塞的 3 个行政区进行了一项民意调查，让选民们说出他们是否相信苏、美会相互停止试验、生产和部署核武器以及是否会要求国会把这些资金用于民用目的。有两个和平组织为此做了数月的宣传工作，结果 3 个区全部持肯定态度（9.4 万∶6.5 万），即使是那些投票选举里根当总统的人也是如此。在 1978—1981 年间，在圣弗朗西斯科、伯克莱、奥贾兰、梅地松和底特律，类似的调查也得到了大多数人的支持。

妇女也站在新的反核运动的最前线。一位年轻的核武器专家兰德尔·福斯伯格组织了"冻结核武器协会"，其纲领很简单，就是要求苏美相互冻结生产新的核武器。这一组织很快便开始在全国扩展开来。在里根当选之后不久，有 2 000 名妇女在华盛顿举行集会，向五角大楼进军，她们手拉着手或是用色彩鲜艳的领带相互连结起来，组成一个长长的人链包围了五角大楼。有 140 名妇女因为封锁五角大楼的入口而被捕。

一小群医生也在全国组织集会，向人们讲授有关核战争会导致的医学后果。

他们是"医生的社会责任"组织的核心,该组织的主席是考尔迪科特·海伦博士,他成为该运动最有影响和最富口才的全国性领导人。在他们举办的一次公开的专题研讨会上,哈佛大学公共卫生学院院长霍华德·希亚特向人们生动地描述了20兆吨的核炸弹落在波士顿所产生的后果:200万人丧生,幸存者也会全身烧伤、双目失明、肢体残废。如果发生一场核战争,全国将有2 500万严重烧伤患者,而所有残留下来的设备却仅够照料200名患者之用。

里根执政初期,天主教会召开了全国主教会议,会上大多数人反对任何使用核武器的行为。1981年11月,全国共有151所大学就核战争问题举行了讨论会。同月,波士顿举行地方选举时,一项议案呼吁联邦政府增加社会计划方面的开支,"少把我们的税金花在核武器和对外干涉方面",结果该议案在波士顿22个行政区中的每一个区都赢得了大多数人支持,包括白人和黑人工人阶级区在内。

1982年6月12日,在纽约市的中央公园举行了美国历史上规模最大的示威活动。有近百万人参加了集会,表达他们要制止军备竞赛的决心。

曾参与制造原子弹的科学家们也加入了这场日益发展壮大的运动之中。乔治·基斯佳科夫斯基是哈佛大学的化学教授,曾经参加过第一颗原子弹的研制,后来又当过艾森豪威尔总统的科学顾问,现在成为裁军运动的发言人。他在82岁高龄因肺炎去世之前发表的最后一次评论,就是他为1982年12月的《原子科学简报》所写的一篇文章。文章写道:"作为我的告别语,我想对你们说:别再搞核竞赛了。这个世界离发生爆炸已经没有多少时间了。要集中时间,把如此多的想法相同的人组织起来组成一场前所未有的群众性运动,为争取和平而斗争。"

到1983年春天,全国有368个市政会和县政会、444个镇务会议和17个州立法院以及联邦众议院表示赞成冻结核武器。这时进行的一次哈瑞斯民意调查显示,79%的人希望与苏联达成冻结核武器协定。盖洛普民意调查抽样显示,甚至福音基督徒(一个据说是保守的和亲里根的集团,拥有4 000万的信徒)中间也有60%的人赞成核冻结。

在中央公园大示威一年后,全国共出现了3 000多个反战组织。反核意识在文化中也有反映,如在书本上、杂志专栏文章里、戏剧里和电影中。乔纳森·谢尔充满激情地写了一本反对军备竞赛的书《地球的命运》,立即变成了全国畅销书。加拿大拍摄的关于军备竞赛的纪录片被里根政府禁止进入美国,但联邦法院判决可以接纳它。

在不到3年的时间里,公众舆论发生了明显的变化。在里根竞选总统时,由于刚刚在伊朗发生的人质危机和俄国入侵阿富汗激起了很强烈的民族主义感情,芝加哥大学全国舆论研究中心发现,只有12%的被调查者认为军事上的开支太多了。但在1982年春天进行另一次民意调查时,这一数字上升到了32%。

在 1983 年春天,《纽约时报》/CBS 进行的调查发现,这一数字再次上升,达到了 48%。

反对军国主义的情绪也表现在对征兵法的抵制上。当吉米·卡特总统为回击苏联入侵阿富汗呼吁青年人登记服兵役时,有 80 多万人(占 10%)没有去登记。一位母亲给《纽约时报》写信说:

编辑先生:

36 年前我就曾站在火葬场前。这个世界上最丑恶的势力曾夸口说,我应该被从生命的轮回中除掉,因为我永远不知道献出生命的快乐。凭着手中庞大的武器和巨大的敌意,这个丑恶的势力自认为它同生命的力量一样强大。

我庆幸在这种庞大的武器下存活下来,伴随着我儿子的笑容,这些庞然大物在我的眼中变得渺小了。编辑先生,我不想让我儿子的血被用作下一代枪炮的润滑剂。我使我自己和我自己的一切摆脱了死亡的轮回。

伊莎贝拉·莱特纳

曾任尼克松总统助理的亚历山大·黑格在接受法国的一家杂志《国际政治》采访时警告说,在美国,当年迫使尼克松总统停止征兵的形势好像又要重现了。他说,"每家门口都站着一位简·方达①。"

一位拒绝登记的年轻人詹姆斯·皮特给卡特总统写了一封公开信:

亲爱的总统先生:1980 年 7 月 23 日,按照义务兵役制,我……应该去我们地方的邮政局进行兵役登记。我谨通知您,总统先生,7 月 23 日我不会去登记,此后任何时候也都不会去……军国主义已受到审判,无论从哪个方面看它都有悖于人类社会的要求。

里根总统上台后,对于恢复兵役登记也曾迟疑难决。对此,他的国防部长卡斯帕·温伯格的解释说:"里根总统担心,为了解决兵力不足而恢复兵役登记很有可能会诱发六七十年代那样的社会骚乱。"威廉·比彻是一位曾在五角大楼工作的记者。他在 1981 年 11 月写道,"对于美国正在制定的核战略,欧洲公众和最近美国校园里的反对和怀疑之声日益增多",里根"显然对此表示关切甚至是感到警觉"。

里根政府开始处罚抵制服兵役的人,就是想给这种反对意见一个警告。本杰明·赛斯威就是一位即将面临牢狱之灾的人。作为拒绝登记服兵役的最好理由,他援引了美国对萨尔瓦多的军事干涉。

606

---

①　简·方达,美国好莱坞著名影星,1937 年出生于美国纽约。20 世纪 60 年代晚期积极投身于反越战运动。

　　受赛斯威公民不服从行动①的刺激,右翼专栏作家威廉·A.拉舍愤愤不平地写道,60年代的一大遗产便是为新一代反战运动提供了样板和老师:

　　　　几乎可以肯定的是,有某位老师或某些老师向本杰明·赛斯威灌输了这样一种思想,即美国是一个充满伪善和压榨、物欲横流的社会,是人类进步的绊脚石。反越战运动那一代人现在刚好三十出头,他们中的大学生现在已跻身于国内高级中学教师和大学教师行列……可惜的是,法律不允许我们直接去把这些真正的破坏分子揪出来予以严惩!

　　里根向萨尔瓦多的独裁者提供军事援助的政策并没有被美国人民平静地接受。他刚刚上任,《波士顿环球报》就发表了一篇报道:

　　　　这一情景让人想起本世纪60年代时的情形,一群学生聚集在哈佛校园里高呼反战口号,举着烛光列队通过剑桥的大街……有2000人,其中大部分是学生,举行集会抗议美国干涉萨尔瓦多……来自塔夫茨大学、麻省理工学院、波士顿大学和波士顿学院、麻省州立大学、布兰迪斯大学、萨福克大学、达特茅斯大学、东北大学、瓦萨尔学院、耶鲁大学和西蒙斯学院的学生参加了集会。

　　在锡拉丘斯大学1981年春天的毕业典礼排练期间,里根的国务卿亚历山大·黑格被授予"公共服务"荣誉博士学位,当时有200名师生转过身去,把他们的后背对着授予仪式。报纸报道说,"在黑格先生15分钟的讲话中,几乎每一处都不时被口号打断:"应满足人的需要而不是军事上的贪婪!""滚出萨尔瓦多!""华盛顿的枪弹杀死了美国的修女!"

　　最后一句口号指的是1980年底萨尔瓦多士兵枪杀四名美国修女的事情。在萨尔瓦多,每年有数千人被美国武装的政府所支持的暗杀队杀害,美国公众开始对此表示关注。

607　　美国对外政策的制定不需要任何用民主作借口,这是它的一贯作风。公众的舆论完全被弃之不顾。在1982年春天,由《纽约时报》/哥伦比亚广播公司进行的民意调查称,只有16%的抽样调查者,表示赞成里根向萨尔瓦多提供军事和经济援助。

　　1983年春,一位名叫查尔斯·克莱门特的美国医生被曝在为萨尔瓦多叛军工作。他曾作为一名空军飞行员被派往东南亚。在那里,他亲眼目睹自己的政府撒谎成性,开始对美国的政策越来越失望,决定不再执行任何任务。空军方面把他送进一家精神病院,然后以患有心理疾病为把他释放了。他去了医学院,后来作为志愿者到萨尔瓦多游击队里当了一名医生。

　　在80年代初,美国的报纸普遍认为,新一代大学生政治上谨小慎微,大多数

---

　　①　1982年,本杰明·赛斯威因为拒绝进行兵役登记,该年10月被判刑。

人只关心他们自己的职业。但在1983年6月哈佛大学的毕业典礼上，墨西哥作家卡洛斯·芬特斯批评了美国对拉丁美洲的干涉，他说："因为我们是你们的真正朋友，所以我们才不允许你们像苏联在中欧和中亚事务中那样，在拉丁美洲事务中也为所欲为。"他的讲话被欢呼声打断了20次。当他结束讲话时，大家又起立向他欢呼。

在波士顿大学我自己的学生中，我并没有发现媒体一直报道的所谓80年代学生麻木不仁、自私自利和不关心他人的情形。在他们所保存的日志中，我发现了下述评论：

　　一名男生：你觉得世界上会有什么好事同政府沾边吗？我在罗克斯伯里工作（黑人领区）。我知道这个政府没什么用。它并不是为罗克斯伯里的人们，也不是为其他地方的人工作。它只为有钱人工作。

　　一名毕业于天主教高级中学的学生：对我而言，美国既是一个社会，也是一种文化。美国是我的家。如果有人想从我这里抢劫这种文化，理所当然会遭到抵抗。但是，如果要我去为捍卫政府的荣誉而战，那我决不愿意以生命相搏。

　　一名年轻女子：作为白人中产阶级中的一员，我从未有过任何受歧视的感觉。但我要说的是：如果任何人想让我坐在与别人不同的教室里、用不同的浴室，等等，我会揍扁他……人民是其权利亟须用法律来保护的最后群体，如果受到政府和当权者的虐待或冤枉，他们便直接诉诸行动……如果仔细研究一下……我们的权利宣言和法律便不难发现，其实是政府、当权者、制度机构以及大公司最需要法律和权利来保护他们免遭人民的直接的，甚至肉体的攻击。

除了大学校园，美国的一些偏远地区也有对政府政策的反对声音，只是不太为人所知罢了。在里根上台之初，来自亚利桑那图森的报道描述那里的"示威者主要是中年人"，他们在联邦大楼前抗议美国干涉萨尔瓦多。在图森，有1 000多人列队前进，出席大主教奥斯卡·罗梅罗被谋杀一周年的纪念会，他曾公开表示反对萨尔瓦多的暗杀队。

有6万多名美国人签署了"抵制保证书"，表示如果里根入侵尼加拉瓜的话，就采取包括非暴力抵抗在内的某种行动。当总统封锁这个小小的国家想强迫它的政府交出权力时，全国各地都爆发了示威活动。单是波士顿就有550人因抗议这种封锁而被捕。

在里根当政期间，对他的南非政策表示抗议的活动就发生过数百次。他显然不愿看到掌握南非大权的少数白人被代表多数黑人的激进的非洲国民大会所取代。时任国务院非洲事务助理的切斯特·克罗克在其回忆录中称里根对那里黑人生活的条件非常"敏感"。在强大的公众舆论压力下，国会不顾里根的否决，于 1986 年通过了对南非进行经济制裁的法案。

里根削减社会服务方面的开支使各地居民深受其苦,由此引发了愤怒的反应。在 1981 年春天和夏天,波士顿东部的居民上街举行游行。他们在高峰期封锁了主要通道和隧道 55 昼夜,以抗议削减消防、治安和教师资金。警察总监约翰·多伊尔说:"这些人大概已经开始从 60 年代和 70 年代的抗议中吸取了教训。"《波士顿环球报》报道说:"在东波士顿,示威者大多数是中年人,来自中产阶级或工人阶级,他们说他们此前从未对任何事情进行过抗议。"

里根政府也削减了艺术基金,让表演艺术从私人赞助中寻求帮助。在纽约,为给五十层高的豪华饭店让路,两所具有悠久历史的百老汇剧院被拆除,后来有 200 多位剧院人士举行示威,设立警戒哨,继续演戏和唱歌,当警察命令他们离去时,他们全都拒绝散开。一些全国知名的演艺界人士被捕,包括出品人约瑟夫·帕普,女演员塔米·格兰姆斯、埃斯特尔·帕森斯和西莱斯特·霍尔姆,男演员理查德·盖尔和米切尔·莫里亚蒂。

预算削减在全国激起了罢工浪潮,参加罢工的还常常是一些过去很少参加罢工的群体。1982 年秋,合众国际社报道说:

> 为下岗、减薪和无职业保障所激愤,全国越来越多的学校教师决定进行罢工。上周的教师罢工波及包括罗德岛和华盛顿在内的 7 个州,导致 30 多万学生停课。

《波士顿环球报》的戴维·奈恩在对 1983 年 1 月第一周发生的一系列新闻事件进行调查研究后写道:"有某种事情正在酝酿之中。对华府那些对此无动于衷的人来说,这预示着一场麻烦将要发生。人们已经从感到害怕转向感到气愤,正在采取行动摆脱他们所受的挫折,他们的行动方式将是对社会秩序结构的一场考验。"他举了几个例子:

> 在宾夕法尼亚的小华盛顿,1983 年初,当一位 50 岁的计算机科学教师因领导教师罢工被捕入狱时,有 2 000 人在狱外举行示威表示对他的支持。《匹茨堡邮报》称之为"华盛顿县自 1794 年威士忌酒叛乱①以来最大的集会"。

> 当匹茨堡地区的失业者或是破产的房东不再能够抵押借款,被取消抵押品赎回权,他们的抵押品行将被拍卖时,有 60 名工会纠察员干扰法庭,抗议进行拍卖,阿勒格尼县治安长官欧根·库恩下令中止了这一程序。

> 在科罗拉多的斯普林菲尔德,有 320 亩小麦地被宣布取消抵押赎回权,200 名愤怒的农民举行了抗议,最后警方不得不用催泪瓦斯和棍棒将他们

---

① 1794 年,美国宾夕法尼亚州农民为反对汉密尔顿的重税法而发动起义,因起义由增加蒸馏酒的货物税率引起,所以在美国历史记载中被称为"威士忌酒叛乱"。

驱散。

当里根在 1983 年 4 月到达匹茨堡发表演讲时，有 3 000 人（他们中有很多是钢厂失业的工人）在他下榻的饭店外面冒雨进行抗议示威。在底特律、弗林特、芝加哥、克利夫兰、洛杉矶、华盛顿——总共有 20 多个城市的失业者举行了示威活动。

也正是在那时，迈阿密的黑人因反对警察的残暴行为而发生骚乱，他们也反对对他们权利的剥夺。在年轻的非洲裔美国人中，失业率上升了约 50%，而作为对贫困的回应，里根政府只是建立了更多的监狱。里根心里很清楚，黑人不会投他的票，所以他曾积极推动国会废除 1965 年投票权法案中最为关键的条款，这些条款对保证南部各州黑人的投票权非常有效。他的这一努力没能成功。

里根的政策明显地把裁军和社会福利这两个问题相挂钩，即以枪炮对儿童。儿童保卫基金会主席玛里安·赖特·埃德尔曼在 1983 年夏天马萨诸塞米尔顿学院的毕业典礼讲话中形象地表述了这一点。他说：

> 你们即将毕业，进入一个正在道义和经济破产边缘徘徊的国家和世界。从 1980 年起，我们的总统和国会开始把我们的国家之犁变成刀剑，并以牺牲穷人为代价讨好有钱人……儿童是主要的牺牲品。我们误入歧途的这个国家和这个世界选择的是一条每天都在杀害儿童之路……各国政府（以我们的政府为首）每年花在军事装备上的钱高达 6 000 亿美元，与此同时，我们的世界上却有 10 亿人在贫困中挣扎，6 亿人处于失业或半失业状态。有谁会出于道义责任和政治意愿哪怕拿出一点点可怜的钱来保护我们的儿童呢？

她敦促自己的听众说："愿人人都能尽自己的一份绵薄之力，看看大家的一己之力如何汇成社会变革的大潮。"

对里根政府的忧虑日益增长，埃德尔曼的讲话一定程度上代表了这一情绪。里根政府撤回了一部分削减开支的方案，国会则否决了另一些方案。例如，里根政府在上台的第二年就提出动议，要削减用 90 亿美元用于支持儿童和贫困家庭的开支。但国会只同意削减 10 亿美元。《纽约时报》驻华盛顿记者报道说："对里根削减开支计划是否公正这一政治上的顾虑迫使政府不得不对进一步削减支持穷人的计划有所限制。"

共和党候选人接连当选（里根在 1980 年和 1984 年两次当选，乔治·布什又在 1988 年当选），舆论称此为"山崩"和"压倒性的胜利"。但他们忽略了四个事实：将近有一半的人口，尽管符合投票资格，却没有去投票；参加投票的人受到严格限制，他们只能在垄断着金钱和媒体的两大党中进行选择；许多人虽然投了票，却并没有什么热情；把票投给某个候选人与投票支持某个特殊政策之间并没有多大关系。

611　　　　1980 年,里根得到 51.6％的选票,吉米·卡特得到 41.7％的选票,约翰·安德森(作为第三党参选的一位自由派共和党人)得到 6.7％的选票。达到投票年龄的人口中只有 54％的人投了票。这样一来,在全部符合投票年龄的人中,只有 27％的人投了里根的票。

《纽约时报》进行的一项调查显示,只有 11％的人投票支持里根是因为“他是一个真正的保守主义者”,而 3 倍于此的人投他的票只是因为“到了该变革的时候了”。

在他争取连任的选举中,与前副总统瓦尔特·蒙代尔相比,里根赢得了59％的选票,但由于有半数的选民没有投票,因此他的得票率实际只有 29％。

在 1988 年的选举中,副总统乔治·布什对阵民主党的米切尔·杜卡基斯,布什赢得了 54％的选票,只占符合投票条件的选民的 27％。

因为我们独特的投票制度允许以极少量的选票换取大量的选举人票,媒体便可以用所谓的“压倒性胜利”来欺骗读者,让那些不太关注统计数字的人如坠五里雾中。你能从这些数字中得出“美国人民”希望里根或布什当总统吗?你确实可以说在共和党候选人与其竞选对手中有更多的选民比较倾向于前者,但更可能的是他们似乎两者都不想选。尽管如此,里根和布什居然会用这种毫无价值的相对多数票声称是“人民”的声音。

实际上,当人民真的对一些问题发表意见的时候(如公众舆论调查结果),无论是共和党人还是民主党人都不会对他们的意见表示关注。

例如,在 80 年代和 90 年代初,两党都对有关穷人问题的社会福利计划严加限制,理由是这需要征更多的税,而高税收又都是“穷人们”所不希望的。

的确,一般来说,美国人都希望尽可能地少交税。但如果问及他们是否愿意交更多的税用于专门目的,比如医疗卫生和教育,他们的回答是肯定的,他们愿意。例如,1990 年对波士顿地区选民进行的调查显示,有 54％的被调查者表示,如果是用于环境保护的话,他们愿意交更多的税。

如果按财富多少为标准来征税,那么不同阶层的人意见就会截然不同。1990 年 12 月,《华尔街日报》同全国广播公司进行的联合民意调查显示,84％的被调查者赞成向百万富翁们征收附加税(该条款因为民主共和两党当时在预算问题上达成妥协而被搁置),甚至还有 51％的人赞成提高资本所得税,然而却没612　有一个多数党赞成这样做。

哈瑞斯民意调查机构同哈佛大学公共卫生学院在 1989 年联合进行的民意调查显示,大部分美国人(61％)赞成加拿大式的医疗保健体制,即政府是医生和医院的唯一支付人,通过保险公司对每个人提供普遍的医疗保护。但无论是民主党还是共和党都没有将这一意见纳入其纲领,尽管这两个党都坚持说他们“希望改革"医疗制度。

1992 年,戈登·布莱克公司为国家新闻俱乐部进行了一项调查,发现所有的投票人中,有 59％的人希望在五年内将国防开支削减 50％。但两大党中却没有一个党愿意对军事预算进行大幅度削减。

公众对政府向穷人提供救济一事持何种态度,取决于这个问题提出的方式。两党和媒体不断地大谈"福利"制度,却没有采取任何实际行动。对反对派来说,"福利"一词现在成了一个招牌。当人们被问及(1992 年《纽约时报》/哥伦比亚广播公司进行的调查)如果政府将把更多的钱用于福利时,只有 23％的人表示同意。但如被问及政府将把这些钱用于帮助穷人时,这些人中却有 64％表示赞成。

这一议题一再反复出现。1987 年,正值里根政府鼎盛时期,当人们被问到政府是否应该为急需之人提供食物和住所时,62％的人作了肯定的回答。

显然,这个所谓的民主的政治制度存在着问题,因为它对选民的愿望一再置若罔闻。但尽管他们被忽视了这么久,可当权者却并未因此受到任何惩罚,因为政治制度一直被两党所控制,而两党都与公司的财富有瓜葛。如果选举只能在卡特和里根、里根和蒙代尔或者布什和杜卡基斯之间进行选择的话,那么人们只能感到绝望了(或者干脆不再参加投票),因为任何一个候选人都不可能去解除这些基本的经济病症,因为比起任何一个当政的总统来说,它们的根源要更深更厚。

这种病症起源于一个事实,一个从未谈论过的事实:即美国是一个阶级社会,在这个社会中占人口 1％的人拥有 33％的财富,下层阶级中有 3 000 万到4 000 万人生活在贫困之中。比起继续保持美国历史上对资源的不良分配来说,60 年代的社会纲领如医疗护理和医疗援助、食品印花税等等,实在微不足道。

同时,比起共和党来说,民主党虽将给予穷人更多的帮助,但他们没有能力(实际上并不是真正愿意)对公司利润高于人道需要的经济制度进行重大修改。

在西欧、加拿大和新西兰等地都存在着要求进行激进变革的大规模的全国性运动。而在美国,既不存在这类运动,也没有社会民主党(或者说是民主社会主义者)。但这里存在着上千种的疏远政治的迹象、抗议之声和国内各地的地方性行动,吸引当局对深重的不平等现象给予关注,并要求纠正某些不公正的东西。

例如,华盛顿特区有一个"市民有害废料清洁站"。这是在里根政府初期由家庭主妇和社会活动家洛伊丝·吉布斯建立起来的,据报道说,它给全国 8 000个地方组织提供帮助。其中俄勒冈的一个组织通过一系列成功的法律诉讼,迫使环境保护署对波特兰附近布尔伦水库不安全的饮用水采取一些处理措施。

在新罕布什尔的西布罗克,居民们连续好多年一直不停地抗议修建核电站,因为它有害于他们本人和家庭成员的健康。在 1977 年到 1989 年间,有 3 500 多人因进行这种抗议而被逮捕。最后,这个陷入财政困难并受民众反对的核电站不得不宣告关闭。

由于 1979 年宾夕法尼亚的三英里岛核电站发生事故造成严重灾难,特别是 1986 年苏联的切尔诺贝利发生的骇人听闻的惨祸,人们对核事故的恐惧加深了。所有这些都影响了曾经一度兴旺发达的核工业。在 1994 年,田纳西河流域管理局停建了 3 个核电站,《纽约时报》称此为宣告"美国目前一代核反应堆死亡的讣告"。

明尼苏达的明尼波里斯,数千人连年不断地举行示威,反对霍内维尔公司签订的军火合同,在 1982 年到 1988 年间,共有 1 800 多人被捕。

更有甚者,当这些被控犯有非暴力反抗行为的人被送交法院时,他们常常得到陪审团的同情和支持,并被这些普通公民宣布无罪,因为他们似乎倾向于认为,即使这些人在技术上有违法之处,但他们也是为了高尚的事业才这样做的。

1984 年,为抗议某位参议员投票赞成向尼加拉瓜的"康特拉斯"提供军火,佛蒙特的一个公民组织(即"维诺斯基 44 人社")聚集在这位参议员办公室外面的走廊拒绝离开。虽然他们都因此而被逮捕,但他们在受审时却受到法官的同情,并被陪审团宣判无罪释放。

不久之后,又有一起案子被告到法院。包括社会活动家阿比·霍夫曼和前总统吉米·卡特的女儿阿米·卡特在内的一些人被指控阻挠中央情报局在马萨诸塞大学征召新人。他们请来一个前中央情报局的特务出庭作证,这位证人告诉法官说,中央情报局确实曾卷入过世界各地的非法行动和谋杀活动。结果,陪审团宣告他们无罪。

一名陪审员是来自女子医院的工人,她后来说:"我过去对中央情报局所从事的活动不了解……我感到非常震惊……我真有点为那些学生感到自豪。"另一名陪审员也表示"很受教益"。审理此案的县公诉人的结论是:"如果说有什么启示的话,那就是这个陪审团的成员全部都是中产阶级的美国人……也就是说,美国中产阶级对中央情报局所做的事情是不满意的。"

在南部,此时也没有可与 60 年代的民权运动相比的大规模运动,这里只有数百个当地的穷人、白人和黑人建立的组织在活动。在南卡罗来纳,一位因工业污染而死的工厂工人的女儿琳达·斯托特参加了"皮特蒙德和平计划",并在其中负责协调一个有 500 名纺织工人、农民和女仆(她们大多数是低收入的有色人种妇女)组成的多种族网络。

位于田纳西的海兰德民族学校在历史上产生了重要影响,它培养的众多黑人和白人活动家遍布南方各地,现在又同其他的民族学校及大众教育中心开展合作。

南方激进的劳工斗争老战士安·布雷登一直组织并领导着经济和社会正义南方组织委员会的工作,该组织一直为一些地方性的斗争提供支持,如佐治亚州蒂夫特县 300 名非洲裔美国人针对导致他们患病的化工厂所进行的抗议活动,北卡罗来纳州切罗基县土著美国人阻止污染环境的垃圾填埋行动。

在 60 年代,芝加哥的农场工人曾起来抗议他们封建庄园式的工作条件,他们中大部分是来加利福尼亚和西南各州工作和谋生的墨西哥移民。在西泽·查维斯的领导下,他们组织起来举行罢工,还组织了全国性的抵制葡萄运动。很快,全国其他地方的农场工人也都组织起来了。

在 70 年代和 80 年代,拉丁美洲移民反对贫困和歧视的斗争一直持续不断。在里根当政时期,他们也像全国的其他穷人一样,受到了最为沉重的打击。到 1984 年,有 42％的拉丁美洲裔儿童和四分之一的拉丁美洲裔家庭生活在贫困线以下。

亚利桑那的铜矿工人中大部分是墨西哥移民,他们在 1983 年举行罢工,反对费尔普斯-多奇公司削减他们的工资、福利和取消安全保护措施。虽然国民卫队和州政府军不惜动用催泪瓦斯和直升机来对付他们,但他们还是坚持了 3 年之久,直到政府和公司两股力量联手才最终战胜他们。

但也有一些斗争取得了胜利。在 1985 年,有 1 700 名罐头食品厂的工人 615 (大部分是墨西哥裔妇女)在加利福尼亚的沃森维尔举行罢工,赢得一项有关医疗福利的工会合同。1990 年,由于公司要迁往哥斯达黎加,圣安东尼奥的列维·斯特劳斯公司的工人被迫停职。他们呼吁对此进行联合抵制,并组织进行绝食抗议,最后迫使公司方面作出让步。在洛杉矶,拉美裔的看门人在 1991 年不顾警察的攻击进行罢工,并赢得了胜利,他们的工会得到了承认,工资和疾病补助也增加了。

从整个 80 年代直到 90 年代初,拉美裔活动家(不一定是奇卡诺人,即墨西哥裔美国人)开展了要求改善劳动条件、在地方政府中有代表权、拥有租佃权和在学校中进行双语教育权的社会运动。由于受媒体排斥,他们又组织开展了双语广播电台运动。到 1991 年,在全国 14 家拉美裔电台中有 12 家是双语台。

在新墨西哥,由于商人们企图剥夺拉美裔移民居住了数十年的土地,他们为维护自己对土地和水源的使用权同地产开发商展开了斗争。1988 年,双方发生了冲突。人们组织起来实施武装占领,为保护自己免受攻击修建了掩体,并且赢得了西南部地区其他社团的支持,最后法院作出了对他们有利的判决。

在加利福尼亚,农场工人的肺炎发病率出奇地高,引起了奇卡诺社区的关注。农场工人协会的西泽·查维斯在 1988 年绝食 35 天,以唤起当局对这里工作条件的关注。在得克萨斯、亚利桑那和其他地区,现在都有农场工人协会。

从西南部到全国其他地方,都有以劳工输入身份来到美国的墨西哥工人,他们不仅工资低，而且工作条件恶劣。到 1991 年，北卡罗来纳有 8 万名拉美裔，北佐治亚有 3 万人。农业工人组织委员会把中西部各州的数千名农业工人组织了起来。1979 年，该组织曾经领导了俄亥俄州西红柿产地罢工，经过艰苦的斗争，最终取得了胜利。这次罢工也是中西部历史上最大规模的一次农业大罢工。

国内拉美裔人口持续增长，很快就占到了总人口的 12％，赶上了非洲裔人口，因此他们对美国文化也开始产生独特的影响。与主流文化相比，他们的艺术、音乐和戏剧越来越多地具有政治色彩和讽刺意味。

1984 年，圣迭戈和蒂华纳的作家和艺术家们成立了"边疆艺术创作室"，他们的作品对种族主义和不公正问题给予了强烈的关注。在北加利福尼亚，坎贝西诺剧团和埃斯珀拉泽剧团为全国的工人们作巡回演出，把学校、教堂和农田变成了演出的剧场。

616　　　拉美裔对美国在墨西哥和加勒比海地区扮演帝国主义的角色表示了特别的关注，他们中很多人勇敢地站出来批评美国对尼加拉瓜、萨尔瓦多和古巴的政策。1970 年，在洛杉矶发生了一次声势浩大的反对越南战争的示威游行，游行队伍受到警察的攻击，有 3 名奇卡诺人死亡。

当 1990 年夏天布什政府准备对伊拉克开战时，在洛杉矶有数千人沿着他们 20 年前抗议越战时所走过的路线举行游行。伊丽莎白·马丁内斯在《奇卡诺人 500 年画史》一书中写道：

> 在布什总统进行海湾战争之前和战争期间，包括"Raza"（书面语"种族"，拉美裔积极分子使用的术语）在内的许多人，都对他表示不信任或是反对。以民主名义开战已经给了我们不少教训，我们知道，它最终只对有钱人和当权者有好处。Raza 都行动起来，反对美国进行的这场比越南战争更甚的大屠杀，尽管我们不可能阻止它。

1992 年，一个发端于越南战争的名为"抵抗"的基金会向全国 168 个组织捐了款，包括社区组织、和平组织、土著美国人组织、犯人权利保护组织、健康与环境保护组织等。

60 年代新培养起来的一代律师，在法律界形成了一个规模虽然不大但社会意识很强的少数派。他们在法庭上为穷人和孤立无助者作辩护，或是进行诉讼指导，控告有权有势的公司。一家律师事务所运用自己的法律知识力所能及地为检举者进行辩护，这些检举人有男有女，他们因为揭发公司损害公众利益的腐败行为而被解雇。

妇女运动曾唤起全国对性别平等问题给予关注，但在 80 年代，它开始面临强大的冲击。在 1973 年的"罗诉沃德"一案的判决中，最高法院为堕胎权进行辩护，引发了一场反对堕胎、关心生命的运动，它在华盛顿找到了强大的支持者。国会通过一项法律，取消了联邦政府对穷人妇女堕胎的医疗补助，但这项法律后来被最高法院搁置。不过"全国妇女组织"和其他一些组织仍享有很强大的影响。在 1989 年,它们在华盛顿举行集会,呼吁支持后来所称的"堕胎选择权",吸引了 30 多万人参加。在 1994 年和 1995 年,做堕胎手术的医疗所受到了攻击,有几位支持者还惨遭谋杀,从而使这场冲突有愈演愈烈之势。

在 70 年代,随着人们在两性和自由观念上的急剧变化,美国男、女同性恋者的权利问题开始日益呈现出来。后来,通过举办展览、示威抗议及一系列宣传活动,要求政府消除对同性恋者的歧视,使同性恋运动在国内变成一种明显的存在。结果之一就是,文学作品也越来越多地开始议论美国和欧洲的同性恋者的隐秘生活。

1994 年,在曼哈顿举行了一次"斯通沃尔 25 周年"的游行活动,纪念一起被同性恋者认为颇具转折意义的事件:25 年前,当警察袭击格林威治镇的"斯通沃尔"酒吧时,同性恋男子们奋起进行反抗。在 90 年代初,男、女同性恋组织更公开地发起宣传活动,更坚决地反对歧视,还要求政府更多地关注艾滋病带来的灾难,因为他们认为政府对艾滋病的关注远远不够。

纽约的罗切斯特出现了一场反对国防部歧视同性恋士兵的运动,该运动一度发展到公开阻止在学区征兵,这在历史上是从未有过的。

在 80 年代和 90 年代,随着制造业的衰落,许多工厂迁往别的国家,再加上里根政府和它所任命的国家劳资关系署官员所持的敌视态度,使劳工运动明显地受到了削弱。但劳工组织还在继续开展活动,特别是在白领工人和低收入的有色人种中间。美国劳联—产联派出数百名新组织者在拉美裔、非洲裔和亚洲裔美国人中开展工作。

在一些历史悠久但僵化停滞的工会中,普通工人也开始进行反抗。卡车司机工会一度曾经很有影响,但领导层变得臭名昭著而又腐败堕落。在 1991 年,他们被以改革内定人员名单的方式通过投票表决赶下了台。新的领导层立即成为华盛顿的一支力量,在争取建立两党之外的独立政治联合方面发挥了领导作用。但整体来说劳工运动被大大地减弱了,只是在为生存而斗争。

在 90 年代初,这种反抗精神仍旧得到了发扬。小规模的反对大公司和政府权势压制的勇敢挑战行动经常涌现。在西海岸,一位年轻积极分子基斯·麦克亨利和其他数百人因为给穷人发放免费食品时没有许可证而一而再再而三地被捕。他们是"要食品不要炸弹"行动计划的成员。更多的"要食品不要炸弹"组织在全国各个社区涌现出来。

1992 年,纽约有一个社团提出要对美国传统的历史观点重新进行审视,在得到纽约市政会的赞成后,他们在全市的 30 个街道灯柱上加装了金属饰板。其中的一个饰板就装在摩根公司总部的对面,上面的文字证明著名的银行家 J. P. 摩根曾在内战时期"躲避兵役"。事实上,摩根在内战期间不仅逃避兵役,还同政府做交易而大发其财。在股票交易所附近放置的另一个金属饰板上面则描绘了一个自杀者的图象，上面还贴着标签："不受控制的自由市场之优越性。"

越南战争期间对政府的普遍失望，水门丑闻被曝光，以及联邦调查局和中央情报局的反民主活动被揭露，导致政府辞职和雇员公开对政府提出批评。

一些辞了职的前中央情报局成员撰写回忆录，对它进行的这些行动提出批评。曾领导过中央情报局在安哥拉活动的约翰·斯托克维尔辞去公职后写了一本书揭露中央情报局的活动，并在全国各地讲述他自己的经历。戴维·麦克迈克尔，一位历史学家和前中央情报局专家，为那些因抗议政府在中美洲的政策而被捕的人出庭作证。

联邦调查局特工杰克·赖恩，一个在该局工作服役21年的老兵，因为拒绝去调查和平组织的活动而被解雇。他还被剥夺了退休金，有一段时间不得不在为无家可归者设置的避难所里栖身。

尽管越南战争早在1975年就已经结束，但是，到80年代和90年代，昔日的这场战争借助当年的一些当事人又开始重新引起公众的注意，现在这些当事人的思想观念已经发生戏剧性的转变。约翰·沃尔当年曾在波士顿参与对本杰明·斯波克及其他4人的起诉，指控他们"阴谋"阻挠征兵。但在1994年的一次宴会上，他却表达了对昔日被告的敬意，并称正是那次审判使他的思想有了很大的变化。

更引人注目的是查尔斯·赫托的陈词。赫托是曾经参与美莱大屠杀暴行的一名美国士兵。在那场发生在越南一个小村庄里的屠杀中，一队美国士兵射杀了数百名妇女和儿童。在80年代接受采访时，他告诉记者说：

> 当时我才19岁，而且人们总是教导我，政府让我们做什么，我们就做什么……但现在我会告诉我的孩子们，如果政府再号召他们去为他们的国家服务，一定要用自己的脑子多想一想……忘掉有什么权威……要根据他们自己的道德良心做出判断。我真希望在去越南之前有人能告诉我这些东西。当时我什么都不懂。现在，我不再认为还会有什么战争能被叫做……事业，这只会扰乱一个人的心灵。

大多数美国人都认为，那是一场令人恐怖的悲剧，一场他们再也不会为之而战的战争。这就是越南战争留下的遗产，它仍旧困扰着里根和布什政府，因为它们仍旧希望在世界上扩张美国的权力。

1985年，当时乔治·布什还是副总统，前国防部长詹姆斯·施莱辛格就警告参议院外交委员会："越战使国内舆论的态度发生了一个巨大的变化，政治上协调一致曾经是外交政策的支柱，但现在已经发生了破裂……"

布什当上总统后，他下决心要克服所谓的"越南综合征"，即美国民众对当局的战争欲望的抵制。因此在1991年1月中，他以压倒性的优势力量对伊拉克发起空中打击，这样，在国内反战运动还没有来得及发展之前，战争很快便会结束。

在开战前数月出现的种种迹象表明，有可能出现抵制战争的运动。在哈洛温，有 600 名学生穿越蒙塔纳的米苏拉商业区，高呼"我们不要毁灭，我们不去打仗！"在路易斯安那的什里夫波特，尽管《什里夫波特日报》的头版头条就是"民意调查赞成军事行动"，它的内容却是：42% 的被调查者认为美国应该"动用武力"，而 41% 的人则说"不清楚"。

1990 年 11 月 11 日，波士顿的老兵举行退伍军人纪念日游行活动。一个叫"争取和平的老兵"的组织参加了游行，他们高举的标语上面写着："不要再有越南战争。让他们现在就回家"以及"不要把石油和鲜血混合起来，我们要和平。"《波士顿环球报》报道说："抗议者受到群众的尊敬和欢迎，在某些地方，围观者强烈表示支持他们的行动。"围观者中有一位名叫玛丽·贝尔·德莱斯勒的妇女，她说："就个人而言，我讨厌颂扬军人的游行，因为军人就意味着战争，我讨厌战争。"

绝大多数越战老兵都支持军事行动，不过也有少数人持强烈的反对意见。在一次调查中，有 53% 的老兵表示他们很乐意为海湾战争效劳，但也有 37% 的人表明不愿意为这场战争提供服务。

罗恩·科维奇大概是最有名的越南战争老兵，也是《生逢 7 月 4 日》一书的作者。当布什准备开战时，他制作了一个半分钟电视讲话，在全国 120 个城市的 200 家电视台播放，呼吁所有的市民们"站起来并声明"反对战争。他问道："还要有多少美国人要像我这样坐着轮椅回家？"

1990 年 11 月，科威特危机已有数月，明尼苏达圣保罗的大学生们举行了反战示威。据当地媒体报道：

> 这是一次典型的反战大游行：队伍中有推着手推车的妈妈，有打着标语的大学教授和小学教师，还有装扮成和平标志的和平主义者，来自十多个学校的数百名学生一边高唱歌曲，一边敲锣打鼓，并不断地高呼口号："嗨，嗨，吼，吼，我们不愿意去为美国石油公司卖命。"

在轰炸开始的前 10 天，科罗拉多的博尔德镇举行了一次镇集会，出席者有 800 人。当会议主持人向大家提问"你是否支持布什的战争政策"时，只有 4 个人举起了手。在战争开始前几天，在新墨西哥的圣达菲，为请求政府不要打仗，有 4 000 人封锁了一条 4 车道高速公路达 1 小时之久。居民们说，这次示威活动的规模比越南战争时期还要大。

在战争前夕，有 6 000 人游行通过密歇根的安阿伯，呼吁和平。在战争开始的当天晚上，有 5 000 人在圣弗朗西斯科举行集会谴责战争，并在联邦大厦周围手拉手组成人链。警察挥动棍棒打开示威者组成的人链。但圣弗朗西斯科监事会却通过了一项决议，声明本市及本县是那些"出于道义、伦理和宗教原因而不能参加战争"的人的庇护所。

　　在布什下令开始轰炸前的晚上,马萨诸塞莱克星顿的一名7岁女孩告诉她的母亲说,她想给总统写一封信。她的母亲说天太晚了,第二天再写吧。小女孩说:"不,就在今晚。"因为她刚开始学习写字,所以她口述了一封信:

> 亲爱的布什总统:我不喜欢你的做法,如果你想让你的心灵得到补偿,就不该打仗,我们也不会被迫为和平而守夜。如果你正在打仗,你肯定不想让自己受伤。我要说的就是:我不希望有任何战争发生。你忠诚的塞雷娜·卡巴特-津恩。

　　轰炸伊拉克的行动在公众铺天盖地的质疑和批评声中开始之后,民意调查显示,支持布什总统的声音占了压倒性的优势,这种状况一直保持了6个星期,直到战争结束。但这是公众对战争一贯所持态度的真实反映吗?战前民意调查中的分歧表明,直到战争打响前夕,公众一直希望自己的意见能够发挥一定的影响力。但一旦战争爆发,而且显然已无法扭转的情况下,在爱国主义狂热气氛笼罩下(基督教联合会主席公开声称:"铿锵的战鼓声像是在发出启示"),国内绝大多数人都会表示他们支持战争,这并不足为奇。

621　　然而,尽管没有来得及组织起来,尽管战事很快就结束了,反对的声音仍然是存在的。他们虽然人数很少,但意志非常坚定,而且还有继续扩大的潜力。与越南战争升级初期的情况相比,海湾战争期间的反战运动来势要更迅猛。

　　战争开始的第一周里,虽然大部分美国人都明确支持布什的行动,但全国各地仍有数以万计的人走上街头,举行各种抗议活动。在俄亥俄的阿森斯,示威者与支持战争的团体发生了冲突,结果有100多人被捕。在缅因州的波特兰,有500多抗议者佩戴白色的臂带,手拿十字形白纸板,上面用红笔写着:"为什么打仗?"

　　在佐治亚大学,反对战争的70个大学生通宵守夜。在佐治亚州议会,议员辛西娅·麦金农发表讲话,谴责对伊拉克的轰炸,并带领其他的许多议员们离席以示抗议。她保住了她的职位。而在同一个议会,60年代期间,议员朱利安·邦德就曾因为批评越南战争而被除名。现在看来,这里至少在思想上还是发生了一些变化。在马萨诸塞的牛顿的一所初级中学,有350名学生到市政府向市长递交请愿书,声明他们反对海湾战争。显然,很多人想在对战争的情感认识与对被派往中东的士兵的同情心两者之间进行调和。例如,一位名叫卡利·贝克的学生领袖就表示:"我们不认为杀戮是好的解决问题的办法,我们支持我们的军队,为他们感到骄傲,但我们不希望有战争。"

　　在俄克拉何马的埃达,东中部俄克拉何马州立大学"借调"了2队国民卫队负责警戒,但还是有2名年轻的妇女举着标语坐在入口处水泥大门顶上,标语上面写着:"要和平……不要战争。"其中的一位帕特里夏·比格斯说:"我想我们不会离开这里。我认为这不是在为正义和自由而战,这是为了经济利益……我们为了金钱正在拿人命冒险。"

美国宣布发起空中打击后第 4 天,有 7.5 万人(据首都警察局统计)向华盛顿进发,在白宫附近举行集会抗议战争。在南加利福尼亚,有 6 000 多名群众高喊"立即和平"的口号,倾听罗恩·科维奇的反战演讲。在阿肯色的费耶特维尔,"西北阿肯色公民反战团"的成员抬着一具覆盖着国旗的棺材游行,他们手里举着的横幅上写着:"让他们活着回家。"

宾夕法尼亚约克学院的历史和政治学教授菲力浦·阿维罗,一位越战中负伤致残的老兵,在当地的一家报纸上写道:"是的,我们是要支持我们那些将要奔赴战场的男人和女人。但是,我们支持他们,是为了让他们回家,绝不是宽恕这种野蛮的暴行。"在盐湖城,有数百名示威者高呼着反战口号,通过该市主要街道,他们中许多人还带着小孩。

在刚刚把社会主义者伯尼·桑德斯选入国会的佛蒙特,有 2 000 多名示威者扰乱会场,抗议州长在州政府的讲话。在佛蒙特最大的城市伯灵顿,300 名抗议者穿过商业区,要求店主一致关门歇业。

1 月 26 日,战争开始 9 天后,有 15 万人沿着华盛顿行政区的街道举行游行,倾听包括电影明星苏珊·萨兰顿和蒂姆·罗宾斯在内的人发表演讲,谴责战争。来自加利福尼亚奥克兰的一位妇女,高举着一面卷起的美国国旗,那是她丈夫在越南战死后政府授予她的。她说:"我知道那是条充满痛苦的路,卷起的旗帜里不会有光荣。"

越战期间,劳联大部分时间是支持战争的。但在海湾战争开始后,劳联—产联的 11 个成员组织,包括一些极具影响力的工会,诸如钢铁、汽车、通讯、化学工人工会,都公开表示反对战争。

对于美国空军轰炸伊拉克,黑人社区的反应比其他地区要冷淡得多。1991 年 2 月初,美国广播公司同《华盛顿邮报》联合进行的民意调查发现,白人中 84％的人支持这次战争,但在非洲裔美国人中,只有 48％的人表示支持。

战争持续一个月时,伊拉克已经被连续不断的轰炸所摧毁。萨达姆·侯赛因几次试探性地表示,如果美国停止进攻,伊拉克将从科威特撤军。但布什对此表示拒绝。于是黑人领导人在纽约举行集会,对他提出了尖锐的批评,谴责这场战争是"想转移注意力,是不道德和不高尚的……是明显地想回避他们在国内的责任"。

在阿拉巴马的塞尔马,人们在 26 年前警察曾经对民权示威者血腥施暴的地方举行集会,纪念"流血星期天"26 周年,呼吁"把我们的士兵活着带回家,让他们为国内的正义事业而战"。

21 岁的海军陆战队员亚历克斯·莫尔纳正在波斯湾服役,他的父亲怀着满

腔愤怒给布什总统写了一封公开信,登在《纽约时报》上:

> 总统先生,当伊拉克当局用毒气屠杀本国人民的时候,你在哪里?就在危机爆发前不久,你还在跟萨达姆·侯赛因做着有利可图的生意,而现在你却说他是希特勒,这是为什么?你对我儿子大谈"美国的生活方式",难道为了美国人有权继续消费世界25%—30%的石油,就要拿他的生命去冒险吗?……我愿意支持我的儿子和他的同伴们,我愿意做我能做的任何事情,反对美国在波斯湾的任何军事行动。

公民个人勇敢地抵制战争的事例也不胜枚举。尽管面对各种威胁,他们仍然大声疾呼。

得克萨斯州布朗斯维尔的佩格·马伦(她的儿子在越战中死于自己人的炮火之下)组织母亲们乘坐公共汽车前往华盛顿进行抗议活动。尽管有人威胁她说,如果她坚持这样做,她的房子将会被烧掉,但她仍义无反顾。

女演员马戈特·基德尔(在影片《超人》中扮演洛伊丝·莱恩)不顾自己的演艺生涯有可能被断送的危险,义正辞严地反对战争。

新泽西州西顿霍尔大学的一位篮球运动员拒绝在自己的运动服上缝上美国国旗。当他因此遭到人们嘲笑时,他离开了球队和大学,回到了故乡意大利。

更为悲壮的是洛杉矶的一个越战老兵为抗议战争而点火自焚。

在马萨诸塞的阿姆赫斯特,一个年轻人带着卡纸板做的和平标志跪在镇子的公地上,把2桶易燃液体倒在自己身上,点燃2盒火柴,在熊熊烈火中殉身。2小时后,附近大学的学生们闻讯赶来,聚集在这块公地上举行烛光守夜,并在殉身的地点安放了和平的标志,一个标志上写着:"停止这场疯狂的战争。"

与越南战争期间不同的是,这一次没有来得及在军队中掀起大规模的反战运动。但还是有不少的男女军人蔑视他们的指挥官,拒绝参加这场战争。

22岁的杰夫·彼得森是驻扎在夏威夷的海军陆战队的一名下士。当1990年8月美国第一支应急部队被派往沙特阿拉伯时,他坐在机场跑道上拒绝登机前往沙特阿拉伯,并要求退出海军陆战队:

> 我逐渐认识到根本就不存在正义的战争……大约是从阅读历史著作时起,我便开始扪心自问:我来海军陆战队究竟是要做什么?我开始认真研究美国对危地马拉、伊朗王国、萨尔瓦多等这些残暴的政权的支持……无论何时何地,我都反对任何军队对无论哪儿的人民使用武力。

在北卡罗来纳的勒琼营地,有14名海军陆战队预备役人员,冒着可能因开小差而受军事法庭审判的风险提出申请,要求获得"良心上的拒服兵役者"的身份。一等兵埃立克·拉森发表声明说:

> 我宣布自己是良心上的拒服兵役者。这是我的水手袋,里面都是个人用的工作服等用品。这是我的防毒面具。这些东西我都不再需要了。我不

再是一名海军陆战队员了……甚至在我们的首都,我连基本的生存需求(如有一个睡觉的地方,每天能吃上一顿热饭,基本的医疗救助)都不能得到满足,要我去为这样一种生活方式而战,那是非常尴尬的事情。

约兰达·休特-沃恩是一位医生,在预备役医疗队任上尉,是3个幼小孩子的母亲,还是"医生的社会责任"组织的成员。1990年12月,即战争开始前1个月,她被征召去服现役。她答复说:"我认为,在中东进行的这场进攻性军事行动不道德、不人道,也不合法,因此我拒绝服从命令去充当这一行动的同犯。"军事法庭指控她开小差,并判处她两年半的监禁。

另一名女兵,伊利诺斯州墨菲斯伯勒的斯特法妮·阿特金森也拒绝去现役部队报到。她认为,美国在波斯湾的军事行动只是出于经济上的理由。她是第一个被判软禁在家的人,后来又给了她一份"非荣誉条件下"退伍的证明书。

有一位名叫哈洛·巴拉德的军医,驻扎在马萨诸塞的福特德文斯,拒绝服从命令去沙特阿拉伯。他说:"我宁愿坐牢也不愿去支持这场战争","我不认为还有什么正义战争。"

有1 000多名预备役军人声明自己是良心上的拒服兵役者。23岁的海军陆战队预备役队员罗布·卡拉布罗就是其中之一。"我的父亲告诉我,他为我感到羞愧,他大声地斥责我说他很为我苦恼。但我坚信,我更应该凭自己的道德良知而非虚伪和假象来效忠自己的国家。"

在海湾战争期间,一个信息传播网络悄然形成,主要是用来报道那些各大传媒不会报道的事情。在许多城市里,有许多种非主流报纸。还有100多家社区电台,虽然它们只能追随那些主流媒体弄到一些零碎消息,但在海湾战争期间,这是对这场战争进行批判分析的唯一来源。在科罗拉多的博尔德,有一位天才的广播制作人戴维·巴萨米安将诺姆·乔姆斯基在哈佛大学猛烈批评战争的演讲录了音,然后把录音带分发给了他的那些社区广播站,而这些广播站最需要的正是这种不同于官方观点的声音。随后,新泽西的2位年轻人又把这个录音整理成文字稿,装订成方便复印的小册子,发送到全国各地的书店。625

在"胜利的"战争过去之后,总有某种令人清醒的效应随之而来,因为随着战争狂热的消失,民众不仅知道了战争的代价,也对战争究竟有何收获产生了疑问。战争狂热在1991年2月达到了顶峰。在那个月里,每当问及战争的代价有多高时,只有17%的被调查者表示这场战争得不偿失。4个月后,即6月份时,这一数字就上升到30%。在随后的几个月里,由于经济条件的恶化,布什在国内的支持率迅速下降。到1992年,战争狂热消失殆尽,布什也以选举失败而告终。

1989年苏联集团瓦解后,美国有人开始大谈"和平红利",即,它使得美国有机会从军事预算中拿出数十亿美元用来满足人道需求。海湾战争成了政府制止这种言论的方便借口。布什政府的一位成员说："我们应感谢萨达姆。他把我们从'和平分红'中解救出来了。"(《纽约时报》,1991年3月2日)

不过,只要美国人有此需要,有关和平分红的思想就很难扼杀。战争结束不久,历史学家玛里琳·扬即警告说:

> 美国能够摧毁伊拉克的高速公路,却没有能力修建自己的道路;它能够在伊拉克创造流行性疾病孳生的条件,却没有能力为数百万美国人提供卫生保健;它能够严厉谴责伊拉克对待库尔德少数民族的政策,却没有能力处理好国内的种族关系;它能够在海外制造无家可归者,却没有能力安置这里的无家可归者;为了战争,它能够让50万军队远离毒品,但却拒绝为国内100万吸毒者提供戒毒基金……我们在打赢一场战争之后却又在输掉它。

1992年,在庆祝哥伦布到达西半球500周年期间,海湾战争胜利的局限性就看得更加明显了。500年前,哥伦布及同道而来的征服者们把土著的伊斯帕尼奥拉人驱逐一空。此后的4个世纪,美国政府穿越这块大陆,有条不紊地毁灭了印第安部落。现在,又出现了戏剧性的反应。

60年代和70年代以来,印第安人——土著的美国人——越来越变成一支明显的力量。在1992年,他们联合其他的美国人一道谴责500周年纪念。他们举行全国性的活动,抗议哥伦布用绑架、奴役、残害和谋杀来对待曾用礼物和友情接待过他的土著人。自从美国开始庆祝哥伦布节以来,这还是第一次。

争论双方都开始为500周年纪念作准备。全国性的和州一级的官方委员会在周年之前很早就已启动了。

官方的举措刺激着土著美国人加紧行动。1990年夏天,来自整个西半球的350名印第安人代表在厄瓜多尔的基多集会,举行南北美洲土著居民的第一次洲际集会,动员人们起来反对美化哥伦布的征服。

第二年夏天,100多名土著美国人在加利福尼亚的戴维斯集会,这次集会是基多会议的后续会议。他们宣布把1992年10月12日定为"与土著人民团结国际日"。他们还决定知会西班牙国王:"如果他不为500年前的最初入侵道歉",那么,哥伦布的3艘航船尼娜、平塔和圣玛丽亚的仿造品就"不允许从其原产国登陆西半球……"

运动还在继续向前发展。美国最大的泛基督教团体全国基督教协进会号召教徒们不要参加哥伦布征服500周年庆祝活动,它说:"对某些人代表自由、希望和机会的新发现,对别的人来说则意味着遭受压迫、倒退和种族屠杀。"

国家人文资助基金会资助了一项名为"初次邂逅"的巡回展览,把哥伦布的征服进行了浪漫化的处理。当它在佛罗里达的国家历史博物馆开展时,佛罗里达大学一年级新生米歇尔·戴蒙德爬到仿制的哥伦布的一条船上,并打出了"展览在传授种族主义"的标语。她表示:"这不单单是红种人(印第安人)的问题,而是人类的问题。"她被逮捕并被指控"擅自进入",不过,针对这次展览的抗议活动一直持续了 16 天。

在 1991 年初,一份叫《土著人思想》的报纸开始发行,它把所有反对举行哥伦布发现北美大陆 500 周年庆祝活动的人联系在一起。它刊登土著美国人的文章,讨论如何进行斗争,夺回那些被用条约偷走的土地。

在得克萨斯的科帕斯克里斯蒂,印第安人和墨西哥人联合起来抗议本市举行 500 周年庆祝。一位名叫安杰利娜·门德斯的妇女代表奇卡诺人发表讲话说:"奇卡诺民族同我们北部的印第安兄弟和姐妹们紧密团结。今天我们与他们一起共同谴责西班牙人、特别是克里斯托弗·哥伦布到达这块大陆后所犯下的暴行,谴责美国政府打算重演这种暴行。"

有关哥伦布的争论在教育和文化活动方面导致了特殊的冲突。圣迭戈加利福尼亚大学的教授德博拉·斯莫尔把 200 多幅木板油画放在一起进行展出,起名叫做"1492 年"。她把哥伦布日记中的一些话与 16 世纪的一些放大的版画片断排列在一起,这些片断戏剧性地表现了哥伦布到达西半球所带来的恐怖景象。一位评论家写道:"它以最生动的方式提醒我们,西方式的文明来到新世界并没有给我们带来什么福音。"

总统布什在 1991 年下令进攻伊拉克时,曾声明他的目的是结束伊拉克对科威特的占领。俄勒冈的一个土著美国人组织散发了一份公开信,对此进行谴责和讽刺:

> 亲爱的布什总统,恳请你伸出援手,把我们这个小小的民族从占领下解放出来吧。这个外国占领者不仅占领了我们的土地,也偷走了我们的资源。在这一过程中,他们使用战争和欺骗双重手段,杀死了数千名老人、孩子和妇女。在占领我们的土地之后,他们又废黜了我们自己的政府,遣散了我们自己的领导人和相关工作人员。在此基础上,他们建立起了自己的管理制度,这一制度至今仍以各种方式控制着我们的日常生活。用你自己的话说,这种对小国家的占领和颠覆……即使只有一次,也决不能容忍。你的忠诚的,一个美国印第安人。

"反思丛书"是一套代表全国中小学校教师社会意识的出版物。它出版了一本 100 页厚的《反思哥伦布》,专门收录土著美国人和其他人的文章,刊登了一篇对讲述哥伦布的少儿读物提出尖锐批判的书评,为那些想更多了解哥伦布的人开列了文献目录,还收集了很多反对庆祝哥伦布 500 年活动的阅读材料。在短短的几个月内,该书 20 万册便销售一空。

在俄勒冈的波特兰,一位名叫比尔·比奇洛的教师,把"反思丛书"出版的材料收集在一起,辞去正式工作,在 1992 年花了一年的时间周游全国,给其他教师举办讲习班,以便让他们能向学生们讲授有关哥伦布经历的这些真实故事,因为在传统教科书和学校课程表中，它们都被省略掉了。

比奇洛自己的一名学生给阿林与培根出版社写信，批评了他们的历史教科书《美国精神》：

628

　　　　为了简单起见，我只谈论一个主题。就说哥伦布吧。是的，你们没有说谎。但是你们说"虽然哥伦布和他的船员对加勒比的各土著民族有浓厚的兴趣，但他们没办法同他们和平共处"，这里的意思好像是说哥伦布并没有错。问题是，之所以不能和平共处，正是因为哥伦布及其船员因为得不到足够的黄金便抓捕印第安人做奴隶，便屠杀数千印第安人。

另一名学生写道："我觉得，出版社好像只印了一些'光荣故事'，认为这可以培养我们更爱我们的国家……他们是想让我们承认，我们的国家是伟大的、强大的和永远正确的……"

一位名叫丽贝卡的学生说："当然，这些书的作者们大概认为这并无太大的害处——到底是谁发现了美洲，这有什么要紧？道理确实如此……但问题是，如果在这件事情上我一生所听到的全是谎言，而我又了解到了真相，想想看，我会不生气吗？"

在西海岸成立了一个名为"意大利裔美国人反对克里斯托弗·哥伦布"的组织，它声称："当意大利裔美国人认同土著民身份时……我们每个人改变自我的机会便大大增强了。"

在洛杉矶，一位名叫布莱克·林赛的高中学生到市议会前慷慨陈词，反对开展纪念哥伦布的庆祝活动。她向市议会讲述了针对阿拉瓦克人的种族灭绝，所有官员都没有任何反应。然而，当她在脱口秀节目上讲述同样的故事时，一位自称来自海地的妇女打来电话说："这个女孩是对的。我们那里已经没有幸存的印第安人了。海地人民在最后一次起义时摧毁了哥伦布的雕像，我们更应该为土著居民树立雕像。"

虽然报纸和电视都没有进行报道，但全国各地都出现了反对纪念哥伦布的各种活动。1992年，仅在明尼苏达，这一类的活动就有十几场，包括专题讨论会、集会、电影、艺术展等。12月12日，纽约市的林肯中心上演了伦纳德·莱尔曼的歌剧《新世界：哥伦布究竟对印第安人做了什么》。在巴尔的摩，举办了有关哥伦布的多媒体展示。在波士顿，当时正赶上一场全国巡演，地铁剧场上演的《克里斯托弗·哥伦布的罪恶》引得观众爆满。

到处都举行抗议活动，出版大量关于印第安人历史的新书，举办哥伦布讲座。所有这些导致学校教育方面发生了非同寻常的变化。对以前的几代人来说，那时给所有的美国儿童讲述的是同一个哥伦布故事，一个浪漫的、令人仰慕的英雄故事；而现在，全国成千上万的教师都开始讲述一个完全不同的故事了。

629　　这激怒了那些为旧历史辩护的人，他们对他们所称的"政治矫正"运动和"文化多元主义"发出嘲笑。他们对批判性地看待西方扩张和帝国主义表示不满，认为这是对西方文明的攻击。罗纳德·里根政府的教育部长威廉·本奈特把西方文明称为"我们共同的文化……最高理想和终极愿望"。

一位名叫阿伦·布卢姆的哲学家出版了一本被大肆渲染的著作《走向封闭的美国精神》，该书对改变美国大学教育气氛的60年代的社会运动深表憎恶。在他看来，西方文明是人类进步的顶点，而美国则是其最突出的代表："美国讲述了一个故事：走向自由和平等的脚步无法阻挡，也不可避免。从最初的殖民者及其建立的政治制度迄今，自由与平等始终是正义的精髓，在这一点上从未发生过分歧。"

在70年代和80年代，残疾人也组织开展了强大的社会运动，迫使美国国会通过了残疾人法案。这在立法史上是史无前例的。它提供了一种明确的标准，用以衡量什么行为构成对残疾人的歧视。同时，它也为残疾人提供了一种保证，只有他们的身体条件能够承受得起，他们有权利到任何他们想去的地方。

在民权运动中，黑人曾对美国是"自由与平等"的象征这一观念提出了质疑。妇女运动也向这一观点发出挑战。而现在，1992年，土著美国人则指出了西方文明对他们祖先所曾犯下的累累罪行。他们不仅再现了被哥伦布遇到和征服的印第安人所具有的公有社会精神，还力图描述这数百万人在哥伦布到来之前的真实历史，揭露哈佛历史学家（如佩里·米勒）充满谎言的所谓"欧洲文化进入美洲蛮荒的运动"。

进入90年代后，无论共和党还是民主党掌权，美国的政治体制仍旧处在财富巨头们的控制之下。公司的财富操纵着主要的信息手段。由于中产阶级的地位不仅没有保证，而且还在日益恶化，国家正被分裂成巨富和赤贫两个阶级，尽管没有一位主流的政治家会谈到这一点。

然而，毫无疑问，尽管大多数抵抗都未曾被公开报道，但确实存在令主流派记者忧心忡忡的"永久对抗性文化"。它坚信将来会出现一个更公平、更人道的社会。如果说美国的未来还有什么希望的话，那么，它就在这种拒绝放弃的信念之中。

第二十三章

卫士的反抗即将到来

本章的标题不是一个预言,而只是一种希望,我下面就对此作一个说明。

就本书的标题来说,它并不十分准确;写一部"'人民'的历史",不是任何个人所能胜任的事,而且这种历史也是最难再现的历史。我之所以以此为题,只是因为,尽管它难免有这样或那样的局限性,但却是一部对人民的反抗运动表达敬意的历史,而对政府来说却满篇都是不敬之词。

这样一来,它就成了一部明显带有特定倾向性的历史记述。但我并不为此感到困扰,因为在大量的历史著作的影响下,我们总是过分地倾向于相反的方向,即过分地强调国家和国务活动家的历史活动,对人民大众的运动却既不表示关注,也未给予重视。这样,我们就需要有某种反作用力,以免使我们再次屈从于传统。

有关这个国家历史的全部著述,无一不以立国之父们和总统们为中心,但正是这些大人物们严重地压制了普通民众的行动能力。这些历史著述声称,在出现危机的岁月里,我们必须依靠某个伟人来挽救我们:在独立战争的革命危机中,是立国之父们;在内战反奴隶制斗争的危机中,是林肯;在大萧条时期,是罗斯福;在越南战争—水门危机中,是卡特。而且,在一次次的危机期间,他们所做的任何事情不仅都完全正确,而且足以为我们恢复原来的那种正常的状态。这些历史书还教导我们说,公民的最崇高行动,就是在这些救世主中间做出选择,即每4年去一次投票站,在两个性格不使人讨厌、观点也比较正统的人中间做出选择,这两个人都是具有盎格鲁-撒克逊血统、生活富足的白种男性。

寻找救世主的观念已经远远超出了政治之外,被带入到整个文化之中。我们学会了去追逐各领域的明星、领导者和专家、行家,这样也就等于放弃了我们自己的力量,不仅使我们自己的能力失去意义,也使我们自身被湮没了。但是也有不少的美国人,不仅拒绝接受这种观念,而且常常起来造反。

然而这些反抗一直受到压制。美国的制度是一种进行操纵和控制的制度,在世界历史上可谓独具匠心。在一个自然资源、才智潜力和劳动人手如此丰富的国家,这套制度本来是能够把充足的财富分配给更多的人民,从而防止把反对者变成制造麻烦的少数派。一个如此强大有力、如此幅员广阔、如此能使它众多的公民感到愉快的国家,它完全可以让那些感到不快活的少数人,自由地去做不同政见者。

没有一种控制制度,既能具有更多的发泄渠道、更广的回旋余地与更大的灵活性,又能更多地回报被选中者,更多地赢得彩票。没有一种制度,能通过投票制度、工作职位、教堂、家庭、学校、大众传媒等等来扩展它的更复杂的控制权;也没有一种制度,能更成功地通过改革和使人们相互隔离与孤立、通过培养爱国主义的忠诚,来平息它的反对派。

仅占国家人口百分之一的人,却占有它三分之一的财富。至于其余的财富,则是这样来分配的:即让其他99%的人相互敌视对立,让小财主与没有财产的人相对立,让黑人与白人、土著与外来人相敌视,让有知识和有技术的人与没有受过教育和没有技术的人相对立。不仅要让这些群体相互之间抱怨、敌视,还要让他们以如此的热情和暴力来相互攻讦,这样一来,他们就看不到彼此所处的地位实际上是一般无二:这就是,在这个非常富有的国家里,他们都不过是残羹冷炙的瓜分者而已。

尽管现实的情况是,由于少数精英的控制,生存资源已变得非常稀少,人们不得不绝望而痛苦地为之相互争斗。但我决定不顾这一现实,仍然把这99%的人视为一个整体:"人民"。我要写一本历史,试图阐述他们被埋没、被歪曲了的共同利益。我所要做的事,就是强调这99%的人的共同性,表达对那百分之一的人的深深憎恶之情,而这恰好是美国政府(从立国之父到现在)以及与它们合流的财富精英都极力想避免的。麦迪逊就曾对"多数派"感到害怕并希望新宪法能对其加以控制。他和他的同僚以这样的一句话作为宪法导言的开始语:"我们全体人民……"其用意就是要说明新政府代表所有人的利益,并希望人民能把这一神话当成事实接受下来,从而保证"国内安宁"。

虽然已历经数代,但这种矫饰之词却不仅仍在继续使用,而且还从包罗万象的实物和口头的象征物中得到支持,如国旗、爱国主义精神、民主制度、国家利益、国家防务、国家安全,等等。这些口号和说法已深深地渗入了美国文化。这就像西部平原上,白人和多少有点特权的美国人用带帆布篷顶的大马车围成一圈,从里面射杀外面的敌人——印第安人、黑人、外国人,包括那些生活悲惨而没有资格进入圈子的白人。商队的老板们则在安全距离之外远远地观望着,当战斗结束,原野上双方死尸狼藉时,他们就冲过来夺取这块土地,并准备另一次的远征,去争夺另一块土地。

但这个图谋从来没有很好地发挥过作用。美国大革命和宪法都试图通过包容殖民地时期阶级间的愤恨(与此同时却奴役黑人、侮辱或驱逐印第安人)来维持稳定,但在内战爆发前,不仅佃农起义、奴隶造反时有发生,废奴主义者、女权主义者也发出了激愤的抗议并奋起反抗,印第安人也开展了游击战。如果根据这些情况来判断的话,它做得并不是很成功。内战之后,随着南北精英之间的新联合进一步向前发展,南方的白人和下层阶级的黑人陷入了种族冲突,北方的土著工人和移民工人也发生了对立,农场主们则扩展到了全国,与此同时资本主义制度也在工业中和政府机构里巩固了自己的地位。但是,在工业工人中间开始频频出现造反行动,农民中间也萌发出强大的反对派运动。

在 19 世纪与 20 世纪之交,用武力平息黑人和印第安人的反抗,以及用选举和战争来吸引和转移白人反抗者的注意力这两种办法,在现代工业的条件下,显然都已不足以防止更大规模的社会主义浪潮,不足以防止第一次世界大战前群众性的劳工运动。无论是战争,还是 20 年代的一时繁荣,或是社会主义运动遭受的明显挫折,在当时经济危机的形势下,都不能防止 30 年代发生新的激进觉醒和新的劳工起义。

第二次世界大战造成了新的统一,在冷战的气氛中,随之而来的是对战争期间出现的强大激进情绪进行压制,这一努力显然获得了成功。但令人惊讶的是,后来却发生了 60 年代的浪潮,这一浪潮是来自那些长期以来据认为已经被征服或是不值得重视的人们:如黑人、妇女、土著美国人、监狱犯人、军队士兵以及新的激进主义者。在因越南战争和水门政治丑闻而感到失望的人群中,这种激进主义有广泛扩散的危险。

尼克松的下台,独立两百周年的庆典,卡特的上台当政,这一切变革都是把恢复原状作为目标。但恢复原来的制度并不能解决这一问题,在里根和布什时期,这种不确定性和疏远感进一步加剧了。1992 年克林顿当选后,虽然含糊地许诺要进行改革,但那些对他满怀期望的人并不感到满足。

随着这种不和谐状况的持续发展,对这个权力机构(一个由企业主管、军队的将军和政府的政客所组成的松散俱乐部)来讲,最重要的就是要继续坚持国家统一这一历来惯用的矫饰之辞。在国家统一这个托辞下,政府被说成是所有人的代表,他们共同的敌人不在国内,而在国外;国内发生的经济灾难或者战争动乱,只是偶发的悲剧性事故;与这些灾难的肇事者同属一个俱乐部的其他成员,完全可以纠正这些过错。对他们来讲,唯一重要的是,要继续确保大特权享有者和小特权享有者之间达成的这种人为的统一,至于其余的 99% 的人,那就继续让他们处于各种各样的分裂对立之中,并且继续让他们相互成为发泄怒气的对象。

让中产阶级纳税来救济穷人,除了羞辱中产阶级之外,还在他们与穷人之间制造了怨恨,这手段是多么的巧妙!用公共汽车接送黑人穷孩子进入贫穷的白人街区,让穷人的学校陷入暴力冲突,而有钱人的学校丝毫未损;国家的财富,若是救济那些需要免费牛奶的孩子们,用起来总是慎而又慎,但为了制造一艘航母,却不惜耗掉数十亿美元。这一切做得又是多么的老练!一方面,通过提供小小的特殊补贴,来满足黑人和妇女对平等的要求,同时又让他们为寻找工作机会去同每一个人进行竞争,而这种机会早就由于这个不合理的、浪费的制度变得非常稀少了。这又是多么的富有创造性啊！把大多数人的担心和愤怒吸引到孳生(由于经济上的不平等)罪犯的阶级身上,从而转移大家对执法官员合法地大肆盗窃国家资源的注意力,这比起消除他们来要快得多。

既控制权力又实施惩罚,既拉拢诱惑又作出让步,既要进行牵制也不忘施以欺骗,所有这一切手法,在这个国家的整个历史上一直都在发挥作用,但权力机构还是不可能完全确保自身的安全而不遭受造反的威胁。每每在它看来似乎已经取得成功,人民似乎已经被诱惑或被征服之时,民众却每每又骚动起来并奋起反抗了。黑人,曾被最高法院的判决和国会法令的甜言蜜语欺骗过,起来造反了;妇女,曾被追求也曾被漠视、曾被施以浪漫温情也曾饱受过种种虐待,起来反抗了。印第安人,当局认为他们已经死亡,结果重又出现了,还向当局发出了挑战。年轻人,尽管一度曾被职业和舒适生活所引诱,也开始反叛了。工人,当局认为他们已经被改革抚慰得温顺了,已被法律调教得中规中矩了,已被他们自己的工会封闭在小圈子内了,现在也起来进行罢工了。政府里的知识分子,曾经保证过要为当局保守秘密,也开始吐露真相了。就连教堂里的牧师们,也从虔诚传道转向发出抗议之声。

之所以要重温这些历史,就是要提醒人们,权力机构是乐于让他们忘记这些的:即,那些表面上似乎孤弱无助的人,实际上却拥有进行反抗的巨大能量;那些表面上似乎感到满足的人,也拥有要求进行变革的强大能量。揭示这种历史,就是要揭示出人人都拥有维护他作为一个人的权利的强大动力。也就是说,即使是在陷入深深的悲观之时,也要坚信会有奇迹发生。

但是,过高地估计阶级意识,过分夸大这些反抗及其所取得的成功,将会发生误导。因为它忽略了一个基本事实:即不只是在美国,在世界的其他地方也一样,国家仍旧操纵在精英们的手中。人民的运动,尽管它们显示出了无穷的、一再复兴的能量,但结果仍旧是它们要么被打败,要么是被分化瓦解,要么就是被引入邪路,导致"社会主义"的革命者们背叛社会主义,而民族主义的革命则又导致走向新的独裁。

不过,大多数历史著述都有意对人民的反抗运动轻描淡写,而对国务活动家们的作用则大着笔墨,这样就等于是鼓励公民中存在的软弱无能之感。当我们密切关注一下反抗运动,或是看一下那些孤立进行的反抗活动,我们就会发现,阶级意识,或是对任何其他不公正现象的觉悟,其表现程度是多种多样的。有许多表现和显示自身的方式:既有公开的、直接的,也有微妙的、隐蔽的。在一个以进行胁迫和控制为目的的制度下,人民不能表露和展现他们所了解的一切、他们所感受的一切,除非他们确实感觉到,他们不仅可以这样做,而且也不会因此导

635

致自身被摧毁。

再现人民反抗运动的历史势必将对力量提出新的定义。按传统的定义,不管谁,只要他能指挥军队、支配财富和左右官僚的思想,并能控制文化,他就有力量。用这些标准来衡量,民众的反抗运动看上去从未强大到足以使自己生存下来。

然而,反抗运动所取得的各种出人意料的胜利、哪怕只是暂时的胜利,都暴露出权力机构虽貌似强大有力,实际上却脆弱不堪。在一个高度发达的社会,若没有数百万人的服从和忠诚,权力机构便不可能生存。这些人就是士兵和警察,教师和部长们,行政官员和社会工作者,技师和生产工人,医生、律师和保育员,交通工人和通讯工人,垃圾工和消防员。这些人不仅被雇用,还享有某些特权,被拉入与精英们结成联盟。他们变成了这个制度的卫士,在下层阶级和上层阶级之间充当缓冲器。正是他们维持着这套制度的运行,而它只需为此给他们一点小小的回报就行了。如果他们不再表示服从的话,这个制度的垮台就为时不远了。

我想,如果出现这种情况,那只能是在这样的时候,即当我们大家,当我们这些稍有点特权、稍有点不适感的人,都亲眼看到,我们就像阿提卡犯人暴动中的那些卫兵一样,是可以被牺牲掉的;权力机构,不管它给我们什么样的回报,为了维持其控制权,如果有必要,同样也会把我们干掉。

在我们这个时代,某些新奇的事情可能会如此清楚地呈现出来,从而导致人们普遍抛弃对这个制度的忠诚。在原子时代,新的技术、新的经济和新的战争条件,都使得这个制度的卫士——知识分子、房东、纳税人、熟练工人、政府的雇员等等,越来越不可能使自己继续免受黑人、穷人、罪犯、海外敌人曾经遭受过的那些暴力(包括肉体的和精神的)的侵犯。经济的国际化,难民的流动和非法的跨界移民,使工业化国家的人民,更难面对世界上贫穷国家发生的饥饿和灾难而无动于衷。

在新的毁灭人类的技术变革、经济扩张、全球性污染、战争失控等等条件下,我们大家都成了人质。原子武器、看不见的射线、经济无政府状态,都使得无法区分清楚谁是犯人、谁是卫士,而且这些身负重任者也不会在加以区分时做到慎而又慎。不能忘记,当有新闻报道说美国的一伙战俘可能就在长崎附近时,美国那位高级指挥官是如何反应的:"原先为控制中心指定的目标保持不变。"

有证据表明,在卫士中间,不满情绪正在上升。我们知道,某些时候,穷人和被忽视的人不会去参加投票,他们疏远这个政治制度,因为他们认为它对他们并不不关心,所以他们为政府做得也就很少。现在这种疏远已经扩展到了贫困生活线以上的家庭。这里面包括白种工人:他们既不富有也不贫穷,但对经济不安全怨声载道;既不满他们的工作,又担心他们的邻居,对政府则持敌视态度;种族主义的因素中混杂着阶级意识因素,他们既看不起低层阶级,又不信任那些精英;不管哪个方向提出的解决办法,是左派提出的还是右派提出的,他们都愿意加以考虑。

在20年代,中产阶级也表现出相同的疏远感,而且这种疏远感还朝着各个方向蔓延扩散("三K党"的成员当时就达数百万人)。但在30年代,左翼组织通过做工作,动员许多抱有这种想法的人加入了工会、农会和社会主义运动。在未来的年代里,我们可能要为动员心怀不满的中产阶级而展开竞争。

显而易见,大家都有不满要发泄。70年代初进行的调查显示,70%到80%的美国人对政府、商界和军队表示不信任。这就意味着,除了黑人、穷人和激进分子之外,这种不信任已经扩散到了熟练工人、白领工人、技术工人中间;下层民众和中产阶级,即犯人和卫士,两者都对这个制度失去了幻想。在美国历史上这大概还是第一次。

同时也出现了其他一些迹象:酗酒的人越来越多,离婚率日渐上升(每三对婚姻中就有一对以离婚而告终,而且这一数字还在增加,已经接近二分之一),吸毒现象泛滥,精神分裂和心理疾病患者增多。数百万的人抱着一线希望,想寻求办法,克服他们的软弱无能,消除内心的孤独与挫折感,融化与他人、与社会、与工作、与他们自身的隔阂感。他们接受了五花八门的新宗教,加入了形形色色的自助团体。好像整个民族正在走过它中年阶段的一个关键点,正经历着充满自我怀疑、自我批判的生活危机。

所有这一切,正好是发生在中产阶级日益感到经济不安全的时候。在城市日益走向衰败之时,这个不合理的制度却在利益的驱使下,要为保险公司建起一座座摩天大楼;它宁可花费数十亿美元去制造毁灭性的杀人武器,却不愿意为孩子们的游乐场添置任何设施。对那些专门制造危险和无用之物的人,它可以给他们提供巨额的收入;但对艺术家、音乐家、作家和演员,却不肯多花一分钱。对下层阶级来讲,资本主义永远是一个失败。现在,对中产阶级而言,它也谈不上是成功。

以往,失业的阴影总是徘徊在穷人的家里;现在,它已经扩展到白领工人、专业人员中间。大学教育不再是不会失业的保证,这个制度已不能为即将走出校门的年轻人展现未来的美好前景,因为它自身正面临着深刻的困扰。如果这种情况只发生在穷人的孩子身上,那么这个问题还是很容易得到解决,因为监狱有的是;但如果是发生在中产阶级的孩子身上,要想加以控制就绝非易事了。穷人已经习惯于被压制,并且一直缺少金钱;但在最近几年,中产阶级也开始感受到了高物价和高税收的压力。

在70年代、80年代和90年代初,犯罪的人数在戏剧性地、惊人地上升。但是,如果到任何一个大城市里走一走的话,你就会发现这并不难理解。穷人与富人间的贫富反差触目惊心,到处充斥着有钱人的文化,疯狂的广告铺天盖地,经济竞争已经白热化。在这场竞争中,与国家的合法暴力和公司的合法抢劫相伴随的是穷人的非法犯罪,这些犯罪多数与盗窃有关。美国的监狱中,犯人绝大部分是穷人和有色人种,他们几乎都没有受过教育。有半数犯人,在被投入监狱前处于失业状态。

最常见、最公开的犯罪形式是青年人的暴力犯罪、穷人的暴力犯罪(在大城市里,犯罪确实恐怖化了)。在城市里,对生活感到绝望的人和吸毒上瘾的人不仅对中产阶级进行攻击和抢劫,有时甚至对他们的贫穷伙伴下手。一个社会如果被按财富多少和教育程度高低严格划分成等级,自然会产生嫉妒情绪和阶级义愤。

在我们这个时代,关键的一个问题是,中产阶级长期以来就相信,解决这些犯罪的办法就是修建更多的监狱,制定更多的狱规。现在,由于犯罪已经完全失控,他们开始认识到,犯罪与惩罚之间这种无休止的循环将会继续下去。然后他们可能就会得出结论认为,对城市里的上班族来说,只有当城市里的每一个人都有工作机会的时候,他们的人身安全才有保证。而这就要求对国家的优先选择次序进行调整,对制度进行变革。

638 在最近几十年,除了担心受到犯罪攻击之外,又出现了一个更大的担心:因癌症而导致的死亡率开始成倍地上升,但在寻找病因和对症治疗方面,医疗研究者都感到束手无策。病因已经日渐清楚:在这些死亡者中,越来越多的人被查明是死于军事试验和工业泛滥所产生的环境污染。许多年以来,人们饮用的水和呼吸的空气,他们工作场所里的尘埃,已经完全被污染了。因为这个制度疯狂地追求扩大生产和增加利润,而完全忽略了人的安全和健康。新的致命的灾难也出现了,这就是艾滋病,它正以极快的速度在同性恋者和吸毒上瘾者中间传播。

90 年代初,苏联的假社会主义制度遭到了失败。美国的制度看来也已失控——资本主义取得了压倒性的优胜,技术在迅猛向前发展,军国主义在急剧膨胀,声称代表人民的政府也在加速地脱离人民。犯罪处于失控状态,癌症和艾滋病也处于失控状态。物价、税收和失业也处于失控状态,城市的腐败和家庭的破裂也处于失控状态。而人民对这一切看来也都深有感受。

近年来屡屡报道的这种对政府的普遍不信任,其原因恐怕是越来越多的人已对下列事实表示认可:在小说《第 22 条军规①》中,美国空军轰炸机驾驶员约塞里安的朋友被指控帮助和安慰过敌人,他对这位朋友说:"敌人就是任何一个

---

① 指无法克服的障碍和两难状态。源自美国小说家约瑟夫·赫勒的同名小说和电影,该词指的是美国针对空军飞行员制定的第 22 条军规,据此,如果飞行员以患有精神障碍为由申请退伍,上级则以既能自己判断病情,显然不是精神障碍为由加以批驳。

准备杀掉你的人，不管他站在哪一方。你永远不要忘记这一点，因为你越是牢记这一点，你就会活得越长。"小说里的下一行是："但克莱文杰忘记了，所以现在他死了。"

让我们想象一下，如果想争取根本变革的人们都联合起来，将会是一种什么样的景象（在这个国家的历史上这是第一次）。精英们会不会像以前常做的那样，拿出他们最后的武器：对外干涉，从而在战争中把人民和权力机构团结起来？在1991年跟伊拉克打仗时就这么尝试过。但是，正如琼·乔丹所说，那只不过"是昙花一现，是不能持久的"。

随着权力机构既无力解决国内严重的经济问题，也未能在国外制造出一个安全阀来发泄国内的不满，美国民众现在要求的可能不再只是进行修修补补、对法律进行改革，或是改头换面，再来一次"新政"，他们还要求进行激进的变革。让我们暂时做一个乌托邦主义者，然后我们再重新回到现实主义，不过，这种"现实主义"并不是那种对失去行动信心的权力机构有用的"现实主义"，那种"现实主义"只会使缺乏变化的历史变得更加停滞僵化。让我们想象一下，我们大家将会要求进行什么样的激进变革。

大公司、军队和它们的政治合作者将不得不失去社会的权力平衡杆，因为正是由于他们的操纵才导致了目前的这种状态。我们将要通过全国地方组织的协调努力，重建一种既有效又公正的经济，合作生产人们最需要的东西。我们将从我们的街区、我们的城市、我们的工厂开始。某些工作将是每个人都必需的，包括现在没有劳动能力的人如儿童、老人、"残疾者"。社会将充分利用现在闲置的大量能源、尚未派上用场的技术和才智。每个人都分担一天几小时的日常的、但是必要的工作，用大量的自由时间去娱乐、搞创造发明，开展友爱互助活动，生产充足的食物并平等地、充足地分配给个人。某些基础性的东西如食物、住房、医疗、教育、交通，将变得丰富起来，从而取消货币体制，并让每个人都能免费享受。

重大的问题也将找出适当的解决办法，但不用通过集权化的官僚体制，也不用监狱和惩罚来刺激，而是按人的天然愿望，通过合作进行激励。在过去国家只是在战争时期才利用这种办法，社会运动也采用过这种办法，这显示出人们的行为方式会因条件不同而迥异。人们所在的工作间、生活区就是彼此交流的合作网络，一些就在这里作出决定。这是一种邻里间的社会主义，它将避免出现资本主义的等级体制和那种假"社会主义"之名的残酷的专制制度。

在一个相互友好的共同体内，人们将会适时创造出新的和丰富多彩的非暴力的文化，在这种文化里，无论个人还是团体，都可以充分地表现自己。男人和女人，黑人和白人，老人和年轻人，都珍视他们之间的差别，并把它当作积极的、正面的品质，而不是加以控制的理由。新的合作和自由的价值观将在人们的相互关系中、在儿童教育中表现出来。

　　在美国复杂的控制制度下,要做到这一切,就需要把美国历史上的上述各种运动(劳工反抗、黑人造反、土著美国人、妇女、青年人的反抗等等)的能量与新的中产阶级的义愤的能量都联合起来。人们将开始改造他们的直接环境如工作间、家庭、学校、社区,通过与不在场的当权者进行一系列的斗争,把这些地方的控制权交还那些在这里生活和工作的人们。

　　这些斗争将运用过去不同时期人民运动曾用过的所有策略手段:如举行示威、游行,进行消极抵抗;举行罢工、抵制以及总罢工;采取直接行动,重新分配财富,重建组织机构,重构社会关系;在音乐、文学、戏剧、艺术及在日常生活的一切工作和娱乐领域里,创造新的值得大家分享和令人尊敬的文化,在人们自助和互助的合作中创造新的娱乐活动。

　　当然也会遭受一次又一次的失败和挫折。但当这样的运动在全国各地成千上万的地方立足生根时,它就不可能再被压制下去,因为这个制度本身赖以压制这一运动的卫士们,也将加入到这些反抗者中间。我相信,在一个像美国这样的社会里,这是一种新的革命,一种唯一可能发生的革命。它势必将消耗大量的能量,造成大量的牺牲,将有大量的人被关押囚禁和忍受折磨。但是,因为这是一个相当长的过程,如果现在就付诸行动,不再拖延等待,那么,立即就会体会到奋斗的快乐,因为当各种社会团体彼此亲密携手为共同目标而奋斗时,人们总能找到这种快乐和满足。

　　上述这一切把我们从美国的遥远过去拉入了想象中的未来景象,但是,我们不可能完全脱离过去。历史上,至少在短暂的时期内曾有过这种可能性。在60年代和70年代,权力机构第一次未能制造出全民的团结和对战争的爱国主义狂热。此外,其他一系列的文化变革也是这个国家从未经历过的,如在两性关系上、在家庭里、个人关系中,而这些变化也都是中央权力中心最难加以控制的。还有,民众普遍对政治和经济制度中如此之多的成分表示不信任,这也是前所未有的现象。在这段历史时期内,尽管为时不长,但人们还是找到了互相帮助(甚至是在充满竞争和暴力的文化之间)的方法,并在工作、斗争、友谊交往和大自然中找到了欢乐。

　　未来将会有一次又一次的动荡和斗争,也将不断会有鼓舞人心的事件发生。以极少的暴力来实现重大的变革,这是这个制度本身从未做过的事情,但在这方面,这场运动也有机会取得成功。之所以有这种可能,是因为更多的、99%的人开始认识到他们都有着共同的需要,将会有更多的卫士和犯人开始认识到他们有着共同利益,而权力机构因此将会变得更加孤立和更加无能。精英手中的武器、金钱、对信息的控制权,在面对这群决心已定的人们时,就会变得没有任何用处。这个制度的仆人们将不再去为延续这一旧的、濒于死亡的制度而工作,并将利用他们所拥有的时间和空间,即这个制度为让他们保持安静而给予他们的东西，去摧毁这个制度并创造一个新制度。

　　尽管方式无法预见，尽管时间无法预测，但被这个制度囚禁着的犯人们将像 641
从前一样，继续起来造反。我们时代面临的新事实就是，出现了他们与卫士们联
合行动的机会。我们读书和写书的绝大部分人，就是在卫士中间。如果我们明
白这一点，并能如此行动起来，不仅我们的生活将变得更加如意，我们的子孙后
辈很快也都能看到一个迥然不同的新世界。

第二十四章

643

克林顿执政时期

比尔·克林顿毕业于耶鲁法学院,曾获得罗德兹奖学金,做过阿肯色州州长。他风度翩翩、能言善辩。克林顿八年任期伊始,国人曾对这位年轻英俊的总统寄予厚望,他自己也许诺要进行"变革"。虽然彪炳青史乃其梦寐以求的夙愿,但任期结束时他却未能如愿以偿,无缘跻身于共和国伟大总统之列。

克林顿总统在任后期被煽情的私生活丑闻搞得焦头烂额。更重要的是,无论是在国内政策的重大创新方面,还是在国外政策摆脱民族主义困扰方面,他都没有留下什么像样的遗产。在国内,他不是支持那些至今眷恋富兰克林·罗斯福庞大计划的民主党人,而是畏首畏尾,一次又一次地向保守主义让步,签署取悦于共和党人和大企业的法律。在国外,则又徒劳无益地四处炫耀武力,向"军工集团"卑躬献媚,其实德怀特·艾森豪威尔总统当初就曾批评过这种行径。

克林顿的两次总统大选均属险胜。在1992年的选举中,在45%的人没有参加投票的情况下,他也只获得了43%的选票,老布什得到了38%的选票,另有19%的选民则因嫌恶两大党而把选票投给了第三党候选人罗斯·佩罗特。1996年的总统大选,有一半人没有参加投票,克林顿在同毫无人气的共和党候选人罗伯特·多尔的对阵中也仅赢得49%的选票。

显然,选民对投票缺乏热情,一则汽车招贴写道:"如果上帝想让我们参加投票,那他就得给我们提供候选人。"

在其第二个任期的就职典礼上,克林顿在演讲中声称国家正处在"新世纪,644新千年"的十字路口上,认为"新的世纪需要一个新的政府"。然而,克林顿的执政表现与其虚饰的约言形成了鲜明反差。

克林顿的就职典礼恰巧碰上马丁·路德·金的诞辰。全国都在举行纪念活动,克林顿在其演讲中也数次提到金的名字。然而,这两个人却代表着两种非常不同的社会理念。

1968年金被刺杀时,他确信我们的经济制度根本就是不公正的,必须进行彻底改革。他谴责"资本主义的罪恶",呼吁"从根本上对经济和政治权力进行重组"。

相反,克林顿则对"市场制度"与"私有企业"信心满满,因为企业巨头们正以前所未有的规模向民主党提供金钱支持。马丁·马里埃塔公司就是一家握有大量政府军工产品订单并从中牟取暴利的企业。1992 年总统选举期间,该公司首席执行官曾表示:"我觉得民主党正越来越向企业界靠拢,而企业界也在越来越向民主党趋近。"

马丁·路德·金反对越南战争,也抨击不断上升的军事强权,认为"必须制止这种疯狂行为",而且"种族歧视、经济剥削与穷兵黩武这些罪恶都是联系在一起的……"

克林顿只愿意重温金的种族平等之"梦",却对金拒斥暴力的社会理想不感兴趣。虽然苏联的军事威胁消除了,但他坚持认为,美国必须保持其遍布全球的军事力量,准备同时打赢"两场战争",把军事预算维持在冷战时期的水平。

克林顿执政的 8 年表明,虽有竞选时的高调承诺,但他更在意的是竞选的胜利而不是社会变革,在这一点上他与其他政客没有什么两样。为了获得更多选票,他决定把党尽力推向中间立场,这就意味着不仅要维护黑人、妇女和工人阶层的利益以保证得到他们的支持,还要通过实施坚决打击犯罪、收紧福利措施、强化军事力量的计划来争取白人保守选民。

克林顿在任期间小心翼翼地执行了这一计划。他任命一些支持劳工和社会福利的人出任内阁成员,任命一名同情劳工的黑人负责国家劳动关系委员会,但关键的财政商业部门则均由富有的企业律师担任,由国防部、中央情报局和国家安全顾问组成的外交班底也均由冷战时期的传统角色执掌。

与前任的共和党内阁相比,克林顿为黑人提供了更多的政府职位。但是,无论是候任者还是在任者,一旦太过张扬,马上就会为克林顿所抛弃。

罗纳德·布朗曾任克林顿的商务部长,后来在一次飞机失事中遇难。布朗就是一位深得克林顿赏识的黑人企业律师。然而,一度被认为可以进入司法部公民权利局任职的黑人法律学者兰妮·吉尼尔最终却受到了克林顿的冷落,原因就在于她对涉及种族平等的事情及选民权利问题过于热心,遭到保守主义者的反对。公共卫生局长乔伊斯琳·埃尔德丝也是一位黑人,当她发表颇具争议的手淫是合适的性教育主题的言论时,克林顿便要她辞职。联想到其本人后来的白宫桃色传奇,克林顿此举尤其具有讽刺意味。

任命路斯·巴德·金斯伯格和斯蒂芬·布雷耶为最高法院法官同样反映了克林顿畏首畏尾的性格,因为这两位法官均持温和立场,既能够被共和党人接受,也可以为民主党人认可。虽然此前离任的两位法官西奥多·马歇尔和威廉·布里南具有强烈的自由主义倾向,克林顿却不愿意再让具有浓厚自由主义色彩的法官来补缺。布雷耶和金斯伯格两人都为死刑的合法性进行辩护,都赞成严格限制援用人身保护令。在法庭上,两人同大多数保守派法官一起支持波士顿圣帕特里克节的游行组织者,判决他们拒绝同性恋者参加是"宪法赋予的

645

权利"。

在选择联邦下级法院法官时,克林顿在任命自由主义者方面甚至还不及 70 年代的共和国党总统杰拉德·福特。1996 年初的《福特汉姆法律评论》上发表了一项为期 3 年的研究成果,该研究显示,克林顿的任命使得具有自由意向的判决还不到一半。《纽约时报》也指出,里根和布什都会为任命持有共同政治理念的法官而力争,"克林顿则不然,哪怕只是遇到些微的争执,他便会毫不犹豫地选择放弃"。

克林顿渴望在"法律与秩序"方面给自己树立一个"强硬"的形象。在 1992 年总统竞选期间,身为阿肯色州州长的克林顿曾专程飞回阿肯色去监督一位智障患者的死刑执行情况。1993 年 4 月,新上任不久的克林顿总统即与总检察长珍尼特·雷诺批准对一伙宗教极端分子实施攻击行动。这伙武装分子藏匿于得克萨斯州韦科市的一座复合建筑内。不等谈判取得进展,特工们就动用来复枪、坦克和瓦斯发起攻击,结果导致整幢建筑着火,另有至少 86 人死于非命,包括妇女和儿童。

韦科事件的幸存者戴维·蒂博多在其所著《韦科这个地方》一书中给我们提供了珍贵的内幕资料,揭露了政府这次行动所造成的人道主义灾难:

> 虽然明知道有 30 多名妇女和儿童挤在居民楼下一间狭小的水泥地下室里,坦克还是径直碾过楼板。因推撞而断折的混凝土块砸落到下面挤成一团的人们的身上,6 名妇女和儿童当场被砸成肉浆,余者则在浓重的烟尘和瓦斯气体中窒息而亡,因为坦克向这间既无窗户也无任何通风设备的避难所里喷射了巨量化学气体。

> 教派领袖戴维·科里什的大女儿斯塔尔年仅 6 岁,她的尸体被烧焦,脊柱扭曲成了弓形,头几乎触到了双脚,身上的肌肉也因烈火烤炙、体内氰化物的作用及瓦斯气体的窒息而极度萎缩。

向包括妇女儿童在内的人群发动军事攻击,这一决定无疑非常草率,克林顿和雷诺的解释是苍白无力的。雷诺有一次曾用孩子们的骚扰行为来为自己辩护,这一说法根本无法证实,而且即便确有其事,也不能以此来证明当初的屠杀行为就是正当的。

同历次政府犯下谋杀罪时发生的情况一样,灾难的幸存者们被判有罪,法官驳回了陪审团从轻发落的请求,判处他们 40 年监禁。坦普尔大学讲授刑事司法学的詹姆斯·法伊夫教授说:"从未有中情局调查中情局,从未有司法部调查司法部。"

被判处刑罚的雷诺斯·阿夫拉姆评论说:"大家都相信,管理这个国家的是法律而非个人情感。如果罔顾法律,那就是在撒播恐怖主义的种子。"

一语成谶。韦科事件若干年后,发生了俄克拉何马城联邦大楼爆炸案,168

人丧生。案犯蒂莫西·麦克维曾两度造访韦科事件旧址。根据后来中情局提供的一份口供,麦克维曾"极力渲染"韦科事件中政府的攻击行为。

克林顿的"法律与秩序"方案使得他在其第一任期之初便签署法案,削减为贫困犯人提供律师服务的州救助中心的拨款。按照鲍勃·赫伯特在《纽约时报》上的说法,克林顿此举使得佐治亚州一名面临死刑判决的男子尚处于人身保护程序阶段竟得不到律师的援助。

法官们试图把监狱体制置于特殊监管之下,以便改进糟糕的监狱状况,但克林顿总统 1996 年签署的法令使得这一努力更加艰难。他还签署一项新法令,阻止联邦政府向法律援助机构拨款,这些款项正是用来帮助律师们代理集体诉讼案的,而这些诉讼案对于保障公民自由免遭威胁非常重要。

1996 年,国会共和、民主两党以压倒性多数通过了"惩治犯罪法案",克林顿急切地签署的这个法案强调通过惩罚而非预防来解决犯罪问题,它把死刑的适用范围扩大到刑事犯罪的全部领域,并提供 80 亿美元用来建造新的监狱。

所有这些都旨在让选民相信政客们对"犯罪所持的强硬立场"。然而,正如犯罪学家托德·克利尔发表在《纽约时报》上的《愈是强硬,愈显得愚蠢》一文中所披露,新惩治犯罪法案以及严厉惩处的结果是:监狱里的犯人增加了 100 万,美国成了世界上监禁率最高的国家,而暴力犯罪却有增无减。"为什么严厉的惩罚对防止犯罪收效甚微?"一个至关重要的因素就在于"警力和监狱实际上对铲除犯罪的根源并没有什么影响"。克利尔在谈到犯罪的根源时指出:"纽约州大约 70% 的罪犯来自纽约市的 8 个区,而这些区则长期为生活贫困、社会排斥、文化隔绝和心理绝望所困扰,所有这些都是培育犯罪的温床。"

不管是克林顿还是其共和党前任,凡在位的政治家都有一个共通的特点,即为了维持自己的统治,他们都会设法把民众的不满情绪转移到弱势群体身上。正如 20 世纪 20 年代一位辛辣的社会批评家 H. L. 门肯所说:"现实政治的全部目的就是不断地制造各种魔怪,并用这种魔怪不停地去威胁老百姓,让他们时刻都生活在恐惧之中。"

罪犯就是这样一种魔怪,此外还有移民、救济金领取者以及某些政府。通过制造或者夸大他们的威胁,把民众的注意力转向他们,美国制度的失败和无能就有可能被成功地屏蔽掉。

移民没有投票权,无视其权益也比较安全,因此他们很适合成为攻击目标。在美国历史上,屡屡出现的狂热排外主义情绪最容易为政客们所操纵,如 19 世纪中叶的反爱尔兰偏见,如持续不断的针对那些被雇用来修建铁路的华人的暴力事件,如直接推动 20 世纪 20 年代限制移民法律出台的针对来自东欧和南欧移民的敌视情绪。

60 年代的改革之风使得对移民的限制有所放松,但到 90 年代,民主党人和共和党人都开始转而利用美国人对经济状况的恐惧。失业是因为企业为节省资金而解雇员工（"裁员"），或者是因为把国内的工厂迁至更有利可图的地方。移民受到非难，尤其是大规模越过南部边境迁来的墨西哥人，他们被指抢走美国人的饭碗，接受政府的救济，导致美国公民纳税额增加。

克林顿总统签署了两大政党联合通过的法案，裁减既针对非法移民也针对合法移民的福利救济，其中包括贫困救济粮票、老人和残疾人补贴。到 1997 年初，已有近百万合法移民接到警告，如果不能在数月内成为美国公民，他们的救济粮票和现金补贴都将不再发放。而接到警告信的这些人都属于穷人、老人或者残疾人。

这 100 万合法移民约有半数是不可能通过公民考试的，他们不能阅读英文，或者身患疾病或身有残疾，或者年事已高不能再去学习。居住在马萨诸塞州的一位葡萄牙移民通过翻译告诉记者："我们每天都在为会否接到警告信而担惊受怕。拿不到支票的后果是什么呢？我们将会挨饿。唉，上帝啊，真的活不下去了。"

90 年代初，逃避贫穷的墨西哥非法移民的处境更加恶劣，因为政府增派了数千名边防守卫。1997 年 4 月 3 日发自墨西哥城的一则路透社消息在谈到这一强硬的移民政策时说："任何针对非法移民的严厉措施都自然而然地会激怒墨西哥人，因为每年都有数百万合法和非法的移民为谋生路而往返穿梭于 2 000 英里的边境线上。"

在数千名中美洲移民中有数百人来自危地马拉和萨尔瓦多，这些人本是为躲避行刑队①的追杀而逃出来的，现在他们又将面临被驱逐出境的厄运，因为他们从未被视为"政治"难民。美国正向这些国家的政府提供军事援助。如果承认这些人属于政治犯，美国政府的谎言将不攻自破，他们声称那些压制型政权的人权记录在不断得到改善，所以继续向这些政权提供军事援助是值得的。

1996 年初，国会与总统联手出台了"反恐和死刑实施法令"，按照该法令，任何移民只要犯了罪，不管发生在多久以前，也不管罪责的轻重，都将被驱逐出境。即便是已经同美国人结了婚甚至有了孩子的法律上的永久居民也概莫能外。据当年 7 月的《纽约时报》报道，"自该法令生效以来，已有数百名合法的长期居民被抓捕"。不过，这条法令无疑是不合理的，因为它是针对俄克拉何马市联邦大楼爆炸案而出台的，而该爆炸案的案犯蒂莫西·麦克维却是土生土长的美国人。

新政府的移民政策远没有达到克林顿所承诺的所谓"新世纪，新政府"，而是倒退到了臭名昭著的 1798 年《外籍人和煽动叛乱法》以及 20 世纪 50 年代麦卡

---

① 行刑队（death squad），一译"杀人小队"，拉丁美洲一些国家的右翼准军事组织，专事谋杀左派分子和自由派分子。

锡时期的《麦卡伦-沃尔特法》的水平。自由女神像上镌刻着声震屋瓦的呐喊："把你们那疲惫不堪的难民,一贫如洗的穷人,渴望自由却投靠无门的芸芸众生,全都送到我这儿来吧。在贵国他们都是可怜的弃民。把这些无家可归、饱经沧桑的人们,都送到我这儿来吧。我将倚间金门,举灯相迎。"①新政府的政策显然与这伟大的誓言极不协调。

1996 年夏,显然是出于在即将到来的大选中争取中间派选民的考虑,克林顿签署了一项法律,取消了创始于新政时代、由联邦政府担保的对有未成年子女的贫困家庭的财政救助。此举美其名曰"福利改革",这项法律也被安上了一个颇富欺骗性的名字:"个人责任和就业机会一致性法案(1996)"。

克林顿的这项决策使其失去了许多以前的自由派支持者。供职于卫生教育和福利部的彼得·埃德尔曼辞职。他严词抨击克林顿向右派和共和党人投降。埃德尔曼后来写道:"他的目的是要不惜一切代价再次当选……他所采取的政治策略已不再是权衡得失,而是要争取万无一失……他为了幻想而罔顾现实的嗜好伤害了贫困儿童。"

"福利改革"的目的就是要迫使接受联邦救济金的贫困家庭外出谋职,他们中的很多人都是拖儿带女的单身母亲。具体办法包括:两年后终止向他们发放救济金,把福利救济限定在 5 年之内,规定无子女者在任何一个 3 年期内只允许领取 3 个月的贫困救济粮票。

据《洛杉矶时报》报道:"由于合法移民失去了公共医疗补助,众多家庭又面临领取救济金的 5 年期限……卫生专家预测,结核病和性传播疾病有可能死灰复燃……"即使在选举中支持克林顿的《纽约时报》也认为,新法律条款其实"跟创造就业机会没有任何联系,却与通过削减贫困救助计划来平衡预算息息相关"。

取消穷人的福利救济以迫使他们去工作的做法,实际上面临着一个看似简单却足以致命的问题:没办法向那些失去救济金的人提供足够的工作机会。纽约市环卫部门 1990 年公布的年薪 23 000 美元的工作职位有 2 000 个,应聘者却有 10 万人。两年后,在芝加哥,有 7 000 人竞聘斯托夫尔饭店(连锁)的 550 个职位。在伊利诺斯州的久利特市,甚至有 200 人在凌晨四点半就赶到爱迪生公司去竞聘尚不存在的工作岗位。1997 年初,在曼哈顿的罗斯福饭店,有 4 000 人排队等候 700 个职位。按照纽约目前就业机会增加的幅度计算,要解决 47 万成年救济金领取者的工作,需要用 24 年的时间。

克林顿政府坚决拒绝像新政时期那样制定旨在创造就业机会的政府计划。

---

① 这是镌刻在美国自由女神像基座上的一首脍炙人口的诗《新巨人》(The New Colossus)中的最后几句,其作者是犹太女诗人埃玛·娜莎罗(Emma Lazarus)。

在新政时期,国家曾经耗资数十亿为数百万人提供就业机会,包括建筑工人、工程师、艺术家和作家。由于认定美国民众会支持共和党批评政府开支过大的立场,为了争取选票,克林顿在 1996 年大选中明确宣告:"大政府的时代结束了"。

两大党都误读了民意,而媒体也常在其中推波助澜。在 1994 年中期选举中,在只有 37% 的选民参加投票的情况下,媒体竟把共和党勉强过半的战果吹嘘成一场"革命"。《纽约时报》使用大字标题"民众信赖共和党国会",用以暗示美国民众支持共和党的小政府计划。

然而,就在这一大标题下面的一则新闻报道中,《纽约时报》和哥伦比亚广播公司联合推出的一项民意调查显示,65% 的投票者认为,"向无力自助者提供帮助是政府义不容辞的责任"。

克林顿与共和党人携手反对"大政府",其实只是针对社会福利事业。另一种形式的"大政府"仍然维持在极高的水平上,那就是提供给军火商的巨额订单和提供给大企业的巨额补贴。

事实上,"大政府"源于建国之初的国父们,他们有意识地建立起一个强大的中央政府来保护债券持有人、奴隶主、土地投机商以及生产商的利益。在开国以来的 200 年间,美国政府一直在保护富人和权贵的利益,它为铁路大王们提供数百万英亩的自由土地,为保护生产商的利益而设置高额关税,对石油公司实行减税政策,用武装力量镇压罢工和起义。

只是到了 20 世纪,特别是在 30 年代和 60 年代,由于受到各种抗议和示威的困扰,政府出于制度稳定的考虑通过了旨在保护穷人的社会立法,政界与商界的领袖们这才开始抱怨"大政府"。

克林顿再次委任阿兰·格林斯潘出掌管理利率的联邦储备银行。格林斯潘最关心的是如何防止"通货膨胀",这也是债券持有人最为关切的事情,因为一旦出现通货膨胀,他们的利益就会受损。在其财政政策的拥护者们看来,工人的高工资就意味着通货膨胀。他们担心,如果不能维持一定的失业率的话,工资就会上涨。

减少赤字、平衡预算,几乎成了历年来困扰克林顿政府的梦魇。然而,既然克林顿不想提高富人的税率,也不想削减军费,那么,唯一可行的办法便是牺牲穷人、儿童和老人的利益,即削减公共医疗、贫困救济粮、公共教育和单身母亲补贴等方面的福利开支。

1997 年春,即克林顿的第二任期之初,有两个典型例子:

• 据《纽约时报》1997 年 5 月 8 日报道:"克林顿总统教育计划的核心内容之一是拟用 50 亿美元修缮国内破败的校舍。上周,为平衡联邦预算而达成的协议中,一批项目被悄然撤除,其中就包括克林顿的这个项目。"

• 据《波士顿环球报》1997 年 5 月 22 日报道:"由于白宫的干预,参议院于昨日……否决了一项议案……该议案要求把健康保险扩大到全国

1 500万未保过险的儿童……白宫高级官员称该议案势必危及各方在预算问题上好不容易达成的一致,经他们电话游说……7名议员转投了反对票。

考虑预算平衡不会涉及军费开支。还在其第一任期的时候,克林顿甫一当选就曾立即表示:"我想重申一下美国在对外政策方面必要的连续性。"

在克林顿任内,为了维持军事机器的运转,政府连续每年的军费开支均不少于2 500亿美元。尽管苏联已在1989年①解体,但他仍然坚守共和党人所信奉的美国必须准备同时打赢"两场战争"的理念。布什的国防部长迪克·切尼当时就曾说过,"威胁距离我们已非常遥远,我们已很难感觉得到它"。据《防卫新闻》1991年4月8日报道,科林·鲍威尔将军也表达了同样的意思:"魔鬼没有了,恶棍也没有了。" 652

大选期间,克林顿在越南战争时逃避兵役的行为曾为人所诟病。显然,同当时的很多别的年轻人一样,他也反对那场战争。一旦入主白宫,看起来是下决心要抹掉自己"逃避兵役者"的形象,他不放过任何一个把自己打扮成军工集团支持者的机会。

1993年秋,克林顿的国防部长莱斯·阿斯平宣布,通过对军事预算进行彻底核查,预计未来5年的军费开支将超过1万亿美元。这实际上意味着对主要武器系统不作任何裁减。伍德罗·威尔逊国际研究中心的一位保守派评论家安东尼·科德斯曼评论说:"这与布什政府的总体军力相比并无根本变化,甚至同更早的美国战略计划相比也没有明显变化。"

任职两年后,由于在1994年国会选举中共和党势力急剧上升,克林顿计划进一步增加军费开支,其投入远比军事预算进行彻底核查时所预计的要多。《纽约时报》1994年12月1日发自华盛顿的一则消息称:

> 为平息共和党人有关军费拨款不足的批评,克林顿总统今天在玫瑰园举行的招待会上宣布,他将争取在未来6年里增加250亿美元的军费投入。

五角大楼所谓"同时发生的两场大规模地区战争",最常用来指伊拉克和朝鲜。不过,1991年的对伊拉克战争不过是美国8年来持续武装伊拉克之后自食其果。同样,我们也有理由认为,是美国对韩国的大规模军事援助以及美国军事力量在韩国的长期存在刺激了朝鲜军费的增长,但其规模仍远远小于韩国。

尽管如此,美国在克林顿时期仍在向世界各地供应军火。克林顿上台后,批准向沙特阿拉伯出售F-15战斗机,又批准向台湾地区出售F-16战斗机。《巴尔的摩太阳报》1994年5月30日报道说:

> 明年,美国为外国空军生产的战斗机将首次超过五角大楼自身的需求量,美国已明显取代过去的苏联成为世界上最大的军火供应商。受克林顿 653

① 应为1991年之误。

政府的鼓舞,去年军火工业取得了历史上最好的出口业绩,向海外售出了320亿美元的军火,是1992年150亿美元的两倍多。

这一状况贯穿了整个克林顿时期。据《纽约时报》2000年夏报道,美国上一年售出了110亿美元的军火,占全世界所售出军火总量的三分之一,其中三分之二的武器都是卖给落后国家。1999年,克林顿政府宣布解除对拉丁美洲的先进武器禁令,此举被《时代》杂志称为是"洛克希德—马丁公司和麦克唐纳·道格拉斯公司①等军火巨头的胜利"。

克林顿似乎急于炫耀自己的权力。入主白宫仅仅6个月,他就派空军轰炸了巴格达。此举想必是一次报复行动,据说在乔治·布什访问科威特期间伊拉克曾策划对其实施暗杀。但有关这次暗杀行动的证据来自因腐败而声名狼藉的科威特警方,这些证据并不能令人信服。不仅如此,克林顿甚至不等科威特方面对那些被告进行应有的审判得出结论就匆忙采取了行动。

结果,虽然声称已锁定伊拉克首都的情报总部作为打击目标,但美国飞机轰炸的却是市郊的一个住宅区,造成至少6人身亡,其中包括一位著名的伊拉克艺术家和她的丈夫。

据《波士顿环球报》报道:"这次空袭之后,克林顿总统及其他官员都扬言已给予伊拉克的情报设施造成毁灭性的打击,并向伊拉克领导人萨达姆·侯赛因传递了强有力的信息,希望他放规矩一点。"后来表明,如果说对伊拉克的情报设施有破坏的话,也谈不上多么严重,正如《纽约时报》的评论所说,"克林顿先生的虚浮其辞让人想起了波斯湾战争期间布什总统和诺曼·施瓦茨科普夫将军的武断之言,后来证明都是假的。"

民主党人纷纷表态支持轰炸行动。《波士顿环球报》也援引联合国宪章第51条为这次轰炸的合法性辩护。它表示,"援引该条款作为法理依据在外交上是合适的……克林顿援引联合国宪章表明美国人非常希望尊重国际法"。

事实上,联合国宪章第51条规定,只有在受到武装攻击并且无法召开安理会会议的情况下,出于自卫的目的才允许采取单方面军事行动。但轰炸巴格达时这两种情况都不存在。②
654

专栏作家莫利·艾文斯认为,为达到"传递强有力信息"的目的而轰炸巴格

---

①　Lockheed-Martin Corporation,中文一般简称为洛马公司。McDonnell Douglao Corporation,中文一般简称为麦道公司。

②　联合国宪章第51条款:"联合国任何会员国受到武力攻击时,在安理会采取必要办法,以维持国际和平及安全以前,本宪章不得认为禁止行使单独或集体自卫之自然权利。会员国因行使此项自卫权而采取之办法,应立即向安全理事会报告,此项办法于任何方面不得影响该会按照本宪章随时采取其所认为必要行动之权责,以维持或恢复国际和平及安全。"参见《国际条约集》(1945—1947),世界知识出版社1959年版,第47页。

达,这完全符合恐怖主义的定义。"恐怖分子的行为之所以令人发指,就在于他们为了报复,或者仅仅为了引起注意,或者为了无论什么目的而实施恐怖行为时不分善恶良莠⋯⋯适合于人的善恶标准⋯⋯一定也适合于国家。"

克林顿在其两届任期中曾遭遇数次外交危机,而轰炸巴格达的行为预示了克林顿应对这类危机的方式仍然是传统型的,即常常动用军事手段,喜欢高举人道主义旗帜,常常给别国人民也给美国自己带来灾难性的后果。

1993 年 6 月,当东非的索马里陷入内战而其人民急需食物援助的时候,美国的干预不仅姗姗来迟而且恶迹昭彰。正如名叫斯科特·彼得森的记者在其《兄弟相对如寇仇:索马里、苏丹、卢旺达战地见闻》一书中所说:"在索马里,美国以及其他外国军队打着联合国的旗号,却干着令人发指的野蛮凶残的勾当。"

克林顿政府对一次军阀之间的内部冲突实施了错误的干涉行动。在 1993 年 11 月的一次军事行动中,它决定对其中最著名的穆罕默德·阿迪德将军穷追猛打,直至将其绳之以法,结果导致 19 名美国人和大约 2 000 名索马里人丧生。

美国公众的注意力一如既往地集中于美国士兵的生死存亡,这一点又被电影《黑鹰坠落》所刻意渲染。索马里人的死活则似乎微不足道。正如彼得森所写的那样:"美国与联合国官员解释说,索马里人的死亡没有引起他们的关注,他们也不知道确切的死亡数字。"

事实上,美国突击队员被索马里暴民杀害这件事可以追溯到数月前美方的一次重大决定,即对部落长老们正在开会的一所房屋实施军事打击。这是一次惨无人道的攻击行动。据彼得森报道,先是用眼镜蛇攻击型直升机发射反坦克导弹,"几分钟后,美国地面部队发起猛攻,开始剿杀所有幸存者。美军指挥官对这一指控矢口否认。"但这次袭击中的一位幸存者告诉彼得森:"只要看到有人呼叫,他们就予以射杀。"

美国将军托马斯·蒙哥马利坚称此次攻击行动具有"合法性",因为被攻击者"都是坏人"。因为美国坚持维和行动必须由一名美国人负责,海军上将乔纳森·豪被任命为联合国维和行动代表。乔纳森·豪也为这次攻击行动辩护,称被攻击的那座房屋是"恐怖分子的一个非常重要的窝点"。尽管真相已大白,被打死的都是部落长老,但他仍然否认有平民伤亡。虽然后来声称在房子里找到了密码电台,但彼得森认为,"我从未听到或看到有任何证据足以证明这次攻击行动哪怕能稍微符合一点'直接'军事利益的单一标准"。

彼得森评论说:"虽然我们都用自己的眼睛见证了犯罪,行动指挥者却固执地坚信一种漏洞百出的谬论,说什么多一些战争或许能够带来和平也未可知。他们认为索马里人将会忘记这次屠杀,忘记他们父兄流出的鲜血⋯⋯"

可索马里人没有忘记,杀死美国突击队员就是证明。

索马里所实施的灾难性政策导致了另一场灾难。第二年,卢旺达的大饥荒和惨绝人寰的部族战争竟然没人理睬。卢旺达本来有一支可以拯救数万生灵的联合国部队,但美国却坚持把它裁减成仅具象征性的虚设部队。结果发生了种族灭绝式的屠杀,至少100万卢旺达人死于非命。福特基金的非洲顾问理查德·希普斯在写给《纽约时报》的信中说:"克林顿政府带头反对采取国际行动。"

稍后,克林顿政府对波斯尼亚进行了军事干预。对于美国对发生在非洲和欧洲的大屠杀的截然不同的反应,这时已来到巴尔干的记者斯科特·彼得森发表评论说,"正义对非洲和非洲人而言没有任何意义,这一点好像已经确定无疑。"

克林顿在外交方面沿袭了传统的两党政策,强调同任何当权的外国政府保持友好往来,发展互惠贸易关系,而无须考虑该政权在保护人权方面的记录如何。因此,尽管印度尼西亚在侵占东帝汶期间实施了大屠杀,70万居民中大约有20万人丧生,美国却一直保持着对印尼的援助。

民主党和共和党在参议院联手否决了一项旨在向印尼苏哈托政府实施武器禁售的提案。1994年7月11日的《波士顿环球报》写道:

> 那些关心苏哈托政府的人实际上真正关心的是如何保护承包商人、石油公司和矿业康采恩同雅加达做生意,这些议员们提出的理由让人感觉到美国人似乎变成了一个为了商业利益可以对种族屠杀视而不见的民族。国务卿沃伦·克里斯托弗……依旧是老生常谈,说印度尼西亚在尊重人权方面已有所改进。这就是克林顿政府坚持照例同苏哈托及其将军们做生意的所谓理由。

656

1996年的诺贝尔和平奖颁给了东帝汶的何塞·拉莫斯-霍塔。获奖前正在布鲁克林一座教堂发表演讲的拉莫斯-霍塔说:

> 1977年夏,我在纽约这儿收到了21岁的妹妹玛丽亚在一次空袭中遇难的噩耗。野马战机是由美国方面提供的……仅仅过了数月,我年仅17岁的弟弟在村子里又被同样是美国提供的贝尔直升机射杀,一起丧生的有很多人。同年,另一位弟弟努努在被俘后死于美制M-16的枪口下。

美制西科斯基直升机同样被土耳其用来轰炸反叛的库尔德人的村庄,作家约翰·蒂尔曼在其《战利品:军火贸易的人权代价》一书中称之为"针对库尔德人的恐怖袭击"。

1997年初,美国的海外军售超过了所有其他国家所卖军火的总和。劳伦斯·库尔兹是里根时期的国防部官员,后来成了军火贸易的批评者。他写道:"这已经变成了一种金钱游戏,一个荒诞的怪圈,我们出口军火的结果竟然是不得不发展更先进的武器去对付自己售往世界各地的武器。"

在克林顿政府的最后一年,东帝汶人民的反抗斗争以全体人民投票支持独立而告终,美国停止了军事援助,苏哈托政权也垮台了。东帝汶最后赢得了自由。

军工势力仍然对政策有着重大影响,美国常常会单方面拒绝裁减军备。每年有数万人因地雷而丧命,有 100 多个国家签署协定禁止使用地雷,但美国却不肯签署这一协定。集束炸弹爆炸时会喷散出无数小弹片,伤及无辜,因此红十字会敦促各国政府暂停使用,但曾在越南和海湾战争中使用过的美国仍拒绝停用。

1999 年在罗马召开的联合国大会上,美国反对建立永久性国际战争犯罪法庭,因为它担心那些对导致大规模平民死亡的政策负有责任的美国官员或军队领导人——如亨利·基辛格——会被告上法庭。 ⁶⁵⁷

在美国对外政策中,人权问题相对于商业利益明显处于次要地位。在国际组织人权观察发布 1996 年年度报告时,1996 年 12 月 5 日的《纽约时报》概括其调查结果说:

> 该组织对许多大国,特别是美国提出了强烈批评,指责它们因为害怕失去有利可图的市场而未能在改善人权方面对中国、印度尼西亚、墨西哥、尼日利亚和沙特阿拉伯等国政府施加压力。

这一批评可以从克林顿政府对中国与古巴两国异乎寻常的不同态度得到印证。这两个国家都自称"信奉共产主义"。但美国出于商业利益考虑仍然继续向中国提供经济援助并给予其贸易优惠,如"最惠国待遇"。

古巴也监禁批评政府的人士,但它没有像其他得到美国援助的政府那样血腥镇压的纪录。克林顿政府却继续甚至进一步扩大了对古巴的封锁,致使古巴人民缺少必要的食物和药品。

在处理同俄罗斯的关系时,克林顿政府考虑得更多的似乎是"稳定"而非道义。即便是在俄国开始野蛮入侵和轰炸要求独立的偏远的车臣时,美国仍坚持向鲍里斯·叶利钦政府提供强有力的支持。

当理查德·尼克松去世时,克林顿和叶利钦都对他倍加赞扬。而他们所称颂的却是一个继续进行越南战争的人,一个违背自己就职宣言的人,一个因其副总统下令赦免才得以逃脱刑事起诉的人。叶利钦称尼克松是"世界上最伟大的政治家之一",克林顿赞扬尼克松终其一生都"在热情地向全世界宣扬自由和民主"。

克林顿的对外经济政策沿袭了美国历史上的一贯做法。美国两大党历来都更关心大公司——无论它们在国内还是在海外——的利益而不是劳动人民的权益,历来都把对外援助视为一种政治和经济的工具而非人道主义行为。

据美联社 1993 年 11 月的一则消息披露,美国逐步取消了对 35 个国家的经济援助。对此,国际开发署负责人 J. 布赖恩·阿特伍德解释说:"我们已不再需要通过援助计划来扩大自己的影响力了。" ⁶⁵⁸

人道主义组织"施世面包"表示，裁减援助项目绝大多数都会对最贫穷的国家造成伤害。该组织还愤愤不平地说，饥饿、贫困和环境恶化根本不在克林顿政府优先考虑的范围之内。

世界银行和国际货币基金组织都处在美国的控制之下。对负债累累的第三世界国家，它们的态度就像银行家一样丝毫不讲情面。这些穷国本来就资源匮乏，但它们坚持要这些国家拿出其中的大部分去偿还富国的贷款，为此甚至不惜削减那些本已陷于绝境的平民大众的社会福利。

对外经济政策强调"市场经济"和"私有化"，这使得失去社会福利保障的原苏联集团国家的人民不得不在据称是"自由"经济的条件下自谋生路，因为前政权虽然明显缺乏效率且严苛暴虐，但却能给他们提供社会福利。对于苏联人民而言，无序的市场资本主义到头来不过是一场灾难，是一小撮人攫取巨额财富而广大人民群众沦为赤贫。

"自由贸易"的口号在克林顿政府那里已经变成一个重要目标。在共和、民主两党的支持下，国会批准了美国与墨西哥签订的北美自由贸易协定。这一协定消除了贸易流通的障碍，使公司资本和商品可以在墨西哥和美国之间自由流动。

至于北美自由贸易协定的实际效果如何，却存在着迥然不同的观点。一些经济学家断言，由于为美国商品开辟了广阔的墨西哥市场，美国经济将受益匪浅。包括大工会在内的反对者则认为，由于大公司为了雇佣工资低廉的劳工而纷纷把企业迁往墨西哥，美国工人就会失去就业机会。1995年初，政策研究所的两位经济学家所进行的调查发现，北美自由贸易协定实施一年来，美国净损失1万个就业岗位。与此同时，有更多的墨西哥工人受雇于迁移到那里的美国企业，但工人的工资低廉，"劳工权益和环境标准都得不到严格保障"。

但美国声言支持"自由贸易"未必可信，因为一旦发现贸易有悖于"国家利益"的时候，政府就会出面干预。当然，这里所谓"国家利益"不过是公司利益的托辞。美国极力阻挠墨西哥的土豆种植者进入美国市场。

659　公然违背自由贸易原则更为典型的例子是美国禁止运送食物和药品的船只前往伊拉克或古巴。1996年，"60分钟"电视节目问美国驻联合国大使马德琳·奥尔布赖特：有报道说"对伊拉克的制裁造成了50万儿童丧生……这一数字已超过当年的广岛……这样做值得吗？"奥尔布赖特回答说："这是一个非常艰难的抉择，不过，我们认为这个代价还是值得的。"

美国政府好像并没有认识到，它的惩罚性的对外政策以及它遍布全球许多国家的军事设施会激起外国的愤怒，而这些愤怒则会转化成针对美国的暴力行动。而一旦遇到暴力袭击，美国所能想到的办法就是用更激烈的暴力手段去应对。

因此,当肯尼亚和坦桑尼亚的美国大使馆在 1998 年遭遇炸弹袭击的时候,克林顿政府就用轰炸阿富汗和苏丹的目标进行报复。据称阿富汗遭到轰炸的是一个恐怖分子活动的基地,却拿不出任何证据。至于苏丹,美国坚称它所轰炸的是一家制造化学武器的工厂,但事实证明那不过是一家制药厂,该厂生产的药品可以满足全国一半人口的需要。无法预测轰炸造成的药品损失会带来什么样的人道主义灾难。

同年,克林顿遭遇了他任内的最大的一次危机。年轻的政府雇员莫尼卡·莱温斯基因为与总统的性关系而多次秘密造访白宫。这件事轰动一时,连续数月成为报纸的头版新闻。奉命调查此事的独立检察官从莱温斯基那里得到了她与总统进行性接触的令人瞠目结舌的详细证据。莱温斯基曾经向一位朋友透露此事,而这位朋友则把她们的谈话作了录音。

克林顿在他同莱温斯基关系问题上撒谎。众议院因此对他提出弹劾,指控他否认与莱温斯基存在性关系是说谎,而试图隐匿相关信息则是犯了妨碍司法罪。他是美国历史上第二位被弹劾的总统。像内战后的安德鲁·约翰逊案一样,由于未能得到参议院的支持,这次弹劾也未能把克林顿赶下台。

这件事情表明,纯属私德的事情竟然远比事关生死的严重事件更能吸引大众的眼球。众议院因为总统在性行为问题不够检点而对他提出弹劾。然而,总统搞福利改革而危及儿童的生命安全,违反国际法轰炸诸如伊朗、阿富汗、苏丹等别的国家,对伊拉克等国实行经济制裁而导致成千上万儿童死亡,凡此种种,众议院却没有提出弹劾动议。

1999 年,即克林顿任职的最后一年,巴尔干爆发危机。对这次危机的处理,再一次显示美国政府更倾向于采用武力而非外交手段解决国际争端。这次危机源于 10 年前南斯拉夫共和国解体时接踵而来的原共和国内各联邦主体之间的冲突。

波斯尼亚—黑塞哥维那是前南斯拉夫的一部分,在那里,克罗地亚族屠杀塞尔维亚族,塞尔维亚族屠杀克罗地亚族和穆斯林族。当残酷的塞族人袭击了斯雷布雷尼察后,美国轰炸了塞族区。随后,在俄亥俄州的代顿举行的谈判于 1995 年达成了停战,并把波黑分为克罗地亚和塞尔维亚两个政治实体。

但代顿协议没能处理好科索沃问题。科索沃也是原南斯拉夫的一部分,由于其多数居民是阿尔巴尼亚人,只有少数人属于塞族,因此科索沃要求从塞尔维亚独立出来。塞尔维亚总统斯洛博丹·米洛舍维奇早年在波斯尼亚时就已显露其冷酷无情的一面,现在面对科索沃民族主义者的武装袭击,米洛舍维奇出兵攻打科索沃,杀害了大约 2 000 人,并造成数万人流离失所。

国际社会在法国的朗布依埃开会,试图通过外交途径解决争端。但它向南斯拉夫开出的条件似乎肯定不会被接受,它要求由北约控制整个科索沃,并对南斯拉夫其余地区实行军事占领。1999 年 3 月 23 日,塞尔维亚国会通过一项反建议,拒绝北约占领并呼吁通过谈判"达成一项政治协议,在科索沃实行广泛的自治……"

没人理会塞尔维亚的建议,美国各大报纸也未予报道。第二天,北约军队(实际上主要是美国军队)开始轰炸南斯拉夫。轰炸的目的想必是要制止发生在科索沃的"种族清洗"——用死亡或恫吓的方式把阿尔巴尼亚族人赶出科索沃。不过,在经过两个星期的轰炸之后,据 1999 年 4 月 5 日的《纽约时报》报道,"自 3 月 24 日以来,已有 35 万人离开了科索沃"。2 个月之后,这一数字上升到了 80 万,而轰炸仍在继续。

轰炸南斯拉夫,包括轰炸其首都贝尔格莱德,显然是打算搞垮米洛舍维奇,但却造成了无数平民的伤亡。尼斯大学一位教授在其发给美国的一封电子邮件中说:

> 阿莱克西纳茨的一个小镇,距我的家乡只有 20 英里,昨晚遭到全面攻击。地方医院被击中,整条街道被严重毁坏。我得到的确切消息,6 名居民丧生,另有 50 余人受重伤。但附近根本没有任何军事目标。

《纽约时报》记者斯蒂芬·厄兰格写道:"兹玛耶-饶维那大街上到处是残垣断壁。37 岁的亚历山德拉·米里奇在星期二那天就死在这儿。米里奇先生 35 岁的妻子维斯娜也死了。同时罹难的还有他的母亲及两个孩子,15 岁的米里亚纳和 11 岁的弗拉基米尔。当天中午,他们全都躲在新房的地下室里避难,北约军队一枚误射的炸弹摧毁了他们的新房和地下室,他们全部遇难。"

1999 年 6 月 3 日签署的和平协定是介于被南斯拉夫拒绝的朗布依埃协议和从未被认真对待的塞尔维亚国会议案中间的一个折中方案。诺姆·乔姆斯基在其《新军事人道主义》一书中详细梳理了当年春天的事件,其结论是:"6 月 3 日的结果表明,外交斡旋本来在 3 月 23 日就能做得到,从而避免这场人间惨剧的发生……"

但克林顿政府与其许多前任一样,在通过外交途径有可能解决问题的情况下却选择用军事手段去解决。杜鲁门时代的朝鲜战争,约翰逊时代的越南战争,布什时代的海湾战争,莫不如此。

巨额军费开支,维持遍及世界各地的军事存在,一次次地用武器来对付其他国家,这样,整个国家就军事化了,而国家的军事化就意味着民生所需的资源却不能用之于民。德怀特·艾森豪威尔在其任期行将结束的时候说过:"每生产一条枪,每下水一艘战舰,每发射一枚火箭,在最终意义上都可以说是针对那些食不果腹、衣不蔽体者的一次盗窃行为。"

克林顿的经济纲领最初声称是要创造就业机会,但很快就转而把重心放在了减少财政赤字上。在里根和布什执政时期,留下了 4 万亿美元的巨额国债。

这一重点转移意味着不会再把庞大的开支用于普遍的医疗保健、教育、儿童保健、住房、环境、人文科学或创造就业机会上了。

克林顿的小恩小惠根本无法满足国内的需求：我们有四分之一的儿童在贫困中挣扎，我们的每个大城市里都有无家可归者露宿街头，我们的妇女因为孩子无人照料而无法外出谋生，我们的空气和水遭到了严重的污染。

美国是世界上最富有的国度。一个只占世界总人口5％的国家，却要消费全世界总产品的30％。不过，受益者只有极小的一部分美国人。这些最富有的人只占人口的1％，其财富的急剧增长始于20世纪70年代后期。由于税收结构的变化，到1995年时，这1％的最富有者的资产已经达到1万亿，目前他们拥有全国40％的财富。

据商业性杂志《福布斯》统计，1982年，400个最富有的家庭拥有920亿美元的资产，13年之后上升到4 800亿美元。90年代，标准普尔的500家上市公司的财富增长了335％。道·琼斯的平均股票价格在1980—1995年间上升了400％，但是，如果按购买力计算的话，其间工人的平均工资却下降了15％。

因此，你可以说美国经济是"健康"的，但只有当你站在富豪的立场上才会这样说。与此同时，我们看到的情景是4 000万人没有健康保险（这个数字在90年代增长了33％），因患病症和营养不良而造成的婴幼儿死亡率也比任何其他工业化国家都高。军事拨款好像从来不受限制，而那些在健康和教育领域从事极重要的公益事业的人们却不得不为生计而苦苦挣扎。

27岁的金·李·雅各布森女士是展示畸形国家发展重点的一个典型例子。她已获得"1999年度美国幼儿教师资格"，但在接受《波士顿环球报》采访时，她却表示："我在这个行业工作已满5年，现在一年可以挣到2万美元，这是我所有的收入。我不是为了赚更多的钱才来这里的，所以我也不打算挣更多的钱。"

据美国人口普查局下属的劳工统计局提供的材料，1998年，有三分之一的美国工人的工资收入与国家贫困线持平或低于国家贫困线。作家巴巴拉·埃伦瑞希花了一年时间从事不同的工作，先后做过房屋清洁工、服务生和工厂工人。她在其所著《锱铢必较》一书写道，从事这些工作的人所获得的报酬根本无力支付房租或者医药费，甚至难以糊口。

有色人种的情况更令人担忧。黑人婴幼儿的死亡率是白人孩子的两倍；根据联合国的报告，哈莱姆区男性黑人的平均寿命只有46岁，低于柬埔寨和苏丹。

一些人用人种的优劣即所谓的"遗传缺陷"来解释这种种族间的差异。不过，大家都非常清楚，不管一个人的天性如何，也无论他是白人还是黑人，这样一个可怕的成长环境已经成为千百万美国人难以克服的障碍。

卡内基基金会的一项研究表明，经测试具有同样智力水准的两个年轻人，由于其父母不同，会有极为不同的未来。（虽然这种智力测试的可信度值得怀疑，因为孩子们本来就来自不同的成长环境,我们故且接受这种测试结果。)一个律师的孩子,虽然在智力测验中并不比一位看门人的孩子表现出色,但是,他读大学的机会却有可能是后者的四倍,读完大学的机会可能是后者的 12 倍,而跻身于美国 10% 的高收入者之列的机会则是后者的 27 倍。

要改变这种状况,要达到大体的机会平等,就要求对财富进行大幅度的重新分配,拿出巨额资金用来创造就业机会、提供保健服务、发展教育和保护环境。

美国没有这样做,而是把它的人民打发给"自由市场",以奢望"自由市场"对他们的垂怜,却忘记或者故意忘记了这一政策在 20 年代所造成的灾难性后果。市场既不关心环境也不关心人文科学,并让许多美国人失去了赖以生存的基本手段,包括必需的住房。里根政府把获补贴的住房数量从 40 万套减至 4 万套,克林顿政府则干脆全部取消了这一补贴计划。

尽管克林顿在其 1997 年的就职典礼上许下了"新政府"的诺言,但终其任期都没有拿出大胆的计划来满足这些需求。例如,尽管 80 年代和 90 年代的民意调查都显示美国人民赞成由联邦财政支持的一项全民无偿医疗保障计划,但克林顿对这一计划的支持却显得极不情愿。他让其妻子希拉里负责一个委员会,该委员会提交了一份长达 1 000 多页的总结报告,晦涩而繁琐,却没能解决问题,人们最终还是不明白应该如何确保每一位美国人既能得到医疗保障,又能免受牟取暴利的保险公司之害。

除了进一步扩大赤字之外(也有经济学家认为当重大需求得不到满足的时候根本无须减少赤字),还有两种可能的资金渠道可以用来实现社会重建计划,但哪一种办法克林顿政府都不打算使用。

一种渠道来自于军事预算。兰德尔·福斯伯格是一位研究军费问题的专家,他在 1992 年总统竞选期间曾建议说:"军费在若干年内达到 600 亿美元,这一额度将有助于美国对外政策的非军事化,而这种非军事化正适合冷战后世界的需求与机遇。"然而,实际情况却是军事预算持续攀升,即便是在假定的军备增加指标降低之后仍未回落,到克林顿任期结束时已经达一年就有差不多 3 000 亿美元的规模。

大幅度裁减军费就需要抛弃战争,就需要把世界各地的军事基地全部撤回,就需要认可联合国宪章所阐明的原则——世界应当消除"战乱"。国与国之间和平共处可以说是人类社会的基本愿望,不过,这一愿望在绝大多数情况下会为狂热爱国主义的喧嚣声浪所吞噬。

公众呼吁进行如此重大的政策调整是基于一个简单的但却是强有力的道义上的理由,即考虑到现代战争的特点,其受害者绝大多数是无辜的平民百姓。换句话说,我们时代的战争都是针对儿童的,如果承认别国的孩子享有与我们自己的孩子同样的生命权,那么,我们就必须发挥人类的非凡智慧找到解决世界各种问题的和平方式。

社会改革的另一个比较可行的资金来源是超级富豪们的财产。全国1％的最富有的人在80和90年代里因减税就获得了超过1万亿美元的收入。可能通过征收财产税的办法重新收回这1万亿美元,如每年征收1 000亿美元,连续征收10年,而那1％的人仍然非常非常富有。这种征收财产税的办法虽然还没有成为国家政策,但确实非常切实可行。

另外,实行真正的累进所得税,即便对收入奇高者的征税额只恢复到第二次世界大战期间70％—90％的水平,也能带来每年1 000亿美元的收入。克林顿确实把超级富豪纳税率提高了几个百分点,把最高税率从31％提高到37％,大公司的税率也从34％提高到35％。但相对于社会需求而言,这只是微不足道的一步。

通过累进所得税和非军事化的办法,每年能够得到4 000亿至5 000亿美元,政府就会有足够的资金来维持全民卫生保健体系,就像管理医疗保险一样。这样,我们也会有一个像加拿大那样的卫生保健体系,而勿需再让那些专靠买空卖空的差额而牟利的保险公司来参与。这些资金还可以用来实施充分就业计划,首次贯彻1946年的充分就业法的承诺,即联邦政府为所有能够和愿意工作的人提供"令其满意的就业机会"。(正如玛吉·皮尔西在其一首诗中所说的那样:"陶罐渴望水的垂青,而人的梦想是一份工作。"①)

果真如此,我们的政府就不会再去签订轰炸机和核潜艇的合同,而是把合同让给那些非营利的公司,让它们雇人去建造住房,去建设公共交通设施,去清理河流和湖泊,把我们的城市都变成美好的家园。

然而,代替这样一种宏大计划的,是继续像从前一样,让城市环境更加恶化,让农村人负债累累并失去赎回抵押品的能力,不能为年轻人提供有益的工作,制造出大批游手好闲、充满绝望的边缘人,这些人大多属于年轻的有色种群,他们转而去吸毒和犯罪,对其他人的人身安全构成威胁。

政府对这类绝望、愤怒和敌意行为的反应历来都是可以预见的,即建造更多的监狱,把更多的人关起来,处决更多的犯人。这等于是进一步制造绝望情绪。结果,到克林顿执政结束时,按人口平均计算,美国的监狱人口在世界上可能高于任何其他国家,总数达200万人。

克林顿声称将缓和其政策以满足民意。但80年代和90年代初的民意调查显示,不管是民主党还是共和党,只要他们提出大胆改革的政策,美国民众都会予以支持,如全民无偿健康保障计划,保障就业,政府向穷人和无家可归者提供

---

① 玛吉·皮尔西,女性主义诗人,其主要著作有《他、她和它》等小说及《女人时间边缘》等诗集。这里所引是其《成为有用之才》(To Be of Use)一诗中的两句。

帮助,向富人征税,裁减军费以补贴社会事业等。

国家政策与美国民众心理预期之间的这种差距也可能存在另外一种情况,即在新千年里,人民开始组织起来强烈要求兑现独立宣言的承诺,即政府有责任保障每个人天赋的平等权利,包括生命、自由与追求幸福的权利。这就意味着要建立一个更加合理地、更加人道地分配国民财富的经济制度,这也意味着要培育一种新文化,在这里,年轻人不再被假借为"成功"而奋斗之名培养其贪欲。

在整个 90 年代,在保守的共和党人与温和的民主党人共同执掌政权的同时,更多的美国民众以各种各样的形式抗议政府的政策,呼吁建立一个更加公正与和平的社会。这些人在华盛顿没有代表,在媒体上也没有报道。

对于华盛顿权力圈之外的民众力量所发出的信息,除非其迹象已特别明显而不再能置之不理,国家媒体一般很少予以关注。甚至 50 万各种肤色的男女老少齐集首都举行"为维护儿童权益而斗争"的集会都没能引起电视和报纸的兴趣。这类反抗和抵制的信息数量巨大且种类繁多。

明尼阿波利斯有一个针对一家地雷制造公司的持续不断的抗议运动。一名被美制地雷炸残的复员士兵来到明尼阿波利斯参加了抗议活动。一位年轻女士也加入到抗议者的行列,她曾经周游世界各地,向人们诉说地雷导致儿童丧命的惨剧,由美国和其他国家制造的数百万颗地雷遍及各大洲。还有四位修女因参加抗议活动而遭逮捕,她们被称为"麦当劳姐妹",不过她们确实是姐妹。

1994 年,在洛杉矶,25 万人因为反对一项新的加利福尼亚法律而走上街头,抗议该项法律取消非法移民子女最基本的健康和受教育权利。

伊拉克拒绝就美国官员所称的"大规模杀伤性武器"接受核查,美国便决定以此为借口轰炸伊拉克。为了渲染公众对支持轰炸行动的气氛,国务卿马德琳·奥尔布赖特及其他一些官员在俄亥俄州哥伦布市举行的一次市镇集会上发表演讲。尽管事先的安排严格控制了所有提问,但这种精心的策划还是被一位年轻人打乱了。这位成功争取到发言权的年轻人向奥尔布赖特提问有关所有其他国家——美国盟国拥有"大规模杀伤性武器"的问题。

国家电视台的观众可以清楚地看到,国务卿感到非常意外,回答问题也结结巴巴。轰炸计划旋即被推迟了,尽管稍后对伊拉克的定期轰炸又恢复了。这个插曲没有引起新闻界的注意。

2000 年,在马德琳·奥尔布赖特被加州大学伯克利分校授予荣誉学位时,观众中有人发出抗议,并打出了写有"马德琳·奥尔布赖特是战犯"的巨大横幅。抗议者和横幅都被带离了现场。

碰巧,在这个典礼上接受大学奖章并发表演讲的学生是一位名叫法迪娅·拉夫伊迪的年轻女士。为了给奥尔布赖特的演讲和离开提供方便,拉夫伊迪被放到了整个程式的最后。她决定针对奥尔布赖特为美国制裁伊拉克所作的辩护发表评论。她谈到药品不能运抵伊拉克,谈到成千上万的孩子因经济制裁而丧生。她同意把萨达姆·侯赛因说成是一位残忍的独裁者,但她又说:

当萨达姆用毒气攻击库尔德人的时候,他使用的化学武器是在纽约的罗切斯特生产的。当他同伊朗进行一场夺去百万人生命的长期无休无止的战争时,是美国的中央情报局向他提供资金支持。是美国自己的政策制造了这个独裁者。当美国人不再需要他的时候,便去制裁他的人民。你们应该去制裁人民的政府,而不是人民本身。

1998 年,来自全国各地的 7 000 人云集佐治亚州的本宁堡,抗议那里的一所"美洲学校",这所学校的毕业生在美国受训后,参与了拉丁美洲各国的暴行。他们带了 8 口棺材,代表 6 名牧师,1 名厨师和 1 名女孩。他们都是被闯进他们家里的军人杀死的。具有讽刺意味的是,判处他们有期徒刑的佐治亚联邦法官罗伯特·J. 艾略特,正是当年赦免威廉·卡利中尉的那位法官,卡利中尉被认定在越南美莱村屠杀中犯了罪。

1999 年 8 月,在长崎遭轰炸的周年纪念日当天,8 名反战人士决定封锁通往缅因州班戈市核潜艇基地的 4 条航线。该基地有 8 艘三叉戟潜艇,可装载 1 000 多枚核弹头。抗议者遭到逮捕。然而,在向陪审团解释了反对核武器的原因之后,他们被宣告无罪释放。陪审团的女主持人后来表示:"我以能同这些人站在一起而感到自豪。"

60 年代的社会运动迄今仍对我们的文化产生着某种程度的影响。一种鲜明、充满活力的新观念已经形成,这就是女性拥有天然的平等权利的观念,无论男人还是女人其性偏好都属于个人私事的观念以及不断增长的贫富差距证明"民主"一词乃十足的谎言的观念。这种新观念时不时地会通过电影、电视或音乐的方式表现出来。

种族偏见在美国社会仍有深厚的土壤。这种偏见表现为不断发生的针对有色人种的警察施暴行为,表现为黑人婴幼儿的高死亡率,表现为年轻黑人的高失业率以及犯罪与监禁率的相应增长。然而,随着拉丁裔人口不断增多,亚裔人口持续上升,异族通婚越来越普遍,国家正变得越来越多元化。据推测,美国有色人种人口的数量到 2050 年将会与白种人持平。在非洲裔美国人中已时不时爆发有组织的抗争。80 年代后期,有一个"彩虹联盟",代表各种肤色被剥夺的穷人的利益,其黑人领导者杰西·杰克逊在总统候选人初选中赢得了数百万张选票,给我们国家的政治生活造成了突然的和罕见的震动,这是一种先兆,一种具有预示未来走向意义的先兆。

1995 年,来自全国各地的百万之众到华盛顿特区集会,举行"百万人大游行"活动,该活动旨在向国家领导人表明他们将成为一支变革的力量。这次游行并没有明确的目标,但它却显示了团结。1998 年夏,2 000 名非洲裔美国人在芝加哥集会,建立了左翼黑人大会。

第二年,西海岸港口工人联盟发起了一次 8 小时停工斗争,以抗议监禁和处死穆米亚·阿布·贾迈尔。贾迈尔是一位受审并被判刑的可敬的黑人记者。他被判死刑某种程度上是受其种族和激进主义所累,也与他不屈不挠地批评费城警方有关。

90 年代,尽管由于制造业工厂迁往海外使得工会会员在逐渐减少,尽管更难组织的服务业和白领工人数量已超过产业工人,劳工运动仍有恢复活力的迹象。

国家的财富几乎全部集中到富豪手里,贫富差距不断扩大,随着这种趋势越来越明显,新的斗争便获得了动力。在 90 年代,占总人口 5% 的最富有的人的收入增长了 20%,考虑到生活成本的增加,同一时期穷人和中产阶级的收入要么有所下降,要么基本持平。1990 年,500 家最大企业的首席执行官的平均工资是半熟练工人的 84 倍,到 1999 年时则增长到了 475 倍。

新任劳联—产联主席约翰·斯威尼来自服务业工人国际联合会(这也是劳工力量变化的一个信号),他似乎与其前任的保守主义远远地拉开了距离。受 1964 年的密西西比自由之夏的影响,他积极鼓励组织"工联之夏"的想法。他借助年轻人的理想主义,邀请他们帮助把新的服务业工人、白领工人、农业工人、移民工人组织起来。

工会发起的一些罢工遭到了失败,如 90 年代在伊利诺斯州的迪凯特所进行的一次漫长而艰苦的反对三大企业巨头卡特皮勒、凡世通和斯塔利的斗争。但也有斗争取得了胜利,如联合包装运输服务公司工人进行的持续 15 天的罢工,这次罢工在国内引起极大关注,工人的要求也得到了满足,原来没有健康及其他福利保障的临时工作变成了带有福利保障的 1 万个全职工作岗位。又如波音公司与麦道公司的机械师工会发起的罢工也都取得了胜利。

明尼阿波利斯和圣弗兰西斯科(旧金山)的宾馆工作人员都赢得了罢工的胜利。主要由移民组成的洛杉矶清洁女工针对摩天大楼的业主的罢工也取得胜利,正是这些低薪工人每天从事着该市所有事业兴隆的企业人士的办公室的保洁工作。2000 年,波音公司的 19 000 名工程师和专业技术工人成功争取到了与其他波音工厂工人同样的工资待遇,这是美国历史上最大规模的一次白领工人罢工。

1999 年,在洛杉矶郡,服务业工人国际联合会经过 11 年坚持不懈的斗争,终于为总数拥有 74 000 人的居家健康护理工争得了权利,这是几十年来工会斗争的一次最大胜利。同年,由服装工人与纺织工人新组建了联合工会组织"车针业、服装生产业、纺织业工人联合会"(简称"联合会")。25 年来,他们一直试图把北卡罗来那州的坎农公司的工人组织起来,这次新成立的"联合会"在卡那波利斯市的工会选举中一次就赢得了两家工厂。

在劳联—产联新领导层，女性开始担任领导角色。曾任九五全国女工协会主席的卡伦·努斯鲍姆成了劳联—产联的女工部长。到 1998 年，劳联—产联的21 个部中有 10 个由女性担任负责人。

通过争取大学工友"最低生活工资"运动，大学生与劳工运动建立起了联盟关系，这一运动很快便波及 150 多个大学校园。例如，在哈佛大学，学生们组织起来，要求手握 200 亿美元资产的学校管理部门向看门人等从事各种服务的雇员支付足以养家糊口的工资，因为他们中的很多人为了租房、吃饭和支付医疗费用不得不同时做两份工作，每周要工作 80 个小时。

哈佛的学生举行丰富多彩的集会，让看门人和其他校园工人说出自己的要求。剑桥市议会成员以及包括约翰·斯威尼等劳联—产联高级领导在内的工会领导人都拿起话筒声明会支持他们。两位年轻的电影明星马特·戴蒙和本·阿弗莱克也赶来表示支持，吸引了很多人。他们两人都曾在剑桥生活和学习过。马特·戴蒙还曾上过哈佛，后来才退学去了好莱坞。本·阿弗莱克情绪激动地讲述了他父亲在哈佛从事卑贱的工作，工资低微。

由于哈佛校方坚持拒绝谈判，四十名学生占领了一栋办公楼，并日夜坚守在那里达数星期之久，另有数百人在校园的草地上搭起帐篷进行声援。由于学生的静坐示威得到了全国各地的支持，校方最终同意进行谈判。结果是校园工人取得了胜利，哈佛同意把看门人的工资增加到一小时 14 美元并给予他们健康福利保障，并承诺对其他承包人也将照此办理。

2000 年春，康涅狄克州威斯理大学的学生占据招生办公室，要求校长保证向看门人及从事其他服务的工人提供最低生活工资、健康与退休福利保障及工作保险。经过几天的静坐抗争，校方满足了学生的要求。

国内大学生建立了一个叫做"校园工人权益联盟"的组织。在耶鲁大学、亚里桑那大学、锡拉库斯大学、肯塔基大学以及其他许多大学里，大学生们都开展了声援校园工人的运动。

在一个富人变得越来越富的时代，争取最低生活工资运动深得民众的同情。在明尼苏达的杜鲁斯，56 个组织联合起来，共同要求市政府签订合同，保证给予雇员最低生活工资，其实这也不过是在法定最低工资的基础上增加几个美元而已。

1996 年"福利改革"法把由联邦政府对有未成年子女的家庭财政救助限定在五年以内，意味着有数百万民众在其享受的福利救助期满后将会面临被剥夺的厄运。

2000 年，五年期限即将到来之际，积极分子们开始认真地组织起来，领导全国民众开展一场终结贫困运动。来自波士顿的社会福利权利运动资深人士迪安·杜乔恩表示："在全世界最富有的国家，在 2000 年，不应该再有人忍饥挨饿，不应该再有人无家可归,不应该再有人怀抱嗷嗷待哺的孩子却还在为支付房租发愁。"

　　"争取穷人经济人权运动"在 1998 年组织了一次 35 个城市间的公交游活动,专门收集那些无力养家糊口者、被中断供电者以及因付不起账单而被扫地出门者的材料。第二年,该组织的一些人专程赶往瑞士的日内瓦向联合国人权委员会作证。他们表示,埃莉诺·罗斯福帮助起草的联合国世界人权宣言规定,每个人都享有获得公正合适的报酬的权利,享有获得食物、住房和医疗服务的权利,享有接受教育的权利。

　　自参与民权运动和反对越南战争运动以来一度沉寂的宗教领袖也开始对经济不平等发表意见。1996 年夏,《纽约时报》的一篇报道说:

　　　　与最近几十年来的其他时期相比,目前宗教领袖已开始明显加强了与工会的合作,利用他们的道德威望批评血汗工厂,支持提高最低工资,帮助把看门人和家禽业工人组织起来。自 1970 年代基督徒农业工人领袖西泽·查维斯的辉煌时期以来,或者可能自大萧条以来,牧师们还从未如此亲密无间地同劳工们站在一起⋯⋯

　　所有这些组织,以及这些组织所代表的那些无家可归者,那些生计维艰的母亲,那些无力支付账单的家庭,那 4 000 万没有健康福利保障的人以及那更多的无权享受充分福利保障者,他们面前都横亘着一条无法逾越的屏障,即全国性的文化沉默。对于他们的生活,他们的困境,主流媒体从不予以报道。于是,一个神话,一个关于繁荣昌盛的美国的神话,在华盛顿和华尔街的权势圈内持久不衰地流传着。

　　一些人勇敢地尝试打破信息垄断,特别是在 1996 年通讯法案通过之后。该法案使得少数控制着电视广播的大公司有机会进一步扩张其势力,而公司兼并的结果是信息的垄断进一步加剧。两大传媒巨头哥伦比亚广播公司和维亚康姆公司以 370 亿美元的交易完成了兼并。拉美作家埃杜阿尔都·加里阿诺评论说:"如此众多的人在这么一小撮人的控制之下而不能同外界交流,这种事情还从来没有过。"

　　非主流媒体为打破这种垄断进行着拼死努力。全国有数百家地区性广播电台向其听众传播着非主流的信息和观念,太平洋广播网就是其中最成功的一家。戴维·巴萨米安一个人运营的"非主流电台"则专门把与主流意见不同的观点(包括采访和演说)通过卫星发送给全国的广播电台。

　　全国各地大小城镇的地区性报纸,虽然发行量很小,也试图讲述普通民众的故事。在波士顿,无家可归者也联合起来出版了自己的报纸《零钱》,用以讲述他们自己的故事,发表他们的诗作,同时在波士顿和剑桥的街上通过售卖这张报纸来挣一些零用钱。他们宣称,这张报纸是"代表沉默者的声音",是"无家可归者群体的组织工具"。到世纪之交时,他们的报纸已坚持了八年。

他们的这一想法很快传到其他一些地方,有 40 个城市先后出版了自己的街头报纸,这些报纸又联合建立了北美街头报纸协会。在首都建立的全国无家可归者联盟也每月定期出版自己的简报。

1999 年,在西雅图和华盛顿发生了持续数月的大规模示威游行,这可能是向美国人民也是向全世界展示大公司支配着普通人生活这一事实的最引人注目的一次努力了。西雅图被世界贸易组织确定为开会地点,全球最富有和最有权势的机构将在这里筹划如何维持他们的财富和权势,如何使资本主义的原则超越国界,扩展到全球每一个角落。

数万人云集西雅图,抗议世界贸易组织进一步推广"自由贸易"协定的计划。抗议者认为,所谓"自由贸易",实际上是大公司在全球寻找廉价劳动力的自由,是其污染环境的产业政策不受限制的自由。

围绕"自由贸易"的争论非常复杂,但有一个简单的想法似乎把来西雅图反对世界贸易组织的人们团结到了一起,这就是不能为了企业利润而牺牲全世界人民大众的健康与自由。

来自 90 个国家的 1 000 多个组织签署了一项声明,呼吁各国政府阻止世界贸易组织的扩张。这些组织包括工会组织、环保组织、消费者组织、宗教组织、农业工人组织、土著人(原住民)、妇女组织,等等。在西雅图,出现了一些引人注目的联合行动,如钢铁工人与环保主义者的共同集会,机械工人与动物权益活动分子的联合行动。农业工人参加了 12 月 30 日工会组织的 40 公里大游行,随后,这支联合起来的队伍又出席了数日后的个体农场主组织举行的一个集会。

来西雅图的人绝大多数都采取的是非暴力抗议,只有极少数示威者砸坏了窗户,引起了一些骚动,但媒体的报道却很不公正,它们只对这极少数人的暴力行为感兴趣。也是这极少数人的暴力行为使得警察使用了催泪瓦斯并采取了抓捕行动。虽然有数百人遭到拘押,但示威活动仍然坚持了下来。西雅图事件的新闻传遍了全国和全世界。

世界贸易组织的官方集会显然受到了抗议者的干扰,有迹象表明,工业化国家与第三世界国家之间出现了分歧。《进步报》约翰·尼克尔斯报道:

673

> 南半球的代表团和北半球的代表团之间出现的深刻分歧给这次世界贸易组织大会打上了鲜明的烙印,与此同时,大街上的南方和北方国家的代表却出现了空前的团结。全世界的农民走到了一起……劳联—产联举行的大规模集会为来自 10 多个国家的代表的发言欢呼喝彩。当全球化给第三世界妇女造成的可怕后果被曝光之后,一群群来自非洲、拉丁美洲、印度、欧洲和美国的妇女便在西雅图市中心的大街上一起拉起了长长的人权链。

所有这些活动都给世界贸易组织峰会带来了巨大的冲击,会谈最终以失败而告终。这是组织起来的公民有能力挑战世界上最有权势的大企业的鲜明例证。迈克·布兰南在充满反叛精神的报纸《货车司机》上生动刻画了那种欣喜若狂的情绪：

> 当人们尽情地唱歌、呐喊、演奏音乐、勇敢地面对警察和世界贸易组织的时候，我们梦寐以求的那种精诚团结精神也在空气中弥漫。那天，大街是属于人民的。它给我们上了的一课，同样也给美国企业界上了一课。

西雅图的抗议活动正赶上国内各种社会运动风起云涌之时，各大学校园和社区都在抗议美国企业恶劣的工作环境，在那里，来自第三世界的男人、妇女甚至儿童都承受着血汗工厂的压榨。

在西雅图抗议活动一个月之后，《纽约时报》的一篇报道说：

> 根据跟踪调查的结果，大学生及其他反对者对血汗工厂的压力已迫使一些为像耐克和盖普这样的工业巨头提供货源的工厂开始减少使用童工，使用危险度较小的化工产品，并尽量把雇员的工作时间压缩在每周80小时以内。

> 在上个月的西雅图抗争中，这类工厂的劳动条件是大家关注的焦点，许多示威者要求贸易协定对那些违反最低劳动标准的国家实施惩罚。许多企业经理承认，反对血汗工厂运动的努力已经开始奏效。

674　　西雅图抗议活动只是工会会员、学生、环保分子为对抗不断增长的企业巨头操控世界经济趋势的一系列国际性集会的开端。西雅图示威以来，只要是富有的企业家们举行峰会的地方，就会出现示威者，如华盛顿、费城、瑞士的达沃斯、洛杉矶以及布拉格。

世界银行和国际货币基金组织的官员也不能无视这些抗议运动。他们公开表示要关心环境问题和工人的劳动条件。这能否导致真正的变革还不清楚，但全世界的企业领导人不能再无视对他们的批评这一点则是确定无疑的。

在下个世纪，在新千年里，所有这些发生在政治领域、工厂车间以及文化领域的抗议和抵制活动能否凝聚在一起，去实现独立宣言所承诺的平等的生存权、自由权和追求幸福的权利，没有人能够预见到这一点。所有能做的就是：为我们所能为，无所作为将会使任何预见成为空谈。

历史经验表明，要使民主变得有意义，要使民主超越资本主义和民族主义的局限，就决不能从上层开始。它只能来自公民运动、教育、组织、鼓动、罢工、抵制和示威，来自打破权势者所需要的稳定来驱使他们前进。

第二十五章

2000年选举与反对恐怖主义战争

当克林顿两届任期届满的时候,由于宪法第22条修正案规定连任不能超过两届,于是,忠实地服务于他的副总统阿尔伯特·戈尔便顺理成章地成了民主党的总统候选人,这一点几乎没有什么悬念。共和党则选择得克萨斯州长乔治·W.布什(小)作为总统候选人。小布什以与石油业关系密切而闻名。在其担任州长期间不少囚犯被判处死刑,这一点也增强了他的知名度。

尽管小布什在大选战中攻击戈尔呼吁"阶级斗争",但戈尔及其副总统候选人参议员约瑟夫·利伯曼并没有威胁到那些超级富豪的利益。《纽约时报》的一篇头版报道的大标题即是《与商界亲善的参议员利伯曼》。该文指出,利伯曼深得硅谷高技术产业的青睐,康涅狄克的军工联合体也感谢他帮着拿到了75亿美元的海狼级核潜艇的承包合同。

小布什和戈尔筹集的选举费分别为2.2亿美元和1.7亿美元,企业对两人支持力度的差别仅此而已。无论是戈尔还是小布什都无意实行全民无偿医疗保健,无意搞大规模的廉价住房,也不会在环境保护问题上有显著变化。两人都支持死刑和扩建监狱,都偏爱军工企业,都支持继续使用地雷,都赞成对古巴和伊拉克人民实行制裁。

拉尔夫·纳德是第三党候选人,他在国内的声誉来自几十年来对大企业垄断经济的坚持不懈的批评。与两大党形成鲜明对比的是,他的竞选纲领主要集中在医疗保健、教育和环境问题上。但是,在选战期间,他却被全国电视辩论拒之门外。由于没有大企业的支持,他只能从支持其竞选纲领的人那里得到小额捐赠作为竞选费用。

考虑到两大党阶级立场的一致性,以及针对任何第三党所设置的重重障碍,全国有一半选民——绝大多数是较低收入者和对两大党都毫无兴趣的人——根本不去参加投票便完全可以理解了。

一个建筑工人的妻子是一家加油站的收银员。她对记者说:"我觉得他们不会考虑像我们这样的人的利益……假如他们住在只有两间居室的简易活动房子里,或许会有所不同吧。"一位非洲裔美籍妇女在一家麦当劳店做管理员,她的收入是一小时5.15美元,只略高于最低工资线。她在谈到布什和戈尔时说:"我对他们两个根本不屑一顾,我所有的朋友也都是如此。(不管他们俩哪一个当选,)我的生活不会发生变化。"

事实证明,这是我国历史上最不寻常的一次选举。阿尔·戈尔得票比小布什多了数万张,但按照宪法规定,谁能在选举中胜出最终是由每州选举人票决定的。由于两人的选举人票非常接近,最终的胜负便取决于佛罗里达州的选举。这种普选票与选举人票数上的差别历史上曾在1876年和1888年出现过两次。

在佛罗里达州得票最多的候选人将会囊括该州所有的选举人票,从而登上总统宝座。但在究竟是小布什还是戈尔得票最多的问题上双方爆发了激烈的争吵。似乎还有许多选票没能计算出来,特别是在黑人较多的地区,又好像许多选票因技术问题被宣布作废,理由是投票器在选票上留下的记号不够清晰。

小布什的优势在于,他的弟弟杰布·布什是佛罗里达州州长,而共和党人州务卿凯瑟琳·哈里斯则有权宣布是谁得票最多并赢得选举。面对存在众多问题选票的质疑,哈里斯在只是进行了部分重新计票后就匆忙宣布布什领先。

由民主党控制的佛罗里达州最高法院接到申诉后作出裁定,要求哈里斯不得宣布何人胜出,并裁定重新计票工作继续进行。哈里斯为重新计票工作设置了最后期限。在还存在数千张争议选票的情况下,哈里斯又急不可耐地宣布布什以领先537票胜出。这是总统选举史上竞选双方最为胜负难分的一次裁定。戈尔准备对这一结果提出质疑,要求重新计票工作按照佛罗里达州最高法院的要求继续进行,而共和党则把此案上诉到最高法院。

最高法院按照意识形态划线。持保守立场的五位法官伦奎斯特、斯卡利亚、托马斯、肯尼迪和奥康纳,违背其一贯不干涉州权的保守主义原则,坚持驳回佛罗里达州最高法院的判决并要求停止继续重新计票。他们认为,重新计票违反了宪法规定的"平等的法律保护"原则,因为重新计票将会在佛罗里达出现不同县使用不同标准的情况。

4位持自由主义立场的法官斯蒂文斯、金斯伯格、布雷耶和苏特坚持认为最高法院无权介入佛罗里达州最高法院对本州法律的解释。布雷耶与苏特争辩说,即便计票会产生不同标准,也应该通过在佛罗里达州进行一次标准统一的新选举来补救。

最高法院不允许质疑选举结果,这确定无疑地表明,它更愿意看到自己喜欢的候选人布什当选总统。斯蒂文斯法官在其代表少数派陈述意见时曾略带苦涩地指出:"虽然我们或许永远无法确认今年总统选举的获胜者的身份,但谁是失败者这一点却是一清二楚的,这就是国人对法官乃法治公正无偏的守护神的信心。"

就职后,小布什信心满满地继续推行他的向大企业倾斜的执政计划,就好像他得到了全国压倒性的支持一样。在基本理念上并没有实质性差别的民主党则变成了小心翼翼的反对派,在对外政策上与小布什完全一致,只是在国内政策方面略显和缓而已。

布什的施政纲领很快便清楚了。他积极推动对富人减税,反对执行那些让企业界花钱的严格的环保规定,计划通过把公民养老金证券化的途径实现社会保险私有化。他主张提高军事预算,继续实施"星球大战"计划。尽管科学家们的意见一致认定反弹道导弹根本无法在太空部署,而且即使这个计划可以付诸实施,也只能在全世界引发更为激烈的军备竞赛。

他上任后的第 9 个月,即 2001 年 9 月 11 日,一场突发性的灾难把其他所有事情都推到了次要地位。劫机者驾驶 3 架满载燃料的飞机,高速撞向位于纽约市中心世贸中心大楼的双塔和位于华盛顿特区的五角大楼的一侧。全美国人都看到了这可怕的一幕。他们通过电视亲眼看着摩天大楼裹挟着钢筋水泥骨架坠入熊熊燃烧的地狱之火,数千名工作人员以及赶来救援的数百消防人员和警察葬身火海。

把美国财富与权势的巨大象征作为攻击的目标,这在历史上是前所未有的。从事这次袭击的 19 个人都来自中东,其中多数来自沙特阿拉伯。为了给他们的敌人,一个自认为不可能受到攻击和伤害的超级大国致命的一击,他们情愿以身赴死。

布什总统立即宣布要打一场"反对恐怖主义的战争",并声明,"我们会对任何胆敢包庇恐怖分子的国家采取针对恐怖分子的同样的措施"。国会迅速通过决议授权布什可以不经宪法规定的宣战即采取军事行动。决议在参议院获得一致通过,在众议员也只有一位来自加利福尼亚的非洲裔议员巴巴拉·李投了反对票。

由于认定伊斯兰军事组织的奥萨马·本·拉登对 9·11 袭击负有责任,并确定他藏在阿富汗的某个地方,布什便命令对阿富汗实施轰炸。

布什声称他的目标是要抓住奥萨马·本·拉登(无论死活)并摧毁伊斯兰军事组织卡伊达。然而,在对阿富汗实施轰炸 5 个月之后,布什在向国会两院发表的国情谘文中,在声言"我们赢得了反恐战争"的同时,也不得不承认,"数万名训练有素的恐怖分子仍然逍遥法外",仍有"10 多个国家"在向恐怖分子提供庇护。

对于布什及其幕僚们来说,很显然,恐怖主义是不能用武力解决的。前车之鉴可谓俯拾即是。英国曾使用军事手段来对付爱尔兰共和军的恐怖行动,结果却是遭遇更多的恐怖袭击。数十年来,以色列一直用军事打击的办法对付巴勒斯坦人的恐怖主义行动,结果是招致巴勒斯坦人搞更多的恐怖爆炸。在 1998 年美国驻坦桑尼亚和肯尼亚的使馆受到袭击后,比尔·克林顿轰炸了阿富汗和苏丹,再看一看 9·11 事件,很显然,克林顿的轰炸同样没能阻止恐怖主义。

而且,对于一个经历了几十年国内战争破坏的国家,数月轰炸的后果是毁灭性的。五角大楼声称它轰炸的只是"军事目标",平民的伤亡是"不幸的……纯属意外……对此深表遗憾"。然而,根据人权组织提供的材料,综合美国和西欧的新闻报道,至少有1 000也许多达4 000的阿富汗平民死于美国的轰炸。

恐怖分子在纽约犯下了针对无辜平民百姓的恐怖罪行,看来美国回应恐怖分子的办法就是在阿富汗杀死那儿的无辜平民。每天的《纽约时报》都会刊登一些世贸中心惨剧中遇难者令人心碎的画面,而且图文并茂地配发一些有关他们生前的工作、爱好和家庭生活之类的材料。

我们没有办法得到阿富汗遇难者的同样的材料,不过,还是可以找到记者们从医院和村庄里现场发来的美国轰炸效果的生动记录。《波士顿环球报》的一位记者从贾拉拉巴德的一家医院报道:"10岁的努尔•穆汉默德躺在一张床上,全身缠满绷带。星期天正餐后,炸弹击中了他家的房屋,他失去了双目和双手。医院院长古罗迦•希姆瓦利一边盯着孩子的伤口,一边摇着头说:'美国一定认为他就是奥萨马,否则他们怎么会这样干?'"

报道还说:"上个周末,医院太平间里接收了17具尸体,而据这里的官员统计,周边几个村子里至少已有89位村民遇难。昨天,医院见证了一枚炸弹祸及一个家庭的惨剧:父亲费萨尔•卡利姆被炸弹炸死了,他的妻子穆斯塔法•贾玛躺在床上,头部受了重伤……在她身边,6个孩子都缠着绷带……其中昏迷中的扎西杜拉才只有8岁。"

自从9•11灾难发生以来,美国公众几乎一边倒地支持布什的"反恐"政策,民主党也不甘落后,与共和党争相发表反恐的强硬言论。曾在大选中反对布什当选的《纽约时报》在2001年的一篇社论中说:"布什先生……在危机时刻给国人以安全保证,证明自己是一位坚强的战时领导人。"

不过,轰炸阿富汗所造成的人道主义灾难却没有被主流报纸和各大电视网络全面介绍给美国人,他们好像是要以此来显示自己的"爱国主义"情怀。

美国有线新闻广播公司负责人沃特•艾萨克森在发给其全体员工的一份内部通知中称,对于造成平民伤亡的图像应当配发适当的说明,让人们理解这是对窝藏恐怖分子的报复行动。在他看来,"太过于集中报道阿富汗的伤亡或灾难似乎是一种错误"。电视新闻节目主持人唐恩•拉瑟声称:"乔治•布什是我们的总统……他指向哪里,我就冲向哪里。"

美国政府竭尽全力控制有关阿富汗消息的传播。它轰炸中东最大的电视台半岛电视台在阿富汗的办公楼,买断一家卫星成像公司拍摄到的轰炸现场的所有照片。

畅销杂志也在为复仇情绪推波助澜。《时代》杂志的一位作者在其《盛怒与复仇》一文中呼吁实行"最残酷无情"的手段进行报复。当红电视评论人比尔•奥赖利要求美国"摧毁阿富汗所有的基础设施,包括机场、发电厂、供水系统和道路交通"。

在房屋的窗户上、小汽车上以及商店的窗户上插上美国国旗一时间成了一种时尚,在战时极端爱国主义气氛的笼罩下,人们很难再对政府政策提出批评。在加利福尼亚,一位退休的电话接线员就因为发了几句议论批评布什总统,尚在健身俱乐部锻炼时便受到联邦调查局人员的登门讯问。一位年轻女士发现两名联邦调查局特工在自己家门口,说是在她家的墙上发现了批评总统的招贴画。

国会通过了《美国爱国者法案》,授权司法部仅凭怀疑就可以对非美国公民实施拘留,而无需指控,也不需要宪法赋予的诉讼上的权利。它还规定,国务卿可以把任何组织定为"恐怖组织",任何人如果属于该组织的成员或者向该组织提供资金都可以被逮捕、拘禁乃至驱逐出境。

布什总统提醒国人不要敌视阿拉伯裔美国人,但事实上,政府在没有任何指控的情况下便开始实施集中讯问,并拘留了1 000多人,他们几乎全部是穆斯林。《纽约时报》专栏作家安东尼·刘易斯讲述过这样一个故事:一个人因间谍嫌疑被逮捕,联邦法官认为没有证据表明此人威胁到了国家安全,于是他便被释放了。然而,9·11事件后,司法部无视法官的调查结果,再次拘捕了此人,把它单独监禁了23个小时,并不允许家人探视。

尽管如此,还是可以听到一些对这次战争的批评之声。全国各地都有相关的学术讨论会与和平集会,其中最典型的集会如"要正义,不要战争"和"我们的悲伤不是复仇的嚎叫"。在亚利桑那这个并非以反正统行动主义著称的地方,有600人在一家报纸的广告栏签名,目标直指联合国人权宣言。他们呼吁美国和国际社会"不要老是挖空心思琢磨着怎么去摧毁阿富汗,而应该想方设法去清除那些阻挠嗷嗷待哺者获得充足食物的种种羁绊"。

世贸中心和五角大楼遇难者的一些家人也写信给布什总统,敦促他不要以暴易暴,不要再去轰炸阿富汗人民。安布尔·阿蒙森的丈夫是一位军事飞行员,他在五角大楼遭到攻击时遇难。阿蒙森说:

> 我听到一些美国人盛怒之下的夸夸其谈,其中有不少还是我们国家领导人,他们建议实施大规模的报复和惩罚行动。对那些领导人,我希望他们明白,我和我的家人并没有从你们愤怒的言词中感到一丝的安慰。如果你们为了报复这令人无法理解的残忍行为,而对别的无辜的人民使用令其终生难忘的暴力打击,那么,你们千万不要假借为我丈夫主持公道之名。

2002年1月,一些遇难者家属专程前往阿富汗与那些因美国轰炸所造成的阿富汗死难者家属相会。他们见到了阿卜杜尔和沙基拉·阿明,他们五岁的女儿纳齐拉死于美国的轰炸。在这些美国人中有一位丽塔·拉萨尔,他的哥哥被布什总统称为英雄,因为在大楼将要倒塌之际他陪着一位半身瘫痪的朋友留在顶楼而不是自己逃生。拉萨尔说,她将为和平事业贡献余生。

对轰炸持批评态度的人认为,恐怖主义源于对美国的深深的怨恨,因此,要杜绝恐怖主义,此类问题必须首先予以解决。要明确确定对美国的怨恨情绪来自何方有一定的困难,例如美国在沙特阿拉伯驻军,因为那里有最神圣的穆斯林圣地;再如依据联合国决议对伊拉克的 10 年制裁造成了数万名儿童的死亡;又如美国一直支持以色列对巴勒斯坦土地的占领,并向以提供数十亿的军事援助。

　　然而,如果美国对外政策不发生根本性的变化,这些问题便无法得到解决。而对外政策的根本变化却不能为控制着两大党的军工企业所接受,因为那就意味着要从世界各地撤回我们的军事力量,意味着放弃对其他国家的政治和经济控制,简而言之,就是要放弃美国始终念念不忘的超级大国角色。

682　　这一根本性变革需要彻底调整国家优先发展的战略重点,即把每年 3 000 亿到 4 000 亿美元的军费转向改善美国及世界其他地方人民的生活条件。例如,据世界卫生组织估计,如果从美国军费中拿出很小的一部分用于全世界的结核病治疗,就可以挽救数百万人的生命。

　　一旦政策发生这么重大的变化,美国将不再是一个军事超级大国,但它可能会成为一个利用其财富向人民提供必要帮助的人道主义超级大国。

　　美国前空军中校罗伯特·鲍曼在越南战争中担负过 101 次战斗飞行任务,后来成了一名天主教主教。9·11 恐怖事件发生的 3 年之前,鲍曼曾对美国驻肯尼亚和坦桑尼亚使馆遭到恐怖袭击事件发表评论。在发表在《天主教全国报道》的一篇文章中,他分析了恐怖主义根源:

> 　　我们遭人憎恨并不是因为我们践行民主,尊重自由,维护人权,而是因为我们的政府拒绝向第三世界的人民提供民主、自由和人权,而我们的跨国公司却在觊觎他们的资源。我们种下的仇恨最终又以恐怖主义的形式反过来困扰我们自己……不要再把我们的孩子们送到世界各地去杀害阿拉伯人,以便得到埋藏在他们地下的石油,我们应当把孩子送到世界各地去帮着重建基础设施,供应洁净水源,供养饥饿的儿童……
>
> 　　简言之,我们应当弃恶从善。那样的话,谁还会阻止我们? 谁还会憎恨我们? 谁还想炸死我们? 这就是美国人民需要了解的真相。

　　9·11 事件之后,这类声音大部分都被美国主流媒体拒之门外了,但它确实极富远见。而且它至少也提供了一种可能,即一旦人们认识到以暴易暴的方式于事无补,这种思想所蕴含的强大的道德主旨就会在美国人民中间传播开来。当然,如果历史经验能够提供什么启示的话,那就是不能把美国和平与正义的未来寄托于美国政府的善意之上。

　　根据《独立宣言》所阐述的思想,民主主义原则宣布政府是第二位的,建立政府的人民才是第一位的。因此,民主的未来取决于人民自己以及他们以适当方式同世界各国人民发展关系的自觉意识的培育。

后 记

我常被问及怎么会写出这样一本书。这首先要归功于我的妻子罗斯琳,是她鼓励我撰写此书。当我因工程浩繁而有所气馁,试图放弃的时候,也是她不断地鼓励我坚持下去。撰写本书还有另外一个原因,就在我写这篇后记的时候,我已经跨越了我们国家四分之一的历史,想起来真令人吃惊。我的人生经历也促使我去尝试建构一种新的历史观,它既不同于我在大学和研究生院所学习的那种历史,也不同于我所见到的国内所有学生使用的教科书上的那种历史。

我开始写作本书时,已从事历史学和被诩为"政治科学"的课堂教学 20 年。其间,我有 10 年时间参加了南方的民权运动,因为当时我恰好主要是在佐治亚州亚特兰大的斯佩尔曼学院从事教学工作。另外的 10 年则是参加反对越南战争的活动。这些经历使我在历史学的教学与写作中很难持所谓的中立立场。

不过,我的政治立场的形成无疑要更早一些,因为我是在纽约一个工人阶级移民家庭长大的,当过 3 年的船厂工人,在空军服役期间还曾在第二次世界大战中的欧洲战区做过投弹手,所有这些都是在我依照士兵福利法案进入大学学习历史之前的事。

在我开始从事教学和写作的时候,我没有所谓"客观性原则"的错误观念——假如这个"客观性原则"就是要人们放弃自己的观点的话。我明白,一个史学工作者(或者一个记者,抑或是任何一个要讲述一个故事的人)必须对浩如烟海的事实材料作出自己的取舍,而这种取舍则会有意无意地反映出史学工作者的主观偏好。

如今人们常常听到对学生的一些喋喋不休的责备之声,要求他们学习客观事实。总统候选人罗伯特·多尔在一个退伍军人协会会员集会上说,"我们没有教给年轻人客观事实"——我们的候选人们总是这样非常在意"客观事实"。这让我想起了狄更斯的《艰难时世》中一个迂腐浅陋的人物格拉德格林德,他训诫一位年轻教师说:"只能讲授事实,事实,第三还是事实。"

但纯粹的、未经任何解释的所谓纯粹事实是根本不存在的。世界上任何一件经教师、或作家之口讲出来的事实都代表着一种判断。人们一旦作出判断,也就意味着这些事实是重要的,而另外被略去的那些事实是不重要的。

　　一些在我看来特别重要的内容却被主导着美国文化的正统历史忽略了。这种忽略的后果不单单是歪曲了我们的历史，更重要的是它还会对我们的现在产生误导作用。

　　例如在阶级问题上，我们的宪法前言就谎称是"我们人民"起草了这部宪法，而不是55名享有特权的白人男子为了自己的阶级利益需要一个强大的中央政府。利用政府达到阶级目的，为富有者和权贵们的利益服务，这一传统贯穿了整个美国的历史并一直延续到今天。在这种语言的掩饰之下，就好像我们所有的人，不管你是富人、穷人还是中产阶级，有着共同的利益。

　　于是，人们总是用一些全称概念来描述我们国家的状况。小说家库尔特·冯内古特①创造过一个术语叫"大法螺"②，专门用来描述这样一种现象，即人们只有戳穿美丽的谎言才能看清被它掩盖着的本质。当我们的总统得意洋洋地宣布"我们的经济状况良好"的时候，他当然不会承认，我们的经济状况对于那四五千万在贫困线上挣扎的人而言其实一点也不好，对于广大中产阶级来说或许差强人意，只是对于占有全国40%财富的1%的最富有者才说得上是很好。

　　我们每个历史时期总是被贴上足以反映某一个阶级幸福安乐的标签而罔顾其他阶级的实际处境。菲奥雷洛·拉瓜迪亚是20年代东哈勒姆区的议员，我在翻阅他的档案时，发现了很多绝望的家庭主妇的来信，她们的丈夫失业，孩子们挨饿，无力支付房租，而所有这些都发生在所谓的"爵士乐时代"、"兴旺的20年代"。

　　虽然对过去历史的了解并不能帮我们看到当前的绝对真实，但却可以让我们比那些政治领导人及被媒体所援引的所谓"专家"们的巧舌如簧的述说看得更深刻一些。

685　　阶级利益总是被"国家利益"这个无所不包的托辞所掩盖。当听到一些政治高官们用"国家利益"和"国家安全"为他们的政策进行辩护时，我自己在战争中的经历加上美国军事干预的全部历史都使我有理由对此产生怀疑。正是基于这一借口，杜鲁门在朝鲜实施了导致数百万人丧命的"警察行动"；也是基于这一借口，约翰逊和尼克松在印度支那进行了一场战争，大约300万人失去了生命；同样是基于这一借口，里根入侵格林纳达，布什入侵巴拿马和伊拉克，克林顿对伊拉克实施了一次又一次的轰炸。

　　当一小撮人决定发动一场战争，而国内外其他的很多人因此而丧生或致残，难道这就是所谓的"国家利益"吗？难道人民就不应当问一声他们究竟是在为谁

---

　　①　Kurt Vonnegut(1922—2007)，是第二次世界大战后美国黑色幽默文学的代表人物，其代表作有《五号屠宰场》、《猫的摇篮》等。

　　②　原文granfalloon，是库尔特·冯内古特在其《猫的摇篮》中创造的一个词。这里音译与意译结合译为"大法螺"。

的利益而战吗？我进一步想，为什么不能从美国大兵的角度，从那些拿着阵亡士兵电报的父母的角度，甚至从"敌人"的角度，而再不是从那些将军和外交官的角度来讲述一下战争的真相呢？

当我开始研究历史的时候，给我印象最深的是弥漫于全国教育制度——包括我们自己——身上的民族主义热情，这种热情从孩童时代起就以忠诚宣誓、唱国歌、挥舞国旗以及华丽的爱国词藻等方式进行反复灌输。现在我想知道的是，如果我们抹去世界上的所有国界——至少在我们心里这样想，如果我们把世界上所有的孩子都视同己出，那么我们美国的外交政策会是个什么样子。果真如此，我们决不会向广岛扔原子弹，也决不会向越南投掷凝固汽油弹，也决不会再对任何地方发动战争，因为特别是在我们这个时代，战争总是针对孩子的，实际上是我们自己的孩子。

根深蒂固的种族问题一直是我们挥之不去的阴影。最初涉足历史问题之时，我完全没有料到历史教学和历史著作扭曲的程度如此严重，这种扭曲是通过遮蔽有色人种历史的方式实现的。确实是这样。印第安人最初在那儿，然后就消失了。当黑人是奴隶的时候我们还能够看到他们的存在，随后他们自由了，也就从我们的视野里消失了。这整个就是一部白种人的历史。

克里斯托夫·哥伦布登上新大陆拉开了种族屠杀的序幕，伊斯帕尼奥拉岛①上的土著居民被全部消灭了。研究生一年级的时候，我对此尚一无所知。给人的印象是，这个新生的国家开疆拓土的方式是非常温和的，如"购买"路易斯安纳、"购买"佛罗里达，"转让"墨西哥，而哥伦登陆只是这一温和进程的第一步。但历史事实却恰好相反，它实际上是一个对印第安人的暴力驱逐过程，这块大陆每一寸土地的获得都伴随着难以用语言形容的暴行。直到有一天把印第安人都赶进保留地，国家的扩张才不再同他们发生任何关系。

1998 年我曾应邀在波士顿历史上有名的法尼尔会堂举办的波士顿惨案专题研讨会上发表演讲。我表示要是不必涉及波士顿惨案的话，对于能有这样一个机会我还是很高兴的。所以，我所要讨论的不是 1770 年英国军队杀死了 5 个殖民者。我认为，因为这一事件发挥了某种爱国主义功能，200 多年来我们已经给予了它太多的关注。我想要讨论的不是这件事，而是我们历史上发生的许多针对有色人种的惨案，这些惨案不会增强人们的爱国主义豪情，而只会提醒我们需要关注那至今潜藏在我们内心的绵延不绝的种族主义遗产。

美国学校里的每一个孩子都了解波士顿惨案，但有谁知道 1637 年发生在新英格兰的对佩科特部落 600 名男女老幼的大屠杀？有谁知道内战期间美国士兵在科罗拉多的桑德克里克对数百印第安家庭的屠杀？又有谁知道 1870 年在蒙

①　Hispaniola 即海地岛。

大拿的一次军事进攻中 200 名美国骑兵消灭了派岗族印第安人一个熟睡的兵营?

佐治亚州亚特兰大的斯佩尔曼学院是一家黑人女子学院。我到该学院工作之前从未接触过非洲裔美籍历史学家的著作,因为他们从未在我研究生期间的读书单中出现过,如杜波依斯、雷福德·洛甘、劳伦斯·赖迪克、霍雷斯·曼·邦德、约翰·霍普·富兰克林。在所受的历史教育中,我从未发现曾发生过针对黑人的一次又一次屠杀的蛛丝马迹,而以宪法的形式承诺保护所有人的平等权利的联邦政府竟然会对这些暴行保持沉默。

例如,1917 年在东圣路易斯发生了许多的"种族骚乱",就发生在那些反映白种人价值观的历史著作所称的"进步时代"。在那里,由于黑人工人的大量涌入,愤怒的白人工人杀死了大约 200 人。对此,杜波依斯满腔悲愤地撰文称之为"东圣路易斯大屠杀",表演艺术家约瑟芬·贝克说:"提到美国就会使我感到恐怖战栗、恶梦连连。"

我希望通过撰写此书,能够让人们更多地了解阶级冲突、种族不平等、性别歧视、国家狂妄自大等问题。我试图尽自己所能把所发现的历史遗漏都一一补上。尽管如此,我还是遗漏了为美国的正统历史所忽略的一些群体。当人们读过《美国人民史》之后来信以示赞许并委婉(当然有时也不那么委婉)地指出其不足之处时,我意识到了这一点。

687　　也许是因为我同美国东海岸地区联系比较密切的缘故,我在书中忽视了生活在加利福尼亚和我国西南地区的拉丁裔人民以及他们为争取公平正义而进行的斗争。希望对此有更进一步了解的读者可以去阅读如下一些非凡著作:伊丽莎白·马丁内斯的《我们是有色人种》,马丁·埃斯帕达的随笔集《萨帕塔的信徒》,乔治·马里斯卡尔编的《从阿斯特兰到越南:墨裔美籍男人和女人们的战争岁月》。

我想,可能是我自己的性价值取向影响了我对男女同性恋问题的关注。1995 年该书出新版时我曾试图弥补这一缺憾。不过,当更多的男女"同性恋者"(这个词在一些人那里代表着轻蔑,而对另一些人则意味着荣耀)大胆地、勇敢地向主流社会宣誓其人权的时候,那就说明我们国家的文化已经发生了重大变化,读者也将会看到更多的相关记述。

当我们从一个世界跨入另一个世纪,从一个千年走进另一个千年时,我们也希望历史本身也能像日历那样发生显著的转折性变化。然而,它仍一如既往地由两股相互竞争着的力量裹挟着奔向未来,其中一支力量步调一致、蔚为壮观,另一支力量虽显步调杂乱却令人鼓舞。

一方面,世界上依旧充斥着暴力、战争和对异己者的偏见,少数人仍然蛮横地垄断全球财富,骗子和杀人犯仍然掌握着政权,还在大量营造监狱而不是建筑校舍,媒体与整个文化界仍然受着金钱的污染,所有这些都表明,令人恐怖和憎恨的历史仍在上演。看着这些,尤其是报纸、电视信誓旦旦地告诉我们说这就是一切、别无其他的时候,我们很容易灰心丧气。

但另一方面,在顺从的表象之下我们仍然能够感觉到变革的潜流在涌动,虽然我们被排斥在大多数变革之外,深感恐惧和绝望。例如对无休无止的战争的厌恶情绪持续增长,我感觉 90 年代俄国妇女强烈要求停止对车臣的军事干预,其情形与越南战争期间的美国人相似。再如,全世界妇女坚决主张她们不再忍受虐待和性别歧视,其中最典型的例子就是反对女性割礼的新国际运动的兴起以及享受贫困救济的母亲反对惩罚性法律所表现出来的战斗精神。还有对国家机器的非暴力不合作运动,对警察暴力行为尤其是针对有色人种暴力行为的抗议活动。

在美国,我们看到,教育制度、迅速发展的新文学、非主流广播电台、大量非主流文献纪录片,甚至好莱坞自己以及有时候的电视节目,都不得不承认我们国家多元种族性格正在成长这一事实。确实,在这个受企业财富、军事强权和两个老大政党操控的国度,我们面临的是一个有"恒久对抗性文化"之称的可怕保守者对现实的挑战和对未来的憧憬。

这是一场竞赛,我们可以积极投身其中,也可以作壁上观。但我们应当明白的是,我们的选择决定着最终的结果。

在此我又不由想起了 20 世纪初纽约的纺织女工们之间相互传诵的诗人雪莱的名句:

> 不可征服的人们
> 站起来吧
> 挣断你们身上的锁链
> 就像刚刚醒来的雄狮
> 抖落熟睡时落在身上的露珠
> 他们是一小撮
> 你们是大多数!

参 考 文 献

本书是我在 20 多年从事美国史教学和研究以及许多年参加社会运动的亲身经历的基础上，花了几年的时间写成的。但是，如果没有几代学者，特别是目前这一代历史学家在研究黑人、印第安人、妇女和其他劳动人民的历史方面所作的重要工作，本书也不可能问世。还有许多人，他们并非专业的历史学家，因为受发生在身边的社会斗争的推动，也纷纷收集这些普通人为使生活变得更好一些，或是为生存而斗争的材料。如果没有这些材料，本书也不能完成。

考虑到在正文中对所引用的每一条材料都用脚注点明出处，将会使正文显得纷繁杂乱，而读者们又都很关心那些触目惊心的事实来自何处，或者想知道大段的原始引文出自何处，因此我一般在文中指出参考书的作者和书名，而他们的详细情况都列在本书的参考文献中。至于那些没有确切指明引文出处的材料，可以请读者看一下该章节中带 * 号的参考书。我认为，这些带 * 号的书的用处是其他书所无法替代的。

我还参考了下述一些学术期刊：

《美国历史评论》《密西西比历史评论》《美国历史杂志》《南部历史杂志》《黑人历史杂志》《劳工历史杂志》《威廉与玛丽季刊》《家族史》《危机》《美国政治学评论》《社会史杂志》。

此外，还有一些不太正统但很有价值的期刊，如：

《每月评论》《科学与社会》《激进的美国》《阿克维萨森评论》《符号：文化和社会中的妇女杂志》《黑人学者》《亚洲学者论坛》《激进政治经济学评论》《社会主义革命》《激进历史评论》。

第一章 哥伦布、印第安人和人类的进步

Brandon, William. *The Last Americans: The Indian in American Culture*. New York: McGraw-Hill, 1974.

* Collier, John. *Indians of the Americas*. New York: W. W. Norton, 1947.

* de las Casas, Bartolomé. *History of the Indies*. New York: Harper & Row, 1971.

* Jennings, Francis. *The Invasion of America: Indians, Colonialism, and the Cant of Conquest*. Chapel Hill: University of North Carolina Press, 1975.

* Koning, Hans. *Columbus: His Enterprise*. New York: Monthly Review Press, 1976.

* Morgan, Edmund S. *American Slavery, American Freedom: The Ordeal of Colonial Virginia*. New York: W. W. Norton, 1975.

Morison, Samuel Eliot. *Admiral of the Ocean Sea*. Boston: Little, Brown, 1942.

——. *Christopher Columbus, Mariner*. Boston: Little, Brown, 1955.

* Nash, Gary B. *Red, White, and Black: The Peoples of Early America*. Englewood Cliffs: Prentice-Hall, 1970.

Vogel, Virgil, ed. *This Country Was Ours*. New York: Harper & Row, 1972.

第二章　划清肤色界限

* Aptheker, Herbert, ed. *A Documentary History of the Negro People in the United States*. Secaucus, N. J. : Citadel, 1974.

Boskin, Joseph. *Into Slavery: Radical Decisions in the Virginia Colony*. Philadelphia, Lippincott, 1966.

Catterall, Helen. *Judicial Cases Concerning American Slavery and the Negro*. 5 vols. Washington, Negro University Press, 1937.

Davidson, Basil. *The African Slave Trade*. Boston: Little, Brown, 1961.

Donnan, Elizabeth, ed. *Documents Illustrative of the History of the Slave Trade to America*. 4 vols. New York: Octagon, 1965.

Elkins, Stanley. *Slavery: A Problem in American Institutional and Intellectual Life*. Chicago: University of Chicago Press, 1976.

Federal Writers Project. *The Negro in Virginia*. New York: Arno, 1969.

Franklin, John Hope. *From Slavery to Freedom: A History of American Negroes*. New York: Knopf, 1974.

* Jordan, Winthrop. *White Over Black: American Attitudes Toward the Negro, 1550—1812*. Chapel Hill: University of North Carolina Press, 1968.

* Morgan, Edmund S. *American Slavery, American Freedom: The Ordeal of Colonial Virginia*. New York: W. W. Norton, 1975.

Mullin, Gerald. *Flight and Rebellion: Slave Resistance in Eighteenth-*

Century Virginia. New York: Oxford University Press, 1974.

Mullin, Michael, ed. *American Negro Slavery: A Documentary History*. New York: Harper & Row, 1975.

Phillips, Ulrich B. *American Negro Slavery: A Survey of the Supply, Employment and Control of Negro Labor as Determined by the Plantation Regime*. Baton Rouge: Louisiana State University Press, 1966.

Redding, J. Saunders. *They Came in Chains*. Philadelphia: Lippincott, 1973.

Stampp, Kenneth M. *The Peculiar Institution*. New York: Knopf, 1956.

Tannenbaum, Frank. *Slave and Citizen: The Negro in the Americas*. New York: Random House, 1963.

第三章　低贱的人,恶劣的生存条件

Andrews, Charles, ed. *Narratives of the Insurrections 1675—1690*. New York: Barnes & Noble, 1915.

*Bridenbaugh, Carl. *Cities in the Wilderness: The First Century of Urban Life in America*. New York: Oxford University Press, 1971.

Henretta, James. "Economic Development and Social Structure in Colonial Boston." *William and Mary Quarterly*, 3rd Series, Vol. 22, January 1965.

Herrick, Cheesman. *White Servitude in Pennsylvania: Indentured and Redemption Labor in Colony and Commonwealth*. Washington: Negro University Press, 1926.

Hofstadter, Richard. *America at 1750: A Social History*. New York: Knopf, 1971.

Hofstadter, Richard, and Wallace, Michael, eds. *American Violence: A Documentary History*. New York: Knopf, 1970.

Mohl, Raymond. *Poverty in New York, 1783—1825*. New York: Oxford University Press, 1971.

*Morgan, Edward S. *American Slavery, American Freedom: The Ordeal of Colonial Virginia*. New York: W. W. Norton, 1975.

*Morris, Richard B. *Government and Labor in Early America*. New York: Harper & Row, 1965.

*Nash, Gary B. , ed. *Class and Society in Early America*. Englewood Cliffs: Prentice-Hall, 1970.

*——. *Red, White, and Black: The Peoples of Early America*. Englewood Cliffs: Prentice-Hall, 1974.

*——. "Social Change and the Growth of Prerevolutionary Urban Radicalism," *The American Revolution*, ed. Alfred Young. DeKalb: Northern Illinois University Press, 1976.

*Smith, Abbot E. *Colonists in Bondage: White Servitude and Convict Labor in America*. New York: W. W. Norton, 1971.

*Washburn, Wilcomb E. *The Governor and the Rebel: A History of Bacon's Rebellion in Virginia*. New York: W. W. Norton, 1972.

第四章　暴政就是暴政

Bailyn, Bernard, and Garrett, N., eds. *Pamphlets of the American Revolution*. Cambridge: Harvard University Press, 1965.

Becker, Carl. *The Declaration of Independence: A Study in the History of Political Ideas*. New York: Random House, 1958.

Brown, Richard Maxwell. "Violence and the American Revolution," *Essays on the American Revolution*, ed. Stephen G. Kurtz and James H. Hutson. Chapel Hill: University of North Carolina Press, 1973.

Countryman, Edward, "'Out of the Bounds of the Law': Northern Land Rioters in the Eighteenth Century," *The American Revolution: Explorations in the History of American Radicalism*, ed. Alfred F. Young. DeKalb: Northern Illinois University Press, 1976.

Ernst, Joseph. "'Ideology' and an Economic Interpretation of the Revolution," *The American Revolution: Explorations in the History of American Radicalism*, ed. Alfred F. Young. DeKalb: Northern Illinois University Press, 1976.

Foner, Eric. "Tom Paine's Republic: Radical Ideology and Social Change," *The American Revolution: Explorations in the History of American Radicalism*, ed. Alfred F. Young. DeKalb: Northern Illinois University Press, 1976.

Fox-Bourne, H. R. *The Life of John Locke*, 2 vols. New York: King, 1876.

Greene, Jack P. "An Uneasy Connection: An Analysis of the Preconditions of the American Revolution," *Essays on the American Revolution*, ed. Stephen G. Kurtz and James H. Hutson. Chapel Hill: University of North Carolina Press, 1973.

Hill, Christopher. *Puritanism and Revolution*. New York: Schocken, 1964.

* Hoerder, Dirk. "Boston Leaders and Boston Crowds, 1765—1776," *The American Revolution: Explorations in the History of American Radicalism*, ed. Alfred F. Young. DeKalb: Northern Illinois University Press, 1976.

Lemisch, Jesse. "Jack Tar in the Streets: Merchant Seamen in the Politics of Revolutionary America," *William and Mary Quarterly*, July 1968.

Maier, Pauline. *From Resistance to Revolution: Colonial Radicals and the Development of American Opposition to Britain, 1765—1776*. New York: Knopf, 1972.

第五章　一种革命

Aptheker, Herbert, ed. *A Documentary History of the Negro People in the United States*. Secaucus, N. J. : Citadel Press, 1974.

Bailyn, Bernard. "Central Themes of the Revolution," *Essays on the American Revolution*, ed. Stephen G. Kurtz and James H. Hutson. Chapel Hill: University of North Carolina Press, 1973.

———. *The Ideological Origins of the American Revolution*. Cambridge, Mass. : Harvard University Press, 1967.

* Beard, Charles. *An Economic Interpretation of the Constitution of the United States*. New York: Macmillan, 1935.

Berlin, Ira. "The Negro in the American Revolution," *The American Revolution: Explorations in the History of American Radicalism*, ed. Alfred F. Young. DeKalb: Northern Illinois University Press, 1976.

Berthoff, Rowland, and Murrin, John. "Feudalism, Communalism, and the Yeoman Freeholder," *Essays on the American Revolution*, ed. Stephen G. Kurtz and James H. Hutson. Chapel Hill: University of North Carolina Press, 1973.

Brown, Robert E. *Charles Beard and the Constitution*. New York: W. W. Norton, 1965.

Degler, Carl. *Out of Our Past*. Harper & Row, 1970.

Henderson, H. James. "The Structure of Politics in the Continental Congress," *Essays on the American Revolution*, ed. Stephen G. Kurtz and James H. Hutson. Chapel Hill: University of North Carolina Press, 1973.

* Hoffman, Ronald. "The 'Disaffected' in the Revolutionary South," *The American Revolution: Explorations in the History of American Radicalism*, ed. Alfred F. Young. DeKalb: Northern Illinois University Press, 1976.

Jennings, Francis. "The Indians' Revolution," *The American Revolution*: *Explorations in the History of American Radicalism*, ed. Alfred F. Young. DeKalb: Northern Illinois University Press, 1976.

Levy, Leonard W. *Freedom of Speech and Press in Early American History*. New York: Harper & Row, 1963.

* Lynd, Staughton. *Anti-Federalism in Dutchess County, New York*. Chicago: Loyola University Press, 1962.

——. *Class Conflict, Slavery, and the Constitution*. Indianapolis: Bobbs-Merrill, 1967.

——. "Freedom Now: The Intellectual Origins of American Radicalism," *The American Revolution*: *Explorations in the History of American Radicalism*, ed. Alfred F. Young. DeKalb: Northern Illinois University Press, 1976.

McLoughlin, William G. "The Role of Religion in the Revolution," *Essays on the American Revolution*, ed. Stephen G. Kurtz and James H. Hutson. Chapel Hill: University of North Carolina Press, 1973.

Morgan, Edmund S. "Conflict and Consensus in Revolution," *Essays on the American Revolution*, ed. Stephen G. Kurtz and James H. Hutson. Chapel Hill: University of North Carolina Press, 1973.

Morris, Richard B. "We the People of the United States." Presidential address, American Historical Association, 1976.

* Shy, John. *A People Numerous and Armed*: *Reflections on the Military Struggle for American Independence*. New York: Oxford University Press, 1976.

Smith, Page. *A New Age Now Begins*: *A People's History of the American Revolution*. New York: McGraw-Hill, 1976.

Starkey, Marion. *A Little Rebellion*. New York: Knopf, 1949.

Van Doren, Carl. *Mutiny in January*. New York: Viking, 1943.

* Young, Alfred, ed. *The American Revolution*: *Explorations in the History of American Radicalism*. DeKalb: Northern Illinois University Press, 1976.

第六章　性别压迫

Barker-Benfield, G. J. *The Horrors of the Half-Known Life*. New York: Harper & Row, 1976.

* Baxandall, Rosalyn, Gordon, Linda, and Reverby, Susan, eds.

America's Working Women. New York: Random House, 1976.

　* Cott, Nancy. *The Bonds of Womanhood*. New Haven: Yale University Press, 1977.

　*——, ed. *Root of Bitterness*. New York: Dutton, 1972.

　Farb, Peter. "The Pueblos of the Southwest," *Women in American Life*, ed. Anne Scott. Boston: Houghton Mifflin, 1970.

　* Flexner, Eleanor. *A Century of Struggle*. Cambridge, Mass. : Harvard University Press, 1975.

　Gordon, Ann, and Buhle, Mary Jo. "Sex and Class in Colonial and Nineteenth-Century America," *Liberating Women's History*, ed. Berenice Carroll. Urbana: University of Illinois Press, 1975.

　* Lerner, Gerda, ed. *The Female Experience: An American Documentary*. Indianapolis: Bobbs-Merrill, 1977.

　Sandoz, Mari. "These Were the Sioux," *Women in American Life*, ed. Anne Scott. Boston: Houghton Mifflin, 1970.

　Spruill, Julia Cherry. *Women's Life and Work in the Southern Colonies*. Chapel Hill: University of North Carolina, 1938.

　Tyler, Alice Felt. *Freedom's Ferment*. Minneapolis: University of Minnesota Press, 1944.

　Vogel, Lise. "Factory Tracts," *Signs: Journal of Women in Culture and Society*, Spring 1976.

　Welter, Barbara. *Dimity Convictions: The American Woman in the Nineteenth Century*. Athens, Ohio: Ohio University Press, 1976.

　Wilson, Joan Hoff. "The Illusion of Change: Women in the American Revolution," *The American Revolution: Explorations in the History of American Radicalism*, ed. Alfred F. Young. DeKalb: Northern Illinois University Press, 1976.

第七章　只要青草在生长,只要河水在奔流

　Drinnon, Richard. *Violence in the American Experience: Winning the West*. New York: New American Library, 1979.

　Filler, Louis E. , and Guttmann, Allen, eds. *The Removal of the Cherokee Nation*. Huntington, N. Y. : R. E. Krieger, 1977.

　Foreman, Grant. *Indian Removal*. Norman: University of Oklahoma Press, 1972.

* McLuhan, T. C. , ed. *Touch the Earth : A Self-Portrait of Indian Existence*. New York: Simon & Schuster, 1976.

* Rogin, Michael. *Fathers and Children : Andrew Jackson and the Subjugation of the American Indian*. New York: Knopf, 1975.

* Van Every, Dale. *The Disinherited : The Lost Birthright of the American Indian*. New York: Morrow, 1976.

Vogel, Virgil, ed. *This Country Was Ours*. New York: Harper & Row, 1972.

第八章　我们并没有以征服夺取什么,谢天谢地

* Foner, Philip. *A History of the Labor Movement in the United States*. 4 vols. New York: International Publishers, 1947—1965.

Graebner, Norman A. "Empire in the Pacific: A Study in American Continental Expansion," *The Mexican War : Crisis for American Democracy*, ed. Archie P. McDonald.

——, ed. *Manifest Destiny*. Indianapolis: Bobbs-Merrill, 1968.

Jay, William. *A Review of the Causes and Consequences of the Mexican War*. Boston: B. B. Mussey & Co. , 1849.

McDonald, Archie P. , ed. *The Mexican War : Crisis for American Democracy*. Lexington, Mass: D. C. Heath, 1969.

Morison, Samuel Eliot, Merk, Frederick, and Friedel, Frank. *Dissent in Three American Wars*. Cambridge, Mass. : Harvard University Press, 1970.

O'Sullivan, John, and Meckler, Alan. *The Draft and Its Enemies : A Documentary History*. Urbana: University of Illinois Press, 1974.

Perry, Bliss, ed. *Lincoln : Speeches and Letters*. Garden City, N. Y. : Doubleday, 1923.

* Schroeder, John H. *Mr. Polk's War : American Opposition and Dissent 1846—1848*. Madison: University of Wisconsin Press, 1973.

* Smith, George Winston, and Judah, Charles, eds. *Chronicles of the Gringos : The U. S. Army in the Mexican War 1846—1848*. Albuquerque: University of New Mexico Press, 1966.

* Smith, Justin. *The War with Mexico*. 2 vols. New York: Macmillan, 1919.

* Weems, John Edward. *To Conquer a Peace*. New York: Doubleday, 1974.

Weinberg, Albert K. *Manifest Destiny : A Study of Nationalist Expansion in American History*. Baltimore: Johns Hopkins Press, 1935.

第九章　不甘屈服的奴隶，没有自由的解放

Allen, Robert. *The Reluctant Reformers*. New York: Anchor, 1975.

* Aptheker, Herbert. *American Negro Slave Revolts*. New York: International Publishers, 1969.

*——, ed. *A Documentary History of the Negro People in the United States*. New York: Citadel, 1974.

——. *Nat Turner's Slave Rebellion*. New York: Grove Press, 1968.

Bond, Horace Mann. "Social and Economic Forces in Alabama Reconstruction," *Journal of Negro History*, July 1938.

Conrad, Earl. *Harriet Tubman*. Middlebury, Vt.: Eriksson, 1970.

Cox, LaWanda and John, eds. *Reconstruction, the Negro, and the Old South*. New York: Harper & Row, 1973.

Douglass, Frederick. *Narrative of the Life of Frederick Douglass*, ed. Benjamin Quarles. Cambridge, Mass.: Harvard University Press, 1960.

Du Bois, W. E. B. *John Brown*. New York: International Publishers, 1962.

Fogel, Robert, and Engerman, Stanley. *Time on the Cross: The Economics of American Negro Slavery*. Boston: Little, Brown, 1974.

Foner, Philip, ed. *The Life and Writings of Frederick Douglass*. 5 vols. New York: International Publishers, 1975.

* Franklin, John Hope. *From Slavery to Freedom*. New York: Knopf, 1974.

* Genovese, Eugene. *Roll, Jordan, Roll: The World the Slaves Made*. New York: Pantheon, 1974.

* Gutman, Herbert. *The Black Family in Slavery and Freedom, 1750—1925*. New York: Pantheon, 1976.

*——. *Slavery and the Numbers Game: A Critique of "Time on the Cross."* Urbana: University of Illinois Press, 1975.

Herschfield, Marilyn. "Women in the Civil War." Unpublished paper, 1977.

* Hofstadter, Richard. *The American Political Tradition*. New York: Knopf, 1973.

Killens, John O., ed. *The Trial Record of Denmark Vesey*. Boston: Beacon Press, 1970.

Kolchin, Peter. *First Freedom: The Response of Alabama's Blacks to Emancipation and Reconstruction*. New York: Greenwood, 1972.

* Lerner, Gerda, ed. *Black Women in White America: A Documentary History*. New York: Random House, 1973.

Lester, Julius, ed. *To Be a Slave*. New York: Dial Press, 1968.

* Levine, Lawrence J. *Black Culture and Black Consciousness: Afro-American Folk Thought from Slavery to Freedom*. New York: Oxford University Press, 1977.

* Logan, Rayford. *The Betrayal of the Negro: From Rutherford B. Hayes to Woodrow Wilson*. New York: Macmillan, 1965.

* MacPherson, James. *The Negro's Civil War*. New York: Pantheon, 1965.

* ——. *The Struggle for Equality*. Princeton: Princeton University Press, 1964.

* Meltzer, Milton, ed. *In Their Own Words: A History of the American Negro*. New York: T. Y. Crowell, 1964—1967.

Mullin, Michael, ed. *American Negro Slavery: A Documentary History*. New York: Harper & Row, 1975.

Osofsky, Gilbert. *Puttin' on Ole Massa*. New York: Harper & Row, 1969.

Painter, Nell Irvin. *Exodusters: Black Migration to Kansas After Reconstruction*. New York: Knopf, 1977.

Phillips, Ulrich B. *American Negro Slavery: A Survey of the Supply. Employment and Control of Negro Labor as Determined by the Plantation Regime*. Baton Rouge: Louisiana State University Press, 1966.

Rawick, George P. *From Sundown to Sunup: The Making of the Black Community*. Westport, Conn.: Greenwood Press, 1972.

* Rosengarten, Theodore. *All God's Dangers: The Life of Nate Shaw*. New York: Knopf, 1974.

Starobin, Robert S., ed. *Blacks in Bondage: Letters of American Slaves*. New York: Franklin Watts, 1974.

Tragle, Henry I. *The Southampton Slave Revolt of 1831*. Amherst, Mass.: University of Massachusetts Press, 1971.

Wiltse, Charles M., ed. *David Walker's Appeal*. New York: Hill & Wang, 1965.

* Woodward, C. Vann. *Reunion and Reaction: The Compromise of 1877 and the End of Reconstruction*. Boston: Little, Brown, 1966.

Works Progress Administration. *The Negro in Virginia*. New York: Arno Press, 1969.

第十章 另一种内战

Bimba, Anthony. *The Molly Maguires*. New York: International Publishers, 1970.

Brecher, Jeremy. *Strike!* Boston: South End Press, 1979.

* Bruce, Robert V. *1877: Year of Violence*. New York: Franklin Watts, 1959.

Burbank, David. *Reign of Rabble: The St. Louis General Strike of 1877*. Fairfield, N. J.: Augustus Kelley, 1966.

* Christman, Henry. *Tin Horns and Calico*. New York: Holt, 1945.

* Cochran, Thomas, and Miller, William. *The Age of Enterprise*. New York: Macmillan, 1942.

Coulter, E. Merton, *The Confederate States of America 1861—1865*. Baton Rouge: Louisiana State University Press, 1950.

Dacus, Joseph A. "Annals of the Great Strikes of the United States," *Except to Walk Free: Documents and Notes in the History of American Labor*, ed. Albert Fried. New York: Anchor, 1974.

* Dawley, Alan. *Class and Community: The Industrial Revolution in Lynn*. Cambridge, Mass.: Harvard University Press, 1976.

* Feldstein, Stanley, and Costello, Lawrence, eds. *The Ordeal of Assimilation: A Documentary History of the White Working Class, 1830's to the 1970's*. New York: Anchor, 1974.

Fite, Emerson. *Social and Industrial Conditions in the North During the Civil War*. New York: Macmillan, 1910.

* Foner, Philip. *A History of the Labor Movement in the United States*. 4 vols. New York: International Publishers, 1947—1964.

* ——, ed. *We, the Other People*. Urbana: University of Illinois Press, 1976.

Fried, Albert, ed. *Except to Walk Free: Documents and Notes in the History of American Labor*. New York: Anchor, 1974.

* Gettleman, Marvin. *The Dorr Rebellion*. New York: Random House, 1973.

Gutman, Herbert. "The Buena Vista Affair, 1874—1875," *Workers in the Industrial Revolution: Recent Studies of Labor in the United States and Europe*, ed. Peter N. Stearns and Daniel Walkowitz. New Brunswick, N. J.: Transaction, 1974.

——. *Work, Culture and Society in Industrializing America.* New York: Random House, 1977.

——. "Work, Culture and Society in Industrialising America, 1815—1919," *American Historical Review*, June 1973.

Headley, Joel Tyler. *The Great Riots of New York, 1712—1873.* Indianapolis: Bobbs-Merrill, 1970.

* Hofstadter, Richard, and Wallace, Michael, eds. *American Violence: A Documentary History.* New York: Knopf, 1970.

* Horwitz, Morton. *The Transformation of American Law, 1780—1860.* Cambridge, Mass.: Harvard University Press, 1977.

Knights, Peter R. *The Plain People of Boston 1830—1860: A Study in City Growth.* New York: Oxford University Press, 1973.

Meyer, Marvin. *The Jacksonian Persuasion.* New York: Vintage, 1960.

Miller, Douglas T. *The Birth of Modern America.* Indianapolis: Bobbs-Merrill, 1970.

Montgomery, David. "The Shuttle and the Cross: Weavers and Artisans in the Kensington Riots of 1844," *Journal of Social History*, Summer 1972.

* Myers, Gustavus. *History of the Great American Fortunes.* New York: Modern Library, 1936.

Pessen, Edward. *Jacksonian America.* Homewood, Ill.: Dorsey, 1969.

——. *Most Uncommon Jacksonians.* Albany: State University of New York Press, 1967.

Remini, Robert V. *The Age of Jackson.* New York: Harper & Row, 1972.

Schlesinger, Arthur M., Jr. *The Age of Jackson.* Boston: Little, Brown, 1945.

Stearns, Peter N., and Walkowitz, Daniel, eds. *Workers in the Industrial Revolution: Recent Studies of Labor in the United States and Europe.* New Brunswick, N. J.: Transaction, 1974.

Tatum, Georgia Lee. *Disloyalty in the Confederacy.* New York: A. M. S. Press, 1970.

* Wertheimer, Barbara. *We Were There: The Story of Working Women in America.* New York: Pantheon, 1977.

Wilson, Edmund. *Patriotic Gore: Studies in the Literature of the American Civil War.* New York: Oxford University Press, 1962.

Yellen, Samuel. *American Labor Struggles.* New York: Pathfinder, 1974.

Zinn, Howard. "The Conspiracy of Law," *The Rule of Law*, ed. Robert

Paul Wolff. New York: Simon & Schuster, 1971.

第十一章　老板是强盗,劳工要反抗

Allen, Robert. *Reluctant Reformers: Racism and Social Reform Movements in the United States*. New York: Anchor, 1975.

Bellamy, Edward. *Looking Backward*. Cambridge: Harvard University Press, 1967.

Bowles, Samuel, and Gintis, Herbert. *Schooling in Capitalist America*. New York: Basic Books, 1976.

Brandeis, Louis. *Other People's Money*. New York: Frederick Stokes, 1914.

Brecher, Jeremy. *Strike*! Boston: South End Press, 1979.

Carwardine, William. *The Pullman Strike*. Chicago: Charles Kerr, 1973.

* Cochran, Thomas, and Miller, William. *The Age of Enterprise*. New York: Macmillan, 1942.

Conwell, Russell H. *Acres of Diamonds*. New York: Harper & Row, 1915.

Crowe, Charles. "Tom Watson, Populists, and Blacks Reconsidered," *Journal of Negro History*, April 1970.

David, Henry. *A History of the Haymarket Affair*. New York: Collier, 1963.

Feldstein, Stanley, and Costello, Lawrence, eds. *The Ordeal of Assimilation: A Documentary History of the White Working Class*, 1830's to the 1970's. Garden City, N. Y.: Anchor, 1974.

* Foner, Philip. *A History of the Labor Movement in the United States*. 4 vols. New York: International Publishers, 1947—1964.

——. *Organized Labor and the Black Worker 1619—1973*. New York: International Publishers, 1974.

George, Henry. *Progress and Poverty*. New York: Robert Scholkenbach Foundation, 1937.

Ginger, Ray. *The Age of Excess: The U. S. from 1877 to 1914*. New York: Macmillan, 1975.

* ——. *The Bending Cross: A Biography of Eugene Victor Debs*. New Brunswick: Rutgers University Press, 1949.

* Goodwyn, Lawrence. *Democratic Promise: The Populist Movement in America*. New York: Oxford University Press, 1976.

Hair, William Ivy. *Bourbonism and Agrarian Protest: Louisiana*

Politics, 1877—1900. Baton Rouge: Louisiana State University Press, 1969.

Heilbroner, Robert, and Singer, Aaron. *The Economic Transformation of America.* New York: Harcourt Brace Jovanovich, 1977.

Hofstadter, Richard, and Wallace, Michael, eds. *American Violence: A Documentary History.* New York: Knopf, 1970.

*Josephson, Matthew. *The Politicos.* New York: Harcourt Brace Jovanovich, 1963.

*——. *The Robber Barons.* New York: Harcourt Brace Jovanovich, 1962.

Mason, Alpheus T., and Beaney, William M. *American Constitutional Law.* Englewood Cliffs, N. J.: Prentice-Hall, 1972.

*Myers, Gustavus. *History of the Great American Fortunes.* New York: Modern Library, 1936.

Pierce, Bessie L. *Public Opinion and the Teaching of History in the United States.* New York: DaCapo, 1970.

Pollack, Norman. *The Populist Response to Industrial America.* Cambridge, Mass.: Harvard University Press, 1976.

Smith, Henry Nash. *Virgin Land.* Cambridge, Mass.: Harvard University Press, 1970.

Spring, Joel H. *Education and the Rise of the Corporate State.* Boston: Beacon Press, 1973.

Wasserman, Harvey. *Harvey Wasserman's History of the United States.* New York: Harper & Row, 1972.

*Wertheimer, Barbara. *We Were There: The Story of Working Women in America.* New York: Pantheon, 1977.

*Woodward, C. Vann. *Origins of the New South.* Baton Rouge: Louisiana State University Press, 1972.

*——. *Tom Watson, Agrarian Rebel.* New York: Oxford University Press, 1963.

*Yellen, Samuel. *American Labor Struggles.* New York: Pathfinder, 1974.

第十二章　帝国与臣民

Aptheker, Herbert, ed. *A Documentary History of the Negro People in the United States.* New York: Citadel, 1973.

Beale, Howard K. *Theodore Roosevelt and the Rise of America to World Power.* New York: Macmillan, 1962.

Beisner, Robert. *Twelve Against Empire: The Anti-Imperialists, 1898—1902*. New York: McGraw-Hill, 1968.

*Foner, Philip. *A History of the Labor Movement in the United States*. 4 vols. New York: International Publishers, 1947—1964.

*——. *The Spanish-Cuban-American War and the Birth of American Imperialism*. 2 vols. New York: Monthly Review Press, 1972.

Francisco, Luzviminda. "The First Vietnam: The Philippine-American War, 1899—1902," *Bulletin of Concerned Asian Scholars*, 1973.

*Gatewood, Willard B. *"Smoked Yankees" and the Struggle for Empire: Letters from Negro Soldiers, 1898—1902*. Urbana: University of Illinois Press, 1971.

Lafeber, Walter. *The New Empire: An Interpretation of American Expansion*. Ithaca, N. Y.: Cornell University Press, 1963.

Pratt, Julius. "American Business and the Spanish-American War," *Hispanic-American Historical Review*, 1934.

Schirmer, Daniel Boone. *Republic or Empire: American Resistance to the Philippine War*. Cambridge, Mass.: Schenkman, 1972.

Williams, William Appleman. *The Roots of the Modern American Empire*. New York: Random House, 1969.

——. *The Tragedy of American Diplomacy*. New York: Dell, 1972.

Wolff, Leon. *Little Brown Brother*. Garden City, N. Y.: Doubleday, 1961.

Young, Marilyn. *The Rhetoric of Empire*. Cambridge, Mass.: Harvard University Press, 1968.

第十三章　社会主义的挑战

*Aptheker, Herbert. *A Documentary History of the Negro People in the United States*. New York: Citadel, 1974.

*Baxandall, Rosalyn, Gordon, Linda, and Reverby, Susan, eds. *America's Working Women*. New York: Random House, 1976.

Braverman, Harry. *Labor and Monopoly Capital: The Degradation of Work in the Twentieth Century*. New York: Monthly Review, 1975.

Brody, David. *Steelworkers in America: The Non-Union Era*. Cambridge, Mass.: Harvard University Press, 1960.

Chafe, William. *Women and Equality: Changing Patterns in American Culture*. New York: Oxford University Press, 1977.

Cochran, Thomas, and Miller, William. *The Age of Enterprise*. New York: Macmillan, 1942.

Dancis, Bruce. "Socialism and Women," *Socialist Revolution*, January-March 1976.

Dubofsky, Melvyn. *We Shall Be All: A History of the Industrial Workers of the World*. New York: Quadrangle, 1974.

Du Bois, W. E. B. *The Souls of Black Folk*. New York: Fawcett, 1961.

Faulkner, Harold. *The Decline of Laissez Faire 1897—1917*. White Plains, N. Y.: M. E. Sharpe, 1977.

* Flexner, Eleanor. *A Century of Struggle*. Cambridge, Mass.: Harvard University Press, 1975.

Flynn, Elizabeth Gurley. *The Rebel Girl*. New York: International Publishers, 1973.

Foner, Philip, ed. *Helen Keller: Her Socialist Years*. New York: International Publishers, 1967.

* ——. *A History of the Labor Movement in the United States*. 4 vols. New York: International Publishers, 1947—1964.

Gilman, Charlotte Perkins. *Women and Economics*. New York: Harper & Row, 1966.

* Ginger, Ray. *The Bending Cross: A Biography of Eugene Victor Debs*. New Brunswick: Rutgers University Press, 1969.

Goldman, Emma. *Anarchism and Other Essays*. New York: Dover, 1970.

Green, James. *Grass-Roots Socialism: Radical Movements in the Southwest, 1895—1943*. Baton Rouge: Louisiana State University Press, 1978.

Hays, Samuel. "The Politics of Reform in Municipal Government in the Progressive Era," *Pacific Northwest Quarterly*, October 1964. (Reprinted by New England Free Press.)

Haywood, Bill. *The Autobiography of Big Bill Haywood*. New York: International Publishers, 1929.

Hofstadter, Richard. *The American Political Tradition*. New York: Random House, 1954.

James, Henry. *The American Scene*. Bloomington: Indiana University Press, 1968.

Jones, Mary. *The Autobiography of Mother Jones*. Chicago: Charles Kerr, 1925.

Kaplan, Justin. *Mr. Clemens and Mark Twain*: *A Biography*. New York: Simon & Schuster, 1966.

* Kolko, Gabriel. *The Triumph of Conservatism*. New York: Free Press, 1977.

* Kornbluh, Joyce, ed. *Rebel Voices*: *An I. W. W. Anthology*. Ann Arbor: University of Michigan Press, 1964.

* Lerner, Gerda, ed. *Black Women in White America*. New York: Random House, 1973.

* ——. *The Female Experience*: *An American Documentary*. Indianapolis: Bobbs-Merrill, 1977.

London, Jack. *The Iron Heel*. New York: Bantam, 1971.

Naden, Corinne J. *The Triangle Shirtwaist Fire*, *March 25*, *1911*. New York: Franklin Watts, 1971.

Sanger, Margaret. *Woman and the New Race*. New York: Brentano's, 1920.

Schoener, Allon, ed. *Portal to America*: *The Lower East Side*, *1870—1925*. New York: Holt, Rinehart and Winston, 1967.

Sinclair, Upton. *The Jungle*. New York: Harper & Row, 1951.

Sochen, June. *Movers and Shakers*: *American Women Thinkers and Activists*, *1900—1970*. New York: Quadrangle, 1974.

Stein, Leon. *The Triangle Fire*. Philadelphia: Lippincott, 1965.

Wasserman, Harvey. *Harvey Wasserman's History of the United States*. New York: Harper & Row, 1972.

* Weinstein, James. *The Corporate Ideal in the Liberal State*, *1900—1918*. Boston: Beacon Press, 1968.

* Wertheimer, Barbara. *We Were There*: *The Story of Working Women in America*. New York: Pantheon, 1977.

Wiebe, Robert H. *The Search for Order*, *1877—1920*. New York: Hill & Wang, 1966.

* Yellen, Samuel. *American Labor Struggles*. New York: Pathfinder, 1974.

Zinn, Howard. *The Politics of History*. Boston: Beacon Press, 1970.

第十四章　战争:国家生机勃发之象征

Baritz, Loren, ed. *The American Left*. New York: Basic Books, 1971.

* Chafee, Zechariah, Jr. *Free Speech in the United States*. New York: Atheneum, 1969.

Dos Passos, John. *1919*. New York: Signet, 1969.

Du Bois, W. E. B. "The African Roots of War," *Atlantic Monthly*, May 1915.

Fleming, D. F. *The Origins and Legacies of World War I*. Garden City, N. Y. : Doubleday, 1968.

* Fussell, Paul. *The Great War and Modern Memory*. New York: Oxford University Press, 1975.

* Ginger, Ray. *The Bending Cross : A Biography of Eugene Victor Debs*. New Brunswick: Rutgers University Press, 1969.

Goldman, Eric. *Rendezvous with Destiny*. New York: Random House, 1956.

Gruber, Carol S. *Mars and Minerva : World War I and the Uses of Higher Learning in America*. Baton Rouge: Louisiana State University Press, 1975.

Joughin, Louis, and Morgan, Edmund. *The Legacy of Sacco and Vanzetti*. New York: Quadrangle, 1964.

Knightley, Philip. *The First Casualty : The War Correspondent as Hero, Propagandist, and Myth Maker*. New York: Harcourt Brace Jovanovich, 1975.

Kornbluh, Joyce, ed. *Rebel Voices : An I. W. W. Anthology*. Ann Arbor: University of Michigan Press, 1964.

Levin, Murray. *Political Hysteria in America*. New York: Basic Books, 1971.

Mayer, Arno J. *The Politics and Diplomacy of Peace-Making 1918—1919*. New York: Knopf, 1967.

* Peterson, H. C. , and Fite, Gilbert C. *Opponents of War, 1917—1918*. Seattle: University of Washington Press, 1968.

Simpson, Colin. *Lusitania*. Boston: Little, Brown, 1973.

Sinclair, Upton. *Boston*. Cambridge, Mass. : Robert Bentley, 1978.

Weinstein, James. *The Corporate Ideal in the United States 1900—1918*. Boston: Beacon Press, 1969.

第十五章　困难时期的自助

Adamic, Louis. *My America, 1928—1938*. New York: Harper & Row, 1938.

* Baxandall, Rosalyn, Gordon, Linda, and Reverby, Susan, eds. *America's Working Women*. New York: Random House, 1976.

Bellush, Bernard. *The Failure of the N. R. A.* New York: W. W. Norton, 1976.

Bernstein, Barton, J. , ed. *Towards a New Past: Dissenting Essays in American History.* New York: Pantheon, 1968.

Bernstein, Irving. *The Lean Years: A History of the American Worker, 1920—1933.* Boston: Houghton Mifflin, 1960.

——. *The Turbulent Years: A History of the American Worker, 1933—1941.* Boston: Houghton Mifflin, 1969.

Borden, Morton, ed. *Voices of the American Past: Readings in American History.* Lexington, Mass. : D. C. Heath, 1972.

Boyer, Richard, and Morais, Herbert. *Labor's Untold Story.* United Front, 1955.

* Brecher, Jeremy. *Strike!* Boston, Mass. : South End Press, 1979.

Buhle, Paul. "An Interview with Luigi Nardella," *Radical History Review*, Spring 1978.

* Cloward, Richard A. , and Piven, Frances F. *Poor People's Movements.* New York: Pantheon, 1977.

Conkin, Paul. *F. D. R. and the Origins of the Welfare State.* New York: Crowell, 1967.

Cook, Blanche Wiesen. *Eleanor Roosevelt.* Vol. 1. New York: Penguin Books, 1992.

Cook, Blanche Wiesen. *Eleanor Roosevelt.* Vol. 2. New York: Viking Penguin, 1999.

Curti, Merle. *The Growth of American Thought.* New York: Harper & Row, 1943.

* Fine, Sidney. *Sit-Down: The General Motors Strike of 1936—1937.* Ann Arbor: University of Michigan Press, 1969.

Galbraith, John Kenneth. *The Great Crash: 1929.* Boston: Houghton Mifflin, 1972.

General Strike Committee. *The Seattle General Strike.* Charlestown, Mass. : gum press, 1972.

* Hallgren, Mauritz. *Seeds of Revolt.* New York: Knopf, 1934.

* Lerner, Gerda, ed. *Black Women in White America: A Documentary History.* New York: Random House, 1977.

Lewis, Sinclair. *Babbitt.* New York: Harcourt Brace Jovanovich, 1949.

Lynd, Alice and Staughton, eds. *Rank and File: Personal Histories by Working-Class Organizers*. Boston: Beacon Press, 1974.

Lynd, Robert and Helen. *Middletown*. New York: Harcourt Brace Jovanovich, 1959.

Mangione. Jerre. *The Dream and the Deal: The Federal Writers Project*, 1935—1943. Boston: Little, Brown, 1972.

Mills, Frederick C. *Economic Tendencies in the United States: Aspects of Pre-War and Post-War Changes*. New York: National Bureau of Economic Research, 1932.

Ottley, Roi, and Weatherby, William J. "The Negro in New York: An Informal History," *Justice Denied: The Black Man in White America*, ed. William Chace and Peter Collier. New York: Harcourt Brace Jovanovich, 1970.

Painter, Nell, and Hudson, Hosea. "A Negro Communist in the Deep South," *Radical America*. July-August 1977.

Renshaw, Patrick. *The Wobblies*. New York: Anchor, 1968.

* Rosengarten, Theodore. *All God's Dangers: The Life of Nate Shaw*. New York: Knopf, 1974.

Steinbeck, John. *The Grapes of Wrath*. New York: Viking, 1939.

Swados, Harvey, ed. *The American Writer and the Great Depression*. Indianapolis: Bobbs-Merrill, 1966.

* Terkel, Studs. *Hard Times: An Oral History of the Great Depression in America*. New York: Pantheon, 1970.

Wright, Richard. *Black Boy*. New York: Harper & Row, 1937.

Zinn, Howard. *La Guardia in Congress*. Ithaca, N. Y. : Cornell University Press, 1959.

第十六章 人民的战争?

Alperovitz, Gar. *Atomic Diplomacy*. New York: Vintage, 1967.

Aronson, James. *The Press and the Cold War*. Indianapolis: Bobbs-Merrill, 1970.

Barnet, Richard J. *Intervention and Revolution: The U. S. and the Third World*. New York: New American Library, 1969.

Blackett, P. M. S. *Fear, War and the Bomb: Military and Political Consequences of Atomic Energy*. New York: McGraw-Hill, 1948.

Bottome, Edgar. *The Balance of Terror: A Guide to the Arms Race*.

Boston: Beacon Press, 1972.

Butow, Robert. *Japan's Decision to Surrender*. Stanford: Stanford University Press, 1954.

Catton, Bruce. *The War Lords of Washington*. New York: Harcourt Brace, 1948.

Chomsky, Noam. *American Power and the New Mandarins*. New York: Pantheon, 1969.

Cook, Blanche Wiesen. *The Declassified Eisenhower*. New York: Doubleday, 1981.

Davidson, Basil. *Let Freedom Come: Africa in Modern History*. Boston: Little, Brown, 1978.

Feingold, Henry L. *The Politics of Rescue: The Roosevelt Administration and the Holocaust*. New Brunswick, N. J.: Rutgers University Press, 1970.

Freeland, Richard M. *The Truman Doctrine and the Origins of McCarthyism*. New York: Knopf, 1971.

Gardner, Lloyd. *Economic Aspects of New Deal Diplomacy*. Madison: University of Wisconsin Press, 1964.

Griffith, Robert W. *The Politics of Fear: Joseph R. McCarthy and the Senate*. Rochelle Park, N. J.: Hayden, 1971.

Hamby, Alonzo L. *Beyond the New Deal: Harry S. Truman and American Liberalism*. New York: Columbia University Press, 1953.

Irving, David. *The Destruction of Dresden*. New York: Ballantine, 1965.

Kahn, Herman. *On Thermonuclear War*. New York: Free Press, 1969.

* Kolko, Gabriel. *The Politics of War: The World and United States Foreign Policy, 1943—1945*. New York: Random House, 1968.

Lemisch, Jesse. *On Active Service in War and Peace: Politics and Ideology in the American Historical Profession*. Toronto: New Hogtown Press, 1975.

Mailer, Norman. *The Naked and the Dead*. New York: Holt, Rinehart and Winston, 1948.

Miller, Douglas, and Nowak, Marion. *The Fifties: The Way We Really Were*. New York: Doubleday, 1977.

Miller, Marc. "The Irony of Victory: Lowell During World War II." Unpublished doctoral dissertation. Boston University, 1977.

Mills, C. Wright. *The Power Elite*. New York: Oxford University Press, 1970.

Minear, Richard H. *Victor's Justice: The Tokyo War Crimes Trial*. Princeton, N. J. : Princeton University Press, 1973.

Offner, Arnold. *American Appeasement: U. S. Foreign Policy and Germany, 1933—1938*. New York: W. W. Norton, 1976.

Rostow, Eugene V. "Our Worst Wartime Mistake," *Harper's*, September 1945.

Russett, Bruce. *No Clear and Present Danger*. New York: Harper & Row, 1972.

Sampson, Anthony. *The Seven Sisters: The Great Oil Companies and the World They Shaped*. New York: Viking, 1975.

Schneir, Walter and Miriam. *Invitation to an Inquest*. New York: Doubleday, 1965.

* Sherwin, Martin. *A World Destroyed: The Atom Bomb and the Grand Alliance*. New York: Knopf, 1975.

Stone, I. F. *The Hidden History of the Korean War*. New York: Monthly Review Press, 1969.

United States Strategic Bombing Survey. *Japan's Struggle to End the War*. Washington: Government Printing Office, 1946.

Weglyn, Michi. *Years of Infamy: The Untold Story of America's Concentration Camps*. New York: William Morrow, 1976.

Wittner, Lawrence S. *Rebels Against War: The American Peace Movement, 1941—1960*. New York: Columbia University Press, 1969.

* Zinn, Howard. *Postwar America: 1945—1971*. Indianapolis: Bobbs-Merrill, 1973.

第十七章 "或者它会爆发?"

Allen, Robert. *Black Awakening in Capitalist America*. Garden City, N. Y. : Doubleday, 1969.

Bontemps, Arna, ed. *American Negro Poetry*. New York: Hill & Wang, 1974.

Broderick, Francis, and Meier, August. *Black Protest Thought in the Twentieth Century*. Indianapolis: Bobbs-Merrill, 1971.

Cloward, Richard A. , and Piven, Frances F. *Poor People's Movements*.

New York: Pantheon, 1977.

Conot, Robert. *Rivers of Blood, Years of Darkness*. New York: Morrow, 1968.

Cullen, Countee. *On These I Stand*. New York: Harper & Row, 1947.

Herndon, Angelo. "You Cannot Kill the Working Class," *Black Protest*, ed. Joanne Grant. New York: Fawcett, 1975.

Huggins, Nathan I. *Harlem Renaissance*. New York: Oxford University Press, 1971.

Hughes, Langston. *Selected Poems of Langston Hughes*. New York: Knopf, 1959.

Lerner, Gerda, ed. *Black Women in White America: A Documentary History*. New York: Random House, 1977.

Malcolm X. *Malcolm X Speaks*. New York: Meret, 1965.

Navasky, Victor. *Kennedy Justice*. New York: Atheneum, 1977.

Perkus, Cathy, ed. *Cointelpro: The FBI's Secret War on Political Freedom*. New York: Monad Press, 1976.

Wright, Richard. *Black Boy*. New York: Harper & Row, 1937.

Zinn, Howard. *Postwar America: 1945—1971*. Indianapolis: Bobbs-Merrill, 1973.

——. *SNCC: The New Abolitionists*. Boston: Beacon Press, 1964.

第十八章 胜利无望的越战

* Branfman, Fred. *Voices from the Plain of Jars*. New York: Harper & Row, 1972.

Green, Philip, and Levinson, Sanford. *Power and Community: Dissenting Essays in Political Science*. New York: Pantheon, 1970.

Hersch, Seymour. *My Lai 4: A Report on the Massacre and Its Aftermath*. New York: Random House, 1970.

Kovic, Ron. *Born on the Fourth of July*. New York: McGraw-Hill, 1976.

Lipsitz, Lewis. "On Political Belief: The Grievances of the Poor," *Power and Community: Dissenting Essays in Political Science*, ed. Philip Green and Sanford Levinson. New York: Pantheon, 1970.

Modigliani, Andrew. "Hawks and Doves, Isolationism and Political Distrust: An Analysis of Public Opinion on Military Policy," *American Political Science Review*, September 1972.

Pentagon Papers. 4 vols. Boston: Beacon Press, 1971.

Pike, Douglas. *Viet Cong*. Cambridge, Mass. : MIT Press, 1966.

Schell, Jonathan. *The Village of Ben Suc*. New York: Knopf, 1967.

Zinn, Howard. *Vietnam: The Logic of Withdrawal*. Boston: Beacon Press, 1967.

第十九章 令人惊奇的变化

Akwesasne Notes. *Voices from Wounded Knee, 1973*. Mohawk Nation, Rooseveltown, N. Y. : Akwesasne Notes, 1974.

Baxandall, Rosalyn, Gordon, Linda, and Reverby, Susan, eds. *America's Working Women*. New York: Random House, 1976.

Benston, Margaret. "The Political Economy of Women's Liberation," *Monthly Review*, Fall 1969.

Boston Women's Health Book Collective. *Our Bodies, Ourselves*. New York: Simon & Schuster, 1976.

Brandon, William. *The Last Americans*. McGraw-Hill, 1974.

*Brown, Dee. *Bury My Heart at Wounded Knee*. New York: Holt, Rinehart and Winston, 1971.

Brownmiller, Susan. *Against Our Will: Men, Women and Rape*. New York: Simon & Schuster, 1975.

Coles, Robert. *Children of Crisis*. Boston: Little, Brown, 1967.

Cottle, Thomas J. *Children in Jail*. Boston: Beacon Press, 1977.

The Council on Interracial Books for Children, ed. *Chronicles of American Indian Protest*. New York: Fawcett, 1971.

Deloria, Vine, Jr. *Custer Died for Your Sins*. New York: Macmillan, 1969.

——. *We Talk, You Listen*. New York: Macmillan, 1970.

Firestone, Shulamith. *The Dialectics of Sex*. New York: Bantam, 1970.

第二十章 70 年代:处于控制之下吗?

Blair, John M. *The Control of Oil*. New York: Pantheon, 1977.

Dommergues, Pierre. "L'Essor Du conservatisme American," *Le Monde Diplomatique*, May 1978.

*Evans, Les, and Myers, Allen. *Watergate and the Myth of American Democracy*. New York: Pathfinder Press, 1974.

Frieden, Jess. "The Trilateral Commission," *Monthly Review*, December

1977.

Gardner, Richard. *Alternative America: A Directory of 5000 Alternative Lifestyle Groups and Organizations*. Cambridge: Richard Gardner, 1976.

Glazer, Nathan, and Kristol, Irving. *The American Commonwealth 1976*. New York: Basic Books, 1976.

New York Times. *The Watergate Hearings*. Bantam, 1973.

* U. S. , Congress, Senate Committee to Study Governmental Operations with Respect to Intelligence Activities. *Hearings*. 94th Congress. 1976.

第二十一章　卡特—里根—布什：两党协调一致

Barlett, Donald, and Steele, James. *America: What Went Wrong?* Kansas City: Andrews & McMeel, 1992.

Barlett, Donald, and Steele, James. *America: Who Really Pays the Taxes?* New York: Simon & Schuster, 1994.

Chomsky, Noam. *World Orders Old and New*. New York: Columbia University Press, 1994.

Croteau, David, and Hoynes, William. *By Invitation Only: How the Media Limit the Political Debate*. Monroe, Maine: Common Courage Press, 1994.

Danaher, Kevin, ed. *50 Years Is Enough: The Case Against the World Bank*. Boston: South End Press, 1994.

Derber, Charles. *Money, Murder and the American Dream*. Boston: Faber & Faber, 1992.

Edsall, Thomas and Mary. *Chain Reaction*. New York: W. W. Norton, 1992.

Ehrenreich, Barbara. *The Worst Years of Our Lives*. New York: HarperCollins, 1990.

Greider, William. *Who Will Tell the People?* New York: Simon & Schuster, 1992.

Grover, William F. *The President as Prisoner*. Albany: State University of New York, 1989.

Hellinger, Daniel, and Judd, Dennis. *The Democratic Facade*. Pacific Grove, California: Brooks/Cole Publishing Company, 1991.

Hofstadter, Richard. *The American Political Tradition*. New York: Vintage, 1974.

Kozol, Jonathan. *Savage Inequalities: Children in America's Schools*.

New York: Crown Publishers, 1991.

Piven, Frances Fox, and Cloward, Richard. *Regulating the Poor*. New York: Vintage Books, 1993.

Rosenberg, Gerald N. *The Hollow Hope*. Chicago: University of Chicago Press, 1992.

Savage, David. *Turning Right: The Making of the Rehnquist Supreme Court*. New York: John Wiley & Sons, 1992.

Sexton, Patricia Cayo. *The War on Labor and the Left*. Boulder: Westview Press, 1991.

Shalom, Stephen. *Imperial Alibis*. Boston: South End Press, 1993.

第二十二章　未曾报道过的反抗

Ewen, Alexander, ed. *Voice of Indigenous Peoples*. Santa Fe, New Mexico: Clear Light Publishers, 1994.

Grover, William, and Peschek, Joseph, ed. *Voices of Dissent*. New York: HarperCollins, 1993.

Loeb, Paul. *Generations at the Crossroads*. New Brunswick: Rutgers University Press, 1994.

Lofland, John. *Polite Protesters: The American Peace Movement of the 1980s*. Syracuse: Syracuse University Press, 1993.

Lynd, Staughton and Alice. *Nonviolence in America: A Documentary History*. Maryknoll, New York: Orbis Books, 1995.

Martinez, Elizabeth, ed. *500 Years of Chicano History*. Albuquerque: Southwest Organizing Project, 1991.

Piven, Frances, and Cloward, Richard. *Why Americans Don't Vote*. New York: Pantheon Books, 1988.

Vanneman, Reeve, and Cannon, Lynn. *The American Perception of Class*. Philadelphia: Temple University Press, 1987.

NOTE: Much of the material in this chapter comes from my own files of social action by organizations around the country, from my collection of news clippings, and from publications outside the mainstream, including: *The Nation, In These Times, The Nuclear Resister, Peacework, The Resist Newsletter, Rethinking Schools, Indigenous Thought*.

第二十三章　卫士的反抗即将到来

Bryan, C. D. B. *Friendly Fire*. New York: Putnam, 1976.

Levin, Murray B. *The Alienated Voter*. New York: Irvington, 1971.

Warren, Donald I. *The Radical Center: Middle America and the Politics of Alienation*. Notre Dame, Ind.: University of Notre Dame Press, 1976.

Weizenbaum, Joseph. *Computer Power and Human Reason*. San Francisco: Freeman, 1976.

第二十四章　克林顿执政时期

Bagdikian, Ben. *The Media Monopoly*. Boston: Beacon Press, 1992.

Chomsky, Noam. *World Orders, Old and New*. New York: Columbia University Press, 1994.

Dowd, Doug. *Blues for America*. New York: Monthly Review Press, 1997.

Garrow, David. *Bearing the Cross*. New York: Morrow, 1986.

Greider, William. *One World or Not*. New York: Simon & Schuster, 1997.

Kuttner, Robert. *Everything for Sale*. New York: Knopf, 1997.

Smith, Sam. *Shadows of Hope: A Freethinker's Guide to Politics in the Time of Clinton*. Bloomington: Indiana University Press, 1994.

Solomon, Norman. *False Hope: The Politics of Illusion in the Clinton Era*. Monroe, Maine: Common Courage Press, 1994.

The State of America's Children. Washington, D. C.: Children's Defense Fund, 1994.

Tirman, John. *Spoils of War: The Human Cost of the Arms Trade*. New York: Free Press, 1997.

第二十五章　2000 年选举与反对恐怖主义战争

Ahmad, Eqbal. *Terrorism, Theirs and Ours*. (Interviews with David Barsamian). New York: Seven Stories Press, 2001.

Brecher, Jeremy, Costello, Tim, and Smith, Brendan. *Globalization from Below*. Boston: South End Press, 2002.

Chomsky, Noam. *9—11*. New York: Seven Stories Press, 2002.

Ehrenreich, Barbara. *Nickeled and Dimed*. New York: Henry Holt, 2001.

Kaplan, Daniel. *The Accidental President*. New York: HarperCollins, 2000.

Lapham, Lewis. *Theater of War*. New York: The New Press, 2002.

Nader, Ralph. *Crashing the Party*. New York: St. Martin's Press, 2001.

Zinn, Howard. *Terrorism and War*. (Interviews with Anthony Arnove). New York: Seven Stories Press, 2002.

译　后　记

　　在《美国人民史》汉译新版即将付梓之际，需要对这一版的译校工作简单作个交代。

　　这个译本是在汉译第一版的基础上，参照原作者生前修订的 2005 年英文原版进行的补译和校译。而汉译第一版所依据的则是 1997 年的英文教学版，只是在翻译时删除了其中专涉教学的序言、思考题，把它还原成了一部通俗的学术著作。汉译第一版原由我的同窗好友许先春主持完成。作为译者之一，我曾与许先春和张爱平一起对第一版进行了统校。这已是十多年前的旧事了，但当年三个人冒着酷暑猫在一起逐字逐句校阅译稿的情景至今仍历历在目。

　　2010 年 7 月 19 日，在庐山上突然接到好友许先春的电话，称上海人民出版社同他联系，商谈《美国人民史》一书汉译本修订事宜，询问我的态度。经过简单的电话交流，我们初步商定接手这一工作，主要考虑的是，第一，出版社希望最好仍由原第一版的译者对第一版进行修订；第二，我们对《美国人民史》一书比较认可，对自己原来的译文也比较满意；第三，出版社提供的最初信息是：新的英文版与前一版的差别只是增加了两章，其余文字似乎并未改动，工作量不是很大。

　　事非经过不知难。接手之后才发现工作难度远比原先的设想大得多。首先遇到的一个问题是，时过境迁，原来一起合作的朋友现在都已成了各自单位的中坚力量，肩负着繁重的科研和行政任务，再无承担译校任务的可能。经多方联系和协商，最后确定由我负责牵头另起炉灶把这本书的修订工作画上一个句号。虽力有不逮，但考虑再三，还是答应了。因为在这些朋友里，只有我算得上是个"闲人"了，所谓"责无旁贷"吧。另外对这本书也确实有着一种难以割舍的情怀。等真正动起手来，才发现更难的还在后面，由于距汉译第一版出版已经十年之久，虽经多方努力，还是无法找到当初翻译时所依据的那个 1997 年的教学版原书。国内能找到的旧版是 1980 年版和 1995 年版。以出版社提供的新版 2005年版与 1995 年版进行逐句逐字比对，发现除后面增加的两章和一个后记的内容外，前面各章内容只有十余处改动，工作量确实不太大。等拿 2005 年版的英文原书同汉译第一版进行逐字逐句比对时才发现，原来所依据的 1997 年教学版实际上只是原书的简写本或删节本，而且几乎每章都有大量删节。所以，必须逐字逐句地把删节的地方一一补齐。同时，因为不是重译，所以在逐句逐段的补译时，还要尽量尊重原译者风格，让补译的字句、段落同原译文浑然一体。最后还要根据英文版对汉译第一版的原译文进行重新校对，在尊重原译文的基础上对一些原来译得明显不够准确的地方进行重译。结果，这次修订工作，所谓的校译和补充，在某种程度上甚至比重新翻译整本书的难度还要大得多。但这时已呈骑虎之势，一方面，随着各章比对结果陆续反馈回来，补译量不断增加，校译任务越来越重，难度越来越大；另一方面，这时想另起炉灶重译全书为时已晚。面对这种尴尬局面，确曾出现过畏难退缩的想法，但最后还是咬牙坚持了下来。等全部书稿校阅完毕，才发现汉译第二版比第一版竟多出了将近 23 万字，如果再算上对原书 30 多万字的逐字逐句的校订，该是何等的工作量！这些都是在繁重的工作之余克服重重困难一点一滴完成的。原计划的进度一再拖延，说来真是惭愧得紧。

值得欣慰的是，总算是有始有终，没有辜负朋友所托，自己也算是了却了一桩心愿。此时此刻，真有一种说不出的如释重负之感。

这个译本是在汉译第一版的基础上进行的修订，所以，首先需要感谢为汉译第一版付出辛苦劳动的各位朋友。汉译第一版所依据的 1997 年教学版共 23 章和一个后记。翻译具体分工如下：第 1—6 章：詹世明、李靖堃；第 7—12 章：许先春、裴华；第 13—18 章：蒲国良；第 19—23 章及后记和参考文献：张爱平。译稿完成后，由许先春、张爱平、蒲国良对全部译稿进行了统校统改。

汉译新版所依据的英文 2005 年版共 25 章和一篇后记。修订工作的具体分工是：第 1—12 章校译、补译：高增霞；第 13—23 章校译、补译：蒲国良；第 24、25 章和后记：蒲国良。译稿完成后，由蒲国良对全部书稿进行了统校。

先后参加英文版新旧版比对工作、英文版与汉译第一版比对工作、部分章节、段落的最初翻译工作、汉译第二版初稿校对工作的有董德兵、吴韵曦、张琪、张洁、张毅、李姝婧、詹长沙、蒋卓成、赵子哲、宋波、王洁、代华东、安腾鹏等，在此一并致谢。

上海人民出版社的顾兆敏先生一直关注本书的进展，他不时的鞭策和提醒使得我们不敢有丝毫的懈怠，他对译稿中错漏之处的指正使本书避免了一些不应有的缺憾。

由于水平有限，对于翻译中所有可能出现的纰漏和存在的不足之处，作为校译者，我理应承担全部责任，也恳望广大读者朋友批评指正。

蒲国良

2013 年 2 月

于中国人民大学

图书在版编目(CIP)数据

美国人民史:第5版/(美)津恩(Zinn,H.)著;
蒲国良等译.—上海:上海人民出版社,2013
书名原文:A People's history of the United
States 1492 – present
ISBN 978 - 7 - 208 - 11305 - 3

Ⅰ.①美… Ⅱ.①津… ②蒲… Ⅲ.①美国-历史
Ⅳ.①K712

中国版本图书馆 CIP 数据核字(2013)第 045940 号

责任编辑 赵 伟
装帧设计 人马艺术设计·储平

美国人民史
(第五版)

[美]霍华德·津恩 著

蒲国良 许先春 张爱平 高增霞 译

出 版 上海人民出版社
      (201101 上海市闵行区号景路 159 弄 C 座)
发 行 上海人民出版社发行中心
印 刷 上海商务联西印刷有限公司
开 本 720×1000 1/16
印 张 37.75
插 页 3
字 数 712,000
版 次 2013 年 6 月第 1 版
印 次 2023 年 2 月第 2 次印刷
ISBN 978 - 7 - 208 - 11305 - 3/K·1975
定 价 128.00 元